HUELLAS
DE LAS LITERATURAS
HISPANOAMERICANAS

GARGANIGO

DE COSTA

HELLER

LUISELLI

SABAT DE RIVERS

SKLODOWSKA

PRENTICE HALL
UPPER SADDLE RIVER, NEW JERSEY 07458

Library of Congress Cataloging-in-Publication Data

Huellas de las literaturas hispanoamericanas / Garganigo ... [et al.].
    p. cm.
    ISBN 0-13-825100-2
       1. Spanish language—Readers—Spanish American literature.
2. Spanish American literature. 3. Spanish American literature-
History and criticism.   I. Garganigo, John F., 1937- .
PC4117.H84   1996
468.6'421--dc20

96-43680
CIP

Editor-in-Chief: Rosemary Bradley
Senior Managing Editor: Deborah Brennan
Associate Editor: María F. García
Development Editor: Glenn Wilson
Cover and interior design: Ximena Piedra Tamvakopoulos
Senior Marketing Manager: Chris Johnson
Manufacturing Buyer: Tricia Kenny
Editorial Assistant: Heather Finstuen

©1997 by Prentice Hall, Inc.
A Viacom Company
Upper Saddle River, New Jersey 07458

Printed in the United States of America
10 9 8 7 6 5 4 3 2 1

ISBN 0-13-825100-2

Prentice Hall International (UK) Limited, *London*
Prentice Hall of Australia Pty. Limited, *Sydney*
Prentice Hall Canada Inc., *Toronto*
Prentice Hall Hispanoamericana, S.A., *México*
Prentice Hall of India Private Limited, *New Delhi*
Prentice Hall of Japan, Inc. *Tokyo*
Prentice Hall of Southeast Asia Pte. Ltd, *Singapore*
Editora Prentice Hall do Brasil, Ltda., *Rio de Janeiro*

PREFACE

Huellas de las literaturas hispanoamericanas is a collaborative effort of experts in the field of Latin American literature with many years of teaching experience both at the graduate and the undergraduate levels. Our teaching experience convinced us of the need for a new anthology, one that would include the authors accepted within the literary canon as well as writers heretofore considered marginal, together with innovative contemporary voices that are now breaking the ethnocentric mold.

Huellas is intended for a two-semester introductory course in Latin American literature. It can also be easily adapted for a one-semester introduction to selected masterpieces and for use as a point of departure for more advanced genre and period studies.

OUTSTANDING FEATURES

Our anthology includes authors from the period prior to the Conquest until the present. We have given special attention to the presentation of authors within their literary, historical, and sociopolitical contexts. Experts in the field covered each of the historical periods in detail. Alessandra Luiselli wrote the introductory essays on *Literaturas prehispánicas* and prepared *La narrativa del Encuentro y la Conquista del Nuevo Mundo*. Georgina Sabat de Rivers presented *La poesía épica en la América colonial* and *Poesía renacentista y barroca* with Luiselli writing the introduction to *El Siglo de las Luces: Neoclasicismo*. John F. Garganigo prepared the section on *Romanticismo*, Ben Heller *Realismo y Naturalismo*, and René de Costa *Modernismo*. De Costa prepared the introductory essay *Del Modernismo a las primeras vanguardias*. Elzbieta Sklodowska compiled the section *Primeros pasos en la ruptura de la visión etnocéntrica* and Heller prepared the section on *Antecedentes de la nueva novela*. Sklodowska introduced us to the writers of the period of *El boom y la nueva novela*. In *Época contemporánea: poesía y teatro*, Heller traced movements in poetry from 1950 to the present and Garganigo introduced us to theater. Sklodowska was responsible for the sections *Novísima narrativa: el post-boom y la posmodernidad* and *Descolonización del canon*. Garganigo compiled the *Glosario* and acted as the general editor for this project.

Huellas includes short stories, poems, seldom anthologized novels, essays and edited passages from longer works seminal in the development of Latin American literature and culture.

Huellas includes works from before colonization by several authors often considered marginal to the canon. Women writers from all periods are represented, with special emphasis on contemporary women writers. We have reproduced the texts as we found them, correcting only obvious typographical errors. In larger pieces, where we have omitted part of the text, we have indicated the cut by an ellipsis within brackets.

ACKNOWLEDGMENTS

The compilation of this anthology has been a project that required a considerable amount of tedious and exacting work. I am indebted to the many colleagues who reviewed and made suggestions during development of the manuscript. Their input was invaluable and has truly helped shape this volume into its current form.

Steven M. Bell, *University of Arkansas*
Francisco Javier Cevallos, *University of Massachusetts*
John P. Dyson, *Indiana University at Bloomington*
J. Eduardo Jaramillo-Zuluaga, *Denison University*
Jill S. Kuhnheim, *University of Wisconsin-Madison*
Diane E. Marting, *University of Florida*
Francis Bernard Rang, *El Camino College*
Armando Romero, *University of Cincinnati*
Silvia Sauter, *Kansas State University*
Raymond L. Williams, *University of Colorado at Boulder*
Tamara R. Williams, *Pacific Lutheran University*
George Woodyard, *The University of Kansas*
Horacio Xaubet, *Binghamton University*

I am especially grateful to Donna Nix for typing the entire manuscript and to my assistant Louis Figueroa for his help in proofreading the text.

I would also like to extend my thanks to the many people at Prentice Hall who worked tirelessly on this project over a period of months: María F. García for her constant support and encouragement; Steve Debow, for initiating the project; Glenn A. Wilson for his invaluable comments on the selection and organization of materials; Debbie Brennan for managing the production process; and Ximena de la Piedra Tamvakopoulos for her beautiful cover and interior designs. Thanks also go to Kris Engberg, Dawn Zeglin and the entire team at Publication Services for their professionalism and attention to detail.

While this has been a collaborative project from the beginning, as the editor of the anthology I, of course, assume all responsibility for any errrors.

EL CONTENIDO

I

LITERATURAS PREHISPÁNICAS

l estudio de la literatura hispanoamericana exige la inclusión de un corpus hasta ahora ausente en la mayoría de las obras dedicadas tanto a la divulgación como a la explicación de textos representativos de América: el corpus prehispánico. La influencia que la literatura precolombina ha tenido en escritores tan distinguidos como Octavio Paz, Miguel Ángel Asturias, Pablo Neruda, Carlos Fuentes, Rosario Castellanos, Gustavo Sainz, Ernesto Cardenal, Agusto Roa Bastos y José María Arguedas, entre otros, ha determinado que se considere de forma más rigurosa la gran repercusión que las obras prehispánicas han tenido sobre algunos de los más importantes textos que conforman la actual literatura hispanoamericana. El cumplimiento de los quinientos años del encuentro entre el Viejo y el Nuevo Mundo ha subrayado la vital necesidad que existe en comprender no sólo los aspectos ideológicos o culturales de los pueblos prehispánicos, sino en conocer así mismo su rica literatura. Es de esta forma como el panorama literario académico ha ampliado su antes reducido espectro.

Si anteriormente se consideraba que el estudio de la literatura hispanoamericana debía iniciarse con los textos escritos después de la independencia de los diversos países con respecto a España (con textos como *El Periquillo Sarniento,* 1816, de José Joaquín Fernández de Lizardi como punto de arranque de esta literatura post–colonial) pronto se concluyó que tales límites resultaban insuficientes. Gracias a estas reflexiones el horizonte académico se enriqueció con la inclusión de los autores del período colonial (1492–1815). Se incluyeron obras no sólo de los autores míticos como el Inca Garcilaso de la Vega (1539–1616) y Sor Juana Inés de la Cruz (1651–1695), sino también los textos de los llamados Cronistas de Indias —sagaces y tendenciosos escribanos de la vida colonial—, así como los escritos de los primeros navegantes y conquistadores del Nuevo Mundo. Actualmente, y gracias a la labor de pacientes y destacados investigadores del mundo precolombino (Ángel María Garibay y Miguel León Portilla, en el ámbito náhuatl; Jesús Lara y Edmundo Bendezú, en el área quechua; Adrián Recinos, Demetrio Sodi y también León Portilla en el terreno maya), es posible retroceder aún más y llegar hasta el verdadero comienzo: las literaturas indígenas, de importancia medular para la cabal comprensión de la narrativa, la poesía, la dramaturgia y la ensayística de la Hispanoamérica contemporánea.

BIBLIOGRAFÍA

Barrera, Alfredo, y Silvia Rendón, eds. *Chilam Balam.* México: Fondo de Cultura Económica, Secretaría de Educación Pública, 1984.

León Portilla, Miguel, ed. *Los antiguos mexicanos a través de sus crónicas y cantares.* México: Fondo de Cultura Económica, SEP, 1983.

Arguedas, José María, César Mirr y Sebastián Salazar Bondy, eds. *Ollantay.* Lima, Perú: Peisa, 1987.

Lara, Jesús, ed. *Poesía quechua.* México: Fondo de Cultura Económica, 1979.

Recinos, Adrián, ed. *Popol Vuh*. México: Fondo de Cultura Económica, Secretaría de Educación Pública, 1984.

Cardoza y Aragón, Luis, ed. *Rabinal Achí*. México: Porrúa, 1972.

Sahagún, Fray Bernardino de, *Historia General de las cosas de la Nueva España*. Ed. Ángel María Garibay. México: Porrúa, 1956.

Alessandra Luiselli

LA LITERATURA NÁHUATL

Comúnmente clasificada bajo el genérico rubro de literatura azteca, la literatura náhuatl debe ser estudiada a partir de los distintos géneros que la forman. El término náhuatl incluye no sólo a los aztecas que habitaban la gran ciudad de México, llamada Tenochtitlan, sino también a los múltiples pueblos que conformaban este imperio y que mantuvieron el idioma náhuatl como denominador común: Texcoco, Tlacopan, Chalco, Huexotzinco, Tenayucan, Tecamachalco y Tlatelolco, entre los principales. El vocablo *náhuatl* significa en español "claro", "luminoso". Esa claridad, esa luminosidad que buscaron siempre los antiguos mexicanos en su expresión se trasladó a las cualidades específicas las que dotaron a cada uno de los géneros literarios que practicaron, especialmente a la poesía como la más sublime de sus manifestaciones artísticas.

Mediante la poesía, los nahuas intentaban establecer una comunicación de orden divino, por ello era una actividad celebrada con gran dignidad por los nobles y gobernantes. Las reuniones convocadas para oír y disfrutar de las palabras poéticas —metaforizadas como "las flores del Dador de la vida"— se llevaban a cabo en jardines o en habitaciones especiales de príncipes y reyes, quienes formaban parte de una *icniuhyotl,* especie de hermandad reunida en torno a la poesía. Entre los textos que documentan la suma importancia que los gobernantes y sabios mexicanos conferían al género poético, se encuentra el coloquio del príncipe Tecayehuatzin. En este famoso coloquio, conocido como el "Diálogo de la flor y el canto", el soberano de Huexotzinco insta a otros señores nobles invitados a su palacio a responder a la pregunta de si lo único verdadero que existe sobre la tierra son los cantos poéticos. Es así como las distintas voces de los príncipes reunidos por Tecayehuatzin van definiendo, a través de sus repuestas, los valores que caracterizan la actividad poética.

Debido a que la poesía era una de las artes más valoradas y cultivadas entre los antiguos mexicanos no es de extrañar que las vertientes en las que este género se subdivide sean múltiples. Por este motivo la siguiente clasificación se vuelve necesaria:

Yaocuícatl, cantos guerreros dedicados a glorificar las proezas bélicas de una sociedad cuya fuerza residía precisamente en su poderío militar.

Teocuícatl, cantos a los dioses para exaltar la importancia y significación de las múltiples divinidades que conformaban la religión de los pueblos nahuas.

Xochicuícatl, cantos en los que reiteradamente se alude a las flores. Las flores son un símbolo de particular importancia para la expresión literaria de los antiguos mexicanos, puesto que las utilizaban como metáfora tanto de las palabras poéticas como de las obras de origen divino; algunas veces las flores también aparecen como metáfora de las batallas en los cantos de guerra.

Icnocuícatl, cantos tristes y filosóficos que mostraban el aspecto íntimo del alma. Esta vertiente tiene singular valor debido a los magníficos cantos compuestos por el soberano de Texcoco, el rey poeta Netzahualcóyotl (1402–1472). Entre estos cantos destacan los que describen la trágica caída de la capital azteca, la gran Tenochtitlan. Es en este momento (1521) cuando comienza el doloroso sometimiento indígena a la cultura española.

Estas cuatro vertientes de la poesía náhuatl no son las únicas en las que puede subdividirse el género; estudios minuciosos han profundizado aún más en la clasificación de los cantos nahuas y han postulado nuevas subdivisiones: cantos traviesos, cantos a los animales, cantos a la primavera, etcétera. Sin embargo, las cuatro vertientes aquí enumeradas son las principales y más representativas de la poesía de los antiguos mexicanos.

La enseñanza de la poesía se llevaba a cabo en los colegios de la clase dirigente llamados *Calmecac,* como también en recintos educativos exclusivamente dedicados a la enseñanza de los cantos, escuelas llamadas *Cuicalli.* Conviene recordar aquí que la poesía gozaba de acompañamiento musical y que los poetas en realidad entonaban las composiciones poéticas. Por esta razón se explica que en la lengua náhuatl el equivalente de la palabra "poesía" se exprese a través de la frase "in xóchitl in cuícatl", que quiere decir "la flor y el canto". Esta forma de expresión dual, es decir, la suma de dos conceptos complementarios que se unen para expresar una misma idea, es característica del habla precortesiana. En los poemas incluidos en la presente antología encontraremos repetidas muestras de este recurso que los especialistas han llamado *difrasismo,* a partir de la denominación empleada por Ángel María Garibay. De igual forma, encontraremos la reiteración de una misma idea a lo largo de lo que podemos considerar estrofas o párrafos. Este recurso se conoce con el nombre de *paralelismo.* Ambos procedimientos estilísticos caracterizan el habla y la expresión de los antiguos mexicanos.

La especialista Birgitta Leander ha reunido una esclarecedora lista de *difrasismos,* con lo cual la expresión poética del mundo náhuatl se ha vuelto más comprensible para el lector no especializado. Encontramos, por ejemplo, que para expresar la idea de belleza, se sumaban los conceptos "el jade y las plumas finas", objetos que gozaban de la más alta estima entre los nobles mexicanos; para expresar la idea de mujer, sumaban las palabras "la falda y la camisa"; la idea de persona se expresaba al sumar los vocablos "el rostro y el corazón", etcétera. De esta forma, la expresión poética se realizaba indirectamente, por medio de alusiones, debido a lo cual el lenguaje alcanzaba un alto grado de metaforización.

En cuanto al paralelismo, los textos aquí incluidos contienen numerosos ejemplos de este recurso de la estilística náhuatl. El *Yaocuícatl* o canto de guerra, texto que abre la antología, es un buen ejemplo de ello. Los dos primeros versos "Desde donde se posan las águilas / desde donde se yerguen los tigres" establecen, a través de dos frases paralelas, la idea de la guerra, ya que las órdenes más destacadas de la milicia azteca consistían precisamente en las órdenes de los Caballeros Águila y los Caballeros Tigre; nombrarlos equivalía a establecer una clara, siempre paralela, alusión respecto a la guerra.

En lo referente a la versificación de la poesía náhuatl, es necesaria una aclaración: algunos investigadores de esta literatura, luego de estudiar directamente los manuscritos en los cuales aparecen los poemas hasta ahora conocidos, han determinado la existencia de una estructura poética completamente diferente a la estructura poética occidental. Los versos nahuas constituyen, en realidad, lo que Frances Karttunen y James Lockhart han denominado "unidades de expresión". Es decir, los versos no están construidos a base de una estructura lineal que avanza rígida y ordenadamente de verso en verso, sino que los versos nahuas pueden ser acomodados y reordenados en distintas partes del poema debido a que son independientes. Los versos se relacionan por tratar un mismo tema, que es el centro de la composición, por tal razón la estricta ordenación lineal no es necesaria. Esto explica las diversas variantes que existen entre una traducción y otra, y pone de manifiesto lo que muy bien podría llamarse una expresión literaria circular.

Hemos analizado hasta aquí algunas características de los *Cuícatl* (cantos) de la poesía náhuatl; sin embargo, no es éste el único género en el que sobresalieron los antiguos mexicanos, también su prosa posee singular valor literario. El estudio de la prosa náhuatl (los famosos discursos y pláticas conocidos como *Tlahtolli*) representado en esta antología postula la siguiente clasificación.

Teotlahtolli, prosa que cuenta los sucesos de los dioses y divinidades del mundo prehispánico. También narra los orígenes mismos de la humanidad. Para ejemplificar este tipo de prosa se ha seleccionado un texto de gran importancia y belleza: el mito conocido como "Los cinco soles", en el que se narran las cinco edades o períodos cósmicos de la tierra.

Huehuetlahtolli, o prosa de los ancianos, dueños de la sabiduría y el conocimiento. Estos textos presentan algunas diferencias. En los *huehuetlahtolli* encontramos desde los discursos con que los padres aconsejan a sus hijos para que lleven una vida digna, hasta las respuestas que los jóvenes dan a sus progenitores en gratitud a sus consejos. Encontramos también, en la prosa de los ancianos, descripciones de lo que debe ser un *tlamatini* (un sabio) o un *temachtiani* (el maestro) y algunas otras descripciones más. Miguel León Portilla, el investigador más importante del mundo náhuatl, ha establecido las principales categorías de *huehuetlahtolli,* encontrando cinco variantes básicas. En la presente antología se incluye el texto más destacado de estos sabios discursos que contiene los consejos de los progenitores a sus hijos.

Los *Tlahtolli* son documentos preciosos que ponen a nuestra disposición algunas muestras tanto del habla literaria de los antiguos mexicanos como de sus creencias, de su filosofía y de sus innumerables muestras de cortesía. Los bellos preceptos contenidos en los *Tlahtolli* fueron recogidos por dos célebres religiosos: Fray Andrés de Olmos (1533, fecha de investigación) y Fray Bernardino de Sahagún (1547, fecha de investigación) luego de haber escuchado los consejos de los viejos nobles y después de haber estudiado los sagrados *cuícamatl* (libros de papel amate) que tanto reverenciaban los sabios mexicanos.

Gracias a la impresionante obra de rescate emprendida particularmente por Sahagún, quien se dedicó a la investigación del mundo náhuatl a lo largo de sesenta años, han llegado hasta nuestros días las invaluables muestras de una expresión literaria que enriquece grandemente el panorama sobre la actual literatura mexicana.

Desde donde se posan[1]

Yaocuícatl 1

Traducción de Ángel María Garibay

Desde donde se posan[2] las águilas,
desde donde se yerguen[3] los tigres,
el Sol es invocado.[4]

Como un escudo que baja,
así se va poniendo el Sol.
En México está cayendo la noche,
la guerra merodea por todas partes,
¡Oh Dador de la vida![5]
se acerca la guerra.

Orgullosa de sí misma
se levanta la ciudad de México-Tenochtitlan.
Aquí nadie teme la muerte en la guerra.
Esta es nuestra gloria.
Este es tu mandato.
¡Oh, Dador de la vida!
Tenedlo presente, o príncipes,
no lo olvidéis.
¿Quién podrá sitiar a Tenochtitlan?
¿Quién podrá conmover los cimientos del cielo . . . ?

Con nuestras flechas,
con nuestros escudos,
está existiendo la ciudad.
¡México-Tenochtitlan subsiste!

---

[1] El poema forma parte del manuscrito *Cantares mexicanos,* folio 20 v.

[2] **se posan:** el lugar desde el cual estas aves levantan o detienen el vuelo. La imagen también puede aludir a la fundación de la ciudad de México-Tenochtitlan (1325), dado que se fundó en el lugar en el cual los aztecas vieron a un águila posada en un nopal, devorando una serpiente. Ese era el lugar que las profecías señalaban como propicio para que los aztecas se establecieran.

[3] **se yerguen:** el lugar desde el cual estos animales se ponen en movimiento. Ambas imágenes, águilas y tigres, buscan destacar la grandeza de estos animales a cuya semejanza se establecieron las dos órdenes guerreras más distinguidas de la milicia azteca: los Caballeros Águila y los Caballeros Tigre.

[4] **Invocar al sol:** hacer un llamado al sol, en rito de adoración. Los versos anteriores se resuelven aquí, y la interpretación entonces establece lo siguiente: desde la ciudad de México, lugar de las temidas órdenes guerreras de los Caballeros Aguila y los Caballeros Tigre, se llama a la guerra. (El sol representaba a Huitzilopochtli, dios de la guerra).

[5] "Dador de la vida" es la fórmula más común entre los antiguos mexicanos para referirse a Dios. El poema sintetiza el orgullo y la fiera determinación bélica de los aztecas, quienes debido a su valor en las batallas en pocos años dominaron la región central de la República mexicana, sitio al cual llegaron en condiciones de miseria y persecución.

Hacen estrépito[1]

Yaocuícatl 2

Traducción de Ángel María Garibay

Hacen estrépito[2] los cascabeles,
el polvo se alza cual si fuera humo:
Recibe deleite el Dador de la vida.
Las flores del escudo abren sus corolas,[3]
se extiende la gloria,
se enlaza en la tierra.
¡Hay muerte aquí entre flores,
10 en medio de la llanura![4]
Junto a la guerra,
al dar principio la guerra,
en medio de la llanura,
el polvo se alza cual si fuera humo,
se enreda y da vueltas,
con sartales[5] floridos de muerte.
¡Oh príncipes chichimecas!
¡No temas, corazón mío!
en medio de la llanura,
20 mi corazón quiere
la muerte a filo de obsidiana.[6]
Sólo esto quiere mi corazón:
la muerte en la guerra . . .

[1]El poema forma parte del manuscrito *Cantares mexicanos,* folio 9 r.

[2]**estrépito:** ruido, escándalo.

[3]Las flores son utilizadas en este verso como una metáfora que alude a las batallas (los aztecas llamaban a sus guerras, "guerras floridas"; el objetivo de estas guerras no era matar a sus enemigos, sino tomarlos prisioneros para ofrecerlos en sacrificio a su dios principal, Huitxilopochtli). El sentido de la frase implica que la batalla ha comenzado, con lo cual Dios ha quedado complacido. Conviene recordar la importancia bélica de los aztecas y sus pueblos aliados, sociedades eminentemente teocráticas, para quienes las guerras tenían un profundo sentido religioso.

[4]**llanura:** terreno plano.

[5]**sartales:** espirales.

[6]Perífrasis de la muerte en la guerra, muerte a cuchillo, hecho de obsidiana (piedra volcánica). Los guerreros del mundo náhuatl no conocían honor ni privilegio más alto que el de morir en la batalla.

REFLEXIÓN Y ANÁLISIS

1) Explique la relación que existe entre la guerra y el sol invocado en el primer poema.
2) ¿Qué sentimientos presentan los cantos ante la guerra?
3) ¿Qué imágenes son utilizadas para aludir a la guerra?
4) Encuentre los recursos lingüísticos característicos del habla precortesiana: difrasismos y paralelismos.

¡Es un puro jade! . . .[1]

Teocuícatl 1

Traducción de Ángel María Garibay

¡Es un puro jade,
un ancho plumaje[2]
tu corazón, tu palabra,
oh padre nuestro!
¡Tú compadeces al hombre,
tú lo ves con piedad! . . .
¡Sólo por un brevísimo instante
10 está junto a ti y a tu lado!

Preciosas cual jade brotan
tus flores,[3] oh por quien todo vive;
cual perfumadas flores se perfeccionan,
cual azules guacamayas[4] abren sus corolas . . .
¡Sólo por un brevísimo instante
está junto a ti y a tu lado!

---

[1]Poema de Netzahualcóyotl, rey de Texcoco (1402–1472). Forma parte del manuscrito *Romances de los Señores de la Nueva España.*
[2]**plumaje:** conjunto de plumas de ave. Los miembros más distinguidos de la nobleza y la milicia nahuas adornaban sus cabezas con elaborados plumajes llamados penachos.
[3]Nuevamente aparece el símbolo de las flores, ésta vez con una nueva metáfora, ya

que representa las obras que lleva a cabo la divinidad.
[4]Tanto las plumas de las aves como las flores eran objeto de la más alta estima por parte de los antiguos mexicanos. Es interesante notar cómo el atributo del color azul pasa a definir no sólo las plumas sino las acciones del Creador.

El dios de la dualidad[1]

Teocuícatl 2

Versión de Miguel León Portilla

En el lugar del mando,
en el lugar del mando gobernamos:
es el mandato de mi Señor principal.
Espejo que hace aparecer las cosas.
Ya van, ya están preparados.
Embriágate, embriágate,[2]
obra el Dios de la dualidad.[3]
El inventor de hombres,
el espejo que hace aparecer las cosas.

[1]Poema que aparece en *Historia tolteca-chichimeca*, folio 33.
[2]**embriágate:** alégrate.
[3]El dios de la dualidad, Ometéotl, era el supremo dios de los toltecas (s. IX), antecesores de los pueblos nahuas; gozaba este dios de un principio femenino y uno masculino. Quetzalcóatl representaba el sumo sacerdote de esta deidad. Los principios civilizadores de los toltecas ejercieron gran influencia sobre los pensadores nahuas que como Netzahyalcóyotl, rey de Texcoco, se oponían a los sacrificios humanos que la religión azteca imponía en honor a su dios Huitzilopoztli.

¿Eres tú verdadero? . . .[1]

Teocuícatl 3

Traducción de Miguel León Portilla

¿Eres tú verdadero (tienes raíz)?
Sólo quien todas las cosas domina,
el Dador de la Vida.
¿Es esto verdad?
¿Acaso no lo es, como dicen?
¡Que nuestros corazones
no tengan tormento!
10 Todo lo que es verdadero
(lo que tiene raíz)
dicen que no es verdadero
(que no tiene raíz).
El Dador de la Vida
sólo se muestra arbitrario.[2]
¡Que nuestros corazones
no tengan tormento!
Porque él es el Dador de la Vida.

REFLEXIÓN Y ANÁLISIS

1) Encuentre las sinestesias utilizadas en los poemas. Explique cómo funciona este
   recurso.
2) ¿Cuál es la actitud vital que emerge en estos poemas?
3) ¿Qué imágenes aluden a la divinidad?
4) ¿Por qué el recurso estilístico de la reiteración es utilizado con particular insistencia
   en los cantos a los dioses?

---

[1]Poema de Netzahualcóyotl perteneciente al manuscrito *Romances de los Señores de la Nueva España,* folio 19 v – 20 r.

[2]Este poema presenta varias interrogantes características de las inquietudes filosóficas del rey poeta, el cual intentó siempre que sus aliados aztecas no continuasen con la práctica de los sacrificios humanos. Netzahualcóyotl en varios textos se pregunta por la existencia o inexistencia de un dios único, concepción que iba en contra de la creencia dominante del mundo azteca que postulaba la existencia de múltiples dioses. La resolución del poema es característica del pensamiento del famoso soberano de Texcoco, quien a pesar de reconocer las dificultades de todo tipo que el hombre enfrenta sobre la tierra, concluye siempre que la vida—aunque difícil y fugaz—bien vale la pena de vivirse.

Nos ataviamos, nos enriquecemos . . .[1]

Xochicuícatl 1

Traducción Ángel María Garibay

Nos ataviamos,[2] nos enriquecemos
con flores, con cantos:
ésas son las flores de la primavera:
¡con ellas nos adornamos aquí en la tierra!

Hasta ahora es feliz mi corazón:
oigo ese canto, veo una flor:[3]
¡que jamás se marchiten[4] en la tierra!

---

[1]Poema de Netzahualcóyotl que forma parte de la colección *Romances de los Señores de la Nueva España*, folio 19 r.

[2]**ataviarse:** adornarse. La imagen concreta el pensamiento náhuatl de que la poesía, es decir, los cantos, son en realidad flores, flores que constituyen un precioso adorno.

[3]Lograda imagen en la que el poeta insiste en que al oír los cantos se visualizan flores.

[4]Nuevo voto de Netzahualcóyotl para gozar de las delicias de la vida, entre las cuales la poesía ocupa un lugar preponderante.

Las flores y los cantos[1]

Xochicuícatl 2

Versión de Miguel León Portilla

Del interior del cielo vienen
las bellas flores, los bellos cantos.[2]
Los afea nuestro anhelo,
nuestra inventiva los echa a perder,[3]
a no ser los del príncipe chichimeca Tecayehuatzin.[4]
¡Con los de él, alegraos!

La amistad es lluvia de flores preciosas.
10 Blancas vedijas de plumas de garza,[5]
se entrelazan con preciosas flores rojas:
en las ramas de los árboles,
bajo ellas andan y liban
los señores y los nobles.

Vuestro hermoso canto:
un dorado pájaro cascabel,[6]
lo eleváis muy hermoso.
Estáis en un cercado de flores.
Sobre las ramas floridas cantáis.
20 ¿Eres tú acaso, un ave preciosa del Dador de la vida?
¿Acaso tú al dios has hablado?
Tan pronto como visteis la aurora,
os habéis puesto a cantar.

---

[1]El poema pertenece al texto conocido como "Diálogo de la flor y el canto" y forma parte del manuscrito *Cantares mexicanos,* folio 14 v. Este fragmento es la primera intervención que el príncipe Tecayehuatzin escucha como respuesta a su apertura al coloquio sobre la poesía. El poeta que así le responde es Ayocuan, noble de Tecamachalco, nacido hacia 1440.

[2]"las bellas flores, los bellos cantos" son la metáfora que más reiteradamente alude a la poesía náhuatl.

[3]La poca capacidad literaria del poeta es lo que afea los cantos, que son de naturaleza intrínsecamente bella. El poeta muestra en este comienzo una posición de humildad frente a tan magnífico arte.

[4]Tecayehuatzin es el príncipe que convocó a los reunidos. Ayocuan, en noble muestra de cortesía, sostiene que sólo los cantos del príncipe anfitrión, su gran amigo, son bellos.

[5]**vedijas:** espirales. Bella perífrasis para designar la amistad.

[6]Califica la poesía como un dorado pájaro cascabel. Nuevamente es de notarse la alta estima que los antiguos mexicanos concedían a la belleza de las aves, verdaderos tesoros en su concepción del mundo.

Esfuércese, quiera mi corazón,
las flores del escudo,[7]
las flores del Dador de la vida.
¿Qué podrá hacer mi corazón?
En vano hemos llegado,
hemos brotado en la tierra.
30 ¿Sólo así he de irme
como las flores que perecieron?
¿Nada quedará de mi nombre?[8]

¿Nada de mi fama aquí en la tierra?
¡Al menos flores, al menos cantos!
¿Qué podrá hacer mi corazón?
En vano hemos llegado,
hemos brotado en la tierra.

Gocemos, oh amigos,
haya abrazos aquí.
40 Ahora andamos sobre la tierra florida.
Nadie hará terminar aquí
las flores y los cantos,
ellos perduran en la casa del Dador de la vida.

Aquí en la tierra es la región del momento fugaz.
¿También es así en el lugar
donde de algún modo se vive?
¿Allá se alegra uno?
¿Hay allá amistad?
¿O sólo aquí en la tierra
hemos venido a conocer nuestros rostros?

---

[7]Miguel León Portilla ha postulado que los príncipes reunidos por Tecayehuatzin en su palacio se oponían a la continuación de las "guerras floridas", impuestas por los aztecas. Es por ello que Ayocuan, en su intervención poética, se da ánimos a sí mismo para que quiera su corazón "las flores del escudo", es decir, las batallas.

[8]La pregunta filosófica que Ayocuan se hace a sí mismo coincide con las preocupaciones que otros poetas también manifestaron en sus poesías, Netzahualcóyotl entre los más distinguidos. La respuesta de Ayocuan es célebre y ejemplifica la posición del mundo náhuatl frente a la fama y la poesía: si todo ha de perecer, que al menos sobrevivan los cantos.

REFLEXIÓN Y ANÁLISIS

1) Explique la importancia de la imagen reiterada de las flores en la poesía náhuatl.
2) ¿Cuál es la concepción que emerge sobre la fama en el segundo canto florido? ¿Qué es lo único que perdura del hombre sobre la tierra?
3) ¿Qué diferencias existen en el tratamiento de la naturaleza entre el fragmento conocido como "Las flores y los cantos" y el canto de guerra?[2]

¡Ay de mí! . . .[1]

Icnocuícatl 1

Traducción de Ángel María Garibay

¡Ay de mí:
sea así!
No tengo dicha[2] en la tierra
aquí.

¡Ah, de igual modo nací,
de igual modo fui hecho hombre![3]
¡Ah, sólo el desamparo[4]
10   he venido a conocer
aquí en el mundo habitado!

¡Que haya aún trato mutuo
aquí, oh amigos míos:
solamente aquí en la tierra!

Mañana o pasado,
como lo quiera el corazón
de aquel por quien todo vive,[5]
nos hemos de ir a su casa,
¡oh amigos, démonos gusto![6]

---

[1] El poema pertenece al manuscrito *Romances de los Señores de la Nueva España,* folio 20 y 21 r. El autor es Netzahualcóyotl.
[2] **dicha:** alegría.
[3] Paralelismo que establece que el hombre ha sufrido al nacer y también al madurar.
[4] **desamparo:** no contar con un refugio; no tener apoyo.

[5] **aquél por quien todo vive:** perífrasis que designa al Creador.
[6] Característica resolución del rey filósofo, quien decide encontrar alegría y gusto en la poesía.

Canto de angustia de la Conquista: la visión de los vencidos[1]

Icnocuícatl 6

Versión de Miguel León Portilla

Y todo esto pasó con nosotros.[2]
Nosotros lo vimos,
nosotros lo admiramos.
Con esta lamentosa y triste suerte
nos vimos angustiados.

En los caminos yacen dardos[3] rotos,
los cabellos están esparcidos.
10 Destechadas están las casas,
enrojecidos tienen sus muros.

Gusanos pululan[4] por calles y plazas,
y en las paredes están salpicados los sesos.[5]
Rojas están las aguas, están como teñidas
y cuando las bebimos,
es como si bebiéramos agua de salitre.[6]

Golpeábamos, en tanto, los muros de adobe,
y era nuestra herencia una red de agujeros.[7]
Con los escudos fue su resguardo,
20 pero ni con escudos puede ser sostenida su soledad.

---

[1]El poema aparece en el manuscrito *Anales de Tlatelolco,* folio 33. Miguel León Portilla lo incluye en su célebre libro sobre la conquista *Visión de los vencidos,* México, UNAM, 1976.

[2]Los nahuas referirán con gran dolor lo ocurrido durante la caída de Tenochtitlán, máximo centro de poder ecónomico y cultural en el mundo prehispánico. Este canto de angustia es uno de los testimo-nios más dramáticos de cómo sucumbió el mundo de los antiguos mexicanos.

[3]**dardos:** flechas.

[4]**pululan:** abundan.

[5]**sesos:** cerebros.

[6]**salitre:** nitro, nitrato de potasio.

[7]El verso señala con aflicción intensa el desamparo de los pueblos nahuas al ver su cultura a punto de extinguirse.

Hemos comido palos de colorín,
hemos masticado grama salitrosa,
piedras de adobe, lagartijas,
ratones, tierra en polvo, gusanos . . .[8]

Comimos la carne apenas,
sobre el fuego estaba puesta.
Cuando estaba cocida la carne,
de allí la arrebataban,[9]
en el fuego mismo, la comían.

30 Se nos puso precio.
Precio del joven, del sacerdote,
del niño y de la doncella.

Basta: de un pobre era el precio
sólo dos puñados de maíz,
sólo diez tortas de mosco;
sólo era nuestro precio
veinte tortas de grama salitrosa.

Oro, jades, mantas ricas,
plumajes de quetzal,
40 todo eso que es precioso,
en nada fue estimado . . .

REFLEXIÓN Y ANÁLISIS

1) Comente la actitud anímica y filosófica que se deriva de estos poemas.
2) Explique el valor literario e histórico que emerge del "Canto de angustia de la Conquista".
3) ¿Qué imágenes comparten las dos composiciones incluidas en este apartado? ¿Los elementos que comparten entre sí estos poemas justifican su clasificación como un género aparte dentro de la poesía?

---

[8]Los sobrevivientes de la caída de Tenochtitlan efectúan una enumeración de los alimentos que se vieron forzados a comer para no morir de hambre (los con-quistadores españoles sitiaron la ciudad durante casi cuatro meses: de mayo a agosto de 1521).

[9]**arrebataban:** quitaban con violencia.

Los cinco soles[1]

Teotlahtolli

Traducción de Miguel León Portilla

Se refería, se decía[2]
que así hubo ya antes cuatro vidas,
y que ésta era la quinta edad.

Como lo sabían los viejos,
en el año 1-Conejo
se cimentó la tierra y el cielo.
Y así lo sabían,
que cuando se cimentó la tierra y el cielo,
habían existido ya cuatro clases de hombres,
cuatro clases de vidas.
Sabían igualmente que cada una de ellas
había existido en un sol (una edad).

Y decían que a los primeros hombres
su dios los hizo, los forjó de ceniza.
Esto lo atribuían a Quetzalcóatl,
cuyo signo es 7-Viento,
él los hizo, él los inventó.
El primer sol (edad) que fue cimentado,
su signo fue 4-Agua,
se llamó Sol de Agua.
En él sucedió
que todo se lo llevó el agua.
Las gentes se convirtieron en peces.

---

[1] Este mito pertenece a los *Anales de Cuauhtitlan,* folio 2.

[2] El mito recupera el pensamiento tolteca sobre los orígenes de la humanidad y las edades cósmicas de la tierra. Los toltecas —grandes artífices, escultores, pintores, constructores de palacios, sabios y filósofos que condenaban los sacrificios humanos— eran antecesores de los pueblos nahuas. El centro principal de esta cultura antigua (s. IX a XII) residía en Tula, con Quetzalcóatl como su dios principal. Miguel León Portilla ha señalado que elementos muy importantes del mundo náhuatl, sus ejemplos de perfección moral, intelectual y material provenían de la cultura tolteca, que a su vez se derivaba del esplendor de la antigua Teotihuacan (s. IV a XI).

Se cimentó luego el segundo sol (edad).
Su signo era 4-Tigre.
Se llamaba Sol de Tigre.
En él sucedió
30 que se oprimió el cielo,
el sol no seguía su camino.
Al llegar el sol al mediodía,
luego se hacía de noche
y cuando ya se oscurecía,
los tigres se comían a las gentes.
Y en este sol vivían los gigantes.

Decían los viejos,
que los gigantes así se saludaban:
"no se caiga usted", porque quien se caía,
40 se caía para siempre.

Se cimentó luego el tercer sol.
Su signo era 4-Lluvia.
Se decía Sol de Lluvia (de fuego).
Sucedió que durante él llovió fuego,
los que en él vivían se quemaron.
Y durante él llovió también arena.
Y decían que en él
llovieron las piedrezuelas que vemos,
que hirvió la piedra tezontle
50 y que entonces se enrojecieron los peñascos.

Su signo era 4-Viento,
se cimentó luego el cuarto sol.
Se decía Sol de Viento.
Durante él todo fue llevado por el viento.
Todos se volvieron monos.
Por los montes se esparcieron,
se fueron a vivir los hombres-monos.

El quinto sol:
4-Movimiento su signo.
60 Se llama Sol de Movimiento,
porque se mueve, sigue su camino.

Y como andan diciendo los viejos,
en él habrá movimientos de tierra,
habrá hambre
y así pereceremos.
En el año 13-Caña,
se dice que vino a existir,
nació el sol que ahora existe.
Entonces fue cuando iluminó,
70 cuando amaneció,
el Sol de Movimiento que ahora existe.
4-Movimiento es su signo.
Es éste el quinto sol que se cimentó,
en él habrá movimientos de tierra,
en él habrá hambres.
Este sol, su nombre 4-Movimiento,
éste es nuestro sol,
en el que vivimos ahora,
y aquí está su señal,
80 cómo cayó en el fuego el sol,
en el fogón divino,
allá en Teotihuacan.
Igualmente fue éste el sol
de nuestro príncipe en Tula,
o sea de Quetzalcóatl.[3]

---

[3]Quetzalcóatl, deidad que se constituyó en símbolo de la sabiduría náhuatl y maya. Su nombre significa "serpiente emplumada". Los tlamatinime nahuas lo consideraban "el inventor de los hombres". En el mito aquí narrado se le representa como el creador de los primeros hombres, formados de ceniza y que fueron destruídos por el agua. Después de este fallido intento, Quetzalcóatl pudo al fin —en la quinta edad cósmica de la tierra— crear a los hombres. Para que éstos sobrevivieran Quetzalcóatl robó el maíz y lo dio por sustento a la humanidad por él creada. Las versiones y leyendas en torno a este personaje mítico son numerosas (algunas versiones lo consignan como supremo sacerdote, otras como dios); en todas, sin embargo, se le representa como una figura de gran sabiduría. El nombre maya de Quetzalcóatl es Kukulcán, el significado en español coincide con la traducción del nombre náhuatl: serpiente emplumada (sus plumas provenían del ave quetzal). Los mayas lo encontraban representado en el planeta Venus.

Consejos del padre a su hija[1]

Huehuetlahtolli 1

Versión de Miguel León Portilla

Aquí estás mi hijita, mi collar de piedras finas, mi plumaje, mi hechura humana, la nacida de mí.[2] Tú eres mi sangre, mi color, en ti está mi imagen.

Ahora recibe, escucha: vives, has nacido, te ha enviado a la tierra el Señor Nuestro, el Dueño del cerca y del junto, el hacedor de la gente, el inventor de los hombres.

Ahora que ya miras por ti misma, date cuenta. Aquí es de este modo: no hay alegría, no hay felicidad. Hay angustia, preocupación, cansancio. Por aquí surge, crece el sufrimiento, la preocupación.

Aquí en la tierra es lugar de mucho llanto, lugar donde se rinde el aliento, donde es bien conocida la amargura y el abatimiento. Un viento como de obsidiana[3] sopla y se desliza sobre nosotros.

Dicen que en verdad nos molesta el ardor del sol y del viento. Es este lugar donde casi perece uno de sed y de hambre. Así es aquí en la tierra.

Oye bien, hijita mía, niñita mía: no hay lugar de bienestar en la tierra, no hay alegría, no hay felicidad. Se dice que la tierra es lugar de alegría penosa, de alegría que punza.

Así andan diciendo los viejos:[4] "Para que no siempre andemos gimiendo, para que no estemos llenos de tristeza, el Señor Nuestro nos dio a los hombres la risa, el sueño, los alimentos, nuestra fuerza y nuestra robustez y finalmente el acto sexual, por el cual se hace siembra de gentes".

Todo esto embriaga[5] la vida en la tierra, de modo que no se ande siempre gimiendo. Pero, aun cuando así fuera, si saliera verdad que sólo se sufre, si así son las cosas en la tierra, ¿acaso por esto se habrá de estar siempre con miedo? ¿Hay que estar siempre temiendo? ¿Habrá que vivir llorando?

---

[1] El discurso aparece en el *Códice florentino,* parte VI de los libros de Sahagún, quien recogió directamente de los propios *tlamatinime* las enseñanzas que daban a los jóvenes en el *Calmecac* para que se convirtieran en hombres siempre corteses y respetuosos, como correspondía serlo a los nobles.

[2] Desde el comienzo mismo de la plática es posible notar la reiteración característica del habla precortesiana: tan sólo en la primera frase el hablante encuentra cinco expresiones diferentes para señalar que a quien le habla con tanto amor es hija suya. La siguiente frase incide en el mismo pensamiento, con lo cual la significación que encuentra el hablante en el amor filial queda bellamente elaborada.

[3] La obsidiana es una piedra volcánica de color oscuro. La imagen expresa que el viento que roza a los humanos (metáfora del sufrimiento) es tan frío (o mortal) como el de esa piedra que era utilizada en la fabricación de cuchillos y puntas de flecha.

[4] Los viejos en el mundo náhuatl representaban la sabiduría.

[5] **embriaga:** alegra.

Porque, se vive en la tierra, hay en ella señores, hay mando, hay nobleza, águilas y tigres. ¿Y quién anda diciendo siempre que así es en la tierra? ¿Quién anda tratando de darse la muerte? Hay afán, hay vida, hay lucha, hay trabajo. Se busca
30 mujer, se busca marido.[6]

Consejos de la madre a su hija[1]

Huehuetlahtolli 2

Versión de Miguel León Portilla

Tortolita, hijita, niñita, mi muchachita. Has recibido, has tomado el aliento, el discurso de tu padre, el señor, tu señor.

Has recibido algo que no es común, que no se suele dar a la gente,[2] en el corazón de tu padre estaba atesorado, bien guardado.

En verdad que no te lo dio prestado, porque tú eres su sangre, tú eres su color, en ti se da él a conocer. Aunque eres una mujercita, eres su imagen.

Pero ¿qué más te puedo decir?, ¿qué te diré todavía?, ¿qué felicidad fuera, si yo
10 te pudiera dar algo?, ya que su palabra fue abundante acerca de todo, pues a todas partes te ha llevado, te ha acercado, nada en verdad dejó de decirte.

Pero sólo te diré algo, así cumpliré mi oficio. No arrojes por parte alguna el aliento y la palabra de tu señor padre.

Porque son cosas preciosas, excelentes, porque sólo cosas preciosas salen del aliento y la palabra de nuestro señor, pues en verdad el suyo es lenguaje de gente principal.

Sus palabras valen lo que las piedras preciosas, lo que las turquesas finas, redondas y acanaladas. Consérvalas, haz de ellas un tesoro en tu corazón, haz de ellas una pintura en tu corazón. Si vivieras, con esto educarás a tus hijos, los harás
20 hombres; les entregarás y les dirás todo esto . . .

---

[6]La enseñanza de los nahuas respecto al sufrimiento en la tierra termina siempre, tanto en la prosa como en la poesía, con una nota que subraya los bienes de que dispone el hombre para alcanzar alegría y bienestar.

[1]*Códice florentino,* libro VI. Este discurso, al igual que el anterior, fue recogido en náhuatl por Sahagún.

[2]La madre cerrará el discurso del padre a la hija, subrayando además el hecho de que la sabiduría encerrada en la plática del padre es un verdadero tesoro puesto que son las enseñanzas de un noble (educado en los privilegiados centros de cultura que eran los *Calmecac*). Los antiguos mexicanos diferenciaban claramente el habla de los nobles (*tecpillatolli,* un habla culta y refinada) y el lenguaje de los demás miembros de la sociedad (*mecehualtolli,* el habla del pueblo, cuya educación no podía compararse a la recibida por los nobles).

Mira, así seguirás el camino de quienes te educaron, de las señoras, de las mujeres nobles, de las ancianas de cabello blanco que nos precedieron. ¿Acaso nos lo dejaron dicho todo? Tan sólo nos daban unas cuantas palabras, poco era lo que decían. Esto era todo su discurso:

Escucha, es el tiempo de aprender aquí en la tierra, ésta es la palabra: atiende y de aquí tomarás lo que será tu vida, lo que será tu hechura.

Por un lugar difícil caminamos, andamos aquí en la tierra. Por una parte un abismo, por la otra un barranco. Si no vas por en medio, caerás de un lado o del otro. Sólo en el medio se vive, sólo en el medio se anda.

30 Hijita mía, tortolita, niñita, pon y guarda este discurso en el interior de tu corazón. No se te olvide; que sea tu tea, tu luz,[3] todo el tiempo que vivas aquí sobre la tierra . . .[4]

REFLEXIÓN Y ANÁLISIS

1) Comente el valor literario, histórico y sociológico de los mitos.
2) ¿Existe alguna semejanza entre el mito prehispánico de los cinco soles y el pensamiento científico sobre la evolución de los hombres (por ejemplo, Darwin y el origen de la humanidad)?
3) Reconozca y señale los recursos estilísticos del habla precortesiana.
4) Comente los consejos que los progenitores dan a sus hijos.

BIBLIOGRAFÍA

Literatura náhuatl

Baudot, Georges y Tzvetan Todorov. *Relatos aztecas de la Conquista.* Trad. Guillermina Cuevas. México: Grijalbo, Consejo Nacional para la Cultura y las Artes, 1983.
———. *Las letras precolombinas.* Trad. Xavier Massimi y Martí Soler. México: Siglo XXI, 1979.
Garibay, Ángel María. *Historia de la literatura náhuatl.* México: Editorial Porrúa, 1954.
———. *Panorama literario de los pueblos nahuas.* México: Editorial Porrúa, 1963.
———. *Épica náhuatl.* México: UNAM, Biblioteca del Estudiante Universitario, 1964.
Karttunen, Frances y James Lockhart. "La estructura de la poesía náhuatl vista por sus variantes." *Estudios de Cultura Náhuatl.* Vol. 14. México: UNAM, Instituto de Investigaciones Históricas, 1980. 15–63.
Krickeberg, Walter. *Mitos y leyendas de los aztecas, incas, mayas y muiscas.* México: Fondo de Cultura Económica, 1971.
Leander, Brigitta. *Flor y canto. La poesía de los aztecas.* México: Instituto Nacional Indigenista y Secretaría de Educación Pública, 1972.

---

[3]Características metáforas del pensamiento náhuatl para expresar la sabiduría.
[4]Ambos discursos son más extensos que los antologados hasta aquí. A través de estas pláticas ambos padres instan a su hija a ser una mujer honrada y trabajadora, sólo así podrá crear hijos nobles.

León Portilla, Miguel. *Los antiguos mexicanos a través de sus crónicas y cantares.* México: Fondo de Cultura Económica, 1961.

―――――. *La filosofía náhuatl estudiada en sus fuentes.* México: Universidad Nacional Autónoma de México, 1974.

―――――. *Visión de los vencidos.* México: Universidad Nacional Autónoma de México, 1976.

―――――. *Trece poetas del mundo azteca.* México: UNAM, Instituto de Investigaciones Históricas, 1978.

―――――. *Literaturas de Mesoamérica.* México: Secretaría de Educación Pública, 1984.

―――――. *Literatura del México antiguo.* Caracas: Ayacucho, 1986.

―――――. *Huehuetlahtolli. Testimonios de la antigua palabra.* México: Fondo de Cultura Económica y Secretaría de Educación Pública, 1991.

Martínez, José Luis. *Netzahualcóyotl. Vida y obra.* México: Fondo de Cultura Económica, Secretaría de Educación Pública, 1984.

Rodríguez Carucci, Alberto. *Literaturas prehispánicas e historia literaria en Hispanoamérica.* Mérida, Venezuela: Universidad de los Andes, Instituto de Investigaciones Literarias Gonzalo Picón Febrés, 1988.

Segala, Amos. *Literatura náhuatl. Fuentes, identidades, representaciones.* Trad. Mónica Mansour. México: Grijalbo, Consejo Nacional para la Cultura y las Artes, 1990.

Cultura náhuatl

Krickebert, Walter. *Las antiguas culturas mexicanas.* Trad. Sita Garst y Jasmín Reuter. México: Fondo de Cultura Económica, 1961.

León Portilla, Miguel. *Toltecáyotl. Aspectos de la cultura náhuatl.* México: Fondo de Cultura Económica, 1980.

―――――. *México-Tenochtitlan. Su espacio y tiempo sagrados.* México: Plaza y Janés, 1987.

Matos Moctezuma, Eduardo. *Muerte a filo de obsidiana.* México: Secretaría de Educación Pública, 1986.

Séjourné, Laurette. *Pensamiento y religión en el México antiguo.* Trad. Orfila Reynal. México: Fondo de Cultura Económica, 1975.

Soustelle, Jacques. *La vida cotidiana de los aztecas.* Trad. Carlos Villegas. México: Fondo de Cultura Económica, 1956.

―――――. *El universo de los aztecas.* Trad. José Luis Martínez y Juan José Utrilla. México: Fondo de Cultura Económica, 1982.

Sten, María. *Las extraordinarias historias de los códices mexicanos.* México: Planeta, 1991.

Todorov, Tzvetan. *La Conquista de América y la cuestión del Otro.* Trad. Flora Botton Burlá. México: Siglo XXI, 1987.

Yáñez, Agustín. *Mitos indígenas.* México: UNAM, Biblioteca del Estudiante Universitario, 1979.

Westheim, Paul. *Ideas fundamentales del arte prehispánico en México.* Trad. Mariana Frenk. México: Era, 1972.

Alessandra Luiselli

LA LITERATURA MAYA

La literatura de los pueblos maya-quiché que conocemos actualmente incluye tres obras fundamentales:

1) Los libros del *Chilam Balam,* que en su totalidad suman, de acuerdo con la experta opinión de Miguel León Portilla, dieciocho libros, de los que sólo tres se han estudiado con profundidad: el *Chilam Balam de Chumayel,* el *Chilam Balam de Tizimín* y el *Chilam Balam de Maní.* Estos libros fueron escritos por los *chilamoob* —los sacerdotes mayas de más alta jerarquía en la zona de Yucatán—, y recrean simbólicamente hechos mitológicos. También recuperan relatos proféticos e históricos, tal es el caso del texto aquí incluido que narra la llegada de los *dzules,* es decir, los extranjeros, los españoles. La complejidad simbólica de estos libros determina que todavía permanezcan en relativa oscuridad.

2) El *Libro del Consejo* o *Popol Vuh* es quizás el texto literario más representativo de las literaturas prehispánicas, debido a su enorme circulación en el mundo entero. Este libro se transcribió después de la matanza ordenada por el sanguinario conquistador español Pedro de Alvarado en cierta región de Guatemala. Al presenciar semejante destrucción, los sacerdotes de la zona se propusieron transcribir sus historias al alfabeto latino, obligados por el terror del exterminio de códices y pueblos emprendido por los conquistadores. El *Popol Vuh* se divide en tres partes, de acuerdo con la fragmentación realizada por Georges Baudot. La primera parte narra la creación del mundo y los varios intentos de los dioses de crear al Hombre. La segunda parte relata la guerra de los verdaderos dioses en contra de los falsos dioses (a esta parte pertenecen los fragmentos incluidos en la antología). La tercera parte expone las diversas peregrinaciones y genealogías del pueblo quiché. La narración de sucesos totalmente fabulosos, como las leyendas de Vucub-Caquix y de sus dos hijos que forman parte de la presente antología, hacen del *Popol Vuh* una obra eminentemente literaria.

3) La obra de teatro conocida como *Rabinal-Achí* narra la lucha establecida entre dos guerreros: Rabinal Achí y Quiché Achí. Rabinal sale victorioso de la lucha y conduce a su contrincante frente al rey, padre de Rabinal. Lo que ocurre entonces es un combate verbal entre los personajes del drama, el cual termina con la muerte de Quiché Achí. No se ha incluido ningún fragmento de esta obra en la presente antología, debido a que tanto su extensión como su estilo (abundan los paralelismos, las expresiones de cortesía y las reiteraciones características del habla precortesiana) requieren una lectura total. Esta obra, a diferencia del Ollantay quechua, no presenta discusión alguna respecto a su origen netamente precolombino.

Respecto a la literatura de los mayas, es necesario precisar que debido a la complejidad de su escritura, no ha sido posible descifrarla totalmente. Demetrio Sodi ha señalado, junto con otros investigadores, que un área en la que se ha podido descodificar esta escritura es en las matemáticas; mientras que en otras áreas de la escritura ajenas a los numerales se ha descifrado muy poco. Este hecho, sumado a la complejidad de los manuscritos al trasladar el habla quiché a caracteres latinos (y que se muestran tan simbólicamente oscuros como el *Chilam Balam*), ha determinado la poca divulgación y la escasez de textos fundamentales de la literatura maya. Es preciso subrayar, sin embargo, que aún siendo tan limitado el número de obras mayas conocidas, su influencia sobre la literatura contemporánea ha sido de gran impacto, como lo prueba la narrativa del escritor guatemalteco Miguel Ángel Asturias (1899–1974), Premio Nobel de Literatura en 1967.

De *Popul Vuh*

La leyenda de Vucub-Caquix[1]

Traducción de Adrián Recinos

Había entonces muy poca claridad sobre la faz de la tierra. Aún no había sol. Sin embargo, había un ser orgulloso de sí mismo que se llamaba Vucub-Caquix.[2] Existían ya el cielo y la tierra, pero estaba encubierta la faz del sol y de la luna. Y decía (Vucub-Caquix):[3] —Verdaderamente, son una muestra clara de aquellos hombres que se ahogaron y su naturaleza es como la de seres sobrenaturales.

—Yo seré grande ahora sobre todos los seres creados y formados. Yo soy el sol, soy la claridad, la luna—exclamó—. Grande es mi esplendor. Por mí caminarán y vencerán los hombres. Porque de plata son mis ojos, resplandecientes[4] como piedras preciosas, como esmeraldas; mis dientes brillan como piedras finas, semejantes a la faz del cielo. Mi nariz brilla de lejos como la luna, mi trono[5] es de plata y la faz de la tierra se ilumina cuando salgo frente a mi trono.

Así, pues, yo soy el sol, yo soy la luna, para el linaje[6] humano. Así será porque mi vista alcanza muy lejos—.

---

[1] Pasaje perteneciente al *Popul Vuh*, libro que contiene narraciones de los pueblos maya-quiché recogidas por el padre Francisco Ximénez. Este notable sacerdote (nacido en Andalucía en 1666), llegó a Guatemala en 1688, ejerciendo su ministerio en centros de población eminentemente maya. En 1703 fue nombrado cura de Chichicastenango, región de Guatemala. Fue durante esta época cuando descubrió el manuscrito quiché escrito en caracteres latinos conocido como *Manuscrito de Chichicastenango*, el cual contenía el texto del llamado *Popul Vuh*. Eminente lingüista e historiador, el padre Ximénez tradujo la obra y se dedicó con notable afán a recuperar las historias de los pueblos mayas; su obra en esta área es extensa. En 1861 el abate francés Charles Etienne Brasseur dio a conocer universalmente el *Popul Vuh* al publicar una traducción al francés del documento. El pasaje aquí seleccionado narra la lucha de los dioses verdaderos en contra de los dioses falsos.

[2] "Vucub-Caquix" ha sido traducido por Adrián Recinos como "Siete Guacamayos"; Miguel Ángel Asturias, en cambio, lo traduce como "Principal Guacamayo". Con respeto al carácter prehispánico de la obra se mantendrá a lo largo de la presente antología el nombre quiché de todos los personajes del libro. Este criterio también se basa, en parte, debido a las notables diferencias dadas en las numerosas traducciones existentes del *Popul Vuh*. Al traducir en español los vocablos indígenas han sido cotejadas aquí las dos ediciones más conocidas del libro: la elaborada a partir del quiché por Adrián Recinos (México: Fondo de Cultura Económica, 1947) y la establecida a partir de la traducción del francés por Miguel Ángel Asturias (Buenos Aires, Losada, 1965).

[3] Vucub-Caquix, quien al hablar se encuentra admirando a los monos, hará referencia a un acontecimiento narrado con anterioridad y que explica que los hombres que sobrevivieron al diluvio fueron convertidos en monos por los dioses. Vucub-Caquix al ser el único hombre sobreviviente del diluvio que no fue convertido en mono se vuelve arrogante y se proclama a sí mismo dios.

[4] **resplandecientes:** brillantes.

[5] **trono:** la silla que sólo ocupa un rey o una divinidad.

[6] **linaje:** raza.

De esta manera hablaba Vucub-Caquix. Pero en realidad, Vucub-Caquix no era el sol; solamente se vanagloriaba[7] de sus plumas y riquezas. Pero su vista alcanzaba solamente el horizonte y no se extendía sobre todo el mundo.

Aún no se le veía la cara al sol, ni a la luna, ni a las estrellas, y aún no había amanecido. Por esta razón Vucub-Caquix se envanecía[8] como si él fuese el sol y la luna, porque aún no se había manifestado ni se ostentaba la claridad del sol y de la luna. Su única ambición era engrandecerse y dominar. Y fue entonces cuando ocurrió el diluvio[9] a causa de los muñecos de palo.[10]

Ahora contaremos cómo murió Vucub-Caquix y fue vencido, y cómo fue hecho el hombre por el creador y formador.

Este es el principio de la derrota y de la ruina de la gloria de Vucub-Caquix por los dos muchachos, el primero de los cuales se llamaba Hunahpú[11] y el segundo Ixbalanqué.[12] Estos eran dioses verdaderamente. Como veían el mal que hacía el soberbio, y que quería hacerlo en presencia del Corazón del Cielo, se dijeron los muchachos:

—No está bien que esto sea así, cuando el hombre no vive todavía aquí sobre la tierra. Así, pues, probaremos a tirarle con la cerbatana[13] cuando esté comiendo; le tiraremos y le causaremos una enfermedad, y entonces se acabarán sus riquezas, sus piedras verdes, sus metales preciosos, sus esmeraldas, sus alhajas de que se enorgullece. Y así lo harán todos los hombres, porque no deben envanecerse por el poder ni la riqueza.

—Así será— dijeron los muchachos, echándose cada uno su cerbatana al hombro.

Ahora bien, este Vucub-Caquix tenía dos hijos: el primero se llamaba Zipacná,[14] el segundo era Cabracán;[15] y la madre de los dos se llamaba Chimalmat,[16] la mujer de Vucub-Caquix.

---

[7] **se vanagloriaba:** hablaba con arrogancia.
[8] **se envanecía:** hablaba con arrogancia.
[9] **diluvio:** inundación, lluvias universales a las cuales se refieren varias religiones.
[10] los muñecos de palo: los hombres creados por los dioses antes del diluvio. Los hombres de madera fueron exterminados por no rezarles nunca a sus creadores. En las mitologías prehispánicas, hubo varios intentos de los dioses para crear al hombre verdadero.
[11] *Hunahpú* ha sido traducido por Asturias como "Maestro mago". Recinos no traduce el nombre en este punto, aunque más adelante en el libro apunta como traducción de *Hunahpú* "Flor olorosa".
[12] *Ixbalanqué* es traducido por Asturias como "Brujito". *Balan* significa "tigre" o "brujo". Adrián Recinos ha señalado que el prefijo *ix*- confiere características femeninas y diminutivas a la palabra que lo emplea; sin embargo, no arriesga una traducción definida del nombre. *Hunahpú e Ixbalanqué,* a diferencia de *Vucub-Caquix,* sí eran dioses.
[13] **cerbatana:** tubo largo y hueco que sirve para lanzar, soplando, algunos proyectiles que se colocan en su interior.
[14] *Zipacná* ha sido traducido por Asturias como "Sabio Pez-Tierra". Recinos no traduce el vocablo.
[15] *Cabracán* significa "temblor de tierra", "terremoto"; tanto Recinos como Asturias coinciden en ello.
[16] *Chimalmat* fue traducido por Asturias como "La que se torna invisible". Recinos se limita a señalar que la madre de Quetzalcóatl, según la mitología náhuatl, se llamaba *Chimalmán.*

40   Zipacná jugaba a la pelota con los grandes montes: el Chigag, Hunahpú, Pecul, Yaxcanul, Macamob y Huliznab.[17] Estos son los nombres de los montes que existían cuando amaneció y que fueron creados en una sola noche por Zipacná.

Cabracán movía los montes y por él temblaban las montañas grandes y pequeñas. De esta manera proclamaban su orgullo los hijos de Vucub-Caquix: —¡Oíd! ¡Yo soy el sol! —decía Vucub-Caquix.— ¡Yo soy el que hizo la tierra! —decía Zipacná—. ¡Yo soy el que sacude el cielo y conmueve toda la tierra! —decía Cabracán. Así era como los hijos de Vucub-Caquix le disputaban[18] a su padre la grandeza. Y esto les parecía muy mal a los muchachos.

Aún no había sido creada nuestra primera madre, ni nuestro primer padre.

50   Por tanto, fue resuelta su muerte [de Vucub-Caquix y de sus hijos] y su destrucción, por los dos jóvenes.

Contaremos ahora el tiro de cerbatana que dispararon los dos muchachos contra Vucub-Caquix, y la destrucción de cada uno de los que se habían ensoberbecido.[19]

Vucub-Caquix tenía un gran árbol de nance,[20] cuya fruta era la comida de Vucub-Caquix. Éste venía cada día junto al nance y se subía a la cima del árbol. Hunahpú e Ixbalanqué habían visto que ésa era su comida. Y habiéndose puesto en acecho de Vucub-Caquix al pie del árbol, escondidos entre las hojas, llegó Vucub-Caquix directamente a su comida de nances.

En este momento fue herido por un tiro de cerbatana de Hun-Hunahpú,[21] que

60   le dio precisamente en la quijada,[22] y dando gritos se vino derecho a tierra desde lo alto del árbol.

Hun-Hunahpú corrió apresuradamente para apoderarse de él, pero Vucub-Caquix le arrancó el brazo a Hun-Hunahpú y tirando de él lo dobló desde la punta hasta el hombro. Así le arrancó (el brazo) Vucub-Caquix a Hun-Hunahpú. Ciertamente hicieron bien los muchachos no dejándose vencer primero por Vucub-Caquix.

Llevando el brazo de Hun-Hunahpú se fue Vucub-Caquix para su casa, a donde llegó sosteniéndose la quijada.

---

[17]La enumeración de los grandes montes corresponde en realidad a la existencia de los volcanes existentes en las regiones central y occidental de Guatemala. Sus nombres respectivos son: Volcán de Fuego, Volcán de Agua, Volcán de Acatenango, Volcán de Santa María y Volcán Cerro Quemado. El hecho de que uno de los dioses llegados a la tierra para castigar a Vucub-Caquix se llame igual que el Volcán de Agua no ha sido comentado en las ediciones consultadas. Esta a veces confusa polisemia de nombres y atributos es característica de todas las mitologías.

[18]**le disputaban:** le peleaban.

[19]**se habían ensoberbecido:** se habían vuelto excesivamente arrogantes.

[20]**Nance:** árbol de pequeñas frutas amarillas muy perfumadas llamadas, así mismo, nances.

[21]Hunahpú ha pasado a llamarse Hun-Hunahpú. Asturias otorga al prefijo *Hun* el significado de "Supremo", con lo cual traduce el nombre de *Hun-Hunahpú* como "Supremo Maestro Mago". Recinos apunta como error este cambio de nombre puesto que más adelante en el libro *Hun-Hunahpú* es, en realidad, el padre de Hunahpú.

[22]**quijada:** mandíbula, dientes.

—¿Qué os ha sucedido, señor? —dijo Chimalmat, la mujer de Vucub-Caquix.

70 —¿Qué ha de ser, sino aquellos dos demonios que me tiraron con cerbatana y me desquiciaron la quijada? A causa de ello se me menean[23] los dientes y me duelen mucho. Pero ya he traído (su brazo) para ponerlo sobre el fuego. Allí que se quede colgado y suspendido sobre el fuego, porque de seguro vendrán a buscarlo esos demonios. Así habló Vucub-Caquix mientras colgaba el brazo de Hun-Hunahpú.

Habiendo meditado Hun-Hunahpú e Ixbalanqué, se fueron a hablar con un viejo que tenía los cabellos completamente blancos y con una vieja, de verdad muy vieja y humilde, ambos doblados ya como gentes muy ancianas. Llamábase el viejo Zaqui-Nim-Ac y la vieja Zaqui-Nimá-Tziís.[24] Los muchachos les dijeron a la vieja y al viejo:

80 —Acompañadnos para ir a traer nuestro brazo a casa de Vucub-Caquix. Nosotros iremos detrás. "Estos que nos acompañan son nuestros nietos; su madre y su padre ya son muertos; por esta razón ellos van a todas partes tras de nosotros, a donde nos dan limosna, pues lo único que nosotros sabemos hacer es sacar el gusano de las muelas.[25]" Así les diréis.

De esta manera, Vucub-Caquix nos verá como a muchachos y nosotros también estaremos allí para aconsejaros —dijeron los dos jóvenes.

—Está bien — contestaron los viejos.

A continuación se pusieron en camino para el lugar donde se encontraba Vucub-Caquix recostado en su trono. Caminaban la vieja y el viejo seguidos de 90 los dos muchachos, que iban jugando tras ellos. Así llegaron al pie de la casa del señor, quien estaba gritando a causa de las muelas.

Al ver Vucub-Caquix al viejo y a la vieja y a los que los acompañaban, les preguntó el señor:

—¿De dónde venís, abuelos?

—Andamos buscando de qué alimentarnos, respetable señor —contestaron aquéllos.

—¿Y cuál es vuestra comida? ¿No son vuestros hijos éstos que os acompañan?

—¡Oh, no, señor! Son nuestros nietos; pero les tenemos lástima, y lo que a nosotros nos dan lo compartimos con ellos, señor —contestaron la vieja y el 100 viejo.

Mientras tanto, se moría el señor del dolor de muelas y sólo con gran dificultad podía hablar.

—Yo os ruego encarecidamente[26] que tengáis lástima de mí. ¿Qué podéis hacer? ¿Qué es lo que sabéis curar? —les preguntó el señor. Y los viejos contestaron:

---

[23]**se me menean:** se me mueven.
[24]*Zaqui-Nim-Ac* ha sido traducido por Recinos como "Gran Jabalí Blanco". *Zaqui-Nimá-Tziís* ha sido traducido por el mismo investigador como "Gran Pisote Blanco". Representan ambos la pareja creadora. Asturias se refiere a ellos como "Gran Cerdo del Alba" (el abuelo) y "Gran Tapir del Alba" (la abuela).
[25]Hunahpú e Ixbalanqué desean que sus identidades verdaderas no sean conocidas por Vucub-Caquix.
[26]**os ruego encarecidamente:** os pido con gran emoción.

—¡Oh, señor, nosotros sólo sacamos el gusano de las muelas, curamos los ojos y ponemos los huesos en su lugar!

—Está muy bien. Curadme los dientes, que verdaderamente me hacen sufrir día y noche, y a causa de ellos y de mis ojos no tengo sosiego y no puedo dormir. Todo esto se debe a que dos demonios me tiraron un bodocazo,[27] y por eso no puedo comer. Así, pues, tened piedad de mí, apretadme los dientes con vuestras manos.

—Muy bien, señor. Un gusano es el que os hace sufrir. Bastará con sacar esos dientes y poneros otros en su lugar.

—No está bien que me saquéis los dientes, porque sólo así soy señor y todo mi ornamento son mis dientes y mis ojos.

—Nosotros os pondremos otros en su lugar, hechos de hueso molido.

Pero el hueso molido no era más que granos de maíz blanco.

—Está bien, sacadlos, venid a socorrerme— replicó.

Sacáronle entonces los dientes a Vucub-Caquix y en su lugar le pusieron solamente granos de maíz blanco, y estos granos de maíz le brillaron en la boca. Al instante decayeron sus facciones y ya no parecía señor. Luego acabaron de sacarle los dientes que le brillaban en la boca como perlas. Y por último le curaron los ojos a Vucub-Caquix reventándole las niñas de los ojos y acabaron por quitarle todas sus riquezas.

Pero nada sentía ya. Sólo se quedó mirando mientras por consejo de Hunahpú e Ixbalanqué acababan de despojarlo de las cosas de que se enorgullecía.

Así murió Vucub-Caquix. Luego recuperó su brazo Hunahpú. Y murió también Chimalmat, la mujer de Vucub-Caquix.

Así se perdieron las riquezas de Vucub-Caquix. El médico se apoderó de todas las esmeraldas y piedras preciosas que habían sido su orgullo aquí en la tierra.

La vieja y el viejo que estas cosas hicieron eran seres maravillosos. Y habiendo recuperado el brazo, volvieron a ponerlo en su lugar y quedó bien otra vez.

Solamente para lograr la muerte de Vucub-Caquix quisieron obrar de esta manera, porque les pareció mal que se enorgulleciera.

Y en seguida se marcharon los dos muchachos, habiendo ejecutado así la orden del Corazón del Cielo.

REFLEXIÓN Y ANÁLISIS

1) Explique la necesidad que todas las culturas han experimentado en torno a la creación de una mitología propia.
2) ¿Cuál es el valor de los mitos?
3) ¿Existen algunas semejanzas entre nuestros mitos y los mitos indígenas?

---

[27]**bodocazo:** gran golpe.

De *Los libros del Chilam Balam*

Los dzules[1]

Traducción de Demetrio Sodi

Esto es lo que escribo: en mil quinientos cuarenta y uno fue la primera llegada de los dzules,[2] de los extranjeros, por el oriente. Llegaron a Ecab, así es su nombre. Y sucedió que llegaron a la Puerta del Agua, a Ecab, al pueblo de Nacom Balam, en el principio de los días de los años del katun once ahau.[3] Quince veintenas de años[4] antes de la llegada de los dzules, los itzaes[5] se dispersaron. Se abandonó el pueblo de Zaclahtún, se abandonó el pueblo de Kinchil Coba, se abandonó Chichén Itzá, se abandonó Uxmal y, al sur de Uxmal, se abandonó Kabah, que así es su nombre. Se abandonaron Zeye, y Pakam, y Homtun, el pueblo de Tixcalomkin y Ake, el de las puertas de piedra.[6]

Se abandonó el pueblo donde baja la lluvia, Etzemal, allí donde bajó el hijo del todo Dios, el Señor del cielo, el señor-señora, el que es virgen milagrosa.[7] Y dijo el señor: "Bajen los escudos chimallis de Kinich Kakmo". Ya no se puede reinar

---

[1] Este fragmento corresponde al libro *Chilam Balam de Chumayel*, una de las dieciocho versiones o libros del *Chilam Balam* conocidos hasta hoy. Estos libros fueron redactados después de la Conquista española y narran las creencias, mitologías y genealogías de los pueblos mayas. *Chilam* es el nombre maya que se daba a los sacerdotes como comunidad; balam significa brujo y también tigre. Chumayel es el nombre de la región yucateca de donde proviene el manuscrito, cuya edición en forma facsimilar fue conocida en 1913.

[2] **dzules:** extranjeros; más concretamente aún, españoles.

[3] **Katun once ahau:** fecha dada en numerales mayas. El katun es un ciclo de 20 años que circunvoluciona en períodos de 160 años; el signo "once ahau" representa un período de años regido por la miseria. La complejidad y simbolismo del calendario maya impide entrar en más detalles sobre su funcionamiento. Baste señalar que la fecha "katun once ahau" precisa el momento en el cual el dominio español se impuso firmemente en Yucatán (1541).

[4] El sistema numérico de los mayas era vigesimal; el número proporcionado (1241) señala que hablan del momento en el cual

los mayas abandonaron sus principales ciudades. Abandono para el que existen numerosas explicaciones de tipo religioso, histórico, político y hasta agrícola; sin embargo la causa definitiva de la deserción de la principales ciudades mayas aún se desconoce.

[5] **itzaes:** mayas que se negaron a aceptar el cristianismo; vivieron independientes hasta el año 1697 (fecha en que por fin fueron sometidos al dominio español). Sus creencias les hicieron doblegarse ese año ante el dominio español dado que empezaba para ellos un *katun* regido por el símbolo de cambios políticos. Vencidos por los augurios de su simbólico calendario, los itzaes, famosos guerreros, no opusieron resistencia a los españoles a partir de 1697. Los itzaes introdujeron a la cultura maya rasgos nahuas, como lo fue el culto a Kukulcán, es decir, Quetzalcóatl. Se establecieron en la importante ciudad de Chichén Itzá.

[6] Detallada enumeración de los pueblos y centros ceremoniales abandonados por los mayas antes de la llegada de los españoles.

[7] El Señor del Cielo presenta la dualidad femenino-masculina característica de los supremos dioses mayas y nahuas.

aquí. Pero queda el Milagroso, el Misericordioso. "Bájense las cuerdas, bájense los cintos caídos del cielo. Bájese la palabra caída del cielo". Y así hicieron reverencia de su señorío los otros pueblos, así se dijo, que no servían los señores dioses de Emal.

Y entonces se fueron los grandes itzaes. Trece veces cuatrocientas veces cuatrocientos millares y quince veces cuatrocientos centenares[8] vivieron herejes los itzaes. Pero se fueron y con ellos sus discípulos, que los sustentaban y que eran muy numerosos. Trece medidas fue Iximal y a la cabeza de la cuenta de los Iximal hubo nueve almudes y tres oc.[9] Y los hijos del pueblo fueron con sus dioses por delante y por detrás.

Su espíritu no quiso a los dzules ni a su cristianismo. No les dieron tributo ni el espíritu de los pájaros, ni el de las piedras preciosas, ni el de las piedras labradas, ni el de los tigres, que los protegían. Mil seiscientos años y trescientos años y terminaría su vida. Ellos sabían contar el tiempo, aun en ellos mismos. La luna, el viento, el año, el día: todo camina, pero pasa también. Toda sangre llega al lugar de su reposo, como todo poder llega a su trono. Estaba medido el tiempo en que se alabaría la grandeza de Los Tres.[10] Medido estaba el tiempo de la bondad del sol, de la celosía que forman las estrellas, desde donde los dioses nos contemplan. Los buenos señores de las estrellas, todos ellos buenos.[11]

Ellos tenían la sabiduría, lo santo, no había maldad en ellos. Había salud, devoción, no había enfermedad, dolor de huesos, fiebre o viruela,[12] ni dolor de pecho ni de vientre. Andaban con el cuerpo erguido. Pero vinieron los dzules y todo lo deshicieron. Enseñaron el temor, marchitaron las flores, chuparon hasta matar la flor de los otros porque viviese la suya. Mataron la flor del nacxit xuchitl.[13] Ya no había sacerdotes que nos enseñaran. Y así se asentó el segundo tiempo, comenzó a señorear, y fue la causa de nuestra muerte. Sin sacerdotes, sin sabiduría, sin valor y sin vergüenza, todos iguales. No había gran sabiduría, ni palabra ni

---

[8]La complejidad de la cifra señala que lo que se quiere expresar a través del numeral es que los *itzaes* decidieron rotunda y categóricamente no adoptar nunca ninguna religión ajena a la suya propia. Rechazaron sobre todo, hasta donde les fue posible, la religión cristiana.

[9]**nueve almudes y tres oc:** antigua medida que se apróxima a cinco litros.

[10]Referencia a la divinidad conocida como Corazón del Cielo, que en el pasaje del *Popol Vuh* —incluido en esta antología— es quien dispone el castigo de Vucub-Caquix y sus hijos. Esta divinidad poseía una configuración tríptica: Caculhá-Huracán, Chipi-Caculhá y Raxa-Caculhá.

[11]A partir de esta elegía a los dioses prehis-

pánicos, es posible captar en toda su dimensión el dolor de los pueblos mayas ante la extinción de su cultura.

[12]No existía la viruela entre los pueblos prehispánicos. Cuando tal enfermedad llegó al continente causó verdaderas epidemias y mortandad entre la gente. Las cifras de descenso de población debido a la viruela hablan de la terrible plaga que significó para ellos la llegada de esta contagiosa enfermedad, traída por los españoles a América.

[13]**Nacxit xuchitl:** mataron la descendencia o el florecimiento de los descendientes de *Nacxit* (*Nacxit* era un nombre que aludía al dios Kukulcán-quetzalcóatl; *xuchitl* significa flor en idioma náhuatl).

enseñanza de los señores. No servían los dioses que llegaron aquí. ¡Los dzules sólo habían venido a castrar[14] al sol! Y los hijos de sus hijos quedaron entre nosotros que sólo recibimos su amargura.

REFLEXIÓN Y ANÁLISIS

1) ¿Qué importancia histórica y literaria tiene el fragmento conocido como "Los dzules"?
2) ¿Qué recursos reconoce como propios de la expresión prehispánica?
3) ¿Qué sentimiento emerge de este pasaje? ¿Cuál es la visión que los mayas tenían de los españoles y su cristianismo?
4) Comente la importancia literaria que posee este testimonio maya.

BIBLIOGRAFÍA

Baudot, Georges. *Las letras precolombinas.* Trad. Xavier Massimí y Martí Solcr. México: Siglo XXI, 1979.

Konorozov, Y. V. "Principios para descifrar los escritos mayas." *Estudios de Cultura Maya.* Num. 5. México: UNAM, 1965. 153–87.

Krickeberg, Walter. *Mitos y leyendas de los aztecas, incas, mayas y muiscas.* México: Fondo de Cultura Económica, 1961.

León Portilla, Miguel. *Tiempo y realidad en el pensamiento maya.* México: UNAM, Instituto de Investigaciones Históricas, 1968.

Morley, S. G. *La civilización maya.* México: Fondo de Cultura Económica, 1953.

Sodi, Demetrio. *La literatura de los mayas.* México: Joaquín Mortiz, 1964.

Thompson, J. Eric. *Grandeza y decadencia de los mayas.* México: Fondo de Cultura Económica, 1984.

Alessandra Luiselli

---

[14]**castrar:** volver imposible la reproducción. En sentido figurado implica convertir al hombre fuerte en un ser débil, sin hombría, sin fuerzas.

LA LITERATURA QUECHUA

La literatura en lengua quechua o runasimi, el idioma de los incas y de los pueblos pertenecientes a su dominio, presenta un obstáculo de suma gravedad: la carencia de una escritura pictográfica o ideográfica. La única organización de signos hasta ahora conocida se refiere a los famosos *quipus:* cordones con nudos de colores distribuidos de tal manera que era posible encontrar cierta información en ellos, debido a su acomodo. Hasta ahora, los investigadores no han podido descifrar ninguna lectura de ellos y postulan que se trata sólo de instrumentos contables, debido a la disposición decimal de sus nudos. Sin embargo, testimonios de cronistas tanto indígenas como españoles insisten en el valor literario e histórico que encierran los *quipus*. Además de esta grave ausencia de escritura descodificable, los incas no tuvieron, como bien lo señala Georges Baudot, ningún etnógrafo comparable a los célebres franciscanos de México. De esta forma, no queda ningún documento conocido hasta ahora donde pueda estudiarse con profundidad su literatura; por ello es preciso recurrir a otros testimonios para lograr el rescate de lo que tal vez existiera en manuscritos o códices destruidos durante la ferocidad de la Conquista. Los únicos testimonios con que se cuenta pertenecen al período colonial y provienen no de filólogos ni de etnógrafos, sino de cronistas. Entre los principales cronistas se encuentran: Cieza de León, Cristóbal de Molina, Blas Valera, Huamán Poma, Juan de Santa Cruz Pachakuti y el Inca Garcilaso de la Vega. En la época contemporánea el destacado boliviano Jesús Lara fue quien dio impulso a la recuperación e investigación de los testimonios literarios dispersos en las diferentes crónicas. Así mismo, Lara ha insistido siempre en que los *quipus* contienen realmente un lenguaje que no ha podido ser descifrado pero que encierra conocimientos históricos, geográficos, astronómicos, literarios, legales y económicos de la sociedad incaica.

De los datos obtenidos del mundo quechua, provenientes de textos coloniales, es posible establecer algunos paralelos con la organización del mundo náhuatl. Así como los antiguos mexicanos contaban con viejos y reverenciados sabios o *tlamatinime* que trasmitían el conocimiento filosófico y religioso, de igual forma los incas contaban con la presencia del *amauta,* historiador y filósofo que trasmitía el saber. En paralelo semejante, así como los nobles del mundo náhuatl asistían al *Calmecac,* los nobles incas asistían al *Yachayhuasi,* donde gozaban de una esmerada educación literaria. La única diferencia fundamental entre ambas organizaciones culturales prehispánicas estriba en lo señalado por Jesús Lara, quien advierte que la poesía no era entre los quechuas patrimonio exclusivo de los nobles, como lo fue en el caso de los antiguos mexicanos, sino que podía ser estudiada y compuesta aún por miembros pertenecientes a los estratos inferiores de la organización incaica.

Así, partiendo de la información recuperada a través de las crónicas que se refieren a la literatura en quechua o runasimi es posible establecer la siguiente clasificación respecto a su poesía:

Jailli, cantos triunfales entonados para glorificar a los múltiples dioses de la cultura inca, siendo Viracocha el dios principal. Existía así mismo un canto heroico, también clasificado como *jailli* en el que se exaltaba la guerra y el valor en las batallas. La tercera subdivisión de *jailli* se encuentra en la variante del canto agrícola, el cual se entonaba al celebrarse las siembras y las cosechas.

Arawi, cantos que se refieren a la vida íntima —el amor, la soledad, la tristeza— y aún la prisión. En esta sección se presentan, entre otras composiciones, los tres *arawi* que aparecen en la obra dramática conocida como el *Ullantay,* obra de teatro cuya autenticidad indígena se cuestiona. Es posible, sin embargo, que se trate de la recuperación dramática de alguna leyenda que circuló oralmente entre los quechuas.

Wawaki, cantos en forma de diálogo entonados por un coro masculino y un coro femenino que alternan sus voces a lo largo de la composición. Jesús Lara menciona que los *wawaki* eran cantados durante las festividades en honor a la Luna.

Wayñu, este género de poesía requería para su ejecución tanto de la música como del baile y era de carácter colectivo.

Además de estas cuatro vertientes de la poesía quechua, los especialistas señalan algunas subdivisiones más:

Urpi o cantos entonados ante la pérdida de la mujer amada, la cual es representada siempre como una paloma.

Taki, género que actualmente se distingue del *arawi* en el tono más ligero de cantar al amor. *Qhashwa,* canto entonado a un mismo tiempo por coros de muchachos y muchachas.

Existen además dos corrientes literarias situadas entre la poesía y el drama: se trata del *Aranway* (fábula) y del *Wanka* (elegía). Ambos sub-géneros estaban previstos para ser representados durante los espectáculos teatrales, por lo cual su clasificación definitiva como textos poéticos se ha prestado siempre a discusiones académicas.

Aquí incluimos el jailli "Oración primera al hacedor", canto a los dioses. Debido a las enormes dificultades que estas obras tuvieron que sortear para llegar a ser difundidas y conocidas en la actualidad (destrucción sistemática de códices indígenas por parte de las autoridades eclesiásticas, pérdidas y naufragios de manuscritos, prohibiciones de estudiar las culturas indígenas en el extendido período de la Colonia), resulta un verdadero privilegio el que hoy puedan ser conocidos y estudiados textos mediante los cuales es posible apreciar el rostro genuino de Hispanoamérica.

Oración primera al hacedor[1]

Jailli 1

Versión de Jesús Lara

Raíz del ser, Viracocha,[2]
Dios siempre cercano,
Señor de vestidura
Deslumbradora.
Dios que gobierna y preserva,
Que crea con sólo decir:
"Sea hombre,
Sea mujer".
El ser que pusiste
Y criaste
Que viva libre
Y sin peligro.

¿Dónde te encuentras?
¿Fuera del mundo
Dentro del mundo,
En medio de las nubes
O en medio de las sombras?

Escúchame,
Respóndeme.
Haz que viva
Por muchos días,
Hasta la edad en que deba
Encanecer,[3]
Levántame,
Tómame en tus brazos.

Y en mi cansancio
Auxíliame,
Doquiera estés,
Padre Viracocha.

---

[1]Poema recuperado por el padre Cristóbal de Molina en 1575, incluiwdo en su libro *Fábulas y ritos de los Incas.* Jesús Lara lo reproduce en *La poesía quechua* (México:

Fondo de Cultura Económica, 1947).
[2]**Viracocha:** el Creador. Divinidad suprema de los incas.
[3]**encanecer:** volverse blanco el cabello.

REFLEXIÓN Y ANÁLISIS

1) ¿Que imágenes se emplean en el jailli para aludir a la divinidad?

BIBLIOGRAFÍA

Arguedas, José María. *Formación de una cultura nacional indoamericana*. *Prólogo de Ángel Rama*. México: Siglo XXI, 1975.

Arias Lareta, A. *Literaturas aborígenes de América*. Buenos Aires: Indoamericana, 1968.

Baudot, Georges. *Las letras precolombinas*. Trad. Xavier Massimi y Martí Soler. México: Siglo XXI, 1979.

Bendezú, Edmundo. *Literatura quechua*. Caracas: Ayacucho, 1980.

————. *La otra literatura peruana*. México: Fondo de Cultura Económica, 1986.

Cosío del Pomar, F. *Arte del Perú precolombino*. México: Fondo de Cultura Económica, 1949.

Farfán, J. M. B. "Poesía folclórica quechua." *Revista del Instituto de Antropología de la Universidad Nacional de Tucumán* 2 (1947): 528–626.

Gow, Rosalind, y Bernabé Condori. *Kay Pacha: tradición oral andina*. Cuzco: Centro de Estudios Andinos Bartolomé de las Casas, 1976.

Lara, Jesús, ed. *La poesía quechua*. México: Fondo de Cultura Económica, 1947.

————. *La literatura de los quechuas*. Cochabamba: Canelas, 1961.

————, ed. *Tragedia del fin de Atawallpa*. Cochabamba: Imprenta Universitaria, 1957.

Porras Berrenechea, Raúl. *Mito, tradición e historia del Perú*. Lima: Imprenta Santa María, 1951.

Valcárcel, L. E. *Etnohistoria del Perú antiguo*. Lima: Universidad de San Marcos, 1964.

————. *Ruta cultural del Perú*. Lima: Universo, 1973.

Alessandra Luiselli

II

EL DESCUBRIMIENTO

LA NARRATIVA DEL ENCUENTRO Y LA CONQUISTA
DEL NUEVO MUNDO

l cumplimiento de los quinientos años del encuentro entre el Viejo y el Nuevo Mundo en 1992 ha destacado, entre otras cosas, la enorme importancia que tienen los vocablos en cuanto a la percepción ideológica de la realidad. Es así como hoy en día la palabra *descubrimiento* ha quedado marginada del vocabulario de quienes pretenden un conocimiento objetivo de los sucesos que culminaron con la dramática conquista europea de los territorios americanos. En efecto, Cristóbal Colón, el siempre enigmático almirante de la Mar Océana, cuya biografía se escapa a los estudiosos por falta de datos precisos acerca de su ascendencia, su idioma o su lugar natal, no descubrió América: Cristóbal Colón *encontró* América en su pretendida navegación hacia el Oriente. Esta precisión se vuelve no sólo necesaria, sino imperativa debido a la consciencia que actualmente se tiene respecto a los habitantes originarios del llamado Nuevo Mundo. Si durante casi cinco siglos pudo hablarse eurocéntricamente de un "descubrimiento", ello se debe a las peculiares circunstancias históricas y sociales que determinaron un escaso conocimiento de las culturas prehispánicas: que en la actualidad reconocemos en toda su riqueza y complejidad. Este capítulo, por lo tanto, no tratará sobre la narrativa del descubrimiento, sino sobre la narrativa del encuentro.

Esta puntualización sobre lo que denotan los vocablos no obedece a pasajeras modas semánticas, sino a profundos razonamientos éticos, insoslayables en toda reflexión sobre los habitantes del Nuevo Mundo y su forzada europeización. No se trata sólo de señalar lo que con certeza postula Tzvetan Todorov en su libro *La conquista de América. La cuestión del Otro,* donde consigna que Colón descubrió América pero no a los americanos. Sutil reconocimiento de la incapacidad del famoso navegante para ver al hombre americano, al que sólo supo mirar desde su óptica de comerciante. Para Colón, los habitantes del Nuevo Mundo, así como su flora y su fauna, fueron sucesivamente, a veces notable a veces defectuosa, mercancía. Sin embargo, ni siquiera el mencionado señalamiento de Todorov sobre la ceguera de Almirante resulta suficiente. Los sucesos que realmente ocurrieron en tierras americanas en 1492 no caben dentro de lo que la palabra "descubrimiento" connota. Colón no descubrió América, Colón encontró América. Y es imprescindible utilizar este verbo puesto que es precisamente el verbo *encontrar,* y no otro, el vocablo que señala con más claridad la correspondencia implícita en una acción recíproca. Es decir, una acción que no postula la existencia de un actuante privilegiado y único —Colón— sino que expresa la acción simultánea que ejercen entre sí varios sujetos —europeos y americanos. Esto fue lo que ocurrió a partir de 1492, la fractura respecto a la previa concepción del mundo fue recíproca: tanto el hombre americano como el europeo quedaron profundamente modificados debido a su encuentro con el "Otro".

Este encuentro del Viejo y el Nuevo Mundo ocurre durante la época del tránsito europeo de la Edad Media al Renacimiento. Cristóbal Colón es el resultado de este tránsito, sus escritos así lo consignan. Y este medievalismo (las sirenas que cree ver, su pretendido descubrimiento del paraíso terrenal y otros tantos sucesos fantásticos) teñido con las nuevas tintas del Renacimiento (la creencia en las posibilidades ilimitadas del individuo) serán, como veremos, las características que predominen en la narrativa que registra el encuentro de España y América. Este acercamiento, aún cuando ha sido documentado en numerosos testimonios europeos y en escasos, preciosos testimonios indígenas, tiene momentos privilegiados que serán estudiados en la presente antología de la siguiente forma:

1) Los escritos de Cristóbal Colón, los primeros en consignar descripciones, si bien apresuradas, del paisaje y el hombre americanos. Estos escritos datan de 1492.
2) Las cartas de Hernán Cortés que inician en 1519 y que narran la conquista española de la primera gran ciudad del Nuevo Mundo, México.
3) La historia de Bernal Díaz del Castillo —que complementa, amplía y, algunas veces, corrige lo narrado por Cortés— concluida en 1568.
4) Las denuncias de Fray Bartolomé de las Casas en contra de la explotación de los españoles sobre los habitantes de América. Estas denuncias fueron consignadas, entre otros documentos, en su breve pero intensa y debatida relación de 1552.

Estos son cuatro momentos privilegiados dentro de la extensa narrativa del encuentro de españoles y legítimos pobladores de América. Son documentos de valor incalculable, tanto por su riqueza intrínseca como por su repercusión literaria posterior. La prosa de estos cronistas ha sido textualmente recuperada por los grandes escritores de América Latina, tanto Gabriel García Márquez (*El otoño del patriarca*) como Alejo Carpentier (*El arpa y la sombra*), Carlos Fuentes (*El naranjo*), Abel Posse (*Los perros del paraíso*) como tantos otros narradores, poetas y ensayistas hispanoamericanos (Fernando Ortiz con su libro fundamental *Contrapunteo del tabaco y el azúcar*) muestran en sus páginas no sólo el impacto de este primer encuentro, sino incluso la reelaboración americana de los textos e historias de estos primeros escribanos del encuentro.

La visión no europea sino indígena del encuentro de dos mundos ha sido parcialmente rescatada en la presente antología al incluirse previamente en este volumen los cantos de angustia o *icnocuícatl* de los antiguos mexicanos recuperados por Miguel León Portilla. A través del último de estos cantos es posible sentir, en toda su extensión, el dolor que la destrucción emprendida por los conquistadores españoles dejó en ellos: "era nuestra herencia una inmensa red de agujeros". Así se lamentaban los habitantes de la gran ciudad de México al ver sus templos, sus casas y sus preciados libros incendiados, reducidos a escombros humeantes por las bárbaras acciones de los conquistadores; y, sobre todo, se lamentaban de ver a sus descendientes sometidos a un atroz destino: la esclavitud y la servidumbre. Esa fue la perspectiva final que los habitantes del Nuevo Mundo tuvieron sobre los sucesos que se iniciaron cuando Colón desembarcó por primera vez en las islas del mar Caribe.

No fueron únicamente los mexicanos quienes expresaron su angustia ante la ferocidad de la conquista. También los descendientes de los soberanos incas consignaron sus lamentos en posteriores narraciones del encuentro. Es así como han llegado hasta nosotros las páginas de Felipe Huamán Poma, el llamado cronista dibujante, y de Garcilaso de la Vega, el Inca, autor que será estudiado con mayor detenimiento en otra sección del presente volumen. Sin embargo, conviene retomar en este punto el lamento con el que, según Garcilaso, terminaban sus pláticas los sollozantes incas, después de la sangrienta conquista del Perú: "Trocósenos el reinar en vasallaje". En efecto, a partir de la llegada del conquistador español al Nuevo Mundo, los americanos sobrevivientes al encuentro tuvieron que vivir, por más de trescientos años, en el más absoluto de los vasallajes. Ninguna de las culturas nativas quedó a salvo de la destrucción y sometimiento efectuados en América debido a la sed de riquezas que movía a navegantes, exploradores, conquistadores y que impulsaba, aún, a la gran mayoría de sacerdotes, extirpadores de idolatrías, enviados a América bajo los supuestos propósitos de la misión evangelizadora. Corroborar este último punto siempre debatido, puede lograrse no sólo al conocerse las denuncias del polémico humanista Las Casas, sino al leerse, entre otros, los escritos llenos de autenticidad del cronista dibujante, Felipe Huamán Poma. Su libro *Nueva corónica y buen gobierno*, iniciado en el año 1583 y finalizado en 1615, consigna detalladamente la ambición de los primeros conquistadores y pobladores españoles del Perú:

> En el año de mil quinientos y catorce [. . .] don Francisco y Pizarro y don Diego de Almagro, fray Vicente, de la orden de San Francisco, y Felipe, lengua indio Guanca Bilca, se juntaron con Martín Fernández Ynseso y trecientos cincuenta soldados y se embarcaron al reino de las Indias de Perú. [. . .] Cada día no se hacía nada, sino todo era pensar en oro y plata y riquezas de las Indias del Perú. Estaban como un hombre desesperado, tonto, loco; perdido el juicio con la codicia de oro y plata. A veces no comían con el pensamiento de oro y plata. A veces tenían gran fiesta, pareciendo que todo el oro y la plata tenían entre las manos. Así como un gato casero cuando tiene al ratón dentro de las uñas, entonces se huelga. Y si no, siempre acecha y trabaja y todo su cuidado y pensamiento se le va ahí hasta cogerlo; no para y siempre vuelve ahí. Así fueron los primeros hombres, no temían la muerte con el interés del oro y la plata. Peor son los de ahora, los españoles corregidores, padres, encomenderos. Con la codicia del oro y la plata se van al infierno.

La codicia que movía a los frailes enviados para la supuesta propagación de la doctrina católica queda fielmente representada en numerosas páginas de este cronista andino, cuyo texto no fue conocido sino hasta bien entrado el siglo veinte. Sus escritos, al igual que sus reveladores dibujos, ilustran perfectamente la vida colonial en Hispanoamérica. El abuso del que eran objeto los sobrevivientes incas por parte de autoridades civiles y religiosas no deja lugar a dudas sobre lo que en realidad ocurrió con los indios dados en encomienda. Dice Huamán Poma:

> Padres verdugos. los dichos padres de las doctrinas son verdugos. Porque ellos con sus personas y manos o con sus fiscales y alcaldes castigan al indio y rondan de día y de noche por las casas y calles, entrando a quitarles sus comidas y sus hijas. Y todo el día pasea por las calles como rufián y salteador en este reino, sin temor de dios ni de la justicia. Que los dichos padres, curas de confesión, son tan locos y coléricos y soberbios y bravos como leones y saben más que zorras. Cuando confiesan a los indios o a las indias, danles de puntillazos y bofetones y mujicones y les dan muchos azotes. Y por ello se huyen [. . .]. Aunque fuesen bestias se huirían, que los dichos padres no hacen con caridad y amor el oficio que tienen de servir a Dios.

Las páginas de los cronistas americanos resultan tan importantes como las relaciones y escritos de los españoles que narran el choque de las dos culturas. Pero, ¿quiénes fueron esos europeos que llevaron a cabo la narrativa del encuentro y la conquista? He aquí las biografías y los textos de estos privilegiados cronistas del Nuevo Mundo. Al leerlos conviene recordar la afirmación de Tzvetan Todorov, no por eurocentrista menos verdadera en su apreciación final: "El descubrimiento de América, o más bien de los americanos, es sin duda el encuentro más asombroso de nuestra historia".

BIBLIOGRAFÍA

Adorno, Rolena. *Guamán Poma. Writing and Resistance in Colonial Perú.* Austin: University of Texas Press, 1988.

Bendezú, Abraham Padilla. *Huamán Poma. El indio cronista dibujante.* México: FCE, 1979.

Borah, W. *The Aboriginal Population of Central Mexico on the Eve of the Spanish Conquest.* Berkeley: University of California Press, 1963.

Cook, Sherburne Friend. *The Indian Population of Central Mexico. 1531–1610.* Berkeley: University of California Press, 1960.

Fuentes, Carlos. *Valiente Mundo Nuevo.* Capítulo "Espacio y tiempo en el Mundo Nuevo." México: FCE, 1990.

Guamán Poma de Ayala, Felipe. *Primer nueva corónica y buen gobierno.* Ed. John V. Murra y Rolena Adorno. 3 vols. México: Siglo XXI, 1980.

Hanke, Lewis. *La lucha por la justicia en la conquista de América.* Trad. Ramón Iglesias. Buenos Aires: Sudamericana, 1949.

Íñigo Madrigal, Luis. *Historia de la literatura hispanoamericana.* 2 vols. Madrid: Cátedra, 1982.

Jara, R., y N. Spadaccini. *1492–1992: Rediscovering Colonial Writing. Hispanic Issues.* Minneapolis: Prisma Institute, 1989.

León Portilla, Miguel. *Visión de los vencidos. Relaciones indígenas de la conquista.* México: UNAM, 1959.

Leonard, Irving. *Los libros del conquistador.* Trad. Mario Monforte Toledo. México: FCE, 1953.

O'Gorman, Edmundo. *La invención de América.* México: FCE, 1958.

Pastor, Beatriz. *Discursos narrativos de la conquista: mitificación y emergencia.* Segunda edición, corregida. Hanover, N.H.: Ediciones del Norte, 1988.

Todorov, Tzvetan. *La conquista de América. La cuestión del Otro.* Trad. Flora Botton Burlá. México: Siglo XXI, 1987.

Zavala, Silvio. *La filosofía política en la conquista de América.* México: FCE, 1947.

————. *El mundo americano en la época colonial.* México: Porrúa, 1967.

Alessandra Luiselli

CRISTÓBAL COLÓN (1451?–1506)

Muerto en Valladolid, España, en 1506, poco se sabe de la niñez y juventud del navegante más famoso de la historia. Se desconoce su lugar de nacimiento, aunque la mayoría de los estudios coinciden en otorgarle Génova, Italia, como su ciudad natal. Sin embargo, ensayos lingüísticos señalan que la lengua materna de Colón no parece ser el italiano, el cual escribe con errores y dificultad. Ocurre lo mismo respecto a su español, pleno de vacilaciones léxicas y morfológicas. Quizá la principal acusación respecto al español de Cristóbal Colón resida en los innumerables portuguesismos que salpican su narración, aunque tampoco ha podido atribuírsele el portugués como su lengua materna. Dificulta aun más la tarea de descubrir el idioma natal de Colón el hecho de que en sus escritos aparezcan frecuentemente voces náuticas y aún vocablos considerados en su momento como voces arcaizantes. Todo ello contribuye a volver un tanto oscuros y enigmáticos los primeros años de vida de quien tuviera a su cargo la primera navegación oficial de la Mar Océana. La imprecisión que los escritos de Colón aportan sobre su identidad se amplifica debido a la pérdida de su diario de navegación. Las páginas que hoy conocemos como su *Diario de a bordo* no son sino las transcripciones que Bartolomé de las Casas hiciera sobre un manuscrito autógrafo que no se posee en la actualidad. De cualquier forma, esas páginas, aun cuando no se conserven autógrafas, contienen un valor incalculable por ser las primeras descripciones que un europeo registra sobre América. Además, y esto hay que subrayarlo, el *Diario* de Colón da inicio a la narrativa hispanoamericana; es decir, la narrativa que agrupará a casi todo un continente bajo un solo idioma, el español.

A partir del diario de Colón es posible deducir lo que el encuentro y la conquista significaron tanto para los americanos —incomprensión y esclavitud— como para los europeos —un botín que podía ser alcanzado siempre y cuando fuera obtenido en nombre del catolicismo. Un análisis importante sobre este intercambio tan desigual y confuso entre el hombre europeo y el hombre americano, ha sido estudiado con inteligencia por Beatriz Pastor en su libro *Discursos narrativos de la conquista*. En su ensayo, la autora postula que el 12 de Octubre de 1492 inició "un proceso de desconocimiento, instrumentalización y destrucción de la realidad americana que se prolongaría durante una historia posterior de más de cuatro siglos". En efecto, las páginas de esta antología evidencian hasta qué punto la empresa de la navegación española fue una empresa que se convirtió en la más franca destrucción del mundo americano.

El encuentro con el Nuevo Mundo partió, desde su arranque mismo, bajo los supuestos de una premisa equivocada: no se pretendía la llegada a un mundo desconocido, se pretendía la llegada al mundo descrito en los relatos de viaje de Marco Polo. Cristóbal Colón no quería encontrarse con los caciques de las

Antillas (situación que ni aún después de haberla vivido en múltiples ocasiones le permitió concluir que se trataba de un mundo nuevo), él quería encontrarse nada menos que con el Gran Kan, el emperador de China, para quien incluso llevaba una carta de los Reyes Católicos. Su percepción de las Antillas respondió así a una hipótesis equivocada: él creía hallarse ante las islas que como Cipango, el propio Marco Polo había afirmado que se hallaban frente al Oriente. De esta forma, los hombres del mar Caribe no significaban para Colón más que un molesto retraso respecto a su gran misión: comerciar con el Oriente. Debido a esto, no pierde mucho tiempo en describir a los habitantes de las islas que encuentra, ni mucho menos intenta conocerlos. Al Almirante le interesa otra cosa, le importa su propio mito, sus fantasías derivadas de los *Viajes* de Marco Polo y de la *Imago Mundi* del cardenal d'Ailly; no le interesa la realidad americana que se presenta ante sus ojos. Así, el encuentro más emocionante de la historia, el encuentro con los habitantes de un mundo nunca antes conocido, transcurre ante los ojos y las páginas de Colón apenas como un retraso, un acontecimiento carente de particular importancia. Es paradójico el hecho de que este encuentro, para él intrascendente, sea el momento más determinante de nuestra identidad. "Todos somos descendientes de Colón" —ha dicho certeramente Todorov en su citado libro sobre la conquista de América—, "con él comienza nuestra genealogía".

Las páginas que dan constancia de esta genealogía dan cuenta igualmente del inicio de la esclavitud de los nativos del Nuevo Mundo. Así, después de que Colón describe por primera vez al hombre americano —el 13 de Octubre de 1492— tal y como un mercader resaltaría las virtudes de sus mercancías ("muy bien hechos, de muy fermosos cuerpos y muy buenas caras, de buena estatura de grandeza y buenos gestos") inmediatamente después —el 14 de Octubre— señala a los Reyes Católicos: ". . . esta gente es muy símplice en armas . . . Vuestras Altezas cuando mandaren puédenlos llevar todos a Castilla o tenerlos en la misma isla cautivos, porque con cincuenta hombres los tendrá todos sojuzgados y los hará hacer todo lo que quisieren". Las implicaciones de este aterrador párrafo efectivamente se realizarían, una a una, en ésa y en las posteriores exploraciones y conquistas del continente americano. El cautiverio de los habitantes del Nuevo Mundo se realizaría en tierras americanas, donde permanecerían cautivos y sojuzgados hasta que, después de más de tres siglos, las independencias de América Latina pusieran término a tan prolongado sometimiento.

Pero no sólo se registra en estas rápidas anotaciones del diario de Colón el inicio de la esclavitud en América, ocurrido a tan sólo dos días de que los europeos llegaran a ella; también se documenta en esas páginas la hipocresía de los dominadores. Éstos llegaban a suelo americano y efectuaban una grotesca ceremonia donde se les "informaba" a los legítimos habitantes de las tierras americanas que sus Majestades, los Reyes Católicos, tomaban posesión de esos territorios. Así, leemos que el 12 de Octubre de 1492 dos oscuros servidores de la corona española, Rodrigo de Escobedo y Rodrigo Sánchez de Segovia, efectuaron por primera vez tan delirante requerimiento. Y, de acuerdo con esta injusta disposición, los recién llegados se sintieron con el plenipotenciario derecho de despojar al hombre americano de sus más legítimas pertenencias: sus tierras y su libertad. Sin duda alguna resulta sorprendente que a nadie se le ocurriera cuestionar la validez de una ceremonia que carecía por completo de significado para los hombres americanos. ¿Cómo pudo considerarse, por tanto tiempo, legítima esta farsa cuando los europeos ni siquiera podían darse a entender con los moradores del Nuevo Mundo? Sin embargo, tal ceremonia se llevaba a cabo, en latín, siempre que los recién llegados decidían apoderarse, "legítimamente", de posesiones americanas.

Algunos ensayistas tan ilustres como Todorov han insistido en ver a Colón desde otro punto de vista, no sólo como el codicioso mercader de habitantes y bienes del Nuevo Mundo, que sin duda alguna lo fue y esto es irrefutable, sino como un hombre profundamente religioso. "La victoria universal del cristianismo, éste es el móvil que anima a Colón", asegura Todorov para luego arriesgar su hipótesis de que al Almirante le interesaba, como objetivo final de su empresa, reconquistar Jerusalén. Para costear semejante acción, digna del medievalismo que a veces caracterizaba a Colón, se utilizaría el dinero que el sistemático saqueo de bienes americanos proporcionaría a los Reyes Católicos. Saqueo que espiritualmente tuvo que ser justificado bajo una pretendida propagación de la fe católica en el nuevo continente.

Este polémico aspecto será, precisamente, el punto que muestre el otro cariz del encuentro y la conquista de América: la religión. La esclavitud se disfrazó de evangelización, la codicia se revistió con el ropaje del cristianismo. Sí, se sojuzgaba al hombre americano, se le privaba de su libertad y se le mantenía cautivo en las llamadas encomiendas, donde trabajaba hasta el agotamiento y la extinción, pero, a cambio —se defendían conquistadores y frailes europeos— se le instruía en la fe católica. La imagen de un Colón profundamente religioso queda, a pesar de la difusión que la tesis que sustenta Todorov pueda tener, en entredicho al leerse las anotaciones del propio Almirante. La religiosidad de Colón consistía en creer firmemente que su navegación estaba favorecida por Dios, no en amar cristianamente a los moradores de las Indias Occidentales que, sorpresivamente y por azar, encontró en su camino. O, en todo caso, y esto lo ha señalado con gran claridad Beatríz Pastor en su mencionado libro sobre los discursos narrativos de la conquista, las mismas cualidades que confirmaban al hombre americano como sujeto cristianizable —el que fuera manso y bienintencionado respecto a los recién llegados— lo confirmaban también como objeto mercantil frente a Colón y los conquistadores subsecuentes.

Las anotaciones de Colón efectuadas en la navidad de 1492 no dejan lugar a dudas al respecto. La carabela que sufre un accidente esa Nochebuena y que determina que los españoles deban permanecer más tiempo de lo requerido en la isla, no sirve para que Colón —a pesar de tan significativa fecha— se congratule de poder hacer llegar a los habitantes del lugar y a su rey Guacanagarí la religión cristiana. Sirve únicamente para que el Almirante, y junto con él todos sus hombres, se regocijen de haber encontrado por fin el ansiado oro. Y sólo cuando recibe el oro recuerda Colón su religión:

> El Almirante recibió mucho placer y consolación de estas cosas que vía [los regalos de oro que le hacía llegar el rey] y se le templó la angustia y pena que había recibido y tenía de la pérdida de la nao, y conoció que nuestro Señor había hecho encallar allí la nao porque hiciese allí asiento.

En estos términos se mostraba la religiosidad del Almirante: era el elegido de Dios para encontrar riquezas, no para propagar el cristianismo. En este sentido, la asimilación de voces antillanas en el léxico de Colón también resulta reveladora: de la escasa docena de vocablos americanos que el Almirante registró en su diario, cuatro designan al oro (nucay, tuob, caona, guanin) y ninguno se refiere a la experiencia religiosa de los indígenas, a pesar de que el 3 de diciembre de 1492 el propio Almirante narra que entró a una construcción "maravillosa" que parecía un templo.

Otro aspecto que debe tomarse en cuenta al estudiar los textos de Cristóbal Colón reside en las descripciones que el Almirante hace de las tierras que encuentra a lo largo de su histórica navegación. ¿Realmente describía la naturaleza americana? En la carta autógrafa de Colón a Luis de Santángel, escribano de los Reyes Católicos que no se incluye en esta antología, puede leerse su somera descripción de una flora y una fauna por primera vez contempladas. El procedimiento descriptivo de Colón se desarrolla a partir de simples analogías. Así, en sus escritos todo paisaje sufre una reducción al ser trasladados a parámetros españoles; por ejemplo los árboles: "que los vi tan verdes y fermosos como son por mayo en España. Dellos están floridos, dellos con fruto y dellos en otro término, según es su cualidad, y cantaba el ruiseñor y otros pájaros de mil maneras en el mes de noviembre por allí por donde yo andaba". Los árboles de América en lugar de ser descritos en sus particularidades son, a *grosso modo,* comparados con los de España en el mes de mayo y las exóticas aves que cruzan el cielo de las Antillas son, por un primitivo proceso de simplificación, identificadas con ruiseñores.

Cristóbal Colón, aseguran algunos ensayistas como José Antonio Maravall en su libro *Los factores de la idea del progreso en el Renacimiento español,* carecía de modelos literarios previos para describir la realidad americana, por lo tanto recurre a esquematizaciones reductivas que poco o nada tienen que ver con los sucesos que se presentaban frente a sus ojos. De esta forma, Colón nunca supo mirar el nuevo continente. Quizá por ello resulte una especie de justicia poética el que América no lleve su nombre. Después de todo, el Almirante murió ignorando que había llegado al Nuevo Mundo, si bien reconoció en su última carta, la llamada *Carta de Jamaica o Lettera raríssima,* 1503, el lamentable estado al que llegaron las llamadas Islas Occidentales luego de haber sido proclamadas posesiones españolas: "De la Española, de Paria y de las otras tierras no me acuerdo de ellas que yo no llore", mientras que Américo Vespuccio, en su texto conocido como *Mundus Novus* (1503) reconoció y aún señaló cosmográficamente la existencia de un continente hasta entonces desconocido. Fue así como en 1507 por primera vez un mapamundi, el mapamundi de Martin Waldseemuller, señaló la ubicación y el nombre de ese Nuevo Mundo que Colón se empeñó en desconocer: América. Al respecto Eduardo Galeano ha escrito lo siguiente en su libro *Memorias del fuego:*

> No se llamará el océano Mar de Colón. Tampoco llevará su nombre
> el Nuevo Mundo, sino el nombre de su amigo el florentino, Américo
> Vespucio. Vespucio, navegante y maestro de pilotos. Pero ha sido
> Colón quien ha encontrado ese deslumbrante color que no existía en
> el arcoiris europeo. Él, ciego, muere sin verlo.

En conclusión, todos los aspectos aquí analizados sobre las cuestiones que surgen del primer discurso narrativo del encuentro y la conquista de América —la representación de los habitantes del Nuevo Mundo, la descripción analógica de la naturaleza americana, la esclavitud y el despojo enmascarados bajo la pretendida evangelización, los mitos y leyendas que cegaron a los europeos impidiéndoles una percepción auténtica del nuevo entorno, el medievalismo alternando con un renacentismo sorprendente— serán temas que reaparecerán en los cinco textos aquí seleccionados. Cristóbal Colón y sus escritos iniciaron una narrativa que pronto habrían de ampliar otros cronistas del Nuevo Mundo.

Diario de a bordo: el primer viaje a las Indias

Relación compendiada por Fray Bartolomé de las Casas

In Nomine D. N. Jesu Christi[1]

Porque, cristianísimos y muy altos y muy excelentes y muy poderosos príncipes, Rey y Reina de las Españas y de las islas de la mar, Nuestros Señores, este presente año de 1492, después de Vuestras Altezas haber dado fin a la guerra de los moros que reinaban en Europa y haber acabado la guerra en la muy grande ciudad de Granada, adonde este presente año a 2 días del mes de enero por fuerza de armas vide[2] poner las banderas reales de Vuestras Altezas en las torres de Alfambra,[3] que es la fortaleza de la dicha ciudad, y vide salir al rey moro a las puertas de la ciudad
10 y besar las reales manos de Vuestras Altezas y del Príncipe Mi Señor, y luego en aquel presente mes, por la información que yo había dado a Vuestras Altezas de las tierras de India y de un príncipe que es llamado *Gran Can,* que quiere decir en nuestro romance Rey de los Reyes, como muchas veces él y sus antecesores habían enviado a Roma a pedir doctores en nuestra santa fe porque le enseñasen en ella y que nunca el Santo Padre le había proveído y se perdían tantos pueblos creyendo en idolatrías o recibiendo en sí sectas de perdición, Vuestras Altezas, como católicos cristianos y Príncipes amadores de la Santa Fe cristiana y acrecentadores de ella y enemigos de la secta de Mahoma y de todas idolatrías y herejías, pensaron de enviarme a mí, Cristóbal Colón, a las dichas partidas de India para ver los dichos
20 príncipes, y los pueblos y tierras y la disposición de ellas y de todo y la manera que se pudiera tener para la conversión de ellas a nuestra santa fe; y ordenaron que yo no fuese por tierra al Oriente, por donde se costumbra de andar, salvo[4] por el camino de Occidente, por donde hasta hoy no sabemos por cierta fe que haya pasado nadie. Así que, después de haber echado fuera todos los judíos de todos vuestros reinos y señoríos, en el mismo mes de enero mandaron Vuestras Altezas a mí

---

[1]Expresión en latín que dice: en nombre del Dios nuestro y Cristo Jesús.

[2]**vide:** arcaísmo del verbo *ver,* en tiempo pretérito; la forma moderna es *vi.* En su introducción a la carta, Cristóbal Colón afirma haber presenciado el histórico momento en que los Reyes Católicos expulsaron a todos los árabes del territorio español. En 1492 llegó a su fin la Reconquista de España y dio comienzo la Conquista de América.

[3]**Alfambra:** la letra *f* del español medieval evolucionó de tal modo que actualmente se le representa con la letra *h.* Así, *Alfambra* es la *Alhambra (fermoso* es *hermoso, forno* es *horno,* etc.). La Alhambra era el palacio de los reyes moros en Granada, su belleza es excepcional. Los moros vivieron en Andalucía desde el siglo VIII hasta su expulsión en el siglo XV.

[4]**salvo:** conjunción adversativa que hoy en día se expresa con la conjunción *sino,* la cual denota un caso de excepción. Colón subraya el hecho de que partió para el Oriente siguiendo una nueva ruta: la ruta occidental. En la oración siguiente el navegante también señalará el otro evento histórico que ocurrió en 1492: la expulsión de judíos del territorio español. Debido a estos actos de intolerancia religiosa, España dio fin a la convivencia de cristianos, moros y judíos que antes caracterizaba al país.

que con armada suficiente me fuese a las dichas partidas de India; y para ello me hicieron grandes mercedes y me anoblecieron que dende en adelante[5] yo me llamase *Don* y fuese Almirante Mayor de la mar océana e Visorrey y Gobernador perpetuo de todas las islas y tierra firme que yo descubriese y ganase y de aquí adelante se descubriesen y ganasen en la mar océana, y así sucediese mi hijo mayor y así de grado en grado para siempre jamás.[6] Y partí yo de la ciudad de Granada a 12 días del mes de mayo del mesmo año de 1492, en sábado. Vine a la villa de Palos, que es puerto de mar, adonde armé yo tres navíos muy aptos para semejante fecho, y partí del dicho puerto muy abastecido de muy muchos mantenimientos y de mucha gente de la mar, a 3 días del mes de agosto del dicho año en un viernes, antes de la salida del sol con media hora, y llevé el camino de las islas de Canaria de Vuestras Altezas, que son en la dicha mar océana, para de allí tomar mi derrota[7] y navegar tanto que yo llegase a las Indias, y dar la embajada de Vuestras Altezas a aquellos príncipes y cumplir lo que así me habían mandado; y para esto pensé de escribir todo este viaje muy puntualmente de día en día todo lo que hiciese y viese y pasase, como adelante se verá. También, Señores Príncipes, allende describir cada noche lo que el día pa-sare, y el día lo que la noche navegare, tengo propósito de hacer carta nueva de navegar, en la cual situaré toda la mar y tierras del mar Océano en sus propios lugares debajo su viento, y más, componer un libro y poner todo por el semejante por pintura, por latitud del equinocial y longitud del Occidente; y sobre todo cumple mucho que yo olvide el sueño y tiente mucho el navegar, porque así cumple, las cuales serán gran trabajo.

MARTES 9 DE OCTUBRE. Navegó[8] al Sudueste. Anduvo cinco leguas; mudóse el viento y corrió al Oueste cuarta al Norueste, y anduvo cuatro leguas. Después con todas once leguas de día y a la noche veinte leguas y media. Contó a la gente diez y siete leguas.[9] Toda la noche oyeron pasar pájaros.

---

[5] **dende en adelante:** arcaísmo que actualmente se expresa haciendo uso de la frase "de ahí en adelante" o "a partir de entonces". El párrafo es importante porque Colón señala los privilegios que los Reyes Católicos le concedieron. Privilegios que muy pronto habría de reclamar él y sus herederos. Ver su última carta, la "Carta de Jamaica" (1503).

[6] **para siempre jamás:** Colón se encarga de destacar el hecho de que su nombramiento, tal como se estipuló en el contrato que hizo con los Reyes Católicos conocido como *Las capitulaciones de Santa Fé,* es un título a perpetuidad, es decir, un título que heredarán sus descendientes. Ver el testamento de Colón.

[7] **derrota:** derrotero, camino.

[8] El diario de Colón no se inicia en esta fecha, sino que da comienzo el 3 de agosto de 1492. La extensión de la presente antología, sin embargo, permite sólo la reproducción de los fragmentos más importantes del texto. En estas anotaciones la voz narrativa pertenece a Bartolomé de las Casas, quien cuenta lo acontecido a Colón; de ahí la narración en tercera persona.

[9] En esta anotacion se hace evidente el truco del Almirante, quien engañaba a su tripulación respecto a las millas navegadas. Su objetivo era que los demás no conocieran la verdadera distancia que separaba a España de las Indias Occidentales. Colón deseaba ser el único que conociera el nuevo sendero marítimo.

JUEVES 11 DE OCTUBRE. Navegó al Ouesudueste. Tuvieron mucha mar[10] y más que en todo el viaje habían tenido. Vieron pardelas[11] y un junco verde junto a la nao. Vieron los de la carabela *Pinta* una caña y un palo, y tomaron otro palillo labrado a lo que parecía con hierro, y un pedazo de caña y otra hierba que nace en tierra, y una tablilla. Los de la carabela *Niña* también vieron otras señales de tierra y un palillo cargado de escaramojos.[12] Con estas señales respiraron y alegráronse todos. Anduvieron en este día, hasta puesto el sol, veintisiete leguas.

Después del sol puesto, navegó a su primer camino al Oeste: andarían doce millas cada hora; y hasta dos horas después de media noche andarían noventa millas, que son veintidós leguas y media. Y porque la carabela *Pinta* era más velera[13] e iba delante del Almirante, halló tierra y hizo las señas que el Almirante había mandado. Esta tierra vido primero un marinero que se decía Rodrigo de Triana;[14] puesto que el Almirante, a las diez de la noche, estando en el castillo de popa, vido lumbre, aunque fue cosa tan cerrada que no quiso afirmar que fuese tierra; pero llamó a Pero Gutiérrez, repostero de estrados del Rey, e díjole que parecía lumbre, que mirase él, y así lo hizo y vídola; díjole también a Rodrigo Sánchez de Segovia, que el Rey y la Reina enviaban en el armada por veedor, el cual no vido nada porque no estaba en lugar do la pudiese ver. Después que el Almirante lo dijo, se vido una vez o dos, y era como una candelilla de cera que se alzaba y levantaba, lo cual a pocos pareciera ser indicio de tierra. Pero el Almirante tuvo por cierto estar junto a la tierra. Por lo cual, cuando dijeron la Salve, que la acostumbraban decir e cantar a su manera todos los marineros y se hallan todos, rogó y amonestólos el Almirante que hiciesen buena guarda al castillo de proa, y mirasen bien por la tierra, y que al que le dijese primero que vía tierra le daría luego un jubón de seda, sin las otras mercedes que los Reyes habían prometido, que eran diez mil maravedís de juro a quien primero la viese. A las dos horas después de media noche pareció la tierra,[15] de la cual estarían dos leguas. Amañaron todas las velas, y quedaron con el treo, que es la vela grande sin bonetas, y pusiéronse a la corda, temporizando hasta el día viernes, que llegaron a una

---

[10]**Tuvieron mucha mar:** navegaron una gran distancia.

[11]**pardelas:** aves acuáticas parecidas a las gaviotas.

[12]**escaramojos:** frutos muy dulces. Todas estas señales servían para indicar a los marineros que la tierra estaba cerca, con lo cual todos se sentían aliviados. Hay que recordar que eran los primeros navegantes que recorrían el mar Tenebroso, el cual, según las leyendas medievales, terminaba abruptamente, lanzando a los navegantes fuera del orbe. Se comprende entonces la obsesión en encontrar señales de vida que caracteriza a los marineros de Colón.

[13]**más velera:** más rápida. La *Pinta* era la carabela más grande y más rápida de las tres naves que formaban la expedición. Esta carabela estaba bajo el mando de Martín Alonso Pinzón, quien siempre sostuvo con Colón una relación de gran rivalidad.

[14]Rodrigo de Triana, en efecto, es el primer europeo en dar aviso sobre las Islas de Mar Caribe. Colón, sin embargo, alega que él descubrió antes las señales de tierra y despoja a Triana de la recompensa que le correspondía.

[15]A partir de esta frase la anotación corresponde al 12 de octubre de 1492, fecha del Encuentro.

isleta de los Lucayos, que se llamaba en lengua de indios *Guanahani*. Luego vinieron gente desnuda, y el Almirante salió a tierra en la barca armada, y Martín Alonso Pinzón y Vicente Anés, su hermano, que era capitán de la *Niña*. Sacó el Almirante la bandera real y los capitanes con dos banderas de la Cruz Verde, que llevaba el Almirante en todos los navíos por seña con una F y una Y: encima de cada letra su corona, una de un cabo de la † y otra de otro.[16] Puestos en tierra vieron árboles muy verdes y aguas muchas y frutas de diversas maneras.[17] El Almirante llamó a los dos capitanes y a los demás que saltaron en tierra, y a Rodrigo de Escovedo, Escribano de toda el armada, y a Rodrigo Sánchez de Segovia, y dijo que le diesen por fe y testimonio como él por ante todos tomaba, como de hecho tomó, posesión de la dicha isla por el Rey e por la Reina sus señores, haciendo las protestaciones que se requerían, como más largo se contiene en los testimonios que allí se hicieron por escripto.[18] Luego se ayuntó allí mucha gente de la isla. Esto que se sigue son palabras formales del Almirante, en su libro de su primera navegación y descubrimiento de estas Indias. "Yo (dice él), porque nos tuviesen mucha amistad, porque conocí que era gente que mejor se libraría y convertiría a nuestra Santa Fe con amor que no por fuerza, les di a algunos de ellos unos bonetes colorados y unas cuentas de vidrio que se ponían al pescuezo, y otras cosas muchas de poco valor, con que hobieron mucho placer y quedaron tanto nuestros que era maravilla.[19] Los cuales después venían a las barcas de los navíos adonde nos estábamos, nadando, y nos traían papagayos y hilo de algodón en ovillos y azagayas y otras cosas muchas, y nos las trocaban por otras cosas que nos les dábamos, como cuentecillas de vidrio y cascabeles. En fin, todo tomaban y daban de aquello que tenían de buena voluntad. Mas me pareció que era gente muy pobre de todo. Ellos andan todos desnudos como su madre los parió, y también las mujeres, aunque no vide más de una farto moza. Y todos los que yo vi eran todos mancebos, que ninguno vide de edad de más de treinta años;[20] muy bien hechos, de muy fermosos cuerpos y muy buenas caras; los cabellos gruesos cuasi como sedas de cola de caballos, e cortos; los cabellos traen por encima de

---

[16] **Las banderas de los Reyes Católicos:** Fernando e Ysabel.

[17] La rápida descripción de la naturaleza es la primera descripción europea del paisaje americano.

[18] El Almirante narra la absurda ceremonia del requerimento, mediante la cual España tomaba posesión de los territorios americanos que encontraba.

[19] En este fragmento entrecomillado, Bartolomé de Las Casas transcribe directamente las palabras del Almirante. En el pasaje Colón registra lo que sería la historia del intercambio entre europeos y ame-

ricanos: los americanos lo daban todo, los europeos daban unas cuantas baratijas a los habitantes del Nuevo Mundo. Desde la óptica europea —una óptica de acumulación capitalista— los americanos eran comparados con animales ("bestias" los llama Colón) por aceptar estas transacciones. Lo que los europeos no comprendían era la óptica americana del encuentro, desde la cual era más importante el mostrar amistad a los recién llegados que el recibir bienes materiales.

[20] Empieza en este punto la primera descripción europea del hombre americano.

las cejas, salvo unos pocos de tras que traen largos, que jamás cortan. Dellos[21] se pintan de prieto, y ellos son de la color de los canarios, ni negros ni blancos, y dellos se pintan de blanco, y dellos de colorado, y dellos de lo que fallan, y dellos se pintan las caras, y dellos todo el cuerpo, y dellos solos los ojos, y dellos sólo el nariz. Ellos no traen armas ni las conocen, porque les amostré espadas y las tomaban por el filo y se cortaban con ignorancia. No tienen algún fierro; sus azagayas son unas varas sin fierro, y algunas de ellas tienen al cabo un diente de pece, y otras de otras cosas. Ellos todos a una mano son de buena estatura de grandeza y buenos gestos, bien hechos. Yo vide algunos que tenían señales de feridas en sus cuerpos, y les hice señas qué era aquello, y ellos me amostraron cómo allí venían gente de otras islas que estaban acerca y les querían tomar y se defendían. Y yo creí e creo que aquí vienen de tierra firme a tomarlos por captivos. Ellos deben ser buenos servidores[22] y de buen ingenio, que veo que muy presto dicen todo lo que les decía, y creo que ligeramente se harían cristianos; que me pareció que ninguna secta tenían. Yo, placiendo a Nuestro Señor, llevaré de aquí al tiempo de mi partida seis[23] a V. A.[24] para que deprendan fablar. Ninguna bestia de ninguna manera vide, salvo papagayos en esta isla". Todas son palabras del Almirante.

SÁBADO 13 DE OCTUBRE. "Luego que amaneció vinieron a la playa muchos de estos hombres, todos mancebos, como dicho tengo, y todos de buena estatura, gente muy fermosa; los cabellos no crespos, salvo corredios y gruesos, como sedas de caballo, y todos de la frente y cabeza muy ancha más que otra generación que fasta aquí haya visto, y los ojos muy fermosos y no pequeños, y ellos ninguno prieto, salvo de la color de los canarios, ni se debe esperar otra cosa, pues está Lesteoueste con la isla del Hierro, en Canaria, so una línea. Las piernas muy derechas, todos a una mano, y no barriga, salvo muy bien hecha. Ellos vinieron a la nao con almadías,[25] que son hechas del pie de un árbol, como un barco luengo, y todo de un pedazo, y labrado muy a maravilla según la tierra, y grandes en que en algunas venían cuarenta o cuarenta y cinco hombres, y otras más pequeñas, fasta haber de ellas en que venía un solo hombre. Remaban con una pala como de fornero, y anda a maravilla; y si se le trastorna, luego se echan todos a nadar y la enderezan y vacían con calabazas que traen ellos. Traían ovillos de algodón filado y papagayos y azagayas y otras cositas que sería tedio de escribir,[26] y todo daban por

[21]**Dellos:** italianismo que en español significa "algunos".
[22]En esta reflexión de Colón, efectuada el mismo día del encuentro, se trasparenta ya lo que ocurriría con los hombres americanos: serían convertidos en servidores de los europeos.
[23]En esta frase Colón, despreocupadamente, admite haber hecho prisioneros a seis

habitantes del Nuevo Mundo.
[24]V. A. significa Vuestra Alteza. Es como uno se dirige a los reyes.
[25]**almadías:** embarcaciones que usaban los antillanos. Colón no tardaría en adoptar el vocablo americano que las designaba: *canoas.*
[26]**sería tedio de escribir:** en este juicio de Colón puede notarse la poca importancia que concedía al suceso.

cualquier cosa que se los diese. Y yo estaba atento y trabajaba de saber si había oro,[27] y vide que algunos de ellos traían un pedazuelo colgado en un agujero que tienen a la nariz, y por señas pude entender que yendo al Sur o volviendo la isla por el Sur, que estaba allí un rey que tenía grandes vasos de ello, y tenía muy mucho. Trabajé que fuesen allá, y después vide que no entendían en la idea. Determiné de aguardar fasta mañana en la tarde y después partir para el Sudueste, que según muchos de ellos me enseñaron decían que había tierra al Sur y al Sudueste y al Norueste, y que estas del Norueste le venían a combatir muchas veces, y así ir al Sudueste a buscar el oro y piedras preciosas. Esta isla es bien grande y muy llana y de árboles muy verdes y muchas aguas y una laguna en medio muy grande, sin ninguna montaña, y toda ella verde, que es placer de mirarla; y esta gente farto mansa, y por la gana de haber de nuestras cosas, y teniendo que no se les ha de dar sin que den algo y no lo tienen, toman lo que pueden y se echan luego a nadar; más todo lo que tienen lo dan por cualquier cosa que les den; que fasta los pedazos de las escudillas y de las tazas de vidrio rotas rescataban,[28] fasta que vi dar diez y seis ovillos de algodón por tres ceotís de Portugal, que es una blanca de Castilla, y en ellos habría más de una arroba de algodón filado. Esto defendiera y no dejara tomar a nadie, salvo que yo lo mandara tomar todo para V. A. si hobiera en cantidad. Aquí nace en esta isla, mas por el poco tiempo no pude dar así del todo fe, y también aquí nace el oro que traen colgado a la nariz; mas, por no perder tiempo quiero ir a ver si puedo topar a la isla de Cipango. Agora como fue noche todos se fueron a tierra con sus almadías".

MARTES 25 DE DICIEMBRE, DÍA DE NAVIDAD.[29] Mandó poner hombres armados en rededor de todo, que velasen toda la noche. "El con todo el pueblo lloraban tanto —dice el Almirante—, son gente de amor y sin codicia y convenibles para toda cosa, que certifico a Vuestras Altezas que en el mundo creo que no hay mejor gente ni mejor tierra; ellos aman a sus prójimos como a sí mismos, y tienen una habla la más dulce del mundo y mansa, y siempre con risa. Ellos andan desnudos, hombres y mujeres, como sus madres los parieron. Mas, crean Vuestras Altezas que entre sí tienen costumbres muy buenas, y el rey muy maravilloso estado, de una cierta manera tan continente que es placer de verlo todo, y la memoria que tienen, y todo quieren ver, y preguntan qué es y para qué".[30] Todo esto dice el Almirante.

---

[27]En la afirmación se destaca que lo único que anima a Colón era el hallazgo del oro.

[28]Los bonetes rojos y los collares de cuentas de vidrio del primer encuentro han desaparecido, ahora son entregados a los americanos objetos que ya ni siquiera pueden ser descritos como baratijas, sino como basura.

[29]En el diario de Colón la narración continúa día a día. Sin embargo, limitados aquí por la extensión, reproducimos sólo otra anotación reveladora: la correspondiente a la Navidad de 1492.

[30]En este punto el Almirante es generoso en su descripción de los americanos. Esta generosidad se modifica cuando sus empeños en obtener oro no tienen éxito.

REFLEXIÓN Y ANÁLISIS

1) Comente las apreciaciones de Cristóbal Colón respecto al hombre americano.
2) Comente la descripción del paisaje americano.
3) Discuta la religiosidad de Colón frente a su mercantilismo.
4) Distinga el papel que ocupan los mitos europeos durante el encuentro de españoles y americanos.

BIBLIOGRAFÍA

Ediciones

Sanz, Carlos, ed. *Diario de Colón*. Madrid: Biblioteca Americana Vetustísma, 1962.
Varela, Consuelo, ed. *Cristóbal Colón. Textos y documentos completos*. Madrid: Alianza Editorial, 1982.

Estudios

Alponte, Juan María. *Cristóbal Colón. Un ensayo histórico incómodo*. México: FCE, 1992.
Arrom, José Juan. "La otra hazaña de Colón." *Boletín de la Academia Norteamericana de la Lengua Española* 4–5 (1979–1980): 35–50.
Casas, Bartolomé de las. *Historia de las Indias*. Ed. Millares Carlos y prólogo Lewis Hanke. 3 vols. México: FCE, 1951.
Colón, Hernando. *Vida del Almirante don Cristóbal Colón, escrita por su hijo*. Prólogo de Ramón Iglesia. México: FCE, 1947.
Iglesia, Ramón. *El Hombre Colón y otros ensayos*. México: El Colegio de México, 1944.
Jitrik, Noé. *Los dos ejes de la cruz*. Puebla: UAP, 1983.
Maravall, José Antonio. *Los factores de la idea de progreso en el Renacimiento español*. Madrid: Real Academia de la Historia, 1963.
Martínez, José Luis. *Hernán Cortés*. México: UNAM y FCE, segunda edición corregida, 1990.
Menéndez Pidal, Ramón. *La lengua de Cristóbal Colón*. Madrid: Austral, 1942.
Reyes, Alfonso. *Letras de la Nueva España*. México: FCE, 1948.

Alessandra Luiselli

HERNÁN CORTÉS (1485-1547)

Nacido en Medellín, España en 1485 y muerto en Andalucía en 1547, este joven bachiller de la Universidad de Salamanca llegó a América en 1504. Participante destacado en la conquista de Cuba, Hernán Cortés fue enviado a conquistar el continente una vez que su superior, Diego Velázquez, hubo dominado la isla. Cortés desembarcó por primera vez en la península de Yucatán, México, en el año 1518. La primera de sus cinco *Cartas de relación* —en las que narra sus hazañas en la conquista y colonización de México— está fechada en 1519, la última fue redactada en 1526. La primera de estas cartas no ha podido ser encontrada hasta hoy y se le substituye con un texto llamado *Carta del Cabildo.* Este escrito, sin embargo, en ningún momento reemplaza la información contenida en la misiva perdida debido a que en ella Cortés explicaba ante Carlos V las divergencias de opinión que tuviera con Diego Velázquez, a quien se opuso y desobedeció, alterando totalmente los designios del entonces gobernador de Cuba sobre la conquista de México.

La segunda de las cartas de Hernán Cortés es, sin duda alguna, la más interesante desde el punto de vista tanto histórico como narrativo del encuentro: fechada el 30 de octubre de 1520 narra la calculada destrucción de las naves españolas en el Golfo de México y la llegada del ejército de Cortés a Tenochtitlan, la gran ciudad de México. En esta misiva Cortés narra, con particular detalle, su encuentro con Moctezuma y sus impresiones de la magnífica ciudad que se abría ante sus ojos. La carta termina con el recuento de la llamada *Noche Triste,* cuando los españoles fueron expulsados de Tenochtitlan. La tercera carta, del año 1522, es el documento más extenso que se tiene de mano de Cortés. Narra el sitio a la ciudad de México, su feroz reconquista y el posterior sometimiento de los aztecas y demás pueblos nahuas. La cuarta carta data del año 1524 y en ella se explican los fundamentos de lo que sería la organización colonial del lugar que pronto sería conocido como el Virreinato de la Nueva España. La última de las cartas, la quinta, del año 1526, se distingue de las demás debido a que describe acontecimientos desastrosos para el conquistador: la expedición a las Honduras, el asesinato del último rey de los aztecas y la pérdida de poder que sufrió Cortés a su regreso a México.

Lo primero que debe ser considerado al estudiarse este conjunto de cartas reside en la importancia del destinatario. Cortés escribía para informarle a Carlos V de sus acciones en el Nuevo Mundo. Esta precisión es importante porque condiciona específicamente lo narrado. Siempre que se analizan los textos cortesianos, la comparación con el otro gran cronista de la conquista de México, Bernal Díaz del Castillo, se vuelve insoslayable. Cortés, a diferencia de Bernal Díaz, prescinde de los detalles anecdóticos porque sus misivas tienen como destinatario nada menos que al Emperador. Así, el autor de las *Cartas de relación* no elige la descripción pormenorizada de sus hazañas —lo que singulariza a Bernal Díaz—, sino que opta por la síntesis eficaz y, sobre todo, inteligentemente tendenciosa. Cortés escribe para el más destacado e importante soberano de la época, por lo tanto, el estilo que caracteriza sus cartas deja ver un notable cuidado en la redacción. Así, Hernán Cortés omite datos que puedan comprometer su posición o que puedan crearle una imagen desfavorable frente a su soberano. Debido a estas consideraciones, afirma José Luis Martínez en su libro *Hernán Cortés,* Cortés "no cuenta todo lo que ocurrió, según lo sabemos por otros testimonios, sino lo que le parece lo más significativo o que conviene a su propósito". Al respecto, Beatriz Pastor en su ensayo sobre los discursos narrativos de la conquista, ha señalado que las calculadas omisiones en la narrativa de la segunda carta de Cortés obedecen a su incesante ficcionalización de la historia: lo que el conquistador buscaba era presentar a otros como los verdaderos responsables de la pérdida de Tenochtitlan, mientras que el propio Cortés —cuya legitimidad como jefe de la expedición conquistadora estaba amenazada por haberse mostrado rebelde contra su superior, Diego Velázquez— quedaba representado como un fiel e inteligentísimo vasallo.

Al considerarse lo expuesto por Martínez y Pastor en sus respectivos libros, respecto a las omisiones y alteraciones de la realidad emprendidas por Cortés en sus escritos, puede concluirse que las misivas no deben ser consideradas únicamente como valiosos documentos históricos, sino que debe extenderse su categorización para ubicarlas dentro de la literatura, debido a que en ellas se narran las aventuras de un héroe: el personaje que Cortés ideó para sí mismo. Así, la narrativa sobre la conquista de México que el escritor de las *Cartas de relación* dejó tienen como protagonista al propio autor: Hernán Cortés, el héroe indiscutible de su propia ficción. Bernal Díaz del Castillo y las crónicas indígenas que milagrosamente sobreviven se encargarían de denunciar esa *ficcionalización de la realidad,* término acuñado por Beatriz Pastor para designar el proceso narrativo de los conquistadores españoles.

Respecto a los escritos de Hernán Cortés aquí seleccionados cabe señalar otras particularidades. Por ejemplo, su astucia política; Cortés, en su segunda carta, se preocupa de reproducir cuidadosamente en su misiva las palabras del soberano azteca, Moctezuma. Tal particularidad constituye un punto más de diferenciación respecto a los escritos de Bernal Díaz, puesto que este último no intenta rescatar —a tantos años de distancia respecto a los sucesos narrados— el sin duda esmerado discurso de Moctezuma, sino que se limita a anotar que el soberano azteca dijo a Cortés "palabras de buen comedimiento". Cortés, sin embargo, está consciente del traslado —del cual él es responsable— de las palabras de un monarca a otro.

De igual forma comparativa, mientras que Cortés no asigna rol protagónico alguno a la participación de la Malinche en su encuentro con Moctezuma, Bernal

Díaz se preocupa de concederle el importante lugar que como intérprete gozaba durante el histórico encuentro, narrando, incluso, los datos más destacados de su biografía. Respecto al léxico de ambos autores, Cortés raramente consigna los vocablos mexicanos de lugares, personalidades u objetos, mientras que Bernal Díaz utiliza voces indígenas y las incorpora de forma natural a su propia lengua. Así mismo, Cortés no destaca en ningún momento a sus capitanes ni la fantástica figura del soberano Moctezuma; en oposición, Bernal Díaz siempre se preocupa por dar a cada uno de los conquistadores su lugar dentro de lo narrado y en todo momento manifiesta la gran admiración que entre los españoles causaba el monarca azteca, al cual se refiere siempre como "el gran Moctezuma".

En fin, las particularidades de cada escritor se manifiestan al leerse comparativamente sus respectivas crónicas de la Conquista. Sin embargo, conviene tener presente que mientras el género epistolar empleado por Cortés exigía la síntesis de los acontecimientos, el género por el que opta Bernal Díaz, las memorias, favorece la extensión narrativa. Cortés escribe a poca distancia temporal de los sucesos narrados; el otro rememora muchos años después de ocurridos los acontecimientos de la Conquista. Y sin embargo —y esto es lo atrayente de la *Historia verdadera*— a pesar de los años transcurridos, es Bernal Díaz del Castillo quien reproduce con mucha mayor precisión lo ocurrido durante la conquista de la primera gran ciudad del Nuevo Mundo que conocieron los europeos: Tenochtitlan.

Segunda carta—relación de Hernán Cortés al Emperador Carlos V, 30 de octobre de 1520

Muy alto y poderoso y muy católico príncipe, invictísimo emperador y señor nuestro:[1]

En una nao que de esta Nueva España de vuestra sacra majestad despaché a diez y seis días de julio del año de mil quinientos y diez y nueve, envié a vuestra Alteza muy larga y particular relación[2] de las cosas hasta aquella sazón, después que yo a ella vine, en ella sucedidas. La cual relación llevaron Alonso Hernández Portocarrero y Francisco de Montejo, procuradores de la Rica Villa de la Vera Cruz, que yo en nombre de vuestra alteza fundé. Y después acá, por no haber oportunidad, así por falta de navíos y estar yo ocupado en la conquista y pacificación[3] de esta tierra, como por no haber sabido de la dicha nao y procuradores, no he tornado a relatar a vuestra majestad lo que después se ha hecho; de que Dios sabe la pena que he tenido. Porque he deseado que vuestra alteza supiese las cosas de esta tierra, que son tantas y tales que, como ya en la otra relación escribí, se puede intitular de nuevo emperador de ella, y con título y no menos mérito que el de Alemaña, que por la gracia de Dios vuestra sacra majestad posee. Y porque querer de todas las cosas de estas partes y nuevos reinos de vuestra alteza decir todas las particularidades y cosas que en ellas hay y decir se debían, sería casi proceder a infinito.

Si de todo a vuestra alteza no diere tan larga cuenta como debo, a vuestra sacra majestad suplico me mande perdonar; porque ni mi habilidad,[4] ni la oportunidad del tiempo en que a la sazón me hallo para ello me ayudan. Mas con todo, me esforzaré a decir a vuestra alteza lo menos mal que yo pudiere, la verdad y lo que al presente es necesario que vuestra majestad sepa. Y así mismo suplico a vuestra alteza me mande perdonar si todo lo necesario no contare, el cuándo y cómo muy cierto, y si no acertare algunos nombres, así de ciudades y villas como de señoríos de ellas, que a vuestra majestad han ofrecido su servicio y dádose por sus súbditos y vasallos. Porque en cierto infortunio ahora nuevamente acaecido, de que adelante en el proceso a vuestra alteza daré entera cuenta, se me perdieron todas las escrituras[5] y autos que con los naturales de estas tierras yo he hecho, y otras muchas cosas.

---

[1] La importancia que tiene el destinatario de esta carta, Carlos V, debe considerarse siempre que se establezca una comparación entre lo narrado por Cortés y lo narrado por otros cronistas. Cortés tenía como interlocutor al monarca más poderoso de la época.

[2] **relación:** carta. Cortés hace mención aquí a su primera carta, la cual nunca ha sido encontrada. Algunos estudiosos postulan que Diego Velázquez, Gobernador de Cuba, secuestró el barco que conducía la nave para enterarse de lo que Cortés decía en ella. Cabe también la posibilidad de que Cortés nunca enviara la carta.

[3] Cuando las protestas en torno a la legitimidad de la conquista de América se volvieron demasiado graves, los españoles dejaron de usar el término "conquista" y lo sustituyeron con el eufemismo "pacificación".

[4] Cortés mostrará aquí un recurso de la oratoria y la estilística: la falsa modestia. Es decir, presentarse ante el interlocutor aparentando inferioridad.

[5] Cortés señala aquí haber perdido todos los documentos relativos a la Conquista. Su astucia es evidente: dada la pérdida, ninguna reclamación podía efectuarse.

En la otra relación, muy excelentísimo Príncipe, dije a vuestra majestad que las ciudades y villas que hasta entonces a su real servicio se habían ofrecido y yo a él tenía sujetas y conquistadas. Y dije así mismo que tenía noticia de un gran señor que se llamaba Mutezuma, que los naturales de esta tierra me habían dicho que en ella había, que estaba, según ellos señalaban las jornadas, hasta noventa o ciento leguas de la costa y puerto donde yo desembarqué. Y que confiado en la grandeza de Dios y con esfuerzo del real nombre de vuestra alteza, pensara irle a ver a doquiera que estuviese, y aun me acuerdo que me ofrecí, en cuanto a la demanda de este señor, a mucho más de lo a mí posible, porque certifiqué a vuestra alteza que lo habría, preso o muerto, o súbdito[6] a la corona real de vuestra majestad.

Y con este propósito y demanda me partí de la ciudad de Cempoal, que yo intitulé Sevilla, a diez y seis de agosto, con quince de caballo y trescientos peones lo mejor aderezados de guerra que yo pude y el tiempo dió a ello lugar, y dejé en la Villa de la Vera Cruz ciento y cincuenta hombres con dos de caballo, haciendo una fortaleza que ya tengo casi acabada; y dejé toda aquella provincia de Cempoal y toda la sierra comarcana a la villa, que serán hasta cincuenta mil hombres de guerra[7] y cincuenta villas y fortalezas, muy seguros y pacíficos y por ciertos y leales vasallos de vuestra majestad, como hasta ahora lo han estado y están porque ellos eran súbditos de aquel señor Mutezuma, y según fuí informado lo eran por fuerza y de poco tiempo acá. Y como por mí tuvieron noticias de vuestra alteza y de su muy grande y real poder, dijeron que querían ser vasallos de vuestra majestad y mis amigos, y que me rogaban que los defendiese de aquel grande señor que los tenía por fuerza y tiranía, y que les tomaba sus hijos para los matar y sacrificar a sus ídolos. Y me dijeron otras muchas quejas de él, y con esto han estado y están muy ciertos y leales en el servicio de vuestra alteza y creo lo estarán siempre por ser libres de la tiranía de aquél, y porque de mí han sido siempre bien tratados y favorecidos. Y para más seguridad de los que en la villa quedaban, traje conmigo[8] algunas personas principales de ellos con alguna gente, que no poco provechosos me fueron en mi camino.

[. . .] Pasada esta puente,[9] nos salió a recibir aquel señor Mutezuma con hasta doscientos señores, todos descalzos y vestidos de otra librea o manera de ropa

---

[6] Cortés declara aquí que la decisión por él adoptada de darle prisión o muerte a Moctezuma ya la había comunicado a Carlos V en la primera de sus cartas. Misiva que el rey nunca recibió. Al declarar esto Cortés, sin embargo, se eximía a sí mismo de toda responsabilidad.

[7] Estos cincuenta mil hombres de guerra eran los mexicanos enemigos de los aztecas que se habían aliado a Cortés. Este contingente de soldados indios sería uno de los factores indiscutibles en el triunfo de Cortés al tomar México.

[8] Hernán Cortés, para asegurar que sus aliados no se arrepientan de haberse unido a él, toma prisioneros a los principales caciques. De esta forma obligaba a los pueblos enemigos de los aztecas a pelear del lado de los españoles.

[9] En la narración de los sucesos se ha omitido, por razones de espacio, otros pormenores de la carta de Cortés. Se inicia aquí la descripción de la entrada a la ciudad de México y el encuentro entre Cortés y Moctezuma.

⁶⁰ asimismo bien rica a su uso, y más que la de los otros, y venían en dos procesiones muy arrimados a las paredes de la calle, que es muy ancha y muy hermosa y derecha, que de un cabo se parece el otro y tiene dos tercios de legua, y de la una parte y de la otra muy buenas y grandes casas, así de aposentamientos como de mezquitas,¹⁰ y el dicho Mutezuma venía por medio de la calle con dos señores, el uno a la mano derecha y el otro a la izquierda, de los cuales el uno era aquel señor grande que dije que había salido a hablar en las andas y el otro era su hermano del dicho Mutezuma, señor de aquella ciudad de Ixtapalapa de donde yo aquel día había partido, todos tres vestidos de una manera, excepto el Mutezuma que iba calzado, y los otros dos señores descalzos;¹¹ cada uno lo llevaba de su brazo, y ⁷⁰ como nos juntamos, yo me apeé y le fuí a abrazar solo, y aquellos dos señores que con él iban, me detuvieron con las manos para que no le tocase, y ellos y él hicieron asimismo ceremonia de besar la tierra, y hecha, mandó a aquel su hermano que venía con él que se quedase conmigo y me llevase por el brazo, y él con el otro se iba adelante de mí poquito trecho.

Y después de me haber él hablado, vinieron asimismo a me hablar todos los otros señores que iban en las dos procesiones, en orden uno en pos de otro, y luego se tornaban a su procesión; y al tiempo que yo llegué a hablar al dicho Mutezuma, quitéme un collar que llevaba de margaritas y diamantes de vidrio y se lo eché al cuello; y después de haber andado la calle adelante, vino un servidor ⁸⁰ suyo con dos collares de camarones envueltos en un paño, que eran hechos de huesos de caracoles colorados, que ellos tienen en mucho,¹² y de cada collar colgaban ocho camarones de oro de mucha perfección, tan largo casi como un geme, y como se los trajeron se volvió a mí y me los echó al cuello. Y tornó a seguir por la calle en la forma ya dicha hasta llegar a una muy grande y hermosa casa que él tenía para nos aposentar, bien aderezada. Y allí me tomó de la mano y me llevó a una gran sala que estaba frontera del patio por donde entramos, y allí me hizo sentar en un estrado muy rico que para él lo tenía mandado hacer, y me dijo que le esperase allí, y él se fué.

Y dende a poco rato, ya que toda la gente de mi compañía estaba aposentada, ⁹⁰ volvió con muchas y diversas joyas de oro y plata, y plumajes,¹³ y con hasta cinco o seis mil piezas de ropa de algodón, muy ricas y de diversas maneras tejidas y

---

¹⁰**mezquitas:** era el vocablo empleado por Cortés para referirse a los templos. Esta palabra, en realidad, designa únicamente los templos musulmanes. Cortés, sin embargo, maneja los vocablos utilizados en la reconquista. Así, los templos aztecas eran mezquitas y los mexicanos, infieles.

¹¹El ir descalzos para acompañar a Moctezuma era una muestra de respeto al soberano azteca.

¹²Cortés se da cuenta de que los mexicanos valoran mucho el arte de la orfebrería así

como también valoran los objetos preciosos de la naturaleza, tales como caracoles y plumas. En forma inversa, los mexicanos y las demás culturas prehispánicas sienten desprecio ante los españoles por no saber estimar éstos nada más que el oro.

¹³Moctezuma entrega piezas de orfebrería así como ricos plumajes. Hemos visto ya en los poemas de literatura náhuatl la alta estima que los antiguos mexicanos concedían a las plumas.

labradas, y después de me las haber dado, se sentó en otro estrado que luego le hicieron allí junto con el otro donde yo estaba; y sentado, prepuso en esta manera:[14] "Muchos días ha que por nuestras escripturas tenemos de nuestros antepasados noticia que yo ni todos los que en esta tierra habitamos no somos naturales de ella sino extranjeros, y venidos a ella de partes muy extrañas; y tenemos asimismo que a estas partes trajo nuestra generación un señor cuyos vasallos todos eran, el cual se volvió a su naturaleza,[15] y después tornó a venir dende en mucho tiempo, y tanto, que ya estaban casados los que habían quedado con las mujeres naturales de la tierra y tenían mucha generación y hechos pueblos donde vivían, y queriéndolos llevar consigo, no quisieron ir ni menos recibirle por señor, y así se volvió; y siempre hemos tenido que los que de él descendiesen habían de venir a sojuzgar esa tierra y a nosotros como a sus vasallos; y según de la parte que vos decís que venís, que es a do sale el sol, y las cosas que decís de ese gran señor o rey que acá os envió, creemos y tenemos por cierto, él sea nuestro señor natural, en especial que nos decís que él ha muchos días que tenía noticia de nosotros; y por tanto, vos sed cierto que os obedeceremos y tendremos por señor en lugar de ese gran señor que vos decís, y que en ello no habrá que yo en mi señorío poseo, mandar a vuestra voluntad, porque será obedecido y hecho; y todo lo que nosotros tenemos es para lo que vos de ello quisiéredes disponer. Y pues estáis en vuestra naturaleza y en vuestra casa, holgad y descansad del trabajo del camino y guerras que habéis tenido, que muy bien sé todos los que se vos han ofrecido de Puntunchán acá, y bien sé que los de Cempoal y de Tascaltecal os han dicho muchos males de mí. No creáis más de lo que por vuestros ojos veredes, en especial de aquellos que son mis enemigos, y algunos de ellos eran mis vasallos y hánseme rebelado con vuestra venida, y por se favorecer con vos lo dicen; los cuales sé que también os han dicho que yo tenía las casas con las paredes de oro y que las esteras de mis estrados y otras casas de mi servicio eran asimismo de oro,[16] y que yo era y me hacía dios y otras muchas cosas. Las casas ya las véis que son de piedra y cal y tierra"; y entonces alzó las vestiduras y me mostró el cuerpo: "A mí véisme aquí que soy de carne y hueso como vos y como cada uno, y que soy mortal y palpable", asiéndose él con sus manos de los brazos y del cuerpo. "Ved cómo

---

[14]Cortés trascribirá el conmovedor discurso con que Moctezuma recibió a Cortés. En este encuentro claramente se percibe cómo los mexicanos se entregan a Cortés porque lo consideran el enviado del dios Quetzalcóatl.

[15]Quetzalcóatl empezó siendo un sacerdote cuya bondad y sabiduría lo llevaron a enseñar a los toltecas (antepasados de los aztecas y demás pueblos nahuas) muchas artes, entre las cuales destacó la agricultura y la orfebrería. Al predicar una religión que se alejara de los sacrificios humanos,

Quetzalcóatl fue rechazado. Sin embargo, este histórico personaje, al marcharse, fue convertido en leyenda y después deificado. Se creía que el planeta Venus lo representaba y que un día volvería a reinar en Mesoamérica.

[16]Moctezuma es avisado por sus espías que la búsqueda del oro es lo que motiva a los españoles y que son las ansias de oro lo que los determinó a ir a México. En su discurso Moctezuma se encarga de señalar a los españoles que no tiene tanto oro como sus aliados les han hecho creer.

os han mentido; verdad es que tengo algunas cosas de oro que me han quedado de mis abuelos: todo lo que yo tuviere tenéis cada vez que vos lo quisiéredes; yo me voy a otras casas donde vivo; aquí seréis proveído de todas las cosas necesarias para vos y para vuestra gente. Y no recibáis pena alguna, pues estáis en vuestra casa y naturaleza." Yo le respondí a todo lo que me dijo, satisfaciendo a aquello que me pareció que convenía, en especial en hacerle creer que vuestra majestad era a quien ellos esperaban;[17] y con esto se despidió; e ido, fuimos muy bien proveídos de muchas gallinas y pan y frutas y otras cosas necesarias, especialmente para el servicio del aposento, y de esta manera estuve seis días, muy bien proveído de todo lo necesario, y visitado de muchos de aquellos señores.

[. . .] Antes que comience a relatar las cosas de esta gran ciudad y las otras que en este capítulo dije, me parece, para que mejor se puedan entender, que débese decir la manera de México, que es donde esta ciudad y algunas de las otras que he hecho relación están fundadas, y donde está el principal señorío de este Mutezuma. La cual dicha provincia es redonda y está toda cercada de muy altas y ásperas sierras, y lo llano de ella tendrá en torno hasta setenta leguas, y en el dicho llano hay dos lagunas que casi lo ocupan todo, porque tienen canoas en torno más de cincuenta leguas. Y la una de estas dos lagunas es de agua dulce, y la otra, que es mayor, es de agua salada. Divídelas por una parte una cuadrillera pequeña de cerros muy altos que están en medio de esta llanura, y al cabo se van a juntar las dichas lagunas en un estrecho de llano que entre estos cerros y las sierras altas se hace. El cual estrecho tendrá un tiro de ballesta, y por entre una laguna y la otra, y las ciudades y otras poblaciones que están en las dichas lagunas, contratan[18] las unas con las otras en sus canoas por el agua, sin haber necesidad de ir por la tierra. Y porque esta laguna salada grande crece y mengua por sus mareas según hace la mar todas las crecientes, corre el agua de ella a la otra dulce tan recio como si fuese caudaloso río, y por consiguiente a las menguantes va la dulce a la salada.

Esta gran ciudad de Temixtitan está fundada en esta laguna salada,[19] y desde la tierra firme hasta el cuerpo de la dicha ciudad, por cualquiera parte que quisieren entrar a ella, hay dos leguas. Tiene cuatro entradas, todas de calzada hecha a mano, tan ancha como dos lanzas jinetas. Es tan grande la ciudad como Sevilla y Córdoba. Son las calles de ella, digo las principales, muy anchas y muy derechas, y algunas de éstas y todas las demás son la mitad de tierra y por la otra mitad es agua, por la cual andan en sus canoas, y todas las calles de trecho a trecho están abiertas por do atraviesa el agua de las unas a las otras, y en todas estas aberturas, que algunas son muy anchas, y sus puentes de muy anchas y muy grandes vigas, juntas y recias y bien labradas, y tales, que por muchas de ellas pueden pasar diez

---

[17]Cortés confiesa no haber desengañado a Moctezuma respecto a la creencia de los mexicanos de ser el conquistador un enviado de Quetzalcóatl.

[18]**contratan:** comercian.
[19]La ciudad de México estaba rodeada de agua. A la ciudad se llegaba por cuatro puentes que podían ser levantados.

de caballo juntos a la par. Y viendo que si los naturales de esta ciudad quisiesen hacer alguna traición, tenían para ello mucho aparejo, por ser la dicha ciudad edificada de la manera que digo, y quitadas las puentes de las entradas y salidas, nos podrían dejar morir de hambre sin que pudiésemos salir a la tierra. Luego que entré en la dicha ciudad di mucha prisa en hacer cuatro bergantines,[20] y los hice en muy breve tiempo, tales que podían echar trescientos hombres en la tierra y llevar los caballos cada vez que quisiésemos.

Tiene esta ciudad muchas plazas, donde hay continuo mercado y trato de comprar y vender. Tiene otra plaza tan grande como dos veces la ciudad de Salamanca, toda cercada de portales alrededor, donde hay cotidianamente arriba de sesenta mil ánimas comprando y vendiendo,[21] donde hay todos los géneros de mercadurías que en todas las tierras se hallan, así de mantenimientos como de vituallas, joyas de oro y plata, de plomo, de latón, de cobre, de estaño, de piedras, de huesos, de conchas, de caracoles y de plumas. Véndese cal, piedra labrada y por labrar, adobes, ladrillos, madera labrada y por labrar de diversas maneras. Hay calle de caza donde venden todos los linajes de aves que hay en la tierra, así como gallinas, perdices, codornices, lavancos, dorales, zarcetas, tórtolas, palomas, pajaritos en cañuela, papagayos, búharos, águilas, halcones, gavilanes y cernícalos; y de algunas de estas aves de rapiña, venden los cueros con su pluma y cabezas y pico y uñas.

Venden conejos, liebres, venados, y perros pequeños, que crían para comer, castrados. Hay calle de herbolarios, donde hay todas las raíces y hierbas medicinales que en la tierra se hallan. Hay casas como de boticarios donde se venden las medicinas hechas, así potables como ungüentos y emplastos. Hay casas como de barberos, donde lavan y rapan las cabezas. Hay casas donde dan de comer y beber por precio. Hay hombres como los que llaman en Castilla ganapanes, para traer cargas. Hay mucha leña, carbón, braseros de barro y esteras de muchas maneras para camas, y otras más delgadas para asiento y esterar salas y cámaras. Hay todas las maneras de verduras que se hallan, especialmente cebollas, puerros, ajos, mastuerzo, berros, borrajas, acederas y cardos y tagarninas. Hay frutas de muchas maneras, en que hay cerezas, y ciruelas, que son semejables a las de España.[22] Venden miel de abejas y cera y miel de cañas de maíz, que son tan melosas y dulces como las de azúcar, y miel de unas plantas que llaman en las otras islas maguey, que es muy mejor que arrope, y de estas plantas hacen azúcar y vino, que asimismo venden. Hay a vender muchas maneras de hilados de algodón de todos colores, en sus madejicas, que parece propiamente alcaicería de Granada en las sedas, aunque esto otro es en mucha más cantidad. Venden colores para pintores,

---

[20]Cortés, como buen estratega, dándose cuenta de la peculiar situación de la ciudad, decide construir barcos. Estos bergantines le serían de gran utilidad en su posterior toma de México.

[21]La descripción que hace Cortés del mercado de México es uno de los fragmentos más detallados de su texto.

[22]Cortés, como Colón, se ve precisado a reducir a parámetros españoles la rica realidad americana.

cuantos se pueden hallar en España, y de tan excelentes matices cuanto pueden ser. Venden cueros de venado con pelo y sin él, teñidos blancos y de diversas colores. Venden mucha loza en gran manera muy buena, venden muchas vasijas de tinajas grandes y pequeñas, jarros, ollas, ladrillos y otras infinitas maneras de vasijas, todas de singular barro, todas o las más, vidriadas y pintadas.

Venden mucho maíz en grano y en pan, lo cual hace mucha ventaja, así en el grano como en el sabor, a todo lo de las otras islas y tierra firme. Venden pasteles de aves y empanadas de pescados. Venden mucho pescado fresco y salado, crudo y guisado. Venden huevos de gallinas y de ánsares, y de todas las otras aves que he dicho, en gran cantidad; venden tortillas de huevos hechas. Finalmente, que en los dichos mercados se venden todas cuantas cosas se hallan en toda la tierra, que demás de las que he dicho, son tantas y de tantas calidades, que por la prolijidad y por no me ocurrir tantas a la memoria, y aun por no saber poner los nombres,[23] no las expreso. Cada género de mercaduría se vende en su calle, sin que entremetan otra mercaduría ninguna, y en esto tienen mucha orden. Todo se vende por cuenta y medida, excepto que hasta ahora no se ha vista vender cosa alguna por peso.

Hay en esta gran plaza una gran casa como de audiencia, donde están siempre sentadas diez o doce personas que son jueces y libran todos los casos y cosas que en el dicho mercado acaecen, y mandan castigar los delincuentes. Hay en la dicha plaza otras personas que andan continuo entre le gente, mirando lo que se vende y las medidas con que miden lo que venden; y se ha visto quebrar alguna que estaba falsa.[24]

Hay en esta gran ciudad muchas mezquitas o casas de sus ídolos de muy hermosos edificios, por las colaciones y barrios de ella, y en las principales de ella hay personas religiosas de su secta, que residen continuamente en ellas, para los cuales, demás de las casas donde tienen los ídolos, hay buenos aposentos. Todos estos religiosos visten de negro y nunca cortan el cabello, ni lo peinan desde que entran en la región hasta que salen, y todos los hijos de las personas principales, así señores como ciudadanos honrados, están en aquellas religiones y hábito[25] desde edad de siete u ocho años hasta que los sacan para los casar, y esto más acaece en los primogénitos que han de heredar las casas, que en los otros. No tiene acceso a mujer ni entra ninguna en las dichas casas de religión. Tienen abstinencia en no comer ciertos manjares, y más en algunos tiempo del año que no en los otros; y entre estas mezquitas hay una que es la principal,[26] que no hay lengua humana que sepa explicar la grandeza y particularidades de ella, porque es tan grande que dentro del circuito de ella, que es todo cercado de muro muy alto, se

---

[23]Confesión de la incapacidad española en comprender la inmensa variedad de productos mexicanos que se extendían a su vista.

[24]Los antiguos mexicanos castigaban severamente el robo y el fraude.

[25]La rigurosa educación de los nobles se llevaba a cabo en recintos especiales.

[26]Referencia al Templo Mayor de los aztecas, el cual ha sido excavado actualmente en el centro histórico de México. Las piezas recuperadas en este rescate son invaluables joyas antropológicas.

podía muy bien hacer una villa de quinientos vecinos; tiene dentro de este circuito, todo a la redonda, muy gentiles aposentos en que hay muy grandes salas y corredores donde se aposentan los religiosos que allí están. Hay bien cuarenta torres muy altas y bien obradas, que la mayor tiene cincuenta escalones para subir al cuerpo de la torre; la más principal es más alta que la torre de la iglesia mayor de Sevilla. Son tan bien labradas, así de cantería como de madera, que no pueden ser mejor hechas ni labradas en ninguna parte, porque toda la cantería de dentro de las capillas donde tienen los ídolos, es de imaginería y zaquizamíes, y el maderamiento es todo de masonería y muy pintado de cosas de monstruos y otras figuras y labores. Todas estas torres son enterramiento de señores, y las capillas que en ellas tienen son dedicadas cada una a su ídolo,[27] a que tienen devoción.

[. . .] Tenía otra casa donde tenía muchos hombres y mujeres monstruos,[28] en que había enanos, corcovados y contrahechos, y otros con otras disformidades, y cada una manera de monstruos en su cuarto por sí; y también había para éstos, personas dedicadas para tener cargo de ellos, y las otras cosas de placer que tenía en su ciudad dejo de decir,[29] por ser muchas y de muchas calidades.

La manera de su servicio[30] era que todos los días, luego en amaneciendo, era en su casa más de seiscientos señores y personas principales, los cuales se sentaban, y otros andaban por unas salas y corredores que había en la dicha casa, y allí estaban hablando y pasando tiempo sin entrar donde su persona estaba. Y los servidores de éstos y personas de quien se acompañaban henchían dos o tres grandes patios y la calle, que era muy grande. Y todos estaban sin salir de allí todo el día hasta la noche. Y al tiempo que traían de comer al dicho Mutezuma, asimismo lo traían a todos aquellos señores tan cumplidamente cuanto a su persona, y también a los servidores y gentes de éstos les daban sus raciones. Había cotidianamente la despensa y botillería abierta para todos aquellos que quisiesen comer y beber. La manera de cómo le daban de comer, es que venían trescientos o cuatrocientos mancebos con el manjar, que era sin cuento, porque todas las veces que comía y cenaba le traían de todas las maneras de manjares, así de carnes como de pescados y frutas y yerbas que en toda la tierra se podían haber. Y porque la tierra es fría, traían debajo de cada plato y escudilla de manjar un braserico con brasa para que no se enfriase. Poníanle todos los manjares juntos en una gran sala en que él comía, que casi toda se henchía, la cual estaba toda muy bien esterada y muy limpia, y él estaba sentado en una almohada de cuero, pequeña, muy bien hecha. Al tiempo que comía, estaban allí desviados de él cinco o seis señores ancianos, a los cuales él daba de lo que comía, y estaba en pie uno de aquellos ser-

---

[27]Los ídolos a los que se refiere Cortés eran los dioses de los mexicanos.

[28]La deformidad física era considerada entre los antiguos mexicanos una especie de señal divina, por lo cual los seres deformes gozaban de un trato privilegiado.

[29]Ojalá el conquistador no hubiera cortado aquí su relación.

[30]Cortés inicia la descripción de la regia forma en que el soberano Moctezuma era atendido.

vidores, que le ponía y alzaba los manjares, y pedía a los otros que estaban más afuera lo que era necesario para el servicio. Y al principio y fin de la comida y cena, siempre le daban agua a manos y con la toalla que una vez se limpiaba nunca se limpiaba más, ni tampoco los platos y escudillas en que le traían una vez el manjar se los tornaban a traer, sino siempre nuevos, y así hacían de los braseros.

Vestíase todos los días cuatro maneras de vestiduras, todas nuevas, y nunca más se las vestía otra vez. Todos los señores que entraban en su casa no entraban calzados, y cuando iban delante de él algunos que él enviaba a llamar, llevaban la cabeza y ojos inclinados y el cuerpo muy humillado, y hablando con él no le miraban a
280 la cara, lo cual hacían por mucho acatamiento y reverencia. Y sé que lo hacían por este respeto, porque ciertos señores reprehendían a los españoles diciendo que cuando hablaban conmigo estaban exentos, mirándome la cara, que parecía desacatamiento y poca vergüenza. Cuando salió fuera el dicho Mutezuma, que era pocas veces, todos los que iban con él y los que topaban por las calles le volvían el rostro, y en ninguna manera le miraban, y todos los demás se postraban hasta que él pasaba. Llevaba siempre delante de sí un señor de aquellos con tres varas delgadas altas, que creo se hacía por que se supiese que iba allí su persona. Y cuando lo descendían de las andas, tomaban la una en la mano y llevábanla hasta donde iba. Eran tantas y tan diversas y las maneras y ceremonias que este señor tenía en su
290 servicio, que era necesario más espacio del que yo al presente tengo para las relatar, y aun mejor memoria para las retener, porque ninguno de los soldanes ni otro ningún señor infiel[31] de los que hasta ahora se tiene noticia, no creo que tantas ni tales ceremonias en su servicio tengan.

REFLEXIÓN Y ANÁLISIS

1) ¿Cuál es el propósito de Cortés al escribir su carta?
2) ¿Qué efecto le produce la descripción de la ciudad de Tenochtitlan?
3) ¿Cómo se presenta Cortés a sí mismo en esta carta? ¿Qué tipo de caballero es?
4) Haga una comparación de la Conquista desde la perspectiva de los vencidos.

BIBLIOGRAFÍA

Edición

Cortés, Hernán. *Cartas de Relación*. Ed. Mario Hernández Sánchez-Barba. México: Porrúa, 1963.

---

[31]Al calificar a Moctezuma de infiel, Cortés efectuaba una especie de acuerdo tácito con su rey, Carlos V: Moctezuma, y junto con él todos los mexicanos, podían ser conquistados dado que eran infieles, es decir, enemigos de la religión católica.

Estudios

Benítez, Fernando. *La ruta de Hernán Cortés*. México: FCE-SEP, 1983.

Caillet-Bois, Julio. "La primera carta de relación de Hernán Cortés." *Revista de Filología Hispánica* 3 (1941): 50–54.

Iglesia, Ramón. *Cronistas e historiadores de México*. México: El Colegio de México, 1941.

López Lira, Enriqueta. "La conquista de México y su problema historiográfico." *Revista de Historia de América* 18 (1944): 307-33.

Martínez, José Luis. *Hernán Cortés*. México: FCE-UNAM, 1990.

Alessandra Luiselli

BERNAL DÍAZ DEL CASTILLO (1495–1584)

Nacido en Medina del Campo, España, en 1495, y muerto en Santiago de los Caballeros, Guatemala, en 1584, Bernal Díaz del Castillo ha pasado a ser considerado uno de los cronistas de Indias más valorados debido a su indispensable volumen de memorias *Historia verdadera de la Conquista de la Nueva España*, escrita en 1568. Cuando Bernal Díaz llega a las costas de México junto con la expedición de Cortés, es la tercera vez que, como soldado, ha formado parte de las exploraciones y conquistas del Nuevo Mundo. Dos años antes de haber estado bajo el mando de Cortés, participó en la expedición de Francisco Hernández de Córdoba y en 1518 se había alistado bajo las órdenes de Juan de Grijalva. Ambas expediciones, previas a las de Cortés, habían terminado en fracaso debido a la imposibilidad de los anteriores capitanes en conquistar el continente. Al triunfar Cortés en su empeño conquistador, Bernal Díaz fue uno de los testigos más importantes en narrar ese primer encuentro entre el mundo de los antiguos mexicanos y el mundo español.

Después de la caída de la gran ciudad de México (1521) y de haber logrado su sometimiento, Bernal Díaz acompaña a Cortés en su desastrosa expedición a Honduras, de la que vuelve en extrema situación de pobreza. A partir de entonces dedica el resto de su vida a tratar de que la corona española recompense su labor de soldado y conquistador. Bernal Díaz falleció en Guatemala, dueño de una encomienda de indios, luego de haber viajado dos veces a España con el objeto de promover su causa, en particular, y la de los encomenderos en general. Bernal Díaz abogaba, en contra de las peticiones humanitarias de Bartolomé de las Casas, por el sistema de las encomiendas a perpetuidad.

La obra de Bernal Díaz del Castillo es extensa. El título de su libro confunde respecto a su ubicación literaria, sin embargo, la *Historia verdadera* no es un documento que pertenezca únicamente a la historiografía, sino que se desplaza como un texto de suma importancia literaria. Bernal Díaz dota su obra de un valor singular al narrar los aspectos de la conquista de México con la flexibilidad narrativa que permiten las memorias. Dueño de un español sin afectación alguna, cuenta, a una edad muy avanzada, sus historias tal como lo haría un buen conversador, con los mismos sesgos y particularidades que la narración oral se permite. Es así como da comienzo a su *Historia*:

> . . . lo que yo vi y me hallé en ello peleando, como buen testigo de vista yo lo escribiré; con la ayuda de Dios, muy llanamente, sin torcer ni a una parte ni a otra, y porque soy viejo de más de ochenta y

cuatro años y he perdido la vista y el oir, y por mi ventura no tengo otra riqueza que dejar a mis hijos y descendientes, salvo esta mi notable y verdadera relación.

Y así, llanamente, da comienzo a una pormenorizada relación que no omite ninguno de los trabajos y penurias de los numerosos soldados y capitanes que formaban parte de la expedición que acompañó a Cortés a México, los cuales eran ignorados en las historias de los cronistas oficiales. Tal era el caso, por ejemplo, de las crónicas de López de Gómara que tanto indignaban al viejo Bernal Díaz y contra el cual se pronuncia repetidas veces a lo largo de su recuento: ". . . que he visto que el cronista Gómara no escribe en su historia ni hace mención si nos mataban o estábamos heridos, ni pasábamos trabajo, ni adolecíamos, sino que todo lo que escribe es como quien va de bodas y lo hallabamos hecho". En este párrafo a Bernal Díaz le interesa, además de reñir a Gómara, puntualizar las hazañas de todos los soldados y no sólo las de Cortés. Además de destacar las proezas de sus compañeros de armas, concede importancia fundamental a la ayuda que los españoles recibieron de parte de los tlaxcaltecas, los enemigos mexicanos de los aztecas y sus aliados:

> . . . nuestros amigos Chichimecatecle y los dos mancebos
> Xicotengas, hijos de Xicotenga el Viejo, guerrearon muy valiente-
> mente contra el gran poder de México y nos ayudaron muy bien y
> así mismo [. . .] otros muchos capitanes de pueblos de los que nos
> ayudaban, todos guerreaban muy poderosamente y Cortés les habló
> y les dio muchas gracias y loores porque nos habían ayudado.

La memoria de Bernal Díaz es tan prodigiosa que le permite recordar no sólo el nombre de cada pueblo conquistado, los nombres de los principales caciques mexicanos y el de sus dioses, sino que también recuerda el número de escalones de cada una de la pirámides, donde tan sangrientas batallas se llevaron a cabo. Rescata incluso, en un verdadero alarde de memoria, el nombre, color y clase de las yeguas y caballos que los principales conquistadores llevaban consigo durante la conquista de México, pormenores que Cortés jamás se hubiera preocupado de averiguar, mucho menos de recuperar por escrito. De todos estos detalles, sin embargo, emerge el retrato de un Bernal Díaz generoso, un conquistador que intentaba apresar narrativamente la magnitud de los eventos que fantásticamente se le presentaban delante. Así, la admiración de este soldado al contemplar por primera vez la ciudad de México es tal que lo lleva a exclamar una de las afirmaciones más citadas en los múltiples estudios que sobre la conquista de México existen:

> Y desde que vimos tantas ciudades y villas pobladas en el agua, y en tie-
> rra firme otras grandes poblazones, y aquella calzada tan derecha y por
> nivel como iba México, nos quedamos admirados, y decíamos que
> parecía a las cosas de encantamiento que cuentan en el libro de Amadís.

Y de esta forma, bajo el propio reconocimiento de su encantamiento, tan literario y tan medieval como las novelas de caballería que él mismo cita, surgen de la memoria de Bernal Díaz escenas épicas que capturan toda la tragedia de la conquista. Bernal Díaz del Castillo, ha postulado Carlos Fuentes en su libro *Valiente Mundo Nuevo,* prefigura a Don Quijote: "Hay una falla en la armadura de este guerrero cristiano . . . a través de ella brilla un corazón herido, tristemente enamorado de sus enemigos". Lo que escribe Bernal Díaz del Castillo, concluye Carlos Fuentes, es una novela esencial. Los tres elementos que el narrador mexicano distingue como recursos novelísticos en el autor de la *Historia verdadera* son los siguientes: 1) amor por la caracterización, el cual lo lleva a darles complejidad individual a los personajes que pueblan su relato; 2) afecto al detalle; después del relato de Bernal Díaz, la conquista de México puede ser casi visualizada y 3) búsqueda de la intriga, sin la que, asegura Fuentes, no habría novela.

Novela o no, lo cierto es que los escritos de Bernal Díaz parecen ajustarse al proceso de ficcionalización instaurado en América desde las primeras descripciones europeas. En Bernal Díaz del Castillo, sin embargo, la ficción rebasa los estrechos límites de los protagonistas únicos —Colón y Cortés— y expande el concepto para proporcionar una nueva perspectiva: los conquistadores como entidad narrativa colectiva. Del "yo" colombino y cortesiano hemos pasado al "nosotros" de Bernal Díaz, una voz narrativa plural que en ningún momento permite que las figuras guerreras de cada uno de los conquistadores que participaron en las batallas de la ciudad de México sean opacadas, ni siquiera por las intervenciones de orden divino. Es así como en uno de los fragmentos de sus extensas memorias Bernal Díaz disputa, socarronamente, a Gómara que el triunfo de cierta batalla se haya debido a la intervención de los apóstoles Santiago y San Pablo, y sí le otorga, en cambio, la victoria a uno de los capitanes que luchó al lado de Cortés:

> . . . y pudiera ser que dice Gómara fueran los gloriosos apóstoles
> señor Santiago o señor San Pedro y yo, como pecador, no fuese
> digno de verlo. Lo que yo entonces vi fue a Francisco de Morla en
> un caballo castaño, que venía junto a Cortés, que me parece que
> ahora que lo estoy escribiendo se me representa por estos ojos pecadores toda la guerra según y de la manera que allí pasamos.

Pero esta disputa sobre la participación de los santos apóstoles no implica que Bernal Díaz del Castillo fuese un hombre de poca fe; él, al igual que Cólon y Cortés, creía firmemente en que Dios favorecía a los españoles en su dramática apropiación del Nuevo Mundo. Lo que ocurre es que Díaz del Castillo se empeñaba en dejar constancia del valor de todos y cada uno de los soldados que participaron en la conquista de México. Su propósito era claro: intentaba defender, con el relato de sus sufrimientos, los privilegios que él y otros conquistadores y sus descendientes creían merecer como derechos de conquista; privilegios que la corona parecía haber olvidado. Bernal Díaz se encarga de recordárselos: es así cómo los últimos capítulos de la *Historia verdadera* incluyen una lista con los nombres de todos aquellos españoles que participaron en las batallas de apropiación y dominio de México. Tal fue el procedimiento de ficcionalización seguido por Bernal Díaz: crear no la imagen del heroico soldado que enfrenta solo la adversidad —Cortés—, sino crear la imagen colectiva de los sufridos soldados que arriesgaron mil veces la vida en nombre de su rey —Bernal Díaz y los otros.

Para finalizar, es necesario subrayar una vez más el procedimiento literario que organiza las numerosas páginas de la *Historia verdadera:* el recuento oral. Esta oralidad característica de Bernal Díaz determina que la narración frecuentemente se estructure con transiciones estilísticas como la siguiente: "Antes de que más meta la mano en lo del gran Moctezuma y su gran México y mexicanos, quiero decir lo de doña Marina, cómo desde su niñez fue gran cacica de pueblos y vasallos . . .". Y así, anunciando un tema que no continuará sino hasta después de haber intercalado en la narración un punto que de pronto irrumpe en su memoria, Bernal Díaz avanza en su recuento: los enormes sufrimientos que él y sus compañeros de armas tuvieron que vencer para que México se convirtiera en posesión española. De sus páginas brota, entonces, un relato oral, minuciosamente colectivo, del primer encuentro de los españoles con los mexicanos.

Historia verdadera de la Conquista de la Nueva España

DEL GRANDE Y SOLEMNE RECIBIMIENTO QUE NOS HIZO EL GRAN MONTEZUMA A CORTÉS Y A TODOS NOSOTROS[1] EN LA ENTRADA DE LA GRAN CIUDAD DE MÉXICO

Luego otro día de mañana partimos de Estapalapa, muy acompañados de aquellos grandes caciques que atrás he dicho; íbamos por nuestra calzada adelante, la cual es ancha de ocho pasos, y va tan derecha a la ciudad de México, que me parece que no se torcía poco ni mucho, y puesto que es bien ancha, toda iba llena de aquellas gentes que no cabían, unos que entraban en México y otros que salían, y los indios que nos venían a ver, que no nos podíamos rodear de tantos como vinieron, porque estaban llenas las torres y cúes[2] y en las canoas y de todas partes de la laguna, y no era cosa de maravillar, porque jamás habían visto caballos ni hombres como nosotros.[3] Y de que vimos cosas tan admirables no sabíamos qué decir, o si era verdad lo que por delante parecía,[4] que por una parte en tierra había grandes ciudades, y en la laguna otras muchas, y veíamoslo todo lleno de canoas, y en la calzada muchas puentes de trecho a trecho, y por delante estaba la gran ciudad de México; y nosotros aún no llegábamos a cuatrocientos soldados, y teníamos muy bien en la memoria las pláticas y avisos que nos dijeron los de Guaxocingo y Tlaxcala y de Tamanalco,[5] y con otros muchos avisos que nos habían dado para que nos guardásemos de entrar en México, que nos habían de matar desde que dentro nos tuviesen. Miren los curiosos lectores si esto que escribo si había bien que ponderar en ello ¿qué hombres [ha] habido en el Universo que tal atrevimiento tuviesen?[6]

Pasemos adelante.[7] Ibamos por nuestra calzada; ya que llegamos donde se aparta otra calzadilla que iba a Cuyuacán, que es otra ciudad adonde estaban unas como torres que eran sus adoratorios, vinieron muchos principales y caciques con muy ricas mantas sobre sí, con galanía de libreas[8] diferenciadas las de los unos caciques de los otros, y las calzadas llenas de ellos, y aquellos grandes caciques enviaba el gran Montezuma adelante a recibirnos, y así como llegaban ante Cortés decían en su lengua que fuésemos bien venidos, y en señal de paz tocaban con la mano en el suelo y besaban la tierra con la misma mano. Así que estuvimos parados un buen rato, y desde allí se adelantaron Cacamatzin, señor de Tezcuco, y el señor de Iztapalapa,

---

[1] Desde el epígrafe del capítulo es posible detectar esa voz narrativa plural que caracteriza a Bernal.

[2] *cúes:* vocablo náhuatl, templos.

[3] Los aztecas estaban muy sorprendidos con la visión de los caballos, los cuales no existían en América.

[4] Los españoles, de igual forma, estaban muy sorprendidos de encontrarse ante una gran cultura que en nada se parecía a la europea.

[5] Pueblos enemigos de los aztecas.

[6] Las apelaciones de Bernal a los lectores son frecuentes en su discurso.

[7] Este recurso, propio de la narración oral, es empleado por Bernal en numerosas ocasiones.

[8] **libreas:** vestidos distintivos que señalan rangos diferentes.

y el señor de Tacuba, y el señor de Cuyuacán a encontrarse con el gran Montezuma, que venía cerca, en ricas andas, acompañado de otros grandes señores y caciques que tenían vasallos.

Ya que llegábamos cerca de México, adonde estaban otras torrecillas, se apeó el gran Montezuma[9] de las andas, y traíanle de brazo aquellos grandes caciques, debajo de un palio muy riquísimo a maravilla, y el color de plumas verdes con grandes labores de oro, con mucha argentería y perlas y piedras *chalchiuis,*[10] que colgaban de una como bordaduras, que hubo mucho que mirar en ello. Y el gran Montezuma venía muy ricamente ataviado, según su usanza, y traía calzados unos como *cotaras,*[11] que así se dice lo que se calzan; las suelas de oro y muy preciada pedrería por encima en ellas; y los cuatro señores que le traían de brazo venían con rica manera de vestidos a su usanza, que parece ser se los tenían aparejados[12] en el camino para entrar con su señor, que no traían los vestidos con los que nos fueron a recibir, y venían, sin aquellos cuatro señores, otros cuatro grandes caciques que traían el palio sobre sus cabezas, y otros muchos señores que venían delante del gran Montezuma, barriendo el suelo por donde había de pisar, y le ponían mantas por que no pisase la tierra. Todos estos señores ni por pensamiento le miraban en la cara, sino los ojos bajos y con mucho acato excepto aquellos cuatro deudos y sobrinos suyos que lo llevaban de brazo. Y como Cortés vió y entendió y le dijeron que venía el gran Montezuma, se apeó del caballo, y desde que llegó cerca de Montezuma, a una se hicieron grandes acatos.[13] El Montezuma le dió el bien venido, y nuestro Cortés le respondió con doña Marina[14] que él fuese él muy bien estado; y paréceme que Cortés, con la lengua doña Marina, que iba junto a Cortés, le daba la mano derecha, y Montezuma no la quiso, y se la dió a Cortés. Y entonces sacó Cortés un collar que traía muy a mano de unas piedras de vidrio, que ya he dicho que se dicen margaritas, que tienen dentro de sí muchas labores y diversidad de colores y venía ensartado en unos cordones de oro con almizque[15] por que diesen buen olor, y se le echó al cuello el gran Montezuma, y cuando se le puso le iba [a] abrazar, y aquellos grandes señores que iban con Montezuma detuvieron el brazo a Cortés que no le abrazase, porque lo tenían por menosprecio.

Y luego Cortés con la lengua doña Marina le dijo que holgaba ahora su corazón en haber visto un tan gran príncipe, y que le tenían en gran merced la venida de su

---

[9]Bernal escribió su historia décadas después de haber ocurrido la conquista de México; aún así siempre mantuvo en sus escritos epítetos que señalaban la grandeza del monarca azteca.

[10]**argentería:** adornos de plata y oro; *chalchiuis:* vocablo náhuatl, esmeraldas.

[11]*cotaras:* vocablo antillano que designa el calzado.

[12]**aparejados:** listos, preparados.

[13]**acatos:** cortesías.

[14]Bernal registra siempre a la Malinche — los españoles la llamaban Doña Marina—, quien era la intérprete entre Moctezuma y Cortés. Este último no la menciona en sus cartas. Bernal, en cambio, demuestra en varios momentos de su historia una gran admiración por esta india noble que hablaba el maya y el náhuatl.

[15]**almizque:** sustancia perfumada.

persona a recibirle y las mercedes[16] que le hace a la contina.[17] Entonces Montezuma le dijo otras palabras de buen comedimiento,[18] y mandó a dos de sus sobrinos de los que le traían de brazo, que era el señor de Tezcuco y el señor de Cuyuacán, que se fuesen con nosotros hasta aposentarnos, y Montezuma con los otros dos sus parientes, Cuedlavaca y el señor de Tacuba, que le acompañaban, se volvió a la ciudad, y también se volvieron con él todas aquellas grandes compañías de caciques y principales que le habían venido a acompañar; y cuando se volvían con su señor estábamoslos mirando cómo iban todos los ojos puestos en tierra, sin mirarle, y muy arrimados a la pared, y con gran acato le acompañaban; y así tuvimos lugar nosotros de entrar por las calles de México sin tener tanto embarazo.

Quiero ahora decir la multitud de hombres y mujeres y muchachos que estaban en las calles y azoteas y en canoas en aquellas acequias que nos salían a mirar. Era cosa de notar, que ahora que lo estoy escribiendo se me representa todo delante de mis ojos como si ayer fuera cuando esto pasó,[19] y considerada la cosa, es gran merced que Nuestro Señor Jesucristo fué servido darnos gracia y esfuerzo para osar entrar en tal ciudad y me haber guardado de muchos peligros de muerte, como adelante verán. Doile muchas gracias por ello, que a tal tiempo me ha traído para poderlo escribir, y aunque no tan cumplidamente como convenía y se requiere.[20] Y dejemos palabras, pues las obras son buen testigo de lo que digo en alguna de estas partes, y volvamos a nuestra entrada en México, que nos llevaron [a] aposentar[21] a unas grandes casas donde había aposentos[22] para todos nosotros, que habían sido de su padre del gran Montezuma, que se decía Axayácatl adonde, en aquella sazón, tenía una recámara muy secreta de piezas y joyas de oro, que era como tesoro de lo que había heredado de su padre Axayaca,[23] que no tocaba en ello. Y asimismo nos llevaron [a] aposentar [a] aquella casa por causa que, como nos llamaban *teules*[24] y por tales nos tenían, que estuviésemos entre sus ídolos como *teules* que allí tenían. Sea de una manera o sea de otra, allí nos llevaron, donde tenían hechos grandes estrados y salas muy entoldadas de paramentos de

---

[16]**las mercedes:** los favores.

[17]**a la contina:** continuamente, con frecuencia.

[18]A diferencia de Bernal, Cortés transcribe en su segunda carta el discurso de Moctezuma. Esta es una diferencia importante entre los dos cronistas: Díaz del Castillo se preocupa más de los detalles humanos, tales como describir a la Malinche, y Cortés se preocupa más por los detalles políticos como el escuchar con atención a Moctezuma y aprovechar su equívoco respecto al origen divino de los españoles.

[19]Esta fórmula será utilizada varias veces por Bernal.

[20]De igual forma, Bernal repetirá un sinnúmero de veces que él no escribe "cumplidamente". En algún momento de su narración dirá que mientras Cortés es un "latino" (que hablaba latín), él, Bernal, es "un idiota sin letras", es decir, sin educación.

[21]**aposentar:** hospedar.

[22]**aposentos:** cuartos, habitaciones.

[23]La codicia con que los españoles se adueñan finalmente de los tesoros de Axayácatl es narrada en la crónicas mexicanas que Baudot y Todorov reproducen en *Crónicas mexicanas de la Conquista* (México: Grijalbo, 1989).

[24]***teules:*** vocablo náhuatl, dioses.

la tierra para nuestro capitán, y para cada uno de nosotros otras camas de esteras y unos toldillos encima, que no se da más cama por muy gran señor que sea, porque no las usan; y todos aquellos palacios, muy lucidos y encalados y barridos y enramados.

Y como llegamos y entramos en un gran patio, luego tomó por la mano el gran Montezuma a nuestro capitán, que allí le estuvo esperando, y le metió en el aposento y sala adonde había de posar, que le tenía muy ricamente aderezada para según su usanza, y tenía aparejado un muy rico collar de oro de hechura de camarones, obra muy maravillosa, y el mismo Montezuma se le echó al cuello a nuestro capitán Cortés, que tuvieron bien que mirar sus capitanes del gran favor que le dio. Y desde que se lo hubo puesto Cortés le dió las gracias con nuestras lenguas, y dijo Montezuma: "Malinche:[25]en vuestra casa estáis vos y vuestros hermanos; descansa". Y luego se fué a sus palacios, que no estaban lejos, y nosotros repartimos nuestros aposentos por capitanías, y nuestra artillería asestada en parte conveniente, y muy bien platicado el orden que en todo habíamos de tener y estar muy apercibidos, así los de a caballo como todos nuestros soldados. Y nos tenían aparejada una comida muy suntuosa, a su uso y costumbre, que luego comimos. Y fué esta nuestra venturosa y atrevida entrada en la gran ciudad de Tenustitán[26] México, a ocho días del mes de noviembre, año de Nuestro Salvador Jesucristo de mil quinientos diecinueve años. Gracias a Nuestro Señor Jesucristo por todo, y puesto que no vaya expresado otras cosas que había que decir, perdónenme sus mercedes que no lo sé mejor decir por ahora hasta su tiempo. Y dejemos de más pláticas, y volvamos a nuestra relación de lo que más nos avino,[27] lo cual diré adelante.

DE LA MANERA Y PERSONA DEL GRAN MONTEZUMA, Y DE CUÁN GRANDE SEÑOR ERA

Era el gran Montezuma de edad de hasta cuarenta años y de buena estatura y bien proporcionado, y cenceño,[28] y pocas carnes, y el color ni muy moreno, sino propio color y matiz de indio, y traía los cabellos no muy largos, sino cuanto le cubrían las orejas, y pocas barbas prietas y bien puestas y ralas,[29] y el rostro algo largo y alegre, y los ojos de buena manera, y mostraba en su persona, en el mirar, por un cabo amor y cuando era menester gravedad; era muy pulido y limpio, bañábase cada día una vez, a la tarde; tenía muchas mujeres por amigas, hijas de señores, puesto que tenía dos grandes cacicas por sus legítimas mujeres, que cuando usaba con ellas era tan secretamente que no lo alcanzaban a saber sino alguno de los que le servían. Era

[25]Moctezuma, al ver que Cortés se encuentra siempre cerca de ella, lo nombra Malinche también a él.
[26]**Tenustitán:** Tenochtitlan, ciudad de México.

[27]**nos avino:** nos sucedió, nos pasó.
[28]**cenceño:** delgado.
[29]**ralas:** escasas, no abundantes.

muy limpio de sodomías; las mantas y ropas que se ponía un día, no se las ponía sino de tres o cuatro días; tenía sobre doscientos principales de su guarda en otras salas junto a la suya, y éstos no para que hablasen todos con él, sino cuál y cuál, y cuando le iban a hablar se habían de quitar las mantas ricas y ponerse otras de poca valía, más habían de ser limpias y habían de entrar descalzos y los ojos bajos, puestos en tierra, y no mirarle a la cara, y con tres reverencias que le hacían y le decían en ellas: "Señor, mi señor, mi gran señor", primero que a él llegasen; y desde que le daban relación a lo que iban, con pocas palabras les despachaba; no le volvían las espaldas al despedirse de él, sino la cara y ojos bajos, en tierra, hacia donde estaba, y no vueltas las espaldas hasta que salían de la sala.

Y otra cosa vi: que cuando otros grandes señores venían de lejas tierras a pleitos o negocios, cuando llegaban a los aposentos del gran Montezuma habían de venir descalzos y con pobres mantas, y no habían de entrar derecho en los palacios, sino rodear un poco por un lado de la puerta del palacio, que entrar de rota batida[30] teníanlo por desacato.

En el comer, le tenían sus cocineros sobre treinta maneras de guisados, hechos a su manera y usanza, y teníanlos puestos en braseros de barro chicos debajo, por que no se enfriasen, y de aquello que el gran Montezuma había de comer guisaban más de trescientos platos, sin más de mil para la gente de guarda; y cuando había de comer salíase Montezuma algunas veces con sus principales y mayordomos y le señalaban cuál guisado era mejor, y de qué aves y cosas estaba guisado, y de lo que le decían de aquello había de comer, y cuando salía a verlo eran pocas veces y como por pasatiempo. Oí decir que le solían guisar carnes de muchachos de poca edad,[31] y, como tenía tantas diversidades de guisados y de tantas cosas, no lo echábamos de ver[32] si era de carne humana o de otras cosas, porque cotidianamente le guisaban gallinas, gallos de papada, faisanes, perdices de la tierra, codornices, patos mansos y bravos, venado, puerco de la tierra, pajaritos de caña, y palomas y liebres y conejos, y muchas maneras de aves y cosas que se crían en estas tierras que son tantas que no las acabaré de nombrar tan presto. Y así no miramos en ello; mas sé que ciertamente desde que nuestro capitán le reprehendía el sacrificio y comer de carne humana, que desde entonces mandó que no le guisasen tal manjar. Dejemos de hablar en esto y volvamos a la manera que tenía en su servicio al tiempo del comer. Y es de esta manera: que si hacía frío, teníanle hecha mucha lumbre de ascuas de una leña de cortezas de árboles, que no hacía humo; el olor de las cortezas de que hacían aquellas ascuas muy oloroso, y por que no le diesen más calor de lo que él quería, ponían delante una como tabla labrada con oro y otras figuras de ídolos, y él sentado en un asentadero bajo, rico y blando, y la mesa también baja, hecha de la misma manera de los sentadores; y allí le ponían sus manteles de mantas blancas y unos

---

[30]**entrar de rota batida:** entrar de frente, precipitadamente.

[31]Bernal mismo se encarga de resaltar que lo que afirma sobre Moctezuma es un rumor que ha oído. La antropofagia era un rito sagrado entre los aztecas, no una costumbre alimenticia.

[32]**no lo echábamos de ver:** no nos dábamos cuenta.

pañizuelos algo largos de lo mismo, y cuatro mujeres muy hermosas y limpias le daban agua a manos en unos como a manera de aguamaniles[33] hondos, que llaman *xicales;* le ponían debajo, para recoger el agua, otros a manera de platos, y le daban sus tohallas, y otras dos mujeres le traían el pan de tortillas. Y ya que encomenzaba a comer echábanle delante una como puerta de madera muy pintada de oro, por que no le viesen comer, y estaban apartadas las cuatro mujeres aparte; y allí se le ponían a sus lados cuatro grandes señores viejos y de edad, en pie, con quien Montezuma de cuando en cuando platicaba y preguntaba cosas; y por mucho favor daba a cada uno de estos viejos un plato de lo que él más le sabía, y decían que aquellos viejos eran sus deudos muy cercanos y consejeros y jueces de pleitos, y el plato y manjar que les daba Montezuma, comían en pie y con mucho acato, y todo sin mirarle a la cara. Servíase con barro de Cholula, uno colorado y otro prieto.

[. . .] Dejemos esto y vamos a otra gran casa donde tenían muchos ídolos y decían que eran sus dioses bravos, y con ellos todo género de alimañas,[34] de tigres y leones de dos maneras, unos que son de hechura de lobos, que en esta tierra se llaman adives y zorros, y otras alimañas chicas, y todas estas carniceras se mantenían con carne, y las más de ellas criaban en aquella casa, y las daban de comer venados, gallinas, perrillos y otras cosas que cazaban; y aun oí decir[35] que cuerpos de indios de los que sacrificaban. Y es de esta manera: que ya me habrán oído decir que cuando sacrificaban algún triste indio, que le aserraban con unos navajones de pedernal por los pechos, y bullendo le sacaban el corazón y sangre y lo presentaban a sus ídolos, en cuyo nombre hacían aquel sacrificio, y luego les cortaban los muslos y brazos y cabeza, y aquello comían en fiestas y banquetes, y la cabeza colgaban de unas vigas, y el cuerpo del sacrificado no llegaban a él para comerle, sino dábanlo a aquellos bravos animales.

Pues más tenían en aquella maldita casa muchas víboras y culebras emponzoñadas;[36] que traen en la cola uno que suena como cascabeles; éstas son las peores víboras de todas, y teníanlas en unas tinajas y en cántaros grandes, y en ellas mucha pluma, y allí ponían sus huevos y criaban sus viboreznos; y les daban a comer de los cuerpos de los indios que sacrificaban[37] y otras carnes de perros de los que ellos solían criar; y aún tuvimos por cierto que cuando nos echaron de México[38] y nos mataron sobre ochocientos cincuenta de nuestros soldados, que de los muertos mantuvieron muchos días aquellas fieras alimañas y culebras, según diré en su tiempo y sazón; y estas culebras y alimañas tenían ofrecidas [a] aquellos sus ídolos bravos para que estuviesen en su compañía. Digamos ahora las

---

[33]**aguamaniles:** lavamanos.

[34]**alimañas:** animales.

[35]Nuevo rumor que Bernal reconoce como tal cuando afirma: "oí decir . . ."

[36]**Emponzoñadas:** con veneno.

[37]Esta vez Bernal no explica que su afirmación es un rumor.

[38]Bernal establece aquí una referencia a un evento que todavía no llega a contar: *la Noche Triste,* es decir, la expulsión de los españoles de la ciudad de México.

cosas infernales, cuando bramaban los tigres y leones, y aullaban los adives[39] y
zorros, y silbaban las sierpes, era grima[40] oirlo y parecía infierno.

Pasemos adelante y digamos de los grandes oficiales que tenía de cada oficio
que entre ellos se usaban. Comencemos por lapidarios y plateros de oro y plata y
todo vaciadizo, que en nuestra España los grandes plateros tienen que mirar en
ello, y de éstos tenía tantos y tan primos[41] en un pueblo que se dice Azcapotzalco,
una legua de México. Pues labrar piedras finas y *chalchiuis,* que son como esmeraldas, otros muchos grandes maestros.

REFLEXIÓN Y ANÁLISIS

1) Establezca una comparación estilística entre la narrativa de Cortés y la narrativa de
   Bernal.
2) Determine las diferencias existentes entre el género epistolar y el género de las
   memorias.
3) ¿Se puede considerar el libro de Bernal Díaz del Castillo un documento meramente
   histórico? Explique.
4) Investigue el significado ritual de los sacrificios en la religión azteca.

BIBLIOGRAFÍA

Edición

Díaz del Castillo, Bernal. *Historia verdadera de la Conquista de la Nueva España.* Español
   modernizado. Prólogo Ramón Iglesia. 3 vols. México: Robredo, 1939.

Estudios

Barbón Rodríguez, José Antonio. "Bernal Díaz del Castillo ¿idiota sin letras?" *Studia
   Hispanica in Honorem R. Lapesa.* Madrid: Gredos, 1974.
Callet-Bois, Julio. "Bernal Díaz del Castillo o de la verdad en la historia." *Revista
   Iberoamericana* 25 (1960): 199–228.
Fuentes, Carlos. "La épica vacilante de Bernal Díaz del Castillo." *Valiente Mundo Nuevo.*
   México: FCE, 1990.
Gilman, Stephen. "Bernal Díaz del Castillo and 'Amadis de Gaula.'" *Studia Philologica.*
   Homenaje a Dámaso Alonso. Madrid: Gredos, 1961. Vol. II. 99–113.
Iglesia, Ramón. "Dos estudios sobre Bernal" e "Introducción al estudio de la 'Verdadera
   Historia.'" *El hombre Colón y otros ensayos.* México: El Colegio de México, 1944.
Sáenz de Santa María, Carmelo. "Bernal Díaz del Castillo. Historia interna de su cróni-
   ca." *Revista de Indias.* Madrid: 1956. 585–604.

Alessandra Luiselli

---

[39]**adives:** coyotes.   [41]**primos:** de primera calidad.
[40]**grima:** espanto, horror.

FRAY BARTOLOMÉ DE LAS CASAS (1484–1566)

La mayoría de biografías sobre el padre Las Casas señala como su año de nacimiento 1474, aunque estudios recientes consignan 1484 como la verdadera fecha de su natalicio. Se sabe que era originario de Sevilla —la ciudad española más vinculada a las Indias, por encontrarse situada allí la Casa de Contratación, la única institución capacitada oficialmente para organizar navegaciones y expediciones al Nuevo Mundo—, que procedía de una familia de comerciantes conversos y que estudió latín en las aulas del famoso gramático Antonio de Nebrija. A los nueve años de edad presenció, junto a su padre, el desfile de pobladores y papagayos del Nuevo Mundo que el Almirante Cristóbal Colón organizara en España al regreso de su primera navegación. El padre de Bartolomé de las Casas participó en el tercer viaje del Almirante y al volver a España trajo, como regalo a su hijo, un joven antillano que había sido capturado y traído como esclavo. La anécdota no deja de ser significativa por haberse convertido Las Casas en el apóstol más aguerrido de la libertad de los habitantes del Nuevo Mundo.

A los dieciocho años de edad, Bartolomé de las Casas se embarcó a las Indias, se ordenó sacerdote y fungió como capellán del conquistador Pánfilo de Narváez. Presenció entonces una de las escenas más sangrientas e injustas de la Conquista: la matanza de Caona, el genocidio perpetrado por un grupo de soldados españoles en contra de tres mil o cuatro mil indígenas antillanos que miraban sorprendidos las armas de los conquistadores. Y justo entonces, sin más justificación que probar el filo de sus espadas, los españoles se dieron a la sangrienta tarea de atravesar con ellas a cuanto habitante del Nuevo Mundo cruzó por su camino. Este genocidio sería denunciado por Bartolomé de las Casas posteriormente con verdadero horror.

El primer religioso ordenado sacerdote en el Nuevo Mundo, Las Casas gozaba de la confianza de Diego Velázquez, gobernador de Cuba, quien otorgó al fraile una encomienda o repartimiento de indios. En 1511, estando ya en Santo Domingo, Las Casas escuchó el sermón del padre dominico Antonio de Montesinos, quien reprochó duramente las matanzas perpetradas por los españoles en contra de los legítimos moradores de las islas. Poco después de haber escuchado este discurso, Las Casas, vivamente conmocionado, renunció a su encomienda de indios e ingresó a la orden de los dominicos. A partir de ese momento, toda la vida, los escritos y las acciones del padre Las Casas serían coherentes y encaminados hacia la realización de su único propósito: obtener de la corte española las leyes que dieran fin a la violencia de la conquista y de las encomiendas, leyes que restauraran la libertad y la dignidad de los primeros habitantes de América.

Esta cruzada humanista en la que se empeñó el padre Las Casas, durante todos los años de su vida adulta, fue objeto de la polémica legal más significativa en la historia del encuentro entre el Viejo y el Nuevo Mundo. A estas reivindicaciones se opusieron una serie de intereses que no era fácil destruir: España necesitaba de las riquezas americanas. Así, lo que parecía una empresa factible, la lucha por la libertad de los indígenas, se convirtió en un prolongado debate que culminó con la célebre polémica entre Bartolomé de las Casas y Ginés de Sepúlveda, quien abogaba a favor de la conquista (*guerra justa*) y de la esclavitud indígenas. Fue tan intenso el clamor suscitado en España por los debates de estos famosos polemistas —a quienes se sumó el padre Francisco de Vitoria, de la Universidad de Salamanca, quien también defendía a los indígenas estipulando que tenían derechos jurídicos que no podían serles arrebatados—, que la corona española no tuvo más remedio que convocar a una serie de juntas, en las que teólogos y juristas discutieron acaloradamente si la conquista era una guerra justa y si los indígenas podían o no ser esclavizados.

Al respecto, Sepúlveda opinaba que los habitantes del Nuevo Mundo eran "siervos por naturaleza", mientras que Las Casas y Vitoria afirmaban que tal condición, el nacer esclavos por naturaleza y no por condición histórica, resultaba inaceptable dentro de los planteamientos mismos de la iglesia y del estado católicos. Cada uno de los participantes en las famosas juntas presentaba en favor de su causa numerosos argumentos, tanto medievales como renacentistas: desde citar —aquéllos que luchaban por la libertad de los indígenas— las famosas *Partidas* de Alfonso X, escritas de 1263 a 1265, en las que el sabio rey estipulaba que la libertad era la condición propia de los seres humanos, hasta recuperar —quienes creían en la esclavitud— los planteamientos de Aristóteles (384–322 a.c.) en su *Política,* en donde asentaba la existencia y legitimidad de la servidumbre por naturaleza.

A favor de este último planteamiento se pronunciaba Sepúlveda, así en su famoso escrito *Democrates Alter* establece la siguiente comparación entre españoles y americanos:

> Bien puedes comprender, ¡Oh, Leopoldo!, si es que conoces las costumbres y naturaleza de una y otra parte, con qué perfecto derecho los españoles imperan sobre estos bárbaros del Nuevo Mundo, los cuales en prudencia, ingenio, virtud y humanidad son tan inferiores a los españoles como los niños a los adultos y las mujeres a los varones, habiendo entre ellos tanta diferencia como la que va de gentes fieras y crueles a gentes clementísimas, [. . .] y estoy por decir que de monos a hombres.

Las Casas impugnó las afirmaciones de Sepúlveda y luchó, infatigablemente, por devolver su libertad a los habitantes del Nuevo Mundo. Así, emprendió numerosos viajes a España desde América, tratando de que su causa triunfara. Al tiempo que polemizaba, viajaba y atendía sus labores de religioso en los territorios americanos a él asignados, Bartolomé de las Casas —consagrado Obispo en 1542— escribió obras fundamentales dentro de la narrativa del encuentro, las cuales decidió dar a la imprenta en 1552, luego de haber presenciado el fracaso de sus demandas respecto al buen trato que debía dársele a los indígenas.

Entre las obras del defensor del Nuevo Mundo destacan la *Historia de las Indias* (que comprende los primeros treinta años de la conquista de América), la *Apologética historia* (en la que el gran humanista establece que los indígenas son seres de razón y no responden, bajo ninguna circunstancia, a lo que Aristóteles definió como las características propias de los esclavos por naturaleza), el *Octavo remedio* (texto que denuncia los crímenes de las encomiendas y pide su abolición como único remedio al exterminio de indígenas) y la debatida *Brevísima relación de la destrucción de Indias* (en la que narra abreviada e hiperbólicamente cada una de las atrocidades sufridas por los indígenas desde la llegada de los españoles a suelo americano).

La estructura narrativa de esta última obra, el más debatido de sus escritos, es simple: Bartolomé de las Casas avanza en orden geográfico y cronológico, narrando las matanzas realizadas por los españoles desde su llegada a suelo americano. Sus narraciones son cortas y desarrollan una antítesis clara y reiterada en cada uno de sus cuadros: la injustificada crueldad de los europeos frente a la buena disposición característica de los pueblos indígenas. El lenguaje utilizado por Las Casas responde a las hipérboles tradicionales de los sermones religiosos: los habitantes del Nuevo Mundo son "mansos corderos" mientras que los conquistadores españoles son "crudelísimos leones de muchos días hambrientos". Sin embargo, el empleo de estas hiperbólicas alegorías, propias de los sermones eclesiáticos que Las Casas debía manejar en su función de sacerdote, no desmerece la validez de las denuncias lascasianas. Al respecto, cabe citar aquí las palabras de André Saint-Lu, uno de los estudiosos más distinguidos de la obra del insigne humanista:

> Ha de notarse, sin embargo, que tales hipérboles no pasan, las más de las veces, de meros procedimientos estilísticos —elección de términos fuertes, acumulación de superlativos, reiteraciones y encarecimientos verbales—destinados a reforzar, quizá con cierta torpeza, el impacto de la denuncia, sin merma de la veracidad esencial del testimonio.

Las denuncias contenidas en la *Brevísima* producen, aún en la actualidad, resentimiento en contra de quien compendió este verdadero catálogo de crímenes en contra de los indígenas. A Bartolomé de las Casas se le acusa de propagar la llamada "Leyenda Negra", es decir, la difamación de España por parte de sus enemigos. Sabemos, sin embargo, por testimonios recogidos en textos tanto indígenas como españoles, que la violencia de la conquista española en los pueblos americanos arribó al exterminio casi total de la población nativa. Las cifras proporcionadas al respecto por dos investigadores contemporáneos, Cook y Borah, no dejan lugar a dudas al respecto. Estos investigadores calculan, por ejemplo, que de los 23.5 millones de habitantes que poblaban la región central de México a la llegada de los españoles en 1519, sobrevivían en 1523 únicamente 16.8 millones. En los años subsecuentes, los años en que se estableció duramente la vida colonial en México con el sistema de encomiendas y el arribo de epidemias tan mortales como la viruela (enfermedad hasta entonces desconocida en América), la población indígena mexicana descendió aún más, alcanzando a sobrevivir en 1570 sólo un treinta o cuarenta por ciento de la población original. En el caso de las Antillas, las cifras señalan un genocidio aún mayor: un trágico noventa por ciento de los legítimos pobladores del Caribe sucumbieron a la conquista.

Las valientes denuncias lascasianas sobre el exterminio de la población americana ocasionaron en 1542 la promulgación de las *Nuevas leyes de Indias,* legislación que daba término a las encomiendas y protegía a los habitantes del Nuevo Mundo. Sin embargo, la promulgación de estas nuevas leyes ocasionó tal disgusto entre los encomenderos y demás pobladores españoles asentados en el Nuevo Mundo que la corona, temerosa de un revuelta que daría como resultado la pérdida de las riquezas recibidas desde América, pronto derogó la legislación arduamente conseguida por Las Casas en favor de los indígenas. Cabe señalar que el gran defensor de la libertad de los habitantes del Nuevo Mundo nunca se opuso ni cuestionó siquiera el derecho de los españoles a la conquista y colonización de América. Únicamente señaló el mejor camino para que España dispusiera, sin genocidios ni esclavitud, de estos territorios con los que recién se encontraba.

Las Casas, en su apasionada defensa de los indios, cometió un grave error que debe ser discutido aquí para no caer en omisiones que puedan juzgarse encubridoras. Este error se ha convertido en el punto de ataque principal que sostienen los detractores de este gran defensor de los indios. Consciente de la apremiante necesidad que la corona española tenía de extraer riquezas americanas, Las Casas —tratando de evitar la esclavitud de los indígenas—, optó por pedir a los soberanos españoles que se trajeran esclavos negros al Nuevo Mundo. Su objetivo era terminar así con los trabajos forzados que tan rápidamente diezmaban la población americana. La retracción de tan injusta petición y la verdadera valoración de esta práctica, sin embargo, las proporciona el propio humanista en su *Historia general de las Indias,* donde en numerosos capítulos (Libro I: capítulos 22, 27, 136 y 150, y Libro II: capítulos 120 y 129) reitera la enorme equivocación moral que representa la esclavitud.

Fray Bartolomé de las Casas es una figura polémica, sus denuncias siguen causando incomodidad a quienes se obstinan en no reconocer la enorme tragedia que el encuentro con el europeo significó para el hombre americano —del que incluso se llegó a cuestionar en Europa si poseía razón y si podía atribuírsele alma. Esta tragedia del encuentro, por otra parte, está documentada en otros testimonios, quizá menos polémicos que el de Las Casas, pero igualmente efectivos en su denuncia. Tal es el caso, por ejemplo, de fray Toribio de Benavente, uno de los primeros religiosos llegados a México en 1523. Este religioso franciscano, conocido como Motolinía, escribió su *Historia de los indios de la Nueva España* y enumeró en ella las diez plagas que exterminaban diariamente a la población de México: 1) la viruela; 2) la conquista; 3) el hambre; 4) los encomenderos y los negros capataces; 5) los tributos requeridos; 6) las minas de oro; 7) la edificación de la ciudad de México; 8) y 9) la esclavitud en las minas; y 10) las divisiones entre los españoles, los cuales utilizaban indígenas para combatirse unos a otros. Estas plagas, aunque Motolinía las consideraba una especie de castigo bíblico conferido a los infieles, describían la misma sórdida extinción de los habitantes del Nuevo Mundo que narró de Las Casas en su breve pero intenso relato de atrocidades.

En conclusión, a pesar de los detractores que Bartolomé de las Casas pueda tener, lo cierto es que España, de alguna forma, se reivindica a sí misma al poseer entre las páginas de su historia una figura grande como lo fue este infatigable apóstol de los indígenas. El distinguido historiador Pierre Villard ha expresado esto mismo con gran claridad en su libro *Historia de España*: "Es hermoso para una nación colonial haber tenido un Las Casas". Los escritos del célebre humanista serían recuperados, dos siglos y medio más tarde, por los grandes libertadores que llevaron a cabo las independencias de los distintos países de Hispanoamérica. Así, tanto Simón Bolívar como José Martí tendrían como ejemplo las doctrinas liberadoras del ilustre Obispo.

Respecto al valor literario de su obra, Bartolomé de las Casas ocupa un lugar preponderante en la narrativa del encuentro debido a que inaugura la narración testimonial de la denuncia; Colón, Cortés y Bernal Díaz del Castillo habían presentado tan sólo testimonios de acción. Las Casas prefigura, además, una importante vertiente que con posterioridad se desarrollaría en las letras hispanoamericanas contemporáneas: la literatura indigenista.

Brevísima relación de la destrucción de Indias

De la Nueva España[1]

Entre otras matanzas hicieron ésta en una ciudad grande de más de treinta mil vecinos, que se llama Cholula:[2] que saliendo a recebir todos los señores de la tierra y comarca, y primero todos los sacerdotes con el sacerdote mayor, a los cristianos en procesión y con grande acatamiento y reverencia, y llevándolos en medio a aposentar a la ciudad y a las casas de aposentos del señor o señores della principales, acordaron los españoles de hacer allí una matanza o castigo (como ellos dicen) para poner y sembrar su temor y braveza en todos los rincones de aquellas tierras. Porque siempre fue ésta su determinación en todas las tierras que los españoles han entrado, conviene a saber, hacer una cruel y señalada matanza, porque tiemblen dellos aquellas ovejas mansas.[3] Así que enviaron para esto primero a llamar todos los señores y nobles de la ciudad y de todos los lugares a ella subjetos, con el señor principal. Y así como venían y entraban a hablar al capitán de los españoles, luego eran presos sin que nadie los sintiese,[4] que pudiese llevar las nuevas. Habíanles pedido cinco o seis mil indios que les llevasen las cargas: vinieron todos luego y métenlos en el patio de las casas. Ver a estos indios cuanto se aparejan para llevar las cargas de los españoles es haber dellos una gran compasión y lástima, porque vienen desnudos en cueros, solamente cubiertas sus vergüenzas y con unas redecillas en el hombro con su pobre comida: pónense todos en cuclillas, como unos corderos muy mansos. Todos ayuntados y juntos en el patio con otras gentes que a vueltas estaban, pónense a las puertas del patio españoles armados que guardasen, y todos los demás echan mano a sus espadas y meten a espada y a lanzadas todas aquellas ovejas, que uno ni ninguno pudo escaparse que no fuese trucidado.[5] A cabo de dos o tres días saltan muchos indios vivos llenos de sangre, que se habían escondido y amparado debajo de los muertos (como eran tantos); iban llorando ante los españoles pidiendo misericordia, que no los matasen. De los cuales ninguna misericordia ni compasión hubieron, antes así como salían los hacían pedazos. A todos los señores, que eran más de ciento y que tenían atados, mandó el capitán quemar y sacar vivos en

---

[1]Las Casas otorga a su relación un orden geográfico y cronológico. Así, al inicio de su obra ha contado lo ocurrido a los habitantes del Nuevo Mundo durante la conquista de las Antillas. Ahora procede el gran humanista a describir lo ocurrido en México.

[2]La matanza de Cholula, organizada a traición por los conquistadores, ocurrió antes de que los españoles entrasen por primera vez a la ciudad de México (1519).

[3]"Ovejas mansas" y "mansos corderos" son las fórmulas características del padre Las Casas para referirse a los indígenas del Nuevo Mundo. André Saint-Lú, en su prólogo a la edición de la *Brevísima* (Madrid: Cátedra, 1987) explica la importancia que estas denominaciones evangélicas tienen en el discurso lascasiano.

[4]**sin que nadie los sintiese:** sin que nadie se diese cuenta.

[5]**trucidado:** arcaísmo, asesinado cruelmente.

30 palos hincados en la tierra. Pero un señor, y quizá era el principal y rey de aquella tierra, pudo soltarse y recogióse con otros veinte o treinta o cuarenta hombres al templo grande que allí tenían, el cual era como fortaleza, que llamaban Cuu, y allí se defendió gran rato del día. Pero los españoles, a quien no se les ampara nada, mayormente en estas gentes desarmadas, pusieron fuego al templo y allí los quemaron, dando voces: "¡Oh, malos hombres! ¿Qué os hemos hecho?, ¿por qué nos matáis? Andad, que a México iréis, donde nuestro universal señor Motenzuma de vosotros nos hará venganza". Dícese que estando metiendo a espada los cinco o seis mil hombres en el patio, estaba cantando el capitán de los españoles:[6] "Mira Nero de Tarpeya, a Roma cómo se ardía; gritos dan niños y vie-
40 jos, y él de nada se dolía".[7]

Otra gran matanza hicieron en la ciudad de Tepeaca,[8] que era mucho mayor y de más vecinos y gente que la dicha, donde mataron a espada infinita gente, con grandes particularidades de crueldad.

De Cholula caminaron hacia México, y enviándoles el gran rey Motenzuma millares de presentes y señores y gentes y fiestas al camino, y a la entrada de la calzada de México, que es a dos leguas, envióles a su mesmo hermano acompañado de muchos grandes señores y grandes presentes de oro y plata y ropas. Y a la entrada de la ciudad, saliendo él mesmo en persona en unas andas de oro con toda su gran corte a recebirlos, y acompañándolos hasta los pala-
50 cios en que los había mandado aposentar, aquel mesmo día, según me dijeron algunos de los que allí se hallaron, con cierta disimulación, estando seguro, prendieron al gran rey Motenzuma[9] y pusieron ochenta hombres que le guardasen, y después echáronlo en grillos. Pero dejado todo esto, en que había grandes y muchas cosas que contar, sólo quiero decir una señalada que aquellos tiranos hicieron. Yéndose el capitán de los españoles al puerto de la mar a prender a otro cierto capitán que venía contra él;[10] y dejado cierto

---

[6]Bartolomé de las Casas no identifica, en ningún momento de su relación, a los españoles culpables de los crímenes ocurridos en el Nuevo Mundo. Al padre Las Casas no le importaba convertirse en fiscal de casos personales, le importaba más bien contar las atrocidades acaecidas en los territorios americanos para tratar de lograr que España dictase leyes que protegiesen a los indígenas. En este caso, en particular, el capitán de los españoles al cual Las Casas se refiere es Hernán Cortés.

[7]Estos son los versos de un antiguo romance español.

[8]**Tepeaca:** esta matanza ocurrió después de la expulsión de los españoles de la ciudad de México. Las Casas se adelanta en su relación.

[9]La prisión de Moctezuma, según Cortés y Bernal, ocurrió días después de haber entrado los españoles a la ciudad de México. No es posible establecer con certeza cuál de los cronistas está en lo cierto.

[10]Los eventos narrados a continuación por el padre Las Casas no han sido contados por Cortés ni Bernal en la presente antología. El capitán que viene contra Cortés es Pánfilo de Narváez, enviado por el gobernador de Cuba, Diego Velázquez, a prender a Cortés. Hernán Cortés va a su encuentro, sale de la ciudad de México y vence a Narváez. Se sabe que el cocinero de Pánfilo de Narváez venía enfermo de viruela. Fue entonces cuando esta terrible enfermedad llegó al Nuevo Mundo, causando una gran mortandad entre los mexicanos.

capitán,[11] creo que con ciento pocos más hombres que guardasen al rey Motenzuma, acordaron aquellos españoles de cometer otra cosa señalada, para acrecentar su miedo en toda la tierra; industria (como dije) de que muchas veces han usado. Los indios y gente y señores de toda la ciudad y corte de Motenzuma no se ocupaban en otra cosa sino en dar placer a su señor preso. Y entre otras fiestas que le hacían era en las tardes hacer por todos los barrios y plazas de la ciudad los bailes y danzas que acostumbran y que llaman ellos mitotes, como en las islas llaman areitos, donde sacan todas sus galas y riquezas, y con ellas se emplean todos, porque es la principal manera de regocijo y fiestas. Y los más nobles y caballeros y de sangre real, según sus grados, hacían sus bailes y fiestas más cercanas a las casas donde estaba preso su señor. En la más propincua[12] parte a los dichos palacios estaban sobre dos mil hijos de señores, que era toda la flor y nata de la nobleza de todo el imperio de Motenzuma. A éstos fue el capitán de los españoles con una cuadrilla dellos, y envió otras cuadrillas a todas otras partes de la ciudad donde hacían las dichas fiestas disimulados como que iban a verlas, y mandó que a cierta hora todos diesen en ellos. Fue él, y estando embebidos y seguros en sus bailes, dicen: "¡Santiago y a ellos!", y comienzan con las espadas desnudas a abrir aquellos cuerpos desnudos y delicados, y a derramar aquella generosa sangre, que uno no dejaron a vida; lo mesmo hicieron los otros en las otras plazas. Fue una cosa ésta que a todos aquellos reinos y gentes puso en pasmo y angustia y luto, e hinchó de amargura y dolor; y de aquí a que se acabe el mundo, o ellos del todo se acaben, no dejarán de lamentar y cantar en sus areitos y bailes, como en romances (que acá decimos), aquella calamidad y pérdida de la sucesión de toda su nobleza, de que se preciaban de tantos años atrás.[13]

Vista por los indios cosa tan injusta y crueldad tan nunca vista en tantos inocentes sin culpa perpetrada, los que habían sufrido con tolerancia la prisión no menos injusta de su universal señor, porque él mesmo se lo mandaba que no acometiesen ni guerreasen a los cristianos, entonces pónense en armas toda la ciudad y vienen sobre ellos, y heridos muchos de los españoles apenas se pudieron escapar. Ponen un puñal a los pechos al preso Motenzuma, que se pusiese a los corredores y mandase que los indios no combatiesen la casa, sino que se pusiesen en paz. Ellos no curaron entonces de obedecelle en nada, antes platicaban de elegir otro señor y capitán que guiase sus batallas. Y porque ya

---

[11]El capitán que queda a cargo de la ciudad de México es Pedro de Alvarado, a quienes los aztecas llamaban *Tonatiuh,* que quiere decir hijo del Sol. En crónicas mexicanas se refiere que Alvarado era tan hermoso como bárbaro y cruel. Los sucesos contados en este fragmento describen lo ocurrido en la ciudad de México durante la ausencia de Cortés: la matanza del Templo Mayor, organizada por Alvarado, en la cual los nobles mexicanos fueron asesinados a traición, durante una fiesta en honor a sus dioses.

[12]**propincua:** la parte más cercana.

[13]Hernán Cortés oculta esta matanza en su segunda carta de relación.

volvía el capitán que había ido al puerto,[14] con victoria, y traía muchos más cristianos y venía cerca, cesaron el combate obra de tres o cuatro días, hasta que entró en la ciudad. Él entrando, ayuntada infinita gente de toda la tierra,[15] combaten a todos juntos de tal manera y tantos días, que temiendo todos morir acordaron una noche salir de la ciudad.[16] Sabido por los indios, mataron gran cantidad de cristianos en las puentes de la laguna, con justísima y sancta guerra,[17] por las causas justísimas que tuvieron, como dicho es. Las cuales, cualquiera que fuere hombre razonable y justo las justificara. Sucedió después el combate de la ciudad, reformados los cristianos, donde hicieron estragos en los indios admirables y estraños, matando infinitas gentes y quemando vivos muchos y grandes señores.

Después de las tiranías grandísimas y abominables que éstos hicieron en la ciudad de México y en las ciudades y tierra mucha (que por aquellos alderredores diez y quince y veinte leguas de México, donde fueron muertas infinitas gentes), pasó adelante esta su tiránica pestilencia[18] y fue a cundir e inficionar y asolar a la provincia de Pánuco, que era una cosa admirable la multitud de las gentes que tenía, y los estragos y matanzas que allí hicieron. Después destruyeron por la mesma manera la provincia de Tututepeque, y después la provincia de Ipilcingo, y después la de Colima, que cada una es más tierra que el reino de León y que el de Castilla. Contar los estragos y muertes y crueldades que en cada una hicieron sería sin duda una cosa dificilísima e imposible de decir, y trabajosa de escuchar.

Es aquí de notar que el título con que entraban y por el cual comenzaban a destruir todos aquellos inocentes y despoblar aquellas tierras, que tanta alegría y gozo debieran de causar a los que fueran verdaderos cristianos, con su tan grande e infinita población, era decir que viniesen a subjetarse y obedecer al rey de España donde no, que los habían de matar y hacer esclavos. Y los que no venían tan presto a cumplir tan irracionales[19] y estultos mensajes, y a ponerse en las manos de tan inicuos y crueles y bestiales hombres, llamábanles rebeldes y alzados contra el servicio de Su Majestad. Y así lo escrebían acá[20] al rey nuestro señor y la ceguedad de los que regían las Indias no alcanzaba ni entendía aquello que en sus leyes está espreso y más claro que otro de sus primeros principios, conviene a saber: que ninguno es ni puede ser llamado rebelde si primero no es

---

[14]Se refiere a Hernán Cortés.

[15]Cortés, enterado ya de lo ocurrido en la ciudad de México, entra a la ciudad acompañado de los indígenas enemigos de los aztecas.

[16]Es la noche en que los españoles salen de México: la Noche Triste, 1520.

[17]Importa notar aquí que el padre Las Casas hace uso del término "justísima y sancta guerra", es decir, establece que las razones

de los mexicanos para levantarse en rebelión contra los españoles eran razones justificadas por la ley.

[18]Se refiere a la tiranía de Hernán Cortés.

[19]Bartolomé de las Casas califica de irracional y estulto (necio) el mensaje del requerimiento.

[20]Cortés siempre se preocupó de enfatizar en sus cartas al Emperador Carlos V su respeto a la ceremonia del requerimiento.

súbito.[21] Considérese por los cristianos y que saben algo de Dios y de razón, y aun de las leyes humanas, que tales pueden parar los corazones de cualquier gente que vive en sus tierras segura, y no sabe que deba nada a nadie, y que tiene sus naturales señores, las nuevas que les dijeren así de súpito: "Daos a obedecer a un rey estraño, que nunca viste ni oistes, y si no, sabed que luego os hemos de hacer pedazos", especialmente viendo por experiencia que así luego lo hacen. Y lo que más espantable es, que a los que de hecho obedecen ponen en aspérrima servidumbre,[22] donde con increíbles trabajos y tormentos más largos y que duran más que los que les dan metiéndolos a espada, al cabo perecen ellos y sus mujeres e hijos, y toda su generación. Y ya que con los dichos temores y amenazas, aquellas gentes u otras cualesquiera en el mundo vengan a obedecer y reconocer el señorío de rey estraño, no ven los ciegos y turbados de ambición y diabólica cudicia que no por eso adquieren una punta de derecho, como verdaderamente sean temores y miedos, aquellos cadentes inconstantísimos *viros,*[23] que de derecho natural y humano y divino es todo aire cuanto se hace para que valga, si no es el reatu[24] y obligación que les queda a los fuegos infernales, y aun a las ofensas y daños que hacen a los reyes de Castilla, destruyéndole aquellos sus reinos y aniquilándoles (en cuanto en ellos es) todo el derecho que tienen a todas las Indias. Y éstos son, y no otros, los servicios que los españoles han hecho a los dichos señores reyes en aquellas tierras, y hoy hacen.

Con este tan justo y aprobado titulo envió aqueste capitán tirano otros dos tiranos capitanes muy más crueles y feroces, peores y de menos piedad y misericordia que él,[25] a los grandes y florentísimos y felicísimos reinos, de gentes plenísimamente llenos y poblados, conviene a saber, el reyno de Gautimala, que está a la mar del Sur, y el otro de Naco y Honduras o Guaimura, que está a la mar del Norte[26], frontero el uno del otro y que confinaban y partían términos ambos a dos trescientas leguas de México. El uno despachó por la tierra y el otro en navíos por la mar, con mucha gente de caballo y de pie cada uno.

Digo verdad que de los que ambos hicieron en mal, y señaladamente del que fue el reino de Guatimala, porque el otro presto mala muerte murió,[27] que podría expresar y colegir tantas maldades, tantos estragos, tantas muertes, tantas despoblaciones, tantas y tan fieras injusticias que espantasen los siglos presentes y venideros

---

[21]Este es otro de los argumentos legales que se debatía en España sobre la conquista de América.

[22]**aspérrima:** horrorosa.

[23]**cadentes incontantísimos *viros*:** hombres locos.

[24]***reatu:*** penitencia, pena u obligación que se impone al pecador después de haber sido perdonada su falta. En otras palabras, Las Casas, como sacerdote, condena a los conquistadores españoles a las penas del infierno debido a sus crímenes en el Nuevo Mundo.

[25]Las Casas se refiere aquí a los capitanes Pedro de Alvarado, que entró por tierra, y Cristóbal de Olid, que entró por mar.

[26]Guatemala y Honduras.

[27]Olid murió asesinado por sus rivales españoles; Pedro de Alvarado se distinguió por su infinita crueldad contra los pueblos mayas.

¹⁵⁰ e hínchese dellas un gran libro. Porque éste excedió a todos los pasados y presentes, así en la cantidad y número de las abominaciones que hizo como de las gentes que destruyó y tierras que hizo desiertas, porque todas fueron infinitas.

El que fue por la mar y en navíos hizo grandes robos y escándalos y aventamientos[28] de gentes en los pueblos de la costa, saliéndole a recebir algunos con presentes en el reino de Yucatán, que está en el camino del reino susodicho de Naco y Guaimura, donde iba. Después de llegado a ellos, envió capitanes y mucha gente por toda aquella tierra que robaban y mataban y destruían cuantos pueblos y gentes había. Y especialmente uno que se alzó con trescientos hombres y se metió la tierra adentro hacia Guatimala, fue destruyendo y quemando cuantos ¹⁶⁰ pueblos hallaba, y robando y matando las gentes dellos. Y fue haciendo esto de industria más de ciento y veinte leguas, porque si enviasen tras él, hallasen los que fuesen la tierra despoblada y alzada, y los matasen los indios en venganza de los daños y destruiciones que dejaban hechos. Desde a pocos días mataron al capitán principal que le envió y a quien éste se alzó, y después sucedieron otros muchos tiranos crudelísimos que con matanzas y crueldades espantosas, y con hacer esclavos y vendellos a los navíos que les traían vino y vestidos y otras cosas, y con la tiránica servidumbre ordinaria, desde el año de mil y quinientos y veinte y cuatro hasta el año de mil y quinientos y treinta y cinco, asolaron aquellas provincias y reino de Naco y Honduras, que verdaderamente parecían un paraíso de delei-¹⁷⁰ tes y estaban más pobladas que la más frecuentada y poblada tierra que puede ser en el mundo. Y agora pasamos y venimos por ellas,[29] y las vimos tan despobladas y destruidas que cualquiera persona, por dura que fuera, se le abrieran las entrañas de dolor. Más han muerto en estos once años de dos cuentos de ánimas, y no han dejado en más de cien leguas en cuadra dos mil personas, y éstas cada día las matan en la dicha servidumbre. [. . .]

REFLEXIÓN Y ANÁLISIS

1) Analice el lenguaje lascasiano. Discuta si es un lenguaje apropiado para un sacerdote y determine su eficacia dentro del contexto en el cual se emitió esta narración: la polémica Sepúlveda–Las Casas.
2) Explique la brevedad sinóptica de la relación de Bartolomé de las Casas. ¿Qué tipo de narración se realiza en este texto?
3) Discuta las omisiones en Hernán Cortés y las omisiones en Bartolomé de las Casas.

---

[28]**aventamientos:** con este coloquialismo el padre Las Casas señala que las acciones crueles de Alvarado causaron la dispersión de los pueblos mayas, es decir,

causaron el abandono de las poblaciones. [29]Las Casas recorrió todos los lugares nombrados por él en esta relación.

BIBLIOGRAFÍA

Ediciones

Las Casas, Bartolomé de. *Brevísima relación de la destrucción de Indias.* Ed. André Saint-Lu.
    Madrid: Cátedra, 1987.
Las Casas, Bartolomé de. *Historia de las Indias.* Ed. Millares Carlo. Prólogo Lewis
    Hanke. 3 vols. México: FCE, 1951.

Estudios

Avalle-Arce, Juan Bautista. "Las hipérboles del padre Las Casas." *Revista de la Facultad de*
    Humanidades (Univ. Autónoma de San Luis Potosí, 1960): 33–55
Bataillon, Marcel. *Estudios sobre Bartolomé de las Casas.* Barcelona: Peninsular, 1976.
Bataillon, Marcel, y André Saint Lu. *El padre Las Casas, defensor de los indios.* Barcelona:
    Ariel, 1976.
Hanke, Lewis. *La lucha por la justicia en la conquista de América.* Madrid: Aguilar, 1957.
————. *Estudios sobre Las Casas y su lucha por la justicia.* Caracas: Universidad Central
    de Venezuela, 1968.
Salas, M. Alberto. *Tres cronistas de Indias.* Segunda edición corregida y aumentada.
    México: FCE, 1989.
Zavala, Silvio. "La voluntad del gentil en las doctrinas de Las Casas." *Quinto Centenario*
    de Bartolomé de Las Casas. Madrid: Ediciones de Cultura Hispánica, 1990. 133–41.

Alessandra Luiselli

LA POESÍA ÉPICA EN LA AMÉRICA COLONIAL

La poesía épica o heroica llegó a América con todo el prestigio que gozaba en el mundo occidental desde la *Poética* de Aristóteles; prestigio que se intensificó con el parecer de los teóricos españoles del Siglo de Oro, que le daban primacía sobre los otros géneros literarios. La épica siguió los modelos del mundo clásico antiguo: principalmente la *Ilíada,* la *Eneida* y la *Farsalia* (de Homero, Virgilio y Lucano, respectivamente). A éstos se añadieron los modelos italianos de Ariosto (el *Orlando furioso*) y de Tasso (*Jerusalén libertada*). Esta imitación, que en la época descrita se veía de modo positivo, originó una serie de tópicos entre los que se hallan las reflexiones morales, la intervención de deidades de todo tipo, los personajes mitológicos. En la épica americana, de carácter histórico, es evidente la presencia del autor a través de sus experiencias; los temas más favorecidos son la guerra y el amor. En cuanto a la métrica y siguiendo a los italianos, la estrofa de octava real (ABABABCC) se impuso como la más apropiada a la materia eminentemente narrativa de la gesta heroica. Esta narración, generalmente de gran longitud, se divide en cantos (o libros) para mejor estructurar los diferentes acontecimientos que se narran.

En España, el género épico se cultivó con fervor, pero no fue sino la epopeya hispana escrita en América la que produjo las muestras más logradas, aunque no todas traten temas de este continente. Estas obras son las siguientes: *La Araucana,* en tres partes, (1569, 1578, 1589) de Alonso de Ercilla (de la que hablaremos con más detalle) sí se desarrolla en América y es considerada, merecidamente, la mejor epopeya escrita en lengua castellana; *La Christíada* (1611) de Diego de Hojeda, en la que se relata la vida de Cristo desde la última cena hasta la cruxifición, es el mejor ejemplo hispano de tema religioso en verso heroico; y *El Bernardo* (1624) de Bernardo de Balbuena, el cual, aunque es de tema medieval peninsular, tiene también interesantes pasajes que se refieren al mundo americano. Otros poemas épicos escritos en América merecen citarse: *El Arauco domado* (1596), que continúa el tema de las guerras de Arauco, de Pedro de Oña. Este texto se destaca, por su alto valor estético, de los que se mencionan a continuación; el *Purén indómito,* de tema afín, de Hernando Alvarez de Toledo; *Argentina y conquista del Río de la Plata . . .* (1602) de Martín del Barco Centenera; *Elegías de varones ilustres de Indias* (1589) de Juan de Castellanos, el poema más largo de la literatura escrita en español; *Espejo de paciencia* (1608) de tema de piratería sobre un hecho sucedido en la isla de Cuba, de Silvestre de Balboa; *Armas antárticas* de Juan de Miramonte y Zuázola.

Georgina Sabat de Rivers

ALONSO DE ERCILLA Y ZÚÑIGA (1533–1594)

Alonso de Ercilla fue guerrero y poeta, combinación frecuente en la literatura española de los siglos de oro; se crió en la corte de Felipe II —a quien está dedicada *La Araucana*— y a los 21 años llegó a las tierras de Chile para servir al rey en las duras guerras contra los indios del Arauco. Su fama se debe a una obra única: *La Araucana,* en la que vierte su buena preparación humanística y literaria. *La Araucana,* como se mencionó en el apartado anterior, se publicó en tres partes en Sevilla y en Madrid. Esta obra consta de treinta y siete cantos que, frecuentemente, fluyen de uno en otro a través del argumento que relatan sus octavas reales. Al comienzo de los cantos presenta reflexiones de tipo filosófico que tienen relación con lo que se ha cantado o se va a referir; aquí hallamos los temas de la fortuna, de la justicia, de la codicia, del patriotismo, del honor, de la fidelidad al secreto, entre otros. Además de las consabidas citas mitológicas, hallamos imágenes zoológicas que vivifican el relato. Son notables también las descripciones del paisaje y la presencia del aspecto legal. La obra no tiene, como era costumbre, héroe central; los protagonistas son los dos bandos contrincantes entre los que parece tener preeminencia el grupo del Arauco. *La Araucana* es la primera gran obra sobre el mundo americano en la que el poeta y el protagonista son el mismo testigo ocular de los acontecimientos que narra. Este hecho no sólo le confiere prestigio, movimiento y presencia, sino también veracidad, aunque no debemos tomarlo todo como histórico; hay que tener en cuenta la interpretación subjetiva. Véanse, como ejemplo, los admirables parlamentos, al estilo clásico, de los indios Lautaro, Galbarín, Caupolicán y Colocolo, en cuya boca pone conceptos prestigiosos de la época.

Ercilla era hombre de su tiempo, formado por la cultura renacentista y quien conocía las discusiones teológicas y jurídicas que, alrededor de los derechos que tuviera España en la Conquista y Colonización, se habían levantado en la Península. Sentía por todo ello no sólo curiosidad, sino respeto por el "otro", quien, aunque no pertenecía a su propia fe, era, de todos modos, un ser humano capaz de mostrar altas virtudes militares y personales. En todo caso, este rasgo presenta gran ambigüedad y contradicción en *La Araucana.* Es cierto que critica con frecuencia y vigor la codicia y crueldad de los españoles y que presenta como héroes de cualidades extraordinarias a los jefes araucanos. Sin embargo, a esos mismos que ha exaltado a través de muchos versos —incluso en el caso de Galbarín—, luego los deja caer en el momento de su final: mueren sin honra, de acuerdo con los conceptos de la época. Así sucede con Lautaro, quien muere casi desnudo alcanzado por una flecha de un indio anónimo al servicio de los españoles, cuando sale precipitadamente de su tienda de campaña. Lo mismo ocurre con Caupolicán, quien, aunque aparece aprestándose a la tortura y a la muerte valientemente, es denigrado por su propia esposa y por las circunstancias que rodean su muerte. Ercilla muestra que lo mismo españoles que araucanos están, por su calidad humana, sujetos a debilidades. Sin embargo, no hay duda —no podía ser de otro modo— de que se identifica con el bando español, valorándolo por encima del araucano, y de que presenta la derrota de Arauco con carácter predeterminado, como lección y castigo a un pueblo que se ha rebelado contra el respeto y obediencia "debidos" a España. Si el indio es presentado con características positivas es porque, siguiendo la tradición medieval de la Península con respecto a los árabes, así se ennoblece más el valor de los españoles que por fin pudieron derrotarlos.

Digamos, por último, que en *La Araucana* se encuentran diferentes tipos interesantes de mujer, casi todas las araucanas que se presentan con los rasgos ensalzadores de la mujer europea de la época: perseverante, honesta, esposa o hija amante y fiel. Doña Mencía de Nidos, española, es además el tipo de mujer fuerte que recuerda a la mujer de las novelas pastoriles (las *Dianas* de Polo y Montemayor) y que luego aparece, por ejemplo, en la comedia de Lope (la Laurencia de *Fuenteovejuna*) y en el personaje de Marcela de *El Quijote*. Otro aspecto de mujer fuerte que se presenta, a mi parecer, en forma negativa, es el de Fresia, la mujer de Caupolicán, quien, a la caída de éste, lo recrimina con fiereza y lo llama afeminado rechazando al hijo de ambos.

En el llamado Nuevo Mundo, *La Araucana* tuvo enorme vigencia durante mucho tiempo y aún ahora, cuando los poemas épicos ya no se leen, ofrece momentos de instructiva y deleitosa lectura, como quería Horacio.

La Araucana

PRIMERA PARTE

Canto I

El cual declara el asiento y descripción de la provincia de Chile y estado de Arauco, con las costumbres y modos de guerra que los naturales tienen; y asimismo trata en suma la entrada y conquista que los españoles hicieron hasta que Arauco se comenzó a rebelar.

No las damas, amor, no gentilezas
de caballeros canto enamorados,
ni las muestras, regalos y ternezas
de amorosos afectos y cuidados;
mas el valor, los hechos, las proezas
de aquellos españoles esforzados,
que a la cerviz de Arauco no domada
pusieron duro yugo por la espada.

Cosas diré también harto notables
de gente que a ningún rey obedecen,
temerarias empresas memorables
que celebrarse con razón merecen,
raras industrias, términos[1] loables
que más los españoles engrandecen
pues no es el vencedor más estimado
de aquello en que el vencido es reputado.

Suplicoos, gran Felipe[2], que mirada
esta labor, de vos sea recebida,
que, de todo favor necesitada,
queda con darse a vos favorecida.
Es relación sin corromper sacada
de la verdad, cortada a su medida,
no despreciéis el don, aunque tan pobre,
para que autoridad mi verso cobre.

[. . .]

---

[1]**términos:** actitudes, maneras.   [2]**Felipe:** el rey de España, Felipe II.

   Chile, fértil provincia y señalada[3]
en la región antártica famosa,
de remotas naciones respetada
por fuerte, principal y poderosa;
la gente que produce es tan granada[4],
tan soberbia, gallarda y belicosa,
que no ha sido por rey jamás regida
ni a estranjero dominio sometida.

40   [. . .]

   Digo que norte sur corre la tierra,
y báñala del oeste la marina[5],
a la banda de leste va una sierra
que el mismo rumbo mil leguas camina;
en medio es donde el punto de la guerra
por uso y ejercicio más se afina.
Venus y Amón[6] aquí no alcanzan parte,
sólo domina el iracundo Marte[7].

   Pues en este distrito demarcado,
50   por donde su grandeza es manifiesta,
está a treinta y seis grados el Estado
que tanta sangre ajena y propia cuesta;
éste es el fiero pueblo no domado
que tuvo a Chile en tal estrecho[8] puesta,
y aquél que por valor y pura guerra
hace en torno temblar toda la tierra.

   Es Arauco, que basta, el cual sujeto
lo más deste gran término[9] tenía
con tanta fama, crédito y conceto,
60   que del un polo al otro se estendía,
y puso al español en tal aprieto
cual presto se verá en la carta mía;
veinte leguas contienen sus mojones[10],
poséenla diez y seis fuertes varones.

---

[3]**señalada:** famosa.
[4]**granada:** ilustre, de valía.
[5]**marina:** la costa o playa.
[6]**Venus y Amón:** la primera es la diosa de
la belleza y el amor; el segundo personifi-
ca el amor sensual, impuro.

[7]**Marte:** dios de la guerra.
[8]**estrecho:** aprieto.
[9]**término:** territorio.
[10]**mojones:** señales para delimitar la tierra.

Canto II

Muchos hay en el mundo que han llegado
a la engañosa alteza desta vida,
que Fortuna[11] los ha siempre ayudado
y dádoles la mano a la subida
70 para después de haberlos levantado,
derribarlos con mísera caída,
cuando es mayor el golpe y sentimiento
y menos el pensar que hay mudamiento.

No entienden con la próspera bonanza
quel contento es principio de tristeza
ni miran en la súbita mudanza
del consumidor tiempo y su presteza:
mas con altiva y vana confianza
quieren que en su fortuna haya firmeza:
80 la cual, de su aspereza no olvidada,
revuelve[12] con la vuelta acostumbrada.

[. . .]

Pues el madero súbito traído,[13]
no me atrevo a decir lo que pesaba,
que era un macizo líbano[14] fornido
que con dificultad se rodeaba.
Paicabí le aferró menos sufrido
y en los valientes hombros le afirmaba:
seis horas lo sostuvo aquel membrudo
90 pero llegar a siete jamás pudo.

Cayocupil al tronco aguija presto
de ser el más valiente confiado,
y encima de los altos hombros puesto
lo deja a las cinco horas de cansado.
Gaulemo lo probó, joven dispuesto,
mas no pasó de allí y esto acabado
Angol el grueso leño tomó luego;
duró seis horas largas en el juego.

---

[11]**Fortuna:** diosa que representaba los cambios inesperados, imprevistos; "fortuna" es el destino, el hado.
[12]**revuelve:** retorna.

[13]Comienzo de una prueba de fuerza para elegir al más valiente como jefe.
[14]**líbano:** cedro, tronco de ese árbol.

[. . .]

100   Ya la rosada Aurora comenzaba
las nubes a bordar de mil labores
y a la usada labranza despertaba
la miserable gente y labradores
y a los marchitos campos restauraba
la frescura perdida y sus colores,
aclarando aquel valle la luz nueva
cuando Caupolicán viene a la prueba.

Con un desdén y muestra[15] confiada
asiendo del troncón duro y ñudoso
110   como si fuera vara delicada
se le pone en el hombro poderoso.
La gente enmudeció maravillada
de ver el fuerte cuerpo tan nervoso;[16]
la color a Lincoya se le muda,
poniendo en su vitoria mucha duda.

[. . .]

La luna su salida provechosa
por un espacio largo dilataba;
al fin, turbia, encendida y perezosa,
120   de rostro y luz escasa se mostraba;
paróse al medio curso[17] más hermosa
a ver la estraña prueba en qué paraba
y viéndola en el punto y ser primero,
se derribó en el ártico hemisfero

y el bárbaro, en el hombro la gran viga,
sin muestra de mudanza y pesadumbre,
venciendo con esfuerzo la fatiga
y creciendo la fuerza por costumbre.
Apolo en seguimiento de su amiga[18]
130   tendido había los rayos de su lumbre
y el hijo de Leocán[19] en el semblante
más firme que al principio y más constante.

---

[15]**muestra:** expresión, gesto.
[16]**nervoso:** fuerte y robusto.
[17]**curso:** carrera.

[18]**su amiga:** la Aurora; Apolo es el sol.
[19]**Leocán:** el padre de Caupolicán.

Era salido el sol cuando el inorme[20]
peso de las espaldas despedía
y un salto dio en lanzándole disforme,
mostrando que aún más ánimo tenía;
el circunstante pueblo en voz conforme
pronunció la sentencia y le decia:
"Sobre tan firmes hombros descargamos
140 el peso y grave carga que tomamos."

El nuevo juego y pleito difinido,
con las más cerimonias que supieron
por sumo capitán fue recebido
y a su gobernación se sometieron;
creció en reputación, fue tan temido
y en opinión tan grande le tuvieron
que ausentes muchas leguas del temblaban
y casi como a rey le respetaban.

Canto XIII

150 Estaba el araucano despojado
del vestido de Marte embarazoso,
que aquella noche sola el duro hado
le dio aparejo[21] y gana de reposo;
los ojos le cerró un sueño pesado
del cual luego despierta congojoso
y la bella Guacolda sin aliento
la causa le pregunta y sentimiento.

[. . .]

El hijo de Pillán con lazo estrecho
160 los brazos por el cuello le ceñía;
de lágrimas bañando el blanco pecho
en nuevo amor ardiendo respondía:
"No lo tengáis, señora, por tan hecho,
ni turbéis con agüeros mi alegría
y aquel gozoso estado en que me veo,
pues libre en estos brazos os poseo.

[. . .]

---

[20]**inorme:** enorme.   [21]**aparejo:** disposición, lugar.

Lautaro a la sazón, según se entiende,
con la gentil Guacolda razonaba;
170 asegúrala, esfuerza y reprehende[22]
de la desconfianza que mostraba;
ella razón no admite y más se ofende,
que aquello mayor pena le causaba,
rompiendo el tierno punto en sus amores
el duro son de trompas y atambores.

Mas no salta con tanta ligereza
el mísero avariento enriquecido
que siempre está pensando en su riqueza,
si siente de ladrón algún ruido,
180 ni madre así acudió con tal presteza
al grito de su hijo muy querido
temiéndole de alguna bestia fiera
como Lautaro al són y voz primera.

Revuelto el manto al brazo, en el instante
con un desnudo estoque y él desnudo
corre a la puerta el bárbaro arrogante,
que armarse así tan súbito no pudo.
¡Oh pérfida Fortuna!; ¡oh inconstante!,
¡cómo llevas tu fin por punto crudo,
190 que el bien de tantos años, en un punto,
de un golpe lo arrebatas todo junto!

Cuatrocientos amigos comarcanos
por un lado la fuerza acometieron,
que en ayuda y favor de los cristianos
con sus pintados arcos acudieron,
que con estrema fuerza y prestas manos
gran número de tiros despidieron;
del toldo el hijo de Pillán salía
y una flecha a buscarle que venía.

---

[22]**reprehende:** reprende, regaña.

SEGUNDA PARTE

Canto XXVI

Era, pues, Galbarino éste que cuento,
de quien el canto atrás os dio noticia,
que para ejemplo y público escarmiento
le cortaron las manos por justicia;
el cual con el usado atrevimiento,
mostrando la encubierta inimicicia[23],
sin respeto ni miedo de la muerte
habló, mirando a todos, desta suerte:

210   "¡Oh gentes fementidas, detestables,
indignas de la gloria deste día!
Hartad vuestras gargantas insaciables,
en esta aborrecida sangre mía
que aunque los fieros hados variables
trastornen la araucana monarquía,
muertos podremos ser, mas no vencidos
ni los ánimos libres oprimidos.

   "No penséis que la muerte rehusamos,
que en ella estriba ya nuestra esperanza;
220 que si la odiosa vida dilatamos
es por hacer mayor nuestra venganza;
que cuando el justo fin no consigamos
tenemos en la espada confianza
que os quitará, en nosotros convertida,
la gloria de poder darnos la vida.

[. . .]

   De tal manera el bárbaro esforzado
la muerte en alta voz solicitaba
de la infelice vida ya cansado,
230 que largo espacio a su pesar duraba;
y en el gentil propósito obstinado,
diciéndonos injurias procuraba
un fin honroso de una honrosa espada
y rematar la mísera jornada.

[. . .]

---

[23]**inimicicia:** enemistad.

TERCERA PARTE

Canto XXXVI

Yo, que fui siempre amigo e inclinado
a inquirir y saber lo no sabido,
240   que por tantos trabajos arrastrado
la fuerza de mi estrella me ha traido,
de alguna gente moza acompañado
en una presta góndola metido,
pasé a la principal isla cercana,
al parecer de tierra y gente llana.

   Vi los indios y casas fabricadas
de paredes humildes y techumbres,
los árboles y plantas cultivadas,
las frutas, las semillas y legumbres;
250   noté dellos las cosas señaladas,
los ritos, ceremonias y costumbres,
el trato y ejercicio que tenían
y la ley y obediencia en que vivían.

[. . .]

   Entramos en la tierra algo arenosa,
sin lengua[24] y sin noticia, a la ventura,
áspera al caminar y pedregosa,
a trechos ocupada de espesura;
mas visto que la empresa era dudosa
260   y que pasar de allí sería locura,
dimos la vuelta luego a la piragua
volviendo atravesar la furiosa agua.

   Pero yo por cumplir el apetito,
que era poner el pie más adelante
fingiendo que marcaba aquel distrito,
cosa al descubridor siempre importante,
corrí una media milla do un escrito
quise dejar para señal bastante[25]
y en el tronco que vi de más grandeza
270   escribí con un cuchillo en la corteza:

---

[24]**lengua:** intérprete que hablara la lengua
de los indios y el castellano.

[25]**bastante:** valedera, suficiente.

Aquí llegó, donde otro no ha llegado,
don Alonso de Ercilla, que el primero
en un pequeño barco deslastrado²⁶,
con solos diez pasó el desaguadero
el año de cincuenta y ocho entrado
sobre mil y quinientos, por hebrero²⁷,
a las dos de la tarde, el postrer día,
volviendo a la dejada compañía.

Llegado, pues, al campo que aguardando
²⁸⁰ para partir nuestra venida estaba,
que el riguroso invierno comenzando
la desierta campaña amenazaba,
el indio amigo prático guiando,
la gente alegre el paso apresuraba,
pareciendo el camino, aunque cerrado,
fácil con la memoria del pasado.

[. . .]

REFLEXIÓN Y ANÁLISIS

1) *Canto I:* Aunque Ercilla, en rigor, no se atiene a lo que anuncia en la primera estrofa de *La Araucana,* ¿qué nos dice en ella y en las estrofas que siguen, sobre los asuntos que va a tratar y el lugar donde se va a desarrollar la acción? ¿A quién le dirige la obra y por qué?
2) ¿Cuál fue la prueba a la que fueron sometidos los aspirantes a la jefatura del Arauco y quién fue proclamado victorioso y "sumo capitán"?
3) *Canto XIII:* ¿De qué circunstancias está rodeada la muerte de Lautaro? ¿Cómo sale a combatir?
4) *Canto XXXVI:* ¿Qué detalles nos da Ercilla en estas estrofas que pueden decirnos algo de su personalidad? Comente.

---

²⁶**deslastrado:** falto de lastre, de peso.   ²⁷**hebrero:** febrero.

BIBLIOGRAFÍA

Cevallos, Francisco Javier. "Don Alonso de Ercilla y la teoría poética del Renacimiento." *Crítica y descolonización: el sujeto colonial en la cultura latinoamericana.* Caracas: Universidad Simón Bolívar y the Ohio State University, 1992. 199–217.

Durand, José. "El chapetón Ercilla y la honra araucana." *Filología* 10 (1964): 113–34. Véase "Honra e indios."

Ercilla y Zúñiga, Alonso de. *La Araucana.* Ed. Ofelia Garza del Castillo. México: Porrúa, 1986.

——. *La Araucana.* Ed. Isaías Lerner. Madrid. Cátedra, 1993.

——. *La Araucana.* Ed. Juan Loveluck. Santiago de Chile: ZIG-ZAG, 1958.

——. *La Araucana.* I y II. Ed. Marcos A. Morínigo e Isaías Lerner. Madrid: Castalia, 1979.

Goic, Cedomil. "Poética del exordio en *La Araucana.*" *Revista chilena de literatura* 1 (1970): 5–22.

Mejías-López, William. "Las guerras de Chile y la despoblación araucana. Reacción de Ercilla y otros cronistas." *Cuadernos americanos.* *Nueva época* 20 (marzo–abril 1990): 185–204.

Piñero Ramírez, Pedro. "La épica hispanoamericana colonial." *Historia de la literatura hispanoamericana. Época colonial,* Tomo I. Madrid: Cátedra, 1982. 161–88.

Georgina Sabat de Rivers

EL INCA GARCILASO DE LA VEGA (1539–1616)

A este gran prosista del Renacimiento y cronista del Nuevo Mundo se le ha llamado el primer criollo de América; fue sin duda uno de los escritores coloniales más conscientes de su doble herencia europea y americana. Su padre fue el conquistador capitán don Sebastián Garcilaso de la Vega, y su madre fue la *palla,* o princesa incaica, doña Isabel Chimpu Ocllo. Al niño mestizo e ilegítimo se le bautizó en 1539 con el nombre de un tío paterno, Gómez Suárez de Figueroa. Sin embargo, más tarde, en España, empezó a firmar con el nombre de Garcilaso Inca de la Vega, nombre literario y aristocrático que señala claramente su doble herencia cultural. Durante su niñez, viviendo con la familia de su madre en Cuzco, donde nació, presenció guerras civiles y rebeliones: Pizarro tomó la ciudad en 1544, Hernández Girón en 1550. En su niñez aprendió a leer español y latín; pero naturalmente, con la familia de su madre, habló siempre quechua, la lengua imperial de los Incas, y escuchó también largas versiones orales de las tradiciones de sus antepasados indios. Estas tradiciones se grabaron profundamente en su memoria; todavía las había de recordar claramente durante su vejez en España.

En 1553 el joven de catorce años fue separado de su madre cuando su padre se casó con la criolla de ascendencia española doña Luisa Martel de los Ríos. Sin embargo, seguía en contacto con sus parientes indígenas, aprendiendo a manipular los *quipus,* los manojos de hilos anudados con colores diferentes que servían para ayudar a recordar los mensajes y anales del imperio incaico. En 1559 murió su padre, dejándole la sustanciosa herencia de 4,000 escudos para que fuera a estudiar a España. El Inca Garcilaso salió del Perú en 1560, país al que no había de regresar nunca más.

Entrando en España por el puerto de Sevilla, fue primero a visitar a los parientes de su padre en Badajoz y luego se estableció en el pueblo de Montilla, cerca de Córdoba, en casa de su tío don Alonso de Vargas. Sirvió como oficial militar al rey Felipe II durante el segundo levantamiento de los moriscos de las Alpujarras (1568–1571). Fracasó en sus intentos de conseguir un puesto real en las Indias. Como hijo ilegítimo y mestizo que era, según las leyes españolas de la época, no tenía la limpieza de sangre necesaria para poder casarse bien, y tampoco quería hacerse religioso; así es que decidió dedicarse a las letras, con su nuevo nombre bicultural. A la muerte de su tío en 1570 recibió otra herencia y estableció amistades con distinguidos humanistas y jesuitas de la región: Ambrosio de Morales, Bernardo de Alderete, el abad de Rute. Durante unos 45 años estudió, leyó y escribió en Córdoba, donde desarrolló su brillante carrera literaria, histórica y antropológica.

La primera obra que publicó el Inca Garcilaso fue el resultado de su entusiasmo por el sincretismo filosófico de los neoplatónicos *Diálogos de amor* escritos en italiano por León Hebreo (nombre latinizado del sefardita Jehuda Avarvanel) y publicados primero en 1535. Aunque ya existían traducciones españolas de esta obra que fue censurada por la Inquisición, nuestro autor, animado por el jesuita Gerónimo de Prado y el agustino Fernando de Zárate, publicó en Madrid una brillante traducción nueva en 1590. Los dos interlocutores de estos diálogos se llaman Sofía y Filón, quienes intentan reconciliar conceptos teológicos y filosóficos del amor y conocimiento divinos y del deseo humano y animal. Tales ideas no coincidían con la teología escolástica impuesta en la Iglesia Católica por el Concilio de Trento, pero el Inca consiguió las aprobaciones eclesiásticas necesarias para la publicación de su traducción. Traducir un texto tan sutil y sofisticado fue un ejercicio de estilo que perfeccionó la escritura castellana del mestizo peruano.

La segunda obra, titulada *La Florida del inca,* fue el resultado literario de largas conversaciones con el conquistador Gonzalo Silvestre, compañero de Fernando de Soto, y de lecturas tales como los *Naufragios* de Alvar Núñez Cabeza de Vaca. La obra del Inca Garcilaso está tan hábilmente escrita, como obra historiográfica renacentista, que ha sido llamada una Araucana en prosa o una novela histórica; sin embargo, conserva muchos datos de testigos que participaron en la exploración española de la región sureste de lo que es ahora Estados Unidos. La composición de esta obra continuó durante unos 30 años; se publicó por fin en Lisboa en 1605.

La obra maestra del Inca Garcilaso: *Los comentarios reales*, es una historia de los Incas y del Perú conquistado por los españoles. Esta obra fue publicada en dos partes: la primera en Lisboa en 1609, y la segunda, póstumamente, en Córdoba en 1616–1617. En este texto, redactado con gran arte literario y basado parcialmente en sus propios recuerdos juveniles, Garcilaso intentaba corregir y complementar otras crónicas españolas. El resultado es en efecto una fuente primaria de nuestro conocimiento de la cultura incaica y de la conquista española, con sus guerras civiles. Es fascinante el análisis de las lenguas del imperio incaico, su geografía e instituciones sociales y políticas, así como sus costumbres y creencias religiosas. Desde un punto de vista europeo admira las obras arquitectónicas de los Incas, explica la variedad de su uso del maíz, y define los distintos tipos del hombre americano: el indio, el europeo y el negro, con sus distintivos mestizajes. Los antiguos Incas imperiales se presentan como generosos benefactores de sus súbditos y Cuzco se ve en la imaginación de Garcilaso como otra Roma civilizadora. Sin embargo, se ha cuestionado esta idealización utópica del Perú precolombino. Termina la narrativa histórica con la ejecución en 1571 del último Inca, Tupac Amarú, en manos del virrey español don Francisco de Toledo.

La obra escrita del Inca Garcilaso de la Vega es una síntesis de la cultura hispánica del siglo XVI: el neoplatonismo del Renacimiento italiano, la brutal conquista y la caritativa evangelización de los indios de América, y la nostálgica recreación de la cultura andina antes de la llegada de los europeos. Hijo de conquistador extremeño y de princesa cuzqueña, Garcilaso llevaba en sus venas, en su memoria y en su situación social un modo de ser criollo y mestizo particularmente representativo de su época.

De *Comentarios Reales*

PROEMIO AL LECTOR (FRAGMENTO)

[. . .]

Aunque ha habido españoles curiosos que han escrito las repúblicas del Nuevo Mundo, como la de Méjico y la del Perú, y las de otros reinos de aquella gentilidad,[1] no ha sido con la relación entera que de ellos se pudiera dar, que lo he notado particularmente en las cosas que del Perú he visto escritas, de las cuales, como natural de la ciudad del Cozco, que fue otra Roma en aquel imperio, tengo más larga y clara noticia[2] que la que hasta ahora los escritores han dado. Verdad es que tocan muchas cosas de las muy grandes que aquella república tuvo; pero escríbenlas tan cortamente, que aun las muy notorias para mí, de las maneras que las dicen, las entiendo mal. Por lo cual, forzado del amor natural de la patria, me ofrecí al trabajo de escribir estos *Comentarios,* donde clara y distintamente se verán las cosas que en aquella república había antes de los españoles, así en los ritos de su vana religión, como en el gobierno que en paz y en guerra sus reyes tuvieron, y todo lo demás que de aquellos indios se puede decir, desde lo más ínfimo del ejercicio de los vasallos, hasta lo más alto de la corona real. Escribimos solamente del imperio de los Incas, sin entrar en otras monarquías, porque no tengo la noticia de ellas que de ésta. En el discurso de la historia protestamos la verdad de ella, y que no diremos cosa grande que no sea autorizándola con los mismos historiadores españoles que la tocaron en parte o en todo, que mi intención no es contradecirles, sino servirles de comento y glosa, y de intérprete en muchos vocablos indios, que como extranjeros en aquella lengua interpretaron fuera de la propiedad[3] de ella, según que largamente se verá en el discurso de la historia la cual ofrezco a la piedad del que la leyere, no con pretensión de otro interés más que de servir a la república cristiana. [. . .]

LEYENDAS SOBRE EL ORIGEN DE LOS INCAS (LIB. I, CAP. 15)

Después de haber dado muchas trazas, y tomado muchos caminos para entrar a dar cuenta del origen y principio de los Incas, reyes naturales que fueron del Perú, me pareció que la mejor traza y el camino más fácil y llano, era contar lo que en mis niñeces oí muchas veces a mi madre y a sus hermanos y tíos, y a otros sus mayores, acerca de este origen y principio; porque todo lo que por otra parte se dice de él, viene a reducirse en lo mismo que nosotros diremos, y será mejor que se sepa por las propias palabras que los Incas lo cuentan, que

---

[1]**gentilidad:** paganos.
[2]**noticia:** información.

[3]**propiedad:** corrección.

no por la de otros autores extraños. Es así que residiendo mi madre en el Cozco, su patria, venían a visitarla casi cada semana los pocos parientes y parientas que de las crueldades y tiranías de Atahuallpa, como en su vida contaremos, escaparon; en las cuales visitas, siempre sus más ordinarias pláticas eran tratar del origen de sus reyes, de la majestad de ellos, de la grandeza de su imperio, de sus conquistas y hazañas, del gobierno que en paz y en guerra tenían, de 40 las leyes que tan en provecho y favor de sus vasallos ordenaban. En suma, no dejaban cosa de las prósperas que entre ellos hubiese acaecido que no trajesen a cuenta.

De las grandezas y prosperidades pasadas venían a las cosas presentes: lloraban sus reyes muertos, enajenado su imperio, y acabada su república, etc. Estas y otras semejantes pláticas tenían los Incas y Pallas[4] en sus visitas, y con la memoria del bien perdido, siempre acababan su conversación en lágrimas y llanto, diciendo: "Trocósenos el reinar en vasallaje, etc.". En estas pláticas yo, como muchacho, entraba y salía muchas veces donde ellos estaban, y me holgaba de las oír, como huelgan los tales de oír fábulas. Pasando, pues, días, meses y años, siendo ya yo de 50 dieciséis o diecisiete años, acaeció que estando mis parientes un día en esta su conversación hablando de sus reyes y antiguallas, al más anciano de ellos, que era el que daba cuenta de ellas, le dije: "Inca, tío, pues no hay escritura entre vosotros, que es la que guarda la memoria de las cosas pasadas, ¿qué noticias tenéis del origen y principio de nuestros reyes? Porque allá los españoles y las otras naciones sus comarcanas,[5] como tienen historias divinas y humanas, saben por ellas cuándo empezaron a reinar sus reyes y los ajenos, y el trocarse unos imperios en otros, hasta saber cuántos mil años ha que Dios crió el cielo y la tierra, que todo esto y mucho más saben por sus libros. Empero vosotros que carecéis de ellos, ¿qué memoria tenéis de vuestras antiguallas? ¿Quién fue el primero de nuestros 60 Incas? ¿Cómo se llamó? ¿Qué origen tuvo su linaje? ¿De qué manera empezó a reinar? ¿Con qué gente y armas conquistó este grande imperio? ¿Qué origen tuvieron nuestras hazañas?"

El Inca, como que holgándose de haber oído las preguntas por el gusto que recibía de dar cuenta de ellas, se volvió a mí, que ya otras muchas veces le había oído, mas ninguna con la atención que entonces, y me dijo: "Sobrino, yo te las diré de muy buena gana; a ti te conviene oírlas y guardarlas en el corazón (es frase de ellos por decir en la memoria). Sabrás que en los siglos antiguos toda esta región de tierra que ves, eran unos grandes montes y breñales,[6] y las gentes en aquellos tiempos vivían como fieras y animales brutos, sin religión ni policía,[7] sin 70 pueblo ni casa, sin cultivar ni sembrar la tierra, sin vestir ni cubrir sus carnes, porque no sabían labrar algodón ni lana para hacer de vestir. Vivían de dos en dos, y de tres en tres, como acertaban a juntarse en las cuevas y resquicios de peñas y cavernas de la tierra; comían como bestias yerbas del campo y raíces de árboles,

---

[4]**Pallas:** princesas incaicas.
[5]**comarcanas:** vecinas.

[6]**breñales:** sitios ásperos y llenos de malezas.
[7]**policía:** cultura.

y la fruta inculta que ellos daban de suyo, y carne humana. Cubrían sus carnes con hojas y cortezas de árboles, y pieles de animales; otros andaban en cueros. En suma, vivían como venados y salvajinas,[8] y aun en las mujeres se habían como los brutos, porque no supieron tenerlas propias y conocidas" [. . .]

[. . .] Habiendo declarado su voluntad nuestro padre el sol a sus dos hijos, los despidió de sí. Ellos salieron de Titicaca, y caminaron al septentrión, y por todo el camino, do quiera que paraban, tentaban hincar la barra de oro y nunca se les hundió. Así entraron en una venta o dormitorio pequeño, que está siete o ocho leguas al mediodía de esta ciudad, que hoy llaman Pacarec Tampu, que quiere decir venta, o dormida,[9] que amanece. Púsole este nombre el Inca, porque salió de aquella dormida al tiempo que amanecía. Es uno de los pueblos que este príncipe mandó poblar después, y sus moradores se jactan hoy grandemente del nombre, porque lo impuso nuestro Inca. De allí llegaron él y su mujer, nuestra reina, a este valle del Cozco, que entonces todo él estaba hecho montaña brava [. . .]".

FUENTES HISTÓRICAS (LIB. I, CAP. 19)

Ya que hemos puesto la primera piedra de nuestro edificio, aunque fabulosa, en el origen de los Incas, reyes del Perú, será razón pasemos adelante en la conquista y reducción de los indios, extendiendo algo más la relación sumaria que me dio aquel Inca, con la relación de otros muchos Incas e indios, naturales de los pueblos que este primer Inca Manco Capac mandó poblar y redujo a su imperio, con los cuales me crié y comuniqué hasta los veinte años. En este tiempo tuve noticia de todo lo que vamos escribiendo, porque en mis niñeces me contaban sus historias, como se cuentan las fábulas a los niños. Después, en edad más crecida, me dieron larga noticia de sus leyes y gobierno, cotejando el nuevo gobierno de los españoles con el de los Incas, dividiendo en particular los delitos y las penas y el rigor de ellas. Decíanme cómo procedían sus reyes en paz y en guerra, de qué manera trataban a sus vasallos, y cómo eran servidos de ellos. Demás de esto me contaban, como a propio hijo, toda su idolatría, sus ritos, ceremonias y sacrificios; sus fiestas principales y no principales, y cómo las celebraban; decíanme sus abusos y supersticiones, sus agüeros malos y buenos, así los que miraban en sus sacrificios como fuera de ellos. En suma, digo, que me dieron noticia de todo lo que tuvieron en su república, que si entonces lo escribiera fuera más copiosa esta historia. Demás de habérmelo dicho los indios, alcancé y vi por mis ojos mucha parte de aquella idolatría, sus fiestas y supersticiones, que aun en mis tiempos, hasta los doce o trece años de mi edad, no se habían acabado del todo. Yo nací ocho años después que los españoles ganaron mi tierra, y como lo he dicho, me crié en ella hasta los veinte años, y así vi muchas

---

[8]**salvajinas:** animales montaraces.   [9]**dormida:** acto de dormir.

cosas de las que hacían los indios en aquella su gentilidad, las cuales contaré, diciendo que las vi. Sin la relación que mis parientes me dieron de las cosas dichas y sin lo que yo vi, he habido otras muchas relaciones de las conquistas y hechos de aquellos reyes, porque luego que propuse escribir esta historia, escribí a los condiscípulos de escuela y gramática encargándoles que cada uno me ayudase con la relación que pudiese haber de las particulares conquistas que los Incas hicieron de las provincias de sus madres; porque cada provincia tiene sus cuentas y nudos con sus historias, anales y la tradición de ellas, y por esto retiene mejor lo que en ella pasó que lo que pasó en la ajena. Los condiscípulos, tomando de veras lo que les pedí, cada cual de ellos dio cuenta de mi intención a su madre y parientes; los cuales, sabiendo que un indio, hijo de su tierra, quería escribir los sucesos de ella, sacaron de sus archivos las relaciones que tenían de sus historias y me las enviaron; y así tuve la noticia de los hechos y conquistas de cada Inca, que es la misma que los historiadores españoles tuvieron, sino que ésta será más larga, como lo advertiremos en muchas partes de ella. Y porque todos los hechos de este primer Inca son principios y fundamento de la historia que hemos de escribir, nos valdrá mucho decirlos aquí, a lo menos los más importantes, porque no los repitamos adelante en las vidas y hechos de cada uno de los Incas sus descendientes; porque todos ellos generalmente, así los reyes como los no reyes, se preciaron de imitar en todo y por todo la condición, obras y costumbres de este primer príncipe Manco Capac; y dichas sus cosas habremos dicho las de todos ellos. Iremos con atención de decir las hazañas más historiales, dejando otras muchas por impertinentes y prolijas; y aunque algunas cosas de las dichas, y otras que se dirán, parezcan fabulosas, me pareció no dejar de escribirlas por no quitar los fundamentos sobre que los indios se fundan para las cosas mayores y mejores que de su imperio cuentan; porque, en fin, de estos principios fabulosos procedieron las grandezas que en realidad de verdad posee hoy España, por lo cual se me permitirá decir lo que conviniere para la mejor noticia que se pueda dar de los principios, medios y fines de aquella monarquía, que yo protesto decir llanamente la relación que mamé en la leche, y la que después acá he habido, pedida a los propios míos, y prometo que la afición de ellos no sea parte para dejar de decir la verdad del hecho, sin quitar de lo malo ni añadir a lo bueno que tuvieron, que bien sé que la gentilidad es un mar de errores, y no escribiré novedades que no se hayan oído, sino las mismas cosas que los historiadores españoles han escrito de aquella tierra y de los reyes de ella, y alegaré las mismas palabras de ellos, donde conviniere, para que se vea que no finjo ficciones en favor de mis parientes, sino que digo lo mismo que los españoles dijeron; sólo serviré de comento, para declarar y ampliar muchas cosas que ellos asomaron a decir y las dejaron imperfectas por haberles faltado relación entera [. . .].

LA FORTALEZA DEL COZCO (LIB. VII, CAP. 27)

Maravillosos edificios hicieron los Incas, reyes del Perú, en fortalezas, en templos, en casas reales, en jardines, en pósitos[10] y en caminos, y otras fábricas de grande excelencia, como se muestra hoy por las ruinas que de ellas han quedado, aunque mal se puede ver por los cimientos lo que fue todo el edificio.

La obra mayor y más soberbia que mandaron hacer para mostrar su poder y majestad fue la fortaleza del Cozco, cuyas grandezas son increíbles a quien no las ha visto, y al que las ha visto y mirado con atención le hacen imaginar, y aun creer, que son hechas por vía de encantamiento, y que las hicieron demonios y no hombres, porque la multitud de las piedras, tantas y tan grandes como las que hay puestas en las tres cercas (que más son peñas que piedras), causa admiración imaginar cómo las pudieron cortar de las canteras de donde se sacaron, porque los indios no tuvieron hierro ni acero para las cortar ni labrar. Pues pensar cómo las trajeron al edificio es dar en otra dificultad no menor, porque no tuvieron bueyes, ni supieron hacer carros, ni hay carros que las puedan sufrir, ni bueyes que basten a tirarlas; llevábanlas arrastrando a fuerza de brazos con gruesas maromas, ni los caminos por donde las llevaban eran llanos, sino sierras muy ásperas, con cuestas por donde las subían y bajaban a pura fuerza de hombres. Muchas de ellas llevaron de diez, doce, quince leguas, particularmente la piedra, o por decir mejor, la peña que los indios llaman *saycusca,* que quiere decir *cansada* (porque no llegó al edificio); se sabe que la trajeron de quince leguas de la ciudad, y que pasó el río de Yucay, que es poco menor que el Guadalquivir por Córdoba. Las que llevaron de más cerca fueron de Muyna, que está cinco leguas del Cozco. Pues pasar adelante con la imaginación y pensar cómo pudieron ajustar tanto unas piedras tan grandes que apenas pueden meter la punta de un cuchillo por ellas, es nunca acabar. Muchas de ellas están tan ajustadas que apenas se aparece la juntura; para ajustarlas tanto era menester levantar y asentar la una piedra sobre la otra muy muchas veces, porque no tuvieron escuadra,[11] ni supieron valerse siquiera de una regla para asentarla encima de una piedra y ver por ella si estaba ajustada con la otra. Tampoco supieron hacer grúas, ni garruchas,[12] ni otro ingenio[13] alguno que les ayudara a subir las piedras, siendo ellas tan grandes que espantan, como lo dice el M.R.P. José de Acosta, hablando de esta misma fortaleza, que yo, por no tener la precisa medida del grandor de muchas de ellas, me quiero valer de la autoridad de este gran varón, que aunque la he pedido a los condiscípulos y me la han enviado, no ha sido la relación tan clara y distinta como yo la pedía de los tamaños de las piedras mayores, que quisiera la medida por varas y ochavas y no por brazas, como me la enviaron. Quisiérala con testimonios de escribanos, porque lo más maravilloso de aquel edificio es la increíble grandeza de las piedras, por el

---

[10]**pósitos:** almacenes de granos.
[11]**escuadra:** ángulo recto de medir.

[12]**garruchas:** poleas.
[13]**ingenio:** máquina.

incomparable trabajo que era menester para alzarlas y bajar hasta ajustarlas y ponerlas como están, porque no se alcanza cómo se pudo hacer con no más ayuda de costa que la de los brazos [. . .].

TIPOS DE HOMBRE AMERICANO (LIB. IX, CAP. 31)

Lo mejor de lo que ha pasado a Indias se nos olvidaba, que son los españoles, y los negros que después acá han llevado para servirse de ellos, que tampoco los había antes en aquella mi tierra. De estas dos naciones se han hecho allá otras, mezclados de todas maneras, y para las diferenciar les llaman por diversos nombres para entenderse por ellos. Y aunque en nuestra historia de la Florida dijimos algo de esto, me pareció repetirlo aquí por ser éste su propio lugar. Es así, que al español o española que va de acá llaman español o castellano, que ambos nombres se tienen allá por uno mismo, y así he usado yo de ellos en esta historia y en la de la Florida. A los hijos de español y de española nacidos allá dicen criollo o criolla, por decir que son nacidos en Indias. Es nombre que lo inventaron los negros, y así lo muestra la obra. Quiere decir entre ellos negro nacido en Indias; inventáronlo para diferenciar los que van de acá, nacidos en Guinea, de los que nacen allá, porque se tienen por más honrados y de más calidad por haber nacido en la patria, que no sus hijos porque nacieron en la ajena, y los padres se ofenden si les llaman criollos. Los españoles, por la semejanza, han introducido este nombre en su lenguaje para nombrar los nacidos allá. De manera que al español y al guineo nacidos allá les llaman criollos y criollas. Al negro que va de acá llanamente le llaman negro o guineo. Al hijo de negro y de india, o de indio y de negra, dicen mulato y mulata. A los hijos de éstos llaman cholo; es vocablo de las islas de Barlovento;[14] quiere decir perro, no de los castizos, sino de los muy bellacos gozcones,[15] y los españoles usan de él por infamia y vituperio. A los hijos de español y de india, o de indio y de española, nos llaman mestizos, por decir que somos mezclados de ambas naciones; fue impuesto por los primeros españoles que tuvieron hijos en Indias, y por ser nombre impuesto por nuestros padres, y por su significación, me lo llamo yo a boca llena y me honro con él. Aunque en Indias si a uno de ellos le dicen "sois un mestizo", o "es un mestizo", lo toman por menosprecio. De donde nació que hayan abrazado con grandísimo gusto el nombre de montañés, que entre otras afrentas y menosprecios que de ellos hizo un poderoso, les impuso en lugar del nombre mestizo. Y no consideran que aunque en España el nombre montañés sea apellido honroso por los privilegios que se dieron a los naturales de las montañas de Asturias y Vizcaya, llamándoselo a otro cualquiera que no sea natural de aquellas provincias es nombre vituperoso; porque en propia significación quiere decir cosa de montaña, como lo dice en su vocabulario el gran maestro Antonio de Nebrija,

---

[14]**islas de Barlovento:** Antillas menores.   [15]**gozcones:** perros ladradores.

²³⁰ acreedor de toda la buena latinidad que hoy tiene España. Y en la lengua general del Perú para decir montañés dicen *sacharuna,* que en propia significación quiere decir *salvaje;* y por llamarles aquel buen hombre disimuladamente salvajes les llamó montañeses, y mis parientes, no entendiendo la malicia del imponedor, se precian de su afrenta, habiéndola de huir y abominar y no recibir nuevos nombres afrentosos, etc. A los hijos de español y de mestiza, o de mestizo y española, llaman cuatralvos, por decir que tienen cuarta parte de indios y tres de español. A los hijos de mestizo y de india, o de indio y de mestiza, llaman tresalvos, por decir que tienen tres partes de indio y una de español. Todos estos nombres y otros, que por excusar hastío dejamos de decir, se han inventado en mi tierra para nombrar ²⁴⁰ las generaciones que ha habido después que los españoles fueron a ella; y podemos decir que ellos los llevaron con las demás cosas que no había antes [. . .].

REFLEXIÓN Y ANÁLISIS

1) ¿Cuál fue el propósito principal del Inca Garcilaso al escribir sus *Comentarios reales?*
2) ¿Cómo aprendió Garcilaso las leyendas que creían los Incas sobre su propio origen?
3) ¿Cómo distingue Garcilaso entre leyendas e historia?
4) ¿Por qué fue tan difícil construir la fortaleza del Cuzco?
5) ¿Cuáles eran los principales tipos étnicos de hombre americano después de la conquista española?

BIBLIOGRAFÍA

Arocena, Luis A. *El Inca Garcilaso y el humanismo renacentista.* Buenos Aires: Centro de Profesores Diplomados de Enseñanza Secundaria, 1949.

Avalle-Arce, Juan Bautista. *El Inca Garcilaso en sus "comentarios" (antología vivida).* Madrid: Gredos, 1964.

Durand, José. *El Inca Garcilaso, clásico de América.* México: Sepsetenta, 1976.

Garcilaso de la Vega, el Inca. *Los comentarios reales.* Ed. A. Rosenblat. Buenos Aires: Emecé, 1943.

Garcilaso de la Vega, el Inca. *Los comentarios reales.* Ed. Miró Quesada. Caracas: Ayacucho, 1976.

Pupo-Walker, Enrique. *Historia, creación y profecía en los textos del Inca Garcilaso de la Vega.* Madrid: José Porrúa Turanzas, 1982.

Georgina Sabat de Rivers

III

POESÍA RENACENTISTA Y BARROCA

espués de la ruda generación de la Conquista, hallamos el período de la fundación, del asentamiento y del disfrute dentro de una relativa paz. Esta paz, junto a la creación de escuelas, colegios, universidades e imprentas, trajo el cultivo de las letras primero en Santo Domingo, la Hispaniola de las Antillas, primer baluarte de la cultura en América para luego pasar al continente. Sobre los imperios azteca e inca se establecieron en México y en el Perú virreinatos esplendorosos que fueron parte fundamental en el incremento y cultivo de la literatura.

Las primeras muestras de poesía hispanoamericana, que se hallan en los romances y otras composiciones de tipo popular, siguen las pautas de la poesía tradicional de origen medieval de la Península. Allí todavía se debatía la conveniencia de conservar la poesía tradicional en contra de la intrusión de la italiana y los metros renacentistas. El encuentro con "el Otro" teniendo como fondo los paisajes, la fauna y la flora —muchas veces idealizados— que ojos asombrados habían contemplado, aparece mayormente en la poesía épica.

La lírica es el género considerado por excelencia durante la Colonia muy especialmente durante el siglo XVII, época del Barroco de Indias. Es conocidísima la frase de Hernán González de Eslava, quien dijo que había más poetas que estiércol, lo cual fue expresado con más decoro por la anónima Clarinda del *Discurso en loor de la poesía,* refiriéndose sólo a los de su patria:

> Pues nombrarlos a todos es en vano,
> por ser los del Perú tantos, que exceden
> a las flores que Tempe da en verano.

Se cultivaba toda la gama de la métrica venida de España que habían implantado allí Boscán y Garcilaso, con su marcado entronque con la italiana. La actividad en reuniones, tertulias y academias creadas en casas particulares o en palacios era intensa; así como los certámenes, concursos y justas literarias que salían a la palestra pública. A todo esto, hay que añadir las entradas triunfales a la llegada de virreyes y arzobispos, así como otras fiestas religiosas organizadas por los representantes de los dos grandes poderes de la época: la Corona y la Iglesia.

La producción de los poetas del llamado Nuevo Mundo comienza, en el siglo XVI, con los visitantes españoles quienes, con frecuencia, visten a la poesía renacentista con el color y los temas de las tierras donde viven y, en ocasiones, reflejan o se identifican con las inquietudes de la gente. Muchos españoles que vinieron a América parecen haberse desembarazado de la tradición imperante en España que los hacía despreciar el trabajo manual o mercantil. Sin embargo, en el Nuevo Mundo combinaban este trabajo con la escritura que era, según Henríquez Ureña, un impulso que todos sentían.

A Gutierre de Cetina, el conocido poeta español que vivió en México, se le puede acreditar la introducción de la escuela sevillana en la Nueva España sin que en su obra sea aún aparente la marca de estas latitudes. Pero sí lo es en su coterráneo Juan de la Cueva, dramaturgo y también preceptista poético; y sobre todo, en Eugenio de Salazar y Alarcón, fino garcilasiano cuyos versos, a imitación de Ovidio, describen la riqueza y cultura de la ciudad de México, tema que llegará a todo su esplendor con Bernardo de Balbuena. Ya entre los criollos humanistas de América se halla Francisco de Terrazas, cuyo nombre recogió Cervantes en *La Galatea* (1585), en el "Canto de Calíope", y a quien se le considera primer poeta americano. Además de cultivar los versos heroicos es, según Méndez Plancarte, el que mejor ejercitó, en sonetos exquisitos, la lírica petrarquista de su tiempo. Una figura notable es Hernán González de Eslava, español radicado y aclimatado en México, hábil compositor de obras de teatro de raigambre medieval, y de poesía culta tanto como popular. Del encanto y maestría de esta última sólo en Sor Juana se le podrá encontrar paralelo. La poesía religiosa, de aparición algo tardía en América, la representa, en la segunda mitad del siglo XVI, el poeta novohispano Fernando de Córdoba Bocanegra. En cuanto a la sátira, mencionemos a Mateo Rosas de Oquendo, español aventurero quien anduvo por los dos virreinatos, en los que recogió datos para su poesía mordaz y llena de gracia.

Con el siglo XVII comienza el Barroco en América, movimiento literario con base social e histórica, según José Antonio Maravall, que se generalizó en todas partes del mundo europeo y llegó al mundo culto hispanoamericano manteniéndose hasta bien entrado el siglo XVIII. Bernardo de Balbuena representa un lazo de unión entre la literatura de corte renacentista en América y el comienzo del Barroco que él introduce, antes de que Góngora hiciera su aparición en este continente, de una manera muy propia. Mas tarde nos referiremos a Balbuena, el gran poeta de la primera mitad del XVII, al estudiarlo separadamente.

Se ha afirmado que entre el Renacimiento y el Barroco no hay diferencias ideológicas substanciales pero que sí las hubo graduales y progresivas. Estas diferencias llevaron al Barroco a un clima estético distinto, más artificioso y complicado del que había imperado durante el Renacimiento. La persona del Barroco incluyó a la técnica en su mundo ambiental y puso empeño en desarrollar al máximo su intelecto y los sentidos como medida de protección de las amenazas que veía a su alrededor en el mundo exterior; la sociedad barroca es una sociedad en crisis. La enorme vitalidad del Barroco también se hallaba en la época anterior pero, en aquélla, se desarrolló dentro de un orden establecido que se ajustaba a normas más fijas, lo cual falta en el frenesí barroco.

Al llegar a América, la multiplicidad de razas, de etnias, de lenguas y de culturas, la vastedad del continente, provocaron que el círculo perfecto, que representaba al Renacimiento y que ya había sufrido un rompimiento en el Barroco peninsular, se retorciera de mil modos distintos, como lo hace la escritura barroca misma.

Entre los poetas de la primera mitad del siglo XVII, se destaca el novohispano Luis de Sandoval y Zapata. Sus estupendos sonetos apuntan hacia lo conceptual y anuncian la intelectualidad de que Sor Juana hará gala. Otro aspecto importante de Sandoval y Zapata es el orgullo de ser criollo que aparece en su "Relación fúnebre".

Este rasgo aparece, más adelante, y ya con toda claridad y defensa, en varias obras del erudito amigo de Sor Juana, Carlos de Sigüenza y Góngora; mencionemos su poema épico-lírico dedicado a la Virgen de Guadalupe, *Primavera indiana*.

En el Perú, hacían traducciones y escribían poesía dos españoles aclimatados quienes, como el traductor minero Enrique Garcés, combinaban estas tareas con sus negocios: Diego Mexía y Fernangil y Diego Dávalos y Figueroa. El primero publicó en Sevilla (1608) su celebrada traducción de la *Heroidas* de Ovidio con el título de *Parnaso antártico*. Esta obra se recuerda por el prólogo: *Discurso en loor de la poesía* que escribió la anónima Clarinda, mencionada en el capítulo dedicado a la mujer poeta de la colonia. Dávalos y Figueroa publicó en Lima su *Miscelánea austral* (1611), y su *Defensa de damas* un año después.

Escribían poesía de tipo moral o religioso Luis de Tejeda, en lo que hoy es Argentina; Matías de Bocanegra, en la Nueva España; y Jacinto de Evia, del Ecuador, entre otros menos conocidos. La voz más alta en escritura religiosa, ya en el siglo XVIII, en prosa y en poesía, vendrá en la figura de la Madre Castillo.

En el mismo siglo XVIII, mencionemos al ecuatoriano Juan Bautista Aguirre, quien, siglo y medio después de la muerte de Góngora, sigue cultivando el culteranismo: prueba de su persistencia en América. Aguirre, lejos de la imaginación y técnica poética extraordinarias de Domínguez Camargo, es, de todas maneras, un poeta fino y cuidadoso. Por último, y antes de abandonar el siglo XVIII, mencionemos a Esteban de Terralla y Landa; su *Lima por dentro y por fuera* continúa la tradición de la sátira establecida por Rosas de Oquendo en el siglo XVI y continuada por Caviedes, a quien estudiaremos separadamente, en el siglo XVII.

Georgina Sabat de Rivers

BERNARDO DE BALBUENA (1562?–1627)

Balbuena vino muy joven a América desde Valdepeñas, España. Vivió largo tiempo en México, lugar de América con el que más se identificó. También estuvo en Jamaica, Santo Domingo y Puerto Rico, donde murió siendo obispo. Ha sido justamente considerado por la crítica un gran poeta que pertenece por igual a España y a América. Hay en Balbuena una labor consciente de artesano poético que refrena su extraordinaria fantasía, al mismo tiempo que introduce innovaciones. En el "Compendio apologético en alabanza de la poesía", que precede a su *Grandeza mexicana* (1604), hace gala de su papel como crítico literario, aspecto de Balbuena que se ha estudiado poco, y donde muestra sus grandes conocimientos de los cánones del tiempo y sus propias ideas sobre lo que debía ser la poesía. Además de *Grandeza mexicana,* su primera obra publicada y la que le ha asegurado un lugar de importancia dentro de la literatura hispanoamericana, Balbuena dedicó sus mayores desvelos a su poema épico *El Bernardo o Victoria de Roncesvalles* (1624). También escribió *Siglo de Oro en las selvas de Erífile* (1608), en la que aparecen combinados con la prosa, como es propio de las novelas pastoriles, exquisitos versos suyos de corte garcilasiano e italianizante. En las dos últimas obras mencionadas, aparece ocasionalmente el mundo americano revestido de esplendor y admiración.

Grandeza mexicana es una creación original que reúne, con gran maestría, formas literarias y géneros diversos: los tercetos de la epístola y la sátira se combinan con una octava real (que aparece al comienzo) de la épica. El resultado que obtenemos es un poema que esencialmente es una larga epístola, con visos de sátira y de composición heroica. En esta composición hallamos aspectos culteranos que señalan la introducción del barroco en América, antes de que hiciera su aparición en Europa, según señaló Méndez Plancarte. Esta carta narrativa de Balbuena nació a raíz de la petición de una dama amiga suya, Isabel de Tobar, pidiéndole que le describiera la gran urbe mexicana, que ella desconocía, y a la que se trasladaría en breve para entrar en un convento. Balbuena la complace ofreciéndonos una descripción "cifrada", es decir, contenida en una unidad —constituida por la octava real inicial— que se desarrolla en cadena y que vuelve a cerrarse sobre sí misma. En esa estrofa inicial se anuncia, por medio de cada verso, cada uno de los ocho capítulos más el epílogo que componen el poema; el último de los versos se divide en dos: el capítulo octavo y el epílogo.

El amor humanista de Balbuena por el orden matemático y monumental de la arquitectura se centra, de manera idealista, en la ciudad más famosa del Nuevo Mundo, considerada como el centro de la cultura y del placer humanos, y ciudad en la que se depositarían los sueños utópicos del renacentista optimista.

Señalemos el interesante aspecto con el que Balbuena habla del "interés"; el poeta cree en el desarrollo del hombre por medio del esfuerzo que realiza a través del trá-fago comercial: el "interés" es el motor humano que esperanzadoramente traería el bienestar general a la sociedad en que vivía. También es importante señalar que en Balbuena aparece ya, aunque sea en forma contradictoria y ambigua, el con-cepto de alteridad americana, o de lo que también se llama conciencia criolla, y una proposición de suplantación de poderes políticos. Es decir, se presenta a América como superior a la Península ya que México "es centro y corazón desta gran bola". Y al "indio feo" que aparece en uno de sus versos finales, lo señala, a contrapelo, como el verdadero dueño de "su arena", validando así la reclamación que, más tarde, hará de sus tierras. Al anunciar estos cambios: la ruptura del cen-tro monolítico de poder y el reconocimiento de la calidad de persona jurídica del indio, Balbuena rechaza los paradigmas tradicionales y abre las puertas a la mul-tipolaridad, resquebrajamiento e inestabilidad propios del Barroco, del Barroco de Indias. Bernardo de Balbuena es, sin duda, uno de los grandes poetas de la len-gua castellana en ambas riberas del Atlántico.

Carta del bachiller Bernardo de Balbuena a la señora doña Isabel de Tobar y Guzmán

Describiendo la famosa ciudad de México y sus grandezas. Grandeza mexicana.

ARGUMENTO

De la famosa México el asiento,
origen y grandeza de edificios,
caballos, calles, trato, cumplimiento,
letras, virtudes, variedad de oficios,
regalos, ocasiones de contento,
primavera inmortal y sus indicios,
10   gobierno ilustre, religión y Estado,
todo en este discurso está cifrado.

CAPÍTULO I

De la famosa México el asiento

Oh tú, heroica beldad, saber profundo,[1]
que por milagro puesta a los mortales
en todo fuiste la última del mundo;

[. . .]

oye un rato, señora, a quien desea
aficionarte a la ciudad más rica,
20   que el mundo goza en cuanto el sol rodea.

Y si mi pluma a este furor se aplica,
y deja tu alabanza, es que se siente
corta a tal vuelo, tal grandeza chica.

[. . .]

Mándasme que te escriba algún indicio
de que he llegado a esta ciudad famosa,
centro de perfección, del mundo el quicio;

---

[1] Se dirige a Isabel de Tobar.

su asiento, su grandeza populosa,
sus cosas raras, su riqueza y trato,
30 su gente ilustre, su labor pomposa.

Al fin, un perfectísimo retrato
pides de la grandeza mexicana,
ahora cueste caro, ahora barato.

[. . .]

Bañada de un templado y fresco viento,
donde nadie creyó que hubiese mundo
goza florido y regalado asiento.

Casi debajo el trópico fecundo,
que reparte las flores de Amaltea²
30 y de perlas empreña el mar profundo,

dentro en la zona por do el sol pasea,
y el tierno abril envuelto en rosas anda,
sembrando olores hechos de librea;

sobre una delicada costra blanda,
que en dos claras lagunas se sustenta,
cercada de olas por cualquiera banda,

labrada en grande proporción y cuenta
de torres, chapiteles, vantanajes,
su máquina soberbia se presenta.

40 [. . .]

Anchos caminos, puertos principales
por tierra y agua a cuanto el gusto pide
y pueden alcanzar deseos mortales.

Entra una flota y otra se despide,
de regalos cargada la que viene,
la que se va del precio que los mide;

[. . .]

---

²**Amaltea:** es la cabra nodriza de Zeus; éste
le regaló el cuerno de la abundancia.

Por todas partes la codicia a rodo,[3]
que ya cuanto se trata y se practica
⁵⁰ es interés de un modo o de otro modo.

Este es el sol que al mundo vivifica;
quien lo conserva, rige y acrecienta,
lo ampara, lo defiende y fortifica.

Por éste el duro labrador sustenta
el áspero rigor del tiempo helado,
y en sus trabajos y sudor se alienta;

y el fiero imitador de Marte airado[4]
al ronco son del atambor se mueve,
y en limpio acero resplandece armado.

⁶⁰ Si el industrioso mercader se atreve
al inconstante mar, y así remedia
de grandes sumas la menor que debe;

si el farsante recita su comedia,
y de discreto y sabio se hace bobo,
para de una hora hacer reír la media;

si el pastor soñoliento al fiero lobo
sigue y persigue, y pasa un año entero
en vela al pie de un áspero algarrobo;

si el humilde oficial sufre el severo
⁷⁰ rostro del torpe que a mandarle llega,
y el suyo al gusto ajeno hace pechero;

si uno teje, otro cose, otro navega,
otro descubre el mundo, otro conquista,
otro pone demanda, otro la niega;

---

[3]**a rodo:** en abundancia.

[4]**Marte airado:** Marte es el dios de la
guerra; lo presenta con ira.

[. . .]

el goloso interés les da la mano,
refuerza el gusto y acrecienta el brío,
y con el suyo lo hace todo llano.

[. . .]

80 Y así cuanto el ingenio humano fragua,
alcanza el arte, y el deseo platica
en ella y su laguna se desagua
y la vuelve agradable, ilustre y rica.

CAPÍTULO II

Origen y grandeza de edificios

[. . .]

El bravo brío español que rompe y mide,
a pesar de Neptuno[5] y sus espantos,
los golfos en que un mundo en dos divide,

90 y aquellos nobles estandartes santos,
que con su sombra dieron luz divina
a las tinieblas en que estaban tantos

y al mismo curso por do el sol camina,
surcando el mar y escrudiñando el cielo,
del interés la dulce golosina

los trajo en hombros de cristal y hielo
a ver nuevas estrellas y regiones
a estotro rostro y paredón del suelo,

[. . .]

100 Para allí dejo estas crecientes olas,
que aquí me impiden el sabroso curso
con que navego a sus bellezas solas.

---

[5]**Neptuno:** es el dios del mar.

Dejo también el áspero concurso,
y oscuro origen de naciones fieras,
que la hallaron con bárbaro discurso;

el prolijo viaje, las quimeras
del principio del águila y la tuna[6]
que trae por armas hoy en sus banderas;

los varios altibajos de fortuna,
110 por donde su potencia creció tanto,
que pudo hacer de mil coronas una.

[. . .]

EPÍLOGO Y CAPÍTULO ÚLTIMO

Todo en este discurso está cifrado

[. . .]

Es México en los mundos de Occidente
una imperial ciudad de gran distrito,
sitio, concurso y poblazón de gente.

Rodeada en cristalino circuito
120 de dos lagunas, puesta encima dellas,
con deleites de un número infinito;

huertas, jardines, recreaciones bellas,
salidas de placer y de holgura
por tierra y agua a cuanto nace en ellas.

[. . .]

No tiene Milán, Luca ni Florencia,
ni las otras dos rica señorías,
donde el ser mercader es excelencia,

---

[6]Se refiere al mito azteca; fundarían su ciudad al encontrar a un águila devorando a una serpiente. La "tuna" es un tipo de cactus abundante en México. Estos símbolos perduran hoy en la bandera de la nación mexicana.

más géneros de nobles mercancías,
130 más pláticos y ricos mercaderes,
más tratos, más ganancia y granjerías.

Ni en Grecia Atenas vio más bachilleres
que aquí hay insignes borlas de doctores,
de grande ciencia y graves pareceres;

sin otras facultades inferiores,
de todas las siete artes liberales
heroicos y eminentes profesores.

[. . .]

damas de la beldad misma retrato,
140 afables, cortesanas y discretas,
de grave honestidad, punto y recato;

bellos caballos, briosos, de perfectas
castas, color, señales y hechuras,
pechos fogosos, manos inquietas,

con jaeces, penachos, bordaduras,
y gallardos jinetes de ambas sillas,
diestros y de hermosísimas posturas.

[. . .]

joyeros milaneses, lapidarios,
150 relojeros, naiperos, bordadores,
vidrieros, batihojas,[7] herbolarios.

[. . .]

¡Oh, España altiva y fiel, siglos dorados
los que a tu monarquía han dado priesa,
y a tu triunfo mil reyes destocados!

[. . .]

---

[7]**batihojas:** los que batían el oro o la plata.

Y pues ya al cetro general te ensayas,
con que dichosamente el cielo ordena
que en triunfal carro de oro por él vayas,

160   entre el menudo aljófar que a su arena
y a tu gusto entresaca el indio feo,
y por tributo dél tus flotas llena,

de mi pobre caudal el corto empleo
recibe en este amago, do presente
conozcas tu grandeza, o mi deseo
de celebrarla al mundo eternamente.

REFLEXIÓN Y ANÁLISIS

1) ¿Cuáles son los metros utilizados en *Grandeza mexicana* en la primera estrofa y en el resto de la larga carta? ¿A quién se la dirige y por qué?
2) ¿A qué otras ciudades es México superior? ¿Cómo es su gente?

BIBLIOGRAFÍA

Balbuena, Bernardo de. *Grandeza mexicana*. Ed. José Carlos González Boixo. Roma: Bulzoni, 1988.

———. *La Grandeza mexicana y compendio apologético en alabanza de la poesía*. México: Porrúa, 1971.

Durán Luzio, Juan. "*Grandeza mexicana*, grandeza del Nuevo Mundo." *Creación y utopía*. San José, Costa Rica: Universidad Nacional, 1979. 53–68.

Horne, John Van. *Bernardo de Balbuena, biografía y crítica*. Guadalajara, México: Font, 1940.

Roggiano, Alfredo A. "Bernardo de Balbuena." *Historia de la literatura hispanoamericana. Época colonial*. Tomo I. Madrid: Cátedra, 1982. 215–24.

Rojas Garcidueñas, José. *Bernardo de Balbuena, la vida y la obra*. México: UNAM, 1958.

Sabat de Rivers, Georgina. "El Barroco de la contraconquista: primicias de conciencia criolla en Balbuena y Domínguez Camargo." *Estudios de literatura hispanoamericana. Sor Juana Inés de la Cruz y otros poetas barrocos de la Colonia*. Barcelona: PPU, 1992. 17–48.

———. "Balbuena: géneros poéticos y la epístola épica a Isabel de Tobar." *Estudios de literatura hispanoamericana. Sor Juana Inés de la Cruz y otros poetas barrocas de la Colonia*. Barcelona: PPU, 1992. 49–81.

Sánchez, Luis Alberto. "Bernardo de Balbuena." *Escritores representativos de América*. Tomo I. Madrid: Gredos, 1957. 41–51.

Georgina Sabat de Rivers

JUAN DEL VALLE CAVIEDES (1646?–1698?)

Se desconoce la fecha de nacimiento de Caviedes, pero es probable que tuviera unos veinticinco años al contraer matrimonio en 1671, lo que indica 1646 como posible fecha. Caviedes a América llegó aún siendo niño; desde Porcuna, Andalucía, lugar de su nacimiento; se casó en Lima, ahí tuvo a su familia y en esa ciudad desarrolló su quehacer poético. Caviedes es reconocido sobre todo dentro de la línea satírica. Su obra se sitúa entre la del mencionado Mateo Rosas de Oquendo y la de Terralla y Landa. En cuanto a calidad y cantidad, Caviedes supera a los dos. Es también poeta más completo: su obra lírica no se reduce únicamente a la sátira ya que abarca temas amorosos, morales y religiosos, y también tiene alguna breve composición dramática.

Aunque la poesía de Caviedes denota, ocasionalmente, ecos de Góngora y Calderón, la presencia más directa es la de Quevedo, al punto de llamársele "el Quevedo peruano". A través de su agresiva poesía satírica nos presenta un cuadro negativo del mundo lleno de color de la Lima de su tiempo: abogados, prostitutas, alcahuetas, beatas, clérigos, sastres, cornudos, borrachos, mentirosos y muy particularmente los médicos (en *Diente del Parnaso,* 1698). A todos estos personajes pasa revista el autor, destacando desmesuradamente lo feo y lo grosero, lo oscuro e inmoral, y lo escatológico que ve en ellos.

Se le adjudica el título de primer criollista de la literatura peruana; fue poeta inconformista, de honestidad intelectual y ánimo de protesta con voluntad de integrarse a la masa del pueblo que lo conocía y aplaudía. Nunca se abstuvo de ataques a algún grupo racial que conformaba a aquella sociedad virreinal. Su poesía muestra un rechazo muy saludable a las supersticiones del tiempo. Evita la forma complicada, pero es muy barroco en su desengaño radical y la utilización de la violencia verbal en conexión con la parte lóbrega de la vida: los defectos físicos, las enfermedades. Fue un poeta autodidacta, contemporáneo de Sor Juana a la que escribió un romance en el que ofrece algunos datos biográficos.

A pesar de su palabra violenta, no prima en la poesía de Caviedes la extrema amargura, sino la denuncia y el descontento con el estado social imperante. No hay pinceladas más certeras de las escenas del Perú colonial que las de este poeta incisivo, filosófico y combativo.

De *Diente del Parnaso*[1]

Fe de erratas

En cuantas partes dijere
doctor el libro, está atento;
por allí has de leer *verdugo,*
aunque éste es un poco menos.
   Donde dijere *receta,*
leerás *estoque* por ello;
porque estoque o verduguillo
todo viene a ser lo mesmo.
   Donde dijere *sangría,*
has de leer luego *degüello;*
y *cuchillo* leerás donde
dijere *medicamento.*
   Adonde dijere purga,
leerás *dio fin el enfermo;*
y donde *remedio*
leerás *muerte* sin remedio.
   Donde dice *practicante,*
leerás con más fundamento
sentencia de muerte injusta
por culpas de mi dinero.
   Y con aquestas erratas
quedará fielmente impreso,
porque corresponde a las
muertes de su matadero.

---

[1]Parnaso es el lugar donde habitaba Apolo,
dios de la poesía.

Al doctor Bermejo por hablero hecho rector

Aquí yace un idiota señoría
de un médico rector disparatado,
que antes de un mes lo hubiera ya acabado
si la cura su necia fantasía.
 Por uso duró un año a su manía
este título grave y estirado,
que a no durar, por uso, sepultado
le tuviera su ciencia al primer día.
 Lima, ¿de qué te alabas, qué blasones
son los tuyos, si a un necio introducido
pones a presidir doctos varones?
 ¿Si está el mérito y ciencia en el vestido,
un almacén, Rector, por qué no pones?
que es más galán, más sabio y más lucido.

Para labrarse fortuna en los palacios

Para hallar en palacio estimaciones
se ha de tener un poco de embustero,
poco y medio de infame lisonjero,
y dos pocos cabales de bufones,
 tres pocos y un poquito de soplones
y cuatro de alcahuete recaudero,
cinco pocos y un mucho de parlero,
las obras censurando y las acciones.
 Será un amén continuo a cuanto hablare
el señor o el virrey a quien sirviere;
y cuanto más el tal disparatare,
 aplaudir con más fuerza se requiere;
y si con esta ganga continuare,
en palacio tendrá cuanto quisiere.

Definición a la muerte

La muerte viene a ser cumplirse un plazo,
un saber lo que el hombre en vida ignora,
un instante postrero de la hora,
susurro que al tocarla deja el mazo,
    último aprieto con que estrecha el lazo,
la ejecución mortal por pecadora,
un pesar que el ajeno siente y llora,
un descuido que al vivo da embarazo.
    Eterno enigma es, pues nadie sabe
cómo es la muerte cuando está viviendo,
ni en finando, si queda luego iluso;
y así tan sólo el punto en que se acabe
nuestra vida, se sabe, a lo que entiendo,
conque el temerla no es razón, sino uso.

10

REFLEXIÓN Y ANÁLISIS

1) El *Diente del Parnaso* trata no sólo "diversas materias contra médicos" sino también "de amores, a lo divino, pinturas y retratos". El primer aspecto, sin embargo, es el que más carácter le ha dado a la obra. ¿Cuántos médicos se mencionan en la selección y qué se dice de ellos?

2) ¿Qué es lo que hay que hacer para "Labrarse fortuna en los palacios"? ¿Qué cree Ud.?

3) ¿Qué es para el poeta la muerte? ¿Cree Ud. que él la temía?

BIBLIOGRAFÍA

Cáceres, María Leticia. *La personalidad y obra de D. Juan del Valle y Caviedes.* Arequipa: Editorial "El Sol," 1975.

Caviedes, Juan del Valle y. *Obra completa.* Ed. Daniel R. Reedy. Caracas: Ayacucho, 1984.

Gutiérrez, Juan María. "Juan Caviedes. Fragmento de unos estudios sobre la literatura poética del Perú." *Escritores coloniales americanos.* Buenos Aires: Raigal, 1957. 257–89.

Kolb, Glen L. Juan del Valle y Caviedes. *A Study of the Life, Times and Poetry of a Spanish Colonial Satirist.* New London: Connecticut College, 1959.

Lohmann Villena, Guillermo. "Un poeta virreinal del Perú: Juan del Valle Caviedes." *Revista de Indias* 33–34 (1948): 771–94.

Reedy, Daniel R. *The Poetic Art of Juan del Valle Caviedes.* Chapel Hill: University of North Carolina Press, 1964.

———."Signs and Symbols of Doctors in the *Diente del Parnaso.*" *Hispania* 48 (1964): 705–10.

Sánchez, Luis Alberto. *Los poetas de la Colonia.* Lima: Universo, 1974. 189–200.

Georgina Sabat de Rivers

SOR JUANA INÉS DE LA CRUZ (1648–1695)

Los datos de la vida de Sor Juana Inés de la Cruz que conocemos se hallan en los siguientes documentos: la *Respuesta a Sor Filotea de la Cruz*, la famosa carta que le escribió al obispo de Puebla, Manuel Fernández de Santa Cruz, y la "Aprobación", que es la primera biografía sobre Sor Juana, escrita por su amigo corresponsal, el jesuita español Diego Calleja. Ambas obras se publicaron, por primera vez, en *Fama y obras póstumas del Fénix de Méjico* (Madrid, 1700). A través del testamento de su madre, Isabel Ramírez de Santillana, en el que se declara "de estado soltera", se descubrió en este siglo la ilegitimidad de Juana Inés, nacida en San Miguel de Nepantla, México. Sin embargo, de su padre, Pedro Manuel Asuaje y Vargas Machuca, que dijo ser vascongado, apenas tenemos datos. En este siglo también se halló un documento bautismal, que se ha atribuido a Juana Inés, que apunta a la fecha de 1648 como la de su nacimiento, en vez de la de 1651, que fue la que dio Calleja. Juana Inés fue una niña prodigio, que desde edad muy temprana dio muestras de su gran inteligencia y vocación de mujer erudita. Su obra es reflejo de estos rasgos fundamentales de su persona y de la lucha que llevó adelante para conseguir, en su época, el reconocimiento de la capacidad intelectual de la mujer al par de la del hombre. Sor Juana es no solamente la mejor poeta del complejo período del Barroco americano (o de Indias), de larga resonancia en nuestro hemisferio, sino la defensora tempranísima de la mujer en América.

Obra de Sor Juana. Se publicó casi enteramente en España; el gran número de ediciones de los tres tomos antiguos nos dan idea de la gran fama de que gozaba en su propio tiempo. En su obra se advierte la asimilación de corrientes literarias y filosóficas, teológicas y científicas que le llegaban de los grandes maestros europeos por medio de la Península. A todo ello debemos añadir lo que asoma en su obra en relación con sus preocupaciones por lo femenino y lo americano. La poeta cultivó hábilmente una gran variedad de géneros, de metros y de temas que eran los de uso en su tiempo. Los juegos lingüísticos y mentales, que forman la base del culteranismo y del conceptismo, servían para expresar facetas de su variada y contradictoria personalidad de ser pensante, pero la utilización de Sor Juana de todo ese bagaje cultural y la frescura y entusiasmo de sus versos son novedad propia.

Lírica personal. En la *Respuesta*, Juana reclama para sí su calidad de poeta nata; no es extraño que lo que se halla bajo este epígrafe constituya uno de los pilares de su renombre. Entre los poemas más notables hallamos los quintaesenciados esdrújulos del retrato en el romance decasílabo a Lísida, su querida amiga la condesa de Paredes (o marquesa de la Laguna); el soneto sobre un retrato propio que la lleva a disquisiciones filosóficas sobre el engaño del arte que pretende desplazar a la caduca realidad de un cuerpo que irremediablemente envejecerá y morirá; el tema del paso rápido del tiempo y el disfrute de éste *(carpe diem)*, representado por la rosa; el tratamiento original del tópico de la esperanza como ilusión negativa que perpetúa las vanas ilusiones humanas; el tema de la fidelidad, siempre femenina, que se presenta bajo oposiciones morales o metafóricas; la fascinación por los instrumentos mecánicos del Barroco, aplicada a un reloj que sirve para medir el tiempo que pasa y relacionarlo a una vida; la pasión amorosa que se resuelve a través de la dialéctica del llanto en un soneto y, en otro, como vivencia mental cuestionada que lleva a la solución originalísima de la poeta: resuelve atrapar al amado que se nos escapa por medio del poder de la mente; el largo romance a la duquesa de Aveiro en el que expresa su "feminismo" y su "criollismo". Por fin, mencionemos las conocidísimas redondillas, que recogen una larga tradición y que, en Juana Inés, defienden a la mujer de la arrogancia varonil y sus exigencias.

Villancicos. Los villancicos se escribieron para varias catedrales mexicanas y constituyen la mejor muestra de la religiosidad de la poeta. La marginalidad atribuida a este género literario la aprovechó la monja para, desde su personalidad conflictiva, defender de modo indirecto a las clases desprotegidas de la sociedad de su tiempo: los negros, los indios, la mujer, y para hacer aparecer personajes masculinos del mundo clerical, como a un estudiantón "reventando de docto" del que hace burla. La conciencia de rechazo que sentía Sor Juana, como mujer y como criolla, hace que se identifique y comprenda a ese inquieto mundo. En los villancicos, Sor Juana incluye como protagonistas a personajes femeninos religiosos: María de Nazaret y Santa Catalina de Alejandría, para ejemplificar la inteligencia y la erudición al lado de la virtud y santidad; era un modo de identificarse con ellas reclamando el respeto que se merecían ante la iglesia de su época.

El Sueño. Sor Juana, en la *Respuesta,* le dio a este poema capital —no existe en la literatura hispánica otro poema importante que trate con la ciencia— un valor único en su poesía. Es un compendio del saber escolástico y del conocimiento científico de su tiempo que va desde Aristóteles, Platón y los padres de la iglesia hasta el hermetismo florentino, Kircher, el mundo emblemático y tal vez Descartes. En el poema hallamos el mundo clásico y la tradición topológica del Renacimiento, el culteranismo y el conceptismo. La estructura narrativa de *El Sueño* se encierra en las tres etapas: dormirse, soñar y despertar, cuyo contenido, protagonizado por el personaje del Alma, trata con la problemática del conocimiento científico. Se trata de la aventura intelectual del Alma en busca de la total comprensión del universo, una empresa que representa la ambición máxima de una mujer amante del saber y de la ciencia. En su poema, Sor Juana parece identificarse con Faetón, el hijo ilegítimo de Apolo, que fue fulminado por su padre y se hizo así famoso. También parece identificarse aunque de manera menos obvia, con la figura femenina de la Noche presentada de modo ambiguo: con rasgos positivos y negativos. Ambos personajes son símbolos de rebeldía ante la autoridad; además, en el caso de Faetón, encontramos el deseo de superar la ilegitimidad y, en el de la Noche, la persistencia y no-conformismo de una figura femenina. El Alma, al final del poema, se identifica con la autora quien, al abrir los ojos, afirma su presencia femenina al decir que está: "el mundo iluminado / y yo despierta".

Ensayo: la *Respuesta,* la *Carta atenagórica,* la *Carta de Monterrey;* el *Neptuno.* En 1690 el obispo de Puebla publicó el ensayo crítico de Sor Juana sobre un sermón de un jesuita portugués, que tituló *Carta atenagórica,* y se lo envió acompañado de una carta propia firmada con el seudónimo de Sor Filotea de la Cruz. En esta obra, llamada también *Crisis sobre un sermón,* Sor Juana había refutado con argumentos muy eruditos y sofisticados los argumentos del sermón del padre Antonio de Vieira. En este ensayo, Sor Juana rechazaba las interpretaciones de los padres de la iglesia y proponía su propia interpretación. La carta del obispo, aunque ambigua, revela su admiración por Sor Juana al mismo tiempo que la conmina a usar su inteligencia y su saber en el estudio de las letras divinas en vez de las seculares. Todo esto fue lo que animó a la monja para escribir la defensa de su vida dedicada al quehacer intelectual y literario en la *Respuesta a Sor Filotea de la Cruz.* Este elocuente documento reboza calor humano al explicarnos la escritora, con pormenores, su vocación por el saber desde su más tierna infancia, su rechazo del matrimonio y su decisión de hacerse monja para tener el tiempo y el ambiente propicios para el estudio. Para su apología —documento sobresaliente del mundo hispánico— busca insertarse y apoyarse en el linaje de las mujeres doctas anteriores a ella citando a aquéllas que halla en la Biblia, en la antigüedad clásica, en la historia de sus propios días y defendiendo el papel de la mujer en la enseñanza. En un pasaje, incluso sugiere que las mujeres tienen ventaja empírica sobre los hombres al decir: "Si Aristóteles hubiera guisado, mucho más hubiera escrito". Lo que dice en la *Respuesta,* desde luego, tiene que ver con la reprimenda de la carta del obispo. En la llamada *Carta de Monterrey,* encontrada hace apenas algunos años, que Sor Juana dirigió a su confesor años antes de la *Respuesta,* defiende sus derechos como persona femenina en términos incluso más fuertes.

En el *Neptuno alegórico,* Sor Juana hace la relación del arco triunfal que se levantó en México —obra encargada por la catedral— según era costumbre, a la llegada de los marqueses de la Laguna en noviembre de 1680. La escritora continúa la tradición al presentar la figura alegórica de Neptuno como modelo de gobernante al marqués, en un texto extremadamente erudito, plagado de citas latinas.

Teatro. Nos han llegado loas sueltas de Sor Juana, la mayoría de las cuales se hallan en lo que constituye el tomo I de las obras antiguas; en ellas priman sus conocimientos alegóricos y de mitología. Sus tres autos sacramentales, en los que continúa la tradición calderoniana, son: *El cetro de José,* basado en una historia bíblica; *El mártir del Sacramento, San Hermenegildo,* basado en una historia hagiográfica, y *Divino Narciso,* basado en un mito clásico, que es el más importante. Este texto es una ingeniosa alegorización de ese mito pagano de la figura de Narciso convertido en Cristo redentor. Narciso (Cristo), después de haber rechazado las pretensiones amorosas de Eco (el Demonio), rival de Naturaleza Humana, ve el reflejo de ésta en las limpias aguas de la Fuente de la Gracia lo cual une a Dios con Naturaleza Humana como en el momento de la Encarnación; entonces Narciso, enamorado de sí mismo en Naturaleza Humana, cae en la fuente, metáfora del Crucificado. Son importantes las tres loas de estos autos sacramentales porque en ellas oímos la voz de mujer y de criolla de Sor Juana: aparece el mundo azteca, y las figuras femeninas tienen papel político al representar la voz de la comunidad y ser voceros de la historia de su pueblo.

El teatro profano de Sor Juana está constituido por dos comedias de las llamadas de capa y espada, una de ellas, *Amor es más laberinto,* fue escrita en colaboración con otro dramaturgo. La otra, *Los empeños de una casa* nos presenta, como en las loas de los autos, personajes femeninos de carácter fuerte que son los que dirigen la acción, en particular la figura de Leonor, que presenta rasgos autobiográficos de la autora. Muy interesante y atrevido es el personaje de Castaño, criado mulato americano, en cuya boca pone Sor Juana una fuerte crítica de los valores del sistema social y "machista" de los blancos peninsulares (la obra se desarrolla en Toledo) en un ambiente metateatral en el que se parodia, irónicamente, a la comedia de capa y espada misma.

Desde su celda de jerónima nos envía Sor Juana los mensajes de un mundo altamente intelectual y abigarrado junto a sus preocupaciones de mujer y de criolla. A través de ellos podemos justipreciar, histórica y críticamente, la vida y obra de esta mujer excepcional, poeta y monja erudita del México novohispano del siglo XVII.

Sonetos y redondillas

SONETOS

Procura desmentir los elogios que a un retrato de la poetisa inscribió la verdad, que llama pasión.

Este, que ves, engaño colorido,
que del arte ostentando los primores,
con falsos silogismos[1] de colores
es cauteloso engaño del sentido;
  éste, en quien la lisonja[2] ha pretendido
excusar de los años los horrores,
10 y venciendo del tiempo los rigores,
triunfar de la vejez y del olvido:
  es un vano artificio del cuidado,
es una flor al viento delicada,
es un resguardo inútil para el hado,
  es una necia diligencia errada,
es un afán caduco y, bien mirado,
es cadáver, es polvo, es sombra, es nada.

Quéjase de la suerte: insinúa su aversión a los vicios, y justifica su divertimiento a las Musas.

20   En perseguirme, mundo. ¿qué interesas?
¿En qué te ofendo, cuando sólo intento
poner bellezas en mi entendimiento,
y no mi entendimiento en las bellezas?
  Yo no estimo tesoros ni riquezas:
y así, siempre me causa más contento
poner riquezas en mi entendimiento,
que no mi entendimiento en las riquezas.
  Yo no estimo hermosura que, vencida,
es despojo civil de las edades,
30 ni riqueza me agrada fementida,
  teniendo por mejor en mis verdades,
consumir vanidades de la vida
que consumir[3] la vida en vanidades.

---

[1] **silogismo:** procedimiento de razonamiento lógico.
[2] **lisonja:** halago, alabanza.

[3] **consumir:** juego de palabras, en el v. 13 quiere decir "reducir", "extinguir"; en el 14 lo usa en el sentido de "dedicar".

Que contiene una fantasía contenta con amor decente.

Detente, sombra de mi bien esquivo,
imagen del hechizo[4] que más quiero,
bella ilusión por quien alegre muero,
dulce ficción por quien penosa vivo.
   Si al imán de tus gracias, atractivo,
40 sirve mi pecho de obediente acero,
¿para qué me enamoras lisonjero
si has de burlarme luego fugitivo?
   Mas blasonar no puedes, satisfecho,
de que triunfa de mí tu tiranía:
que aunque dejas burlado el lazo estrecho
   que tu forma fantástica ceñía,
poco importa burlar brazos y pecho
si te labra prisión mi fantasía.

REDONDILLAS

50 *Arguye de inconsecuentes el gusto y la censura de los hombres que en las mujeres acusan lo que causan.*

Hombres necios que acusáis
a la mujer sin razón,
sin ver que sois la ocasión
de lo mismo que culpáis:
   si con ansia sin igual
solicitáis su desdén,
¿por qué[5] queréis que obren bien
si las incitáis al mal?
60   Combatís su resistencia
y luego, con gravedad,
decís que fue liviandad
lo que hizo la diligencia.
   Parecer quiere el denuedo
de vuestro parecer loco
al niño que pone el coco
y luego le tiene miedo.

---

[4]**hechizo:** fascinación, atracción.

[5]**por qué:** cómo, se diría hoy.

Queréis, con presunción necia,
hallar a la que buscáis,
70   para pretendida, Thais,
y en la posesión, Lucrecia.[6]
   ¿Qué humor puede ser más raro
que el que, falto de consejo,
él mismo empaña el espejo,
y siente que no esté claro?
   Con el favor y el desdén
tenéis condición igual,
quejándoos, si os tratan mal,
burlándoos, si os quieren bien.
80   Opinión, ninguna gana;
pues la que más se recata,
si no os admite, es ingrata,
y si os admite, es liviana.
   Siempre tan necios andáis
que, con desigual nivel,
a una culpáis por crüel
y a otra por fácil culpáis.
   ¿Pues cómo ha de estar templada
la que vuestro amor pretende,
90   si la que es ingrata, ofende,
y la que es fácil, enfada?
   Mas, entre el enfado y pena
que vuestro gusto refiere,
bien haya la que no os quiere,
y quejaos en hora buena.
   Dan vuestras amantes penas
a sus libertades alas,
y después de hacerlas malas
las queréis hallar muy buenas.
100   ¿Cuál mayor culpa ha tenido
en una pasión errada:
la que cae de rogada,
o el que ruega de caído?

---

[6]Thais y Lucrecia son prototipos de la cortesana y de la esposa fiel y virtuosa, respectivamente.

¿O cuál es más de culpar,
aunque cualquiera mal haga:
la que peca por la paga,
o el que paga por pecar?
  Pues ¿para qué os espantáis
de la culpa que tenéis?
110 Queredlas cual las hacéis
o hacedlas cual las buscáis.
  Dejad de solicitar,
y después, con más razón,
acusaréis la afición
de la que os fuere a rogar.
  Bien con muchas armas fundo
que lidia vuestra arrogancia,
pues en promesa e instancia
juntáis diablo, carne y mundo.[7]

Respuesta de la poetisa a la muy ilustre sor Filotea de la Cruz[1]

Muy ilustre señora, mi Señora: No mi voluntad, mi poca salud y mi justo temor han suspendido tantos días mi respuesta. ¿Qué mucho si, al primer paso, encontraba para tropezar mi torpe pluma dos imposibles? El primero (y para mí el más riguroso) es saber responder a vuestra doctísima, discretísima, santísima y amorosísima carta. Y si veo que preguntado el Angel de las Escuelas, Santo Tomás, de su silencio con Alberto Magno, su maestro, respondió que callaba porque nada sabía decir digno de Alberto, con cuánta mayor razón no callaría, no como el santo de humildad, sino que la realidad es no saber algo digno de vos. El segundo imposible es saber agradeceros tan excesivo como no esperado favor de dar a las prensas mis borrones; merced tan sin medida que aun se le pasara por alto a la esperanza más ambiciosa y al deseo más fantástico, y que ni aun como ente de razón pudiera caber en mis pensamientos; y, en fin, de tal magnitud que no sólo no se puede estrechar a lo limitado de las voces, pero excede a la capacidad del agradecimiento, tanto por grande como por no esperado, que es lo que dijo Quintiliano: Minorem spei, maiorem benefacti gloriam pereunt.[2] Y tal que enmudecen al beneficiado.

---

[7]Son los enemigos del alma según la doctrina católica.
[1]Para facilitar el estudio de la *Respuesta,* se divide en tres partes principales: 1) Introducción: saludo; 2) apología de la vida de la autora —cuerpo de la carta que se subdivide en varias partes; 3) despedida.
[2]"Menor gloria producen las esperanzas, mayor los beneficios".

[. . .] Y hablando con más especialidad os confieso, con la ingenuidad que ante vos es debida y con la verdad y claridad que en mí siempre es natural y costumbre, que el no haber escrito mucho de asuntos sagrados no ha sido desafición, ni de aplicación la falta, sino sobra de temor y reverencia debida a aquellas Sagradas Letras, para cuya inteligencia yo me conozco tan incapaz y para cuyo manejo soy tan indigna; resonándome siempre en los oídos, con no pequeño horror, aquella amenaza y prohibición del Señor a los pecadores como yo: *Quare tu enarras iustitias meas, et assumis testamentum meum per os tuum?*[3]

[. . .] Y así confieso que muchas veces este temor me ha quitado la pluma de la mano y ha hecho retroceder los asuntos hacia el mismo entendimiento de quien querían brotar; el cual inconveniente no topaba en los asuntos profanos, pues una herejía contra el arte no la castiga el Santo Oficio, sino los discretos con risa y los críticos con censura; [. . .] Y a la verdad, yo nunca he escrito sino violentada y forzada y sólo por dar gusto a otros; no sólo sin complacencia, sino con positiva repugnancia, porque nunca he juzgado de mí que tenga el caudal de letras e ingenio que pide la obligación de quien escribe; y así, es la ordinaria respuesta a los que me instan, y más si es asunto sagrado: "¿Qué entendimiento tengo yo, qué estudio, qué materiales, ni qué noticias para eso, sino cuatro bachillerías superficiales? Dejen eso para quien los entienda, que yo no quiero ruido con el Santo Oficio, que soy ignorante y tiemblo de decir alguna proposición malsonante o torcer la genuina inteligencia de algún lugar. Yo no estudio para escribir, ni menos para enseñar (que fuera en mí desmedida soberbia), sino sólo por ver si con estudiar ignoro menos." Así lo respondo y así lo siento. [. . .]

Prosiguiendo en la narración de mi inclinación, de que os quiero dar entera noticia, digo que no había cumplido los tres años de mi edad cuando, enviando mi madre a una hermana mía, mayor que yo, a que se enseñase a leer en una de las que llaman amigas,[4] me llevó a mí tras ella el cariño y la travesura; y viendo que le daba lección, me encendí yo de manera en el deseo de saber leer, que engañando, a mi parecer, a la maestra, le dije que mi madre ordenaba me diese lección. Ella no lo creyó, porque no era creíble; pero, por complacer al donaire, me la dio. Proseguí yo en ir y ella prosiguió en enseñarme, ya no de burlas, porque la desengañó la experiencia; y supe leer en tan breve tiempo, que ya sabía cuando lo supo mi madre, a quien la maestra lo ocultó por darle el gusto por entero y recibir el galardón por junto; y yo lo callé, creyendo que me azotarían por haberlo hecho sin orden. Aún vive la que me enseñó (Dios la guarde), y puede testificarlo.

Acuérdome que en estos tiempos, siendo mi golosina la que es ordinaria en aquella edad me abstenía de comer queso, porque oí decir que hacía rudos,[5] y podía conmigo más el deseo de saber que el de comer, siendo éste tan poderoso

---

[3]"¿Por qué tú hablas de mis mandamientos, y tomas mi testamento en tu boca?"

[4]**amigas:** escuelas primarias para niñas.
[5]**rudos:** tontos.

en los niños. Teniendo yo después como seis o siete años, sabiendo ya leer y escribir, con todas las otras habilidades de labores y costuras que deprenden las mujeres, oí decir que había universidad y escuelas en que se estudiaban las ciencias, en Méjico; y apenas lo oí cuando empecé a matar mi a madre con instantes[6] e importunos ruegos sobre que, dándome el traje, me enviase a Méjico, a casa de unos deudos que tenía, para estudiar y cursar la Universidad; ella no lo quiso hacer, e hizo muy bien; pero yo despiqué el deseo en leer muchos libros varios que tenía mi abuelo, sin que bastasen castigos ni represiones a estorbarlo; de manera que cuando vine a Méjico, se admiraban, no tanto el ingenio, cuanto de la memoria y noticias que tenía en edad que parecía que apenas había tenido tiempo para aprender a hablar. [. . .]

Con esto proseguí, dirigiendo siempre como he dicho, los pasos de mi estudio a la cumbre de la sagrada teología: pareciéndome preciso, para llegar a ella, subir por los escalones de las ciencias y artes humanas; porque ¿cómo entenderá el estilo de la Reina de las Ciencias quien aún no sabe el de las ancilas?[7] [. . .] Y así, por tener algunos principios granjeados, estudiaba continuamente diversas cosas, sin tener para alguna particular inclinación, sino para todas en general; por lo cual, el haber estudiado en unas más que en otras no ha sido en mí elección, sino que el acaso de haber topado más a mano libros de aquellas facultades les ha dado, sin arbitrio mío, la preferencia. [. . .]

Lo que sí pudiera ser descargo mío es el sumo trabajo no sólo en carecer de maestro, sino de condiscípulos con quienes conferir y ejercitar lo estudiado, teniendo sólo por maestro un libro mudo, por condiscípulo un tintero insensible; y en vez de explicación y ejercicio, muchos estorbos, no sólo los de mis religiosas obligaciones (que éstas ya se sabe cuán útil y provechosamente gastan el tiempo), sino de aquellas cosas accesorias de una comunidad: como estar yo leyendo y antojárseles en la celda vecina tocar y cantar; estar yo estudiando y pelear dos criadas y venirme a constituir juez de su pendencia; estar yo escribiendo y venir una amiga a visitarme, haciéndome muy mala obra con muy buena voluntad, donde es preciso no sólo admitir el embarazo, pero quedar agradecida del perjuicio. Y esto es continuamente, porque como los ratos que destino a mi estudio son los que sobran de lo regular de la comunidad, esos mismos les sobran a las otras para venirme a estorbar; y sólo saben cuánta verdad es ésta los que tienen experiencia de vida común, donde sólo la fuerza de la vocación puede hacer que mi natural esté gustoso, y el mucho amor que hay entre mí y mis amadas hermanas, que como el amor es unión, no hay para él extremos distantes.

---

[6]**instantes:** insistentes.

[7]**ancilas:** sirvientas (en estilo figurado).

En esto sí confieso que ha sido inexplicable[8] mi trabajo; y así no puedo decir lo que con envidia oigo a otros: que no les ha costado afán el saber. ¡Dichosos ellos! A mí, no el saber (que aún no sé), sólo el desear saber me lo ha costado tan grande que pudiera decir con mi padre San Jerónimo (aunque no con su aprovechamiento): *Quid ibi laboris insumpserim, quid sustinuerim dificultatis, quoties desperaverim, quotiesque cessaverim et contentione discendi rursus inceperim; testis est conscientia, tam mea, qui passus sum, quam eorum qui mecum duxerunt vitam.*[9] Menos los compañeros y testigos (que aun de ese alivio he carecido), lo demás bien puedo asegurar con verdad. ¡Y que haya sido tal esta mi negra inclinación que todo lo haya vencido! [. . .]

Pues por la ——en mí dos veces infeliz—— habilidad de hacer versos, aunque fuesen sagrados, ¿qué pesadumbres no me han dado o cuáles no me han dejado de dar? Cierto, señora mía, que algunas veces me pongo a considerar que el que se señala ——o le señala Dios, que es quien sólo lo puede hacer—— es recibido como enemigo común, porque parece a algunos que usurpa los aplausos que ellos merecen o que hace estanque de[10] las admiraciones a que aspiraban, y así le persiguen. [. . .]

Yo confieso que me hallo muy distante de los términos de la sabiduría y que le he deseado seguir, aunque *a longe*. Pero todo ha sido acercarme más al fuego de la persecución, al crisol del tormento, y ha sido con tal extremo que han llegado a solicitar que se me prohiba el estudio.

Una vez lo consiguieron con una prelada muy santa y muy cándida que creyó que el estudio era cosa de Inquisición y me mandó que no estudiase. Yo la obedecí (unos tres meses que duró el poder ella mandar) en cuanto a no tomar libro, que en cuanto a no estudiar absolutamente, como no cae debajo de mí potestad, no lo pude hacer, porque aunque no estudiaba en los libros, estudiaba en todas las cosas que Dios crio, sirviéndome ellas de letras, y de libro toda esta máquina universal. Nada veía sin refleja;[11] nada oía sin consideración, aun en las cosas más menudas y materiales: porque como no hay criatura, por baja que sea, en que no se conozca el *me fecit Deus*,[12] no hay alguna que no pasme el entendimiento, si se considera como se debe. Así yo, vuelvo a decir, las miraba y admiraba todas; de tal manera que de las mismas personas con quienes hablaba, y de lo que me decían, me estaban resaltando mil consideraciones: ¿De dónde emanaría aquella variedad de genios e ingenios siendo todos de una especie? ¿Cuáles serían los temperamentos y ocultas cualidades que lo ocasionaban? Si veía una figura, estaba combinando la proporción de sus líneas y mediándola con el entendimiento y reduciéndola

---

[8]**inexplicable:** interminable.

[9]"De cuánto trabajo me tomé, cuánta dificultad hube de sufrir, cuántas veces desesperé, y cuántas otras veces desistí y empecé de nuevo, por el empeño de aprender, testigo es mi conciencia que lo ha padeci-

do, y la de los que conmigo han vivido" (*Carta al monje Rústico*).

[10]**hace estanque de:** hace detenerse.

[11]**sin refleja:** sin reflexión.

[12]"Me hizo Dios".

a otras diferentes. Paseábame algunas veces en el testero[13] de un dormitorio nuestro (que es una pieza muy capaz) y estaba observando que siendo las líneas de sus dos lados paralelas y su techo a nivel, la vista fingía que sus líneas se inclinaban una a otra y que su techo estaba más bajo en lo distante que en lo próximo, de donde infería que las líneas visuales corren rectas, pero no paralelas, sino que van a formar una figura piramidal. Y discurría si sería ésta la razón que obligó a los antiguos a dudar si el mundo era esférico o no. Porque, aunque lo parece, podía ser engaño de la vista, demostrando concavidades donde pudiera no haberlas. [. . .]

Pues ¿qué os pudiera contar, señora, de los secretos naturales que he descubierto estando guisando? Ver que un huevo se une y fríe en la manteca o aceite y, por contrario, se despedaza en el almíbar; ver que para que el azúcar se conserve fluida basta echarle una muy mínima parte de agua en que haya estado membrillo u otra fruta agria; ver que la yema y clara de un mismo huevo son tan contrarias, que en los unos, que sirven para el azúcar, sirve cada una de por sí y juntos no. Por no cansaros con tales frialdades, que sólo refiero por daros entera noticia de mi natural y creo que os causará risa; pero, señora, ¿qué podemos saber las mujeres sino filosofías de cocina? Bien dijo Lupercio Leonardo, que bien se puede filosofar y aderezar la cena. Y yo suelo decir viendo estas cosillas: Si Aristóteles hubiese guisado, mucho más hubiera escrito. Y prosiguiendo en mi modo de cogitaciones, digo que esto es tan continuo en mí que no necesito de libros; y en una ocasión que, por un grave accidente de estómago, me prohibieron los médicos el estudio, pasé así algunos días, y luego les propuse que era menos dañoso el concedérmelo, porque eran tan fuertes y vehementes mis cogitaciones que consumían más espíritus en un cuarto de hora que el estudio de los libros en cuatro días; y así se redujeron a concederme que leyese. Y más, señora mía: que ni aún el sueño se libró de este continuo movimiento de mi imaginativa; antes suele obrar en él más libre y desembarazada, confiriendo con mayor claridad y sosiego las especies que ha conservado del día, arguyendo, haciendo versos, de que os pudiera hacer un catálogo muy grande, y de algunas razones y delgadezas que he alcanzado dormida mejor que despierta, y las dejo por no cansaros, pues basta lo dicho para que vuestra discreción y trascendencia penetre y se entere perfectamente en todo mi natural y del principio, medios y estado de mis estudios.

Si éstos, señora, fueran méritos (como los veo por tales celebrar en los hombres), no lo hubieran sido en mí, porque obro necesariamente. Si son culpa, por la misma razón creo que no la he tenido; mas, con todo, vivo siempre tan desconfiada de mí que ni en esto ni en otra cosa me fío de mi juicio; y así remito la decisión a ese soberano talento, sometiéndome luego a lo que sentenciare, sin contradicción ni repugnancia, pues esto no ha sido más de una simple narración de mi inclinación a las letras.

---

[13]**testero:** parte delantera.

Confieso también que con ser esto verdad tal que, como he dicho, no necesitaba de ejemplares, con todo no me han dejado de ayudar los muchos que he leído, así en divinas como en humanas letras. Porque veo a una Débora dando leyes, así en lo militar como en lo político, y gobernando el pueblo donde había tantos varones doctos. Veo una sapientísima reina de Sabá, tan docta que se atreve a tentar con enigmas la sabiduría del mayor de los sabios, sin ser por ello reprendida, antes por ello será juez de los incrédulos. Veo tantas y tan insignes mujeres: unas adornadas del don de profecía, como una Abigaíl: otras de persuasión, como Ester; otras de piedad, como Rahab; otras de perseverancia, como Ana, madre de Samuel,[14] y otras infinitas en otras especies de prendas y virtudes.

Si revuelvo a los gentiles, lo primero que encuentro es con las sibilas, elegidas de Dios para profetizar los principales misterios de nuestra fe, y en tan doctos y elegantes versos que suspenden la admiración. Veo adorar por diosa de las ciencias a una mujer como Minerva, hija del primer Júpiter y maestra de toda la sabiduría de Atenas. Veo una Pola Argentaria, que ayudó a Lucano, su marido, a escribir la gran Batalla Farsálica. Veo a la hija del divino Tiresias,[15] más docta que su padre. Veo a una Cenobia, reina de los Palmirenos, tan sabia como valerosa. A una Arete, hija de Aristipo,[16] doctísima. A una Nicostrata[17] inventora de las letras latinas y eruditísima en las griegas. A una Aspasia Milesia que enseñó filosofía y retórica y fue maestra del filósofo Pericles. A una Hipasia que enseñó astrología y leyó mucho tiempo en Alejandría. A una Leoncia, griega, que escribió contra el filósofo Teofrasto y le convenció. A un Jucia, a una Corina, a una Cornelia; y, en fin, a toda la gran turba de las que merecieron nombres, ya de griegas, ya de musas, ya de pitonisas; pues todas no fueron más que mujeres doctas, tenidas y celebradas y también veneradas de la antigüedad por tales. Sin otras infinitas, de que están los libros llenos, pues veo aquella egipciaca Catarina[18] leyendo y convenciendo todas las sabidurías de los sabios de Egipto. Veo una Gertrudis leer, escribir y enseñar. Y para no buscar ejemplos fuera de casa, veo una santísima madre mía, Paula, docta en las lenguas hebrea, griega y latina y aptísima para interpretar las Escrituras. ¿Y qué más que siendo su cronista un máximo Jerónimo, apenas se hallaba el santo digno de serlo, pues con aquella viva ponderación y enérgica eficacia con que sabe explicarse dice: ¿Si todos los miembros de mi cuerpo fuesen lenguas, no bastarían a publicar la sabiduría y virtud de Paula? Las mismas alabanzas le mereció Blesila, viuda; y las mismas la esclarecida virgen Eustoquio, hijas ambas de la misma santa: y la segunda tal que por su ciencia era llamada Prodigio del Mundo. Fabiola,[19] romana, fue también doctísima en la Sagrada Escritura. Proba Falconia, mujer romana, escribió un elegante libro con centones

---

[14]Grandes mujeres de la Biblia: véanse los libros de Jueces, Reyes, Ester, Josué.

[15]Manto era la hija de Tiresias.

[16]Arete fue maestra de su hijo Aristipo el joven, filósofo como su abuelo.

[17]Nicostrata o Carmenta.

[18]Santa Catarina de Alejandría.

[19]Fabiola fue otra discípula de San Jerónimo.

de Virgilio, de los misterios de nuestra santa fe. Nuestra reina doña Isabel, mujer del décimo Alfonso, es corriente que escribió de astrología. Sin otras que omito por no trasladar lo que otros han dicho (que es vicio que siempre he abominado), pues en nuestros tiempos está floreciendo la gran Cristina Alejandra, reina de Suecia, tan docta como valerosa y magnánima, y las excelentísimas señoras Duquesa de Aveyro y Condesa de Villaumbrosa. [. . .]

210　　Si algunas otras cosillas escribiere, siempre irán a buscar el sagrado de vuestras plantas y el seguro de vuestra corrección, pues no tengo otra alhaja con que pagaros, y en sentir de Séneca, el que empezó a hacer beneficios se obligó a continuarlos; y así os pagará a vos vuestra propia liberalidad, que sólo así puedo yo quedar dignamente desempeñada, sin que caiga en mi aquello del mismo Séneca: *Turpe est beneficiis vinci.*[20] Que es bizarría del acreedor generoso dar al deudor pobre, con que pueda satisfacer la deuda. Así lo hizo Dios con el mundo imposibilitado de pagar: diole a su Hijo propio para que se le ofreciese por digna satisfacción.

Si el estilo, venerable señora mía, de esta carta no hubiere sido como a vos es debido, os pido perdón de la casera familiaridad o menos autoridad de que tra-
220　tándoos como a una religiosa de velo, hermana mía, se me ha olvidado la distancia de vuestra ilustrísima persona, que a veros yo sin velo, no sucediera así; pero vos, con vuestra cordura y benignidad, supliréis o enmendaréis los términos y si os pareciere incongruo el vos de que yo he usado por parecerme que para la reverencia que os debo es muy poca reverencia la Reverencia, mudadlo en el que os pareciere decente a lo que vos merecéis, que yo no me he atrevido a exceder de los límites de vuestro estilo ni a romper el margen de vuestra modestia.

Y mantenedme en vuestra gracia, para impetrarme la divina, de que os conceda el Señor muchos aumentos y os guarde, como le suplico y he menester. De este convento de N. Padre San Jerónimo de Méjico, a primero día del mes de marzo de mil seiscientos y noventa y un años. B. V. M. vuestra más favorecida

Juana Inés de la Cruz

---

[20]"Es vergüenza ser vencido en beneficios."

REFLEXIÓN Y ANÁLISIS

1) Diga en qué forma Sor Juana analiza lo que significa un retrato que, en este caso, pertenece a ella misma.

2) ¿En qué sonetos habla la monja de persecución y de crítica hacia su persona? ¿Cómo las explica?

3) ¿Qué es el *carpe diem* y en qué soneto la poeta utiliza este conocido tópico renacentista?

4) En la *Respuesta,* ¿por qué dice la monja que no quería escribir sobre asuntos sagrados? ¿Cuál es la "inclinación" de que habla la autora y que regía su vida?

5) ¿Tienen las mujeres alguna ventaja sobre los hombres en las cuestiones del estudio? ¿Qué piensa Sor Juana sobre si Aristóteles hubiera guisado?

6) ¿Cuál es el catálogo de mujeres ilustres que la monja nos da? ¿Puede Ud. añadir más nombres?

BIBLIOGRAFÍA

Bénassy Berling, Marie Cécile. *Humanismo y religión en Sor Juana Inés de la Cruz.* México: UNAM, 1983.

Cruz, Sor Juana Inés de la. *Obras Completas.* 4 vols. Eds. Alfonso Méndez Plancarte y Alberto G. Salceda (tomo IV). México: FCE, 1951–1957.

————. *Obras selectas.* Eds. Georgina Sabat de Rivers y Elias L. Rivers. Barcelona: Noguer, 1976.

————. *Inundación castálida.* Ed. Georgina Sabat de Rivers. Madrid: Castalia, 1982.

Franco, Jean. *Plotting Women.* New York: Columbia University, 1989.

Paz, Octavio. *Sor Juana Inés de la Cruz o Las trampas de la fe.* México: FCE, 1983.

Sabat de Rivers, Georgina. "Sor Juana Inés de la Cruz." *Historia de la literatura hispanoamericana. Epoca colonial.* Madrid: Cátedra, 1981. 275–93.

————. "Sor Juana Inés de la Cruz." *Latin American Writers.* Vol. 1. New York: Charles Scribner's Sons, 1989. 85–105.

————. *Estudios de literatura hispanoamericana. Sor Juana Inés de la Cruz y otros poetas barrocos de la Colonia.* Barcelona: PPU, 1982.

Georgina Sabat de Rivers

IV

EL SIGLO
DE LAS LUCES:
NEOCLASICISMO

LA LITERATURA DEL FIN DE LA COLONIA Y EL COMIENZO DE LAS INDEPENDENCIAS: EL SIGLO DE LAS LUCES

El siglo XVIII hispanoamericano se distinguió por su constante ansia de liberación nacional. Los distintos virreinatos que férreamente controlaba España fueron escenario de múltiples levantamientos populares en contra del dominio peninsular. Estas rebeliones, entre las cuales destacó el vigoroso y trágico alzamiento del peruano Tupac Amaru II en 1780, a pesar de haber sido siempre brutalmente sofocadas por la corona española, determinaron el reforzamiento de una clara y precisa conciencia de independencia entre los americanos. Esta urgencia por la autonomía (que ya preexistía entre los criollos desde el siglo XVII como se comprueba al leer los escritos de Sor Juana Inés de la Cruz en los que se refiere a México y no a España como su "patria") lograría consolidarse políticamente en las primeras décadas del siglo XIX, período que corresponde a las cruentas guerras de Independencia y a la subsecuente forjación de naciones latinoamericanas autónomas. Este difícil y prolongado proceso de soberanía política contó con importantes pensadores e intelectuales, que tempranamente se dieron a la tarea de formular rigurosos planes de emancipación nacional. Entre los autores más significativos del siglo XVIII, cabe destacar al escritor ecuatoriano nacido en Quito, Francisco Eugenio de Santa Cruz y Espejo (1749–1795), quien en 1765 escribió el *Nuevo Luciano o despertador de ingenios,* libro estructurado en forma de diálogos clásicos (nueve diálogos en total), en los cuales se contienen juicios en contra de la ideología peninsular dominante. Santa Cruz fue perseguido y encarcelado por sus célebres proclamas y discursos en favor de la independencia. Sin embargo, su postura ideológica, cosecharía grandes frutos poco después.

Casi al mismo tiempo que Santa Cruz y Espejo lanzaba sus consignas de liberación nacional en el Ecuador, y que Tupac Amaru II llamaba en el Perú al alzamiento general en contra los españoles, empezó a circular tanto en Lima como en España un libro de viajes conocido como *El lazarillo de ciegos caminantes* (1775), peculiar volumen de relatos de viaje supuestamente escrito por un autor español en conjunción con un autor inca. Estos relatos, firmados por el peruano Concolorcorvo y por el peninsular Alonso Carrió de la Vandera, constituyen uno de los testimonios más atrayentes acerca del régimen de la vida colonial en las Américas. Los jocosos diálogos que en ocasiones sostienen Concolorcorvo y Carrió mientras viajan de posta en posta, en un trayecto que va desde Buenos Aires a Lima, atestiguan no sólo la forma en que estaba estructurada socialmente la Colonia, sino que presentan además una buena muestra de las conversaciones que hispanoamericanos y peninsulares sostenían en la época. Charlas en las que frecuentemente se hablaba del permanente enfrentamiento de los españoles con los demás habitantes de los verreinatos. Este curioso libro de viajes, que presenta interesantes problemas de autoría, como se verá en la sección dedicada a esta obra, es actualmente uno de los textos literarios hispanoamericanos más interesantes del siglo XVIII debido a que presenta, entre otras cosas, un vivo cuadro del sistema de castas impuesto por los españoles en América.

La inquietud criolla y la franca oposición que la mayoría de los habitantes de América Latina experimentaba frente a los españoles durante la Colonia, queda clara al conocerse otro autor fundamental del siglo que antecedió a las guerras de Independencia: el criollo mexicano Fray Servando Teresa de Mier (1763–1827). Este escritor, quien ha sido descrito por Edmundo O'Gorman como "un aventurero inquieto, dotado de fácil palabra, mordaz, erudito, inteligente y deslenguado", es autor de varios volúmenes en los que destaca su más auténtica pasión: la independencia política de Hispanoamérica.

Fray Servando se distinguió principalmente por su inamovible protesta en contra de la percepción eurocéntrica popularizada por Cornelio de Pauw, quien en sus *Recherches philosophiques sur les américains* (1770) pretendía probar la inferioridad de los americanos respecto a los europeos. La postura de denuncia que asumió Mier en contra de estos detractores (a de Pauw lo siguieron otros ensayistas, Guillaume Raynal y William Robertson, entre otros) lo convirtió en uno de los representantes más ilustres del americanismo.

El año 1810 marca la definitiva opción de los latinoamericanos por la autonomía. Los libertadores se encargarán de declarar la guerra a España a partir de esta fecha: Francisco Miranda, Simón Bolívar, Miguel Hidalgo, José de San Martín, el mariscal Sucre. Todos ellos concurren al momento histórico en el que finalmente Hispanoamérica decide ser independiente. Entre 1810 y 1830, los españoles pierden todo su dominio sobre el continente americano. La huella que tanto la Independencia de los Estados Unidos (1776) como la Revolución Francesa (1789), a la que debe sumarse el pensamiento de la Ilustración, dejara en los latinoamericanos probaría ser indeleble y de importancia fundamental.

A este período independentista corresponde la publicación de la que todavía continúa siendo oficialmente reconocida como "la primera novela de América Latina": *El Periquillo Sarniento* (1816), de José Joaquín Fernández de Lizardi. Título de primacía del que goza a pesar de modernas polémicas que señalan la existencia de lo que Pedro Henríquez Ureña denominó "connatos de novela" (y que incluyen las obras de Bernal Díaz del Castillo, de Alvar Núñez Cabeza de Vaca, de Juan Rodríguez Freile, de Francisco Bramón, de Francisco Núñez de Piñeda, y de Carlos de Sigüenza y Góngora, entre otros). La obra de Lizardi, de corte tardíamente picaresco, refleja la vida colonial mexicana. Se trata de una novela ciertamente moralizante, en la que se discute el problema central de la Ilustración: la educación. Este tema es fundamental también en *La Quijotita y su prima* (1818), otra novela del distinguido periodista mexicano, quien debido a su liberalismo político y su adhesión a la causa independentista fue encarcelado en numerosas ocasiones.

En 1823 se publica póstumamente la última novela de Lizardi, *Don Catrín de la Fachenda,* en la que la técnica del primer novelista de Hispanoamérica se depura de didactimos y largas parrafadas moralizantes para presentar, en cambio, un ágil y amplio retrato de costumbres mexicanas pertenecientes a la Colonia. Destaca de entre sus páginas, el famoso *Decálago de Maquiavelo,* el cual, como se verá en esta antología, en una de sus cláusulas señala socarronamente que quien desee sobrevivir en una estructura social como la mexicana de principios del siglo diecinueve deberá "aullar con los lobos", estableciendo así una aguda crítica sobre la política colonial en América. Joaquín Fernández de Lizardi murió en 1827, el mismo año que murió Fray Servando Teresa de Mier. Ambos hombres pudieron presenciar, sin embargo, la promulgación de la Primera Constitución de la República de los Estados Unidos Mexicanos (1824). México, luego de catorce años de lucha armada, se convertía en una nación autónoma y soberana.

La transición a la vida independiente se efectuó no sólo en la política y la narrativa, sino también en los terrenos de la poesía. Esta etapa literaria ha sido eurocéntricamente denominada el período *Neoclásico.* Sin embargo la etapa neoclásica en Hispanoamérica difiere de la europea en un punto muy importante: la Patria. En efecto, la revalorización de lo americano se lleva a cabo de forma insistente y meticulosa en las páginas de los autores de este período. La nueva musa, por más europea que sea su denominación, es americana. Y será América, no Europa, la que emerja en los textos de los autores más representativos de este período, entre los cuales debe incluirse, por supuesto, a los autores de los distintos himnos nacionales. El Neoclasicismo, como escuela europea, se distingue por las siguientes características:

Racionalismo. Debido a los excesos que el arte barroco había ocasionado en la sensibilidad europea, los franceses arribaron pronto a la promulgación del equilibrio y la razón como las verdaderas instancias tanto éticas como estéticas. La emoción y la imaginación, sostenían los neoclásicos, debían ser controladas por la razón.

Imitación de los clásicos. La antigüedad grecolatina es el modelo auténtico al que todo artista debía aspirar.

Buen gusto. Debido a que los excesos del Barroco eran considerados una extravagancia estética, pronto se instauró como medida de control el llamado "buen gusto". Es decir, la contención de todo impulso para favorecer, en cambio, una estricta sujeción a lo convencional.

Formalismo. Respeto absoluto a las reglas y convenciones literarias clásicas.

Enseñar, deleitando. Esta máxima movía a los autores del período, quienes consideraban que la obra artística debía ilustrar y educar, además de divertir. (Fernández de Lizardi, como hombre educado en las ideas de la Ilustración, era particularmente, devoto de este precepto).

Los más distinguidos autores latinoamericanos pronto adoptaron todas estas normas y preceptos llegados de Europa, pero si la *forma* de su literatura fue europea, el *contenido* era profundamente americano. Fue así como en el panorama poético pronto se establecieron tres vertientes principales: la poesía bucólica, la poesía heroica, y la poesía popular.

En la poesía de corte bucólico destaca el guatemalteco Rafael Landívar (1731–1793), quien publicó, en latín, su obra *Rusticatio mexicana* (1781). Esta obra, que consta de quince cantos en hexámetros, es un bello canto a las bellezas naturales tanto de México como de Guatemala. La intención de este destacado jesuita era revertir la tesis europea sustentada por De Pauw acerca de la inferioridad de la naturaleza americana ("la calumnia de América", se expresaba Mier sobre esta derogatoria teoría). Landívar se convirtió así, en el precursor de la modalidad poética que más tarde habría de consagrar la fama de un ilustre pensador venezolano, Andrés Bello. Este insigne escritor, intelectual, filósofo, jurista y filólogo, es autor de las llamadas *Silvas americanas* (1823–1826), escritas durante su residencia en Londres. La primera de estas silvas, "La alocución a la poesía" es un verdadero canto a la grandeza de América. Respecto a esta obra (en la que el poeta, plenamente consciente de su americanismo, pide a la Poesía que abandone Europa y que dirija su vuelo "a donde te abre el mundo de Colón su gran escena"), Anita Arroyo ha expresado que se trata de "uno de los poemas más premeditados que se han escrito". En efecto, la tarea que Bello conscientemente se impuso a sí mismo fue la de glorificar a América, después de que ésta había sido vilipendiada por los teóricos europeos que como De Pauw trataban de reducirla.

La siguiente silva que Bello escribió con idéntica intención laudatoria es la "Silva a la agricultura de la zona tórrida". Hay en esta composición una horaciana invitación a gozar de las bondades del campo, verdadero paraíso de abundancia y sustento americanos. Existe en Bello un afán ilustrado de mostrar la agricultura como una de las mejores opciones que América debe adoptar para su brillante porvenir.

La importancia de Andrés Bello como impulsor de la autoestima latinoamericana nunca será lo suficientemente celebrada. Gracias a la labor de reflexión del culto venezolano, maestro de Simón Bolívar, Hispanoamérica supo mirarse a sí misma con independencia de juicio. "Aspirad a la independencia de pensamiento", pidió siempre Bello a los latinoamericanos, especialmente a aquéllos que como el argentino Domingo Faustino Sarmiento, intentaban siempre imitar a Europa. Con posterioridad a este ilustre venezolano, quien estableció que no por el hecho de volverse independientes los latinoamericanos debían descuidar la lengua española recibida como herencia, sino que debían amar el idioma y llevarlo a un nuevo esplendor, otros dos poetas cantarían con amoroso espíritu las glorias americanas: el ecuatoriano José Joaquín de Olmedo (1780–1847), autor de la poesía heroica independentista más celebrada, "Oda a la victoria de Junín: canto a Bolívar" (1824), y el cubano José María de Heredia (1803–1839), quien también glorificó la naturaleza americana. Y aunque el estudio de este último poeta por lo general ocurre al analizarse el Romanticismo, lo cierto es que ambos autores —Heredia y Olmedo— pertenecen, íntegramente, al período literario que surgió con la Independencia.

La tercera y última vertiente de la poesía perteneciente al período de la Independencia, tradicionalmente denominado *Neoclásico,* fue la vertiente popular. La poesía de corte popular que surgió entonces fue la poesía gauchesca, la cual recurría al lenguaje de los gauchos, el lenguaje "criollo", para mostrar su acento popular. Juan Gualberto Godoy (1793–1864) fue el precursor de este género. Tras él, y sin duda alguna de mucha mayor importancia, llegó el escritor urugua-yo Bartolomé Hidalgo (1788–1822), quien supo trabajar los rasgos populares de forma más elaborada y literaria que Godoy. El gaucho que Hidalgo inmortalizó en sus escritos fue el gaucho que heroicamente participó en las guerras de Independencia. Después de él, la poesía gauchesca llegaría a la madurez que apor-tó al género el argentino José Hernández, con la obra maestra *Martín Fierro* (1872).

Finaliza así el panorama de los escritores más sobresalientes del período de la Independencia. El camino que abrieron estos autores, la lección de autonomía que legaron a la posteridad, sería de capital importancia dentro de las letras his-panoamericanas. Gracias a estos autores independentistas, América Latina se con-virtió en el personaje principal de su propia literatura. El Romanticismo, el Modernismo, el Regionalismo y aún la literatura contemporánea, todas estas escuelas comparten la preocupación principal que Bello, Bolívar, Fray Servando y Lizardi supieron inculcar: la escritura de lo autóctono.

BIBLIOGRAFÍA

Arroyo, Anita. *América en su literatura.* Edición corregida y aumentada. Puerto Rico: Editorial Universitaria, 1978.

Bellini, Giuseppe. *Historia de la literatura hispanoamericana.* Madrid: Castalia, 1985.

Carilla, Emilio. El libro de "los misterios." *El Lazarillo de ciegos caminantes.* Madrid: Gredos, 1976.

Fernández de Lizardi, José Joaquín. *Don Catrín de la Fachenda.* Ed. Jefferson Rea Spell. México: Editorial Cultura, 1944.

Grases, Pedro. *Andrés Bello. Obra literaria.* Caracas: Ayacucho, 1979.

Grossmann, Rudolf. *Historia y problemas de la literatura hispanoamericana.* Trad. Juan C. Probst. Madrid: Revista de Occidente, 1972.

Henríquez Ureña, Pedro. *Seis ensayos en busca de nuestra expresión.* Buenos Aires: Buenas Ediciones Literarias, 1928.

O'Gorman, Edmundo. *Fray Servando: ideario político.* Caracas: Ayacucho, 1978.

Alessandra Luiselli

ALONSO CARRIÓ DE LA VANDERA,
CONCOLORCORVO (1715?–1783)

Carrió de la Vandera nació en Gijón, España, alrededor de la segunda década del siglo dieciocho (no ha podido precisarse con seguridad la fecha de su nacimiento). Este famoso asturiano, quien llegó por primera vez a América siendo un joven de aproximadamente veinte años de edad, se destaca en los estudios de la literatura colonial hispanoamericana debido a que se le atribuye la autoría de un singular libro: *El Lazarillo de ciegos caminantes,* el cual empezó a circular en Lima hacia 1773. La obra que tiene como referencia casi obligada la novela picaresca de autor anónimo *El Lazarillo de Tormes* (1554) presenta, sin embargo, características que permiten distanciarla de tan obvio antecedente.

El Lazarillo americano establece como punto de partida un problema específico: ¿quién es el verdadero autor del relato? Tres alternativas responden a tal interrogante: primera, el autor puede ser el asturiano Carrió de la Vandera (la mayoría de la crítica se inclina a concederle a él la autoría); segunda, el autor puede ser el inca Calixto Bustamante Carlos, quien recibe el apodo de *Concolorcorvo* (con color de cuervo, es decir, de tez oscura, indio); y tercera, la obra puede ser la conjugación de los escritos de ambos autores. La historia del libro permite que las tres opciones resulten hasta cierto punto válidas, si bien, repetimos, la mayoría de los estudiosos del texto otorgan a Carrió de la Vandera la paternidad definitiva. Las razones en que se basan para determinar el nombre del autor, sin embargo, no son del todo claras ni contundentes, ya que ambos personajes, Carrió y Bustamante, existieron realmente.

El español Carrió de la Vandera fue nombrado visitador de la ruta de correos entre Lima y Buenos Aires en 1771. Su misión consistía en agilizar el ineficaz sistema postal sudamericano, inspeccionando las postas (o escalas) que debía realizar el correo para llegar de una ciudad a otra. Algunos documentos encontrados indican que en Córdoba, Argentina, se unió al visitador y a su caravana Calixto Bustamante, es decir Concolorcorvo, en calidad de escribano. El viaje duró aproximadamente año y medio, tiempo en el cual se recorrieron—a lomo de mula— 946 leguas. El relato constituye entonces una especie de itinerario, o reporte de viaje, en el que se registran principalmente datos demográficos y económicos relacionados con la mencionada ruta de correos. Muchos estudiosos (como Emilio Carilla, responsable de una de las pocas ediciones críticas del texto) han calificado la obra como *literatura de viajes,* negándole pertenencia alguna al género novelístico. Otros eruditos, como Fernando Alegría, señalan en cambio que el libro bien puede considerarse como un notable antecedente del primer texto hispanoamericano en recibir oficialmente el título de novela: *El Periquillo Sarniento* (1816), del mexicano Fernández de Lizardi.

La obra de Carrió-Concolorcorvo, en verdad, oscila entre el documento sociológico y la creación literaria. La parte escueta y sobria del reporte (datos, estadísticas, cifras) parece ser el resultado de los escritos del visitador asturiano; la parte a veces irónica, siempre atenta a los eventos más humanos (chismes, comidas, cuentecillos y anécdotas) parece provenir de la pluma del escritor inca. La doble autoría del *Lazarillo* americano, sin embargo, cuenta con pocos defensores. Rodolfo Borello, por ejemplo, habla de una "autoría colectiva", pero se inclina finalmente a creer que Carrió es el responsable real de esta obra; arguyendo (al igual que Carilla) que si Carrió diluyó su nombre bajo el de Concolorcorvo fue debido a que temía perder su importancia de funcionario en la corte, al aparecer como autor de un libro no del todo serio.

En cuanto a la obra misma, lejos ya del problema de la autoría, lo cierto es que claramente se perciben dos voces narrativas: la del visitador y la del inca. Incluso hay capítulos donde ambos dialogan, siendo Concolorcorvo quien cuenta los sucesos de propia voz, es decir, utilizando la primera persona narrativa, hecho que lo conecta, hasta cierto punto, con los relatos de la picaresca española. Dice Concolorcorvo en el prólogo mismo del relato: "Yo soy indio neto, salvo las trampas de mi madre, de que no salgo fiador". Esta irónica auto-referencialidad emparenta al Lazarillo americano con sus congéneres del Viejo Mundo. Sin embargo, no debe olvidarse que se trata de un pícaro *inca* (diferencia notabilísma), quien no deja de burlarse tanto de él mismo como de los propios españoles, de los criollos, de los franceses, de los indios y de cuantos seres, caricaturizables en cuanto a lo ridículo de sus actuaciones, se topa en el camino.

Los temas que el *Lazarillo* americano aborda han sido catalogados por el investigador Sergio René Lira de la siguiente manera: a) consejos de viaje; b) descripción de lugares; c) descripción de personas; d) reflexión sobre los estratos sociales; e) enumeración de costumbres y vestuarios; f) comparación de ciudades y rasgos nacionales, principalmente entre Perú y México; g) prejuicios contra los indios, inferioridad de los criollos; y h) justificación de la Conquista y defensa de la Colonia como institución. Estos dos últimos incisos producen inquietud al ser leídos; ya que, aparentemente Concolorcorvo, es decir el indio, posee una visión colonizada que lo lleva a despreciar lo indígena. Antes de arribar a semejante juicio, conviene determinar, al leer los fragmentos correspondientes a la Conquista, si la voz narrativa que reflexiona sobre tales sucesos no estará regida por la misma inclinación irónica que presenta el prólogo.

La ironía que posee la obra es indudable y por tal razón ha sido calificada como un "cuadro satírico-burlesco" (Pérez de Castro). Es debido a la sátira que indudablemente emerge del texto que el crítico Zum Felde ha declarado que "algo de voltairiano" se encuentra en el *Lazarillo de ciegos caminantes*. Hemos escogido como fragmento representativo para esta antología el prólogo del libro, puesto que aquí se percibe con claridad la ironía narrativa que Concolorcorvo utiliza. En su prefacio, el autor reconoce que el libro no está dedicado a los hombres sabios, piadosos y prudentes, sino que está dirigido a todos aquéllos que forman el hampa, es decir, la criminalidad o, si se quiere, la marginalidad. El autor también destina sus páginas a los caminantes que se atreven a cruzar el "dilatado" (largo) tramo que va de Lima a Buenos Aires. Antes de iniciar su lectura, tengamos en cuenta que el narrador reconoce, en el primer párrafo de su capítulo inicial, que "viajero y embustero son sinónimos". Una vez hecha la socarrona advertencia, procedamos a la lectura de las memorias de este singular viajero (¿o viajeros?).

El Lazarillo de ciegos caminantes desde Buenos Aires hasta Lima

Con sus itinerarios, según la más puntual observación, con algunas noticias úti-les a los nuevos comerciantes que tratan en mulas y otras noticias. Sacado de las memorias que hizo don Alonso Carrió de la Vandera, en este dilatado[1] viaje y comisión que tuvo por la Corte para el arreglo de correos y estafetas[2], situación y ajuste de postas, desde Montevideo. Por don Calisto Bustamante Carlos Inca, alias Concolorcorvo, natural del Cuzco, que acompañó al referido comisionado en dicho viaje y escribió sus extractos[3].

PRÓLOGO Y DEDICATORIA A LOS CONTENIDOS EN ÉL

Quod neque sum cedro flavus, nec pumice levis; erubui domino cultior esse meo . . .[4]

(Ovidio, *Tristium*)

Así como los escritores graves, por ejemplo, el Plomo, y aun los leves, v. g., el Corcho, dirigen sus dilatados prólogos a los hombres sabios, prudentes y piado-sos, acaso por libertarse de sus críticas, yo dirijo el mío, porque soy peje[5] entre dos aguas, esto es, ni tan pesado como los unos, ni tan liviano como los otros, a la gente que por vulgaridad llaman de la *hampa, o cáscara amarga,*[6] ya sean de espa-da, carabina y pistola, ya de *bolas, guampar y lazo.*[7] Hablo, finalmente, con los can-sados, sedientos y empolvados caminantes, deteniéndolos un corto espacio,

> A modo de epitafio,
> de sepulcro, panteón o cenotafio.[8]

---

[1]**dilatado:** de gran extensión. El texto de este prólogo corresponde a la edi-ción de Sergio René Lira, *El Lazarillo de ciegos caminantes*. México: SEP/UNAM, 1982.

[2]**estafetas:** sistema de relevos de correo.

[3]Concolorcorvo se reconoce autor del rela-to, aunque señala que partes del libro se deben a las memorias de Carrió de la Vandera, cuyos extractos o síntesis fueron redactadas por el propio Concolorcorvo.

[4]Parte del proemio del tercer libro de Ovidio, *Tristia*. La traduccíon se refiere a las palabras del libro mismo a su autor. Dice: "Si no soy tan áureo como los óleos de Líbano, ni tan pulido como la piedra pómez, es porque ruboricé por ser mejor vestido que mi maestro".

[5]**peje entre dos aguas:** peje, pez; es decir, ni liviano ni pesado.

[6]hampa, gente pícara, dedicada a negocios turbios. Tal parece que se refiere a los criollos y españoles, quienes en la vida colonial eran los que portaban espadas y pistolas.

[7]La gente de "bolas, guampar y lazo" son los gauchos, quienes utilizaban esos objetos para someter el ganado. Concolorcorvo escribe las primeras descripciones litera-rias de los gauchos, si bien su punto de vista respecto a ellos no es elegíaco.

[8]**cenotafio:** tumba vacía que se construye para conservar la memoria de alguien.

No porque mi principal fin se dirija a los señores caminantes, dejaré de hablar una u otra vez con los poltrones[9] de ejercicio sedentario, y en particular con los de allende el mar,[10] por lo que suplico a los señores de aquende[11] disimulen todas aquellas especies que se podían omitir, por notorias, en el reino.

Eslo también en él que los cholos[12] respetamos a los españoles, como a hijos del Sol, y así no tengo valor (aunque descendiente de sangre real, por línea tan recta como la del arco iris) a tratar a mis lectores con la llaneza que acostumbran los más despreciables escribientes, por lo que cuando no viene a pelo[13] lo de señores o caballeros, pongo una V para que cada uno se dé a sí mismo el trata-
30 miento que le correspondiere o el que fuere de su fantasía.

Esto supuesto, señores empolvados, sedientos o cansados, sabrán que los correos y mansiones o postas son tan antiguos como el mundo, porque, en mi concepto, son de institución natural, y convendrán conmigo todos los que quisie-ren hacer alguna reflexión. He visto en la corte de Madrid que algunas personas se admiraban de la grandeza de nuestro monarca, porque cuando pasaba a los sitios reales llevaba su primer secretario de Estado, a su estribo,[14] dos correos que llaman de gabinete, preparados para hacer cualquier viaje impensado e impor-tante a los intereses de la corona. A estos genios espantadizos,[15] por nuevos y bisoños en el gran mundo, les decía el visitador que el rey era un pobre caballe-
40 ro, porque cualquiera dama cortejante y cortejada en la corte, y al respecto en otras ciudades grandes, tenía una docena, a lo menos, de correos y postas, y que no había señora limeña que no despachase al día tres o cuatro *extraordinarios*[16] a la casa de sus parientes y conocidos, sólo con el fin de saber si habían pasado bien la noche, si al niño le habían brotado los dientes o si al ama se le había secado la leche, y otras impertinencias. Cierta señorita, añadió, que viviendo en la calle de las Aldabas, encargó a un cortejante que vivía en la otra banda del puente, que, de camino y al retirarse a su casa, diese un recado de su parte al general de los Borbones y otro al prior de Monserrate, y que sin perder camino, pasase a la última huerta,

---

[9]**poltrones:** flojos, perezosos.
[10]**allende el mar:** expresión que designa a Europa.
[11]**aquende:** de este lado del mar.
[12]**cholos:** de descendencia blanca e india, mestizos.
[13]**no viene a pelo:** expresión coloquial que significa "no es conveniente". En este párra-fo, como en el anterior, Concolorcorvo se ha burlado de sus lectores (especialmente

de aquellos "poltrones" que se encuentran en España), así como ha satirizado su pro-pio origen inca (descendiente del Sol). Su sátira parece señalar que no cree en la nobleza de quienes lo leerán.
[14]**a su estribo:** montados a su lado.
[15]**espantadizos:** que se asombran fácil-mente, que son ingenuos.
[16]**extraordinarios:** cartas o mensajes enviados por una razón especial.

que está en los callejones de *Matamandinga* y le trajese un *tulipán,* porque sólo allí
₅₀ los había excelentes.[17]

Las postas[18] se dicen así, no solamente porque son mansiones, sino porque hay
caballos de remuda para hacer los viajes con celeridad. Esta policía es muy útil al
Estado para comunicar y recibir con presteza las noticias importantes, de que se
pueden servir también los particulares para sus negocios.

En este dilatado reino no hay, verdaderamente, hombres curiosos, porque
jamás hemos visto que un cuzqueño tome postas para pasar a Lima con sólo el fin
de ver las cuatro prodigiosas P P P P,[19] ni a comunicar ni oír las gracias del insigne *Juan de la Coba,*[20] como asimismo ningún limeño pasar al Cuzco sólo por ver
el *Rodadero* y fortaleza del Inca, y comunicar al *Cojo Nava,*[21] hombre en la realidad
raro, porque, según mis paisanos, mantiene una mula con una aceituna.

Las postas de celeridad, en rigor, no son más que desde Buenos Aires a Jujuy,
₆₀ porque se hacen a caballo y en país llano; todo lo demás de este gran virreinato
se camina en mulas, por lo general malas y mañosas, que es lo mismo que andar
a gatas. Sin embargo, pudiera llegar una noticia de Lima a Buenos Aires, que dista
novecientas cuarenta y seis leguas, en menos de treinta días, si se acortaran las
carreras, porque un solo hombre no puede hacer jornadas sin dormir y descansar, arriba de tres días. La carrera[22] mayor y más penosa fuera la de Lima a
Huamanga, pero con la buena paga a correos y maestros de postas, se haría asequible, y mucho más la de allí al Cuzco, a La Paz y Potosí. La de esta villa hasta
Jujuy, y la de esta ciudad a la de San Miguel del Tucumán son algo más dudosas
por lo dilatado de ellas, y contigencias de las crecientes de los ríos en que no hay
₇₀ puentes y algunos trozos de camino algo molestos.

[. . .]

---

[17]Lira señala que Matamandinga era un barrio
de mala fama en Lima. El cuentecillo parece
indicar, más bien, que la joven se burlaba de
su cortejante mandándolo a efectuar toda
clase de encargos, aún los más insólitos.
Todo el propósito de la anécdota consiste en
hacer burla de quienes ensalzaban los dos
correos que el rey de España siempre llevaba a su lado. En Lima, parece burlarse el
autor, hasta las señoritas casaderas tenían
más mensajeros que el monarca.

[18]**postas:** casa de correo que servían de
albergue a quienes viajaban de una ciudad
a otra.

[19]**las cuatro P P P P:** misterio que
Concolorcorvo se empeña en mencionar

varias veces a lo largo de su obra. Al
final de su relato cuenta una anécdota
que inútilmente pretende descifrar el
acertijo.

[20]Juan de la Coba, banquero distinguido de
quien Ricardo Palma escribió una
Tradición.

[21]**Cojo Nava:** posiblemente un personaje
célebre de la época; obviamente era un
personaje tacaño. Concolorcorvo se burla
en este fragmento de la poca curiosidad de
cuzqueños y limeños.

[22]**carrera:** tramo, distancia. Concolorcorvo
se queja de lo mal pagados que están los
encargados de las postas, generalmente
indios.

De este modo se hacen tolerables los dilatados viajes.[23] El que quisiere caminar más, haga lo que cierto pasajero ejecutó con un indio guía. En la primera cruz que encontró hizo su adoración y echó su traguito[24] y dio al indio, que iba arreándole una carguita, y le hizo doblar el paso. Llegó a otra cruz, que regularmente están éstas en los trivios o altos de las cuestas. Luego que divisó la segunda cruz y se acercó a ella, dijo al español: *caimi* cruz, y detuvo un rato la mula de carga, hasta que el español bebió y le dio el segundo trago; llegó, finalmente, a una pampa dilatada de casi cuatro leguas, y viéndose algo fatigado a la mitad de ella, dijo el indio: español, *caimi* cruz. Se quitó el sombrero para adorarla y dar un beso al porito,[25] pero no vio semejante cruz, por lo que se vio precisado a preguntar al indio: ¿adónde estaba la cruz, que no la divisaba? El indio se limpió el sudor del rostro con su mano derecha, y con toda celeridad levantó los brazos en alto y dijo: *caimi*, señor. El español, que era un buen hombre, celebró tanto las astucias del indio que le dobló la ración, y el indio quedó tan agradecido que, luego que llegó al tambo, refirió a los otros mitayos[26] la bondad del español, y al día siguiente disputaron todos sobre quién le había de acompañar.

El visitador me aseguró varias veces que jamás le había faltado providencia alguna en más de treinta y seis años que casi sin intermisión había caminado por ambas Américas. Aun viniendo en el carácter de visitador de estafetas y postas, sentaba a su mesa al maestro de ellas, aunque fuese indio, y la primera diligencia por la mañana era contar el importe de la conducción y que se pagase a su vista a los mitayos que habían de conducir las cargas, y a cualquier indio que servía para traer agua o leña, le satisfacía su trabajo prontamente, y así quedaban todos gustosos y corría la noticia de posta en posta, y nada faltaba ni le faltó jamás en el tiempo que caminó como particular, disimulando siempre la avaricia de los indios y sus trampillas propias de gente pobre. Quisiera preguntar a los señores pasajeros, así europeos como americanos, el fruto que sacan de sus arrogancias.[27] Yo creo que no consiguen otra cosa que el de ser peor servidos y exponerse a una sublevación lastimosa. Cualquier maestro de postas puede burlar a un pasajero, deteniéndolo tres y cuatro días, porque le sobran pretextos bien o mal fundados.

[. . .]

---

[23]Concolorcorvo ha narrado con grandes pormenores cómo deben efectuarse los viajes de una posta a otra y ha recomendado que los viajeros no caminen con arrieros (que generalmente los estafan), sino que se ajusten a los servicios de las postas. Les ha aconsejado, además, llevar consigo algunos alimentos porque no en todas las postas las comidas son buenas.

[24]**echó su traguito:** tomó un poco de alcohol.

[25]**porito:** recipiente que contiene la bebida.

[26]**mitayos:** indios que se dedican al servicio. Concolorcorvo establece aquí el carácter sagazmente divertido de estos indios; sus trucos para conseguir lo que de otra forma no obtendrían.

[27]Concolorcorvo cuestiona la arrogancia característica con que españoles y criollos tratan a los indios.

Yo soy indio neto, salvo las trampas de mi madre, de que no salgo por fiador. Dos primas mías coyas[28] conservan la virginidad, a su pesar, en un convento del Cuzco, en donde las mantiene el rey nuestro señor. Yo me hallo en ánimo de pretender la plaza de perrero de la catedral del Cuzco, para gozar inmunidad eclesiástica y para lo que me servirá de mucho mérito el haber escrito este itinerario, que, aunque en Dios y en conciencia lo formé con ayuda de vecinos, que a ratos ociosos me soplaban a la oreja, y cierto fraile de San Juan de Dios, que me encajó la introducción y latines, tengo a lo menos mucha parte en haber perifraseado lo que me decía el visitador en pocas palabras. Imitando el estilo de éste, mezclé algunas jocosidades para entretenimiento de los caminantes para quienes particularmente escribí.

[. . .]

Iba a proseguir con mi prólogo[29] a tiempo que al visitador se le antojó leerle, quien me dijo que estaba muy correspondiente a la obra, pero que si le alargaba más, se diría de él:

> Que el arquitecto es falto de juicio
> cuando el portal es mayor que el edificio.

O que es semejante a:

> Casa rural de la montaña,
> magnífica portada y adentro una cabaña.

No creo, señor don Alonso, que mi prólogo merezca esta censura, porque la casa es bien dilatada y grande, a lo que me respondió:

> *Non quia magna bona, sed quiz bona magna.*[30]

Hice mal juicio del latín, porque sólo me quiso decir el visitador que contenía una sentencia de Tácito, con la que doy fin, poniendo el dedo en la boca, la pluma en el tintero y el tintero en un rincón de mi cuarto, hasta que se ofrezca otro viaje, si antes no doy a mis lectores el último. Vale.

---

[28]**coyas:** mujer o princesa del imperio incáico.
[29]Hemos sintetizado el prólogo de Concolorcorvo a unos cuantos párrafos, debido a que este texto es bastante largo. A esa gran extensión del prefacio se deben las burlas del visitador Carrió, las mismas que Concolorcorvo reproduce, socarrón.
[30]Del latín: "El grande no es bueno, pero el bueno es grande."

Nota:

La Señora Robada[31] jamás acostumbra poner fe de erratas porque supone que los sabios las pueden corregir, y que los ignorantes pasan por todo.

REFLEXIÓN Y ANÁLISIS

1) Defina *sátira* y defina *ironía*. Encuentre muestras de estos recursos en los escritos de Concolorcorvo.
2) Defina novela picaresca y encuentre las similitudes y diferencias que el *Lazarillo de ciegos caminantes* posee respecto a esa corriente.
3) ¿Por qué se ha hablado de un tono "voltairiano" en Concolorcorvo? ¿Quién fue Voltaire? ¿Cómo se relaciona la obra de este escritor francés con la obra sudamericana?
4) En su opinión, ¿a quién debe atribuírsele la autoría del *Lazarillo de ciegos caminantes*? Argumente su respuesta y diga si resulta importante aclarar el elemento autoral de la obra.

BIBLIOGRAFÍA

Bataillon, Marcel. "Introducción a Concolorcorvo y su itinerario de Buenos Aires a Lima." *Cuadernos Americanos* 111, 4 (1960): 197–216.

Borello, Rodolfo. "Alonso Carrió de la Vandera." *Historia de la literatura hispanoamericana. Época colonial.* Ed. Iñigo Madrigal. Madrid: Cátedra, 1982. 151–57.

Carilla, Emilio. *El Lazarillo de ciegos caminantes.* Prólogo y notas. Barcelona: Labor, 1973.

———. *El libro de los Misterios. El Lazarillo de ciegos caminantes.* Madrid: Gredos, 1976.

Johnson, Julie. "Feminine Satire in Concolorcorvo." *South Atlantic Bulletin* 45 (1960): 11–20.

Lira, Sergio René. *El Lazarillo de ciegos caminantes.* Prólogo y notas. México: SEP/UNAM, 1982.

Mazara, Richard. "Some Picaresque Elements in Concolorcorvo's *Lazarillo.*" *Hispania* 46, 3 (1963): 323–27.

Pérez de Castro, J. L. "El viaje a América de Carrió de la Vandera con aportaciones bibliográficas." *Archivum* 15 (1965): 358–79.

---

[31]*La Robada* fue la imprenta española que supuestamente dio a luz la primera edición del *Lazarillo de ciegos caminantes.* Se trataba, sin embargo, de una imprenta falsa, así como falsa fue también la fecha de edición dada al libro. Guiño burlón del autor, porque la obra, en verdad, se publicó en Lima.

JOSÉ JOAQUÍN FERNÁNDEZ DE LIZARDI
(1776–1827)

Es un escritor mexicano con una extensa bibliografía. Hombre autodidacta dedicado al periodismo, la poesía, el drama, y conocido como el que escribió la primera novela hispanoamericana: *El Periquillo Sarniento*. De una familia que apreciaba el valor de la educación, sin formar parte de una elite criolla, Fernández de Lizardi comenzó a estudiar latín en su juventud. Es uno de los primeros escritores que trata de vivir de su obra literaria. Inicia su carrera en el *Diario de México*, cuyo lema era instruir para deleitar siguiendo las normas neoclásicas del propósito principal de la literatura. Vivió una vida poco dinámica al margen de la sociedad criolla de su país. Desde luego, su formación iluminista e independentista lo convierte en uno de los pensadores más liberales de su tiempo; vivió en una época de grandes acontecimientos históricos. En este período confuso a principios del siglo pasado el Padre Miguel Hidalgo y su famoso "grito de Dolores" inicia el proceso independentista el 15 de septiembre de 1810. Las Cortes de Cádiz de Septiembre de 1810 otorgan una nueva constitución para México que les permite a los ciudadanos, entre otras cosas, la libertad de imprenta en el país desde el 30 septiembre de 1812. La crítica del gobierno colonial español se intensifica y la libertad de imprenta queda suspendida dos meses más tarde. Con la vuelta de Fernando VII al trono de España, en marzo de 1814, y la suspensión de las Cortes, se vuelve a un período de absolutismo. Es durante esta temporada que Calleja, el virrey de Nueva España, instituye la inquisición de nuevo y muchos escritores que criticaban el gobierno tuvieron que templar su ira. Este es el período que le tocó vivir a Fernández de Lizardi.

Es un escritor que en sus poemas quiere reformar las condiciones sociales y reformar el sistema político. En 1812 aparece el periódico *El Pensador Mexicano*, órgano que llega a confundir sus ideas con las de su autor. Entre 1812 y 1813 queda encarcelado por sus ataques al gobierno colonial, pues criticaba las instituciones y los vicios de esa sociedad.

En 1815 escribe *Prospecto de la vida e aventuras de Periquillo Sarniento*, obra que se convertirá en 1816 en la primera novela hispanoamericana. Es una obra de índole picaresca, como lo indica su título. Narrada en primera persona, el pícaro Periquillo ridiculiza los vicios de la sociedad y, como sus ilustres antecedentes en la picaresca, censura varias instituciones sociales. Siguiendo el patrón clásico, relata su vida para la edificación de sus hijos. Se casa dos veces, después de muchos infortunios, pero muere siendo un santo varón en los brazos de la Santa Iglesia. Lizardi es un excelente observador y agudo crítico de la sociedad que trata de reformar con sus ideas progresistas basadas en la ilustración francesa y en particular en la obra de Jean Jacques Rousseau. Cree en la perfectibilidad del hombre. Si, por un lado, *El Periquillo* capta muy bien las distintas capas de la sociedad, a veces en un idioma popular; por el otro, esta novela sufre de un tono excesivamente moralizador. Desde luego, *El Periquillo* se considera la obra que mejor capta este período de la independencia mexicana.

En 1818 escribe *Noches tristes y días alegres* y el primer volumen de la *Quijotita y su prima*. Escribe también *Don Catrín de la Fachenda,* obra picaresca que narra la vida del "Catrín", un tipo elegante y arribista que, contrario a la típica obra picaresca, vive toda su vida, sufre infortunios, y nunca se arrepiente de lo que ha hecho. Es una novela corta cargada de un fuerte tono irónico donde se censuran los vicios de la sociedad y de los personajes que eran típicos de su época. Por sus pocas digresiones morales, es una obra de fácil lectura y de gran entretenimiento.

De *Don Catrín de la Fachenda*

CAPÍTULO I

En el que hace la apología de su obra, y da razón de su patria, padres, nacimiento y primera educación

Sería yo el hombre más indolente, y me haría acreedor a las execraciones del universo, si privara a mis compañeros y amigos de este precioso librito, en cuya composición me ha alambicado[1] los sesos, apurando mis no vulgares talentos, mi vasta erudición, y mi estilo sublime y sentencioso.

No, no se gloriará en lo de adelante mi compañero y amigo el Periquillo Sarniento, de que su obra halló tan buena acogida en este reino; porque la mía, descargada de episodios inoportunos, de digresiones fastidiosas, de moralidades cansadas, y reducida a un solo tomito en octavo, se hará desde luego más apreciable y más legible: andará no solo de mano en mano, de faltriquera[2] en faltriquera, y de almohadilla en almohadilla; sino de ciudad en ciudad, de reino en reino, de nación en nación, y no parará sino después que se hayan hecho de ella mil y mil impresiones en los cuatro ángulos de la tierra.

Sí, amigos catrines y compañeros míos: esta obra famosa correrá . . ., dije mal, volará en las alas de su fama por todas partes de la tierra habitada y aun de la inhabitada: se imprimirá en los idiomas español, inglés, francés, alemán, italiano, arábigo, tártaro, etc., y todo hijo de Adán, sin exceptuar uno solo, al oír el sonoroso y apacible nombre de don Catrín, su único, su eruditísimo autor, rendirá la cerviz, y confesará su mérito recomendable.

¿Y cómo no ha de ser así cuando el objeto que me propongo es de los más interesantes, y los medios de los más sólidos y eficaces? El objeto es aumentar el número de los catrines; y el medio, proponerles mi vida por modelo... He aquí en dos palabras todo lo que el lector deseará saber acerca de los designios que he tenido para escribir mi vida; pero ¿qué vida? la de un caballero ilustre por su cuna, sapientísimo por sus letras, opulento por sus riquezas, ejemplar por su conducta y héroe por todos sus cuatro costados; pero basta de exordio, *operibus credite*.[3] Atended.

Nací, para ejemplo y honra vuestra, en esta opulenta y populosa ciudad por los años de 1790 ó 91, de manera que cuando escribo mi vida tendré de treinta a treinta y un años, edad florida, y en la que no se debían esperar unos frutos de literatura y moralidad tan maduros como los vais a ver en el discurso de esta obrita. Pero como cada siglo suele producir un héroe, me tocó a mí ser el prodigio del siglo dieciocho en que nací, como digo, de padres tan ilustres como el César, tan

---

[1] **alambicado:** destilado, o vuelto demasiado sutil.

[2] **faltriquera:** bolsillo.

[3] *operibus credite:* Crea en la obra.

buenos y condescendientes como yo los hubiera apetecido aun antes de existir, y tan cabales catrines que en nada desmerezco su linaje.

Mis padres, pues, limpios de toda mala raza, y también de toda riqueza, ¡propensión de los hombres de mérito!, me educaron según los educaron a ellos, y yo salí igualmente aprovechado.

Aunque os digo que mis padres fueron pobres, no os significo que fueron miserables. Mi madre llevó en dote al lado de mi padre dos muchachos y tres mil pesos: los dos muchachos, hijos clandestinos de un título, y los tres mil pesos hijos también suyos, pues se los regaló para que los mantuviera. Mi padre todo lo sabía; pero ¿cómo no había de disimular dos muchachos plateados con tres mil patacones[4] de las Indias? Desde aquí os manifiesto lo ilustre de mi cuna, el mérito de mamá y el honor acrisolado de mi padre; pero no quiero gloriarme de estas cosas: los árboles genealógicos que adornan los brillantes libros de mis ejecutorias, y los puestos que ocuparon mis beneméritos ascendientes en las dos lucidísimas carreras de las armas y las letras, me pondrán *usque in aeternum*[5] a cubierto de las notas de vano y sospechoso, cuando os aseguro a fe de caballero don Catrín que soy noble, ilustre y distinguido, por activa, por pasiva y por impersonal.

Mas, volviendo al asunto de mi historia, digo que por la ceguedad de la fortuna nací, a lo menos, con tal cual decencia y proporciones, las que sirvieron para que mi primera educación hubiera sido brillante.

No había en mi casa tesoros, pero sí las monedas necesarias para criarme, como se me crió con el mayor chiqueo.[6] Nada se me negaba de cuanto yo quería: todo se me alababa, aunque les causara disgusto a las visitas. A la edad de doce años, los criados andaban debajo de mis pies, y mis padres tenían que suplicarme muchas veces el que yo no los reconviniera con enojo: ¡tanta era su virtud, tal su prudencia y tan grande el amor que me tenían!

Por contemporizar con un tío cura, eterno pegote y mi declarado enemigo *ab ineunte aetate*,[7] o desde mis primeros años, me pusieron en la escuela o mejor decir, en las escuelas, pues varié a los menos como catorce; porque en unas descalabraba a los muchachos, en otras me ponía con el maestro, en éstas retozaba todo el día, en aquéllas faltaba cuatro o cinco a la semana, y en éstas y las otras aprendí a leer; la doctrina cristiana según el catecismo de Ripalda; a contar alguna cosa, y a escribir mal, porque yo me tenía por rico, y mis amigos los catrines me decían que era muy indecente para los nobles tan bien educados como yo el tener una letra gallarda[8] ni conocer los groseros signos de la estrafalaria ortografía. Yo no necesitaba tan buenos consejos para huir las necias preocupaciones de estos que se dicen *sensatos*, y así procuré leer y contar mal, y escribir peor.

---

[4] **patacones:** antiguas monedas de plata.
[5] **usque in aeternum:** hasta el fin de mi vida.
[6] **chiqueo:** mimo, halago.

[7] **ab ineunte aetate:** mi enemigo de siempre.
[8] **gallarda:** tipo de letra.

¿Qué se me da, amados catrines, parientes, amigos y compañeros míos, qué se me da, repito, de leer así o asado: de sumar veinte y once son treinta y seis; y de escribir, *el cura de Tacubaya salió a casar conejos*? Dícenme que esto es un disparate: que los curas no casan conejos sino hombres racionales: que cazar con *z* significa en nuestro idioma castellano matar o coger algún animal con alguna arma o ardid, y casar con *s* es lo mismo que autorizar la liga que el hombre y la mujer se echan al contraer el respetable y santo sacramento del matrimonio. ¿Qué se me da, vuelvo a deciros, de éstas y semejantes importunas reconvenciones? Nada a la verdad, nada seguramente; porque yo he tratado y visto murmurar a muchos ricos que escribían de los perros; pero a vuelta de estas murmuraciones los veía adular, y recomendar por los más hábiles pendolistas[9] del universo; lo que me hace creer, queridos míos, que todo el mérito y habilidad del hombre consiste en saber adquirir y conservar el fruto de los cerros de América.

Tan aprovechado como os digo, salí de la escuela, y mis padres me pusieron en el colegio para que estudiara, porque decían los buenos señores que un don Catrín no debía aprender ningún oficio, pues eso sería envilecerse; y así que estudiara en todo caso para que algún día fuera ministro de Estado, o por lo menos patriarca de las Indias.

Yo en ese tiempo era más humilde o tenía menos conocimiento de mi mérito, y así no pensaba en honras ni vanidades, sino en jugar todo el día, en divertirme y pasarme buena vida.

Los maestros impertinentes me reñían, y me obligaban a estudiar algunos ratos, y en éstos . . . , ¡lo que es un talento agigantado!, en estos cortos ratos estudié a fuerza, aprendí la gramática de Nebrija[10] y toda la latinidad de Cicerón[11] en dos por tres; pero con tal felicidad, que era la alegría de mis condiscípulos y la emulación de mis cansados preceptores. Aquéllos reían siempre que yo construía un verso de Virgilio[12] o de Horacio,[13] y éstos se rebanaban las tripas de envidia al oírme hacer régimen de una oración, porque yo les hacía ver a cada paso lo limitado de sus talentos y lo excesivo del mío.

[. . .]

Decálogo de Maquiavelo[14]

1° En lo exterior trata a todos con agrado, aunque no ames a ninguno.
2° Sé muy liberal en dar honores y títulos a todos, y alaba a cualquiera.

---

[9]**pendolista:** persona que escribe con letra gallarda.
[10]Elio Antonio de Nebrija (1441–1522): humanista y gramático español.
[11]Marco Tulio Cicerón (106–43 antes de J.C.): orador, político y pensador romano.
[12]Publio Virgilio Marón (70–19, antes de J.C.): poeta latino autor de églogas bucólicas, y de la *Eneida,* famosa épica nacional.
[13]Horacio (65–8 antes de J.C.): autor de odas y famoso por su *Arte poética.*
[14]Nicolás Maquiavelo (1469–1527): político e historiador italiano autor del famoso tratado *El príncipe.*

3º   Si lograres un buen empleo, sirve en él sólo a los poderosos.

4º   Aúlla con los lobos. *Esto es, acomódate a seguir el carácter del que te convenga, aunque sea en lo más criminal.*

5º   Si oyeres que alguno miente en favor tuyo, confirma su mentira con la cabeza.

6º   Si has hecho algo que no te importe decir, niégalo.

7º   Escribe las injurias que te hagan en pedernal,[15] y los beneficios en polvo.

8º   A quien trates de engañar, engáñale hasta el fin, pues para nada necesitas su amistad.

9º   Promete mucho, y cumple poco.

10º   Sé siempre tu prójimo tú mismo, y no tengas cuidado de los demás.

¿Qué te parece? ¿Te han escandalizado estos preceptos?

No mucho —contesté—, porque aunque dichos sorprenden, practicados se disfrazan. Yo los más los observo con cuidado, y tengo advertido que casi todos nuestros compañeros los guardan al pie de la letra. Mas ahora traigo a la memoria que siendo colegial entré una noche al aposento de mi catedrático, y mientras que salía de su recámara leí en latín ese mismo decálogo en un libro en cuarto, que tenía abierto sobre de su mesa, y al fin decía no sé qué santo padre: *Si vis ad infernum ingredi, serva haec mandata*: si quieres irte a los infiernos, guarda estos mandamientos. He aquí lo que no me gusta mucho.

Siempre insistes en tu fanatismo —me contestó—. Tontonote, ¿dónde has visto el infierno ni los diablos, para que lo creas tan a puño cerrado? Cumple estos preceptos, sigue mis máximas y verás cómo varía tu suerte.

Supón, sí, te doy de barato que haya tal eternidad, tal infierno, ¿qué se puede perder con que al fin te lleve el diablo? ¿Será el primero que se condena? Pues en tal caso, ya que nos hemos de condenar, que sea a gusto; y si nos lleva el diablo, que sea, como dicen por ahí, en buen caballo, esto es, divirtiéndonos, holgándonos y pasándonos una videta alegre. ¿Habrá mayor satisfacción que entrar al infierno lucios, frescos, ricos, cantando, bailando y rodeados de diez o doce muchachas? Conque anda, Catrín, sigue mis consejos, y ríete de todo como yo.

¿Quién no había de sucumbir a tan solidísimas razones? Desde luego le di muchas gracias a mi sabio amigo, y propuse conformarme con sus saludables consejos; y según mi propósito, desde aquel día comencé a observar exactamente el decálogo, especialmente el cuarto precepto, haciéndome al genio de todos cuantos podían serme útiles; de manera que dentro de pocos días era yo cristiano con los cristianos, calvinista, luterano, arriano, etc., con los de aquellas sectas; ladrón con el ladrón, ebrio con el borracho, jugador con el tahur, mentiroso con el embustero, impío con el inmoral, y mono con todos.

---

[15]**pedernal:** variedad de cuarzo, muy duro.

REFLEXIÓN Y ANÁLISIS

1) Discuta la filosofía del catrín.
2) ¿Hasta qué punto se puede considerar la visión de la vida, de Fernández de Lizardi, como típica del sentido liberal del Iluminismo?
3) ¿Qué rasgos tienen en común el catrín y el pícaro?
4) Discuta esta obra como ejemplo de una crítica mordaz de la sociedad. ¿Qué papel juega la ironía en esta crítica?
5) El catrín y el pícaro son producto de distintas épocas y representan dos ideologías totalmente distintas. ¿Cómo se oponen estas ideologías?
6) Estudie el antirracismo de Fernández de Lizardi en *El Periquillo Sarniento*.

BIBIOLGRAFÍA

Cros, Edmond. "The Values of Liberalism in *El Periquillo Sarniento*." *Sociocriticism* 2 (1985): 85–109.
Pawlowski, John. "Periquillo and Catrín: Comparisons and Contrasts." *Hispania* 58 (1975): 830–42.
Spell, Jefferson Rea. *The Life and Works of José Joaquín Fernández de Lizardi*. Philadelphia: University of Pennsylvania, 1931.

John F. Garganigo

ANDRES BELLO (1781–1865)

Educador, filósofo, jurista, humanista, poeta, y crítico literario, nace el 29 de noviembre de 1781 en Caracas, Venezuela. Fue uno de los hombres más conocidos del siglo XIX en el campo de las letras y de la política. Tuvo la suerte, durante su juventud, de tener como maestro a uno de los más destacados latinistas de su época, Fray Cristóbal de Quesada. A los quince años ya había emprendido una traducción de la *Eneida* de Virgilio y había estudiado a fondo las obras de los clásicos del Siglo de Oro. Su curiosidad intelectual lo lleva a la Universidad Real y Pontífica de Caracas, de la cual recibe el grado de Bachiller en Artes en el año 1798. Inicia también estudios de medicina y derecho, y en 1799 llega a conocer al naturalista y filósofo alemán Alexander von Humboldt (1769–1859). Participa en algunas expediciones con este famoso naturalista. Fue maestro privado de Simón Bolívar con el que llegó a compartir ideas independentistas.

En 1810, con Simón Bolívar, se traslada a Londres, comisionado por la Junta de Caracas y encargado de juntar fondos para la Revolución. Es allí donde permaneció exilado hasta 1829 y completó su formación intelectual estudiando ciencias naturales, filosofía e historia. Fueron años de sacrificios económicos pero que le permitieron aprovecharse de las enormes colecciones de la biblioteca del British Museum además de otras colecciones privadas. Con otros exilados colabora en la redacción de las revistas *La biblioteca americana,* y *Repertorio americano,* (1825–1827). Su propósito era didáctico: presentar el naciente ambiente cultural de las naciones americanas en ensayos filológicos y de crítica literaria. Es en Londres donde pudo desarrollar una perspectiva distinta hacia los países sudamericanos; pudo apreciar lo que éstos tenían de positivo, especialmente en el ámbito de la belleza natural. Comenzó un largo poema épico, *América,* que nunca llegó a terminar. Desde luego, las llamadas *Silvas americanas,* fragmentos del poema más largo, tuvieron mucho éxito y revelaron el poder descriptivo y el lirismo de nuestro poeta. Emplea la silva en uno de los más logrados poemas *Alocución a la poesía* (1823). Obra netamente neoclásica, la *Alocución* demuestra el orgullo del poeta hacia su propia cultura y el paisaje natural. En su aprecio de lo nuestro se anticipa a los poetas románticos de la próxima generación. Hay muchas referencias a la tradición clásica, al tema pastoril, mientras contrasta una tradición que él considera cansada, con la exuberancia de la naturaleza americana. Desde Londres, Andrés Bello descubre y aprecia su propia cultura.

Su obra maestra es *Silva a la agricultura de la zona tórrida,* (1826), uno de los poemas más conocidos y apreciados de la literatura hispanoamericana del siglo XIX. Es una obra influida por los clásicos. Continúa la tradición de Horacio, Lucrecio y Virgilio en su visión estilizada e idealista de la naturaleza americana. A lo fértil y lujoso de nuestro paisaje, contrapone la presencia del "indolente habitador". En estos tiempos de reconstrucción, el hombre americano tiene que volver a la solitaria calma del campo e huir de los placeres materiales de la ciudad. Es un tema típico de la tradición pastoral, hecho famoso durante el Siglo de Oro por Fray Luis de León. Fuera de la destrucción y de las ruinas, encontramos el poder regenerador de la agricultura que con la ayuda de la "mano robusta" del honesto trabajador podrá aspirar a la plenitud. Es un himno a las jóvenes naciones que se han liberado del yugo español, y que ahora tienen que conquistar la naturaleza con su trabajo y sus sacrificios. En este poema, Bello es un defensor de las formas clásicas y promulgador de las ideas neoclásicas al querer volver al campo; es también romántico en su amor a la libertad y en su aprecio de lo nuestro.

Vuelve a Chile en 1829, contratado por el gobierno de ese país, y se dedica a la docencia contribuyendo con artículos a revistas literarias. En una serie de artículos publicados en *El Araucano,* defiende el idioma castizo castellano. En 1847 publica la primera edición de la *Gramática de la lengua castellana destinada al uso de los americanos,* obra que dio origen a una larga polémica con Domingo Faustino Sarmiento y otros románticos que preferían un idioma más abierto.

Admirador y conocedor de los románticos ingleses y franceses, especialmente Byron y Víctor Hugo, traduce la obra de éste último *La priére pour tous.* Su versión del 1843, *La oración por todos,* demuestra un profundo lirismo cargado de sentimientos de melancolía y tristeza frente al tema de lo fugaz de la vida, de carácter netamente romántico. Según los críticos, estas incursiones en el romanticismo complementan la vasta labor de Bello en el campo neoclásico. En Chile funda el Colegio de Santiago, luego Universidad de Chile, la primera institución libre del continente.

Este representante del liberalismo humanista latinoamericano, muere en Santiago en 1865.

ALOCUCIÓN A LA POESÍA

Fragmentos de un poema titulado "América"

I

Divina Poesía,
tú de la soledad habitadora,
a consultar tus cantos enseñada
con el silencio de la selva umbría,
tú a quien la verde gruta fue morada,
y el eco de los montes compañía;
tiempo es que dejes ya la culta Europa,
que tu nativa rustiquez desama,
y dirijas el vuelo adonde te abre
el mundo de Colón su grande escena.
También propicio allí respeta el cielo
la siempre verde rama
con que al valor coronas;
también allí la florecida vega,
el bosque enmarañado, el sesgo río,
colores mil a tus pinceles brindan;
y Céfiro revuela entre las rosas;
y fúlgidas estrellas
tachonan la carroza de la noche;
y el rey del cielo entre cortinas bellas
de nacaradas nubes se levanta;
y la avecilla en no aprendidos tonos
con dulce pico endechas de amor canta.

¿Qué a ti, silvestre ninfa, con las pompas
de dorados alcázares reales?
¿A tributar también irás en ellos,
en medio de la turba cortesana,
el torpe incienso de servil lisonja?
No tal te vieron tus más bellos días,
cuando en la infancia de la gente humana,
maestra de los pueblos y los reyes,
cantaste al mundo las primeras leyes.
No te detenga, oh diosa,
esta región de luz y de miseria,
en donde tu ambiciosa
rival Filosofía,
que la virtud a cálculo somete,
de los mortales te ha usurpado el culto;
donde la coronada hidra amenaza
traer de nuevo al pensamiento esclavo
la antigua noche de barbarie y crimen;
donde la libertad vano delirio,
fe la servilidad, grandeza el fasto,
la corrupción cultura se apellida.
Descuelga de la encina carcomida
tu dulce lira de oro, con que un tiempo
los prados y las flores, el susurro
de la floresta opaca, el apacible
murmurar del arroyo trasparente,
las gracias atractivas
de Natura inocente,
a los hombres cantaste embelesados;
y sobre el vasto Atlántico tendiendo
las vagorosas alas, a otro cielo,
a otro mundo, a otras gentes te encamina,
do viste aún su primitivo traje
la tierra, al hombre sometida apenas;
y las riquezas de los climas todos
América, del Sol joven esposa,
del antiguo Océano hija postrera,
en su seno feraz cría y esmera.

¿Qué morada te aguarda? ¿qué alta cumbre,
qué prado ameno, qué repuesto bosque
harás tu domicilio? ¿en qué felice[1]
playa estampada tu sandalia de oro
será primero? ¿dónde el claro río
que de Albión[2] los héroes vio humillados,
los azules pendones reverbera
70   de Buenos Aires, y orgulloso arrastra
de cien potentes aguas los tributos
al atónito mar? ¿o dónde emboza
su doble cima el Avila[3] entre nubes,
y la ciudad renace de Losada?[4]
¿O más te sonreirán, Musa, los valles
de Chile afortunado, que enriquecen
rubias cosechas, y süaves frutos;
do la inocencia y el candor ingenuo
y la hospitalidad del mundo antiguo
80   con el valor y el patriotismo habitan?
¿O la ciudad que el águila posada[5]
sobre el nopal mostró al azteca errante,
y el suelo de inexhaustas venas rico,
que casi hartaron la avarienta Europa?
Ya de la mar del Sur la bella reina,
a cuyas hijas dió la gracia en dote
Naturaleza, habitación te brinda
bajo su blando cielo, que no turban
lluvias jamás, ni embravecidos vientos.
90   ¿O la elevada Quito
harás tu albergue, que entre canas cumbres
sentada, oye bramar las tempestades
bajo sus pies, y etéreas auras bebe
a tu celeste inspiración propicias?
Mas oye do tronando se abre paso
entre murallas de peinada roca,
y envuelto en blanca nube de vapores,
de vacilantes iris matizada,
los valles va a buscar del Magdalena[6]

---

[1]**felice:** feliz.
[2]**Albión:** nombre dado a la Gran Bretaña.
[3]**el Avila:** monte vecino a Caracas.
[4]Diego de Losada, fundador de Caracas en 1567.

[5]Referencia a la fundación mítica de la ciudad de Méjico y al águila y la serpiente. [Nota de Bello]
[6]**Magdalena:** río de Colombia.

100 con salto audaz el Bogotá espumoso.[7]
 Allí memorias de tempranos días
 tu lira aguardan; cuando, en ocio dulce
 y nativa inocencia venturosos,
 sustento fácil dió a sus moradores,
 primera prole de su fértil seno,
 Cundinamarca;[8] antes que el corvo arado
 violase el suelo, ni extranjera nave
 las apartadas costas visitara.
 Aún no aguzado la ambición había
110 el hierro atroz; aún no degenerado
 buscaba el hombre bajo oscuros techos
 el albergue, que grutas y florestas
 saludable le daban y seguro,
 sin que señor la tierra conociese,
 los campos valla, ni los pueblos muro.
 La libertad sin leyes florecía,
 todo era paz, contento y alegría;
 cuando de dichas tantas envidiosa
 Huitaca[9] bella, de las aguas diosa,
120 hinchando el Bogotá, sumerge el valle.
 De la gente infeliz parte pequeña
 asilo halló en los montes;
 el abismo voraz sepulta el resto.
 Tú cantarás cómo indignó el funesto
 estrago de su casi extinta raza
 a Nenqueteba, hijo del Sol; que rompe
 con su cetro divino la enriscada
 montaña, y a las ondas abre calle;
 el Bogotá, que inmenso lago un día
130 de cumbre a cumbre dilató su imperio,
 de las ya estrechas márgenes, que asalta
 con vana furia, la prisión desdeña,
 y por la brecha hirviendo se despeña.

---

[7]**Bogotá:** río de Colombia afluente del Magdalena.
[8]**Cundinamarca:** Departamento de Colombia.

[9]**Huitaca:** mujer de Nenqueteba o Bochica. Parte de la mitología indígena.

Tú cantarás cómo a las nuevas gentes
Nenqueteba piadoso leyes y artes
y culto dio; después que a la maligna
ninfa mudó en lumbrera de la noche,
y de la luna por la vez primera
surcó el Olimpo el argentado coche.

140   Ve, pues, ve a celebrar las maravillas
del ecuador: canta el vistoso cielo
que de los astros todos los hermosos
coros alegran: donde a un tiempo el vasto
Dragón del norte su dorada espira
desvuelve en torno al luminar inmóvil
que el rumbo al marinero audaz señala,
y la paloma cándida de Arauco
en las australes ondas moja el ala.
Si tus colores los más ricos mueles
150   y tomas el mejor de tus pinceles,
podrás los climas retratar, que entero
el vigor guardan genital primero
con que la voz omnipotente, oída
del hondo caos, hinchió la tierra, apenas
sobre su informe faz aparecida,
y de verdura la cubrió y de vida.
Selvas eternas, ¿quién al vulgo inmenso
que vuestros verdes laberintos puebla,
y en varias formas y estatura y galas
160   hacer parece alarde de sí mismo,
poner presumirá nombre o guarismo?[10]
En densa muchedumbre
ceibas, acacias, mirtos se entretejen,
bejucos, vides, gramas;
las ramas a las ramas,
pugnando por gozar de las felices
auras y de la luz, perpetua guerra
hacen, y a las raíces
angosto viene el seno de la tierra.

---

[10]cifra o número.

170   ¡Oh quién contigo, amable Poesía,
del Cauca a las orillas me llevara,
y el blando aliento respirar me diera
de la siempre lozana primavera
que allí su reino estableció y su corte!
¡Oh si ya de cuidados enojosos
exento, por las márgenes amenas
del Aragua[11] moviese
el tardo incierto paso;
o reclinado acaso
180 bajo una fresca palma en la llanura,
viese arder en la bóveda azulada
tus cuatro lumbres bellas,
oh Cruz del Sur, que las nocturnas horas
mides al caminante
por la espaciosa soledad errante;
o del cucuy[12] las luminosas huellas
viese cortar el aire tenebroso,
y del lejano tambo a mis oídos
viniera el son del yaraví amoroso![13]
190   Tiempo vendrá cuando de ti inspirado
algún Marón americano,[14] ¡oh diosa!
también las mieses, los rebaños cante,
el rico suelo al hombre avasallado,
y las dádivas mil con que la zona
de Febo amada al labrador corona;
donde cándida miel llevan las cañas,
y animado carmín la tuna cría,
donde tremola el algodón su nieve,
y el ananás sazona su ambrosía;
200 de sus racimos la variada copia
rinde el palmar, da azucarados globos
el zapotillo, su manteca ofrece
la verde palta, da el añil su tinta,
bajo su dulce carga desfallece
el banano, el café el aroma acendra
de sus albos jazmines, y el cacao
cuaja en urnas de púrpura su almendra.
[. . .]

---

[11]**Aragua:** río de Venezuela.
[12]**cucuy:** insecto de la America tropical.
[13]**yaraví:** canto meláncolico y amoroso de
  los indios.

[14]**algún Marón americano:** referencia a
un mestizo.

REFLEXIÓN Y ANÁLISIS

1) ¿Qué concepto tiene Bello del papel del poeta y de la poesía?
2) ¿Cómo se describe la naturaleza en "Alocución a la Poesía"?
3) Discuta el aspecto social y político en este poema.
4) Discuta el papel del poeta como legislador en la poesía del siglo XIX.
5) Haga una lista de las ideas progresistas en la obra de Bello.

BIBLIOGRAFÍA

Arciniegas, Germán. *El pensamiento vivo de Andrés Bello.* Antología, 2a ed. Buenos Aires: Losada, 1958.

Grases, Pedro. *Andrés Bello, el primer humanista de América.* Buenos Aires: Ediciones Tridente, 1946.

Rodríguez-Monegal, Emir. *El otro Andrés Bello.* Caracas: Monte Avila Editores, 1969.

John F. Garganigo

V

DEL ROMANTICISMO
AL MODERNISMO

ROMANTICISMO

l Romanticismo en Europa tuvo sus orígenes en los últimos años del siglo XVIII pero en los países hispanoamericanos no llegó a manifestarse en su primera etapa hasta aproximadamente el año 1830. Una segunda etapa hacia 1860 produce una literatura netamente romántica que a la vez apunta al futuro con rasgos realistas y costumbristas. La crítica contemporánea ha visto el Romanticismo como una continuación de algunas de las principales ideas que caracterizaron al Neoclasicismo. En lugar de ver el Neoclasicismo como algo frío, racional y sin el poder de comunicar la esencia poética del ser humano, la nueva crítica lo interpreta como un período que enfatiza el orden, la claridad de expresión, los intentos de la purificación del lenguaje y la capacidad ética del arte. Estos aspectos, combinados con un nuevo espíritu individualista y una fuerte sensibilidad emotiva, también entrarán a formar parte del movimiento romántico.

Si hubo manifestaciones románticas en Cuba, México y Perú, el lugar donde más se ha radicado el movimiento romántico es la región del Río de la Plata, Argentina y Uruguay. Al inicio, la influencia más directa era de Francia e Inglaterra. Los países hispanoamericanos que apenas comenzaban a celebrar su independencia de España demostraron una actitud liberal procedente de los ideales postulados por la Ilustración francesa. Como ha señalado el crítico Alfredo Roggiano, el Romanticismo significa la entrada en Argentina de ideas de Europa, principalmente de Francia, Inglaterra, Italia y Alemania, y a la vez la entrada de ideas de América en Europa. Con la independencia de España los países hispanoamericanos intentaron buscar su propia definición cultural, histórico-social y artística. Roggiano define este período así: "El romanticismo le hizo abrir los ojos a sus sueños de futuro . . . Lo que importa es reconocer que ese sueño romántico fue un despertar a la realidad histórica de América, un principio de su toma de conciencia como ser en el mundo: la conquista de un tiempo para la historia y el establecimiento de un espacio para la existencia propia" (p. 286).

El Romanticismo es un movimiento caracterizado por un espíritu rebelde y nacionalista. El escritor lucha contra el tiempo en que le ha tocado vivir; se enfrenta a un espacio que amenaza dominarlo si no logra controlarlo. Los grandes románticos argentinos se enfrentaron a una situación histórica caótica que amenazaba destruir la libertad social y civil de toda una sociedad y de cada individuo. No hubo evasión como en el Romanticismo europeo que encontraba posibles soluciones a sus problemas refugiándose en la Edad Media o en un pasado mejor. En Argentina, escritores e intelectuales como Sarmiento, Alberdi, Mármol y Echeverría se enfrentaron a la dictadura de Juan Manuel de Rosas con el poder de su pluma. Confrontaron el presente histórico con la esperanza de cambiar una situación política que les resultaba insoportable. Desde el exilio, trataron de controlar el caos y vieron que el mayor enemigo era la fuerza devastadora de la naturaleza. Ésta se opone a la civilización y al progreso. Es una naturaleza primitiva que ellos igualan a la barbarie. Los ideales de la Generación del 37, y la poderosa "Asociación de Mayo", la mayoría de cuyos miembros eran escritores educados en Francia e Inglaterra, aspiraban a fomentar un espíritu de progreso liberal e ideológico. Para conseguir sus fines había que controlar la barbarie primitiva del campo y reemplazarla con la civilización europea de la ciudad de Buenos Aires. En el proceso de definir una nación, estos hombres civilizados incurrieron en un grave error: controlaron la barbarie destruyendo las raíces autóctonas del país. El gaucho y el indio aparecieron en la literatura como personajes, pero identificados con la barbarie y con una naturaleza que había que extirpar y controlar, o ser controlado por ella.

La educación y la inmigración se ofrecieron como posible solución al problema. El famoso lema de Alberdi, "Gobernar es poblar", que se incluye en su *Bases* de la constitución argentina, promulga las ideas racistas típicas de la época. La herencia española se considera responsable por todo el mal que hay en el país. Hay que atraer una inmigración de los países del norte de Europa y de los Estados Unidos de Norte América, pueblos imbuidos por una ideología progresista y una ética del trabajo protestante que mejor le serviría a una nación en sus primeros esfuerzos de desarrollo.

Hay que erradicar a los gauchos y a los indios, seres que poco pueden contribuir al progreso, y hay que controlar la naturaleza para poder desarrollar una nación. Ya en *La cautiva* (1837) de Echeverría se plantea el problema que más afecta a la Argentina: un choque entre civilización y barbarie. El indio tiene que ser sacrificado y la naturaleza domada, en aras del progreso. En el *Facundo* de Sarmiento, publicado en Chile en 1845, y en la novela *Amalia* (1851) de Mármol, el gaucho es un ser al que se identifica con la barbarie y la tiranía de Juan Manuel de Rosas. "El matadero" de Echeverría, publicado en 1871 aunque escrito en 1839 en plena época de Rosas, ataca al gaucho y a los negros como extremos partidarios del tirano, sin darse cuenta de que muchos negros también defendieron los ideales de los unitarios. Sin embargo, en el *Fausto* (1866) de Estanislao del Campo (1834–1880), una parodia de la ópera de Gounod basada en el poema de Goethe, encontramos un desprecio hacia los italianos en particular, a la vez que se alaban valores nacionales. Esta actitud es una consecuencia directa del fracaso de la política inmigratoria del país que resultó en una invasión de inmigrantes del sur de Europa. Esta insistencia en igualar la civilización con Europa del norte contribuye al menosprecio y a la negación de una propia historia nacional. Se crea un país carente de valores autóctonos, un país que se desarrolla con una mirada firme hacia Europa. Sólo con el *Martín Fierro* (1872–1879) de José Hernández se llegará a una revaloración del gaucho en la literatura nacional. Después de haberlo destruido en el plano social, lo hacen vivir de nuevo en la literatura, adjudicándole características épicas que nunca tuvo.

El espíritu nacionalista que caracteriza el Romanticismo, así como su sensibilidad individualista y su intenso lirismo, se manifiesta en Cuba principalmente en la poesía con la obra de Gertrudis Gómez de Avellaneda (1814–1873) y José María Heredia (1842–1905), ambos autores incluidos en nuestra antología. También en la poesía, el uruguayo Juan Zorilla de San Martín (1855–1931), se dedica al tema indígena en su obra maestra *Tabaré* (1888), poema cuyo héroe representa la trágica desaparición del indio charrúa de su pueblo nativo. Esta evocación sentimental y lírica de la destrucción de la raza indígena, si bien romántica en su tono, revela también rasgos simbolistas que apuntan ya al movimiento modernista.

El interés en el indio se manifiesta tambien en unas novelas de corte histórico, entre ellas *Enriquillo,* del dominicano Manuel de Jesús Galván (1834–1910). En su defensa de los indios y en su ataque a la esclavitud, se basa con exactitud histórica en las crónicas coloniales, principalmente en la *Historia de las Indias* del padre Bartolomé de las Casas, el gran defensor de los indios.

La novela sentimental tiene su máxima expresión en *María,* obra maestra del colombiano Jorge Isaacs (1837–1895), publicada en 1867. Esta novela que narra la trágica historia de amor entre Efraín y María, ha recibido en los últimos años la atención de la crítica feminista que ha enfatizado la personalidad independiente de la heroína en un ambiente patriarcal.

En Cuba, Gertrudis Gómez de Avellaneda escribe *Sab* (1841), una de las primeras novelas abolicionistas que anticipa en más de diez años la famosa obra *Uncle Tom's Cabin,* de Harriet Beecher Stowe (1811–1896). Otra obra que describe los horrores de la esclavitud es *Francisco* (1835), de Anselmo Suárez y Romero (1818–1878). Es una novela trágica y sentimental que termina con el suicidio de los dos inocentes personajes principales. La peruana Clorinda Matto de Turner (1854–1909), al oponerse a esta visión sentimental e idealizada de los indios, escribirá su famosa novela *Aves sin nido* (1889), obra realista que ve al indio como un ser humano, víctima de la explotación y la injusticia.

El Romanticismo también tuvo una de las más duras polémicas sobre el lenguaje en un intercambio de ideas entre Faustino Sarmiento y Andrés Bello. Mientras estuvo exiliado en Chile en 1842, Sarmiento, que defendía la espontaneidad del lenguaje hispanoamericano, se opuso a Bello que quería mantener la pureza del idioma español, fiel a las reglas de la gramática. En el género del ensayo también se destacan *Viajes por Europa, Africa y América* (1849–1851), y *Recuerdos de provincia* (1850), ambas obras de Sarmiento. En 1883, publicará *Conflicto y armonía de las razas,* estudio sociológico que señala la inferioridad de la sociedad hispanoamericana frente a la de los Estados Unidos y Europa. Es una obra de sentimientos racistas que emplea ideas postuladas por Gobineau.

Un escritor que combina un estilo elevado con una actitud rebelde y acusadora es Juan Montalvo (1832–1889), ensayista ecuatoriano cuya obra maestra es los *Siete tratados* (1882). Siguiendo las huellas de los grandes ensayistas como Montaigne y Bacon, consideró que para entender a la humanidad había que estudiar al hombre en todas sus dimensiones. Ofrece consejos morales y éticos, ataca las dictaduras de su país y comenta sobre asuntos sociales y políticos.

Ricardo Palma (1833–1919), continúa el cuadro de costumbre que tanto éxito tuvo en Inglaterra, Francia y España cuando crea un género nuevo que denomina "tradiciones". Este escritor peruano combina lo real con lo imaginario en sus tradiciones, siempre con un sentido de humor y una actitud irónica. Aunque predominan los rasgos románticos en su énfasis en el color local, casi siempre hay algunas referencias históricas en sus tradiciones, especialmente las que se dedican a la época del virreinato peruano que siempre se presenta con un leve tono picaresco. El trasfondo abarca toda las instituciones sociales y todos los tipos de su país. La mayoría de sus escritos fueron publicados entre 1872–1883 y reunidos bajo el título *Tradiciones peruanas.* Sus *Tradiciones en salsa verde* (obra póstuma del 1973), no se publicaron en su tiempo por su tono demasiado osado y por el uso de un lenguaje inaceptable por lo grosero.

John F. Garganigo

REALISMO Y NATURALISMO

El Realismo surge como movimiento coherente en Europa a mediados del siglo XIX, en Francia con Balzac y Flaubert, en Rusia con Tolstoy y Turgenev, y en Inglaterra con George Eliot y Anthony Trollope. En España, el comienzo de la novela realista data de 1849, con *La Gaviota* de Fernán Caballero, y llega a su expresión máxima en las obras de Benito Pérez Galdós y de "Clarín", Leopoldo Alas. Aunque el Realismo tiene sus raíces en el Romanticismo, sobre todo en el énfasis romántico sobre el color local, se define en gran parte *contra* el movimiento anterior. Los principios del nuevo movimiento son: la necesidad de la observación minuciosa; la representación sincera y fidedigna de la realidad; un enfoque sobre la vida cotidiana contemporánea; el arreglo de detalles y la construcción del relato para producir una obra de arte genuina y no una copia fotográfica; el enfoque sobre el individuo y su relación con la sociedad; el rechazo de lo fantástico, lo sobrenatural y lo abstracto.

El Naturalismo surge como una tendencia dentro del Realismo alrededor de 1860 y cobra importancia y cierta independencia como doctrina entre 1870 y 1880. Su fundador e ideólogo más vehemente fue el francés Emile Zola; en España fue defendido como movimiento literario por la novelista Emilia Pardo Bazán. El Naturalismo, sobre todo en su versión francesa, se adscribió a un riguroso determinismo; es decir, que el ser humano obedece sobre todo a factores de la herencia y del ambiente. Este determinismo es parte de un positivismo (fe en la ciencia como sistema explicativo) más generalizado y muestra la importancia de las ideas de Darwin y sus seguidores para la vida intelectual europea, en la segunda mitad del siglo XIX. El Naturalismo intentaba enfocar todos los aspectos de la realidad que pudieran afectar la vida del ser humano, sin importar los buenos modales o la delicadeza de los lectores. Muchos de estos novelistas se regodeaban en descripciones de sexo, violencia, y otros aspectos chocantes (para la sociedad de aquella época) de la realidad.

Hemos tomado por sentado que estas categorías ("realismo", "naturalismo") tienen validez, y con referencia a Europa es posible que tengan cierta eficacia crítica, ya que delimitan *históricamente* una serie de obras producidas por autores muchas veces conscientes de estos movimientos y los debates que conllevaban. Muchas veces estos mismos practicantes de la literatura escribieron ensayos y manifiestos declarando los principios de un movimiento e inscribiéndose en ello. Pero aún en relación a estos autores tenemos el problema del abismo que frecuentemente separa los pronunciamientos teóricos de la ardua tarea práctica. Además, resulta incómodo para el lector contemporáneo incluir bajo el rótulo de realista o de naturalista a autores tan diferentes como lo son Balzac y Tolstoy, Zola y Pardo Bazán. El problema resulta aún más complejo cuando el estudioso trata de aplicar estas categorías críticas (normas de producción y de lectura) a la literatura hispanoamericana. Hubo mucho contacto intelectual entre Latino América y Europa en el siglo XIX y muchos escritores hispanoamericanos estaban al tanto de las nuevas modalidades literarias europeas, pero éstas experimentaron cambios bastante radicales en el proceso de traducción y en el traslado a nuevos contextos político-sociales. Debido a las vicisitudes del contacto intelectual y la libertad sentida por escritores marginados, distantes de los centros de poder y de las polémicas literarias (muchas veces generacionales al fin y al cabo), los movimientos literarios europeos entraron en un proceso de hibridización y de libre intercambio en Latinoamérica. Por eso, en el nuevo contexto emerge una novela romántica-realista y una novela naturalista-realista; pero no una novela realista completamente, del estilo de Flaubert o de Galdós. Más importante todavía, al tratar el ambiente y los sujetos americanos, la narrativa realista o naturalista se tiñe tan fuertemente del contexto local que da inicio a nuevos movimientos y nuevas tradiciones, como por ejemplo la novela indigenista o la novela de la Revolución mexicana. Estos nuevos subgéneros suplantan en importancia a la rúbrica realista/naturalista, sin perder, sin embargo, todo contacto con estas doctrinas.

Podemos destacar cuatro grandes momentos del impulso realista/naturalista en la narrativa hispanoamericana. El primero comprende novelas principalmente románticas pero con rasgos realistas; el segundo incluye novelas propiamente dichas naturalistas, con rasgos realistas; el tercero la narrativa modernista; y el cuarto la narrativa regionalista o mundonovista.

Varias novelas románticas abundan en color local y alcanzan a veces un cierto grado de realismo. Se destaca aquí *Cecilia Valdés,* del cubano Cirilo Villaverde, publicada por primera vez en 1839 (antes de las novelas costumbristas de la española Fernán Caballero), y en forma definitiva en 1882. Esta novela narra una historia intrincada de amor incestuoso (entre medio-hermanos); es una condenación inequívoca de la esclavitud y una novela fundacional del imaginario cubano. La crítica ha señalado la narrativa del chileno Alberto Blest Gana (1830–1920) como un momento de transición entre el Romanticismo y el Realismo. Su novela *Martín Rivas* (1862) participa plenamente en el Romanticismo, centrándose en la historia de un joven idealista de provincia que viene a la ciudad para vivir con una familia rica, donde se enamora de la hija de la familia. Más allá de la trama un tanto convencional, la novela nos proporciona una imagen bastante precisa de varios niveles de la sociedad chilena, no sin una dosis de sátira. Estos dos autores románticos destacan por su realismo, pero hubo muchos otros momentos cuando el cuadro de costumbres romántico se perfiló de tal grado que anticipaba el Realismo.

Un claro antecedente de la narrativa naturalista en hispanoamerica es el cuento "El matadero" del romántico argentino Esteban Echeverría, escrito en 1839 aunque fue publicado hasta décadas después. Sin embargo, el movimiento naturalista como tal es un fenómeno de finales del siglo. Es con la publicación de cuatro novelas en los años 1880 que el argentino Eugenio Cambaceres se muestra, según Fernado Alegría, como "uno de los más fieles discípulos que tuvo Zola en Sudamérica". Su obra maestra, *Sin rumbo* (1885) es notable por su economía y visión trágica. Aunque la mayoría de sus personajes son tipos (determinados por la herencia y el ambiente), como lo son en muchas novelas naturalistas, el protagonista, Andrés, sufre una transformación a lo largo de la novela, de ser un mujeriego frío y desengañado, se convierte en un padre tierno y amoroso con su hija. El suicidio final de Andrés, después de la muerte de la hija, se narra de manera gráfica y chocante, conforme a los preceptos de la escuela. Otros naturalistas importantes son el puertorriqueño Manuel Zeno Gandía, el mexicano Federico Gamboa, el colombiano Tomás Carrasquilla y la peruana Clorinda Matto de Turner. Carrasquilla destaca en este grupo por la riqueza de su léxico y su acendrado regionalismo; mientras que Matto de Turner, con su importante novela *Aves sin nido* (1889), anticipa la novela indigenista moderna, tratando al indígena americano no como materia de romance, sino como una entidad social real.

El impulso naturalista seguirá vivo en la narrativa hispanoamericana durante las primeras tres décadas del siglo XX, en la narrativa modernista y en el mundonovismo. El Modernismo es sobre todo un movimiento poético, pero opera también como fuerza transformadora de la narrativa. En un momento de apertura latinoamericana hacia el capitalismo, de crecimiento de las ciudades, de industrialización y de la profesionalización del oficio del escritor, muchos narradores siguieron la pauta de Rubén Darío y crearon obras de tema exótico, escapistas (hacia el pasado o el extranjero), cosmopolitas. Sin embargo, no pudieron o no quisieron dejar de lado la herencia naturalista/realista, y se produce una situación híbrida, de nuevo. Por lo tanto, obras de índole exótico, preciosistas, codean con obras de tema americano, de justicia social. Autores notables aquí son el uruguayo Carlos Reyles, el argentino Enrique Larreta, y el guatemalteco Rafael Arévalo Martínez. El uruguayo Horacio Quiroga, maestro y creador del cuento moderno hispanoamericano, comienza escribiendo dentro de las normas modernistas, pero luego cultivó un estilo muy propio de corte realista/naturalista. Muchos de sus cuentos toman lugar en la selva de Misiones, en el noreste de Argentina, y representan nítidamente este paisaje y la áspera vida de sus habitantes. Quiroga es, a la vez, uno de los primeros autores en el Río de la Plata en escribir cuentos fantásticos, género importante más tarde en el siglo XX (para Julio Cortázar, por ejemplo).

En general, la vertiente narrativa más importante de comienzos del siglo XX es el regionalismo o mundonovismo, donde se ensalza la tierra americana y la cultura autóctona. Muchos de estos escritores sintieron cierta afinidad con los modernistas y aprovecharon las lecciones técnicas de este movimiento, su transformación del instrumento lingüístico; pero sintieron mucho más de cerca la tradición naturalista, la cual aprovecharon para crear una narrativa firmemente arraigada en la realidad americana. El mexicano Mariano Azuela es paradigmático en este punto, pues comenzó escribiendo novelas de corte claramente naturalistas para luego crear un subgénero completamente nuevo, la novela de la

Revolución mexicana. Utilizando como base sus propias experiencias como médico en las tropas de Pancho Villa durante la Revolución, Azuela escribió *Los de abajo* (1916), primera gran novela de la Revolución. La guerra aquí se representa como una actividad sumamente caótica, desde una perspectiva desencantada y crítica. Otros escritores mexicanos seguirán los pasos de Azuela; cabe mencionar por lo menos a Martín Luis Guzmán y a Gregorio López y Fuentes.

El regionalismo hispanoamericano llega a su ápice con tres novelas publicadas en la década de los años veinte, *La vorágine* (1924) del colombiano José Eustasio Rivera, *Don Segundo Sombra* (1926) del argentino Ricardo Güiraldes, y *Doña Bárbara* (1929), del venezolano Rómulo Gallegos. En estas novelas el paisaje americano ocupa el lugar de honor, casi como un protagonista, gran fuente de riqueza pero también, en su estado salvaje, amenazante y devorador. El intento era narrar la esencia de lo americano; por lo tanto, esa abstracción se encontraría no en la ciudad, sino en la interacción del hombre con la naturaleza. En estas novelas abundan las descripciones realistas (y naturalistas a veces) de la naturaleza americana, pero tampoco ignoran el uso del simbolismo y hasta de la alegoría. Son éstas las novelas que dominan el espacio literario al final del primer tercio del siglo XX y las que crean la base para los experimentos y transformaciones de la nueva novela hispanoamericana.

Ben Heller

MODERNISMO (1880–1920)

*H*ay muchas definiciones —contradictorias así como complementarias— sobre sus orígenes y su alcance; por ejemplo: si era una escuela, o más bien un movimiento, o si fue la labor de un grupo o un estilo de época. Todas las definiciones, por contradictorias que sean, comparten dos verdades: que el Modernismo es algo que marca las literaturas hispánicas de la vuelta del siglo y que Rubén Darío es su figura central. Aclarar el conflicto es una cuestión de perspectiva histórica.

El hecho es que en un primer momento hay figuras aisladas y dispersas como Manuel Gutiérrez Nájera (1859–1895) en México, José Asunción Silva (1865–1896) en Colombia, o los cubanos José Martí (1853–1895) y Julián del Casal (1863–1893) que —en Nueva York o en La Habana, respectivamente— escriben sus ensayos, cuentos y versos de una manera marcadamente diferente a la de sus contemporáneos locales. Dicho fenómeno provoca la admiración de unos críticos y la reprobación de otros. Sin embargo, este fenómeno hace que más tarde todos estos escritores se sientan solidarios, miembros de una misma generación nueva e internacional, panamericana y cosmopolita. Y lo son.

De hecho, cuando el nicaragüense Rubén Darío (1867–1916) y el boliviano Ricardo Jaimes Freyre (1868–1933) se encuentran en Buenos Aires en 1894, fundan una revista de orientación continental, significativamente titulada *Revista de América*. Y lo que es más, allí, en una suerte de manifiesto rotulado "Nuestros propósitos", hablarán de una "generación nueva que en América profesa el culto del Arte puro, y desea y busca la perfección ideal." Idealismo que no quedará restringido al arte y que pronto tendrá una dimensión social en la ensayística mesiánica del uruguayo José Enrique Rodó (1871–1917), destinado a ser llamado el "Maestro de la juventud".

Es en el prólogo de *Prosas profanas* (1896) —y ya en ausencia de estos pioneros de generación (Nájera, Silva, Martí, Casal), muertos uno tras otro entre 1893 y 1896— donde Darío asumirá el liderazgo de ese culto nuevo que de pronto tiene nombre y linaje: el Modernismo. Y es en su elogiosa reseña de este libro cuando Rodó advertirá que Darío todavía "no es el poeta de América" porque su obra carece de una dimensión social, dando así otro empuje a la evolución del Modernismo hacia una postura más comprometida con la realidad conflictiva del momento.

Poco después, el propio Darío, descubrirá que el fenómeno socio-literario no es exclusivamente hispanoamericano y que España tiene escritores como Salvador Rueda (1857–1933) o Valle Inclán (1866–1936), motivados por este mismo sentimiento finisecular del "arte por el arte" y de la necesidad del artista de erguirse como heraldo del porvenir.

Muerto Darío en 1916, y desplazado el Modernismo por la súbita irrupción de las vanguardias en los años veinte, sus primeros historiadores y defensores, como Federico de Onís o Juan Ramón Jiménez, hablarán del Modernismo como un fenómeno de una época. Nada menos que:

> la forma hispánica de la crisis universal de las letras y del espíritu
> que inicia hacia 1885 la disolución del siglo XIX y que se había de
> manifestar en el arte, la ciencia, la religión, la política y gradualmen-
> te en los demás aspectos de la vida entera, con todos los caracteres,
> por lo tanto de un hondo cambio histórico cuyo proceso continúa
> hoy.[1]

Definición tan global que empujará a otros historiadores posteriores a emparentar Modernismo y Vanguardia bajo el rótulo de la Modernidad y todavía otros querrán reducirlo a Rubén Darío y sus llamados "secuaces", relegando a José Martí y toda la primera generación de pioneros, al papel ambiguo de meros "precursores".

Ahora, con la perspectiva de un siglo de distancia, podemos apartarnos de estas polémicas historicistas para ver que el Modernismo es para Hispanoamérica un poco lo que fue el Renacimiento para España, Francia o Portugal: una importación directa de un estilo nuevo, adaptándolo al idioma local. Lo mismo que hicieron Garcilaso, Ronsard y Sá de Miranda a comienzos del siglo XVI; lo harán Darío, Martí o Casal a fines del XIX. En este último caso el *stil nuovo* viene de Francia, de la poesía parnasiana y simbolista. Y en este contexto hay que entender el piropo que el castizo Valera ——autor de *Pepita Jiménez* (1874)—— le dirige a Darío, al reseñar los cuentos de *Azul* en sus "Cartas americanas" de 1889, al tildar su estilo de "galicismo mental". Piropo que Darío reciclará para su propio bien reproduciendo el texto como "Carta-prólogo" a la segunda edición de *Azul* (1890). Y de eso se trata: de escribir en castellano y pensar (o pretender pensar) "en francés". La literatura siempre tiene sus modelos. En el Renacimiento era el italiano; en el Modernismo es el francés. Esto significa tomar como modelo la idea baudelaireana del escritor hastiado y marginado de la sociedad, la de Rimbaud del poeta como *voyant*, y combinarlo todo en una nueva imagen del artista como un bohemio exquisito e hipersensible. El resultado es una expresión literaria nueva y original, sincrética, al amalgamar estas diversas ideas en un nuevo todo armónico.

Los autores de esta sección, representantes del Modernismo en su primera fase, comparten este mismo culto de la Belleza (siempre con mayúscula), un

---

[1]Federico de Onís, "Introducción" a su
Antología de la poesía española e hispanoame-
ricana. New York: Las Américas, 1961.

mismo desprecio por el vulgo y la burguesía, un mismo sentimiento de hastío de lo perecedero y un anhelo por lo ideal. Su literatura, por lo tanto tiene una temática uniforme y un estilo singular, un sabor de época.

BIBLIOGRAFÍA

Alegría, Fernando. *Nueva historia de la novela hispanoamericana*. Hanover, N.H.: Ediciones del Norte, 1986.

Carilla, Emilio. *El romanticismo en la América hispánica*. Madrid: Gredos, 1975.

Castillo, Homero. *Estudios críticos sobre el modernismo*. Madrid: Gredos, 1974.

Corvalán, Octavio. *Modernismo y vanguardia: coordenadas de la literatura hispanoamericana del siglo XX*. New York: Las Américas, 1967.

González Echevarría, Roberto. *The Voice of the Masters: Writing and Authority in Modern Latin American Literature*. Austin: University of Texas Press, 1985.

Gullón, Ricardo. *Pitagorismo y modernismo*. Santander: 1967.

Henríquez Ureña, Max. *Breve historia del Modernismo*. 2a ed. México / Buenos Aires: Fondo de Cultura Económica, 1962.

Iñigo-Madrigal, Luis. "La novela naturalista hispanoamericana." *La novela hispanoamericana: descubrimiento e invención de América*. Ed. C. Goic. Valparaíso, Chile: Ediciones Universitarias de Valparaíso, 1973. 71–94.

Kirkpatrick, Gwen. *The Dissonant Legacy of Modernism: Lugones, Herrera y Reissig, and the Voices of Modern Spanish American Poetry*. Berkeley: University of California Press, 1989.

Lastra, Pedro. *El cuento hispanoamericano del siglo XIX: notas y documentos*. Santiago de Chile: Editorial Universitaria, 1972.

Medina, Jeremy T. *Spanish Realism: The Theory and Practice of a Concept in the Nineteenth Century*. Potomac, Md.: José Porrúa Turanzas, 1979.

Onís, Federico de. *Antología de la poesía española e hispanoamericana*. New York: Las Américas, 1961.

Roggiano, Alfredo A. "La poesía decimonónica." *Historia de la literatura hispanoamericana*. Tomo II, *Del neoclasicismo al modernismo*. Luis Iñigo-Madrigal. Madrid: Cátedra, 1987.

Schulman, Ivan. *El modernismo hispanoamericano*. Buenos Aires: Centro Editor de América Latina, 1969.

Sommer, Doris. *Foundational Fictions: The National Romances of Latin America*. Berkeley: University of California Press, 1991.

Zea, Leopoldo. *Dos etapas del pensamiento en Hispanoamérica. Del romanticismo al positivismo*. México: Colegio de México, 1949.

René de Costa
John F. Garganigo
Ben Heller

JOSÉ MARÍA HEREDIA (1803–1839)

Nació en Santiago, Cuba, el 31 diciembre de 1803. Su padre, funcionario en la judicatura española de Santo Domingo, tuvo que emigrar a Cuba a principios de 1801 durante la invasión de Toussaint L'Ouverture que unió la isla e inició el primer movimiento independentista del continente. Los sucesivos ataques al dominio español en sus colonias causaron desplazamientos de la familia; los Heredia residieron en Florida, Venezuela y México entre 1806 y 1820. A la muerte del padre y con el éxito de los movimientos de independencia contra España, hubo un nuevo regreso de la familia a Cuba en 1821.

De joven, José María Heredia recibió una educación clásica; ya a los ocho años había estudiado varios idiomas y tradujo a Horacio. Los años en la Universidad Santa Rosa de Lima, de Caracas, le dan una base humanística y despiertan su interés en la poesía. En México, a los dieciocho años, colabora en varias revistas de la capital y escribe algunos versos patrióticos. Su poema "En el Teocalli de Cholula" (1820) considerado su obra maestra, lo consagra como una de las figuras más celebradas del romanticismo latinoamericano. Es una obra que combina profundas emociones líricas e ideas liberales y patrióticas contra España. El poeta interioriza su lánguida visión del paisaje de Cholula vinculándolo al glorioso y sangriento pasado azteca. La lucha de los antiguos guerreros es paralela a los esfuerzos independentistas de la época. En 1821 se recibe de abogado en la Universidad de la Habana e intensifica su actividad política contra el gobierno español de Cuba. Tuvo que salir del país en 1823 cuando fue acusado en una conspiración contra España y buscó refugio en Boston y luego en Nueva York.

En su exilio vive una vida de penurias físicas y sufrimiento moral. Como otros románticos, sufrió del "mal du siècle", especie de incapacidad de adaptarse al pasar del tiempo que se refleja en un tono de fatalidad hacia la existencia y una angustia de vivir. Su actitud rebelde hacia todo conformismo logra una salida en sus causas políticas.

Este período coincide con una intensa actividad creativa. Los críticos han mencionado las influencias de Ossian, Byron, Chateaubriand, Lamartine, Foscolo y Leopardi, los maestros románticos del tiempo; su actitud hacia el arte sirve como base de sus propios poemas. Paralelos a sus versos políticos y patrióticos, son los versos dedicados al tema amoroso, expresados en tono melancólico y nostálgico. Típicos ejemplos de esta fase son los poemas "A Emilia" y "A mi esposa".

"En una tempestad" (1822), es un poema que ataca los sentidos del lector con imágenes visuales y auditivas cargadas de un profundo lirismo. Capta toda la fuerza majestuosa de la naturaleza por medio de la cual el poeta logra unirse al cosmos en una expresión reverente con rasgos existenciales.

Su oda "Niágara" (1824), que no se incluye en esta antología, emplea la octava real neoclásica y un tono netamente romántico. El poeta se une a la fuerza poderosa del Niágara con el deseo de trascender su soledad y su mísera condición humana. En versos que revelan un íntimo lirismo místico, el poeta logra unirse con el poder regenerador de la naturaleza, reflejo de la grandeza del cosmos y de Dios.

Este poeta inadaptado, como muchos otros de su época, nos dejó versos cargados de una fuerza emotiva inagotable. Escribió también drama, crítica y cuentos. Murió en la Ciudad de México en 1839.

En el Teocalli de Cholula[1]

¡Cuánto es bella la tierra que habitaban
Los aztecas valientes! En su seno
En una estrecha zona concentrados,
Con asombro se ven todos los climas
Que hay desde el Polo al Ecuador. Sus llanos
Cubren a par de las doradas mieses
Las cañas deliciosas. El naranjo
Y la piña y el plátano sonante,
Hijos del suelo equinoccial, se mezclan
A la frondosa vid, al pino agreste,
Y de Minerva[2] el árbol majestuoso.
Nieve eternal corona las cabezas
De Iztaccihual purísimo, Orizaba
Y Popocatépetl,[3] sin que el invierno,
Toque jamás con destructora mano
Los campos fertilísimos, do ledo
Los mira el indio en púrpura ligera
Y oro teñirse, reflejando el brillo
Del sol en occidente, que sereno
En yelo eterno y perennal verdura
A torrentes vertió su luz dorada,
Y vio a Naturaleza conmovida
Con su dulce calor hervir en vida.
  Era la tarde; su ligera brisa
Las alas en silencio ya plegaba
Y entre la hierba y árboles dormía
Mientras el ancho sol su disco hundía
Detrás de Iztaccíhual. La nieve eterna,
Cual disuelta en mar de oro, semejaba
Temblar en torno de él; un arco inmenso
Que del empíreo en el cenit finaba,
Como espléndido pórtico del cielo,
De luz vestido y centellante gloria,
De sus últimos rayos recibía
Los colores riquísimos. Su brillo
Desfalleciendo fue; la blanca luna

10
20
30

---

[1]Es una silva donde se combinan versos de
  once y siete sílabas arbitrariamente.
  Algunos quedan libres. Teocalli es una
  pirámide dedicada al dios Quetzacoatl.

[2]Diosa de la sabiduría.
[3]Tres volcanes de México, siempre cubiertos de nieve.

Y de Venus la estrella solitaria
En el cielo desierto se veían.
¡Crepúsculo feliz! Hora más bella
40   Que la alma noche o el brillante día,
¡Cuánto es dulce tu paz al alma mía!
   Hallábame sentado en la famosa
Cholulteca pirámide. Tendido
El llano inmenso que ante mí yacía,
Los ojos a espaciarse convidaba.
¡Qué silencio! ¡Qué paz! ¡Oh! ¿Quién diría
Que en estos bellos campos reina alzada
La bárbara opresión, y que esta tierra
Brota mieses tan ricas, abonada
50   Con sangre de hombres, en que fue inundada
Por la superstición y por la guerra . . .?

   Bajó la noche en tanto. De la esfera
El leve azul, oscuro y más oscuro
Se fue tornando; la movible sombra
De las nubes serenas, que volaban
Por el espacio en alas de la brisa,
Era visible en el tendido llano.
Iztaccíhual purísimo volvía
Del argentado rayo de la luna
60   El plácido fulgor, y en el oriente,
Bien como puntos de oro centelleaban
Mil estrellas y mil . . . ¡Oh! ¡Yo os saludo,
Fuentes de luz, que de la noche umbría
Ilumináis el velo
Y sois del firmamento poesía!

   Al paso que la luna declinaba,
Y al ocaso fulgente descendía,
Con lentitud la sombra se extendía
Del Popocatépetl, y semejaba
70   Fantasma colosal. El arco oscuro
A mí llegó, cubrióme, y su grandeza
Fue mayor y mayor, hasta que al cabo
En sombra universal veló la tierra.
   Volví los ojos al volcán sublime,
Que velado en vapores transparentes,
Sus inmensos contornos dibujaba
De occidente en el cielo.

¡Gigante del Anáhuac![4] ¿Cómo el vuelo
De las edades rápidas no imprime
80 Alguna huella en tu nevada frente?
Corre el tiempo veloz, arrebatando
Años y siglos, como el norte fiero
Precipita ante sí la muchedumbre
De las olas del Mar. Pueblos y reyes
Viste hervir a tus pies, que combatían
Cual ora combatimos, y llamaban
Eternas sus ciudades, y creían
Fatigar a la tierra con su gloria.
Fueron: de ellos no resta ni memoria.
90 ¿Y tú eterno serás? Tal vez un día
De tus profundas bases desquiciado
Caerás; abrumará tu gran ruina
Al yermo Anáhuac; alzaránse en ella
Nuevas generaciones, y orgullosas,
Que fuiste negarán . . .

        Todo perece
Por ley universal. Aun este mundo
Tan bello y tan brillante que habitamos,
Es el cadáver pálido y deforme
100 De otro mundo que fue . . .
En tal contemplación embebecido
Sorprendióme el sopor. Un largo sueño
De glorias engolfadas y perdidas
En la profunda noche de los tiempos,
Descendió sobre mí. La agreste pompa
De los reyes aztecas desplegóse
A mis ojos atónitos. Veía
Entre la muchedumbre silenciosa
De emplumados caudillos levantarse
110 El déspota salvaje en rico trono,
De oro, perlas y plumas recamado;
Y al son de caracoles belicosos
Ir lentamente caminando al templo
La vasta procesión, do la aguardaban

[4]Referencia a Popocatépetl. *Anáhuac* es el
nombre que los indios dieron al Valle de
México.

Sacerdotes horribles, salpicados
Con sangre humana rostros y vestidos.
Con profundo estupor el pueblo esclavo
La bajas frentes en el polvo hundía,
Y ni mirar a su señor osaba,
120 De cuyos ojos férvidos brotaba
La saña del poder.

                    Tales ya fueron
Tus monarcas, Anáhuac, y su orgullo,
Su vil superstición y tiranía
En el abismo del no ser se hundieron.
Sí, que la muerte, universal señora,
Hiriendo a par al déspota y esclavo,
Escribe la igualdad sobre la tumba.
Con su manto benéfico el olvido
130 Tu insensatez oculta y tus furores
A la raza presente y la futura.
Esta inmensa estructura
Vio a la superstición más inhumana.
En ella entronizarse. Oyó los gritos
De agonizantes víctimas, en tanto
Que el sacerdote, sin piedad ni espanto,
Les arrancaba el corazón sangriento;
Miro el vapor espeso de la sangre
Subir caliente al ofendido cielo,
140 Y tender en el sol fúnebre velo,
Y escuchó los horrendos alaridos
Con que los sacerdotes sofocaban
El grito de dolor.

                    Muda y desierta
Ahora te ves, pirámide. ¡Más vale
Que semanas de siglos yazcas yerma,
Y la superstición a quien serviste
En el abismo del infierno duerma!
A nuestros nietos últimos, empero,
150 Sé lección saludable; y hoy al hombre
Que ciego en su saber fútil y vano
Al cielo, cual Titán, truena orgulloso,
Su ejemplo ignominioso
De la demencia y del furor humano.

En una tempestad

Huracán, huracán, venir te siento,
y en tu soplo abrasado
del señor de los aires el aliento.

En las alas del viento suspendido
vedle rodar por el espacio inmenso,
silencioso, tremendo, irresistible
en su curso veloz. La tierra en calma
siniestra, misteriosa,
contempla con pavor su faz terrible.
¿Al toro no miráis? El suelo escarban,
de insoportable ardor sus pies heridos:
la frente poderosa levantando,
y en la hinchada nariz fuego aspirando,
llama la tempestad con sus bramidos.

¡Qué nubes! ¡Qué furor! El sol temblando
vela en triste vapor su faz gloriosa,
y su disco nublado sólo vierte
luz fúnebre y sombría,
que no es noche ni día . . .
¡Pavoroso color, velo de muerte!
Los pajarillos tiemblan y se esconden
al acercarse el huracán bramando,
y en los lejanos montes retumbando
le oyen los bosques, y a su voz responden.

Llega ya . . . ¿No le veis? ¡Cuál desenvuelve
su manto aterrador y majestuoso . . . !
¡Gigante de los aires, te saludo . . . !
En fiera confusión el viento agita
las orlas de su parda vestidura . . .
¡Ved . . . ! ¡En el horizonte
los brazos rapidísimos enarca,
y con ellos abarca
cuanto alcanzo a mirar de monte a monte!

¡Oscuridad universal . . . ! ¡Su soplo
levanta en torbellinos
el polvo de los campos agitado . . . !
En las nubes retumba despeñado
el carro del Señor, y de sus ruedas
brota el rayo veloz, se precipita,
40 hiere y aterra al suelo,
y su lívida luz inunda el cielo.

¿Qué rumor? ¿Es la lluvia . . . ? Desatada
cae a torrentes, oscurece el mundo
y todo es confusión, horror profundo,
cielos, nubes, colinas, caro bosque,
¿dó estáis . . . ? Os busco en vano
desaparecísteis . . . La tormenta umbría
en los aires revuelve un océano
que todo lo sepulta…
50 Al fin, mundo fatal, nos separamos;
el huracán y yo solos estamos.

¡Sublime tempestad! ¡Cómo en tu seno,
de tu solemne inspiración henchido,
al mundo vil y miserable olvido,
y alzo la frente, de delicia lleno!
¿Dó está el alma cobarde
que teme tu rugir . . . ? Yo en ti me elevo
al trono del Señor; oigo en las nubes
el eco de su voz; siento a la tierra
60 escucharle y temblar. Ferviente lloro
desciende por mis pálidas mejillas,
y su alta majestad trémulo adoro.

REFLEXIÓN Y ANÁLISIS

1) Discuta la caracterización de los dos momentos históricos en "El Teocalli de
   Cholula".
2) ¿Cuáles son los rasgos románticos en el poema "En una tempestad"? ¿Qué visión
   tiene el poeta de su mundo?
3) Haga una comparación de cómo se describe la naturaleza en los poemas de Heredia
   y los de Bernardo de Balbuena. ¿Cómo difieren en su tono?

BIBLIOGRAFÍA

González, Manuel Pedro. *José María Heredia: Primogénito del romanticismo hispano.*
  México: El Colegio de México, 1955.
Manach, Jorge. "Heredia y el romanticismo." *Cuadernos Hispanoamericanos* 86 (1957):
  195–220.
Souza, Raymond D. "*José María Heredia.* The Poet and the Ideal of Liberty." *Revista de
  Estudios Hispánicos* 5 (1971): 31–38.

John F. Garganigo

ESTEBAN ECHEVERRÍA (1805–1851)

Esteban Echeverría nació en Buenos Aires el 2 de septiembre de 1805. Fue un escritor romántico que cultivó la poesía, el ensayo y el cuento. Como muchos de los jóvenes de su época, fue un hombre que dedicó toda su vida a su arte y a los afanes políticos.

Inició sus estudios en el Colegio de Ciencias Morales de la recién fundada Universidad de Buenos Aires. Vivió una vida temprana bastante típica de su generación. Sus primeros años fueron dedicados a una vida bohemia donde demostró una actitud rebelde. Después de la muerte de su madre en 1822 su vida tomó otros rumbos. En el año 1825 se fue a Europa y permaneció en París desde 1826 hasta 1830. Fue allí donde hizo contacto con las ideas estéticas y liberales del romanticismo europeo llegando a estudiar las obras de los grandes maestros franceses como Victor Hugo, Musset, Lamartine, Saint-Beuve, Saint-Simon; los alemanes Goethe, Schiller y Herder; los ingleses Byron y Sir Walter Scott, y los italianos Manzoni y Mazzini, entre otros. Amplió también sus estudios de las grandes figuras españolas del Siglo de Oro. En este ambiente cultural y artístico, influido por el fervor político y social de una época de grandes cambios, Echeverría comenzó a dedicarse a su propio arte. Al volver a Buenos Aires, en 1830, introdujo en su país estas ideas innovadoras nutridas de un entusiasmo vibrante.

El ambiente político de los años treinta y la lucha entre los unitarios liberales y las fuerzas federales del dictador Juan Manuel de Rosas despiertan su interés acerca de la condición actual de su país. Sus ideas políticas se centran en la continuación de los ideales de la revolución de Mayo de 1810 y la ruptura con España. En el campo artístico, traza las líneas de una nueva literatura basada en el énfasis en lo autóctono argentino subrayando el fuerte poder de la naturaleza y la geografía de la pampa. Demuestra un gran interés en el poder de un lenguaje popular que contrasta con el "buen gusto" del período anterior. Sus primeros esfuerzos en la literatura de índole romántica culminaron con la publicación del poema *Elvira o la novia del Plata* (1832). Estos versos que tienen un valor histórico como base del romanticismo argentino y de una literatura "nacional", son de escaso valor y no le merecieron elogios.

Su liberalismo político lo llevó a una afiliación con un grupo de proscritos que se oponían al régimen de Juan Manuel de Rosas. Entre ellos figuran José Mármol, Juan M. Gutiérrez, Juan Bautista Alberdi, Vicente López, Hilario Ascasubi y Domingo Faustino Sarmiento. Todos combinaron la carrera política con la actividad literaria.

Con la publicación de *Los consuelos* (1834), obra poética que fue recibida con entusiasmo, Echeverría ya demuestra un plan coherente de lo que para él constituye el ideal poético. Para él, la poesía debería reflejar el trasfondo nacional en la cual se basa, captando a la vez la naturaleza y el paisaje con originalidad y emoción.

La ruptura definitiva con los maestros españoles es evidente en *Las rimas* (1837), una serie de poemas que incluye "La cautiva", obra seminal de la literatura nacional. En este poema el ser humano queda aplastado por el vasto poder y la violencia de la naturaleza. Se siente la fuerza avasalladora del desierto que Echeverría capta con emoción y dramatismo. La caracterización del indio, representante de la barbarie que vence a la sociedad civilizada, da origen a la polaridad y al conflicto entre "civilización-barbarie", tema principal de futuras obras nacionales. Lo autóctono se presenta en primer plano como algo complejo y contradictorio.

En el año 1837 participa en el Salón Literario de Marcos Sastre que acoge a gran parte de la intelectualidad del momento. Asistieron a las reuniones Juan Bautista Alberdi, José María Gutiérrez y Bartolomé Mitre. Fieles a los ideales liberales de la revolución de Mayo, con énfasis en lo propio y lo nacional, se funda la "Asociación de la Joven Generación Argentina", basada en ideas fundamentales de Giuseppe Mazzini en la "Giovane Italia". Luego pasó a ser la "Asociación de Mayo" cuyos principios trazaron las sendas futuras de la República Argentina con la publicación del "Dogma Socialista de la Asociación de Mayo" (1846). Sus actividades políticas, más y más intensas cada vez, provocaron la intervención del gobierno de Rosas y muchos de los miembros, Echeverría entre ellos, buscaron protección en el exilio.

En 1839, escribe su obra maestra, el cuento "El matadero", escrito recogido por su amigo José María Gutiérrez y que se publica póstuma en el año 1871 en *Revista del Río de la Plata*. "El matadero" es una metáfora de la tiranía de Rosas. Los gauchos y los negros que formaron una quinta columna entre las fuerzas del dictador federal, representan la violencia y la barbarie del matadero. La obra se sitúa en un marco histórico con referencias específicas a lugares conocidos de Buenos Aires. Con ironía mordaz, el narrador critica el papel de Rosas apoyado por la Iglesia Católica y sus secuaces del matadero. Dentro de este marco, se trazan dos historias paralelas: la del toro que no debiera encontrarse en el matadero y la del joven unitario que por casualidad se ve atrapado en el reino de Matasiete, figura simbólica de Rosas.

El cuento es una mezcla de escenas grotescas y violentas del más destacado realismo, con un tono romántico. La muerte del niño degollado, la matanza del toro, la tortura del joven unitario y el ambiente vulgar del matadero contribuyen al realismo del cuento. Echeverría simpatiza abiertamente con el joven unitario, mientras condena las acciones del tirano. Es una lucha entre las fuerzas del bien y del mal con un fin ya determinado desde el principio del cuento. La matanza del toro es paralela a la humillación del unitario y su muerte. En un ambiente de terror y violencia no hay escape; en un nivel simbólico la mano de Rosas lo controla todo. En un mundo poblado por machos no hay sitio para los seres sensibles como el unitario.

La actitud de Echeverría frente a las pobres mujeres negras que trafican en el matadero demuestra poca simpatía hacia estos seres miserables. Es una actitud racista típica de la época. Las ideas racistas de Gobineau en Europa habían influido en el pensamiento político de esta generación. El progresismo de la nueva Argentina excluía a seres considerados inferiores que poco podían contribuir al progreso de la nación. Con el pasar del tiempo, este texto se ha consagrado como piedra angular de la narrativa latinoamericana.

Aunque sus ideas influyeron en el rumbo político de su país, Echeverría no logró ver la derrota final de Rosas. Murió un año antes en Montevideo el 19 de enero de 1851.

El matadero

A pesar de que la mía es historia, no la empezaré por el arca de Noé y la genealogía de sus ascendientes como acostumbraban hacerlo los antiguos historiadores españoles de América, que deben ser nuestros prototipos. Tengo muchas razones para no seguir ese ejemplo, las que callo por no ser difuso. Diré solamente que los sucesos de mi narración pasaban por los años de Cristo de 183 . . . Estábamos, a más, en cuaresma, época en que escasea la carne en Buenos Aires, porque la Iglesia, adoptando el precepto de Epicteto,[1] *sustine, abstine* (sufre, abstente), ordena vigilia y abstinencia a los estómagos de los fieles a causa de que la carne es pecaminosa, y, como dice el proverbio, busca a la carne. Y como la Iglesia tiene *ab*
10 *initio* y por delegación directa de Dios, el imperio inmaterial sobre las conciencias y los estómagos, que en manera alguna pertenecen al individuo, nada más justo y racional que vede lo malo.

Los abastecedores, por otra parte, buenos federales,[2] y por lo mismo buenos católicos, sabiendo que el pueblo de Buenos Aires atesora una docilidad singular para someterse a toda especie de mandamiento, sólo traen en días cuaresmales al matadero los novillos necesarios para el sustento de los niños y los enfermos dispensados de la abstinencia por la bula y no con el ánimo de que se harten algunos herejotes, que no faltan, dispuestos siempre a violar los mandamientos carnificinos[3] de la Iglesia, y a contaminar la sociedad con el mal ejemplo.

20 Sucedió, pues, en aquel tiempo, una lluvia muy copiosa. Los caminos se anegaron; los pantanos se pusieron a nado y las calles de entrada y salida a la ciudad rebosaban en acuoso barro. Una tremenda avenida se precipitó de repente por el Riachuelo de Barracas,[4] y extendió majestuosamente sus turbias aguas hasta el pie de las barrancas del Alto.[5] El Plata, creciendo embravecido, empujó esas aguas que venían buscando su cauce y las hizo correr hinchadas por sobre campos, terraplenes, arboledas, caseríos, y extenderse como un lago inmenso por todas las bajas tierras. La ciudad circunvalada del norte al oeste por una cintura de agua y barro, y al sud por un piélago blanquecino en cuya superficie flotaban a la ventura algunos barquichuelos y negreaban las chimeneas y las copas de los árboles, echaba
30 desde sus torres y barrancas atónitas miradas al horizonte como implorando la protección del Altísimo. Parecía el amago de un nuevo diluvio. Los beatos y beatas gimoteaban haciendo novenarios y continuas plegarias. Los predicadores atronaban el templo y hacían crujir el púlpito a puñetazos. "Es el día del juicio —decían—, el fin del mundo está por venir. La cólera divina rebosando se derrama en inundación.

---

[1]**Epicteto:** filósofo estoico del siglo I nacido en Frigia.
[2]**federales:** partidarios de Juan Manuel de Rosas (1793–1877), dictador de Argentina.
[3]**los mandamientos carnificinos:** durante el periodo de cuaresma se les prohibe a los Católicos comer carne.

[4]**Riachuelo de Barracas:** afluente del Río de la Plata que pasa por Buenos Aires.
[5]**Alto:** barrio de Buenos Aires.

¡Ay de vosotros, pecadores! ¡Ay de vosotros, unitarios[6] impíos que os mofáis de la Iglesia, de los santos, y no escucháis con veneración la palabra de los ungidos del Señor! ¡Ay de vosotros si no imploráis misericordia al pie de los altares! Llegará la hora tremenda del vano crujir de dientes y de las frenéticas imprecaciones. Vuestra impiedad, vuestras herejías, vuestras blasfemias, vuestros crímenes horrendos, han traído sobre nuestra tierra las plagas del Señor. La justicia del Dios de la Federación[7] os declarará malditos".

Las pobres mujeres salían sin aliento, anonadadas del templo, echando, como era natural, la culpa de aquella calamidad a los unitarios.

Continuaba, sin embargo, lloviendo a cántaros, y la inundación crecía, acreditando el pronóstico de los predicadores. Las campanas comenzaron a tocar rogativas por orden del muy católico Restaurador[8] quien parece no las tenía todas consigo. Los libertinos, los incrédulos, es decir, los unitarios, empezaron a amedrentarse al ver tanta cara compungida, oír tanta batahola de imprecaciones. Se hablaba ya, como de cosa resuelta, de una procesión en que debía ir toda la población descalza y a cráneo descubierto, acompañando al Altísimo, llevado bajo palio por el obispo, hasta la barranca de Balcarce donde millares de voces, conjurando al demonio unitario de la inundación, debían implorar la misericordia divina.

Feliz, o mejor, desgraciadamente, pues la cosa habría sido de verse, no tuvo efecto la ceremonia, porque bajando el Plata, la inundación se fue poco a poco escurriendo en su inmenso lecho, sin necesidad de conjuro ni plegarias.

Lo que hace principalmente a mi historia es que por causa de la inundación estuvo quince días el matadero de la Convalecencia sin ver una sola cabeza vacuna, y que en uno o dos todos los bueyes de quinteros y *aguateros* se consumieron en el abasto de la ciudad. Los pobres niños y enfermos se alimentaban con huevos y gallinas, y los gringos y herejotes bramaban por el *beefsteak* y el asado. La abstinencia de carne era general en el pueblo, que nunca se hizo más digno de la bendición de la Iglesia, y así fue que llovieron sobre él millones y millones de indulgencias plenarias. Las gallinas se pusieron a seis pesos y los huevos a cuatro reales, y el pescado carísimo. No hubo en aquellos días cuaresmales promiscuaciones ni excesos de gula; pero, en cambio, se fueron derecho al cielo innumerables ánimas, y acontecieron cosas que parecen soñadas.

No quedó en el matadero ni un solo ratón vivo de muchos millares que allí tenían albergue. Todos murieron o de hambre o ahogados en sus cuevas por la incesante lluvia. Multitud de negras rebusconas de achuras,[9] como los caranchos de presa, se desbandaron por la ciudad como otras tantas arpías prontas a devorar cuanto hallaran comible. Las gaviotas y los perros, inseparables rivales suyos en el matadero, emigraron en busca de alimento animal. Porción de viejos achacosos cayeron en consunción por falta de nutritivo caldo; pero lo más notable que

---

[6]**unitarios:** enemigos de Rosas y partidarios de la Constitución centralizadora de 1819.
[7]**Dios de la Federación:** referencia a Juan Manuel de Rosas. Caudillo federal.

[8]**Restaurador:** referencia a Rosas como el restaurador de las leyes.
[9]**achuras:** intestinos.

sucedió fué el fallecimiento casi repentino de unos cuantos gringos herejes, que cometieron el desacato de darse un hartazgo de chorizos de Extremadura, jamón y bacalao, y se fueron al otro mundo a pagar el pecado cometido por tan abominable promiscuación.

Algunos médicos opinaron que si la carencia de carne continuaba, medio pueblo caería en síncope por estar los estómagos acostumbrados a su corroborante jugo; y era de notar el contraste entre estos tristes pronósticos de la ciencia y los anatemas lanzados desde el púlpito por los reverendos padres contra toda clase de nutrición animal y de promiscuación en aquellos días destinados por la Iglesia al ayuno y la penitencia. Se originó de aquí una especie de guerra intestina entre los estómagos y las conciencias, atizada por el inexorable apetito, y las no menos inexorables vociferaciones de los ministros de la Iglesia, quienes, como es su deber, no transigen con vicio alguno que tienda a relajar las costumbres católicas: a lo que se agregaba el estado de flatulencia intestinal de los habitantes, producido por el pescado y los porotos y otros alimentos algo indigestos.

Esta guerra se manifestaba por sollozos y gritos descompasados en la peroración de los sermones y por rumores y estruendos subitáneos en las casas y calles de la ciudad o dondequiera concurrían gentes. Alarmóse un tanto el gobierno, tan paternal como previsor del Restaurador, creyendo aquellos tumultos de origen revolucionario y atribuyéndolos a los mismos salvajes unitarios, cuyas impiedades, según los predicadores federales, habían traído sobre el país la inundación de la cólera divina; tomó activas providencias, desparramó a sus esbirros[10] por la población, y por último, bien informado, promulgó un decreto tranquilizador de las conciencias y de los estómagos, encabezado por un considerando muy sabio y piadoso para que a todo trance, y arremetiendo por agua y todo, se trajese ganado a los corrales.

En efecto, el décimosexto día de la carestía,[11] víspera del día de Dolores, entró a vado por el paso de Burgos al matadero del Alto una tropa de cincuenta novillos gordos; cosa poca por cierto para una población acostumbrada a consumir diariamente de 250 a 300, y cuya tercera parte al menos gozaría del fuero eclesiástico de alimentarse con carne. ¡Cosa extraña que haya estómagos privilegiados y estómagos sujetos a leyes inviolables y que la Iglesia tenga la llave de los estómagos!

Pero no es extraño, supuesto que el diablo con la carne suele meterse en el cuerpo y que la Iglesia tiene el poder de conjurarlo: el caso es reducir al hombre a una máquina cuyo móvil principal no sea su voluntad sino la de la Iglesia y el gobierno. Quizá llegue el día en que sea prohibido respirar aire libre, pasearse y hasta conversar con un amigo, sin permiso de autoridad competente. Así era, poco más o menos, en los felices tiempos de nuestros beatos abuelos, que por desgracia vino a turbar la revolución de Mayo.[12]

---

[10]**esbirros:** secuaces de Rosas.
[11]**carestía:** día en que no se podía comer carne.

[12]**revolución de Mayo:** referencia al día 25 de Mayo de 1810, o los comienzos de las guerras de independencia contra España.

Sea como fuera, a la noticia de la providencia gubernativa, los corrales del Alto se llenaron, a pesar del barro, de carniceros, de *achuradores*[13] y de curiosos, quienes recibieron con grandes vociferaciones y palmoteos los cincuenta novillos destinados al matadero.

—Chica, pero gorda—exclamaban—. ¡Viva la Federación! ¡Viva el Restaurador!

120 Porque han de saber los lectores que en aquel tiempo la Federación estaba en todas partes, hasta entre las inmundicias del matadero, y no había fiesta sin Restaurador como no hay sermón sin San Agustín.[14] Cuentan que al oír tan desaforados gritos las últimas ratas que agonizaban de hambre en sus cuevas, se reanimaron y echaron a correr desatentadas, conociendo que volvían a aquellos lugares la acostumbrada alegría y la algazara precursora de abundancia.

El primer novillo que se mató fue todo entero de regalo al Restaurador, hombre muy amigo del asado. Una comisión de carniceros marchó a ofrecérselo en nombre de los federales del matadero, manifestándole *in voce* su agradecimiento por la acertada providencia del gobierno, su adhesión ilimitada al Restaurador y 130 su odio entrañable a los salvajes unitarios, enemigos de Dios y de los hombres. El Restaurador contestó a la arenga, *rinforzando*[15] sobre el mismo tema, y concluyó la ceremonia con los correspondientes vivas y vociferaciones de los espectadores y actores. Es de creer que el Restaurador tuviese permiso especial de su Ilustrísima para no abstenerse de carne, porque siendo tan buen observador de las leyes, tan buen católico y tan acérrimo protector de la religión, no hubiera dado mal ejemplo aceptando semejante regalo en día santo.

Siguió la matanza, y en un cuarto de hora cuarenta y nueve novillos se hallaban tendidos en la plaza del matadero, desollados[16] unos, los otros por desollar. El espectáculo que ofrecía entonces era animado y pintoresco, aunque reunía todo 140 lo horriblemento feo, inmundo y deforme de una pequeña clase proletaria peculiar del Río de la Plata. Pero para que el lector pueda percibirlo a un golpe de ojo, preciso es hacer un croquis de la localidad.

El matadero de la Convalecencia o del Alto, sitio en la quintas al sur de la ciudad, es una gran playa en forma rectangular, colocada al extremo de dos calles, una de las cuales allí termina y la otra se prolonga hasta el este. Esta playa, con declive al sur, está cortada por un zanjón labrado por la corriente de las aguas pluviales, en cuyos bordes laterales se muestran innumberables cuevas de ratones y cuyo cauce recoge en tiempo de lluvia toda la sangraza seca o reciente del matadero. En la junción del ángulo recto, hacia el oeste, está lo que llaman la casilla, 150 edificio bajo, de tres piezas de media agua con corredor al frente que da a la calle y palenque para atar caballos, a cuya espalda se notan varios corrales de palo a pique de ñandubay con sus fornidas puertas para encerrar el ganado.

---

[13]**achuradores:** los que se apoderan de los intestinos y lo que queda de la res.
[14]**San Agustín:** padre de la Iglesia cuyas obras se citan muy a menudo en los sermones.

[15]**rinforzando:** dando énfasis.
[16]**desollados:** sin piel.

Estos corrales son en tiempo de invierno un verdadero lodazal, en el cual los animales apeñuscados se hunden hasta el encuentro, y quedan como pegados y casi sin movimiento. En la casilla se hace la recaudación del impuesto de corrales, se cobran las multas por violación de reglamentos y se sienta el juez del matadero, personaje importante, caudillo de los carniceros y que ejerce la suma del poder en aquella pequeña república, por delegación del Restaurador. Fácil es calcular qué clase de hombre se requiere para el desempeño de semejante cargo. La casilla, por otra parte, es un edificio tan ruin y pequeño que nadie lo notaría en los corrales a no estar asociado su nombre al del terrible juez y no resaltar sobre su blanca cintura los siguientes letreros rojos: "Viva la Federación", "Viva el Restaurador y la heroica doña Encarnación Ezcurra",[17] "Mueran los salvajes unitarios". Letreros muy significativos, símbolo de la fe política y religiosa de la gente del matadero. Pero algunos lectores no sabrán que la tal heroína es la difunta esposa del Restaurador, patrona muy querida de los carniceros, quienes, ya muerta, la veneraban por sus virtudes cristianas y su federal heroísmo en la revolución contra Balcarce.[18] Es el caso que en un aniversario de aquella memorable hazaña de la mazorca,[19] los carniceros festejaron con un espléndido banquete en la casilla de la heroína, banquete a que concurrió con su hija y otras señoras federales, y que allí, en presencia de un gran concurso, ofreció a los señores carniceros en un solemne brindis su federal patrocinio, por cuyo motivo ellos la proclamaron entusiasmados patrona del matadero, estampando su nombre en las paredes de la casilla, donde estará hasta que lo borre la mano del tiempo.

La perspectiva del matadero a la distancia era grotesca, llena de animación. Cuarenta y nueve reses estaban tendidas sobre sus cueros, y cerca de doscientas personas hollaban aquel suelo de lodo regado con la sangre de sus arterias. En torno de cada res resaltaba un grupo de figuras humanas de tez y raza distinta. La figura más prominente de cada grupo era el carnicero con el cuchillo en mano, brazo y pecho desnudos, cabello largo y revuelto, camisa y chiripá[20] y rostro embadurnado de sangre. A sus espaldas se rebullían, caracoleando y siguiendo los movimientos, una comparsa de muchachos, de negras y mulatas achuradoras, cuya fealdad trasuntaba las arpías de la fábula, y entremezclados con ellas algunos enormes mastines, olfateaban, gruñían o se daban de tarascones por la presa. Cuarenta y tantas carretas, toldadas con negruzco y pelado cuero, se escalonaban irregularmente a lo largo de la playa, y algunos jinetes con el poncho calado y el lazo prendido al tiento cruzaban por entre ellas al tranco o reclinados sobre el pescuezo de los caballos echaban ojo indolente sobre uno de aquellos animados grupos, al paso que, más arriba, en el aire, un enjambre de gaviotas blanquiazules, que habían vuelto de la emigración al olor de la carne, revoloteaban, cubriendo con su disonante graznido todos los ruidos y voces del matadero y proyectando una sombra

---

[17]**Encarnación Ezcurra:** esposa de Juan Manuel de Rosas.

[18]**Balcarce:** general enemigo de Rosas.

[19]**mazorca:** terroristas patidarios de Rosas.

Juego de palabras de más horca, el tipo favorito de su terrorismo.

[20]**chiripá:** prenda gaucha, tipo de calzones.

clara sobre aquel campo de horrible carnicería. Esto se notaba al principio de la matanza.

Pero a medida que adelantaba, la perspectiva variaba; los grupos se deshacían, venían a formarse tomando diversas actitudes y se desparramaban corriendo como si en medio de ellos cayese alguna bala perdida, o asomase la quijada de algún encolerizado mastín. Esto era que el carnicero en un grupo descuartizaba a golpe de hacha, colgaba en otros los cuartos en los ganchos de su carreta, despellejaba en éste, sacaba el sebo en aquél; de entre la chusma que ojeaba y aguardaba la presa de achura, salía de cuando en cuando una mugrienta mano a dar un tarazón con el cuchillo al sebo o a los cuartos de la res, lo que originaba gritos y explosión de cólera del carnicero y el continuo hervidero de los grupos, dichos y gritería descompasada de los muchachos.

—Ahí se mete el sebo en las tetas, la tipa—gritaba uno.

—Aquél lo escondió en el alzapón—replicaba la negra.

—Che, negra bruja, salí de aquí antes de que te pegue un tajo—exclamaba el carnicero.

—¿Qué le hago, ño Juan? ¡No sea malo! Yo no quiero sino la panza y las tripas.

—Son para esa bruja: a la m . . .

—¡A la bruja! ¡A la bruja!—repitieron los muchachos—¡Se lleva la riñonada y el tongorí![21]—Y cayeron sobre su cabeza sendos cuajos de sangre y tremendas pelotas de barro.

Hacia otra parte, entretanto, dos africanas llevaban arrastrando las entrañas de un animal; allá una mulata se alejaba con un ovillo de tripas y resbalando de repente sobre un charco de sangre, caía a plomo, cubriendo con su cuerpo la codiciada presa. Acullá se veían acurrucadas en hileras 400 negras destejiendo sobre las faldas el ovillo y arrancando, uno a uno, los sebitos que el avaro cuchillo del carnicero había dejado en la tripa como rezagados, al paso que otras vaciaban panzas y vejigas y las henchían de aire de sus pulmones para depositar en ellas, luego de secas, la achura.

Varios muchachos, gambeteando a pie y a caballo, se daban de vejigazos o se tiraban bolas de carne, desparramando con ellas y su algazara la nube de gaviotas que, columpiándose en el aire, celebraban chillando la matanza. Oíanse a menudo, a pesar del veto del Restaurador y de la santidad del día, palabras inmundas y obscenas, vociferaciones preñadas de todo el cinismo bestial que caracteriza a la chusma de nuestros mataderos, con las cuales no quiero regalar a los lectores.

De repente caía un bofe sangriento sobre la cabeza de alguno, que de allí pasaba a la de otro, hasta que algún deforme mastín lo hacía buena presa, y una cuadrilla de otros, por si estrujo o no estrujo, armaba una tremenda de gruñidos y mordiscones. Alguna tía vieja salió furiosa en persecución de un muchacho que le había embadurnado el rostro con sangre, y acudiendo a sus gritos y puteadas los compañeros del rapaz, la rodeaban y azuzaban como los perros al toro, y llovían

---

[21]**tongorí:** esófago del animal vacuno.

sobre ella zoquetes de carne, bolas de estiércol, con groseras carcajadas y gritos frecuentes, hasta que el juez mandaba restablecer el orden y despejar el campo.

Por un lado dos muchachos se adiestraban en el manejo del cuchillo, tirándose horrendos tajos y reveses; por otro, cuatro, ya adolescentes, ventilaban a cuchilladas el derecho a una tripa gorda y un mondongo[22] que habían robado a un carnicero; y no de ellos distante, porción de perros, flacos ya de la forzosa abstinencia, empleaban el mismo medio para saber quién se llevaría un hígado envuelto en barro. Simulacro en pequeño era éste del modo bárbaro con que se ventilan en nuestro país las cuestiones y los derechos individuales y sociales. En fin, la escena que se representaba en el matadero era para vista, no para escrita.

Un animal había quedado en los corrales, de corta y ancha cerviz, de mirar fiero, sobre cuyos órganos genitales no estaban conformes los pareceres, porque tenía apariencias de toro y de novillo. Llególe la hora. Dos enlazadores a caballo penetraron en el corral en cuyo contorno hervía la chusma a pie, a caballo y horqueteada sobre sus nudosos palos. Formaban en la puerta el más grotesco y sobresaliente grupo, varios pialadores[23] y enlazadores de a pie con el brazo desnudo y armado del certero lazo, la cabeza cubierta con un pañuelo punzó[24] y chaleco y chiripá colorado, teniendo a sus espaldas varios jinetes y espectadores de ojo escrutador y anhelante.

El animal, prendido ya al lazo por las astas, bramaba echando espuma furibundo, y no había demonio que lo hiciera salir del pegajoso barro, donde estaba como clavado y era imposible pialarlo. Gritábanle, lo azuzaban en vano con las mantas y pañuelos los muchachos que estaban prendidos sobre las horquetas del corral, y era de oír la disonante batahola de silbidos, palmadas y voces, tiples y roncas que se desprendían de aquella singular orquesta.

Los dicharachos, las exclamaciones chistosas y obscenas rodaban de boca en boca, y cada cual hacía alarde espontáneamente de su ingenio y de su agudeza, excitado por el espectáculo o picado por el aguijón de alguna lengua locuaz.

—Hi de p . . . en el toro.

—Al diablo los torunos del Azul.[25]

—Malhaya el tropero que nos da gato por liebre.

—Si es novillo.

—¿No está viendo que es toro viejo?

—Como toro le ha de quedar. ¡Muéstreme los c . . . si le parece, c . . . o!

—Ahí los tiene entre las piernas ¿No los ve, amigo, más grandes que la cabeza de su castaño, o se ha quedado ciego en el camino?

—Su madre sería la ciega, pues que tal hijo ha parido. ¿No ve que todo ese bulto es barro?

—Es emperrado y arisco como un unitario.

---

[22]**mondongo:** intestinos de los reses.

[23]**pialadores:** persona que usa el pial o lazo que se arroja a las patas delanteras del animal.

[24]**pañuelo punzó:** pañuelo rojo que llevaban los partidarios de Rosas.

[25]**torunos del Azul:** toros que por un defecto de castración tienen un testículo solo.

Y al oír esta mágica palabra, todos a una voz exclamaron:—¡Mueran los salvajes unitarios!

—Para el tuerto los h . . .

—Sí, para el tuerto, que es hombre de c . . . para pelear con los unitarios. El matambre[26] a Matasiete, degollador de unitarios. ¡Viva Matasiete!

—A Matasiete el matambre.

—Allá va—gritó una voz ronca, interrumpiendo aquellos desahogos de la cobardía feroz—. ¡Allá va el toro!

280 —¡Alerta! ¡Guarda los de la puerta! ¡Allá va furioso como un demonio!

Y en efecto, el animal acosado por los gritos y sobre todo por dos picanas agudas que le espoleaban la cola, sintiendo flojo el lazo, arremetió bufando a la puerta, lanzando a entrambos lados una rojiza y fosfórica mirada. Dióle el tirón el enlazador sentando su caballo, desprendió el lazo del asta, crujió por el aire un áspero zumbido y al mismo tiempo se vió rodar desde lo alto de una horqueta del corral, como si un golpe de hacha lo hubiese dividido a cercén, una cabeza de niño cuyo tronco permaneció inmóvil sobre su caballo de palo, lanzando por cada arteria un largo chorro de sangre.

—¡Se cortó el lazo!—gritaron unos—. ¡Allá va el toro!

290 Pero otros, deslumbrados y atónitos, guardaron silencio, porque todo fue como un relámpago.

Desparramóse un tanto el grupo de la puerta. Una parte se agolpó sobre la cabeza y el cadáver palpitante del muchacho degollado por el lazo, manifestando horror en su atónito semblante, y la otra parte, compuesta de jinetes que no vieron la catástrofe, se escurrió en distintas direcciones en pos del toro, vociferando y gritando: "¡Allá va el toro! ¡Atajen! ¡Guarda! ¡Enlaza, Sietepelos! ¡Que te agarra, Botija! ¡Va furioso; no se le pongan delante! ¡Ataja, ataja, Morado! ¡Dale espuela al mancarrón![27] ¡Ya se metió en la calle sola! ¡Que lo ataje el diablo!"

El tropel y vocifería era infernal. Unas cuantas negras achuradoras, sentadas en 300 hilera al borde del zanjón, oyendo el tumulto se acogieron y agazaparon entre las panzas y tripas que desenredaban y devanaban con la paciencia de Penélope, lo que sin duda las salvó, porque el animal lanzó al mirarlas un bufido aterrador, dio un brinco sesgado y siguió adelante perseguido por los jinetes. Cuentan que una de ellas se fue de cámaras; otra rezó diez salves en dos minutos, y dos prometieron a San Benito no volver jamás a aquellos malditos corrales y abandonar el oficio de achuradoras. No se sabe si cumplieron la promesa.

El toro, entretanto, tomó hacia la ciudad por una larga y angosta calle que parte de la punta más aguda del rectángulo anteriormente descripto, calle encerrada por una zanja y cerco de tunas, que llaman sola por no tener más de dos 310 casas laterales, y en cuyo aposado centro había un profundo pantano que tomaba de zanja a zanja. Cierto inglés, de vuelta de su saladero, vadeaba este pantano a la

---

[26]**matambre:** carne de una res entre las costillas y la piel. Se prepara como un pol- petón relleno, y es comida favorita.

[27]**mancarrón:** caballo malo.

sazón, paso a paso, en un caballo algo arisco, y, sin duda, iba tan absorto en sus cálculos que no oyó el tropel de jinetes ni la gritería sino cuando el toro arremetía el pantano. Azoróse de repente su caballo dando un brinco al sesgo y echó a correr, dejando al pobre hombre hundido media vara en el fango. Este accidente, sin embargo, no detuvo ni frenó la carrera de los perseguidores del toro, antes al contrario, soltando carcajadas sarcásticas: "Se amoló el gringo; levántate gringo" —exclamaron, cruzando el pantano, y amasando con barro bajo las patas de sus caballos su miserable cuerpo. Salió el gringo, como pudo, después a la orilla, más con la apariencia de un demonio tostado por las llamas del infierno que un hombre blanco pelirrubio. Más adelante, al grito de "¡al toro!", cuatro negras achuradoras que se retiraban con su presa, se zambulleron en la zanja llena de agua, único refugio que les quedaba.

El animal entretanto, después de haber corrido unas veinte cuadras en distintas direcciones azorando con su presencia a todo viviente, se metió por la tranquera de una quinta, donde halló su perdición. Aunque cansado, manifestaba brío y colérico ceño; pero rodeábalo una zanja profunda y un tupido cerco de pitas, y no había escape. Juntáronse luego sus perseguidores que se hallaban desbandados, y resolvieron llevarlo en un señuelo de bueyes para que expiase su atentado en el lugar mismo donde lo había cometido.

Una hora después de su fuga el toro estaba otra vez en el matadero, donde la poca chusma que había quedado no hablaba sino de sus fechorías. La aventura del gringo en el pantano, excitaba principalmente la risa y el sarcasmo. Del niño degollado por el lazo no quedaba sino un charco de sangre: su cadáver estaba en el cementerio.

Enlazaron muy luego por las astas al animal, que brincaba haciendo hincapie y lanzando roncos bramidos. Echáronle uno, dos, tres piales; pero infructuosos: al cuarto quedó prendido de una pata: su brío y su furia redoblaron; su lengua, estirándose convulsiva, arrojaba espuma, su nariz humo, sus ojos miradas encendidas.

—¡Desjarreten ese animal!—exclamó una voz imperiosa. Matasiete se tiró al punto del caballo, cortóle el garrón de una cuchillada y gambeteando en torno de él con su enorme daga en mano, se la hundió al cabo hasta el puño en la garganta, mostrándola en seguida humeante y roja a los espectadores. Brotó un torrente de la herida, exhaló algunos bramidos roncos, y cayó el soberbio animal entre los gritos de la chusma que proclamaba a Matasiete vencedor y le adjudicaba en premio el matambre. Matasiete extendió, como orgulloso, por segunda vez el brazo y el cuchillo ensangrentado, y se agachó a desollarlo con otros compañeros.

Faltaba que resolver la duda sobre los órganos genitales del muerto, clasificado provisoriamente de toro por su indomable fiereza; pero estaban todos tan fatigados de la larga tarea, que lo echaron por lo pronto en olvido. Mas de repente una voz ruda exclamó:

—Aquí están los huevos—sacando de la barriga del animal y mostrando a los espectadores dos enormes testículos, signo inequívoco de su dignidad de toro. La risa y la charla fue grande; todos los incidentes desgraciados pudieron fácilmente explicarse. Un toro en el matadero era cosa muy rara, y aun vedada. Aquél, según reglas de buena policía, debía arrojarse a los perros; pero había tanta escasez de carne y tantos hambrientos en la población que el señor Juez tuvo a bien hacer ojo lerdo.

En dos por tres estuvo desollado, descuartizado y colgado en la carreta el maldito toro. Matasiete colocó el matambre bajo el pellón de su recado y se preparaba a partir. La matanza estaba concluida a las doce, y la poca chusma que había presenciado hasta el fin, se retiraba en grupos de a pie y de a caballo, o tirando a la cincha algunas carretas cargadas de carne.

Mas de repente la ronca voz de un carnicero gritó:

—¡Allí viene un unitario!—y al oír tan significativa palabra toda aquella chusma se detuvo como herida de una impresión subitánea.

—¿No le ven la patilla en forma de U? No trae divisa en el fraque ni luto en el sombrero.

—Perro unitario.

—Es un cajetilla.[28]

—Monta en silla como los gringos.

—La Mazorca con él.

—¡La tijera!

—Es preciso sobarlo.

—Trae pistoleras por pintar.

—Todos estos cajetillas unitarios son pintores como el diablo.

—¿A que no te le animás, Matasiete?

—¿A que no?

—A que sí.

Matasiete era hombre de pocas palabras y de mucha acción. Tratándose de violencia, de agilidad, de destreza en el hacha, el cuchillo o el caballo, no hablaba y obraba. Lo habían picado: prendió la espuela a su caballo y se lanzó a brida suelta al encuentro del unitario.

Era éste un joven como de veinticinco años, de gallarda y bien apuesta persona, que mientras salían en borbotones de aquellas desaforadas bocas las anteriores exclamaciones, trotaba hacia Barracas, muy ajeno de temer peligro alguno. Notando, empero, las significativas miradas de aquel grupo de dogos de matadero, echa maquinalmente la diestra sobre las pistoleras de su silla inglesa, cuando una pechada al sesgo del caballo de Matasiete lo arroja de los lomos del suyo tendiéndolo a la distancia boca arriba y sin movimiento alguno.

—¡Viva Matasiete!—exclamó toda aquella chusma, cayendo en tropel sobre la víctima como los caranchos rapaces sobre la osamenta de un buey devorado por el tigre.

---

[28]**cajetilla:** el elegante porteño. En este contexto tiene un sentido sexual con refe- rencia al aspecto femenino del personaje.

Atolondrado todavía el joven, fue, lanzando una mirada de fuego sobre aquellos hombres feroces, hacia su caballo que permanecía inmóvil no muy distante, a buscar en sus pistolas el desagravio y la venganza. Matasiete, dando un salto, le salió al encuentro y con fornido brazo asiéndolo de la corbata lo tendió en el suelo tirando al mismo tiempo la daga de la cintura y llevándola a su garganta.

Una tremenda carcajada y un nuevo viva estentóreo volvió a vitorearlo.

420 ¡Qué nobleza de alma! ¡Qué bravura en los federales!, ¡siempre en pandillas cayendo como buitres sobre la víctima inerte!

—Degüéllalo, Matasiete; quiso sacar las pistolas. Degüéllalo como al toro.

—Pícaro unitario. Es preciso tusarlo.

—Tiene buen pescuezo para el violín.

—Mejor es la resbalosa.[29]

—Probaremos—dijo Matasiete, y empezó sonriendo a pasar el filo de su daga por la garganta del caído, mientras con la rodilla izquierda le comprimía el pecho y con la siniestra mano le sujetaba por los cabellos.

—No, no lo degüellen—exclamó de lejos la voz imponente del Juez del mata-
430 dero que se acercaba a caballo.

—A la casilla con él, a la casilla. Preparen la mazorca y las tijeras. ¡Mueran los salvajes unitarios! ¡Viva el Restaurador de las leyes!

—¡Viva Matasiete!

"¡Mueran!" "¡Vivan!"—repitieron en coro los espectadores, y atándolo codo con codo, entre moquetes y tirones, entre vociferaciones e injurias, arrastraron al infeliz joven al banco del tormento, como los sayones al Cristo.

La sala de la casilla tenía en su centro una grande y fornida mesa de la cual no salían los vasos de bebida y los naipes sino para dar lugar a las ejecuciones y torturas de los sayones federales del matadero. Notábase además en un rincón otra mesa
440 chica con recado de escribir y un cuaderno de apuntes y porción de sillas entre las que resaltaba un sillón de brazos destinado para el juez. Un hombre, soldado en apariencia sentado en una de ellas, cantaba al son de la guitarra la resbalosa, tona-
da de inmensa popularidad entre los federales, cuando la chusma llegando en tro-
pel al corredor de la casilla lanzó a empellones al joven unitario hacia el centro de la sala.

—A ti te toca la resbalosa—gritó uno.

—Encomienda tu alma al diablo.

—Está furioso como toro montaraz.

—Ya te amansará el palo.
450 —Es preciso sobarlo.

—Por ahora verga y tijera.

—Si no, la vela.

—Mejor será la mazorca.

---

[29]**resbalosa:** referencia a tocar la resbalosa,
o degollar.

—Silencio y sentarse—exclamó el juez dejándose caer sobre un sillón. Todos obedecieron mientras el joven, de pie, encarando al juez exclamó con voz preñada de indignación:

—¡Infames sayones! ¿Qué intentan hacer de mí?

—¡Calma!—dijo sonriendo el juez—. No hay que encolerizarse. Ya lo verás.

El joven, en efecto, estaba fuera de sí de cólera. Todo su cuerpo parecía estar en convulsión. Su pálido y amoratado rostro, su voz, su labio trémulo, mostraban el movimiento convulsivo de su corazón, la agitación de sus nervios. Sus ojos de fuego parecían salirse de la órbita, su negro y lacio cabello se levantaba erizado. Su cuello desnudo y la pechera de su camisa dejaban entrever el latido violento de sus arterias y la respiración anhelante de sus pulmones.

—¿Tiemblas?—le dijo el juez.

—De rabia porque no puedo sofocarte entre mis brazos.

—¿Tendrías fuerza y valor para eso?

—Tengo de sobra voluntad y coraje para ti, infame.

—A ver las tijeras de tusar mi caballo: túsenlo a la federala.

Dos hombres le asieron, uno de la ligadura del brazo, otro de la cabeza y en un minuto cortáronle la patilla que poblaba toda su barba por bajo, con risa estrepitosa de sus espectadores.

—A ver—dijo el juez—, un vaso de agua para que se refresque.

—Uno de hiel te daría yo a beber, infame.

Un negro petiso púsosele al punto delante con un vaso de agua en la mano. Dióle el joven un puntapié en el brazo y el vaso fue a estrellarse en el techo, salpicando el asombrado rostro de los espectadores.

—Este es incorregible.

—Ya lo domaremos.

—Silencio—dijo el juez—. Ya estás afeitado a la federala, sólo te falta el bigote. Cuidado con olvidarlo. Ahora vamos a cuenta. ¿Por qué no traes divisa?

—Porque no quiero.

—¿No sabes que lo manda el Restaurador?

—La librea es para vosotros, esclavos, no para los hombres libres.

—A los libres se les hace llevar a la fuerza.

—Sí, la fuerza y la violencia bestial. Esas son vuestras armas, infames. ¡El lobo, el tigre, la pantera, también son fuertes como vosotros! Deberíais andar como ellos, en cuatro patas.

—¿No temes que el tigre te despedace?

—Lo prefiero a que maniatado me arranquen, como el cuervo, una a una las entrañas.

—¿Por qué no llevas luto en el sombrero por la heroína?

—Porque lo llevo en el corazón por la patria que vosotros habéis asesinado, infames.

—¿No sabes que así lo dispuso el Restaurador?

—Lo dispusisteis vosotros, esclavos, para lisonjear el orgullo de vuestro señor, y tributarle vasallaje infame.

—¡Insolente! Te has embravecido mucho. Te haré cortar la lengua si chistas. Abajo los calzones a ese mentecato cajetilla y a nalga pelada denle verga, bien atado sobre la mesa.

Apenas articuló esto el juez, cuatro sayones salpicados de sangre, suspendieron al joven y lo tendieron largo a largo sobre la mesa comprimiéndole todos sus miembros.

—Primero degollarme que desnudarme, infame canalla.

Atáronle un pañuelo a la boca y empezaron a tironear sus vestidos. Encogíase el joven, pateaba, hacía rechinar los dientes. Tomaban ora sus miembros la flexibilidad del junco, ora la dureza del fierro y su espina dorsal era el eje de un movimiento parecido al de la serpiente. Gotas de sudor fluían por su rostro, grandes como perlas; echaban fuego sus pupilas, su boca espuma, y las venas de su cuello y frente negreaban en relieve sobre su blanco cutis como si estuvieran repletas de sangre.

—Atenlo primero—exclamó el juez.

—Está rugiendo de rabia—articuló un sayón.

En un momento liaron sus piernas en ángulo a los cuatro pies de la mesa, volcando su cuerpo boca abajo. Era preciso hacer igual operación con las manos, para lo cual soltaron las ataduras que las comprimían en la espalda. Sintiéndolas libres el joven, por un movimiento brusco en el cual pareció agotarse toda su fuerza y vitalidad, se incorporó primero sobre sus brazos, después sobre sus rodillas y se desplomó al momento murmurando:

—Primero degollarme que desnudarme, infame canalla.

Sus fuerzas se habían agotado.

Inmediatamente quedó atado en cruz y empezaron la obra de desnudarlo. Entonces un torrente de sangre brotó borbolloneando de la boca y las narices del joven, y extendiéndose empezó a caer a chorros por entrambos lados de la mesa. Los sayones quedaron inmóviles y los espectadores estupefactos.

—Reventó de rabia el salvaje unitario—dijo uno.

—Tenía un río de sangre en las venas—articuló otro.

—Pobre diablo, queríamos únicamente divertirnos con él y tomó la cosa demasiado a lo serio—exclamó el juez frunciendo el ceño de tigre. Es preciso dar parte; desátenlo y vamos.

Verificaron la orden; echaron llave a la puerta y en un momento se escurrió la chusma en pos del caballo del juez cabizbajo y taciturno.

Los federales habían dado fin a una de sus innumerables proezas.

En aquel tiempo los carniceros degolladores del matadero, eran los apóstoles que propagaban a verga y puñal la federación rosina, y no es difícil imaginarse qué federación saldría de sus cabezas y cuchillas. Llamaban ellos salvaje unitario, conforme a la jerga inventada por el Restaurador, patrón de la cofradía, a todo el que no era degollador, carnicero, ni salvaje, ni ladrón; a todo hombre decente y de corazón bien puesto, a todo patriota ilustrado amigo de las luces y de la libertad; y por el suceso anterior puede verse a las claras que el foco de la federación estaba en el matadero.

REFLEXIÓN Y ANÁLISIS

1) Discuta el matadero como un microcosmo del ambiente político y social de la época.
2) Después de llegar a una definición del romanticismo y del realismo, discuta estos aspectos en la obra.
3) Discuta el tono irónico del narrador en esta obra. ¿Cuáles otros recursos literarios emplea para comunicar su posición política?
4) ¿Qué función tienen las alusiones bíblicas en este cuento?
5) Escriba un ensayo sobre el tema de la lucha entre el bien y el mal en esta obra.
6) ¿Cómo se caracteriza al gaucho en este cuento? Haga una comparación de este personaje con otros gauchos de obras conocidas.

BIBLIOGRAFÍA

Foster, David William. "Procesos significantes en *El matadero.*" *Para una lectura semiótica del ensayo latinoamericano.* Madrid: José Porrúa Turanzas, 1983. 5–18.

Ghiano, Juan Carlos. *"El matadero" de Echeverría y el Costumbrismo.* Buenos Aires: Centro Editor de América Latina, 1968.

Halperin Donghi, Tulio. *El pensamiento de Echeverría.* Buenos Aires: Sudamericana, 1968.

Sosnowski, Saúl. "Esteban Echeverría: el intelectual ante la formación del estado." *Revista Iberoamericana* 114–115 (1981): 293–300.

John F. Garganigo

DOMINGO FAUSTINO SARMIENTO (1811–1888)

Domingo Faustino Sarmiento, literato, educador, hombre de acción, político y uno de los más destacados representantes del romanticismo argentino, nace en la provincia de San Juan el 15 de febrero de 1811. Autodidacta, aprendió a leer cuando tenía sólo cuatro años de edad. Toda su vida fue moldeada por una filosofía romántica de la historia y como han señalado varios críticos, su vida forma parte de un proceso histórico más vasto. Se podría decir que él fue testigo del progreso de una nación en sus intentos de integrarse a la civilización.

Fue uno de los más grandes opositores al gobierno de Juan Manuel de Rosas y muchos de sus escritos contribuyeron a la eventual derrota del dictador. Estuvo exiliado en Chile donde funda la primera escuela normal del país y colabora en varias revistas. Es allí donde entra en una polémica con Andrés Bello (1781-1865) sobre el lenguaje. Si Bello con sus ideas neoclásicas abogaba por un idioma castizo, fiel a las reglas de la gramática castellana, Sarmiento, Echeverría, Alberdi y otros románticos preferían un idioma propio moldeado por el dinamismo de los nuevos países independientes. Si inicialmente estas ideas fueron promulgadas bajo el estandarte de un nacionalismo naciente y una fuerte aversión a España, con el pasar del tiempo, Sarmiento y Echeverría asumen una posición menos rígida y reconocen el valor del castellano como un idioma que se puede modificar sin cambiar su esencia.

Sarmiento logra ocupar también varios cargos en Chile y es representante del gobierno chileno a los Estados Unidos, Europa y África en un largo viaje entre 1845 y 1848. En Boston estableció contactos con Horace Mann y su esposa Mary con la que mantuvo una larga y productiva correspondencia. Las teorías progresivas de la educación de Horace Mann influyeron en sus propias ideas cuando llegó a ser ministro de educación y finalmente presidente de Argentina desde 1868 hasta 1874.

Sarmiento vivió en un período caótico de la historia argentina y le supo imprimir su propio sello. Las ideas filosóficas del francés Victor Cousin, especialmente su adaptación de un concepto de Herder sobre las culturas nacionales y la influencia del medio ambiente en el desarrollo social y cultural de un país, le sirvieron a Sarmiento como eje central de su concepción de la sociedad basada en la polaridad "civilización y barbarie". Su antagonismo hacia Rosas y otros caudillos rurales se manifiesta en su obra maestra, *Civilización y barbarie: vida de Juan Facundo Quiroga* (1845), publicada en *El Progreso,* diario de Santiago, durante su exilio en Chile. Esta obra, basada en la vida del caudillo Facundo Quiroga, "el Tigre de los Llanos", traza con claridad los males del país bajo el régimen del dictador federal. Los caudillos rurales que gobernaban en las provincias con su poder feudal, eran un obstáculo al progreso. El gaucho, partidario de Rosas, fue visto como el ente más representativo de la "barbarie". En un país que aspiraba a incorporar ideas progresistas, este individuo, el guacho, no servía. Había que incorporar las ideas basadas en el liberalismo francés e identificarse con la ciudad de Buenos Aires, símbolo de la "civilización".

Mucho se ha escrito sobre esta obra híbrida en cuanto a su género. *Facundo,* se puede considerar como una biografía del caudillo, un ensayo contra Rosas y un tratado socio-político e histórico de una nación. Su ataque contra Facundo Quiroga, en realidad es un ataque dirigido al mismo Rosas, símbolo por antonomasia de la barbarie. Los tipos de la pampa que describe, el "baqueano", el "rastreador", el "payador" o gaucho cantor, y el "gaucho malo", todos representantes de la "barbarie" gaucha, son a la vez seres enraizados en la misma tierra y serán incorporados a la narrativa posterior. Estos seres llegan a ser la base de cuyo núcleo surgirá la plenitud del gaucho en su transición de mero tipo al nivel de verdadero personaje en las novelas y cuentos subsiguientes. Sin embargo, si por un lado Sarmiento no puede identificarse con el gaucho social, su tratamiento literario según líneas románticas demuestra un grado de cariño hacia este individuo. Es el comienzo de lo que será más tarde la mitificación del gaucho en la poesía con el *Martín Fierro* (1872–1879) de José Hernández y en la narrativa con la novela de Ricardo Güiraldes, *Don Segundo Sombra* (1926).

Su libro, *Viajes* (1845–1847) es un testimonio de sus observaciones en varios países. Demuestra un gran entusiasmo en las costumbres y el paisaje europeo siempre visto desde una perspectiva histórica. Aunque aprecia la vitalidad de Europa, reconoce como superior el dinamismo evidente de los Estados Unidos. Los habitantes del norte de Europa y los norteamericanos poseen el sentido moral y una ética del trabajo necesarios para el futuro desarrollo de su propio país. Esta visión parcial, resulta en una actitud racista hacia los indios y negros como si fueran inferiores. Son ideas que se verán también en *Conflictos y armonías de las razas en América* (1883), libro inacabado que sufre de una falta de organización. Estas ideas racistas, basadas en los ensayos de Darwin (1809–1892), Spencer (1820–1903) y Gobineau (1816–1882) fueron aceptadas por una élite que aspiraba al progreso material del país. Desde luego, en una época en la que José Martí indicaba la fuerza positiva de los valores autóctonos latinoamericanos y la igualdad de las razas, esta obra de Sarmiento produjo un gran choque.

Sarmiento supo influir los rumbos futuros de Argentina. Murió en Asunción del Paraguay en 1888.

De *Facundo*

CAPÍTULO II. ORIGINALIDAD Y CARACTERES ARGENTINOS

Si de las condiciones de la vida pastoril, tal como la han constituido la colonización y la incuria, nacen graves dificultades para una organización política cualquiera, y muchas más para el triunfo de la civilización europea, de sus instituciones y de la riqueza y libertad, que son sus consecuencias, no puede, por otra parte, negarse que esta situación tiene su costado poético, fases dignas de la pluma del romancista. Si un destello de literatura nacional puede brillar momentáneamente en las nuevas sociedades americanas, es el que resultará de la descripción de las grandiosas escenas naturales, y sobre todo de la lucha entre la civilización europea y la barbarie indígena, entre la inteligencia y la materia; lucha imponente en América, y que da lugar a escenas tan peculiares, tan características y tan fuera del círculo de ideas en que se ha educado el espíritu europeo, porque los resortes dramáticos se vuelven desconocidos fuera del país de donde se toman, los usos sorprendentes, y originales los caracteres.

El único romancista norteamericano que haya logrado hacerse un nombre europeo es Fenimore Cooper,[1] y eso porque transportó la escena de sus descripciones fuera del círculo ocupado por los plantadores al límite entre la vida bárbara y la civilizada, al teatro de la guerra en que las razas indígenas y la raza sajona, están combatiendo por la posesión del terreno. [. . .]

Existe, pues, un fondo de poesía que nace de los accidentes naturales del país y de las costumbres excepcionales que engendra. La poesía, para despertarse, porque la poesía es, como el sentimiento religioso, una facultad del espíritu humano, necesita el espectáculo de lo bello, del poder terrible, de la inmensidad de la extensión, de lo vago, de lo incomprensible; porque sólo donde acaba lo palpable y vulgar, empiezan las mentiras de la imaginación, el mundo ideal. Ahora, yo pregunto: ¿qué impresiones ha de dejar en el habitante de la República Argentina el simple acto de clavar los ojos en el horizonte, y ver . . . , no ver nada? Porque cuanto más hunde los ojos en aquel horizonte incierto, vaporoso, indefinido, más se aleja, más lo fascina, lo confunde y lo sume en la contemplación y la duda. ¿Dónde termina aquel mundo que quiere en vano penetrar? ¡No lo sabe! ¿Qué hay más allá de lo que ve? La soledad, el peligro, el salvaje, la muerte. He aquí ya la poesía. El hombre que se mueve en estas escenas, se siente asaltado de temores e incertidumbres fantásticas, de sueños que lo preocupan despierto.

De aquí resulta que el pueblo argentino es poeta por carácter, por naturaleza. ¿Ni cómo ha de dejar de serlo, cuando en medio de una tarde serena y apacible, una nube torva y negra se levanta sin saber de dónde, se extiende sobre el cielo

---

[1]**James Fenimore Cooper** (1789–1851). Novelista romántico norteamericano. Autor de *El último mohicano, y Leatherstocking Tales.*

mientras se cruzan dos palabras y de repente el estampido del trueno anuncia la tormenta que deja frío al viajero, y reteniendo el aliento por temor de atraerse un rayo, de dos mil que caen en torno suyo? La obscuridad sucede después a la luz;
40 la muerte está por todas partes; un poder terrible, incontrastable, le ha hecho en un momento reconcentrarse en sí mismo, y sentir su nada en medio de aquella naturaleza irritada: sentir a Dios por decirlo de una vez, en la aterrante magnificencia de sus obras. ¿Qué más colores para la paleta de la fantasía? Masas de tinieblas que anublan el día, masas de luz lívida, temblorosa, que ilumina un instante las tinieblas y muestra la pampa a distancias infinitas, cruzándolas vivamente el rayo, en fin, símbolo del poder. Estas imágenes han sido hechas para quedarse hondamente grabadas. Así, cuando la tormenta pasa, el gaucho se queda triste, pensativo, serio, y la sucesión de luz y tinieblas se continúa en su imaginación, del mismo modo que, cuando miramos fijamente el sol, nos queda por largo tiempo
50 su disco en la retina. [. . .]

También nuestro pueblo es músico. Esta es una predisposición especial que todos los vecinos le reconocen. Cuando en Chile se anuncia por la primera vez, un argentino en una casa, lo invitan al piano en el acto, o le pasan una vihuela,[2] y si se excusa diciendo que no sabe pulsarla, lo extrañan, y no lo creen, "porque siendo argentino", dicen, "debe ser músico". Esta es una preocupación popular que acusan nuestros hábitos nacionales. En efecto, el joven culto de las ciudades toca el piano o la flauta, el violín o la guitarra; los mestizos se dedican casi exclusivamente a la música, y son muchos los hábiles compositores e instrumentistas que salen de entre ellos. En las noches de verano se oye sin cesar la guitarra en la
60 puerta de las tiendas, y tarde de la noche, el sueño es dulcemente interrumpido por las serenatas y los conciertos ambulantes. [. . .]

EL RASTREADOR

Del centro de estas costumbres y gustos generales se levantan especialidades notables, que un día embellecerán y darán un tinte original al drama y al romance nacional. Yo quiero sólo notar aquí algunos que servirán para completar la idea de las costumbres, para trazar en seguida el carácter, causas y efectos de la guerra civil.

El más conspicuo de todos, el más extraordinario, es el *rastreador*. Todos los gauchos del interior son rastreadores. En llanuras tan dilatadas, en donde las sen-
70 das y caminos se cruzan en todas direcciones, y los campos en que pacen o transitan las bestias son abiertos, es preciso saber seguir las huellas de un animal, y distinguirlas de entre mil; conocer si va despacio o ligero, suelto o tirado, cargado o de vacío. Esta es una ciencia casera y popular. Una vez caía yo de un camino

---

[2]**vihuela:** guitarra, el instrumento favorito del payador o cantor gaucho.

de encrucijada al de Buenos Aires, y el peón que me conducía echó, como de costumbre, la vista al suelo. "Aquí va, dijo luego, una mulita mora, muy buena . . . , esta es la tropa de don N. Zapata . . . , es de muy buena silla . . . , va ensillada . . . , ha pasado ayer" . . . Este hombre venía de la sierra de San Luis, la tropa volvía de Buenos Aires, y hacía un año que él había visto por última vez la mulita mora cuyo rastro estaba confundido con el de toda una tropa en un sendero de dos pies de ancho. Pues esto, que parece increíble, es con todo, la ciencia vulgar; éste era un peón de arria,[3] y no un rastreador de profesión.

El rastreador es un personaje grave, circunspecto, cuyas aseveraciones hacen fe en los tribunales inferiores. La conciencia del saber que posee, le da cierta dignidad reservada y misteriosa. Todos lo tratan con consideración: el pobre, porque puede hacerle mal, calumniándolo o denunciándolo; el propietario, porque su testimonio puede fallarle. Un robo se ha ejecutado durante la noche; no bien se nota, corren a buscar una pisada del ladrón, y encontrada, se cubre con algo para que el viento no la disipe. Se llama en seguida al rastreador, que ve el rastro, y lo sigue sin mirar sino de tarde en tarde el suelo, como si sus ojos vieran de relieve esta pisada que para otro es imperceptible. Sigue el curso de las calles, atraviesa los huertos, entra en una casa, y señalando un hombre que encuentra, dice fríamente: "¡Este es"! El delito está probado, y raro es el delincuente que resiste a esta acusación. Para él, más que para el juez, la deposición del rastreador es la evidencia misma; negarla sería ridículo, absurdo. Se somete, pues, a este testigo, que considera como el dedo de Dios que lo señala. [. . .]

EL BAQUIANO

Después del rastreador, viene el *baquiano*,[4] personaje eminente y que tiene en sus manos la suerte de los particulares de las provincias. El baquiano es un gaucho grave y reservado, que conoce a palmo veinte mil leguas cuadradas de llanuras, bosques y montañas. Es el topógrafo más completo; es el único mapa que lleva un general para dirigir los movimientos de su campaña. El baquiano va siempre a su lado. Modesto y reservado como una tapia; está en todos los secretos de la campaña; la suerte del ejército, el éxito de una batalla, la conquista de una provincia, todo depende de él.

El baquiano es casi siempre fiel a su deber; pero no siempre el general tiene en él plena confianza. Imaginaos la posición de un jefe condenado a llevar a un traidor a su lado, y a pedirle los conocimientos indispensables para triunfar. Un baquiano encuentra una sendita que hace cruz con el camino que lleva; él sabe a qué aguada remota conduce; si encuentra mil, y esto sucede en un espacio de cien leguas, él las conoce todas, sabe de dónde vienen y adónde van. El sabe el vado oculto que tiene un río, más arriba o más abajo del paso ordinario, y esto en cien

---

[3]**peón de arria:** gaucho o peón que arrea el ganado.

[4]**baquiano:** forma clásica de baqueano.

ríos o arroyos; él conoce en los ciénagos extensos un sendero por donde pueden ser atravesados sin inconveniente, y esto en cien ciénagos distintos.

En lo más oscuro de la noche, en medio de los bosques o en las llanuras sin límites, perdidos sus compañeros, extraviados, da una vuelta en círculo de ellos, observa los árboles; si no los hay, se desmonta, se inclina a tierra, examina algunos matorrales y se orienta de la altura en que se halla; monta en seguida, y les dice para asegurarlos: "Estamos en dereseras de tal lugar, a tantas leguas de las habitaciones; el camino ha de ir al Sur", y se dirige hacia el rumbo que señala,
120   tranquilo, sin prisa de encontrarlo, y sin responder a las objeciones que el temor o la fascinación sugiere a los otros.

Si aun esto no basta, o si se encuentra en la pampa y la obscuridad es impenetrable, entonces arranca pastos de varios puntos, huele la raíz y la tierra, las masca, y después de repetir este procedimiento varias veces, se cerciora[5] de la proximidad de algún lago o arroyo salado; o de agua dulce, y sale en su busca para orientarse fijamente. El general Rosas, dicen, conoce por el gusto el pasto de cada estancia del Sur de Buenos Aires.

Si el baquiano lo es de la pampa, donde no hay caminos para atravesarla, y un pasajero le pide que lo lleve directamente a un paraje distante cincuenta leguas,
130   el baquiano se para un momento, reconoce el horizonte, examina el suelo, clava la vista en un punto y se echa a galopar con la rectitud de una flecha, hasta que cambia de rumbo por motivos que sólo él sabe, y galopando día y noche, llega al lugar designado.

El baquiano anuncia también la proximidad del enemigo; esto es, diez leguas y el rumbo por donde se acerca, por medio del movimiento de los avestruces, de los gamos y guanacos que huyen en cierta dirección. Cuando se aproxima, observa los polvos; y por su espesor cuenta la fuerza: "son dos mil hombres", dice; "quinientos", "doscientos", y el jefe obra bajo este dato, que casi siempre es infalible. Si los cóndores y cuervos revolotean en un círculo del cielo, él sabrá decir si hay
140   gente escondida, o es un campamento recién abandonado, o un simple animal muerto. El baquiano conoce la distancia que hay de un lugar a otro; los días y las horas necesarias para llegar a él, y más, una senda extraviada e ignorada por donde se puede llegar de sorpresa y en la mitad del tiempo; así es que las partidas de montoneras[6] emprenden sorpresas sobre los pueblos que están a cincuenta leguas de distancia, que casi siempre las aciertan. . . .

---

[5]**se cerciora de:** asegurarse de.

[6]**montoneras:** guerrillas gauchas de las guerras de la Independencia y de las revoluciones que vinieron después.

EL GAUCHO MALO

El Gaucho Malo, este es un tipo de ciertas localidades, un *outlaw,* un *squatter,* un misántropo particular. Es el *Ojo de Halcón,* el *Trampero* de Cooper, con toda su ciencia del desierto, con toda su aversión a las poblaciones de los blancos; pero sin su moral natural y sin sus conexiones con los salvajes. Llámanle el Gaucho Malo, sin que este epíteto le desfavorezca del todo. La justicia lo persigue desde muchos años; su nombre es temido, pronunciado en voz baja, pero sin odio y casi con respeto. Es un personaje misterioso; mora en la pampa, son su albergue los cardales;[7] vive de perdices y *mulitas;*[8] si alguna vez quiere regalarse con una lengua, enlaza una vaca, la voltea solo, la mata, saca su bocado predilecto, y abandona lo demás a las aves montecinas. De repente se presenta el Gaucho Malo en un pago de donde la partida acaba de salir; conversa pacíficamente con los buenos gauchos, que lo rodean y lo admiran; se provee *de los vicios,* y si divisa la partida, monta tranquilamente en su caballo y lo apunta hacia el desierto, sin prisa, sin aparato, desdeñando volver la cabeza. La partida rara vez lo sigue; mataría inútilmente sus caballos, porque el que monta el Gaucho Malo es un parejero pangaré[9] tan célebre como su amo. Si el acaso lo echa alguna vez de improviso entre las garras de la justicia, acomete lo más espeso de la partida, y a merced de cuatro tajadas que con su cuchillo ha abierto en la cara o en el cuerpo de los soldados, se hace paso por entre ellos, y tendiéndose sobre el lomo del caballo para sustraerse a la acción de las balas que lo persiguen, endilga hacia el desierto, hasta que, poniendo espacio conveniente entre él y sus perseguidores, refrena su trotón y marcha tranquilamente. Los poetas de los alrededores agregan esta nueva hazaña a la biografía del héroe del desierto, y su nombradía vuela por toda la vasta campaña. A veces se presenta a la puerta de un baile campestre con una muchacha que ha robado; entra en el baile con su pareja, confúndese en la mudanzas del *cielito,*[10] y desaparece sin que nadie lo advierta. Otro día se presenta en la casa de la familia ofendida. Hace descender de la grupa a la niña que ha seducido, y desdeñando las maldiciones de los padres que lo siguen, se encamina tranquilo a su morada sin límites.

Este hombre divorciado con la sociedad, proscripto por las leyes; este salvaje de color blanco, no es en el fondo un ser más depravado que los que habitan las poblaciones. El osado prófugo que acomete una familia entera, es inofensivo para con los viajeros. El Gaucho Malo no es un bandido, no es un salteador: el ataque a la vida no entra en su idea, como el robo no entraba en la idea de *Churriador;* roba, es cierto, pero esta es su profesión, su tráfico, su ciencia. Roba caballos. Una

---

[7]**cardales:** lugares poblados de cardos.
[8]**mulitas:** armadillos que se encuentran en gran abundancia en el campo.
[9]**pangaré:** caballo de color amarillo acostumbrado a correr carreras en parejas.

[10]**cielito:** composición poética y musical muy popular en el campo. Los primeros cielitos impresos fueron los del poeta uruguayo Bartolomé Hidalgo que los escribió para propagar la causa de la revolución emancipadora.

vez viene al real de una tropa del interior; el patrón propone comprarle un caballo de tal pelo extraordinario, de tal figura, de tales prendas con una estrella blanca en la paleta. El gaucho se recoge, medita un momento, y después de un rato
de silencio, contesta: "No hay actualmente caballo así". ¿Qué ha estado pensando
el gaucho? En aquel momento ha recorrido en su mente mil estancias de la
pampa, ha visto y examinado todos los caballos que hay en la provincia, con sus
marcas, color, señas particulares, y se ha convencido de que no hay ninguno que
tenga una estrella en la paleta; unos la tienen en la frente, otros una mancha blanca en el anca. . . . [. . .]

EL CANTOR

El cantor. Aquí tenéis la idealización de aquella vida de revueltas, de civilización, de barbarie y de peligros. El gaucho cantor es el mismo bardo, el vate, el
trovador de la Edad Media, que se mueve en la misma escena, entre las luchas de
las ciudades y del feudalismo de los campos, entre la vida que se va y la vida que
se acerca. El cantor anda de pago en pago, "de tapera en galpón", cantando sus
héroes de la pampa perseguidos por la justicia, los llantos de la viuda a quien los
indios robaron sus hijos en un malón[11] reciente, la derrota y la muerte del valiente Rauch,[12] la catástrofe de Facundo Quiroga[13] y la suerte que cupo a Santos
Pérez.[14] El cantor está haciendo candorosamente el mismo trabajo de crónica, costumbres, historia, biografía, que el bardo de la Edad Media, y sus versos serían
recogidos más tarde como los documentos y datos en que habrá de apoyarse el
historiador futuro, si a su lado no estuviese otra sociedad culta con superior inteligencia de los acontecimientos, que la que el infeliz despliega en sus rapsodias
ingenuas. En la República Argentina se ven a un tiempo, dos civilizaciones distintas en un mismo suelo: una naciente, que sin conocimiento de lo que tiene sobre
su cabeza, está remedando los esfuerzos ingenuos y populares de la Edad Media;
otra, que sin cuidarse de lo que tiene a sus pies, intenta realizar los últimos resultados de la civilización europea. El siglo XIX y el siglo XII viven juntos: el uno
dentro de las ciudades, el otro en las campañas.

El cantor no tiene residencia fija; su morada está donde la noche lo sorprende;
su fortuna en sus versos y en su voz. Donde quiera que el *cielito* enreda sus parejas sin tasa, donde quiera que se apure una copa de vino, el cantor tiene su lugar
preferente, su parte escogida en el festín. El gaucho argentino no bebe, si la música y los versos no lo excitan, y cada pulpería tiene su guitarra para poner en

---

[11]**malón:** ataque de los indios.

[12]**Rauch:** coronel que se opone a Rosas.
Murió en 1829.

[13]referencia a la muerte de Facundo
Quiroga en Barranca Yaco. Se supone que
fue traicionado por Rosas. Borges escribirá

un famoso poema sobre este hecho, "El
General Quiroga va en coche al muere",
de *Luna de enfrente* (1925).

[14]**Santos Pérez:** líder de la banda que ase-
sinó a Facundo Quiroga, a su vez ejecutado por Rosas.

manos del cantor, a quien el grupo de caballos estacionados en la puerta anuncia a lo lejos dónde se necesita el concurso de la gaya ciencia.[15]

El cantor mezcla entre sus cantos heroicos la relación de sus propias hazañas. Desgraciadamente, el cantor, con ser el bardo argentino, no está libre de tener que habérselas con la justicia. También tiene que dar cuenta de sendas puñaladas que ha distribuido, una o dos *desgracias* (muertes) que tuvo y algún caballo o alguna muchacha que robó. En 1840, entre un grupo de gauchos y a orillas del majestuoso Paraná, estaba sentado en el suelo con las piernas cruzadas un cantor que tenía azorado y divertido a su auditorio con la larga y animada historia de sus trabajos y aventuras. Había ya cantado lo del rapto de la querida, con los trabajos que sufrió; lo de la *desgracia* y la disputa que la motivó; estaba refiriendo su encuentro con la partida y las puñaladas que en su defensa dio, cuando el tropel y los gritos de los soldados le avisaron que esta vez estaba cercado. La partida, en efecto, se había cerrado en forma de herradura; la abertura quedaba hacia el Paraná que corría veinte varas más abajo, tal era la altura de la barranca. El cantor oyó la grita sin turbarse, viósele de improviso sobre el caballo, y echando una mirada escudriñadora sobre el círculo de soldados con las tercerolas preparadas, vuelve el caballo hacia la barranca, le pone el poncho en los ojos y clávale las espuelas. Algunos instantes después se veía salir de la profundidades del Paraná el caballo sin freno, a fin de que nadase con más ligereza, y el cantor, tomado de la cola, volviendo la cara quietamente, cual si fuera en un bote de ocho remos, hacia la escena que dejaba en la barranca. Algunos balazos de la partida no estorbaron que llegase sano y salvo al primer islote que sus ojos divisaron.

Por lo demás, la poesía original del cantor es pesada, monótona, irregular, cuando se abandona a la inspiración del momento. Más narrativa que sentimental, llena de imágenes tomadas de la vida campestre, del caballo y las escenas del desierto, que la hacen metafórica y pomposa. Cuando refiere sus proezas o las de algún afamado malévolo, parécese al improvisador napolitano, desarreglado, prosaico de ordinario, elevándose a la altura poética por momentos, para caer de nuevo al recitado insípido y casi sin versificación. Fuera de esto, el cantor posee su repertorio de poesías populares, quintillas, décimas y octavas, diversos géneros de versos octosílabos. Entre éstos hay muchas composiciones de mérito, y que descubren inspiración y sentimiento. . . .

CAPITULO V. INFANCIA Y JUVENTUD DE JUAN FACUNDO QUIROGA

[. . .]

También a él le llamaron *Tigre de los Llanos,* y no le sentaba mal esta denominación, a fe. La frenología o la anatomía comparada han demostrado, en efecto, las relaciones que existen en las formas exteriores y las disposiciones morales

---

[15]**la gaya ciencia:** arte de hacer poesía.

entre la fisonomía del hombre y de algunos animales a quienes se asemeja en su carácter. Facundo, porque así lo llamaron largo tiempo los pueblos del interior, el general don Facundo Quiroga, el excelentísimo brigadier general don Juan Facundo Quiroga, todo eso vino después, cuando la sociedad lo recibió en su seno y la victoria lo hubo coronado de laureles; Facundo, pues, era de estatura baja y fornido; sus anchas espaldas sostenían sobre un cuello corto una cabeza bien formada, cubierta de pelo espesísimo, negro y ensortijado. Su cara poco ovalada estaba hundida en medio de un bosque de pelo, a que correspondía una barba igualmente espesa, igualmente crespa y negra, que subía hasta los pómulos, bastante pronunciados, para descubrir una voluntad firme y tenaz. . . . [. . .]

[. . .]

Facundo Quiroga fué hijo de un sanjuanino de humilde condición, pero que, avecindado en los Llanos de La Rioja, había adquirido en el pastoreo una regular fortuna. El año 1799 fué enviado Facundo a la patria de su padre a recibir la educación limitada que podía adquirirse en las escuelas: leer y escribir. Cuando un hombre llega a ocupar las cien trompetas de la fama con el ruido de sus hechos, la curiosidad o el espíritu de investigación van hasta rastrear la insignificante vida del niño, para anudarla a la biografía del héroe, y no pocas veces, entre fábulas inventadas por la adulación, se encuentran ya en germen en ella los rasgos característicos del personaje histórico.

Cuéntase de Alcibíades que, jugando en la calle, se tendía a lo largo del pavimento para contrariar a un cochero que le prevenía que se quitase del paso a fin de no atropellarlo; de Napoleón, que dominaba a sus condiscípulos y se atrincheraba en su cuarto de estudiante para resistir a un ultraje. De Facundo se refieren hoy varias anécdotas, muchas de las cuales lo revelan todo entero.

En la casa de huéspedes jamás se consiguió sentarlo a la mesa común; en la escuela era altivo, huraño y solitario; no se mezclaba con los demás niños sino para encabezar actos de rebelión y para darles de golpes. El *magister,* cansado de luchar con este carácter indomable, se provee una vez de un látigo nuevo y duro, y enseñándolo a los niños, aterrados, "éste es —les dice— para estrenarlo en Facundo". Facundo, de edad de once años, oye esta amenaza y al día siguiente la pone a prueba. No sabe la lección, pero pide al maestro que se la tome en persona, porque el pasante lo quiere mal. El maestro condesciende; Facundo comete un error, comete dos, tres, cuatro; entonces el maestro hace uso del látigo, y Facundo, que todo lo ha calculado, hasta la debilidad de la silla en que su maestro está sentado, dale una bofetada, vuélcalo de espaldas, y entre el alboroto que esta escena suscita, toma la calle y va a esconderse en ciertos parrones de una viña, de donde no se le saca sino después de tres días. ¿No es ya el caudillo que va a desafiar más tarde a la sociedad entera?

Cuando llega a la pubertad su carácter toma un tinte más pronunciado. Cada vez más sombrío, más imperioso, más selvático, la pasión del juego, la pasión de las almas rudas que necesitan fuertes sacudimientos para salir del sopor que las adormeciera, domínalo irresistiblemente a la edad de quince años. Por ella se hace una reputación en la ciudad; por ella se hace intolerable en la casa en que se le hospeda; por ella, en fin, derrama, por un balazo dado a un Jorge Peña, el primer reguero de sangre que debía entrar en el ancho torrente que ha dejado marcado su pasaje en la tierra.

300

Desde que llega a la edad adulta, el hilo de su vida se pierde en un intrincado laberinto de vueltas y revueltas por los diversos pueblos vecinos; oculto unas veces, perseguido siempre, jugando, trabajando en clase de peón, dominando todo lo que se le acerca y distribuyendo puñaladas. [. . .]

REFLEXIÓN Y ANÁLISIS

1) ¿Qué efecto tiene la naturaleza en la caracterización de los tipos nativos que describe Sarmiento?
2) ¿Cómo los caracteriza? Indique los rasgos románticos en la descripción.
3) Enumere los valores positivos de estos tipos.
4) ¿Cómo plantea Sarmiento el conflicto entre civilización y barbarie? ¿Es válida esta interpretación si tomamos en cuenta los factores políticos y sociales de la época?
5) En su descripción de Facundo Quiroga, ¿cuáles rasgos predominan?
6) Después de leer las selecciones de Martí y Rodó en esta antología, compare la visión que tiene Sarmiento de los valores autóctonos con las ideas expresadas por José Martí en su ensayo "Nuestra América", y Rodó en *Ariel*.

BIBLIOGRAFÍA

Anderson Imbert, Enrique. *Genio y figura de Sarmiento*. Buenos Aires: Editorial Universitaria, 1967.
Bunkley, Allison W. *The Life of Sarmiento*. Princeton, N.J.: Princeton University Press, 1952.
Castro, Américo. "En torno al *Facundo* de Sarmiento." Sur 8/47 (1938): 26–34.
Salomon, Noël. *Realidad, ideología y literatura en el "Facundo" de D. F. Sarmiento*. Amsterdam: Rodopi, 1984.

John F. Garganigo

GERTRUDIS GÓMEZ DE AVELLANEDA (1814–1873)

Nace en Camagüey, Cuba, el 23 de Marzo de 1814. Es considerada la mejor y más prolífica poetisa romántica de hispanoamérica. Cultivó también el drama y la novela. Crecida en un ambiente de alto nivel intelectual, comenzó a lucirse a la edad de nueve años cuando escribe su primer soneto. A los quince años ya había escrito un drama histórico basado en la conquista mexicana y la figura de Hernán Cortés en el que censura la codicia de los españoles y alaba el heroísmo de los nativos aztecas.

José María Heredia, famoso poeta cubano, fue uno de sus tutores y también una gran influencia en su vida literaria. Gómez de Avellaneda leyó con cuidado las obras de los más insignes maestros franceses e ingleses. Conocía muy bien las obras de Walter Scott, Lord Byron, Víctor Hugo y George Sand. Desde joven demuestra una actitud rebelde y apasionada frente a la vida. Su defensa de los derechos de la mujer, tema que recibe bastante atención en su obra, llega a moldear su propia vida privada.

La muerte de su padre en 1823 y el casamiento de su madre con un militar español tuvieron una influencia en el comportamiento emocional de "la Avellaneda". Algunos críticos sugieren que buscó refugio en la literatura para aliviar su profundo dolor y su desilusión por su vida familiar.

En 1836 deja Cuba rumbo a España y escribe el poema "Al partir", de hondo lirismo y uno de sus poemas más logrados. En España logra participar en las más destacadas tertulias literarias de la época donde recibe los elogios de los más representativos poetas románticos españoles, entre ellos José de Espronceda y José Zorrilla.

Su relación sentimental con Ignacio de Cepeda y Alcaide, estudiante que conoció en la Universidad de Sevilla en 1839, le causó mucha amargura. Este hombre nunca supo apreciar el talento creativo de "la Avellaneda" y aunque tuvieron una relación amorosa tempestuosa nunca pudo aceptar el no-conformismo de la poetisa. Esta fase turbulenta fue documentada en una serie de cartas que "la Avellaneda" le escribe a Cepeda entre 1839 y 1854, fecha en la que éste se casó con otra mujer.

Su producción dramática es vasta. Sobresalen entre sus dramas *Saúl* (1849), obra basada en el texto bíblico con elementos del teatro clásico griego, y su obra maestra *Baltazar* (1858). En su época, estos dramas que combinaron temas bíblicos de trasfondo histórico con personajes románticos fueron bien recibidos.

En el campo de la novela se luce con *Sab*, obra que terminó poco después de llegar a España en 1840. A pesar de que algunos críticos la consideran una obra antiesclavista, hay pocas referencias al tema en la novela. Es sobre todo la historia amorosa de un esclavo privilegiado en páginas líricas donde predomina la belleza del paisaje cubano.

Se casa por primera vez en el año 1846, matrimonio que duró sólo tres meses, y por segunda vez en el año 1854. En 1859, cuando su esposo es nombrado gobernador de la provincia de Cienfuegos, vuelve a Cuba con él. La España a la que vuelve en 1865, después de la muerte de su segundo marido, había sufrido muchos cambios. Los trastornos políticos influyeron en el ambiente artístico e intelectual, razón por la cual "la Avellaneda" pasó sus últimos años casi completamente olvidada.

Amor y orgullo

I

   Los negros cabellos
Al viento tendidos,
Los ojos hundidos,
Marchita la tez.
   Hoy llora humillada
La hermosa María,
Ejemplo algún día
De altiva esquivez.
   Su pecho acongoja
Profundo quebranto,
No alivia su llanto
Su acerbo dolor;
   Que en triste abandono
Su amante la deja,
De bronce a su queja,
De hielo a su ardor.

   El alba tres veces
Ha visto su pena,
La luna serena
Tres veces también;
   Y lenta una hora
Tras otra ha seguido,
Sin que haya traído
Ninguna a su bien.

   Ni un punto la noche
Sus ansias sosiega;
Que el sueño le niega
Su efímera paz:
   Insomne a los vientos
Les cuenta su historia . . .
Guardó mi memoria
   Su canto fugaz.

II

"Un tiempo hollaba por alfombra rosas,
Y nobles vates, de mentidas diosas,
  Prodigábanme nombres;
Mas yo, altanera, con orgullo vano.
Cual águila real al vil gusano,
40 Contemplaba a los hombres".

"Mi pensamiento—en temerario vuelo—
Ardiente osaba demandar al cielo
  Objeto a mis amores;
Y si a la tierra con desdén volvía
Triste mirada, mi soberbia impía
  Marchitaba sus flores".

"Tal vez por un momento caprichosa
Entre ellas revolé, cual mariposa,
  Sin fijarme en ninguna;
50 Pues de místico bien siempre anhelante,
Clamaba en vano, como tierno infante
  Quiere abrazar la luna".

"Hoy despeñada de la excelsa cumbre,
Do osé mirar del sol la ardiente lumbre
  Que fascinó mis ojos,
Cual hoja seca al raudo torbellino,
Cedo al poder del áspero destino . . .
  ¡Me entrego a sus antojos!"

"Cobarde corazón, que el nudo estrecho
60 Gimiendo sufres, dime: ¿qué se ha hecho
  Tu presunción altiva?
¿Qué mágico poder, en tal bajeza
Trocando ya tu indómita fiereza,
  De libertad te priva?"

"¡Mísero esclavo de tirano dueño,
Tu gloria fue cual mentiroso sueño,
  Que con las sombras huye!
Di, ¿qué se hicieron ilusiones tantas
De necia vanidad, débiles plantas
70 Que el aquilón destruye?"

"En hora infausta a mi feliz reposo,
¿No dijiste, soberbio y orgulloso:
  —Quién domará mi brío?
¡Con mi solo poder haré, si quiero,
Mudar de rumbo al céfiro[1] ligero
  Y arder al mármol frío!—"

"¡Funesta ceguedad! ¡Delirio insano!
Te gritó la razón . . . Mas ¡cuán en vano
  Te advirtió tu locura! . . .
80 Tú mismo te forjaste la cadena,
Que a servidumbre eterna te condena,
  Y duelo y amargura".

"Los lazos caprichosos que otros días
  —Por pasatiempo—a tu placer tejías,
  Fueron de seda y oro:
Los que hora rinden tu valor primero
Son eslabones de pesado acero,
  Templados con tu lloro".

"¿Qué esperaste? ¡ay de ti!, de un pecho helado,
90 De inmenso orgullo y presunción hinchado,
  De víboras nutrido?
Tú—que anhelabas tan sublime objeto—
¿Cómo al capricho de un mortal sujeto
  Te arrastras abatido?"

"¿Con qué velo tu amor cubrió mis ojos,
Que por flores tomé duros abrojos,
  Y por oro la arcilla? . . .
¡Del torpe engaño mis rivales ríen,
Y mis amantes ¡ay! tal vez, se engríen
100 Del yugo que me humilla!"

"¿Y tú lo sufres, corazón cobarde?
¿Y de tu servidumbre haciendo alarde,
  Quieres ver en mi frente
El sello del amor que te devora? . . .
¡Ah! velo pues, y búrlese en buen hora
  De mi baldón la gente".

---

[1]**céfiro:** referencia al viento.

"¡Salga del pecho—requemando el labio—
El caro nombre, de mi orgullo agravio,
   De mi dolor sustento! . . .
¿Escrito no le ves en las estrellas
Y en la luna apacible, que con ellas
   Alumbra el firmamento?"

"¿No le oyes, de las auras al murmullo?
¿No le pronuncia—en gemidor arrullo—
   La tórtola amorosa?
¿No resuena en los árboles, que el viento
Halaga con pausado movimiento
   En esa selva hojosa?"

"De aquella fuente entre las claras linfas,
¿No le articulan invisibles ninfas
   Con eco lisonjero? . . .
¿Por qué callar el nombre que te inflama,
Si aún el silencio tiene voz, que aclama
   Ese nombre que quiero? . . ."

"Nombre que un alma lleva por despojo;
Nombre que excita con placer enojo,
   Y con ira ternura;
Nombre más dulce que el primer cariño
De joven madre al inocente niño,
   Copia de su hermosura".

"Y más amargo que el adiós postrero
Que al suelo damos donde el sol primero
   Alumbró nuestra vida.
Nombre que halaga, y halagando mata;
Nombre que hiere—como sierpe ingrata—
   Al pecho que le anida . . ."

"¡No, no lo envies, corazón, al labio! . . .
¡Guarda tu mengua² con silencio sabio!
   ¡Guarda, guarda tu mengua!
¡Callad también vosotras, auras, fuente,
Trémulas hojas, tórtola doliente,
   Como calla mi lengua!"

---

²**mengua:** escasez o falta de carácter.

III

Con un gemido enmudeció María,
Y—dando de rubor visible muestra—
Su rostro, que el amor enardecía,
Cubrió un momento con su blanca diestra.

Mas luego se alza, y en su altiva frente
Ya la victoria del orgullo miro,
150　Cual si del pecho su pasión ardiente
Lanzase envuelta en el postrer suspiro . . .

Cuando a leve rumor—que entre la yerba
Suena—de humana planta producido,
En medio de su orgullo y saña acerba,
La despechada amante presta oído.

¡Cuál late el corazón! ¡Con qué zozobra
Aquel rumor aproximarse escucha! . . .
¡Amor su cetro vacilante cobra:
En vano la razón se esfuerza y lucha!

160　¡El es! ¡Allí está ya! . . . Clama el orgullo:
—Tente y escucha mis acentos: ¡tente!—
Mas piérdese su voz, cual el murmullo
De humilde arroyo al ruido del torrente;

Que cuando amor tan imperioso grita,
Razón y orgullo a su placer sofoca,
Y al corazón turbado precipita,
Cual bajel sin timón de roca en roca.

¡El es! ¡Allí está! Desdén, ausencia.
Todo lo olvida la infeliz María;
170　Que al verse de su amado en la presencia,
La noche se convierte en claro día.

¡Feliz si en pos de la fatal quimera,
Que hora la inunda en célico contento,
Al despertar del sueño no la espera
Desencanto mayor, mayor tormento!

¡Feliz si de su orgullo la memoria
No turba más su pecho sojuzgado! . . .
¡Feliz si en el sepulcro de su gloria
Su amor también no deja sepultado!

Sab

DOS PALABRAS AL LECTOR

Por distraerse de momentos de ocio y melancolía han sido escritas estas páginas: La autora no tenía entonces la intención de someterlas al terrible tribunal del público.

Tres años ha dormido esta novelita casi olvidada en el fondo de su papelera: leída después por algunas personas inteligentes que la han juzgado con benevolencia y habiéndose interesado muchos amigos de la autora en poseer un ejemplar de ella, se determina a imprimirla, creyéndose dispensada de hacer una manifestación del pensamiento, plan y desempeño de la obra al declarar que la publica sin ningún género de pretensiones.

Acaso si esta novelita se escribiese en el día, la autora, cuyas ideas han sido modificadas, haría en ellas algunas variaciones: pero sea por pereza, sea por repugnancia que sentimos en alterar lo que hemos escrito con una verdadera convicción (aun cuando ésta llegue a vacilar), la autora no ha hecho ninguna mudanza en sus borradores primitivos, y espera que si las personas sensatas encuentran algunos errores esparcidos en estas páginas, no olvidarán que han sido dictadas por los sentimientos algunas veces exagerados pero siempre generosos de la primera juventud.

PRIMERA PARTE

CAPÍTULO I

—*¿Quién eres? ¿cuál es tu patria?*

. . . .

. . . .

—*Las influencias tiranas*
de mi estrella, me formaron
monstruo de especies tan raras,

que gozo de heroica estirpe
allí en las dotes del alma
siendo el desprecio del mundo.

Cañizares

Veinte años hace, poco más o menos, que al declinar una tarde del mes de junio un joven de hermosa presencia atravesaba a caballo los campos pintorescos que riega el Tínima, y dirigía a paso corto su brioso alazán[1] por la senda conocida en

---

[1] **alazán:** caballo de pelo rojo canela.

el país con el nombre de camino de Cubitas, por conducir a las aldeas de este nombre, llamadas también tierras rojas. Hallábase el joven de quien hablamos a distancia de cuatro leguas de Cubitas, de donde al parecer venía, y a tres de la ciudad de Puerto Príncipe,[2] capital de la provincia central de la isla de Cuba en aquella época, como al presente, pero que hacía entonces muy pocos años había dejado su humilde dictado de villa.

40   Fuese efecto de poco conocimiento del camino que seguía, fuese por complacencia de contemplar detenidamente los paisajes que se ofrecían a su vista, el viajero acortaba cada vez más el paso de su caballo y le paraba a trechos como para examinar los sitios por donde pasaba. A la verdad, era harto probable que sus repetidas detenciones sólo tuvieran por objeto admirar más a su sabor los campos fertilísimos de aquel país privilegiado, y que debían tener mayor atractivo para él si como lo indicaban su tez blanca y sonrosada, sus ojos azules, y su cabello de oro había venido al mundo en una región del Norte.

El sol terrible de la zona tórrida se acercaba a su ocaso entre ondeantes nubes de púrpura y de plata, y sus últimos rayos, ya tibios y pálidos, vestían de un colo-
50   rido melancólico los campos vírgenes de aquella joven naturaleza, cuya vigorosa y lozana vegetación parecía acoger con regocijo la brisa apacible de la tarde, que comenzaba a agitar las copas frondosas de los árboles agostados por el calor del día. Bandadas de golondrinas se cruzaban en todas direcciones buscando su albergue nocturno, y el verde papagayo con sus franjas de oro y de grana, el cao[3] de un negro nítido y brillante, el carpintero real de férrea lengua y matizado plumaje, la alegre guacamaya,[4] el ligero tomeguín,[5] la tornasolada mariposa y otra infinidad de aves indígenas, posaban en las ramas del tamarindo[6] y del mango aromático, rizando sus variadas plumas como para recoger en ellas el soplo consolador del aura.

El viajero, después de haber atravesado sabanas[7] inmensas donde la vista se
60   pierde en los dos horizontes que forman el cielo y la tierra, y prados coronados de palmas y gigantescas ceibas[8] tocaba por fin en un cercado, anuncio de propiedad. En efecto, divisábase a lo lejos la fachada blanca de una casa de campo, y al momento el joven dirigió su caballo hacia ella; pero lo detuvo repentinamente y apostándole a la vereda del camino pareció dispuesto a esperar a un paisano del campo[9] que se adelantaba a pie hacia aquel sitio, con mesurado paso, y cantando una canción del país cuya última estrofa pudo entender perfectamente el viajero:

---

[2]**Puerto Príncipe:** nombre hispano de la provincia de Cuba hoy llamada Camagüey de acuerdo a su nombre indígena original.
[3]**cao:** ave parecida al cuervo.
[4]**guacamaya:** especie de papagayo.
[5]**tomeguín:** pájaro pequeño de agradable canto.

[6]**tamarindo:** árbol de gran altura y ramoso que da el fruto del mismo nombre.
[7]**sabanas:** llanura sin vegetación.
[8]**ceibas:** árbol cubano, considerado sagrado por los esclavos traídos de Africa.
[9]**paisano del campo:** campesino.

Una morena me mata
tened de mí compasión,
pues no la tiene la ingrata
que adora mi corazón.[10]

El campesino estaba ya a tres pasos del extranjero y viéndole en actitud de aguardarle detúvose frente a él y ambos se miraron un momento antes de hablar. Acaso la notable hermosura del extranjero causó cierta suspensión al campesino, el cual por su parte atrajo indudablemente las miradas de aquél.

Era el recién llegado un joven de alta estatura y regulares proporciones, pero de una fisonomía particular. No parecía un criollo blanco, tampoco era negro ni podía creérsele descendiente de los primeros habitadores de las Antillas. Su rostro presentaba un compuesto singular en que se descubría el cruzamiento de dos razas diversas, y en que se amalgamaban, por decirlo así, los rasgos de la casta africana con los de la europea, sin ser no obstante un mulato perfecto.

Era su color de un blanco amarillento con cierto fondo oscuro; su ancha frente se veía medio cubierta con mechones desiguales de un pelo negro y lustroso como las alas del cuervo; su nariz era aguileña pero sus labios gruesos y amoratados denotaban su procedencia africana. Tenía la barba un poco prominente y triangular, los ojos negros, grandes, rasgados, bajo cejas horizontales, brillando en ellos el fuego de la primera juventud, no obstante que surcaban su rostro algunas ligeras arrugas. El conjunto de estos rasgos formaban una fisonomía característica; una de aquellas fisonomías que fijan las miradas a primera vista y que jamás se olvidan cuando se han visto una vez.

El traje de este hombre no se separaba en nada del que usan generalmente los labriegos[11] en toda la provincia de Puerto Príncipe, que se reduce a un pantalón de cotín[12] de anchas rayas azules, y una camisa de hilo, también listada, ceñida a la cintura por una correa de la que pende un ancho machete, y cubierta la cabeza con un sombrero de yarey[13] bastante alicaído: traje demasiado ligero pero cómodo y casi necesario en un clima abrasador.

El extranjero rompió el silencio y hablando en castellano con una pureza y facilidad que parecían desmentir su fisonomía septentrional dijo al labriego:

---

[10]Sólo el que haya estado en la isla de Cuba y oído estas canciones en boca de la gente del pueblo, puede formar idea del dejo inimitable y la gracia singular con que dan alma y atractivo a las ideas más triviales y al lenguaje menos escogido. [Nota de la autora.]
[11]**labriegos:** labrador, campesino.
[12]**cotín:** tela gruesa, muy resistente.

[13]**yarey:** palmera cuyas hojas se emplean para confección de sombreros, cestas, etc. (El yarey es un arbusto mediano, de la familia de los guanos, de cuyas hojas largas y lustrosas se hacen en el país tejidos bastante finos para sombreros, cestos, etcétera. [Nota de la autora.])

—Buen amigo, ¿tendrá usted la bondad de decirme si la casa que desde aquí se divisa es la del ingenio[14] de Bellavista, perteneciente a don Carlos de B . . . ?

El campesino hizo una reverencia y contestó:

—Sí, señor, todas las tierras que se ven allá abajo, pertenecen al señor don Carlos.

—Sin duda es usted vecino de ese caballero y podrá decirme si ha llegado ya a su ingenio con su familia.

—Desde esta mañana están aquí los dueños, y puedo servir a usted de guía si quiere visitarlos.

El extranjero manifestó con un movimiento de cabeza que aceptaba el ofrecimiento, y sin aguardar otra respuesta del labriego se volvió en ademán de querer conducirle a la casa, ya vecina. Pero tal vez no deseaba llegar tan pronto el extranjero, pues haciendo andar muy despacio a su caballo, volvió a entablar con su guía la conversación, mientras examinaba con miradas curiosas el sitio en que se encontraba.

—¿Dice usted, que pertenecen al señor de B . . . todas estas tierras?

—Sí, señor.

—Parecen muy feraces.

—Lo son en efecto.

—Esta finca debe producir mucho a su dueño.

—Tiempos ha habido, según he llegado a entender —dijo el labriego, deteniéndose para echar una ojeada hacia las tierras objeto de la conversación—, en que este ingenio daba a su dueño doce mil arrobas[15] de azúcar cada año; porque entonces más de cien negros trabajaban en sus cañaverales; pero los tiempos han variado y el propietario actual de Bellavista no tiene en él sino cincuenta negros, ni excede su zafra[16] de seis mil panes de azúcar.

—Vida muy fatigosa deben de tener los esclavos en estas fincas —observó el extranjero—, y no me admira se disminuya tan considerablemente su número.

—Es una vida terrible a la verdad —respondió el labrador, arrojando a su interlocutor una mirada de simpatía—. Bajo este cielo de fuego el esclavo casi desnudo trabaja toda la mañana sin descanso, y a la hora terrible del mediodía, jadeando,[17] abrumado bajo el peso de la leña y de la caña que conduce sobre sus espaldas, y abrasado por los rayos del sol que tuesta su cutis, llega el infeliz a gozar todos los placeres que tiene para él la vida: dos horas de sueño y una escasa ración. Cuando la noche viene con sus brisas y sus sombras a consolar a la tierra abrasada, y toda la naturaleza descansa, el esclavo va a regar con su sudor y con

---

[14]**ingenio:** planta industrial destinada a obtener el azúcar de la caña. (Ingenio es el nombre que se da a la máquina que sirve para demoler la caña, mas también se designa comúnmente con este nombre las mismas fincas en que existen dichas máquinas. [Nota de la autora.])

[15]**arroba:** peso equivalente a veinticinco libras aproximadamente.

[16]**zafra:** cosecha de la caña de azúcar. (Zafra: El producto total de la molienda, que puede llamarse la cosecha de azúcar. [Nota de la autora.])

[17]**jadear:** respirar con dificultad por efecto de esfuerzos violentos.

sus lágrimas al recinto donde la noche no tiene sombras, ni la brisa frescura: porque allí el fuego de la leña ha sustituido al fuego del sol, y el infeliz negro, girando sin cesar en torno de la máquina que arranca a la caña su dulce jugo, y de las calderas de metal en las que este jugo se convierte en miel a la acción del fuego, ve pasar horas tras horas, y el sol que torna le encuentra todavía allí. . . . ¡Ah! sí; es un cruel espectáculo la vista de la humanidad degradada, de hombres converti- 140 tidos en brutos, que llevan en su frente la marca de la esclavitud y en su alma la desesperación del infierno.

El labriego se detuvo de repente como si echase de ver que había hablado demasiado, y bajando los ojos, y dejando asomar a sus labios una sonrisa melancólica, añadió con prontitud:

—Pero no es la muerte de los esclavos causa principal de la decadencia del ingenio de Bellavista: se han vendido muchos, como también tierras, y, sin embargo, aún es una finca de bastante valor.

Dichas estas palabras tornó a andar con dirección a la casa, pero detúvose a pocos pasos, notando que el extranjero no le seguía, y al volverse hacia él, sor- 150 prendió una mirada fijada en su rostro con notable expresión de sorpresa. En efecto, el aire de aquel labriego parecía revelar algo de grande y noble que llamaba la atención, y lo que acababa de oírle el extranjero, en un lenguaje y con una expresión que no correspondían a la clase que denotaba su traje pertenecer, acrecentó su admiración y curiosidad. Habíase aproximado el joven campesino al caballo de nuestro viajero con el semblante de un hombre que espera una pregunta que adivina se le va a dirigir, y no se engañaba, pues el extranjero, no pudiendo reprimir su curiosidad, le dijo:

—Presumo que tengo el gusto de estar hablando con algún distinguido propietario de estas cercanías. No ignoro que los criollos,[18] cuando están en sus 160 haciendas de campo, gustan vestirse como simples labriegos y sentiría ignorar por más tiempo el nombre del sujeto que con tanta cortesía se ha ofrecido a guiarme. Si no me engaño, es usted amigo y vecino de don Carlos de B . . .

El rostro de aquel a quien se dirigían estas palabras no mostró al oírlas la menor extrañeza, pero fijó en el que hablaba una mirada penetrante: luego, como si la dulce y graciosa fisonomía del extranjero dejase satisfecha su mirada indagadora, respondió bajando los ojos:

—No soy propietario, señor forastero, y aunque sienta latir en mi pecho un corazón pronto siempre a sacrificarse por don Carlos, no puedo llamarme amigo suyo. Pertenezco —prosiguió con sonrisa amarga—, a aquella raza desventurada 170 sin derechos de hombres . . . soy mulato y esclavo.

—¿Conque eres mulato? —dijo el extranjero, tomando, oída la declaración de su interlocutor, el tono de despreciativa familiaridad que se usa con los esclavos—. Bien lo sospeché al principio; pero tienes un aire tan poco común en tu clase, que luego mudé de pensamiento.

---

[18]**criollos:** nacido en América, propio y
natural del país en oposición a lo extranjero.

El esclavo continuaba sonriéndose; pero su sonrisa era cada vez más melancólica y en aquel momento tenía también algo de desdeñosa.

—Es —dijo volviendo a fijar los ojos en el extranjero— que a veces es libre y noble el alma, aunque el cuerpo sea esclavo y villano. Pero ya es de noche y voy a conducir a su merced[19] al ingenio ya próximo.

La observación del mulato era exacta. El sol, como arrancado violentamente del hermoso cielo de Cuba, había cesado de alumbrar aquel país que ama, aunque sus altares estén ya destruidos, y la luna pálida y melancólica se acercaba lentamente a tomar posesión de sus dominios.

El extranjero siguió a su guía sin interrumpir la conversación.

—¿Conque eres esclavo de don Carlos?

—Tengo el honor de ser su mayoral[20] en este ingenio.

—¿Cómo te llamas?

—Mi nombre de bautismo es Bernabé, mi madre me llamó siempre Sab, y así me han llamado luego mis amos.

—¿Tu madre era negra o mulata como tú?

—Mi madre vino al mundo en un país donde su color no era un signo de esclavitud: mi madre —repitió con cierto orgullo—, nació libre y princesa. Bien lo saben todos aquellos que fueron, como ella, conducidos de las costas del Congo por los traficantes de carne humana. Pero princesa en su país, fue vendida en éste como esclava.

El caballero sonrió con disimulo al oír el título de princesa que Sab daba a su madre, pero como al parecer le interesase la conversación de aquel esclavo, quiso prolongarla.

—Tu padre sería blanco indudablemente.

—¡Mi padre! . . . Yo no le he conocido jamás. Salía mi madre apenas de la infancia cuando fue vendida al señor don Félix de B . . . , padre de mi amo actual, y de otros cuatro hijos. Dos años gimió inconsolable la infeliz sin poder resignarse a la horrible mudanza de su suerte; pero un trastorno repetino se verificó en ella pasado este tiempo, y de nuevo cobró amor a la vida porque mi madre amó. Una pasión absoluta se encendió con toda su actividad en aquel corazón africano. A pesar de su color era mi madre hermosa, y sin duda tuvo correspondencia su pasión, pues salí al mundo por entonces. El nombre de mi padre fue un secreto que jamás quiso revelar.

—Tu suerte, Sab, será menos digna de lástima que la de los otros esclavos, pues el cargo que desempeñas en Bellavista, prueba la estimación y afecto que te dispensa tu amo.

---

[19]Los esclavos de la isla de Cuba dan a los blancos el tratamiento de su merced. [Nota de la autora.]

[20]Mayoral se llama el director o capataz que manda y preside el trabajo de los esclavos.

Rarísima vez se confiere a otro esclavo semejante cargo: cuando acontece, lo reputa éste como el mayor honor que puede dispensársele. [Nota de la autora.]

—Sí, señor, jamás he sufrido el trato duro que se da generalmente a los negros, ni he sido condenado a largos y fatigosos trabajos. Tenía solamente tres años cuando murió mi protector don Luis, el más joven de los hijos del difunto don Félix de B . . . , pero dos horas antes de dejar este mundo aquel excelente joven, tuvo una larga y secreta conferencia con su hermano don Carlos, y según se conoció después, me dejó recomendado a su bondad. Así hallé en mi amo actual el corazón bueno y piadoso del amable protector que había perdido. Casóse algún tiempo después con una mujer . . . ¡un ángel! y me llevó consigo. Seis años tenía yo cuando

220 mecía la cuna de la señorita Carlota, fruto primero de aquel feliz matrimonio. Más tarde fui el compañero de sus juegos y estudios, porque, hija única por espacio de cinco años, su inocente corazón no medía la distancia que nos separaba y me concedía el cariño de un hermano. Con ella aprendí a leer y a escribir, porque nunca quiso recibir lección alguna sin que estuviese a su lado su pobre mulato Sab. Por ella cobré afición a la lectura, sus libros y aun los de su padre han estado siempre a mi disposición, han sido mi recreo en estos páramos,[21] aunque también muchas veces han suscitado en mi alma ideas aflictivas y amargas cavilaciones.[22]

Interrumpíase el esclavo no pudiendo ocultar la profunda emoción que a pesar suyo revelaba su voz. Mas, hízose al momento señor de sí mismo, pasóse la mano

230 por la frente, sacudió ligeramente la cabeza, y añadió con más serenidad:

—Por mi propia elección fui algunos años calesero,[23] luego quise dedicarme al campo, y hace dos que asisto en este ingenio.

El extranjero sonreía con malicia desde que Sab habló de la conferencia secreta que tuviera el difunto don Luis con su hermano, y cuando el mulato cesó de hablar le dijo:

—Es extraño que no seas libre, pues habiéndote querido tanto don Luis de B . . . , parece natural te otorgase su padre la libertad, o te la diese posteriormente don Carlos.

—¡Mi libertad! . . . Sin duda es cosa muy dulce la libertad . . . Pero yo nací

240 esclavo: era esclavo desde el vientre de mi madre, y ya . . .

—Estás acostumbrado a la esclavitud —interrumpió el extranjero, muy satisfecho con acabar de expresar el pensamiento que suponía al mulato. No le contradijo éste; pero se sonrió con amargura, y añadió a media voz y como si se recrease con las palabras que profería lentamente:

—Desde mi infancia fui escriturado[24] a la señorita Carlota: soy esclavo suyo, y quiero vivir y morir en su servicio.

El extranjero picó un poco con la espuela a su caballo; Sab andaba delante apresurando el paso a proporción que caminaba más de prisa el hermoso alazán de raza normanda en que iba su interlocutor.

---

[21]**páramos:** campo desierto, elevado y descubierto a los vientos.

[22]**cavilaciones:** pensamientos insistentes, obsesivos.

[23]**calesero:** conductor de calesa, o sea carruaje de dos o cuatro ruedas con la caja abierta y dos o cuatro asientos.

[24]**escriturado:** cedido por medio de un documento legal.

250 —Ese afecto y buena ley te honra mucho, Sab, pero Carlota de B . . . va a casarse y acaso la dependencia de un amo no te será tan grata como la de tu joven señorita.

El esclavo se paró de repente, y volvió sus ojos negros y penetrantes hacia el extranjero que prosiguió, deteniendo también un momento su caballo.

—Siendo un sirviente que gozas la confianza de tus dueños, no ignorarás que Carlota tiene tratado su casamiento con Enrique Otway, hijo único de uno de los más ricos comerciantes de Puerto Príncipe.

Siguió a estas palabras un momento de silencio, durante el cual es indudable que se verificó en el alma del esclavo un incomprensible trastorno. Cubrióse su frente de arrugas verticales, lanzaron sus ojos un resplandor siniestro, como la luz 260 del relámpago que brilla entre nubes oscuras, y como si una idea repentina aclarase sus dudas, exclamó después de un instante de reflexión:

—¡Enrique Otway! Ese nombre lo mismo que vuestra fisonomía, indican un origen extranjero . . . ¡Vos[25] sois, pues, sin duda, el futuro esposo de la señorita de B . . . !

—No te engañas joven, yo soy en efecto Enrique Otway, futuro esposo de Carlota, y el mismo que procurará no ser un mal para ti su unión con tu señorita: lo mismo que ella, te prometo hacer menos dura tu triste condición de esclavo. Pero he aquí la taranquela:[26] ya no necesito guía. Adiós, Sab, puedes continuar tu camino.

270 Enrique metió espuelas a su caballo, que atravesando la taranquela partió a galope. El esclavo le siguió con la vista hasta que le vio llegar delante de la puerta de la casa blanca. Entonces clavó los ojos en el cielo, dio un profundo gemido, y se dejó caer sobre un ribazo.[27]

REFLEXIÓN Y ANÁLISIS

1) ¿Cómo puede verse afectada la lectura del corpus principal de *Sab* por el prólogo "Dos palabras al lector" que encabeza la novela?

2) Identifique las oposiciones binarias en la descripción de Sab y analice el papel retórico de las mismas.

3) ¿En qué consiste y a qué se debe la confusión que experimenta Enrique Otway en su primer encuentro con Sab? Analice en particular el papel de los silencios, el tono y el uso de la máscara en el texto.

---

[25] El tratamiento de vos no ha sido abolido enteramente en Puerto Príncipe hasta hace muy pocos años. Usábase muy comúnmente en vez de usted, y aun le empleaban algunas veces en sus conversaciones personas que se tuteaban. No tenía uso de inferior a superior y sólo lo permito a Sab por disculparle la exaltación con que hablaba en aquel momento, que no daba lugar a la reflexión. [Nota de la autora.]

[26] **Taranquela:** Son unos maderos gruesos colocados a cierta distancia con travesaños para impedir la salida del ganado, etcétera. [Nota de la autora.]

[27] **ribazo:** porción de tierra algo elevada y en declive.

4) ¿Con qué procedimientos se describe el paisaje cubano? ¿Cuál es el papel de las notas explicativas que la autora incluye a pie de página? ¿A qué tipo de lector parece dirigirse la autora?

BIBLIOGRAFÍA

Luis, William. *Literary Bondage: Slavery in Cuban Narrative.* Austin: University of Texas Press, 1990.

Sommer, Doris. "Sab c'est moi." *Genders* 2 (Julio 1988): iii–26.

Williams, Lorna. *The Representation of Slavery in Cuban Fiction.* Columbia/London: University of Missouri Press, 1994.

Zaldívar, Gladys B., y Rosa Martínez de Cabrera. *Homenaje a Gertrudis Gómez de Avellaneda.* Miami: Ediciones Universal, 1981.

Elzbieta Sklodowska

JOSÉ HERNÁNDEZ (1834–1886)

Se considera a José Hernández como la figura literaria que más ha contribuido a la mitificación del gaucho. Hombre político y periodista destacado, José Hernández es el autor de una sola obra: *Martín Fierro* (1872–1879), obra que lo inmortalizó tanto a él como al personaje mítico del gaucho. A Hernández le tocó vivir en un período caótico en la historia Argentina que, desde luego, corresponde al auge de la industria ganadera y la apertura de la frontera que presenció el comienzo de una total destrucción de la población indígena. Su padre era un hombre del campo y cuando éste muere en 1857, el hijo se traslada a Paraná para asumir el mando de una pequeña finca. Es allí donde José Hernández intensifica sus estudios del hombre del campo, de la comunidad rural y campesina y donde aprende a apreciar los valores y la fuerza dominadora del gaucho. Desempeña la tarea de comisionista de haciendas y tierras, comprando y vendiendo campos con poco éxito comercial. Aunque apreciaba la labor del gaucho y los valores positivos del hombre del campo, nunca llegó a representar a los grandes estancieros que tuvieron un importante papel en el gobierno federalista, ni llegó él mismo a ser gaucho.

Su familia se dividía entre unitarios y federales. Su tío Mariano Pueyrredón desempeñó un papel activo en el gobierno unitario, mientras que él fue partidario federal y un acérrimo enemigo de Sarmiento.

Después de la caída de Rosas en 1852 hubo un período de confusión en el ámbito político. El enfrentamiento entre Buenos Aires y la confederación (1852–1861) provocó una serie de luchas entre facciones opuestas. Cuando Urquiza, el caudillo federal, asume el poder en 1852, Hernández lo apoya. Cuando Sarmiento asume la presidencia en 1868, Hernández se opone abiertamente en artículos en el diario *El Río de la Plata*. En 1870 Urquiza es asesinado y Hernández se une a las fuerzas de López Jordán, participando activamente en algunas batallas. Con la derrota del líder federal López Jordán en 1870, tiene que emigrar a Brasil y finalmente a Montevideo en 1873. Allí vive del periodismo y del pequeño comercio, mientras continúa vinculado al derrotado López Jordán.

Cuando publica su obra maestra en 1872, lo hace con el propósito de rescatar la figura del gaucho que durante los años de independencia había peleado con valor, a veces sin saber qué causa estaba defendiendo. Durante el período de Rosas, el gaucho formó parte de una base de fuerza que defendía los valores federalistas. Cuando Hernández publica *Martín Fierro* asume una postura defensiva y protectora hacia el gaucho. Si por un lado quiere defender los intereses del gaucho, captando las idiosincrasias de su existencia y su vida llena de peligro y aventuras; por otro lado, quiere atacar a las fuerzas del gobierno de Sarmiento por haber igualado al gaucho con la barbarie, convirtiéndolo en un ente que no valía la pena preservar. Esta obra tuvo un impacto enorme. Fue leída y apreciada tanto por el hombre del campo como por el de la ciudad. Esta obra que pretende preservar los valores positivos del hombre del campo es a la vez una crítica social y política, que a veces manifiesta un tono paternalista. Al trazar la figura del gaucho a través de la historia argentina, se contrastan dos maneras de vivir y de interpretar el carácter del hombre del campo. Si por un lado el gaucho había vivido una existencia feliz en el pasado, ahora en 1872, se sentía atacado y perseguido por el gobierno de Sarmiento que lo mandaba a la frontera a eliminar indios y lo relegaba a una posición social inferior. Al documentar "los males que todos saben . . ." Hernández transfigura al gaucho en un personaje romántico con cualidades míticas, dotándolo de características que quizá nunca haya tenido en la realidad. El gaucho se transforma en un héroe nacional en el momento en que Argentina se siente asediada por los inmensos flujos de inmigración al final del siglo pasado y a principios del nuestro.

La obra tuvo un éxito enorme; se publicaron once ediciones en menos de seis años. Cuando escribe "La vuelta de Martín Fierro" (1879), el gobierno unitario no está en el poder. Las condiciones sociales han cambiado. Es ahora el momento de integrar al gaucho en el tejido de la sociedad argentina si no quiere quedarse totalmente aniquilado. La segunda parte ofrece consejos prácticos, si bien paternalistas, al hombre del campo. Para sobrevivir tiene que aceptar las leyes, la religión, la educación, todo lo que representa la "civilización". Desde luego, tenemos que preguntarnos si este gaucho que se integra en la sociedad, corresponde al gaucho de carne y hueso, o si es solamente un gaucho legendario creado por la historia y por los hombres de letras. Vale mencionar que con el auge del nacionalismo durante las primeras décadas de nuestro siglo, esta figura mítica del gaucho, creada por Hernández entre otros, se transformará en un símbolo de los valores autóctonos nacionales.

El gaucho Martín Fierro

PRIMERA PARTE: LA IDA

I

Aquí me pongo a cantar[1]
al compás de la vigüela,[2]
que el hombre que lo desvela
una pena estrordinaria,
como la ave solitaria
con el cantar se consuela.

10   Pido a los santos del Cielo
que ayuden mi pensamiento;
les pido en este momento
que voy a cantar mi historia
me refresquen la memoria
y aclaren mi entendimiento.

Vengan santos milagrosos,
vengan todos en mi ayuda,
que la lengua se me añuda
y se me turba la vista;
20   pido a mi Dios que me asista
en una ocasión tan ruda.

Yo he visto muchos cantores,
con famas bien otenidas,
y que después de adquiridas
no las quieren sustentar:[3]
parece que sin largar
se cansaron en partidas.[4]

---

[1]Fórmula empleada por los payadores de la poesía popular anunciando su intención de revelar públicamente su argumento.
[2]**vigüela:** instrumento de seis cuerdas parecido a la guitarra.

[3]Según el crítico Walter Rela, ésta es una alusión a Estanislao Del Campo, quien después de publicado *Fausto* (1866), dejó de escribir en estilo gauchesco.
[4]En las carreras criollas, los caballos desfilan con el objeto de mostrar sus calidades. Esta maniobra puede cansar a los caballos.

Mas ande otro criollo pasa
Martín Fierro ha de pasar:
30   nada lo hace recular
ni las fantasmas lo espantan;
y dende que todos cantan
yo también quiero cantar.

Cantando me he de morir,
cantando me han de enterrar,
y cantando he de llegar
al pie del Eterno padre:
dende el vientre de mi madre
vine a este mundo a cantar.

40   Que no se trabe mi lengua
ni me falte la palabra:
el cantar mi gloria labra
y poniéndomé a cantar,
cantando me han de encontrar
aunque la tierra se abra.

Me siento en el plan de un bajo[5]
a cantar un argumento;
como si soplara el viento
hago tiritar los pastos.
50   Con oros, copas y bastos[6]
juega allí mi pensamiento.

Yo no soy cantor letrao,[7]
mas si me pongo a cantar
no tengo cuándo acabar
y me envejezco cantando:
las coplas me van brotando
como agua de manantial.

---

[5]**bajo:** parte baja de un terreno.
[6]**con oros, copas y bastos:** que va a jugar
con todas las cartas o con todos los recursos estilísticos que tiene.

[7]**letrao:** letrado o instruido. Se identifica el
cantor con el elemento popular.

Con la guitarra en la mano
ni las moscas se me arriman,
60   naides me pone el pie encima,
y cuando el pecho se entona,
hago gemir a la prima
y llorar a la bordona.[8]

    Yo soy toro en mi rodeo
y torazo en rodeo ajeno;
siempre me tuve por güeno[9]
y si me quieren probar,
salgan otros a cantar
y veremos quién es menos.

70   No me hago al lao de la güeya[10]
aunque vengan degollando,
con los blandos yo soy blando
y soy duro con los duros,
y ninguno en un apuro
me ha visto andar tutubiando.

    En el peligro, ¡qué Cristos!
el corazón se me enancha,
80   pues toda la tierra es cancha,
y de esto naides se asombre:
el que se tiene por hombre
donde quiera hace pata ancha.[11]

    Soy gaucho, y entiendaló
como mi lengua lo esplica:
para mí la tierra es chica
y pudiera ser mayor;
ni la víbora me pica
ni quema mi frente el sol.

---

[8]Prima y bordona se refieren a las cuerdas
  de la guitarra.
[9]**güeno:** bueno.

[10]**güeya:** arcaísmo de *huella.*
[11]**hacer pata ancha:** enfrentar al enemigo
  sin miedo.

90 Nací como nace el peje
en el fondo de la mar;
naides me puede quitar
aquello que Dios me dió:
lo que al mundo truje yo
del mundo lo he de llevar.

Mi gloria es vivir tan libre
como el pájaro del cielo;
no hago nido en este suelo
ande hay tanto que sufrir,
100 y naides me ha de seguir
cuando yo remuento el vuelo.

Yo no tengo en el amor
quien me venga con querellas;
como esas aves tan bellas
que saltan de rama en rama,
yo hago en el trébol mi cama,
y me cubren las estrellas.

Y sepan cuantos escuchan
de mis penas el relato,
110 que nunca peleo ni mato
sino por necesidá,
y que a tanta alversidá
sólo me arrojó el mal trato.

Y atiendan la relación
que hace un gaucho perseguido,
que padre y marido ha sido
empeñoso y diligente,
y sin embargo la gente
lo tiene por un bandido.

120 **II**

[. . .]

   ¡Ah, tiempos! . . . ¡Si era un orgullo
ver jinetear un paisano!
Cuando era gaucho baquiano,
aunque el potro se boliase,[12]
no había uno que no parase
con el cabresto en la mano.

   Y mientras domaban unos,
otros al campo salían,
130 y la hacienda rocogían,
las manadas repuntaban,[13]
y ansí sin sentir pasaban
entretenidos el día.

   Y verlos al cair la tarde
en la cocina riunidos,
con el juego bien prendido
y mil cosas que contar,
platicar muy divertidos
hasta después de cenar.

140 Y con el buche bien lleno
era cosa superior
irse en brazos del amor
a dormir como la gente,
pa empezar al día siguiente
las fainas del día anterior.

   Ricuerdo ¡qué maravilla!
cómo andaba la gauchada
siempre alegre y bien montada
y dispuesta pa el trabajo . . .
150 pero hoy en el día . . . ¡barajo![14]
no se la ve de aporriada.[15]

---

[12]**boliase:** cuando el caballo se alza sobre las patas y empinándose trata de derribar al que lo jinetea.

[13]**repuntaban:** juntaban los animales.
[14]**¡barajo!:** interjección vulgar.
[15]**aporriada:** maltratada.

El gaucho más infeliz
tenía tropilla de un pelo;
no le faltaba un consuelo
y andaba la gente lista . . .
Tendiendo al campo la vista,
no vía sino hacienda y cielo.

Cuando llegaban las yerras,[16]
¡cosa que daba calor!
160 tanto gaucho pialador[17]
y tironiador sin yel.[18]
¡Ah, tiempos . . . pero si en él
se ha visto tanto primor!

Aquello no era trabajo,
más bien era una junción,
y después de un güen tirón
en que uno se daba maña,
pa darle un trago de caña
solía llamarlo el patrón.

170 Pues siempre la mamajuana[19]
vivía bajo la carreta,
y aquel que no era chancleta,[20]
en cuanto el goyete[21] vía,
sin miedo se le prendía
como güérfano a la teta.

¡Y qué jugadas se armaban
cuando estábamos riunidos!
Siempre íbamos prevenidos,
pues en tales ocasiones
180 a ayudarles a los piones
caiban muchos comedidos.[22]

---

[16]**las yerras:** costumbre de marcar el ganado con hierros calentados al rojo. Despúes
de esta tarea los gauchos se congregaban
en grandes fiestas.
[17]**pialador:** gaucho hábil en el manejo del
lazo.
[18]**sin yel:** incansable.

[19]**mamajuana:** damajuana o recipiente que
contiene la caña.
[20]**chancleta:** flojo, débil, afeminado.
[21]**goyete:** cuello de una botella.
[22]**comedidos:** persona que ayuda sin
cobrar nada.

Eran los días del apuro
y alboroto pa el hembraje,
pa preparar los potajes
y osequiar bien a la gente,
y ansí, pues, muy grandemente,
pasaba siempre el gauchaje.

Venía la carne con cuero,[23]
la sabrosa carbonada,[24]
190 mazamorra bien pisada,
los pasteles y el güen vino . . .
pero ha querido el destino
que todo aquello acabara.

Estaba el gaucho en su pago
con toda siguridá,
pero aura . . . ¡barbaridá!,
la cosa anda tan fruncida,[25]
que gasta el pobre la vida
en juir de la autoridá.

200 [. . .]

III

[En el canto III Martín Fierro se ve obligado a trabajar en el servicio militar, en las charcas del coronel. Sufre muchas indignaciones.]

[. . .]

VI

[. . .]

Volvía al cabo de tres años
de tanto sufrir al ñudo,[26]
resertor, pobre y desnudo,
210 a procurar suerte nueva;
y lo mesmo que el peludo
enderecé pa mi cueva.

---

[23]Asado con cuero que se come en fiestas colectivas.
[24]**carbonada:** comida criolla típica a base de carne de vaca, arroz, papas, zapallo y choclos.

[25]**fruncida:** complicada.
[26]**sufrir al ñudo:** sin razón, gratuitamente.

No hallé ni rastro del rancho:
¡sólo estaba la tapera![27]
¡Por Cristo, si aquello era
pa enlutar el corazón
yo juré en esa ocasión
ser más malo que una fiera!

¡Quién no sentirá lo mesmo
220   cuando así padece tanto!
Puedo asigurar que el llanto
como una mujer largué:
¡Ay, mi Dios: si me quedé
más triste que Jueves Santo!

Sólo se oiban los aullidos
de un gato que se salvó;
el pobre se guareció
cerca, en una vizcachera:
venía como si supiera
230   que estaba de güelta yo.

Al dirme dejé la hacienda
que era todito mi haber;
pronto debíamos volver,
sigún el Juez prometía,
y hasta entonces cuidaría
de los bienes, la mujer.

Despúes me contó un vecino
que el campo se lo pidieron;
la hacienda se la vendieron
240   pa pagar arrendamientos,
y qué sé yo cuántos cuentos;
pero todo lo fundieron.

―――――――――――

[27]**tapera:** rancho en ruinas.

Los pobrecitos muchachos,
entre tantas afliciones,
se conchabaron[28] de piones;
¡mas qué iban a trabajar,
si eran como los pichones
sin acabar de emplumar!

    Por ahí andarán sufriendo
250 de nuestra suerte el rigor:
me han contao que el mayor
nunca dejaba a su hermano;
puede ser que algún cristiano
los recoja por favor.

    ¡Y la pobre mi mujer
Dios sabe cuánto sufrió!
Me dicen que se voló
con no sé qué gavilán,
sin duda a buscar el pan
260 que no podía darle yo.

[. . .]

VII

[. . .]

    Supe una vez por desgracia
que había un baile por allí,
y medio desesperao
a ver la milonga[29] fuí.

    Riunidos al pericón
270 tantos amigos hallé,
que alegre de verme entre ellos
esa noche me apedé.[30]

    Como nunca, en la ocasión
por peliar me dió la tranca,
y la emprendí con un negro
que trujo una negra en ancas.

---

[28]**conchabar:** contratar a alguien como
criado o para un servicio subalterno.

[29]**milonga:** baile típico.
[30]**apedé:** estar borracho.

Al ver llegar la morena,
que no hacía caso de naides,
la dije con la mamúa:[31]
280 "Va . . . ca . . . yendo gente al baile".[32]

La negra entendió la cosa
y no tardó en contestarme,
mirándomé como a perro:
"Más vaca será su madre".

Y dentró al baile muy tiesa
con más cola que una zorra,
haciendo blanquiar los dientes
lo mesmo que mazamorra.

"¡Negra linda!" . . . dije yo.
290 "Me gusta . . . pa la carona";[33]
y me puse a talariar
esta coplita fregona:[34]

"A los blancos hizo Dios,
a los mulatos San Pedro,
a los negro hizo el diablo
para tizón del infierno."

Había estao juntando rabia
el moreno dende ajuera;
en lo escuro le brillaban
300 los ojos como linterna.

Lo conocí retobao,[35]
me acerqué y le dije presto:
"Po . . . r . . . rudo que[36] un hombre sea
nunca se enoja por esto".

---

[31]**mamúa:** con la borrachera.
[32]**va . . . ca . . . yendo:** referencia maliciosa y juego de palabras con referencia a la apariencia física y el tamaño de la morena.
[33]**carona:** el gaucho usaba la silla del caballo para su cama. Por extensión es una alusión sexual.

[34]**fregona:** burlona.
[35]**retobao:** enojado.
[36]**po . . . r . . . rudo:** ser que tienes motas o greñas.

Corcovió el de los tamangos[37]
y creyéndose muy fijo:
"¡Más porrudo serás vos,
guacho rotoso!", me dijo.

Y ya se me vino al humo
310 como a buscarme la hebra,[38]
y un golpe le acomodé
con el porrón de giñebra.

Ahí no más pegó el de hollín
más gruñidos que un chanchito,
y pelando el envenao[39]
me atropelló dando gritos.

Pegué un grito y abrí cancha
diciéndolés: "Caballeros,
dejen venir ese toro;
320 solo nací . . . , solo muero."

El negro, después del golpe,
se había el poncho refalao
y dijo: "Vas a saber
si es solo o acompañao."

Y mientras se arremangó,
yo me saqué las espuelas,
pues malicié que aquel tío
no era de arriar con las riendas.

330 No hay cosa como el peligro
pa refrescar un mamao;
hasta la vista se aclara
por mucho que haiga chupao.

---

[37]**tamango:** prenda usada por los negros de la estancia que cubría el pie hasta el tobillo.
[38]**buscar la hebra:** buscando el modo más fácil de herir o matar.

[39]**pelando el envenao:** sacando el cuchillo.

El negro me atropelló
como a quererme comer;
me hizo dos tiros seguidos
y los dos le abarajé.

Yo tenía un facón con S,
que era de lima de acero;
340 le hice un tiro, lo quitó
y vino ciego el moreno.

Y en el medio de las aspas
un planazo le asenté,
que lo largué culebriando[40]
lo mesmo que buscapié.

Le coloriaron las motas
con la sangre de la herida,
y volvió a venir jurioso
como una tigra parida.

350 Y ya me hizo relumbrar
por los ojos el cuchillo,
alcanzando con la punta
a cortarme en un carrillo.

Me hirvió la sangre en las venas
y me le afirmé al moreno,
dándolé de punta y hacha
pa dejar un diablo menos.

Por fin en una topada
en el cuchillo lo alcé,
360 y como un saco de güesos
contra un cerco lo largué.

Tiró unas cuantas patadas
y ya cantó pal carnero.[41]
Nunca me puedo olvidar
de la agonía de aquel negro.

---

[40]**culebriando:** tambaleando.
[41]**cantó pal carnero:** portuguesismo por
cantar antes de morir.

En esto la negra vino
con los ojos como ají,
y empezó la pobre allí
a bramar como una loba.

370 Yo quise darle una soba
a ver si la hacía callar,
mas pude reflesionar
que era malo en aquel punto,
y por respeto al dijunto
no la quise castigar.

Limpié el facón en los pastos,
desaté mi redomón,
monté despacio y salí
al tranco pa el cañadón.

380 Después supe que al finao
ni siquiera lo velaron,
y retobao en un cuero,
sin rezarle lo enterraron.

Y dicen que dende entonces,
cuando es la noche serena
suele verse una luz mala[42]
como de alma que anda en pena.

Yo tengo intención a veces,
para que no pene tanto,
390 de sacar de allí los güesos
y echarlos al camposanto.

[. . .]

---

[42]**luz mala:** fuego fatuo que la gente del campo interpreta como el alma en pena de un muerto que no ha recibido sepultura cristiana.

XIII

[. . .]

En este punto el cantor
buscó un porrón pa consuelo,
echó un trago como un cielo,
dando fin a su argumento;
y de un golpe el istrumento
400 lo hizo astillas contra el suelo.

"Ruempo —dijo—, la guitarra,
pa no volverme a tentar;
ninguno la ha de tocar,
por siguro ténganló;
pues naides ha de cantar
cuando este gaucho cantó."

Y daré fin a mis coplas
con aire de relación;
nunca falta un preguntón
410 más curioso que mujer,
y tal vez quiera saber
cómo jué la conclusión.

Cruz y Fierro de una estancia
una tropilla se arriaron;
por delante se la echaron
como criollos entendidos,
y pronto, sin ser sentidos
por la frontera cruzaron.

Y cuando la habían pasao,
420 una madrugada clara
le dijo Cruz que mirara
las últimas poblaciones,
y a Fierro dos lagrimones
le rodaron por la cara.

Y siguiendo el fiel del rumbo[43]
se entraron en el desierto.
No sé si los habrán muerto
en alguna correría,
pero espero que algún día
sabré de ellos algo cierto.

430

Y ya con estas noticias
mi relación acabé;
por ser ciertas las conté,
todas las desgracias dichas:
es un telar de desdichas
cada gaucho que usté ve.

Pero ponga su esperanza
en el Dios que lo formó;
y aquí me despido yo
que he relatao a mi modo
440 males que conocen todos,
pero que naides contó.

SEGUNDA PARTE: LA VUELTA

XXXII

Un padre que da consejos
más que padre es un amigo;
ansí como tal les digo
que vivan con precaución:
naides sabe en qué rincón
se oculta el que es su enemigo.

450

Yo nunca tuve otra escuela
que una vida desgraciada:
no estrañen si en la jugada
alguna vez me equivoco,
pues debe saber muy poco
aquél que no aprendió nada.

---

[43]**el fiel del rumbo:** la dirección tomada
de antemano.

Hay hombres que de su cencia
tienen la cabeza llena;
hay sabios de todas menas,[44]
mas digo, sin ser muy ducho:
460   es mejor que aprender mucho
el aprender cosas güenas.

No aprovechan los trabajos
si no han de enseñarnos nada;
el hombre, de una mirada,
todo ha de verlo al momento:
el primer conocimiento
es conocer cuándo enfada.

Su esperanza no la cifren
nunca en corazón alguno;
470   en el mayor infortunio
pongan su confianza en Dios;
de los hombres, sólo en uno;
con gran precaución en dos.

Las faltas no tienen límites
como tienen los terrenos;
se encuentran en los más güenos,
y es justo que les prevenga:
aquél que defectos tenga,
disimule los ajenos.
480

Al que es amigo, jamás
lo dejen en la estacada,
pero no le pidan nada
ni lo aguarden todo de él:
siempre el amigo más fiel
es una conduta honrada.

Ni el miedo ni la codicia
es güeno que a uno le asalten:
ansí, no se sobresalten
por los bienes que perezcan;
490   al rico nunca le ofrezcan
y al pobre jamás le falten.
   Bien lo pasa, hasta entre pampas,

---

[44]**de todas menas:** de todas castas.

el que respeta a la gente;
el hombre ha de ser prudente
para librarse de enojos:
cauteloso entre los flojos,
moderado entre valientes.

   El trabajar es la ley,
porque es preciso alquirir;
500 no se espongan a sufrir
una triste situación:
sangra mucho el corazón
del que tiene que pedir.

   Debe trabajar el hombre
para ganarse su pan;
pues la miseria, en su afán
de perseguir de mil modos,
llama a la puerta de todos
y entra en la del haragán.
510

   A ningún hombre amenacen,
porque naides se acobarda;
poco en conocerlo tarda
quien amenaza imprudente:
que hay un peligro presente
y otro peligro se aguarda.

   Para vencer un peligro,
salvar de cualquier abismo,
por esperencia lo afirmo,
más que el sable y que la lanza
520 suele servir la confianza
que el hombre tiene en sí mismo.

   Nace el hombre con la astucia
que ha de servirle de guía;
sin ella sucumbiría,
pero, sigún mi esperencia,
se vuelve en unos prudencia
y en los otros picardía.

   Aprovecha la ocasión

el hombre que es diligente;
530 y, ténganló bien presente
si al compararla no yerro:
la ocasión es como el fierro:
se ha de machacar caliente.

Muchas cosas pierde el hombre
que a veces las vuelve a hallar;
pero les debo enseñar,
y es güeno que lo recuerden:
si la vergüenza se pierde,
jamás se vuelve a encontrar.
540

Los hermanos sean unidos
porque ésa es la ley primera;
tengan unión verdadera
en cualquier tiempo que sea,
porque, si entre ellos pelean,
los devoran los de ajuera.

Respeten a los ancianos:
el burlarlos no es hazaña;
si andan entre gente estraña
deben ser muy precavidos,
550 pues por igual es tenido
quien con malos se acompaña.

La cigüeña, cuando es vieja,
pierde la vista, y procuran
cuidarla en su edá madura
todas sus hijas pequeñas:
apriendan de las cigüeñas
este ejemplo de ternura.

Si les hacen una ofensa,
aunque la echen en olvido,
560 vivan siempre prevenidos;
pues ciertamente sucede
que hablará muy mal de ustedes
aquél que los ha ofendido.
El que obedeciendo vive

nunca tiene suerte blanda,
mas con su soberbia agranda
el rigor en que padece:
obedezca el que obedece
y será güeno el que manda.

570

   Procuren de no perder
ni el tiempo ni la vergüenza;
como todo hombre que piensa,
procedan siempre con juicio;
y sepan que ningún vicio
acaba donde comienza.

   Ave de pico encorvado
le tiene al robo afición;
pero el hombre de razón
no roba jamás un cobre,
pues no es vergüenza ser pobre
y es vergüenza ser ladrón.

580

   El hombre no mate al hombre
ni pelee por fantasía;
tiene en la desgracia mía
un espejo en que mirarse;
saber el hombre guardarse
es la gran sabiduría.

   La sangre que se redama[45]
no se olvida hasta la muerte;
la impresión es de tal suerte,
que, a mi pesar, no lo niego,
cai como gotas de juego
en la alma del que la vierte.

590

   Es siempre, en toda ocasión,

---

[45]**se redama:** derrama, cae.

el trago el pior enemigo;
con cariño se los digo,
recuérdenlo con cuidado:
aquel que ofiende embriagado
merece doble castigo.

600

Si se arma algún revolutis,[46]
siempre han de ser los primeros;
no se muestren altaneros,
aunque la razón les sobre:
en la barba de los pobres
aprienden pa ser barberos.

Si entriegan su corazón
a alguna mujer querida,
no le hagan una partida
que la ofienda a la mujer:
610 siempre los ha de perder
una mujer ofendida.

Procuren, si son cantores,
el cantar con sentimiento,
ni tiemplen el estrumento
por sólo el gusto de hablar,
y acostúmbrense a cantar
en cosas de jundamento.

Y les doy estos consejos
que me ha costado alquirirlos,
620 porque deseo dirigirlos;
pero no alcanza mi cencia
hasta darles la prudencia
que precisan pa seguirlos.

Estas cosas y otras muchas
medité en mis soledades;
sepan que no hay falsedades
ni error en estos consejos:
es de la boca del viejo
de ande salen las verdades.

630

---

[46]**revolutis:** riña.

XXXIII

[. . .]

Con mi deber he cumplido,
y ya he salido del paso;
pero diré, por si acaso,
pa que me entiendan los criollos:
todavía me quedan rollos[47]
por si se ofrece dar lazo.

Y con esto me despido
640 sin espresar hasta cuándo;
siempre corta por lo blando
el que busca lo siguro;
mas yo corto por lo duro,
y ansí he de seguir cortando.

[. . .]

REFLEXIÓN Y ANÁLISIS

1) ¿Cómo se caracteriza el gaucho Martín Fierro?
2) Haga una comparación de la figura del gaucho en las dos partes de esta obra. ¿Cuáles son los cambios principales en la personalidad del gaucho?
3) Discuta los rasgos que contribuyen a la mitificación del gaucho.
4) ¿Qué papel juega el destino y la fatalidad en esta obra?
5) ¿Qué rasgos románticos predominan?
6) Haga un estudio de la figura del gaucho como creación ficticia que poco tiene que ver con el verdadero gaucho histórico y social.
7) Estudie los rasgos del concepto "civilización y barbarie" en algunas obras gauchescas. Puede escoger poemas, cuentos o novelas.
8) Trate de hacer una comparación en el tratamiento del gaucho en la obra *Martín Fierro y Don Segundo Sombra*, de Güiraldes.
9) ¿Cómo se traza la figura del gaucho en los cuentos de Borges a semejanza o diferencia de *Martín Fierro*?

---

[47]**rollos:** las vueltas del lazo.

BIBLIOGRAFÍA

Assunçao, Fernando O. *El Gaucho.* Montevideo: Imprenta Nacional, 1963.

Azeves, Ángel H. *La elaboración literaria del Martín Fierro.* La Plata: Universidad de la Plata, 1960.

Borges, Jorge Luis. *El Martín Fierro.* Buenos Aires: Colomba, 1953.

Carilla, Emilio. *La creación del Martín Fierro.* Madrid: Gredos, 1973.

Garganigo, John F., y Walter Rela. *Antología de la literatura gauchesca y criollista.* Montevideo: Delta, 1967.

John F Garganigo

JOSÉ MARTÍ (1853–1895)

Nacido en la Habana de padres españoles, su breve vida será dedicada a la causa de la libertad: independencia política para Cuba, independencia intelectual para todo hispanoamericano. Y es como guerrillero, poniendo en práctica su ideario, que muere en febrero de 1895 al participar en una frustrada invasión de la isla. Su obra, una larga serie de poemas, ensayos, cartas y conferencias siempre está marcada por la causa de la libertad. La extraordinaria claridad de su pensamiento le permite pulir su expresión convirtiendo su discurso en modélico ejemplo del arte de la persuasión, militando como un verdadero guerrillero de las ideas.

A los quince años es detenido por sus actividades políticas y enviado a un campo de trabajo forzado. Reincide y es desterrado. Desde su exilio en España escribe *El presidio político en Cuba* (1871), alegato conmovedor en prosa bíblica contra la injusticia. Tras titularse en Derecho en la Universidad de Zaragoza regresa a América, viviendo en México, Guatemala y Venezuela, antes de instalarse definitivamente en Nueva York (1881) desde donde trabajará intensamente por la realización de su ideal de libertad. Se "gana el pan" escribiendo para la prensa estadounidense e hispanoamericana.

Infatigable, sus ensayos y artículos ocupan más de cincuenta tomos de sus obras completas. A esto habría que añadir sus libros de poesía y una novela. Pero es en el terreno del ensayo donde más se destaca. Maestro de los períodos largos que culminan con una sentencia breve y acertada, su prosa fue muy leída y muy imitada por los escritores de la primera generación modernista, concretamente por Rubén Darío, a quien Martí llama "mi hijo" cuando en 1893 se conocen en Nueva York.

Su estilo es importante, pero aún más importante es cómo Martí pone su estilo al servicio de las ideas haciendo convincente nociones tan "avanzadas" como que la historia de América comienza con los indios ("Las ruinas indias") y que los gobernadores de América han de gobernar con la realidad de su país y por lo tanto han de "aprender indio" ("Nuestra América").

Este mismo espíritu didáctico le anima a fundar una revista para niños, *La Edad de Oro* (1889). El ensayito titulado "Tres héroes" es representativo de su talento por adecuar su expresión a su público, en este caso para concientizar al lector infantil, maravillándole con las extraordinarias proezas de tres hombres tan "buenos" como Bolívar, Hidalgo y San Martín. Esto es enseñar deleitando.

En otros ensayos enseña irritando, apelando al espíritu patriótico de sus lectores. Es el caso de un texto de 1889, titulado "El Congreso de Washington", ensayo disfrazado como una carta al editor de *La Nación* de Buenos Aires que informa sobre las maniobras en los Estados Unidos para controlar la creación de la Unión

Panamericana con sede en Washington. El ensayo termina con la descripción de un largo periplo en tren para impresionar a los delegados de la América Latina:

> no mudaron de carros en las cinco mil cuatrocientas millas los viajeros, ni hubo tren pasajero más cómodo y ostentoso. En el no van ni la Argentina, ni México, ni Chile, ni Lafayette Rodríguez [del Brasil].
> . . . Era largo el viaje para los delegados. Se han quedado en Washington.

Éstos son los delegados que no se dejaron llevar, votando en contra de la posición de Estados Unidos.

En su poesía, igual de comprometida, enseñará su alma tierna y sencilla con poemas como "Yo soy un hombre sincero" de sus *Versos sencillos*.

Tres héroes

Cuentan que un viajero llegó un día a Caracas al anochecer, y sin sacudirse el polvo del camino, no preguntó dónde se comía ni se dormía, sino cómo se iba a donde estaba la estatua de Bolívar. Y cuentan que el viajero, solo con los árboles altos y olorosos de la plaza, lloraba frente a la estatua, que parecía que se movía, como un padre cuando se le acerca un hijo. El viajero hizo bien, porque todos los americanos deben querer a Bolívar como a un padre. A Bolívar y a todos los que pelearon como él por que la América fuese del hombre americano. A todos: al héroe famoso, y al último soldado, que es un héroe desconocido. Hasta hermosos de cuerpo se vuelven los hombres que pelean por ver libre a su patria.

¹⁰ Libertad es el derecho que todo hombre tiene a ser honrado, y a pensar y a hablar sin hipocresía. En América no se podía ser honrado, ni pensar ni hablar. Un hombre que oculta lo que piensa, o no se atreve a decir lo que piensa, no es un hombre honrado. Un hombre que obedece a un mal gobierno, sin trabajar para que el gobierno sea bueno, no es un hombre honrado. Un hombre que se conforma con obedecer a leyes injustas, y permite que pisen el país en que nació hombres que se lo maltratan, no es un hombre honrado. El niño, desde que puede pensar, debe pensar en todo lo que ve, debe padecer por todos los que no pueden vivir con honradez, debe trabajar por que puedan ser honrados todos los hombres, y debe ser un hombre honrado. El niño que no piensa en lo que suce-²⁰ de a su alrededor, y se contenta con vivir, sin saber si vive honradamente, es como un hombre que vive del trabajo de un bribón, y está en camino de ser bribón. Hay hombres que son peores que las bestias, porque las bestias necesitan ser libres para vivir dichosas: el elefante no quiere tener hijos cuando vive preso; la llama del Perú se echa en la tierra y se muere cuando el indio le habla con rudeza o le pone más carga de la que puede soportar. El hombre debe ser por lo menos tan decoroso como el elefante y como la llama. En América se vivía antes de la libertad como la llama que tiene mucha carga encima. Era necesario quitarse la carga, o morir.

Hay hombres que viven contentos aunque vivan sin decoro. Hay otros que ³⁰ padecen como en agonía cuando ven que los hombres viven sin decoro a su alrededor. En el mundo ha de haber cierta cantidad de decoro, como ha de haber cierta cantidad de luz. Cuando hay muchos hombres sin decoro, hay siempre otros que tienen en sí el decoro de muchos hombres. Éstos son los que se rebelan con fuerza terrible contra los que les roban a los pueblos su libertad, que es robarles a los hombres su decoro. En esos hombres van miles de hombres, va un pueblo entero, va la dignidad humana. Esos hombres son sagrados. Estos tres hombres son sagrados, Bolívar, de Venezuela; San Martín, del Río de la Plata; Hidalgo, de México. Se les deben perdonar sus errores, porque el bien que hicieron fue más que sus faltas. Los hombres no pueden ser más perfectos que el sol. El sol quema ⁴⁰ con la misma luz con que calienta. El sol tiene manchas. Los desagradecidos no hablan mas que de las manchas. Los agradecidos hablan de la luz.

Bolívar era pequeño de cuerpo. Los ojos le relampagueaban, y las palabras se le salían de los labios. Parecía como si estuviera esperando siempre la hora de montar a caballo. Era su país, su país oprimido, que le pesaba en el corazón, y no le dejaba vivir en paz. La América entera estaba como despertando. Un hombre solo no vale nunca más que un pueblo entero; pero hay hombres que no se cansan cuando su pueblo se cansa, y que se deciden a la guerra antes que los pueblos, porque no tienen que consultar a nadie más que a sí mismos, y los pueblos tienen muchos hombres, y no pueden consultarse tan pronto. Ése fue el mérito de
50 Bolívar, que no se cansó de pelear por la libertad de Venezuela, cuando parecía que Venezuela se cansaba. Lo habían derrotado los españoles; lo habían echado del país. Él se fue a una isla, a ver su tierra de cerca, a pensar en su tierra.

Un negro generoso lo ayudó cuando ya no lo quería ayudar nadie. Volvió un día a pelear, con trescientos héroes, con los trescientos libertadores. Libertó a Venezuela. Libertó a la Nueva Granada. Libertó al Ecuador. Libertó al Perú. Fundó una nación nueva, la nación de Bolivia. Ganó batallas sublimes con soldados descalzos y medio desnudos. Todo se estremecía y se llenaba de luz a su alrededor. Los generales peleaban a su lado con valor sobrenatural. Era un ejército de jóvenes. Jamás se peleó tanto, ni se peleó mejor en el mundo, por la
60 libertad. Bolívar no defendió con tanto fuego el derecho de los hombres a gobernarse por sí mismos, como el derecho de América a ser libre. Los envidiosos exageraron sus defectos. Bolívar murió de pesar del corazón, más que de mal del cuerpo, en la casa de un español en Santa Marta. Murió pobre, y dejó una familia de pueblos.

México tenía mujeres y hombres valerosos, que no eran muchos, pero valían por muchos: media docena de hombres y una mujer preparaban el modo de hacer libre a su país. Eran unos cuantos jóvenes valientes, el esposo de una mujer liberal y un cura de pueblo que quería mucho a los indios, un cura de sesenta años.
70 Desde niño fue el cura Hidalgo de la raza buena, de los que quieren saber. Los que no quieren saber son de la raza mala. Hidalgo sabía francés, que entonces era cosa de mérito, porque lo sabían pocos. Leyó los libros de los filósofos del siglo dieciocho, que explicaron el derecho del hombre a ser honrado, y a pensar y a hablar sin hipocresía. Vio a los negros esclavos, y se llenó de horror. Vio maltratar a los indios, que son tan mansos y generosos, y se sentó entre ellos como un hermano viejo, a enseñarles las artes finas que el indio aprende bien: la música, que consuela; la cría del gusano que da la seda; la cría de la abeja que da miel. Tenía fuego en sí, y le gustaba fabricar: creó hornos para cocer los ladrillos. Le veían lucir mucho de cuando en cuando los ojos verdes. Todos decían que hablaba muy bien,
80 que sabía mucho nuevo, que daba muchas limosnas el señor cura del pueblo de Dolores. Decían que iba a la ciudad de Querétaro una que otra vez, a hablar con unos cuantos valientes y con el marido de una buena señora. Un traidor le dijo a un comandante español que los amigos de Querétaro trataban de hacer a México libre. El cura montó a caballo, con todo su pueblo, que lo quería como a su corazón;

se le fueron juntando los caporales y los sirvientes de las haciendas, que eran la caballería; los indios iban a pie, con palos y flechas, o con hondas y lanzas.

Se le unió un regimiento y tomó un convoy de pólvora que iba para los españoles. Entró triunfante en Celaya, con música y vivas. Al otro día juntó el Ayuntamiento, lo hicieron general, y empezó un pueblo a nacer. Él fabricó lanzas y granadas de mano. Él dijo discursos que dan calor y echan chispas, como decía un caporal de las haciendas. Él devolvió sus tierras a los indios. Él publicó un periódico que llamó *El Despertador Americano.* Ganó y perdió batallas. Un día se le juntaban siete mil indios con flechas, y al otro día lo dejaban solo. La mala gente quería ir con él para robar en los pueblos y para vengarse de los españoles. Él les avisaba a los jefes españoles que si los vencía en la batalla que iba a darles los recibiría en su casa como amigos. ¡Eso es ser grande! Se atrevió a ser magnánimo, sin miedo a que lo abandonase la soldadesca, que quería que fuese cruel. Su compañero Allende tuvo celos de él, y él le cedió el mando a Allende. Iban juntos buscando amparo en su derrota cuando los españoles les cayeron encima. A Hidalgo le quitaron uno a uno, como para ofenderlo, los vestidos de sacerdote. Lo sacaron detrás de una tapia, y le dispararon los tiros de muerte a la cabeza. Cayó vivo, revuelto en la sangre, y en el suelo lo acabaron de matar. Le cortaron la cabeza y la colgaron en una jaula, en la Alhóndiga misma de Granaditas, donde tuvo su gobierno. Enterraron los cadáveres descabezados. Pero México es libre.

San Martín fue el libertador del Sur, el padre de la República Argentina, el padre de Chile. Sus padres eran españoles, y a él lo mandaron a España para que fuese militar del rey. Cuando Napoleón entró en España con su ejército, para quitarles a los españoles la libertad, los españoles todos pelearon contra Napoleón: pelearon los viejos, las mujeres, los niños; un niño valiente, un catalancito, hizo huir una noche a una compañía, disparándole tiros y más tiros desde un rincón del monte: al niño lo encontraron muerto de hambre y de frío; pero tenía en la cara como una luz, y sonreía, como si estuviese contento. San Martín peleó muy bien en la batalla de Bailén, y lo hicieron teneinte coronel.

Hablaba poco; parecía un acero; miraba como un águila; nadie lo desobedecía; su caballo iba y venía por el campo de pelea como el rayo por el aire. En cuanto supo que América peleaba para hacerse libre, vino a América: ¿qué le importaba perder su carrera, si iba a cumplir con su deber? Llegó a Buenos Aires; no dijo discursos; levantó un escuadrón de caballería. En San Lorenzo fue su primera batalla; sable en mano se fue San Martín detrás de los españoles, que venían muy seguros, tocando el tambor y se quedaron sin tambor, sin cañones y sin bandera. En los otros pueblos de América los españoles iban venciendo: A Bolívar lo había echado Morillo, el curel de Venezuela; Hidalgo estaba muerto; O'Higgins salió huyendo de Chile; pero donde estaba San Martín siguió siendo libre la América. Hay hombres así, que no pueden ver esclavitud. San Martín no podía; y se fue a libertar a Chile y al Perú. En dieciocho días cruzó con su ejército los Andes altísimos y fríos: iban los hombres como por el cielo. Hambrientos, sedientos; abajo, muy abajo, los árboles parecían hierba, los torrentes rugían como leones. San

Martín se encuentra al ejército español y lo deshace en la batalla de Maipo.
130 Liberta a Chile. Se embarca con su tropa, y va a libertar el Perú. Pero en el Perú
estaba Bolívar, y San Martín le cede la gloria. Se fue a Europa triste, y murió en
brazos de su hija Mercedes. Escribió su testamento en una cuartilla de papel,
como si fuera el parte de una batalla. Le habían regalado el estandarte que el conquistador Pizarro trajo hace cuatro siglos, y él le regaló el estandarte, en el testamento, al Perú.

Un escultor es admirable, porque saca una figura de la piedra bruta; pero esos
hombres que hacen pueblos son como más que hombres. Quisieron algunas
veces lo que no querían querer; pero, ¿qué no le perdonará un hijo a su padre?
El corazón se llena de ternura al pensar en esos gigantescos fundadores. Ésos son
140 héroes: los que padecen en pobreza y desgracia por defender una gran verdad.

Los que pelean por la ambición, por hacer esclavos a otros pueblos, por tener
más mando, por quitarle a otro pueblo sus tierras, no son héroes, sino criminales.

En La Edad de Oro, *I, julio de 1889*

Nuestra América

Cree el aldeano vanidoso que el mundo entero es su aldea, y con tal que él
quede de alcalde, o le mortifique al rival que le quitó la novia, o le crezcan en la
alcancía los ahorros, ya da por bueno el orden universal, sin saber de los gigantes
que llevan siete leguas en las botas y le pueden poner la bota encima, ni de la pelea
de los cometas en el cielo, que van por el aire dormido engullendo mundos. Lo
que quede de aldea en América ha de despertar. Estos tiempos no son para acostarse con el pañuelo a la cabeza, sino con las armas de almohada, como los varones de Juan de Castellanos:[1] las armas del juicio, que vencen a las otras.
Trincheras de ideas valen más que trincheras de piedra.

No hay proa que taje una nube de ideas. Una idea enérgica, flameada a tiempo
10 ante el mundo, para, como la bandera mística del juicio final, a un escuadrón de
acorazados. Los pueblos que no se conocen han de darse prisa para conocerse,
como quienes van a pelear juntos. Los que se enseñan los puños, como hermanos
celosos que quieren los dos la misma tierra, o el de casa chica que le tiene envidia
al de casa mejor, han de encajar, de modo que sean una, las dos manos. Los que,
al amparo de una tradición criminal, cercenaron, con el sable tinto en la sangre de
sus mismas venas, la tierra del hermano vencido, del hermano castigado más allá
de sus culpas, si no quieren que les llame el pueblo ladrones, devuélvanle sus

---

[1]**Juan de Castellanos:** (1522–1607),
poeta español, autor de "Elegías de varones ilustres de Indias".

tierras al hermano. Las deudas del honor no las cobra el honrado en dinero, a
tanto por la bofetada. Ya no podemos ser el pueblo de hojas, que vive en el aire,
con la copa cargada de flor, restallando o zumbando, según la acaricie el capricho
de la luz o la tundan y talen las tempestades. ¡Los árboles se han de poner en fila
para que no pase el gigante de las siete leguas! Es la hora del recuento y de la marcha unida y hemos de andar en cuadro apretado, como la plata en las raíces de los
Andes.

A los sietemesinos sólo les faltará el valor. Los que no tienen fe en su tierra son
hombres de siete meses. Porque les falta el valor a ellos, se lo niegan a los demás.
No les alcanza al árbol difícil el brazo canijo, el brazo de uñas pintadas y pulsera,
el brazo de Madrid o de París, y dicen que no se puede alcanzar el árbol. Hay que
cargar los barcos de esos insectos dañinos, que le roen el hueso a la patria que los
nutre. Si son parisienses o madrileños, vayan al Prado,[2] de faroles, o vayan a
Tortoni, de sorbetes. ¡Estos hijos de carpintero que se avergüenzan de que su
padre sea carpintero! ¡Estos nacidos en América que se avergüenzan, porque llevan delantal indio, de la madre que los crió y reniegan, ¡bribones!, de la madre
enferma y la dejan sola en el lecho de las enfermedades! Pues ¿quién es el hombre? ¿El que se queda con la madre a curarle la enfermedad, o el que la pone a
trabajar donde no la vean y vive de su sustento en las tierras podridas, con el gusano de corbata, maldiciendo del seno que lo cargó, paseando el letrero de traidor
en la espalda de la casaca de papel? ¡Estos hijos de nuestra América, que ha de sal-
varse con sus indios y va de menos a más; estos desertores que piden fusil en los
ejércitos de la América del Norte, que ahoga en sangre a sus indios y va de más a
menos! ¡Estos delicados, que son hombres y no quieren hacer el trabajo de hombres! Pues el Washington que les hizo esta tierra, ¿se fue a vivir con los ingleses,
a vivir con los ingleses en los años en que los veía venir contra su tierra propia?
¡Estos "increíbles" del honor, que lo arrastran por el suelo extranjero, como los
increíbles de la Revolución francesa, danzando y relamiéndose, arrastraban las
erres!

¿Ni en qué patria puede tener un hombre más orgullo que en nuestras repúblicas dolorosas de América, levantadas entre las masas mudas de indios, al ruido
de pelea del libro con el cirial, sobre los brazos sangrientos de un centenar de
apóstoles? De factores tan descompuestos, jamás, en menos tiempo histórico, se
han creado naciones tan adelantadas y compactas. Cree el soberbio que la tierra
fue hecha para servirle de pedestal, porque tiene la pluma fácil o la palabra de
colores, y acusa de incapaz e irremediable a su república nativa porque no le dan
sus selvas nuevas modo continuo de ir por el mundo de gamonal famoso, guiando jacas de Persia y derramando champaña. La incapacidad no está en el país
naciente, que pide formas que se le acomoden y grandeza útil, sino en los que

---

[2]**Prado:** Museo Nacional de Madrid.

quieren regir pueblos originales, de composición singular y violenta, con leyes heredadas de cuatro siglos de práctica libre en los Estados Unidos, de diecinueve siglos de monarquía en Francia. Con un decreto de Hamilton no se le para la pechada al potro del llanero. Con una frase de Sieyés no se desestanca la sangre cuajada de la raza india. A lo que es, allí donde se gobierna, hay que atender para gobernar bien; y el buen gobernante en América no es el que sabe cómo se gobierna el alemán o el francés, sino el que sabe con qué elementos está hecho su país y cómo puede ir guiándolos en junto, para llegar, por métodos e instituciones nacidas del país mismo, a aquel estado apetecible donde cada hombre se conoce y ejerce y disfrutan todos de la abundancia que la Naturaleza puso para todos en el pueblo que fecundan con su trabajo y defienden con sus vidas. El gobierno ha de nacer del país. El espíritu del gobierno ha de ser del país. La forma del gobierno ha de avenirse a la constitución propia del país. El gobierno no es más que el equilibrio de los elementos naturales del país.

Por eso el libro importado ha sido vencido en América por el hombre natural. Los hombres naturales han vencido a los letrados artificiales. El mestizo autóctono ha vencido al criollo exótico. No hay batalla entre la civilización y la barbarie, sino entre la falsa erudición y la Naturaleza. El hombre natural es bueno y acata y premia la inteligencia superior, mientras ésta no se vale de su sumisión para dañarle, o le ofende prescindiendo de él, que es cosa que no perdona el hombre natural, dispuesto a recobrar por la fuerza el respeto de quien le hiere la susceptibilidad o le perjudica el interés. Por esta conformidad con los elementos naturales desdeñados han subido los tiranos de América al poder, y han caído en cuanto les hicieron traición. Las repúblicas han purgado en las tiranías su incapacidad para conocer los elementos verdaderos del país, derivar de ellos la forma de gobierno y gobernar con ellos. Gobernante, en un pueblo nuevo, quiere decir creador.

En pueblos compuestos de elementos cultos e incultos, los incultos gobernarán, por su hábito de agredir y resolver las dudas con su mano, allí donde los cultos no aprendan el arte del gobierno. La masa inculta es perezosa y tímida en las cosas de la inteligencia, y quiere que la gobiernen bien; pero si el gobierno le lastima, se lo sacude y gobierna ella. ¿Cómo han de salir de las universidades los gobernantes, si no hay Universidad en América donde se enseñe lo rudimentario del arte del gobierno, que es el análisis de los elementos peculiares de los pueblos de América? A adivinar salen los jóvenes al mundo con antiparras yanquis o francesas, y aspiran a dirigir un pueblo que no conocen. En la carrera de la política habría de negarse la entrada a los que desconocen los rudimentos de la política. El premio de los certámenes no ha de ser para la mejor oda, sino para el mejor estudio de los factores del país en que se vive. En el periódico, en la cátedra, en la academia, debe llevarse adelante el estudio de los factores reales del país. Conocerlos basta, sin vendas ni ambages, porque el que pone de lado, por voluntad u olvido, una parte de la verdad, cae a la larga por la verdad que le faltó, que crece en la negligencia y derriba lo que se levanta sin ella. Resolver el problema después de conocer sus elementos, es más fácil que resolver el problema sin conocerlos. Viene el hombre natural, indignado y fuerte, y derriba la justicia acumulada de los libros, porque no se la administra en acuerdo con las necesidades patentes del país. Conocer es resolver. Conocer el país y gobernarlo conforme al conocimiento es el único modo de librarlo de tiranías. La Universidad europea ha de ceder a la Universidad americana. La historia de América, de los incas a acá, ha de enseñarse al dedillo, aunque no se enseñe la de los arcontes de Grecia. Nuestra Grecia es preferible a la Grecia que no es nuestra. Nos es más necesaria. Los políticos nacionales han de reemplazar a los políticos exóticos. Injértese en nuestras repúblicas el mundo; pero el tronco ha de ser el de nuestras repúblicas. Y calle el pedante vencido; que no hay patria en que pueda tener el hombre más orgullo que en nuestras dolorosas repúblicas americanas.

Con los pies en el rosario, la cabeza blanca y el cuerpo pinto de indio y criollo, vinimos, denodados, al mundo de las naciones. Con el estandarte de la Virgen salimos a la conquista de la libertad. Un cura, unos cuantos tenientes y una mujer alzan en Méjico la República en hombros de los indios. Un canónigo español, a la sombra de su capa, instruye en la libertad francesa a unos cuantos bachilleres magníficos, que ponen de jefe de Centroamérica contra España al general de España. Con los hábitos monárquicos y el sol por pecho, se echaron a levantar pueblos los venezolanos por el Norte y los argentinos por el Sur. Cuando los dos héroes chocaron y el continente iba a temblar, uno, que no fue el menos grande, volvió riendas. Y como el heroísmo en la paz es más escaso, porque es menos glorioso que el de la guerra; como al hombre le es más fácil morir con honra que pensar con orden; como gobernar con los sentimientos exaltados y unánimes es más hacedero que dirigir, después de la pelea, los pensamientos diversos, arrogantes, exóticos o ambiciosos; como los poderes arrollados en la arremetida épica zapaban, con la cautela felina de la especie y el peso de lo real, el edificio que había izado en las comarcas burdas y singulares de nuestra América mestiza, en los pueblos de pierna desnuda y casaca de París, la bandera de los pueblos nutridos de savia gobernante en la práctica continua de la razón y de la libertad; como la constitución jerárquica de las colonias resistía la organización democrática de la República, o las capitales de corbatín dejaban en el zaguán al campo de bota-de-potro, o los redentores bibliógenos no entendieron que la revolución que triunfó con el alma de la tierra, desatada a la voz del salvador, con el alma de la tierra había de gobernar, y no contra ella ni sin ella, entró a padecer América, y padece, de la fatiga de acomodación entre los elementos discordantes y hostiles que heredó de un colonizador despótico y avieso y las ideas y formas importadas que han venido retardando, por su falta de realidad local, el gobierno lógico. El continente, descoyuntado durante tres siglos por un mando que negaba el derecho del hombre al ejercicio de su razón, entró, desatendiendo, desoyendo a los ignorantes que lo habían ayudado a redimirse, en un gobierno que tenía por base la razón: la razón de todos en las cosas de todos, y no la razón universitaria de uno sobre la razón campestre de otros. El problema de la independencia no era el cambio de formas, sino el cambio de espíritu.

Con los oprimidos había que hacer causa común para afianzar el sistema opuesto a los intereses y hábitos de mando de los opresores. El tigre, espantado del fogonazo, vuelve de noche al lugar de la presa. Muere echando llamas por los ojos y con las zarpas al aire. No se le oye venir, sino que viene con zarpas de terciopelo. Cuando la presa despierta, tiene al tigre encima. La colonia continuó viviendo
150 en la república, y nuestra América se está salvando de sus grandes yerros —de la soberbia de las ciudades capitales, del triunfo ciego de los campesinos desdeñados, de la importación excesiva de las ideas y fórmulas ajenas, del desdén inicuo e impolítico de la raza aborigen— por la virtud superior, abonada con sangre necesaria, de la república que lucha contra la colonia. El tigre espera detrás de cada árbol, acurrucado en cada esquina. Morirá, con las zarpas al aire, echando llamas por los ojos.

Pero "estos países se salvarán", como anunció Rivadavia, el argentino, el que pecó de finura en tiempos crudos; al machete no le va vaina de seda, ni en el país que se ganó con lanzón se puede echar el lanzón atrás, porque se enoja, y se pone
160 en la puerta del Congreso de Iturbide[3] "a que le hagan emperador al rubio". Estos países se salvarán, porque con el genio de la moderación que parece imperar, por la armonía serena de la Naturaleza en el continente de la luz y por el influjo de la lectura crítica que ha sucedido en Europa a la lectura de tanteo y falansterio en que se empapó la generación anterior, le está naciendo a América, en estos tiempos reales, el hombre real. [. . .]
[. . .] Las levitas son todavía de Francia, pero el pensamiento empieza a ser de América. Los jóvenes de América se ponen la camisa al codo, hunden las manos en las masa y la levantan con la levadura de su sudor. Entienden que se imita demasiado y que la salvación está en crear. Crear es la palabra de pase de esta generación.
170 El vino, de plátano, y si sale agrio, ¡es nuestro vino! Se entiende que las formas de gobierno de un país han de acomodarse a sus elementos naturales; que las ideas absolutas, para no caer por un yerro de forma, han de ponerse en formas relativas; que la libertad, para ser viable, tiene que ser sincera y plena; que si la república no abre los brazos a todos y adelanta con todos, muere la república. [. . .]

[. . .]

No hay odio de razas, porque no hay razas. Los pensadores canijos, los pensadores de lámpara, enhebran y recalientan las razas de librería, que el viajero justo y el observador cordial buscan en vano en la justicia de la Naturaleza, donde resalta, en el amor victorioso y el apetito turbulento, la identidad universal del hombre.
180 bre. El alma emana, igual y eterna, de los cuerpos diversos en forma y en color. Peca contra la Humanidad el que fomente y propague la oposición y el odio de

---

[3]**Agustín de Iturbide:** (1783–1824), militar y político mexicano. El 19 de mayo de 1822, el pueblo mexicano presionó al Congreso para que proclamara emperador a Iturbide. Su reinado duró sólo diez meses.

las razas. Pero en el amasijo de los pueblos se condensan, en la cercanía de otros pueblos diversos, caracteres peculiares y activos, de ideas y de hábitos, de ensanche y adquisición, de vanidad y de avaricia, que del estado latente de preocupaciones nacionales pudieran, en un período de desorden interno o de precipitación del carácter acumulado del país, trocarse en amenaza grave para las tierras vecinas, aisladas y débiles, que el país fuerte declara perecederas e inferiores. Pensar es servir. Ni ha de suponerse, por antipatía de aldea, una maldad ingénita y fatal al pueblo rubio del continente porque no habla nuestro idioma, ni ve la casa como nosotros la vemos, ni se nos parece en sus lacras políticas, que son diferentes de las nuestras; ni tiene en mucho a los hombres biliosos y trigueños, ni mira caritativo, desde su eminencia aún mal segura, a los que, con menos favor de la Historia, suben a tramos heroicos la vía de las repúblicas; ni se han de esconder los datos patentes del problema que puede resolverse, para la paz de los siglos, con el estudio oportuno y la unión tácita y urgente del alma continental. [. . .]

En El Partido Liberal, *México, 30 de enero, 1891*

De *Versos sencillos,* 1891

I

Yo soy un hombre sincero
de donde crece la palma,
y antes de morirme, quiero
echar mis versos del alma.

Yo vengo de todas partes,
y hacia todas partes voy:
arte soy entre las artes,
en los montes, monte soy.

Yo sé los nombres extraños
de la yerbas y las flores,
y de mortales engaños,
y de sublimes dolores.

Yo he visto en la noche oscura
llover sobre mi cabeza
los rayos de lumbre pura
de la divina belleza.

Alas nacer vi en los hombros
de las mujeres hermosas;
20   y salir de los escombros,
volando, las mariposas.

He visto vivir a un hombre
con el puñal al costado,
sin decir jamás el nombre
de aquella que lo ha matado.

Rápida como un reflejo,
dos veces vi el alma, dos:
cuando murió el pobre viejo,
cuando ella me dijo adiós.

30   Temblé una vez, en la reja
a la entrada de la viña,
cuando la bárbara abeja,
picó en la frente a mi niña.

Gocé una vez, de tal suerte
que gocé cual nunca: cuando
la sentencia de mi muerte
leyó el alcaide llorando.

Oigo un suspiro, a través
de las tierras y la mar,
40   y no es un suspiro, es
que mi hijo va a despertar.

Si dicen que del joyero
tome la joya mejor,
tomo a un amigo sincero
y pongo a un lado el amor.

Yo he visto al águila herida
volar al azul sereno,
y morir en su guarida
la víbora del veneno.

50   Yo sé bien que cuando el mundo
cede, lívido, al descanso,
sobre el silencio profundo
murmura el arroyo manso.

Yo he puesto la mano osada,
de horror y júbilo yerta,
sobre la estrella apagada
que cayó frente a mi puerta.

Oculto en mi pecho bravo
la pena que me lo hiere:
60   el hijo de un pueblo esclavo
vive por él, calla y muere.

Todo es hermoso y constante,
todo es música y razón,
y todo, como el diamante,
antes que luz es carbón.

Yo sé que el necio se entierra
con gran lujo y con gran llanto,
y que no hay fruta en la tierra
como la del camposanto.

70   Callo, y entiendo, y me quito
la pompa del rimador:
cuelgo de un árbol marchito
mi muceta de doctor.

IX

Quiero, a la sombra de un ala,
contar este cuento en flor:
la niña de Guatemala,
la que se murió de amor.

Eran de lirios los ramos,
80   y las orlas de reseda
y de jazmín; la enterramos
en una caja de seda.

. . . Ella dio al desmemoriado
una almohadilla de olor;
él volvió, volvió casado;
ella se murió de amor.

Iban cargándola en andas
obispos y embajadores;
detrás iba el pueblo en tandas,
⁹⁰ todo cargado de flores.

. . . Ella, por volverlo a ver,
salió a verlo al mirador:
él volvió con su mujer;
ella se murió de amor.

Como de bronce candente
al beso de despedida
era su frente —¡la frente
que más he amado en mi vida!

. . . Se entró de tarde en el río,
¹⁰⁰ la sacó muerta el doctor;
dicen que murió de frío:
yo sé que murió de amor.

Allí, en la bóveda helada,
la pusieron en dos bancos;
besé su mano afilada,
besé sus zapatos blancos.

Callado, al oscurecer,
me llamó el enterrador.
¡Nunca más he vuelto a ver
¹¹⁰ a la que murió de amor!

X

El alma trémula y sola
Padece al anochecer:
Hay baile; vamos a ver
La bailarina española.

Han hecho bien en quitar
El banderón de la acera;
Porque si está la bandera,
No sé, yo no puedo entrar.

120 Ya llega la bailarina:
Soberbia y pálida llega:
¿Cómo dicen que es gallega?
Pues dicen mal: es divina.

Lleva un sombrero torero
Y una capa carmesí:
¡Lo mismo que un alelí
Que se pusiese un sombrero!

Se ve, de paso, la ceja,
Ceja de mora traidora:
130 Y la mirada, de mora:
Y como nieve la oreja.

Preludian, bajan la luz,
Y sale en bata y mantón,
La virgen de la Asunción
Bailando un baile andaluz.

Alza, retando, la frente;
Crúzase al hombro la manta:
En arco el brazo levanta:
Mueve despacio el pie ardiente.

140 Repica con los tacones
El tablado zalamera,
Como si la tabla fuera
Tablado de corazones.

Y va el convite creciendo
El las llamas de los ojos,
Y el manto de flecos rojos
Se va en el aire meciendo.

Súbito, de un salto arranca:
Húrtase, se quiebra, gira:
150 Abre en dos la cachemira,
Ofrece la bata blanca.

El cuerpo cede y ondea;
La boca abierta provoca;
Es una rosa la boca:
Lentamente taconea.

Recoge, de un débil giro,
El manto de flecos rojos:
Se va, cerrando los ojos,
Se va, como en un suspiro . . .

160   Baila muy bien la española;
Es blanco y rojo el mantón:
¡Vuelve, fosca, a su rincón
El alma trémula y sola!

Julián del Casal

Aquel nombre tan bello, que al pie de los versos tristes y joyantes parecía invención romántica más que realidad, no es ya el nombre de un vivo. Aquel fino espíritu, aquel cariño medroso y tierno, aquella ideal peregrinación, aquel melancólico amor a la hermosura ausente de su tierra nativa, porque las letras sólo pueden ser enlutadas o hetairas en un país sin libertad, ya no son hoy más que un puñado de versos, impresos en papel infeliz, como dicen que fue la vida del poeta.

De la beldad vivía prendida su alma; del cristal tallado y de la levedad japonesa; del color del ajenjo y de las rosas del jardín; de mujeres de perla, con ornamentos de plata labrada; y él, como Cellini,[1] ponía en un salero a Júpiter.
10 Aborrecía lo falso y pomposo. Murió, de su cuerpo endeble, o del pesar de vivir, con la fantasía elegante y enamorada, en un pueblo servil y deforme. De él se puede decir que, pagado del arte, por gustar del de Francia tan de cerca, le tomó la poesía nula, y de desgano falso e innecesario, con que los orífices del verso parisiense entretuvieron estos años últimos el vacío ideal de su época transitoria. En el mundo, si se le lleva con dignidad, hay aún poesía para mucho; todo es el valor moral con que se encare y dome la injusticia aparente de la vida; mientras haya un bien que hacer, un derecho que defender, un libro sano y fuerte que leer, un rincón de monte, una mujer buena, un verdadero amigo, tendrá vigor el corazón sensible para amar y loar lo bello y ordenado de la vida, odiosa a veces por la bru-
20 tal maldad con que suelen afearla la venganza y la codicia. El sello de la grandeza es ese triunfo. De Antonio Pérez es esta verdad: "Sólo los grandes estómagos digieren veneno".

Por toda nuestra América era Julián del Casal muy conocido y amado, y ya se oirán los elogios y las tristezas. Y es que en América está ya en flor la gente nueva, que pide peso a la prosa y condición al verso, y quiere trabajo y realidad en la política y en la literatura. Lo hinchado cansó, y la política hueca y rudimentaria, y

---

[1]Benvenuto Cellini: (1500–1571), escultor,
orfebre y grabador italiano. Escribió sus
famosas *Memorias*.

aquella falsa lozanía de las letras que recuerda los perros aventados del loco de Cervantes. Es como una familia en América esta generación literaria, que principió por el rebusco imitado, y está ya en la elegancia suelta y concisa, y en expresión artística y sincera, breve y tallada, del sentimiento personal y del juicio criollo y directo. El verso, para estos trabajadores, ha de ir sonando y volando. El verso, hijo de la emoción, ha de ser fino y profundo, como una nota de arpa. No se ha de decir lo raro, sino el instante raro de la emoción noble o graciosa. Y ese verso, con aplauso y cariño de los americanos, era el que trabajaba Julián del Casal. Y luego, había otra razón para que lo amasen, y fue que la poesía doliente y caprichosa, que le vino de Francia con la rima excelsa, paró por ser en él la expresión natural del poco apego que artista tan delicado había de sentir por aquel país de sus entrañas, donde la conciencia oculta o confesa de la general humillación trae a todo el mundo como acorralado, o como con antifaz, sin gusto ni poder para la franquesa y las gracias del alma. La poesía vive de honra.

Murió el pobre poeta y no lo llegamos a conocer. ¡Así vamos todos, en esta pobre tierra nuestra, partidos en dos, con nuestras energías regadas por el mundo, viviendo sin persona en los pueblos ajenos, y con la persona extraña sentada en los sillones de nuestro pueblo propio! Nos agriamos en vez de amarnos. Nos queremos como por entre las rejas de una prisión. ¡En verdad que es tiempo de acabar! Ya Julián del Casal acabó, joven y triste. Quedan sus versos. La América lo quiere, por fino y por sincero. Las mujeres lo lloran.

En Patria, *Nueva York, 31 de octubre, 1893*

REFLEXIÓN Y ANÁLISIS

1) ¿Cuáles valores hace resaltar Martí en el ensayo "Nuestra América"?
2) ¿Qué efecto pueden tener estas ideas sobre la cultura indígena en un proceso de autodefinición?
3) ¿Cómo caracteriza Ud. los versos de Martí? Discuta el lirismo de estos poemas.
4) ¿Qué ocurre con el ritmo en el poema X? ¿Qué efecto produce?

BIBLIOGRAFÍA

González, Manuel Pedro. *José Martí: Epic Chronicler of the United States in the Eighties.* Chapel Hill: University of North Carolina Press, 1953.

Mañach, Jorge. *Martí: el apóstol.* New York: Las Américas, 1963.

Schulman, Ivan A. *Símbolo y color en la obra de José Martí.* Madrid: Gredos, 1960.

René de Costa

MANUEL GUTIÉRREZ NÁJERA (1859–1895)

El escritor mexicano Manuel Gutiérrez Nájera ocupa un destacado lugar en la literatura hispanoamericana ya que, junto a los cubanos José Martí y Julián del Casal y al colombiano José Asunción Silva, figura como uno de los grandes precursores del Modernismo. Educado en la afrancesada capital mexicana del siglo XIX, Gutiérrez Nájera aprendió el francés siendo niño, llegando a poseer un verdadero dominio de este idioma al arribar a su edad adulta. Sus autores predilectos eran, según el propio reconocimiento del escritor, los románticos Víctor Hugo, Musset y Nerval, pero también admiraba a parnasianos y simbolistas (Leconte de Lisle, Gautier, Baudelaire y Verlaine). Sobre sus evidentes influencias literarias Gutiérrez Nájera afirmaba con humor: "Mis autores favoritos son como esas muchachas que van a los bailes con exceso de polvos de arroz (maquillaje) y que nos dejan manchado el hombro del frac". La gracia y la frívola naturalidad contenida en esta afirmación (recuperada por Ángel Flores en su precursora antología) constituye un buen ejemplo de las características que mostraba la prosa de este autor modernista: ligera, elegante y, sobre todo, reveladora de una graciosa sofisticación, acorde con la atmósfera porfirista que caracterizó al México de fin de siglo. Sobre las particularidades prosísticas del escritor mexicano, el célebre historiador del movimiento modernista Max Henríquez Ureña ha señalado: "Gutiérrez Nájera enseñó a manejar el idioma con soltura y gracia".

A los veinte años de edad Gutiérrez Nájera empezó su carrera en el periodismo, campo en el que rápidamente obtuvo un gran prestigio; distinguiéndose además por ser el introductor del género de la crónica en México. Entre los pseudónimos con los que firmaba sus colaboraciones periodísticas destacan los conocidos sobrenombres de *Monsieur Can-Can, el Duque Job* y *Puck.* El primer libro de cuentos que este "parisino mexicano" publicó fue el volumen titulado *Cuentos frágiles* (1893). A este libro inicial siguieron sus *Cuentos color de humo,* publicados póstumamente en 1898. A partir de la escritura modernista presente en ambos volúmenes, Henríquez Ureña afirmó que escribir a la manera del escritor mexicano fue pronto una moda literaria: "La prosa del período que podemos llamar *parisiense* en el Modernismo y que tiene su revelación más resaltante en *Azul* . . . , es hija de la prosa de Gutiérrez Nájera".

Además de su refinada cuentística, Nájera destacó también como poeta al ser uno de los primeros autores en Hispanoamérica en postular el cromatismo del lenguaje (recuérdese el célebre verso de Rimbaud: "A—noir, E—blanc, I—rouge, U—vert, O—bleu", y el no menos famoso poema de Martí: "mi verso es de un verde claro / y de un carmín encendido"). De acuerdo con esta fascinación cromática, no es de extrañar que los poemas najerianos llevasen títulos como "El hada verde" o la "Musa blanca", que sus cuentos fuesen "color de humo", y que sus crónicas se llamaran "Crónica color de rosa" o "Crónica de mil colores". Además del cromatismo de sus correspondencias, lección hábilmente aprendida a partir de autores franceses y presente en poemas tan exquisitos como "De blanco", Gutiérrez Nájera también indicó la correspondencia entre poesía y música (Verlaine). El ritmo cadencioso que este autor imprimía a sus poemas se percibe claramente en composiciones como "La Duquesa de Job", en la que la musicalidad de los quintetos decasílabos es realmente notable. La fusión de los tres componentes que Nájera tanto apreciara en su búsqueda artística (cromatismo, musicalidad y poesía) destaca también en la composición "Serenata a Schubert". Entre las elaboradas sinestesias que este poema captura se encuentran algunas de las imágenes más logradas del Modernismo: "como una Ofelia náufraga y doliente / va flotando la tierna serenata", afirma el poeta en una síntesis que reúne a todas las artes.

En 1894 Gutiérrez Nájera fundó la importante *Revista Azul,* la cual seguía los pasos de su hermana mayor, la publicación francesa *Revue Bleue.* En la revista mexicana participaron destacados poetas del período: Amado Nervo y Salvador Díaz Mirón, entre otros. ¿Por qué Gutiérrez Nájera eligió nombrar así a su revista? La respuesta la proporciona un revelador artículo de Boyd G. Carter, en el que este destacado estudioso del Modernismo nos recuerda la insistente utilización del color azul por los autores franceses Novalis, Gautier, Baudelaire y especialmente Mallarmé, quien afirmara: "Tengo una obsesión. ¡El azul! ¡El azul! ¡El azul!". Carter señala además que el propio Gutiérrez Nájera respondió a la pregunta acerca del título de su revista: "¿Por qué *Azul?* El azul no sólo es un color: es un misterio, una virginidad intacta. Y bajo el azul impasible . . . brota el verso . . . y corre la prosa, a modo de ancho río, llevando cisnes y barcas de enamorados . . .".

A la inspiración de este destacado precursor del Modernismo azul, (acérrimo enemigo de las doctrinas sociales y literarias del Positivismo y del Naturalismo), pertenece también otra vertiente poética más afín al Romanticismo que al Modernismo —aunque la oposición de ambos estilos sea más formal que temática. Recuérdese la interrogación que el propio Darío formuló: "Quién que es, ¿no es romántico?". Gutiérrez Nájera, "el parisino que nunca estuvo en París" —como jocosamente se refirieron a él sus comentaristas—, escribió no sólo poemas ágiles y juguetones a la manera de "La Duquesa de Job", sino que compuso también poesías de honda y grave espiritualidad. La reflexión sobre temas tan vitales como la muerte, el amor, el olvido, la fama, la amistad y la traición, aparece en sus poesías con trazos de serena, filosófica melancolía. Es notable la gama de emociones tanto anímicas como literarias en este escritor, quien, a la par de las agudezas frívolas que lo caracterizaban, arribó a profundidades tan emotivas como las que definen a poesías como "Pax Animae" y "Non Omnis Moriar". El sentimiento finisecular que algunas veces en Gutiérrez Nájera se manifestara con la juguetonería de "La Duquesa de Job" o con el tedio y la desolación de "Mis enlutadas", también arribaría con la tranquilidad y calma que establece el poema "Para entonces", poesía que en opinión de Francisco González Guerrero representa "un placer para convalecientes de Romanticismo":

> Quiero morir cuando decline el día
> en alta mar y con la cara al cielo
> donde parezca un sueño la agonía
> y el alma, un ave que remonta el vuelo.

Manuel Gutiérrez Nájera murió a los treinta y seis años a causa de una complicación quirúrgica relacionada con su hemofilia. En cierta forma, su muerte cumplía con la petición que él mismo formulara en el poema antes citado: Gutiérrez Nájera murió al declinar el siglo. A partir de la renovación prosística y poética que los textos de este escritor mexicano lograran, el Modernismo avanzaría a su fase más depurada.

De *Alas y abismo,* 1884–1887

La duquesa Job

En dulce charla de sobremesa,[1]
mientras devoro[2] fresa tras fresa
y abajo ronca[3] tu perro Bob,
te haré el retrato de la duquesa,
que adora a veces el duque Job.[4]

No es la condesa que Villasana[5]
caricatura, ni la poblana[6]
de enagua[7] roja, que Prieto[8] amó;
no es la criadita de pies nudosos,
ni la que sueña con los gomosos[9]
y con los gallos de Micoló.[10]

10

---

[1]**charla de sobremesa:** conversación ligera que se mantiene mientras se come. El tono del poema, en realidad, simula la graciosa charla que entablarían dos amigos (cosmopolitas y finiseculares) al compartir una comida y hablar de sus amoríos. De hecho el poema está dedicado a un amigo del poeta: Manuel Puga y Acal.

[2]**devoro:** como con gran apetito.

[3]**ronca:** emite ruidos mientras duerme.

[4]**duque Job:** conocido pseudónimo periodístico de Gutiérrez Nájera.

[5]**Villasana:** famoso periodista y caricaturista mexicano del siglo XIX.

[6]**poblana:** mujer que proviene o que viste el traje característico de Puebla, estado situado en el centro de la República Mexicana.

[7]**enagua:** falda.

[8]**Guillermo Prieto:** político y escritor mexicano del siglo XIX. Veáse su *Musa Callejera,* de donde parece provenir la poblana de Gutiérrez Nájera.

[9]**gomosos:** jóvenes peinados con goma, líquido espeso que fija el pelo. Los gomosos eran los jóvenes representativos de la clase alta mexicana en el siglo XIX, quienes imitaban el peinado de los *dandies.*

[10]**Micoló:** Micoló era un famoso peluquero francés que residía en la ciudad de México. Los "gallos" puede referirse a un peinado puesto de moda por este célebre peinador.

Mi duquesita, la que me adora,
no tiene humos[11] de gran señora:
es la griseta de Paul de Kock.[12]
No baila boston,[13] y desconoce
de las carreras el alto goce,
y los placeres del *five o'clock*.[14]

Pero ni el sueño de algún poeta,
ni los querubes que vio Jacob,[15]
20   fueron tan bellos cual la coqueta
de ojitos verdes, rubia griseta
que adora a veces el duque Job.

Si pisa alfombras, no es en su casa,
si por Plateros[16] alegre pasa
y la saluda Madame Marnat,[17]
no es, sin disputa, porque la vista,
sí porque a casa de otra modista
desde temprano rápida va.

No tiene alhajas[18] mi duquesita,
30   pero es tan guapa y es tan bonita,
y tiene un cuerpo tan *v'lan*, tan *pschutt;*[19]
de tal manera trasciende a Francia,
que no le igualan en elegancia
ni las clientes de Héléne Kossut.[20]

---

[11]**no tiene humos:** lenguaje figurativo; "tener humos" significa aparentar ser distinguido, cuando en realidad no se posee distinción.

[12]**la griseta de Paul de Kock:** personaje del escritor francés Paul de Kock, siglo XIX. La griseta, una modistilla de París, destacaba por su coquetería. La imagen sugiere que el Duque Job tenía amores con una costurera mexicana.

[13]**boston:** baile que recibía ese nombre.

[14]**five o'clock:** el té de las cinco, tradición inglesa que la clase alta mexicana seguía. Es notable lo juguetón que resulta la rima Kock–o'clock.

[15]**los querubes que vio Jacob:** los ángeles que vio este personaje bíblico.

[16]**Plateros:** bella avenida de la capital mexicana, famosa por sus elegantes tiendas.

[17]**Madame Marnat:** modista francesa que residía en México.

[18]**alhajas:** joyas.

[19]Onomatopeyas del francés, utilizadas por la afrancesada clase alta del siglo XIX en México.

[20]**Héléne Kossut:** modista francesa. Nuevamente Gutiérrez Nájera rima graciosamente un apellido extranjero: pschutt-Kossut.

Desde las puertas de la Sorpresa[21]
hasta la esquina del Jockey Club,[22]
no hay española, yankee o francesa,
ni más bonita, ni más traviesa
que la duquesa del duque Job.

40   ¡Cómo resuena su taconeo[23]
en las baldosas![24] ¡Con qué meneo[25]
luce su talle de tentación!
¡Con qué airecito de aristocracia
mira a los hombres, y con qué gracia
frunce los labios! ¡Mimí Pinsón![26]

Si alguien la alcanza, si la requiebra,[27]
ella, ligera, como una cebra,
sigue camino del almacén;
pero ¡ay del tuno[28] si alarga el brazo!
50 nadie le salva del sombrillazo[29]
que le descarga sobre la sien.

¡No hay en el mundo mujer más linda
pie de andaluza, boca de guinda,
esprit rociado de Veuve Clicqot[30]
talle de avispa, cutis de ala,
ojos traviesos de colegiala
como los ojos de *Louise Theó!*[31]

---

[21]**Sorpresa:** célebre tienda de la capital mexicana.

[22]**Jockey Club:** distinguido lugar de reunión de los hombres millonarios del Porfiriato.

[23]**taconeo:** ruido que producen los tacones de los zapatos altos.

[24]**baldosas:** piedras pulidas que cubren el suelo de ciertas calles en México.

[25]**meneo:** movimiento vivo y casi siempre deliberado de las mujeres al caminar.

[26]**Mimí Pinsón:** personaje de Musset, escritor romántico francés del siglo XIX.

[27]**la requiebra:** le cierra el paso, plantándose delante.

[28]**tuno:** joven muchacho que pertenece a *la tuna,* agrupación musical estudiantil; tuno se volvió sinónimo de joven pícaro.

[29]**sombrillazo:** golpe proporcionado con la sombrilla.

[30]**Veuve Clicqot:** champaña francesa.

[31]**Louise Theó:** cantante francesa de operetas.

Agil, nerviosa, blanca, delgada,
media de seda bien estirada,
60 gola[32] de encaje, corsé de ¡crac!,[33]
nariz pequeña, garbosa, cuca,[34]
y palpitantes sobre la nuca
rizos tan rubios como el coñac.

Sus ojos verdes bailan el tango;
nada hay más bello que el arremango
provocativo de su nariz.
Por ser tan joven y tan bonita,
cual mi sedosa, blanca gatita,
diera sus pajes la emperatriz.

70 ¡Ah, tú no has visto cuando se peina,
sobre sus hombros de rosa reina
caer los rizos en profusión!
¡Tú no has oído qué alegre canta,
mientras sus brazos y su garganta
de fresca espuma cubre el jabón!

¡Y los domingos! . . . ¡Con qué alegría
oye en su lecho bullir el día
y hasta las nueve quieta se está!
¡Cuál se acurruca[35] la perezosa,
80 bajo la colcha color de rosa,
mientras a misa la criada va!

La breve cofia[36] de blanco encaje
cubre sus rizos, el limpio traje
aguarda encima del canapé;[37]
altas, lustrosas y pequeñitas,
sus puntas muestran las dos botitas,
abandonadas del catre al pie.

---

[32]**gola:** adorno del cuello.
[33]**corsé:** *corset*, prenda íntima femenina.
Gutiérrez Nájera, burlón, ejemplifica la
dureza de las varillas características de esta
prenda con el vocablo onomatopéyico:
¡crac!.

[34]**cuca:** mujer muy arreglada.
[35]**se acurruca:** se acomoda graciosamente
en la cama.
[36]**cofia:** gorrito.
[37]**canapé:** sofá.

Después ligera, del lecho brinca.
¡Oh, quién la viera cuando se hinca
90 blanca y esbelta sobre el colchón!
¿Qué valen junto de tanta gracia
las niñas ricas, la aristocracia,
ni mis amigas de cotillón?[38]

Toco; se viste; me abre; almorzamos;
con apetito los dos tomamos
un par de huevos y un buen beefsteak,
media botella de rico vino,
y en coche, juntos, vamos camino
del pintoresco Chapultepec.[39]

100 Desde las puertas de la Sorpresa
hasta la esquina del Jockey Club,
no hay española, yankee o francesa,
ni más bonita ni más traviesa
que la duquesa del duque Job.

De *Odas breves,* 1893

Non omnis moriar[1]

¡No moriré del todo, amiga mía!
De mi ondulante espíritu disperso
algo, en la urna[2] diáfana del verso,
piadosa[3] guardará la Poesía.

¡No moriré del todo! Cuando herido
caiga a los golpes del dolor humano,
ligera tú, del campo entenebrido[4]
levantarás al moribundo[5] hermano.

---

[38]**cotillón:** chisme.
[39]**Chapultepec:** hermoso parque de la capital mexicana. Sigue siendo un paseo de gran atracción para los capitalinos.
[1]El título significa: no todo muere.
[2]**urna:** lugar donde se guardan objetos de valor; urna diáfana: urna de gran claridad.

El verso es una urna brillante que guarda lo inefable: la poesía.
[3]**piadosa:** que muestra piedad, compasión.
[4]**entenebrido:** tenebroso, oscuro.
[5]**moribundo:** cercano a la muerte.

Tal vez entonces por la boca inerme[6]
10   que muda aspira la infinita calma,
oigas la voz de todo lo que duerme
con los ojos abiertos en mi alma.

Hondos recuerdos de fugaces días,
ternezas[7] tristes que suspiran solas;
pálidas, enfermizas alegrías
sollozando al compás de las violas . . .

Todo lo que medroso[8] oculta el hombre
se escapará, vibrante, del poeta,
en áureo[9] ritmo de oración secreta
20   que invoque en cada cláusula tu nombre.

Y acaso adviertas que de modo extraño
suenan mis versos en tu oído atento,
y en el cristal, que con mi soplo empaño,[10]
mires aparecer mi pensamiento.

Al ver entonces lo que yo soñaba,
dirás de mi errabunda[11] poesía:
—Era triste, vulgar lo que cantaba . . .
mas, ¡qué canción tan bella la que oía!

Y porque alzo en tu recuerdo notas
30   del coro universal, vívido y almo,[12]
y porque brillan lágrimas ignotas[13]
en el amargo cáliz[14] de mi salmo;[15]

porque existe la Santa Poesía[16]
y en ella irradias[17] tú, mientras disperso
átomo de mi ser esconda el verso,
¡no moriré del todo, amiga mía!

---

[6]**inerme:** sin movimiento, sin vida.
[7]**ternezas:** ternuras.
[8]**medroso:** miedoso.
[9]**áureo:** de oro.
[10]**empañar:** volver poco claro el cristal con el aliento.
[11]**errabunda:** vagabunda, sin destino preciso.
[12]**vívido y almo:** lleno de vida y espíritu (energía).

[13]**ignotas:** desconocidas.
[14]**cáliz:** vaso sagrado.
[15]**salmo:** canto.
[16]**la Santa Poesía:** la utilización de un léxico religioso para describir imágenes profanas es característica de los modernistas.
[17]**irradias:** brillas.

REFLEXIÓN Y ANÁLISIS

1) ¿Cuáles son los elementos modernistas y cuáles son los elementos románticos que aparecen en el poema "Non omnis moriar"? Compare las características de ambos movimientos.
2) Discuta la musicalidad de "La Duquesa de Job".
3) Discuta el aspecto decadente del poema "La Duquesa de Job".
4) Discuta el romanticismo temático de "La Duquesa de Job".

BIBLIOGRAFÍA

Bondy, Liselotte. *El dolor en la poesía de Manuel Gutiérrez Nájera*. Mexico: UNAM, 1962.

Carter, Boyd. *En torno a Gutiérrez Nájera y las letras mexicanas del XIX*. México: Botas, 1960.

―――. "Gutiérrez Nájera y Martí como iniciadores del Modernismo." *Revista Iberoamericana* 28 (1962): 295–310.

―――. "La Revista Azul." *El Modernismo*. Ed. Lily Litvak. Madrid: Taurus, 1975. 337–58.

Flores, Ángel. "Manuel Gutiérrez Nájera." *The Literature of Spanish America*. Vol 3, 1. New York: Las Americas, 1968. 85–87.

Fulk, Randal. "Form and style in the short stories of Gutiérrez Nájera." *Hispanic Journal* 10.1 (1988): 127–32.

González Guerrero, Francisco. *Manuel Gutiérrez Nájera. Cuentos completos y otras narraciones*. Prólogo. México: FCE, 1958.

Gutiérrez, José Ismael. "Notas sobre la interacción arte-literatura en la narrativa de Gutiérrez Nájera." *Alba de América* 8 (1990): 277–87.

Henríquez Ureña, Max. "Manuel Gutiérrez Nájera." *Breve Historia del Modernismo*. México: FCE, 1954. 67–79.

Koslof, Alexander. "Técnica de los cuentos de Manuel Gutiérrez Nájera." *Revista Iberoamericana* 19 (1954): 333–57, y 20 (1955): 65–94.

Peña, Luis, y Magdalena Maíz. "La discreción exquisita: una aproximación a las crónicas de Gutiérrez Nájera." *Texto Crítico* (1988): 45–50.

Schulman, Iván. *Génesis del Modernismo: Martí, Nájera, Silva, Casal*. México: El Colegio de México/Washington University Press, 1968.

―――. "Función y sentido del color en la poesía de Manuel Gutiérrez Nájera." *Revista Hispánica Moderna* 23 (1957): 1–13.

Alessandra Luiselli

JULIÁN DEL CASAL (1863–1893)

Con una vida truncada antes de cumplir los treinta años y una obra poética escueta, de apenas tres libros, es considerado como una de las figuras más relevantes de la primera generación modernista. Su vida y su obra se conjugan para conformar el perfil típico y tópico del poeta finisecular, el del hastiado hiperestésico que forja en la literatura su sueño de un mundo ideal.

Su primer libro, *Hojas al viento* (1890), arranca de la estética romántica en la línea de Campoamor. Fenómeno nada raro, debido a que su país, Cuba, todavía era una provincia de España y su vida intelectual estaba regida por las normas de la metrópoli. Su segundo libro, *Nieve* (1892), representa un viraje hacia la poesía parnasiana entonces en boga en Francia; y su tercer libro, *Bustos y rimas* (1893), publicado póstumamente —aunque preparado por el autor en vísperas de su prematura muerte— contiene sus versos más innovadores y una selección de su pulida prosa que redactaba para *La Habana Elegante* y otras publicaciones periódicas de la isla.

Hijo de un laborioso inmigrante español de Vizcaya y madre criolla —de esas familias que conocieron un fugaz momento de prosperidad antes de caer en la ruina más absoluta— fue internado en un colegio de jesuitas donde recibió su modesta educación formal. Obligado a ganarse la vida desde edad temprana, trabaja como escribiente en la Intendencia de Hacienda y comienza a frecuentar los círculos literarios de su Habana "elegante" escribiendo crónicas bajo el pseudónimo del *Conde de Camors*. Tras la muerte de su padre recibe una pequeñísima herencia, un solar cuya venta le permite costearse un billete de ida para Europa, en noviembre de 1888 con el objetivo de llegar a París, donde tenía la ilusión de establecerse viviendo de su pluma. Se dirige primero a Madrid y unas semanas después está de regreso a la Habana, en la cubierta del vapor, sin jamás haber llegado a París —meta y Meca para todo joven hispanoamericano de entonces.

A su regreso y a pesar de su penuria y de su limitadísima experiencia vital, se forja la imagen de un *dandy*, de un sofisticado esteta y logra convencer a todos de sus éxitos, de la estima en que le tenían Salvador Rueda y Pardo Bazán en España y Verlaine en París... Imagen que le proporciona acceso a los salones y tertulias del poder local. De hecho, su última cena fue en casa de un potentado, donde le sorprende una violenta hemorragia que termina con su siempre frágil salud.

En 1892, cuando Darío —célebre ya tras la publicación de *Azul* (1888) y de camino a España como delegado al IV Centenario del Descubrimiento— hace escala de unos días en la Habana, pregunta por Casal y en alegre delegación hacen el periplo del puerto, desde los bajos fondos a los salones más elegantes, incluyendo una visita al cementerio. Poco después, Darío, al enterarse de la muerte de Casal, evoca esta premonitoria visita en una carta al director de *La Habana Elegante:*

> Ibamos todos alegres —menos él—, bajo la luz de la tarde. Y cuando descendimos de los carruajes y recorrimos las calles de cipreses y mármoles, entonces, solamente entonces, fue que Casal se puso a hablar lleno de animación, tal como un pájaro que se sintiese en su propio bosque. ¡Desdichado ruiseñor del bosque de la Muerte!

La poesía de Casal se caracteriza por su pulcritud, y sobretodo por su frialdad parnasiana que se nota también en su única relación sentimental conocida, un dilatado amor platónico por una joven poeta adolescente, Juana Borrero, amor frustrado —según él— por el recuerdo de otro supuesto amor roto por la muerte. Juana Borrero dice que él "tenía un ideal . . . , su ideal, su muerta amada, y me obligó a amarla y a venerar su memoria."[1]

No conoció a su compatriota, José Martí, exiliado entonces en Estados Unidos y militando en otra banda política, la de la independencia para Cuba. Martí, sin embargo, le dedica una semblanza consagrándole como un héroe de la patria por su fina sensibilidad poética y política.

---

[1] Juana Borrero, *Epistolario,* tomo I, p. 108.

Los dos encuentros

I

El sol brillaba, como globo de fuego, en el firmamento azul. La yerba espesa, salpicada de gotas de rocío semejante a inmensa alfombra de terciopelo verde, donde las hadas nocturnas parecían haber dejado los innumerables diamantes que adornaban sus cabelleras, recibía la ceniza dorada del disco solar; las aguas del río, corriendo entre nenúfares[1] que flotaban enlazados, formando archipiélagos, mostraban otro cielo en sus profundidades transparentes; los mangos maduros, como corazones de oro, brillaban entre el ramaje que se inclinaba a la tierra, agobiado por el peso de los frutos; los pájaros, desde el borde de los nidos, abrían sus alas largo tiempo cerradas, mezclando su voz a la de la selva que agitaba sus matorrales de flores silvestres y a la del viento que vagaba locamente por los campos olorosos.

Tendido al pie de un granado, cuyos frutos, parecidos a verdes cofres llenos de rubíes, colgaban de las ramas, vi llegar envuelta en blanco velo de gasa, estrellado de piedras preciosas, a la mujer más hermosa de la tierra, la cual comenzó a hablarme de esta manera:

"Tiempo es ya de que pienses en el porvenir. Dos sendas hallarás para llegar al fin de tu vida; la primera está cubierta de flores y la segunda de abrojos. Si me amas, te llevaré por la primera y serás feliz. Tendrás castillos de mármol, a orillas de los lagos, para pasar los días de tu existencia; mantos de púrpura, tachonados de estrellas de oro, para cubrir tus espaldas; coronas de ricos metales, esmaltada de pedrería, para ornar tu frente; navecillas de nácar, con velas de seda para cruzar los mares; vírgenes circacianas,[2] impregnadas de perfumes, para colmarte de placeres; histriones numerosos, sacados de las mejores cortes, para ahuyentar el hastío de tu alma. ¿Quieres seguirme? Piensa en que todo lo puedo, porque me llamo 'La Felicidad'".

II

Pasado algún tiempo, veía yo caer el agua de espumoso torrente, irisada por los rayos del sol, y encontré un peregrino, cubierto de harapos, jadeante de fatiga, como si fuera un condenado que vivía lejos del mundo, el cual me dijo lo siguiente:

"Desde que naciste he seguido tus pasos. Aunque me creen pobre poseo muchos tesoros desconocidos. Tengo un templo indestructible, alejado de la tierra, donde sólo penetran mis elegidos. Si tienes fuerza llegarás a él. Pero antes de emprender la marcha recuerda a los que han perecido en el camino.

---

[1]**nenúfares:** planta acuática con flores blancas o amarillas.

[2]**circacianas:** (circasiano) de Circasia, región montañosa de Caucasia.

"Es preciso atravesar, para ir al templo, ancha senda de abrojos. Nada hay tan espantoso. Un cielo plomizo, desplumado de astros, aparece en la altura; el suelo, alfombrado de lodo, se hunde bajo los pies; los árboles, desnudos de hojas, ostentan punzantes espinas; el agua de los arroyos, manchada de sangre, permanece
40 estancada; las flores, salpicadas de oscuros matices, exhalan perfumes venenosos; las víboras, ocultas entre las zarzas, se enroscan al cuerpo del caminante; las fieras, hambrientas de carne humana, muestran sus blancos dientes, puntiagudos, en la obscuridad; los insectos, esparcidos en el aire, inoculan la muerte al pasajero; el mar, bramando a lo lejos, ahoga todos los gemidos. Si tienes hambre, tendrás que devorar tu cuerpo; si tienes sed, tendrás que beber tus lágrimas. El mundo, tirano inmortal, te cubrirá de baldón;[3] la soledad, sudario de los vivos te rodeará por todas partes; la miseria, única compañera de tu vida, te seguirá hasta el último instante.

"Cuando tu cuerpo lleno de heridas, caiga sangrando sobre las piedras del camino; cuando tus labios, descoloridos por la fiebre, exhalen el último suspiro
50 de tu pecho; cuando tus ojos vueltos hacia lo infinito, se cierren para siempre, ceñiré a tu frente el lauro de los inmortales, grabaré tu nombre en las páginas de la historia y te abriré las puertas de mi templo. ¿Quieres seguirme? Soy el 'Arte'".

Yo, sin vacilar un instante, comencé a andar por la senda que lleva al templo del Arte.

En El Figaro, *10 de febrero, 1889*

---

[3]**baldón:** injuria.

Juana Borrero[1]

¿Queréis conocerla? Tomad el tren que sale, a cada hora, de la estación de Concha, para los pueblecillos cercanos a nuestra población, donde la fantasía tropical, a la vez que el mal gusto, os habrá hecho soñar en paisajes maravillosos, o en viviendas ideales. El viaje sólo dura algunos minutos. Tan corta duración os preservará, si tenéis gustos de ciudadanos, de la contemplación, fatigosa e insípida, de los anchos senderos que parecen alfombrados de polvo de marfil, de las redes de verdura que, como encajes metálicos, incrustados de granates, bordan los bejucos en flor, de las quintas ruinosas que a la trepidación de la locomotora, fingen desmoronarse, de los surcos de tierra azafranada[2] en que los labriegos, con la yunta de bueyes uncida al arado, se hunden hasta los tobillos, de las palmas solitarias que, como verdes plumeros de habitaciones ciclópeas, desmayan en las llanuras y de las chozas de guano, frente a las cuales escarban la tierra las gallinas, hincha su moco el pavo, enróscase el perro al sol y surge una figura humana que os contempla con asombro o pasea sobre vuestra persona su mirada melancólica de animal.

Frente al río célebre, citado por los periodistas mediocres y ensalzado por los copleros populares, que se encuentra a mitad del camino, descended del ferrocarril. En su morada, que se mira en las ondas, siempre la podréis encontrar. Hasta la fecha en que escribo estas líneas, su pie no ha traspasado los umbrales de ningún salón a la moda, yendo a mecerse allí en brazos de algún elegante, como una muñeca de carne en los de un titiritero de frac,[3] al sonido monótono de la llovizna de los valses o al del estrepitoso que forma el aguacero de los rigodones.[4] Tampoco se ha grabado su retrato para ninguna de las galerías de celebridades que exhiben algunos periódicos, porque no es hija de mantequero acaudalado o de noble colonial, porque no se ha dignado solicitar ese honor y, en suma, porque, como más que talento ha revelado genio, le cabe la honra de ser indiferente al público o paralizar la pluma de sus camaradas. Los periódicos no se han ocupado de sus producciones, más que en el folletín o en la sección de gacetillas, sitios destinados a decir lo que no compromete, lo que no tiene importancia, lo que dura un solo día, lo que sirve para llenar renglones. En las columnas principales no se habla más que de lo que pueda interesar al suscriptor, de la barrabasada[5] de algún ministro o de la hazaña de un bandolero, del saqueamiento de un burócrata o del homicidio último, del matrimonio de un par de imbéciles o de la llegada de cómicos de la legua, pero nunca de los esfuerzos artísticos de algunas individualidades, ni muchos menos de los de una niña de doce años que, como la presente, ha dado tan brillantes muestras de su genio excepcional, toda vez que eso tan sólo interesa a un grupo pequeño de ociosos, desequilibrados o soñadores.

---

[1]**Juana Borrero:** (1878–1896), poeta y artista cubana.

[2]**azafranada:** de azafrán; color intenso amarillo-rojo.

[3]**frac:** chaqueta de hombre de faldones estrechos y largos.

[4]**rigodones:** especie de contradanza que se bailaba antiguamente.

[5]**barrabasada:** acción perversa o barbaridad.

Yendo por la mañana, el caserío presenta alguna animación. Es la hora en que desfila, por la calzada polvorosa, la diligencia atestada de pasajeros; en que rechinan las ruedas de enormes carretas arrastradas por bueyes que jadean al sentir en
40 sus espaldas de bronce el hierro punzante del aguijón;[6] en que cruje el pavimento de los puentes al paso de los campesinos que, con la azada al hombro y una copla en los labios, marchan a sus faenas; y en que las rojas chimeneas de las fábricas abiertas vomitan serpientes de humo que se alargan, se enroscan, se quiebran y se disgregan entre los aromas del aire matinal. En tales horas, podréis encontrar a la niña, con el pincel empuñado en la diestra y con la paleta asida en la izquierda, manchando una de sus telas, donde veréis embellecido algún rincón de aquel paisaje, iluminado por los rayos de oro de un sol de fuego y embalsamado por los aromas de lujuriosa vegetación. Llegada la noche, el sitio se llega mágicamente a transformar. Más que al borde de un río del trópico, os creéis trasportados a
50 orillas del Rhin. Basta un poco de fantasía para que veáis convertirse la choza humeante a lo lejos en la tradicional taberna de atmósfera agriada por el fermento de la ambarina cerveza y ennegrecida por el humo azulado de las pipas; para que el galope de un caballo a través de la arboleda os haga evocar la imagen del *Rey de los Alamos* de Goethe o la del *Postillón* de Lenan; para que el pararrayos de una de las fábricas que recortan su mole gigantesca sobre las evaporaciones nocturnas os parezca la flecha de histórica catedral; y para que el simple ruido de las ondas zafirinas, franjeadas de espumas prismáticas, os traiga al oído la voz de Loreley[7] que, destrenzados los cabellos de oro sobre las espaldas de mármol, entona al viento de la noche, desde musgosa peña, su inmortal canción. Para la
60 que inspira esta página, será la hora de arrinconar la tela esbozada, pasear la espátula sobre la paleta y aprisionar el color en sus frascos, dejando que su espíritu, como halcón desencadenado, se aleje de la tierra y se remonte a los espacios azules de la fantasía, donde las quimeras, como mariposas de oro en torno de una estrella, revoloteen sin cesar. Ella nos brindará después, en la concha de la rima, la perla de su ensueño, pálida unas veces y deslumbradora otras, pero siempre de inestimable valor. Así pasa los días de su infancia esta niña verdaderamente asombrosa, cuyo genio pictórico, a la vez que poético, promete ilustrar el nombre de la patria que la viera nacer.

No la he visto más que dos veces, pero siempre ha evocado, en el fondo de mi alma, la imagen de la fascinadora María Bashkirseff. Esta no aprendió nunca a
70 rimar, pero su prosa encanta y sugestiona su pincel. Ambos espíritus han tenido, en la misma época de la vida, idéntica revelación de los destinos humanos y análogos puntos de vista para juzgarlos. Se ve que han sufrido y han gozado por el mismo ideal. Pero ahí debe limitarse la comparación. Una vivió en los medios

---

[6]**aguijón:** púa, aguja o dardo.
[7]**Loreley:** Lorelei; sirena que hechizaba a los navegantes y hacía naufragar los barcos.

Su leyenda fue popularizada por el poeta alemán, Heine.

más propicios para el desarrollo de sus facultades y la otra se enflora en mísero rincón de su país natal. Aquélla fue rica y ésta no lo es. Tuvo la primera por maestros los dioses de la pintura moderna y la segunda no ha recibido otras lecciones que la de su intuición. La hija de la estepa voló tempranamente al cielo

"Dans le linceul soyeux de ses cheveux dorés"[8]

80   y la del trópico, por fortuna, se afirma en la tierra con toda la fuerza de la juventud.
Una tarde, al volver de su casa, esbocé su retrato por el camino en los siguientes versos:

Tez de ámbar, labios rojos,
Pupilas de terciopelo
Que más que el azul del cielo
Ven del mundo los abrojos.

Cabellera azabachada[9]
Que, en ligera ondulación,
Como velo de crespón
90 *Cubre su frente tostada.*

Ceño que a veces arruga,
Abriendo en su alma una herida,
La realidad de la vida
O de una ilusión la fuga.

Mejillas suaves de raso
En que la vida fundiera
La palidez de la cera,
La púrpura del ocaso.

¿Su boca? rojo clavel
100 *Quemado por el estío,*
Mas donde vierte el hastío
Gotas amargas de hiel.

Seno en que el dolor habita
De una ilusión engañosa,
Como negra mariposa

---

[8] ***Dans le linceul soyeux de ses cheveux dorés:*** Bajo la mortaja sedosa de sus cabellos dorados.

[9] **azabachada:** de azabache, o color negro.

En fragante margarita.
Manos que para el laurel
Que a alcanzar su genio aspira,
Ora recorren la lira,
110   Ora mueven el pincel.

¡Doce años! mas sus facciones
Veló ya de honda amargura
La tristeza prematura
De los grandes corazones.

En La Habana Literaria, *15 de julio, 1892*

De *Bustos y rimas*, 1893

En el campo

Tengo el impuro amor de las ciudades,
y a este sol que ilumina las edades
prefiero yo del gas las claridades.

A mis sentidos lánguidos arroba,
más que el olor de un bosque de caoba,
el ambiente enfermizo de una alcoba.

Mucho más que las selvas tropicales,
plácenme los sombríos arrabales[1]
que encierran las vetustas[2] capitales.

10   A la flor que se abre en el sendero,
como si fuese terrenal lucero,
olvido por la flor de invernadero.

Más que la voz del pájaro en la cima
de un árbol todo en flor, a mi alma anima
la música armoniosa de una rima.

Nunca a mi corazón tanto enamora
el rostro virginal de una pastora,

---

[1]**arrabales:** sitios extremos de una población.

[2]**vetustas:** antiguas.

como un rostro de regia pecadora.
20 Al oro de las mies en primavera,
yo siempre en mi capricho prefiriera
el oro de teñida cabellera.

No cambiara sedosas muselinas
por los velos de nítidas neblinas
que la mañana prende en las colinas.

Más que al raudal que baja de la cumbre,
quiero oír a la humana muchedumbre
gimiendo en su perpetua servidumbre.
El rocío que brilla en la montaña
20 no ha podido decir a mi alma extraña
lo que el llanto al bañar una pestaña.

Y el fulgor de los astros rutilantes
no trueco por los vívidos cambiantes
del ópalo, la perla o los diamantes.

El hijo espurio

Yo soy el fruto que engendró el hastío
de un padre loco y de una madre obscena
que, a la vida arrojáronme sin pena,
como una piedra en el raudal de un río.

No hay dolor comparable al dolor mío
porque, teniendo el alma de amor llena,
la convicción profunda me envenena
de que está el mundo para mí vacío.

Iguala mi pureza a la del nardo,
mas vivo solitario como un cardo
10 sin que escuche jamás voces amigas,

y, encontrando las rutas siempre largas,
vierten mis ojos lágrimas amargas
como el jugo que encierran las ortigas.[1]

---

[1] **ortiga:** planta cuyas hojas segregan un
líquido irritante.

Crepuscular

Como vientre rajado sangra el ocaso,
manchando con sus chorros de sangre humeante
de la celeste bóveda el azul raso,
de la mar estañada la onda espejeante.

Alzan sus moles húmedas los arrecifes[1]
donde el chirrido agudo de las gaviotas,
mezclado a los crujidos de los esquifes,[2]
agujerea el aire de extrañas notas.

Va la sombra extendiendo sus pabellones,
rodea el horizonte cinta de plata,
y, dejando las brumas hechas jirones,
parece cada faro flor escarlata.

Como ramos que ornaron senos de ondinas[3]
y que surgen nadando de infecto lodo,
vagan sobre las ondas algas marinas
impregnadas de espumas, salitre y yodo.

Abrense las estrellas como pupilas,
imitan los celajes negruzcas focas
y, extinguiendo las voces de las esquilas,[4]
pasa el viento ladrando sobre las rocas.

---

[1]**arrecifes:** banco de rocas a flor de agua.
[2]**esquifes:** barco pequeño.
[3]En las mitologías ondinas son ninfas marinas.

[4]**esquilas:** insecto que corre por las aguas estancadas.

REFLEXIÓN Y ANÁLISIS

1) ¿Cómo se concibe el arte en la crónica "Los dos encuentros"?
2) Señale los rasgos poéticos del estilo de Casal en sus crónicas. ¿Qué tipo de imágenes predominan?
3) ¿Cuáles son los aspectos decadentes del poema "En el campo"?
4) Discuta el pesimismo en la obra de Casal.
5) Discuta las distintas manifestaciones de la violencia en el poema "Crepuscular".
6) Elija uno de los cuadros de Gustave Moreau y estudie su relación con el poema correspondiente de Casal de *Mi museo ideal*.

BIBLIOGRAFÍA

Figueroa, Esperanza, ed. *Julián del Casal: estudios críticos sobre su obra*. Miami: 1974.
Fontanella, Lee. "Parnassian Precept and a New Way of Seeing Casal's *Museo Ideal*." *Comparative Literature Studies* 7 (1970): 450–79.
Schulman, Ivan A. "Casal's Cuban Counterpoint of Art and Reality." *Latin American Research Review* 11 (1976): 113–28.
Vitier, Cintio. "Casal como antítesis de Martí." *Lo cubano en la poesía*. Havana: 1958. 242–68.

René de Costa

RUBÉN DARÍO (1867–1916)

En el interior montañoso de Nicaragua, en el pequeño pueblo de Chocoyos (hoy Ciudad Darío), nace Félix Rubén García Sarmiento que luego se hará conocer en el mundo de las letras con el sonoro nombre de Rubén Darío. Autor precoz y prolífico, publica su primer poema a los trece años; sus obras completas abarcan cinco tomos en fino papel biblia y contienen más de seis mil páginas de prosa y poesía.

A los diecinueve años decide conocer mundo y se embarca para Chile, donde residirá entre junio de 1886 y febrero de 1889, ganándose la vida como aduanero en la ciudad portuaria de Valparaíso. Allí publica su primer libro importante, *Azul . . .* (1888), título señero en la historia literaria hispanoamericana, ya que es en esta colección de cuentos donde se conjuntan las diversas corrientes de la nueva sensibilidad que pronto será bautizada como "modernista": el artista como bohemio, poeta hipersensible en armonía con el universo, visionario del mundo e intérprete de la "voz de las cosas" en un lenguaje de exquisito refinamiento.

Lo más curioso de este libro del joven aduanero es que no es el producto de su experiencia vital, sino de sus lecturas y de su imaginación. Cuentos como "El velo de la reina Mab", o "El rey burgués" son tan fascinantes para el lector de hoy como para el del siglo pasado, ya que crean un mundo ilusorio sin pretender hacerlo parecer real, un mundo en que el artista —a pesar de ser un marginado (o quizá, precisamente por ello)— no pierde su ilusión y es capaz de morir de hambre por su dedicación al arte. Y todo eso en una prosa rica y fluida, poblada de metáforas, donde una copa de champán no es un simple vino espumoso, sino "oro que hierve", y en que algo tan corriente como la nieve se idealiza en una "lluvia blanca de plumillas cristalizadas".

De la elaborada prosa poética de *Azul . . .* (cuyo modelo fue Martí) Darío pasará a la poesía, flexibilizando la versificación y enriqueciendo la rima. La musicalidad de los versos de *Prosas profanas* (Buenos Aires, 1896), su segundo libro importante, revolucionará el olvidado arte de la declamación. Poemas como "La princesa está triste" o "Era un aire suave" pasarán a formar parte del acervo cultural de toda alma que se precie de sensible. Verdadera pintura en palabras, este último poema que describe una fiesta de disfraces en un elegante jardín versallesco, poblado de estatuas que se confunden con los invitados, retrata a todos en un eterno *tableau vivant* en donde la perversa y "divina Eulalia" anima la noche con "el teclado armónico de su risa fina", donde se conjuga la risa con la música, y con la imagen de los blancos dientes transformados en teclado de piano.

La renovación poética practicada por Darío, además de lexical, consistía en rescatar versos que habían caído en desuso (el monótono alejandrino de Berceo y el rígido dodecasílabo de Juan de Mena en los poemas citados) y remozarlos cambiando la cesura y alterando la distribución de sus acentos rítmicos. También ennoblece el vulgar sonetín (soneto de arte menor) del siglo de oro, dotándolo de rima rica con versos esdrújulos, como en el poema "Para una cubana", escrito en un alarde de improvisación, como una galantería para la dama en cuestión, y en presencia de Julián del Casal. Incluso cuando escribe en prosa, es con rima interior, como en "El país del sol": "Junto al negro palacio del rey de la isla de Hierro —oh cruel, horrible destierro!" Maestro de la musicalidad, hará una transposición pictórica en su "Sinfonía en gris mayor" describiendo a un viejo marinero al borde del mar en una tarde gris y brumosa.

La fama le traerá un cargo diplomático representando a Colombia en la Argentina, donde en 1894 funda la *Revista de América* con el poeta boliviano Ricardo Jaimes Freyre. Más tarde, como periodista de *La Nación* de Buenos Aires —antiguo puesto de Martí— recorrerá España informando sobre las repercusiones de la guerra de 1898 con los Estados Unidos sobre Cuba. Su obra se politiza, se convierte en conciencia viva de la unidad cultural de los pueblos hispánicos frente a la amenaza del naciente imperialismo americano. Esta nueva actitud repercutirá en su poesía que se torna de pronto más comprometida, menos exquisita y profundamente social. El título mismo de la colección de 1905, *Cantos de vida y esperanza,* publicada en Madrid, registra el cambio. Uno de los poemas más impactantes de ese libro es el canto "A Roosevelt", el presidente cazador de Estados Unidos que se vanagloriaba de haber "tomado" Panamá. Darío, sin recurrir a sentimentalismos, elige el verso libre con líneas de variada extensión, unidas todas por una apenas notable rima aguda en "ó", que va creciendo en frecuencia e intensidad a medida que los versos se van acortando, hasta rematar la estrofa con un verso de una sola sílaba: un rotundo "*¡No!*"

El libro comienza con un reconocimiento del cambio efectuado en su yo poético: "Yo soy aquel que ayer no más decía/ el verso azul y la canción profana . . .". Incluso el cisne, que antes era una presencia decorativa de su poesía (como lo era en los jardines y espacios públicos en el cambio del siglo), ahora cobra un sentido más emblemático, el "encorvado cuello" es un signo de interrogación sobre el por qué de la vida. El poeta, en la cumbre de su carrera, anticipa su propio declive. Sin embargo, aún en los poemas más tétricos, como "Lo fatal", sigue siendo el gran innovador, el gran experimentador con los recursos formales de la poesía, dándonos en este caso un soneto de trece versos para mejor resaltar la incertidumbre que es el tema de la composición cuyo último terceto ha de leerse así:

. . . . ¡y no saber adónde vamos,
. . . . ni de dónde venimos!
. . . .

Un cambio de gobierno en Nicaragua le dejará como delegado oficial "sin credenciales" en la fastuosa celebración del primer centenario de la independencia en México en 1910 (en vísperas de su Revolución) y viajará después por toda América en una campaña de promoción de una lujosa revista cultural, *Mundial Magazine* (1912–1914), editada por él en París para distribución continental. La revista será todo un éxito, pero los años y la vida disipada en los viajes y en el alcohol le tienen debilitado. En 1916, en plena guerra mundial, emprende el viaje de retorno para morir en Nicaragua.

De *Azul,* 1888

El rey burgués

CANTO ALEGRE

¡Amigo! El cielo está opaco; el aire, frío; el día, triste. Un cuento alegre . . . , así como para distraer las hermosas y grises melancolías, hélo aquí.

***

Había en una ciudad inmensa y brillante un rey muy poderoso, que tenía trajes caprichosos y ricos, esclavas desnudas, blancas y negras, caballos de largas crines, armas flamantísimas, galgos rápidos y monteros con cuerpos de bronce, que llenaban el viento con sus fanfarrias.[1] ¿Era un rey poeta? No, amigo mío; era el Rey Burgués.

***

Era muy aficionado a las artes el soberano y favorecía con gran largueza a sus músicos, a sus hacedores de ditirambos,[2] pintores, escultores, boticarios, barberos y maestros de esgrima.

Cuando iba a la floresta, junto al corzo o jabalí herido y sangriento hacía improvisar a sus profesores de retórica canciones alusivas; los criados llenaban las copas del vino de oro que hierve, y las mujeres batían palmas con movimientos rítmicos y gallardos. Era un rey sol, en su Babilonia llena de músicas, de carcajadas y de ruido de festín. Cuando se hastiaba de la ciudad bullente, iba de caza atronando el bosque con sus tropeles; y hacía salir de sus nidos a las aves asustadas, y el vocerío repercutía en lo más escondido de las cavernas. Los perros de patas elásticas iban rompiendo la maleza[3] en la carrera, y los cazadores, inclinados sobre el pescuezo de los caballos, hacían ondear los mantos purpúreos y llevaban las caras encendidas y las cabelleras al viento.

***

El rey tenía un palacio soberbio, donde había acumulado riquezas y objetos de arte maravillosos. Llegaba a él por entre grupos de lilas y extensos estanques, siendo saludado por los cisnes de cuellos blancos antes que por los lacayos estirados. Buen gusto. Subía por una escalera llena de columnas de alabastro y de esmaradigna,[4] que tenía a los lados leones de mármol, como los de los troncos salomónicos. Refinamiento. A más de los cisnes, tenía una vasta pajarera, como

---

[1]**fanfarrias:** ostentación.
[2]**ditirambos:** composición poética.
[3]**la maleza:** espesura formada por zarzales.

[4]**esmaradigna:** esmereldas; piedra preciosa.

amante de la armonía, del arrullo, del trino: y cerca de ella iba a ensanchar su espíritu, leyendo novelas de M. Ohnet, o bellos libros sobre cuestiones gramaticales, o críticas hermosillescas. Eso sí: defensor acérrimo de la corrección académica en letras, y del modo lamido en artes; alma sublime amante de la lija[5] y de la ortografía.

***

¡Japonerías! ¡Chinerías! Por lujo y nada más.

Bien podía darse el placer de un salón digno del gusto de un Goncourt[6] y de los millones de un Creso:[7] quimeras de bronce con las fauces abiertas y las colas

40   enroscadas, en grupos fantásticos y maravillosos; lacas de Kioto[8] con incrustaciones de hojas y ramas de una flora monstruosa, y animales de una fauna desconocida; mariposas de raros abanicos junto a las paredes; peces y gallos de colores; máscaras de gestos infernales y con ojos como si fuesen vivos; partesanas de hojas antiquísimas y empuñaduras con dragones devorando flores de loto; y en conchas de huevo, túnicas de seda amarilla, como tejidas con hilo de araña, sembradas de garzas rojas y de verdes matas de arroz; y tibores, porcelanas de muchos siglos, de aquellas en que hay guerreros tártaros con una piel que les cubre hasta los riñones y que llevan arcos estirados y manojos de flechas.

Por lo demás, había el salón griego, lleno de mármoles: diosas, musas, ninfas

50   y sátiros; el salón de los tiempos galanes, con cuadros del gran Watteau[9] y de Chardin;[10] dos, tres, cuatro, ¡cuántos salones!

Y Mecenas se paseaba por todos, con la cara inundada de cierta majestad, el vientre feliz y la corona en la cabeza, como un rey de naipe.

***

Un día le llevaron una rara especie de hombre ante su trono, donde se hallaba rodeado de cortesanos, de retóricos y de maestros de equitación y baile.

—¿Qué es eso? —preguntó.

—Señor, es un poeta.

El rey tenía cisnes en el estanque, canarios, gorriones, senzontes en la pajare-

60   ra; un poeta era algo nuevo y extraño.

—Dejadle, aquí.

---

[5]**amante de la lija:** en su sentido figurativo se refiere a una persona que le gusta pulir, perfeccionar el lenguaje.

[6]**Edmundo Goncourt** (1822–1896) y su hermano **Julio** (1830–1870), escritores franceses que compusieron gran parte de su obra en colaboración.

[7]**Creso:** rey de Lidia (560–514 antes de J.C.). Famoso por su extrema riqueza.

[8]**Kioto:** ciudad japonesa. Los modernistas tenían una afición por todo lo que era exótico, las chinerías y las japonerías.

[9]**Antonio Watteau:** (1684–1721), pintor francés famoso por sus cuadros campestres.

[10]**Juan Bautista Chardin:** (1699–1779), pintor francés.

Y el poeta:
—Señor, no he comido.
Y el rey:
—Habla y comerás.
Comenzó:

***

Señor, ha tiempo que yo canto el verbo del porvenir. He tendido mis alas al huracán, he nacido en el tiempo de la aurora: busco la raza escogida que debe esperar, con el himno en la boca y la lira en la mano, la salida del gran sol. He abandonado la inspiración de la ciudad malsana, la alcoba llena de perfume, la musa de carne que llena el alma de pequeñez y el rostro de polvos de arroz. He roto el arpa adulona de las cuerdas débiles contra las copas de Bohemia y las jarras donde espumea el vino que embriaga sin dar fortaleza; he arrojado el manto que me hacía parecer histrión, o mujer, y he vestido de modo salvaje y espléndido: mi harapo es de púrpura. He ido a la selva, donde he quedado vigoroso y ahíto de leche fecunda y licor de nueva vida, y en la ribera del mar áspero, sacudiendo la cabeza bajo la fuerte y negra tempestad, como un ángel soberbio o como un semi-diós olímpico, he ensayado el yambo,[11] dando al olvido el madrigal.[12]

He acariciado a la gran Naturaleza, y he buscado el calor del ideal, el verso que está en el astro en el fondo del cielo, y el que está en la perla en lo profundo del Océano. ¡He querido ser pujante! Porque viene el tiempo de las grandes revoluciones, con un Mesías todo luz, todo agitación y potencia, y es preciso recibir su espíritu con el poema que sea arco triunfal, de estrofas de acero, de estrofas de oro; de estrofas de amor.

¡Señor, el arte no está en los fríos envoltorios de mármol, ni en los cuadros lamidos, ni en el excelente señor Ohnet! ¡Señor! El arte no viste pantalones, ni habla en burgués, ni pone los puntos en todas las íes. El es augusto, tiene mantos de oro, o de llamas, o anda desnudo, y amansa la greda con fiebre, y pinta con luz, y es opulento, y da golpes de ala como las águilas o "zarpazos" como los leones. Señor, entre un Apolo y un ganso, preferid el Apolo, aunque el uno sea de tierra cocida y el otro de marfil.

¡Oh, la poesía!

¡Y bien! Los ritmos se prostituyen, se cantan los lunares de las mujeres y se fabrican jarabes poéticos. Además, señor, el zapatero critica mis endecasílabos,[13] y el señor profesor de Farmacia pone puntos y comas a mi inspiración. Señor, ¡y vos lo autorizáis todo esto! . . . el ideal, el ideal . . .

---

[11]**yambo:** pie de la poesía antigua formado por dos sílabas, una larga y una breve.
[12]**madrigal:** composición poética, usual-mente galante y corta.

[13]**endecasílabos:** versos de once sílabas. Uno de los más populares en la poesía his-pánica.

El rey interrumpió:

—Ya habéis oído. ¿Qué hacer?

100 Y un filósofo al uso:

—Si lo permitís, señor, puede ganarse la comida con una caja de música; podemos colocarle en el jardín, cerca de los cisnes, para cuando os paseéis.

—Sí —dijo el rey; y dirigiéndose al poeta—: Daréis vueltas al manubrio. Cerraréis la boca. Haréis sonar una caja de música que toca valses, cuadrillas y galopas, como no prefiráis moriros de hambre. Pieza de música por pedazo de pan. Nada de jerigonzas, ni de ideales. Id.

Y desde aquel día pudo verse a la orilla del estanque de los cisnes al poeta hambriento, que daba vueltas al manubrio: tiriririn, tiriririn . . . , ¡avergonzado a las miradas del gran Sol! ¿Pasaba el rey por las cercanías? ¡Tiriririn, tiriririn! . . .

110 ¿Había que llenar el estómago? ¡Tiriririn! Todo entre las burlas de los pájaros libres que llegaban a beber rocío en las lilas floridas; entre el zumbido de las abejas que le picaban el rostro y le llenaban los ojos de lágrimas . . . , ¡lágrimas amargas que rodaban por sus mejillas y que caían a la tierra negra!

Y llegó el invierno, y el pobre sintió frío en el cuerpo y en el alma. Y su cerebro estaba como petrificado, y los grandes himnos estaban en el olvido, y el poeta de la montaña coronada de águilas no era sino un pobre diablo que daba vueltas al manubrio: ¡tiriririn!

Y cuando cayó la nieve se olvidaron de él el rey y sus vasallos; a los pájaros se les abrigó y a él se le dejó el aire glacial que le mordía las carnes y le azotaba el rostro.

120 Y una noche en que caía de lo alto la lluvia blanca de plumillas cristalizadas, en el palacio había festín, y la luz de las arañas reía alegre sobre los mármoles, sobre el oro y sobre las túnicas de los mandarines de las viejas porcelanas. Y se aplaudían hasta la locura los brindis del señor profesor de retórica, cuajados de dáctilos, de anapestos y de pirriquios, mientras en las copas cristalinas hervía el champaña con su burbujeo luminoso y fugaz. ¡Noche de invierno, noche de fiesta! Y el infeliz, cubierto de nieve, cerca del estanque, daba vueltas al manubrio para calentarse, tembloroso y aterido, insultado por el cierzo, bajo la blancura implacable y helada, en la noche sombría, haciendo resonar entre los árboles sin hojas la música loca de las galopas y cuadrillas: y se quedó muerto, pensando en que nacería el

130 sol del día venidero, y con él el ideal . . . y en que el arte no vestiría pantalones, sino manto de llamas o de oro . . . hasta que el día siguiente lo hallaron el rey y sus cortesanos al pobre diablo de poeta, como gorrión que mata el hielo, con una sonrisa amarga en los labios, y todavía con la mano en el manubrio.

***

¡Oh, mi amigo!, el cielo está opaco; el aire, frío; el día, triste. Flotan brumosas y grises melancolías . . .

Pero ¡cuánto calienta el alma una frase, un apretón de manos a tiempo! Hasta la vista.

Nuestros propósitos

Ser el órgano de la generación nueva que en América profesa el culto del Arte puro, y desea y busca la perfección ideal;

Ser el vínculo que haga una y fuerte la idea americana en la universal comunión artística;

Combatir contra los fetichistas y contra los iconoclastas;

Levantar oficialmente la bandera de la peregrinación estética que hoy hace con visible esfuerzo, la juventud de la América latina, a los Santos lugares del Arte y de los desconocidos Orientes del ensueño;

Mantener, al propio tiempo que el pensamiento de la innovación, el respeto de las tradiciones y la jerarquia de los maestros;

Trabajar por el brillo de la lengua castellana en América, y, al par que por el tesoro de sus riquezas antiguas, por el engrandecimiento de esas mismas riquezas en vocabulario, rítmica, plasticidad y matiz;

Luchar porque prevalezca el amor a la divina Belleza, tan combatido hoy por invasoras tendencias utilitarias;

Servir en el Nuevo Mundo y en la ciudad más grande y práctica de la América latina, a la aristocracia intelectual de las repúblicas de lengua española: esos son nuestros propósitos.

Del primer número de la Revista de América, *fundada en Buenos Aires por Rubén Darío y Ricardo Jaimes Freyre,*[1] *agosto de 1894*

---

[1]**Ricardo Jaimes Freyre:** (1868–1933), poeta modernista boliviano, amigo íntimo de Rubén Darío.

De *Prosas profanas,* 1896

Era un aire suave

Era un aire suave, de pausados giros;
el hada Harmonía ritmaba sus vuelos;
e iban frases vagas y tenues suspiros
entre los sollozos de los violoncelos.

Sobre la terraza junto a los ramajes,
diríase un trémolo de liras eolias
cuando acariciaban los sedosos trajes
sobre el tallo erguidas las blancas magnolias.

La marquesa Eulalia risas y desvíos
daba a un tiempo mismo para dos rivales:
el vizconde rubio de los desafíos
y el abate joven de los madrigales.

Cerca, coronado con hojas de viña,
reía en su máscara Término[1] barbudo,
y, como un efebo[2] que fuese una niña,
mostraba una Diana su mármol desnudo.

Y bajo un boscaje del amor palestra,[3]
sobre rico zócalo[4] al modo de Jonia,
con un candelabro prendido en la diestra
volaba el Mercurio de Juan de Bolonia.[5]

La orquesta perlaba sus mágicas notas;
un coro de sones alados se oía;
galantes pavanas, fugaces gavotas
cantaban los dulces violines de Hungría.

---

[1]**Término:** uno de los dioses romanos; protector de los límites.
[2]**efebo:** joven muchacho.
[3]**palestra:** lugar destinado para la lidia; aquí empleado como lugar de lucha amorosa.

[4]**zócalo:** pedestal de una columna.
[5]**Juan de Bolonia:** (1524–1608), escultor flamenco famoso por su estatua de Mercurio (dios latino identificado con el Hermes griego). Mercurio era el dios de la elocuencia y el mensajero de los dioses.

Al oír las quejas de sus caballeros
ríe, ríe, ríe la divina Eulalia,
pues son su tesoro las flechas de Eros,
el cinto de Cipria,[6] la rueca de Onfalia.[7]

¡Ay de quien sus mieles y frases recoja!
30   ¡Ay de quien del canto de su amor se fíe!
Con sus ojos lindos y su boca roja,
la divina Eulalia ríe, ríe, ríe.

Tiene azules ojos, es maligna y bella;
cuando mira, vierte viva luz extraña:
se asoma a sus húmedas pupilas de estrella
el alma del rubio cristal de Champaña.

Es noche de fiesta, y el baile de trajes
ostenta su gloria de triunfos mundanos.
La divina Eulalia, vestida de encajes,
40   una flor destroza con sus tersas manos.

El teclado armónico de su risa fina
a la alegre música de un pájaro iguala,
con los staccati de una bailarina
y las locas fugas de una colegiala.

¡Amoroso pájaro que trinos exhala
bajo el ala a veces ocultando el pico,
que desdenes rudos lanza bajo el ala,
bajo el ala aleve del leve abanico!

Cuando a media noche sus notas arranque
50   y en arpegios áureos gima Filomela,[8]
y el ebúrneo cisne, sobre el quieto estanque,
como blanca góndola imprima su estela,

la marquesa alegre llegará al boscaje,
boscaje que cubre la amable glorieta
donde han de estrecharla los brazos de un paje,
que siendo su paje será su poeta.

---

[6]Referencia a Cipris, Ciprina; uno de los
  nombres de Venus, diosa del amor.
[7]**Onfalia:** reina de Lidia, casada con Hércules.

[8]**Filomela:** hija de Pandión, rey de Atenas.
  Fue convertida en ruiseñor.

Al compás de un canto de artista de Italia
que en la brisa errante la orquesta deslíe
junto a los rivales la divina Eulalia,
60 la divina Eulalia ríe, ríe, ríe.

¿Fue acaso en el tiempo del rey Luis de Francia,
sol con corte de astros, en campo de azur,
cuando los alcázares llenó de fragancia
la regia y pomposa rosa Pompadour?[9]

¿Fue cuando la bella su falda cogía
con dedos de ninfa, bailando el minué,
y de los compases el ritmo seguía
sobre el tacón rojo, lindo y leve el pie?

¿O cuando pastoras de floridos valles
70 ornaban con cintas sus albos corderos,
y oían, divinas Tirsis[10] de Versalles,
las declaraciones de sus caballeros?

¿Fue en ese buen tiempo de duques pastores,
de amantes princesas y tiernos galanes,
cuando entre sonrisas y perlas y flores
iban las casacas de los chambelanes?

¿Fue acaso en el Norte o en el Mediodía?
Yo el tiempo y el día y el país ignoro,
pero sé que Eulalia ríe todavía,
80 ¡y es cruel y eterna su risa de oro!

1893

---

[9]**Pompadour:** Antoinette Poisson, favorita del Rey de Francia Luis XV (1710–1774).

[10]**Tirsis:** alusión a un personaje femenino de la poesía pastoril.

Sonatina

La princesa está triste . . . ¿Qué tendrá la princesa?
Los suspiros se escapan de su boca de fresa,
que ha perdido la risa, que ha perdido el color.
La princesa está pálida en su silla de oro,
está mudo el teclado de su clave sonoro,
y en un vaso, olvidada, se desmaya una flor.

El jardín puebla el triunfo de los pavos-reales.
Parlanchina, la dueña dice cosas banales,
y vestido de rojo piruetea el bufón.
10 La princesa no ríe, la princesa no siente;
la princesa persigue por el cielo de Oriente
la libélula vaga de una vaga ilusión.

¿Piensa acaso en el príncipe de Golconda¹ o de China,
o en el que ha detenido su carroza argentina
para ver de sus ojos la dulzura de luz,
o en el rey de las Islas de las Rosas fragantes,
o en el que es soberano de los claros diamantes,
o en el dueño orgulloso de las perlas de Ormuz?

¡Ay!, la pobre princesa de la boca de rosa
20 quiere ser golondrina, quiere ser mariposa,
tener alas ligeras, bajo el cielo volar;
ir al sol por la escala luminosa de un rayo,
saludar a los lirios con los versos de Mayo,
o perderse en el viento sobre el trueno del mar.

Ya no quiere el palacio, ni la rueca de plata,
ni el halcón encantado, ni el bufón escarlata,
ni los cisnes unánimes en el lago de azur.
Y están tristes las flores por la flor de la corte,
los jazmines de Oriente, los nelumbos del Norte,
30 de Occidente las dalias y las rosas del Sur.

---

¹**Golconda:** ciudad de la India, famosa por
sus riquezas.

¡Pobrecita princesa de los ojos azules!
Está presa en sus oros, está presa en sus tules,
en la jaula de mármol del palacio real;
el palacio soberbio que vigilan los guardas,
que custodian cien negros con sus cien alabardas,
un lebrel que no duerme y un dragón colosal.

¡Oh, quién fuera hipsipila que dejó la crisálida!
(La princesa está triste. La princesa está pálida.)
¡Oh visión adorada de oro, rosa y marfil!
40   ¡Quién volara a la tierra donde un príncipe existe
(La princesa está pálida. La princesa está triste.)
Más brillante que el alba, más hermoso que Abril!

"Calla, calla, princesa—dice el hada madrina—;
en caballo con alas, hacia aquí se encamina,
en el cinto la espada y en la mano el azor,
el feliz caballero que te adora sin verte,
y que llega de lejos, vencedor de la Muerte,
a encenderte los labios con su beso de amor."

Para una cubana

Poesía dulce y mística,
busca a la blanca cubana
que se asomó a la ventana
como una visión artística.

Misteriosa y cabalística,[1]
puede dar celos a Diana,
con su faz de porcelana
de una blancura eucarística.

Llena de un prestigio asiático,
10 roja, en el rostro enigmático,
su boca, púrpura finge.

Y al sonreírse, vi en ella
el resplandor de una estrella
que fuese alma de una esfinge.

"Ite, missa est"[2]

Yo adoro a una sonámbula con alma de Eloísa,[3]
virgen como la nieve y honda como la mar;
su espíritu es la hostia de mi amorosa misa,
y alzo al son de una dulce lira crepuscular.

Ojos de evocadora, gesto de profetisa,
en ella hay la sagrada frecuencia del altar;
su risa es la sonrisa suave de Monna Lisa,
sus labios son los únicos labios para besar.

Y he de besarla un día con rojo beso ardiente;
10 apoyada en mi brazo como convaleciente,
me mirará asombrada con íntimo pavor;

la enamorada esfinge quedará estupefacta,
apagaré la llama de la vesta intacta,
¡y la faunesa antigua me rugirá de amor!

---

[1]**cabalística:** deriva de cábala y significa algo misterioso, enigmático.
[2]**"Ite, missa est":** Literalmente, "Id, la misa ha terminado".

[3]**Eloísa:** mujer que tuvo relaciones con Pedro Abelardo (1079–1142), famoso teólogo francés. Fue una relación trágica.

El país del sol

Para una artista cubana

Junto al negro palacio del rey de la isla de Hierro—(¡oh cruel, horrible destierro!)—, ¿cómo que tú, hermana armoniosa, haces cantar al cielo gris tu pajarera de ruiseñores, tu formidable caja musical? ¿No te entristece recordar la primavera en que oíste a un pájaro divino y tornasol

en el país del sol?

En el jardín del rey de la isla de Oro—(¡oh mi ensueño que adoro!)—, fuera mejor que tú, armoniosa hermana, amaestrases tus aladas flautas, tus sonoras arpas; ¡tú que naciste donde más lindos nacen el clavel de sangre y la rosa de arrebol,

10   *en el país del sol!*

O en el alcázar de la reina de la isla de Plata—(Schubert, solloza la Serenata . . .)—, pudieras también, hermana armoniosa, hacer que las místicas aves de tu alma alabasen dulce, dulcemente, el claro de luna, los vírgenes lirios, la monja paloma y el cisne marqués. ¡La mejor plata se funde en un ardiente crisol,

en el país del sol!

Vuelve, pues, a tu barca, que tiene lista la vela—(resuena, lira; Céfiro, vuela)—, y parte, armoniosa hermana, a donde un príncipe bello, a la orilla del mar pide liras y versos y rosas, y acaricia sus rizos de oro bajo un regio y azul parasol,

20   *¡en el país del sol!*

De *Cantos de vida y esperanza,* 1905

Yo soy aquel

Yo soy aquel que ayer no más decía
el verso azul y la canción profana,
en cuya noche un ruiseñor había
que era alondra de luz por la mañana.

El dueño fui de mi jardín de sueño,
lleno de rosas y de cisnes vagos;
el dueño de las tórtolas, el dueño
de góndolas y liras en los lagos;

y muy siglo diez y ocho y muy antiguo
10 y muy moderno; audaz, cosmopolita;
con Hugo fuerte y con Verlaine ambiguo,
y una sed de ilusiones infinita.

Yo supe de dolor desde mi infancia,
mi juventud . . . ¿fue juventud la mía?
Sus rosas aun me dejan su fragancia,
una fragancia de melancolía . . .

Potro sin freno se lanzó mi instinto,
mi juventud montó potro sin freno;
iba embriagada y con puñal al cinto;
20 si no cayó, fue porque Dios es bueno.

En mi jardín se vio una estatua bella;
se juzgó mármol y era carne viva;
un alma joven habitaba en ella,
sentimental, sensible, sensitiva.

Y tímida ante el mundo, de manera
que encerrada en silencio no salía,
sino cuando en la dulce primavera
era la hora de la melodía . . .

Hora de ocaso y de discreto beso;
30 hora crepuscular y de retiro;
hora de madrigal y de embeleso,
de "te adoro", de "ay" y de suspiro.

Y entonces era en la dulzaina[1] un juego
de misteriosas gamas cristalinas,
un renovar de notas de Pan griego
y un desgranar de músicas latinas,

con aire tal y con ardor tan vivo,
que a la estatua nacían de repente
en el muslo viril patas de chivo
40 y dos cuernos de sátiro en la frente.

Como la Galatea[2] gongorina
me encantó la marquesa verleniana,
y así juntaba a la pasión divina
una sensual hiperestesia humana;

todo ansia, todo ardor, sensación pura
y vigor natural; y sin falsía,
y sin comedia y sin literatura . . . :
si hay un alma sincera, ésa es la mía.

La torre de marfil tentó mi anhelo;
50 quise encerrarme dentro de mí mismo,
y tuve hambre de espacio y sed de cielo
desde las sombras de mi propio abismo.

Como la esponja que la sal satura
en el jugo del mar, fue el dulce y tierno
corazón mío, henchido de amargura
por el mundo, la carne y el infierno.

Mas, por gracia de Dios, en mi conciencia
el Bien supo elegir la mejor parte;
y si hubo áspera hiel en mi existencia,
60 melificó toda acritud el Arte.

---

[1]**dulzaina:** instrumento musical de viento.
[2]**Galatea:** referencia a la "Fábula Polifemo y Galatea", de Luis de Góngora (1561–1627).

Mi intelecto libré de pensar bajo,
bañó el agua castalia el alma mía,
peregrinó mi corazón y trajo
de la sagrada selva la armonía.

¡Oh, la selva sagrada! ¡Oh, la profunda
emanación del corazón divino
de la sagrada selva! ¡Oh, la fecunda
fuente cuya virtud vence al destino!

Bosque ideal que lo real complica,
70   allí el cuerpo arde y vive y Psiquis vuela;
mientras abajo el sátiro fornica,
ebría de azul deslíe Filomela

perla de ensueño y música amorosa
en la cúpula flor del laurel verde,
Hipsipila sutil iba en la rosa,
y la boca del fauno el pezón muerde.

Allí va el dios en celo tras la hembra
y la caña de Pan se alza de lodo
la eterna vida sus semillas siembra,
80   y brota la armonía del gran Todo.

El alma que entra allí debe ir desnuda,
temblando de deseo y fiebre santa,
sobre cardo heridor y espina aguda:
así sueña, así vibra y así canta.

Vida, luz y verdad, tal triple llama
produce la interior llama infinita;
el Arte puro como Cristo exclama:
Ego sum lux et veritas et vita![3]

Y la vida es misterio, la luz ciega
90   y la verdad inaccesible asombra;
la adusta perfección jamás se entrega,
y el secreto ideal duerme en la sombra.

---

[3]*Ego sum lux et veritas et vita!:* "Yo soy la
luz, la verdad y la vida" (San Juan, XIV, 6).

Por eso ser sincero es ser potente;
de desnuda que está, brilla la estrella;
el agua dice el alma de la fuente
en la voz de cristal que fluye de ella.

Tal fue mi intento, hacer del alma pura
mía, una estrella, una fuente sonora,
con el horror de la literatura
y loco de crepúsculo y de aurora.

Del crepúsculo azul que da la pauta
que los celestes éxtasis inspira,
bruma y tono menor—¡toda la flauta!
y Aurora, hija del Sol—¡toda la lira!

Pasó una piedra que lanzó una honda;
pasó una flecha que aguzó un violento.
La piedra de la honda fue a la onda,
y la flecha del odio fuése al viento.

La virtud está en ser tranquilo y fuerte;
con el fuego interior todo se abrasa;
se triunfa del rencor y de la muerte,
y hacia Belén . . . la caravana pasa!

A Roosevelt[1]

Es con voz de la Biblia, o verso de Walt Whitman,
que habría de llegar hasta tí, Cazador!
primitivo y moderno, sencillo y complicado,
con un algo de Washington y cuatro de Nemrod.[2]
Eres los Estados Unidos,
eres el futuro invasor
de la América ingenua que tiene sangre indígena,
que aún reza a Jesucristo y aún habla en español

Eres soberbio y fuerte ejemplar de tu raza;
10   eres culto, eres hábil; te opones a Tolstoy.
Y domando caballos, o asesinando tigres
eres un Alejandro-Nabucodonosor.[3]
(Eres un profesor de Energía,
como dicen los locos de hoy.)

Crees que la vida es incendio,
que el progreso es erupción,
que en donde pones la bala
el porvenir pones.
                    No.

20   Los Estados Unidos son potentes y grandes.
Cuando ellos se estremecen hay un hondo temblor
que pasa por las vértebras enormes de los Andes.
Si clamáis, se oye como el rugir del león.
Ya Hugo a Grant le dijo: Las estrellas son vuestras.
(Apenas brilla, alzándose, el argentino sol
y la estrella chilena se levanta . . .) Sois ricos.
Juntáis al culto de Hércules el culto de Mammón;[4]
y alumbrando el camino de la fácil conquista,
la Libertad levanta su antorcha en Nueva-York.

---

[1]**Theodore Roosevelt:** (1829–1910), presidente de los EE.UU. de 1901 a 1909. Gran cazador y hombre de acción. Declaró su teoría del poder de los EE.UU. en la famosa frase: "Walk softly and carry a big stick." (Hay que caminar despacio, y con un gran bastón.)

[2]**Nemrod:** rey fabuloso de Caldea, famoso cazador.

[3]**Alejandro-Nabucodonosor:** el primero se refiere a Alejandro el Grande, rey de Macedonia (356–323 antes de J.C.), y el segundo al rey de Babilonia (605–562 antes de J.C.); ambos, guerreros famosos.

[4]**Hércules y Mammón:** dioses de la fuerza y de la riqueza, respectivamente.

30   Mas la América nuestra, que tenía poetas
        desde los viejos tiempos de Netzahualcóyotl,[5]
        que ha guardado las huellas de los pies del gran Baco,
        que el alfabeto pánico en un tiempo aprendió;
        que consultó los astros, que conoció la Atlántida
        cuyo nombre nos llega resonando en Platón,
        que desde los remotos momentos de su vida
        vive de luz, de fuego, de perfume, de amor,
        la América del grande Moctezuma, del Inca,
        la América fragante de Cristóbal Colón,
40   La América católica, la América española,
        la América en que dijo el noble Guatémoc:[6]
        "Yo no estoy en un lecho de rosas"; esa América
        que tiembla de huracanes y que vive de amor,
        hombres de ojos sajones y alma bárbara, vive.
        Y sueña. Y ama, y vibra, y es la hija del Sol.
        Tened cuidado. ¡Vive la América española!
        Hay mil cachorros sueltos del León Español.
        Se necesitaría, Roosevelt, ser, por Dios mismo,
        el Riflero terrible y el fuerte Cazador,
50   para poder tenernos en vuestra férreas garras.

        Y, pues contáis con todo, falta una cosa: ¡Dios!

---

[5]**Netzahualcóyotl:** (1402–1471), antiguo rey de México, poeta y filósofo.

[6]**Guatémoc:** último emperador de los aztecas. Siguió a Moctezuma, y fue torturado por los españoles.

Canción de otoño en primavera

A G. Martínez Sierra.[1]

¡Juventud, divino tesoro,
ya te vas para no volver!
Cuando quiero llorar, no lloro,
y a veces lloro sin querer.

Plural ha sido la celeste
historia de mi corazón.
Era una dulce niña en este
mundo de duelo y aflicción.

Miraba como el alba pura;
sonreía como una flor.
Era su cabellera obscura
hecha de noche y de dolor.

Yo era tímido como un niño.
Ella, naturalmente, fue,
para mi amor hecho de armiño,
Herodías y Salomé . . .

¡Juventud, divino tesoro,
ya te vas para no volver!
Cuando quiero llorar, no lloro,
y a veces lloro sin querer.

La otra fue más sensitiva,
y más consoladora y más
halagadora y expresiva,
cual no pensé encontrar jamás.

Pues a su continua ternura
una pasión violenta unía.
En un peplo de gasa pura
una bacante se envolvía . . .

---

[1]**Gregorio Martínez Sierra:** (1881–1947), novelista y dramaturgo español, autor de *Canción de cuna*. Escribió también el libreto de *El amor brujo,* ballet de Manuel de Falla.

En sus brazos tomó mi ensueño
30 y lo arrulló como a un bebé . . .
Y le mató, triste y pequeño,
falto de luz, falto de fe . . .

¡Juventud, divino tesoro,
ya te vas para no volver!
Cuando quiero llorar, no lloro,
y a veces lloro sin querer.

Otra juzgó que era mi boca
el estuche de su pasión
y que me roería, loca,
40 con sus dientes el corazón

poniendo en un amor de exceso
la mira de su voluntad,
mientras eran abrazo y beso
síntesis de la eternidad;

y de nuestra carne ligera
imaginar siempre un Edén,
sin pensar que la Primavera
y la carne acaban también . . .

¡Juventud, divino tesoro,
50 ya te vas para no volver!
Cuando quiero llorar, no lloro,
y a veces lloro sin querer.

¡Y las demás! En tantos climas,
en tantas tierras, siempre son,
si no pretextos de mis rimas,
fantasmas de mi corazón.

En vano busqué a la princesa
que estaba triste de esperar.
La vida es dura. Amarga y pesa.
60 ¡Ya no hay princesa que cantar!

Mas a pesar del tiempo terco,
mi sed de amor no tiene fin;
con el cabello gris, me acerco
a los rosales del jardín. . . .

¡Juventud, divino tesoro,
ya te vas para no volver!
Cuando quiero llorar, no lloro,
y a veces lloro sin querer.

¡Mas es mia el Alba de oro!

El soneto de trece versos

De una juvenil inocencia,
¡qué conservar, sino el sutil
perfume, esencia de su Abril,
la más maravillosa esencia!

Por lamentar a mi conciencia
quedó de un sonoro marfil
un cuento que fue de las Mil
y una noches de mi existencia . . .

Scherezada se entredurmió . . .
El Visir quedó meditando . . .
Dinarzada el día olvidó . . .

Mas el pájaro azul volvió . . .
pero . . .
      No obstante . . .
           Siempre . . .
                Cuando . . .

Lo fatal

A René Pérez

Dichoso el árbol que es apenas sensitivo,
y más la piedra dura, porque ésa ya no siente,
pues no hay dolor más grande que el dolor de ser vivo,
ni mayor pesadumbre que la vida consciente.

Ser, y no saber nada, y ser sin rumbo cierto,
y el temor de haber sido y un futuro terror . . .
y el espanto seguro de estar mañana muerto,
y sufrir por la vida y por la sombra y por

lo que no conocemos y apenas sospechamos,
10   y la carne que tienta con sus frescos racimos,
y la tumba que aguarda con sus fúnebres ramos,
y no saber adónde vamos,
¡ni de dónde venimos . . . !

REFLEXIÓN Y ANÁLISIS

1) ¿Cuáles son los rasgos estilísticos sobresalientes de "El Rey burgués"?
2) ¿Qué actitud demuestra el poeta modernista hacia el arte?
3) Discuta el aspecto sincrético del Modernismo y las fuentes que contribuyeron a formar su estética.
4) Si aceptamos que la estética modernista es más que "el arte por el arte", ¿cuáles son las direcciones de la poesía de Darío después de su fase inicial?
5) ¿Cómo se transforma su poesía? ¿Cuáles son sus preocupaciones?
6) ¿Qué papel juega la exótico en su obra?
7) Discuta las preocupaciones existenciales de su obra, específicamente en el poema "Lo fatal".

BIBLIOGRAFÍA

Gullón, Ricardo. *Direcciones del Modernismo.* Madrid: Editorial Gredos, 1964.
Marasso, Arturo. *Rubén Darío y su creación poética.* Buenos Aires: Kapelusz, 1954.
Onís, Federico de. "Sobre el concepto de Modernismo." *La Torre* 2 (1952): 95–103.
Phillips, Allen W. "Rubén Darío y sus juicios sobre el Modernismo." *Revista Iberoamericana* 47 (1959): 41–64.

René de Costa

JOSÉ ENRIQUE RODÓ (1871–1917)

José Enrique Rodó, intelectual, activo en la política de su país y ensayista uruguayo cuyas obras señalaron el malestar finisecular hispanoamericano con un estilo refinado y poético, típico del modernismo. Con sus ideas, basadas en un aprecio de la tradición greco-latina, y con su fuerte idealismo llegó a ser un crítico agudo de la sociedad. En una época gobernada por el materialismo utilitario y el positivismo, sin despreciar los valores positivos de la ciencia, Rodó ofreció a la juventud americana otra alternativa. Rescató los valores espirituales del humanismo greco-latino, combinándolos con un aprecio de lo que podía ofrecer el cristianismo.

Miembro de una familia de la alta burguesía uruguaya, inicia sus estudios en el prestigioso Liceo Elbio Fernández de Montevideo donde se interesa principalmente en la historia y la literatura. Problemas económicos causados por algunos fracasos de negocios de su padre, le obligan a trasladarse a un liceo estatal. Se conservan pocos de sus primeros esfuerzos literarios, unos pequeños trozos de poemas y ensayos. En 1895 con la fundación de la *Revista Nacional de Literatura y Ciencias Sociales*, contribuye con algunos artículos dedicados a la crítica literaria. En 1896, en el mismo órgano, publica dos ensayos "El que vendrá" y "La novela nueva", que unidos a otro artículo publicaría en 1897 bajo el título "La vida nueva". En estos ensayos Rodó se propone analizar algunos de los aspectos que contribuyen al sentido de malestar prevaleciente en su época. Ofrece una alternativa espiritual con la esperada llegada de un redentor que pueda establecer una nueva vida basada en el amor, la armonía y la paz. Estas ideas, cargadas de un fuerte idealismo, suscitaron una polémica con su compatriota, Javier de Viana, el cual descarta el sentimentalismo y el pesimismo de Rodó y encuentra una solución a estos problemas en la ciencia.

A pesar de nunca haber terminado sus estudios universitarios, en 1898 su fama de escritor y pensador era tal que fue nombrado profesor de literatura en la Universidad de Montevideo.

La intervención norteamericana en la guerra entre Cuba y España en 1898, produce ataques anti-imperialistas en todo nuestro continente. Cuba había ganado su independencia de España y ahora se encontraba bajo la influencia utilitaria e imperialista de Norte América. Este tema que igualaba el utilitarismo materialista con Norte América y lo contrastaba al espiritualismo hispanoamericano, le sirve a Rodó como base de su obra maestra: *Ariel*, de 1900.

Éste es un ensayo que tuvo una influencia desbordante en la juventud hispanoamericana. Basándose en *The Tempest*, de Shakespeare, Rodó utiliza la figura del espíritu alado, Ariel, y la opone a la bestialidad y sensualidad de Calibán. Este llega a identificarse con Norte América, mientras que Ariel se convierte en el símbolo espiritual hispanoamericano. Aunque esta premisa ya se había planteado antes en la obra de José Martí *Nuestra América* y en el poema "A Roosevelt" de Rubén Darío, el momento histórico se apoderó del lema Ariel vs. Calibán, como símbolo de la polaridad existente entre las dos Américas y en este proceso se magnificó el desdén de Rodó hacia los Estados Unidos. Una lectura cuidadosa del texto revela que Rodó, gran promulgador de una tradición judeo-greco-cristiana, desde luego admiraba a los Estados Unidos, especialmente en el campo del progreso. En su análisis de los problemas asume una posición frente a la realidad histórica que refleja una postura totalmente elitista. Esta premisa elitista se ha atacado en un ensayo clave del cubano Roberto Fernández Retamar en su *Calibán* (1971). El crítico cubano, últimamente ha ofrecido una revisión de sus ideas originales.

Sus actividades políticas como miembro del Partido Colorado lo llevan como diputado por Montevideo a la Cámara en 1902, cargo al que renuncia en 1905, desilusionado de la realidad política de su país. Desde luego, después de una cargo de corresponsal en *La Nación*, prestigioso diario de Buenos Aires, en 1907, vuelve a la política otras dos veces cuando es elegido diputado en 1908 y en 1910. El período entre 1904 y 1907 corresponde a un deterioro en su salud, causado por una crisis anímica. A pesar de su pesimismo hacia la vida, logra escribir *Motivos de Proteo*, una serie de artículos didácticos que demuestran un tono optimista y un idealismo templado. Uno de sus temas principales es el concepto de regeneración; cada individuo tiene que aspirar a la perfección y a ideales desinteresados desarrollando en el proceso un balance armónico. Los consejos morales y éticos se dan en muchos casos por medio de parábolas.

Se exhibe como crítico sagaz en sus *Cinco ensayos*, publicados en Madrid en 1915 donde se dedica a las obras de Darío, Bolívar y Montalvo. Cuando ya su salud lo deja débil y con pocas esperanzas de mejorar, emprende el siempre soñado viaje a Europa designado como corresponsal de la revista argentina *Caras y caretas*. Las impresiones de sus viajes por España, Francia e Italia entre 1916–1917, se publican en la revista. Son artículos dotados de un tono melancólico, llenos de desilusión y tristeza. Muere abandonado en un hotel en Palermo, Sicilia. Sus restos fueron trasladados a Montevideo en 1920.

De *Ariel*

[. . .]

Ariel, genio del aire, representa, en el simbolismo de la obra de Shakespeare, la parte noble y alada del espíritu. Ariel es el imperio de la razón y el sentimiento sobre los bajos estímulos de la irracionalidad; es el entusiasmo generoso, el móvil alto y desinteresado en la acción, la espiritualidad de la cultura, la vivacidad y la gracia de la inteligencia: —el término ideal a que asciende la selección humana, rectificando en el hombre superior los tenaces vestigios de Calibán, símbolo de sensualidad y de torpeza, con el cincel perseverante de la vida.

La estatua, de real arte, reproducía al genio aéreo en el instante en que, libertado por la magia de Próspero, va a lanzarse a los aires para desvanecerse en un lampo. Desplegadas las alas; suelta y flotante la leve vestidura, que la caricia de la luz en el bronce damasquinaba de oro; erguida la amplia frente; entreabiertos los labios por serena sonrisa, todo en la actitud de Ariel acusaba admirablemente el gracioso arranque del vuelo; y con inspiración dichosa, el arte que había dado firmeza escultural a su imagen, había acertado a conservar en ella, al mismo tiempo, la apariencia seráfica y la levedad ideal.

Próspero acarició, meditando, la frente de la estatua; dispuso luego al grupo juvenil en torno suyo; y con su firme voz, —*voz magistral*, que tenía para fijar la idea e insinuarse en las profundidades del espíritu, bien la esclarecedora penetración del rayo de luz, bien el golpe incisivo del cincel en el mármol, bien el toque impregnante del pincel en el lienzo o de la onda en la arena, —comenzó a decir, frente a una atención afectuosa:

Junto a la estatua que habéis visto presidir, cada tarde, nuestros coloquios de amigos, en los que he procurado despojar a la enseñanza de toda ingrata austeridad, voy a hablaros de nuevo, para que sea nuestra despedida como el sello estampado en un convenio de sentimientos y de ideas.

Invoco a ARIEL como mi numen. Quisiera ahora para mi palabra la más suave y persuasiva unción que ella haya tenido jamás. Pienso que hablar a la juventud sobre nobles y elevados motivos, cualesquiera que sean, es un género de oratoria sagrada. Pienso también que el espíritu de la juventud es un terreno generoso donde la simiente de una palabra oportuna suele rendir, en corto tiempo, los frutos de una inmortal vegetación.

Anhelo colaborar en una página del programa que, al prepararos a respirar el aire libre de la acción, formularéis, sin duda, en la intimidad de vuestro espíritu, para ceñir a él vuestra personalidad moral y vuestro esfuerzo. Este programa propio, —que algunas veces se formula y escribe; que se reserva otras para ser revelado en el mismo transcurso de la acción,— no falta nunca en el espíritu de las agrupaciones y los pueblos que son algo más que muchedumbres. Si con relación a la escuela de la voluntad individual, pudo Goethe decir profundamente que sólo es digno de la libertad y la vida quien es capaz de conquistarlas día a día para sí, con tanta más razón podría decirse que el honor de cada generación humana exige que ella se conquiste, por la perseverante actividad de su pensamiento, por el esfuerzo propio, su fe en determinada manifestación del ideal y su puesto en la evolución de las ideas.

Al conquistar los vuestros, debéis empezar por reconocer un primer objeto de fe, en vosotros mismos. La juventud que vivís es una fuerza de cuya aplicación sois los obreros y un tesoro de cuya inversión sois responsables. Amad ese tesoro y esa fuerza; haced que el altivo sentimiento de su posesión permanezca ardiente y efi-caz en vosotros. Yo os digo con Renán:[1] "La juventud es el descubrimiento que revela las tierras ignoradas, necesita completarse con el esfuerzo viril que las sojuzga. Y ningún otro espectáculo puede imaginarse más propio para cautivar a un tiempo el interés del pensador y el entusiasmo del artista, que el que presenta una generación humana que marcha al encuentro del futuro, vibrante con la impa-ciencia de la acción, alta la frente, en la sonrisa un altanero desdén del desengaño, colmada el alma por dulces y remotos mirajes que derraman en ella misteriosos estímulos, como las visiones de Cipango y El Dorado en las crónicas heroicas de los conquistadores. [. . .]

[. . .]

La humanidad, renovando de generación en generación su activa esperanza y su ansiosa fe en un ideal, al través de la dura experiencia de los siglos, hacía pen-sar a Guyau[2] en la obsesión de aquella pobre enajenada cuya extraña y conmove-dora locura consistía en creer llegado, constantemente, el día de sus bodas. — Juguete de su ensueño, ella ceñía cada mañana a su frente pálida la corona de des-posada y suspendía de su cabeza el velo nupcial. Con una dulce sonrisa, disponíase luego a recibir al prometido ilusorio, hasta que las sombras de la tarde, tras el vano esperar, traían la decepción a su alma. Entonces tomaba un melancólico tinte su locura. Pero su ingenua confianza reaparecía con la aurora siguiente; y, ya sin el recuerdo del desencanto pasado, murmurando: *Es hoy cuando vendrá*, volvía a ceñirse la corona y el velo y a sonreír en espera del prometido.

Es así como, no bien la eficacia de un ideal ha muerto, la humanidad viste otra vez sus galas nupciales para esperar la realidad del ideal soñado con nueva fe, con tenaz y conmovedora locura. Provocar esa renovación, inalterable como un ritmo de la Naturaleza, es en todos los tiempos la función y la obra de la juventud.

[. . .]

---

[1]**Ernest Renán:** (1823–1892), escritor, filólogo e historiador francés cuyas obras dan énfasis al papel de la ciencia en sus convicciones racionalistas.

[2]**Marie-Jean Guyau:** (1854–1888), filó-sofo y moralista francés.

Hablemos, pues, de cómo consideraréis la vida que os espera.

La divergencia de las vocaciones personales imprimirá diversos sentidos a vuestra actividad, y hará predominar una disposición, una aptitud determinada, en el espíritu de cada uno de vosotros. —Los unos seréis hombres de ciencia; los otros seréis hombres de arte; los otros seréis hombres de acción.— Pero, por encima de los afectos que hayan de vincularos individualmente a distintas aplicaciones y distintos modos de la vida, debe velar, en lo íntimo de vuestra alma, la conciencia de la unidad fundamental de nuestra naturaleza, que exige que cada individuo humano sea, ante todo y sobre toda otra cosa, un ejemplar no mutilado de la humanidad, en el que ninguna noble facultad del espíritu quede obliterada y ningún alto interés de todos pierda su virtud comunicativa. Antes que las modificaciones de profesión y de cultura, está el cumplimiento del destino común de los seres racionales. "Hay una profesión universal, que es la de *hombre*", ha dicho admirablemente Guyau. Y Renán, recordando a propósito de las civilizaciones desequilibradas y parciales, que el fin de la criatura humana no puede ser exclusivamente saber, ni sentir, ni imaginar, sino ser real y enteramente *humana*, define el ideal de perfección a que ella debe encaminar sus energías como la posibilidad de ofrecer en un tipo individual un cuadro abreviado de la especie.

Aspirad, pues, a desarrollar en lo posible, no un solo aspecto, sino la plenitud de vuestro ser. No os encojáis de hombros delante de ninguna noble y fecunda manifestación de la naturaleza humana, a pretexto de que vuestra organización individual os liga con preferencia a manifestaciones diferentes. Sed espectadores atenciosos allí donde no podáis ser actores. —Cuando cierto falsísimo y vulgarizado concepto de la educación, que la imagina subordinada exclusivamente al fin utilitario, se empeña en mutilar, por medio de ese utilitarismo y de una especialización prematura, la integridad natural de los espíritus, y anhela proscribir de la enseñanza todo elemento desinteresado e ideal, no repara suficientemente en el peligro de preparar para el porvenir espíritus estrechos, que, incapaces de considerar más que el único aspecto de la realidad con que estén inmediatamente en contacto, vivirán separados por helados desiertos de los espíritus que, dentro de la misma sociedad, se hayan adherido a otras manifestaciones de la vida. [. . .]

[. . .]

Una vez más: el principio fundamental de vuestro desenvolvimiento, vuestro lema en la vida, deben ser mantener la integridad de vuestra condición humana. Ninguna función particular debe prevalecer jamás sobre esa finalidad suprema. Ninguna fuerza aislada puede satisfacer los fines racionales de la existencia individual, como no puede producir el ordenado concierto de la existencia colectiva. Así como la deformidad y el empequeñecimiento son, en el alma de los individuos, el resultado de un exclusivo objeto impuesto a la acción y un solo modo de cultura, la falsedad de lo artificial vuelve efímera la gloria de las sociedades que han sacrificado el libre desarrollo de su sensibilidad y su pensamiento, ya a la actividad mercantil, como en Fenicia; ya a la guerra, como en Esparta; ya al misticismo, como en el terror del milenario; ya a la vida de sociedad y de salón, como en la Francia del siglo XVIII. —Y preservándoos contra toda mutilación de vuestra naturaleza moral; aspirando a la armoniosa expansión de vuestro ser en todo noble sentido; pensad al mismo tiempo en que la más fácil y frecuente de las mutilaciones es, en el carácter actual de las sociedades humanas, la que obliga al alma a privarse de ese género de *vida interior*, donde tienen su ambiente propio todas las cosas delicadas y nobles que, a la intemperie de la realidad, quema el aliento de la pasión impura y el interés utilitario proscribe: la vida de que son parte la meditación desinteresada, la contemplación ideal, el *ocio* antiguo, la impenetrable estancia de mi cuento!

[. . .]

Yo creo indudable que el que ha aprendido a distinguir de lo delicado lo vulgar, lo feo de lo hermoso, lleva hecha media jornada para distinguir lo malo de lo bueno. No es, por cierto, el buen gusto, como querría cierto liviano *dilettantismo* moral, el único criterio para apreciar la legitimidad de las acciones humanas; pero menos debe considerársele, con el criterio de un estrecho ascetismo, una tentación del error y una sirte engañosa. No le señalaremos nosotros como la senda misma del bien; sí como un camino paralelo y cercano que mantiene muy aproximados a ella el paso y la mirada del viajero. A medida que la humanidad avance, se concebirá más claramente la ley moral como una estética de la conducta. Se huirá del mal y del error como de una disonancia; se buscará lo bueno como el placer de una armonía. Cuando la severidad estoica de Kant inspira, simbolizando el espíritu de su ética, las austeras palabras: "Dormía, y soñé que la vida era belleza; desperté, y advertí que ella es deber", desconoce que, si el deber es la realidad suprema, en ella puede hallar realidad el objeto de su sueño, porque la conciencia del deber le dará, con la visión clara de lo bueno la complacencia de lo hermoso.

[. . .]

Ninguna distinción más fácil de confundirse y anularse en el espíritu del pueblo que la que enseña que la igualdad democrática puede significar una igual *posibilidad*, pero nunca una igual *realidad*, de influencia y de prestigio, entre los miembros de una sociedad organizada. En todos ellos hay un derecho idéntico para aspirar a las superioridades morales que deben dar razón y fundamento a las superioridades efectivas; pero sólo a los que han alcanzado realmente la posesión de las primeras, debe ser concedido el premio de las últimas. El verdadero, el digno concepto de la igualdad reposa sobre el pensamiento de que todos los seres racionales están dotados por naturaleza de facultades capaces de un desenvolvimiento noble.

[. . .]

Todo juicio severo que se formule de los americanos del Norte debe empezar por rendirles, como se haría con altos adversarios, la formalidad caballeresca de un saludo. —Siento fácil mi espíritu para cumplirla. —Desconocer sus defectos no me parecería tan insensato como negar sus cualidades. Nacidos — para emplear la paradoja usada por Baudelaire a otro respecto— con la *experiencia innata* de la libertad, ellos se han mantenido fieles a la ley de su origen, y han desenvuelto, con la precisión y la seguridad de una progresión matemática, los principios fundamentales de su organización, dando a su historia una consecuente unidad que, si bien ha excluido las adquisiciones de aptitudes y méritos distintos, tiene la belleza intelectual de la lógica. —La huella de sus pasos no se borrará jamás en los anales del derecho humano; porque ellos han sido los primeros en hacer surgir nuestro moderno concepto de la libertad, de las inseguridades del ensayo y de las imaginaciones de la utopía, para convertirla en bronce imperecedero y realidad viviente; porque ha demostrado con su ejemplo la posibilidad de extender a un inmenso organismo nacional la inconmovible autoridad de una república; porque, con su organización federativa, han revelado —según la feliz expresión de Tocqueville— la manera como se pueden conciliar con el brillo y el poder de los estados grandes la felicidad y la paz de los pequeños. —Suyos son algunos de los rasgos más audaces con que ha de destacarse en la perspectiva del tiempo la obra de este siglo. Suya es la gloria de haber revelado plenamente —acentuando la más firme nota de belleza moral de nuestra civilización— la grandeza y el poder del trabajo; esa fuerza bendita que la antigüedad abandonaba a la abyección de la esclavitud, y que hoy identificamos con la más alta expresión de la dignidad humana, fundada en la conciencia y la actividad del propio mérito. Fuertes, tenaces, teniendo la inacción por oprobio, ellos han puesto en manos del *mechanic* de sus talleres y el *farmer* de sus campos, la clava hercúlea del mito, y han dado al genio humano una nueva e inesperada belleza ciñéndole el mandil de cuero del forjador. Cada uno de ellos avanza a conquistar la vida como el desierto los primitivos puritanos. Perseverantes devotos de ese culto de la energía individual que hace de cada hombre el artífice de sus destino, ellos han modelado su sociabilidad en un conjunto imaginario de ejemplares de Robinson, que después de haber fortificado rudamente su personalidad en la práctica de la ayuda propia, entraran a componer los filamentos de una urdimbre firmísima. —Sin sacrificarle esa soberana concepción del individuo, han sabido hacer al mismo tiempo, del espíritu de asociación, el más admirable instrumento de su grandeza y de su imperio; y han obtenido de la suma de las fuerzas humanas, subordinada a los propósitos de la investigación, de la filantropía, de la industria, resultados tanto más maravillosos, por lo mismo que se consiguen con la más absoluta integridad de la autonomía personal. —Hay en ellos un instinto de curiosidad despierta e insaciable, una impaciente avidez de toda luz; y profesando el amor por la instrucción del pueblo con la obsesión de una monomanía gloriosa y fecunda, han hecho de la escuela el quicio más seguro de su prosperidad y del alma del niño la más cuidada entre las cosas leves y preciosas. —Su cultura, que está lejos de ser refinada ni espiritual, tiene una eficacia admirable siempre que se dirige prácticamente a realizar una finalidad inmediata. No han incorporado a las adquisiciones de la ciencia una sola ley general, un solo principio; pero la han hecho maga por las maravillas de sus aplicaciones, la han agigantado en los dominios de la utilidad, y han dado al mundo, en la caldera de vapor y en la dínamo eléctrica, billones de esclavos invisibles que centuplican, para servir al Aladino humano, el poder de la lámpara maravillosa. —El crecimiento de su grandeza y de su fuerza será objeto de perdurables asombros para el porvenir. Han inventado, con su prodigiosa aptitud de improvisación, un acicate para el tiempo; y al conjuro de su voluntad poderosa, surge en un día, del seno de la absoluta soledad, la suma de cultura acumulable por la obra de los siglos. —La libertad puritana, que les envía su luz desde el pasado, unió a esta luz el calor de una piedad que aun dura. Junto a la fábrica y la escuela, sus fuertes manos han alzado también los templos de donde evaporan sus plegarias muchos millones de conciencias libres. Ellos han sabido salvar, en el naufragio de todas las idealidades, la idealidad más alta, guardando viva la tradición de un sentimiento religioso que, si no levanta sus vuelos en alas de un espiritualismo delicado y profundo, sostiene, en parte, entre las asperezas del tumulto utilitario, la rienda firme del sentido moral. —Han sabido, también, guardar, en medio a los refinamientos de la vida civilizada, el sello de cierta primitividad robusta. Tienen el culto pagano de la salud, de la destreza, de la fuerza; templan y afinan en el músculo el instrumento precioso de la voluntad; y, obligados por su aspiración insaciable de dominio a cultivar la energía de todas las actividades humanas, modelan el torso del atleta para el corazón del hombre libre. —Y del concierto de su civilización, del acordado movimiento de su cultura, surge una dominante nota de optimismo, de confianza, de fe, que dilata los corazones impulsándolos al porvenir bajo la sugestión de una esperanza terca y arrogante; la nota del *Excelsior* y el *Salmo de la vida* con que sus poetas han señalado el infalible bálsamo contra toda amargura en la filosofía del esfuerzo y de la acción.

Su grandeza titánica se impone así, aun a los más prevenidos por las enormes desproporciones de su carácter o por las violencias recientes de su historia. Y por mi parte, ya veis que, aunque no les amo, les admiro. Les admiro, en primer término, por su formidable capacidad de *querer*, y me inclino ante la "escuela de voluntad y de trabajo" que —como de sus progenitores nacionales dijo Philarète-Chasles— ellos han instituído.

[. . .]

REFLEXIÓN Y ANÁLISIS

1) Discuta el concepto de armonía en este ensayo.
2) ¿Qué concepto tiene Rodó de la democracia?
3) ¿Qué opina Ud. de la idea que la ética y lo artístico estén vinculados?
4) ¿Cómo representa Rodó a los Estados Unidos?
5) Discuta el tono elitista de la obra.
6) Compare la actitud de Rodó y la de José Martí en cuanto al valor de lo autóctono en un proceso de autodefinición cultural.

BIBLIOGRAFÍA

Ardao, Arturo. *Espiritualismo y positivismo en el Uruguay*. México: Fondo de Cultura Económica, 1950.

Lazo, Raimundo. Estudio preliminar. *Ariel. Liberalismo y Jacobismo*. México: Editorial Porrua, 1968.

Rodríguez Monegal, Emir. *Introducción*. *Obras completas de Rodó*. Madrid: Aguilar, 1957.

John F. Garganigo

VI

DEL MODERNISMO A LAS PRIMERAS VANGUARDIAS

El paso del Modernismo a la vanguardia, paso rutinariamente celebra-
do como "revolucionario", fue más bien evolucionario, impulsado por
la rápida andadura de la propia estética modernista. La riqueza del
movimiento finisecular, su sincretismo abierto a todo lo nuevo, dio una
impronta de universalidad a la literatura hispanoamericana del momento.
Los autores modernistas, de un extremo a otro del continente, desde los pueblos
más alejados hasta la urbe más sofisticada, y soñando siempre con París, se pusieron a trabajar el idioma como verdaderos orfebres, en un esfuerzo tan singular
como comunitario para lograr la belleza —una Belleza que escribían siempre con
mayúscula, una belleza sonora y musical. La vanguardia prosiguió esta marcha
innovadora, acelerando su ritmo al cambiarle de pronto su meta, transformando
la belleza por sorpresa: la imagen convencional por la insólita, la sonoridad por la
singularidad.

Vallejo y Neruda, poetas de provincias (Trujillo, Perú y Temuco, Chile, respectivamente) y de origen humilde, cultivaron primero un discurso poético
rubendariano. Se puede decir lo mismo de Huidobro y Borges, escritores de una
privilegiada élite social y cultural, quienes promovieron desde Europa las propias
variantes del Cubismo y Dadaísmo, el Creacionismo y el Ultraísmo, pero sólo
después de haber pasado por una primera etapa modernista. Todos sin embargo,
dieron el paso del Modernismo a la vanguardia de una manera natural, evolucio-
naria. La clave está en que el concepto de "el arte por el arte", que caracteriza al
Modernismo, contenía ya en germen el núcleo de lo que definiría la nueva tendencia, una continuada —y más intensa— búsqueda de la modernidad. "Il faut
être absolument moderne" fue el reto de Rimbaud.

Aunque la vanguardia tiene sus orígenes en el Modernismo, no es su consecuencia directa; es más bien una aberración de esta estética evolucionante, una
suerte de "ultra-modernismo" como pretendían los primeros ultraístas españoles
al acuñar este término para definir su movimiento. Pero hay que tener en cuenta
que en Hispanoamérica hay dos vanguardias, la vanguardia oficial, la de las proclamas y los "ismos —como el Creacionismo o el Ultraísmo— y una vanguardia
no-oficial, casera, tanto o más innovadora que la de Borges o Huidobro. Nos referimos concretamente a la renovación del Modernismo practicada por Neruda y
Vallejo, a espaldas de la vanguardia oficial, y cuyas innovaciones han tenido un
impacto mucho más duradero, cambiando para siempre el lenguaje de la poesía
en lengua castellana, liberándola desde dentro. La vanguardia oficial, la creacionista y ultraísta, es una vanguardia regida por manifiestos, por teorías estéticas
más o menos codificadas. La otra vanguardia, la de Vallejo y Neruda, carece de
proclamas y teorías, no pretende estar a la moda. Borges y Huidobro modifica-
ron la tradición con voluntad programática; Vallejo y Neruda la violentaron, por
necesidad. Éste es su poder y su encanto, es decir, lo que separa la fugacidad de
una moda con la permanencia de un estilo.

Las infracciones de la vanguardia son muchas y varias de ellas contribuyeron a
la expansión de las posibilidades expresivas del idioma. Aunque estos gigantes de

la vanguardia hispanoamericana eran demasiado originales y sobradamente singulares para constituirse en grupo o escuela —y de hecho se agredieron en distintos momentos de su trayectoria—, es importante señalar que en el momento cumbre de la vanguardia se reconocieron y se apreciaron. Y del mismo modo que en el *Índice de la nueva poesía americana* (Buenos Aires: 1926), los compiladores (Borges, Huidobro e Hidalgo) incluyen poemas de Neruda, en la revista de Vallejo con base en París (*Favorables París Poema*) se publican textos de Neruda y de Huidobro.

La vanguardia histórica, la vanguardia de las infracciones, es un momento fugaz en la evolución de la literatura y quienes más lo sabían fueron sus protagonistas principales. Huidobro quiso despedirse de la vanguardia en 1925 con su "Au-Revoir"; Vallejo haría su "Autopsia del Surrealismo" en 1930; Neruda abogaría por una "Poesía sin pureza" en 1935, y Borges renegaría de su etapa ultraísta. Todos, sin embargo, alejados de los momentos de fervor, utilizarían su experiencia vanguardista como trampolín para alcanzar en su madurez otras alturas: Borges con sus *Ficciones,* Vallejo, Neruda y Huidobro con su poesía humanitaria y comprometida de los años treinta. Estas obras no se podrían entender si no fuera a la luz de esa primera etapa de ruptura con el canon, de repulsión por la tradición.

René de Costa

HORACIO QUIROGA (1878-1937)

Durante el siglo XIX el género del cuento cobró cierta importancia en Hispanoamérica con "El matadero" de Esteban Echeverría, las "tradiciones" de Ricardo Palma y la prosa modernista, especialmente la de Rubén Darío. Sin embargo, no llegó a plena madurez hasta el siglo XX con la obra de Horacio Quiroga. La extrema economía de su prosa, su conocimiento cabal del paisaje americano y la nitidez y fuerza de sus descripciones, así como su exploración de temas fantásticos (tan importantes luego para Borges, Cortázar y otros), hacen de Quiroga el primer gran cuentista moderno hispanoamericano.

Muchos críticos han intentado explicar la omnipresencia de la violencia y la muerte en los cuentos de Quiroga con referencia a detalles de la vida del autor, realmente notable por su carácter trágico. Quiroga nace en 1878 en Salto, un pueblo fronterizo de Uruguay. Su padre muere en un accidente de caza cuando Quiroga tiene apenas tres meses. La madre se casa de nuevo en 1891, pero el padrastro se mata cinco años más tarde, desesperado cuando un derrame cerebral lo deja inválido. En 1902, el mismo Quiroga mata a uno de sus mejores amigos con una pistola por accidente; aunque es tomado preso brevemente es exonerado. Sale de Uruguay para Buenos Aires pronto después y nunca volverá a vivir en su país natal. La tragedia más impactante fue el suicidio de su primera esposa en 1915. Por esa época vivían en el área silvestre de Misiones y ella no podía soportar los rigores de la vida pionera. Ingirió veneno después de una pelea con Quiroga y tardó días en morir, dejando dos hijos a cargo del padre. Años más tarde, agotadas sus fuerzas y gravemente enfermo de cáncer, Quiroga toma su propia vida, envenenándose con cianuro.

La vida de Quiroga sobresale aun sin mirar sus aspectos trágicos, ya sea por el carácter huraño y difícil del cuentista, o porque vivió por muchos años como pionero primero en el Chaco y luego en Misiones, Argentina, una región selvática y fronteriza (entre Brasil, Uruguay y Paraguay), intentando ganarse la vida a través de diferentes oficios e industrias caseras (cultivo de yerba mate y de algodón, destilación de vino de naranja, etc.). Además ejerció cargos diplomáticos para Uruguay en la Argentina.

El crítico Emir Rodríguez Monegal ha dividido la producción de Quiroga en cuatro etapas. La primera es un período de aprendizaje cuando su producción lleva la marca de su entusiasmo por el modernismo. Publica en esta época su primer libro, *Los arrecifes de coral,* colección de poesía y de cuentos y un segundo libro de prosa, *El crimen del otro.* Estas dos colecciones son de un autor todavía no maduro y dejan translucir su ávida lectura de Rubén Darío y de Lugones, además de Poe, Maupassant y Dostoievski.

En la segunda etapa Quiroga ya ha encontrado su propia voz literaria y su escena preferida, Misiones. Viviendo primero en Misiones y luego en Buenos Aires, publica el libro que le consagra como el mejor cuentista del Río de la Plata, *Cuentos de amor de locura y de muerte* (1917). Publicará además en 1919 un libro de cuentos para niños, *Cuentos de la selva* (inspirado por el ejemplo de Kipling); así como las colecciones de cuentos *El salvaje* (1920) y *Anaconda* (1921). En estos libros, Quiroga comienza a incorporar la selva como trasfondo primordial de su obra literaria, aunque mantiene todavía una perspectiva externa, de testigo. Además ha mejorado su técnica narrativa, creando cuentos de gran tensión y economía.

La tercera fase es la etapa de plena madurez, en la que Quiroga logra combinar la narración objetiva con la confesión, matizando sus textos brutales y violentos con cierta ternura paternal. Publica su mejor libro en 1927, *Los desterrados*. La cuarta y última etapa sería la de decadencia, en la que Quiroga produce progresivamente menos y de menor calidad, antes de abandonar casi por completo la narrativa (aunque sigue escribiendo cartas, que hoy son un testimonio valioso) poco antes de morir. A este período pertenece la novela *Pasado amor* (1929) y la colección de cuentos *Más allá* (1935).

Temas recurrentes en la obra de Quiroga son la muerte y la lucha del hombre contra la naturaleza aplastante del trópico. En cuentos ya clásicos como "La gallina degollada", "El hijo", "La insolación", "El desierto", "El hombre muerto" y "A la deriva", Quiroga relata las diferentes maneras en que la muerte acecha al ser humano que osa internarse en las selvas americanas y representa de manera fría y objetiva la experiencia misma de morir. Sigue explorando esta temática en cuentos fantásticos como "El almohadón de plumas" y en cuentos que tienen animales como protagonistas, por ejemplo "El alambre de púa". Al representar la lucha del hombre con la naturaleza, los cuentos de Quiroga anticipan a las "novelas de la tierra" de los años veinte (especialmente *La vorágine* de José Eustasio Rivera).

La contribución de Quiroga fue la de crear un cuento latinoamericano a la altura técnicamente del cuento norteamericano y europeo. Sus ideas sobre la narración se recogen en los aforismos de "Decálogo del perfecto cuentista" (1927) y en otros ensayos. Sobre la necesidad de la economía narrativa en el cuento opina: "No empieces a escribir sin saber desde la primera palabra adónde vas. En un cuento bien logrado, las tres primeras líneas tienen casi la importancia de las tres últimas" ("Decálogo"). Contra el preciosismo modernista, abogaba por un estilo eficaz y sin adornos: "No adjetives sin necesidad. Inútiles serán cuantas colas de color adhieras a un sustantivo débil. Si hallas el que es preciso, él sólo tendrá un color incomparable. Pero hay que hallarlo" ("Decálogo"). Además, insistía en la necesidad de una perspectiva narrativa focalizada desde el punto de vista de los personajes: "No te distraigas viendo tú lo que ellos no pueden o no les importa ver" ("Decálogo"). En esto participa plenamente de la revolución en la técnica narrativa del siglo veinte. A finales de la década de los veinte, la popularidad de Quiroga fue eclipsada por la de otros escritores más jóvenes (por ejemplo Ricardo Güiraldes, cuya novela *Don*

Segundo Sombra, publicada en el mismo año que *Los desterrados,* 1927, es una de las clásicas "novelas de la tierra"). En general, la obra de Quiroga no fue apreciada por la generación de escritores que lo siguió, incluso Borges lo caracterizó como imitador de segunda clase de Kipling y de Maupassant. Sin embargo, es difícil imaginar la famosa economía de la prosa borgiana sin el antecedente de Quiroga. Con la distancia del tiempo, podemos ver a Quiroga como fue, uno de los fundadores de la moderna narrativa hispanoamericana.

El hombre muerto

El hombre y su machete acababan de limpiar la quinta calle del bananal. Faltábanles aún dos calles; pero como en éstas abundaban las chircas y malvas silvestres, la tarea que tenían por delante era muy poca cosa. El hombre echó en consecuencia una mirada satisfecha a los arbustos rozados, y cruzó el alambrado para tenderse un rato en la gramilla.

Mas al bajar el alambre de púa y pasar el cuerpo, su pie izquierdo resbaló sobre un trozo de corteza desprendida del poste, a tiempo que el machete se le escapaba de la mano. Mientras caía, el hombre tuvo la impresión sumamente lejana de no ver el machete de plano en el suelo.

Ya estaba tendido en la gramilla, acostado sobre el lado derecho, tal como él quería. La boca, que acababa de abrírsele en toda su extensión, acababa también de cerrarse. Estaba como hubiera deseado estar, las rodillas dobladas y la mano izquierda sobre el pecho. Sólo que tras el antebrazo, e inmediatamente por debajo del cinto, surgían de su camisa el puño y la mitad de la hoja del machete; pero el resto no se veía.

El hombre intentó mover la cabeza, en vano. Echó una mirada de reojo a la empuñadura del machete, húmeda aún del sudor de su mano. Apreció mentalmente la extensión y la trayectoria del machete dentro de su vientre, y adquirió, fría, matemática e inexorable, la seguridad de que acababa de llegar al término de su existencia.

La muerte. En el transcurso de la vida se piensa muchas veces en que un día, tras años, meses, semanas y días preparatorios, llegaremos a nuestro turno al umbral de la muerte. Es la ley fatal, aceptada y prevista; tanto, que solemos dejarnos llevar placenteramente por la imaginación a ese momento, supremo entre todos, en que lanzamos el último suspiro.

Pero entre el instante actual y esa postrera expiración, ¡qué de sueños, trastornos, esperanzas y dramas presumimos en nuestra vida! ¡Qué nos reserva aún esta existencia llena de vigor, antes de su eliminación del escenario humano! Es éste el consuelo, el placer y la razón de nuestras divagaciones mortuorias: ¡Tan lejos está la muerte, y tan imprevisto lo que debemos vivir aún!

¿Aún? . . . No han pasado dos segundos: el sol está exactamente a la misma altura: las sombras no han avanzado un milímetro. Bruscamente, acaban de resolverse para el hombre tendido las divagaciones a largo plazo: se está muriendo.

Muerto. Puede considerarse muerto en su cómoda postura.

Pero el hombre abre los ojos y mira. ¿Qué cataclismo ha sobrevenido en el mundo? ¿Qué trastorno de la naturaleza trasuda el horrible acontecimiento?

Va a morir. Fría, fatal e ineludiblemente, va a morir.

El hombre resiste—¡es tan imprevisto ese horror! Y piensa: es una pesadilla; ¡eso es! ¿Qué ha cambiado? Nada. Y mira: ¿No es acaso ese bananal su bananal? ¿No viene todas las mañanas a limpiarlo? ¿Quién lo conoce como él? Ve perfectamente el bananal, muy raleado, y las anchas hojas desnudas al sol. Allí están, muy cerca, deshilachadas por el viento. Pero ahora no se mueven . . . Es la calma de mediodía; pronto deben ser las doce.

Por entre los bananos, allá arriba, el hombre ve desde el duro suelo el techo rojo de su casa. A la izquierda, entrevé el monte y la capuera de canelas. No alcanza a ver más, pero sabe muy bien que a sus espaldas está el camino al puerto nuevo; y que en la dirección de su cabeza, allá abajo, yace en el fondo del valle el Paraná dormido como un lago. Todo, todo exactamente como siempre; el sol de fuego, el aire vibrante y solitario, los bananos inmóviles, el alambrado de postes muy gruesos y altos que pronto tendrá que cambiar.

¡Muerto! ¿Pero es posible? ¿No es éste uno de los tantos días en que ha salido al amanecer de su casa con el machete en la mano? ¿No está allí mismo, a cuatro metros de él, su caballo, su malacara, oliendo parsimoniosamente el alambre de púa?

¡Pero sí! Alguien silba . . . No puede ver, porque está de espaldas al camino; mas siente resonar en el puentecito los pasos del caballo . . . Es el muchacho que pasa todas las mañanas hacia el puerto nuevo, a las once y media. Y siempre silbando . . . Desde el poste descarado que toca casi con las botas, hasta el cerco vivo de monte que separa el bananal del camino, hay quince metros largos. Lo sabe perfectamente bien, porque él mismo, al levantar el alambrado, midió la distancia.

¿Qué pasa, entonces? ¿Es ése o no un natural mediodía de los tantos en Misiones, en su monte, en su potrero, en su bananal ralo? ¡Sin duda! Gramilla corta, conos de hormigas, silencio, sol a plomo . . .

Nada, nada ha cambiado. Sólo él es distinto. Desde hace dos minutos su persona, su personalidad viviente, nada tiene ya que ver ni con el potrero, que formó él mismo a azada, durante cinco meses consecutivos; ni con el bananal, obra de sus solas manos. Ni con su familia. Ha sido arrancado bruscamente, naturalmente, por obra de una cáscara lustrosa y un machete en el vientre. Hace dos minutos: se muere.

El hombre, muy fatigado y tendido en la gramilla sobre el costado derecho, se resiste siempre a admitir un fenómeno de esa trascendencia, ante el aspecto normal y monótono de cuanto mira. Sabe bien la hora: las once y media . . . El muchacho de todos los días acaba de pasar sobre el puente.

¡Pero no es posible que haya resbalado . . . ! El mango de su machete (pronto deberá cambiarlo por otro; tiene ya poco vuelo) estaba perfectamente oprimido entre su mano izquierda y el alambre de púa. Tras diez años de bosque, él sabe muy bien cómo se maneja un machete de monte. Está solamente muy fatigado del trabajo de esa mañana, y descansa un rato como de costumbre.

¿La prueba? . . . ¡Pero esa gramilla que entra ahora por la comisura de su boca la plantó él mismo, en panes de tierra distantes un metro uno de otro! ¡Y ése es su bananal; y ése es su malacara, resoplando cauteloso ante las púas del alambre! Lo ve perfectamente; sabe que no se atreve a doblar la esquina del alambrado, porque él está echado casi al pie del poste. Lo distingue muy bien; y ve los hilos oscuros de sudor que arrancan de la cruz y del anca. El sol cae a plomo, y la calma es muy grande, pues ni un fleco de los bananos se mueve. Todos los días, como *ése,* ha visto las mismas cosas.

. . . Muy fatigado, pero descansa sólo. Deben de haber pasado ya varios minutos . . . y a las doce menos cuarto, desde allá arriba, desde el chalet de techo rojo, se desprenderán hacia el bananal su mujer y sus dos hijos, a buscarlo para almorzar. Oye siempre, antes que las demás, la voz de su chico menor que quiere soltarse de la mano de su madre: ¡Piapiá! ¡Piapiá!

—¿No es eso? . . . ¡Claro, oye! Ya es la hora. Oye efectivamente la voz de su hijo . . .

¡Qué pesadilla! . . . ¡Pero es uno de los tantos días, trivial como todos, claro está! Luz excesiva, sombras amarillentas, calor silencioso de horno sobre la carne, que hace sudar al malacara inmóvil ante el bananal prohibido.

. . . Muy cansado, mucho, pero nada más. ¡Cuántas veces, a mediodía como ahora, ha cruzado volviendo a casa ese potrero, que era capuera cuando él llegó, y que antes había sido monte virgen! Volvía entonces, muy fatigado también, con su machete pendiente de la mano izquierda, a lentos pasos.

Puede aún alejarse con la mente, si quiere; puede si quiere abandonar un instante su cuerpo y ver desde el tajamar por él construido, el trivial paisaje de siempre: el pedregullo volcánico con gramas rígidas; el bananal y su arena roja; el alambrado empequeñecido en la pendiente, que se acoda hacia el camino. Y más lejos aún ver el potrero, obra sola de sus manos. Y al pie de un poste descarado, echado sobre el costado derecho y las piernas recogidas, exactamente como todos los días, puede verse a él mismo, como un pequeño bulto asoleado sobre la gramilla, descansando, porque está muy cansado . . .

Pero el caballo rayado de sudor, e inmóvil de cautela ante el esquinado del alambrado, ve también al hombre en el suelo y no se atreve a costear el bananal, como desearía. Ante las voces que ya están próximas —¡Piapiá!—, vuelve un largo, largo rato las orejas inmóviles al bulto: y tranquilizado al fin, se decide a pasar entre el poste y el hombre tendido —que ya ha descansado.

REFLEXIÓN Y ANÁLISIS

1) ¿Dónde toma lugar la acción del cuento? ¿Qué importancia tiene este escenario en la caracterización del protagonista?

2) ¿De qué muere el hombre y cuándo? Explique el título del cuento.

3) Describa el uso de tiempo en el cuento. ¿Qué explica este manejo del fluir temporal?

4) ¿Cómo describiría Ud. la relación entre el hombre y la naturaleza?

5) Investigue la relación intertextual entre Quiroga y Jorge Luis Borges, enfocando "El hombre muerto" de Quiroga y "El milagro secreto" de Borges (en *Ficciones*).

6) Investigue las ideas del filósofo francés Henri Bergson sobre el tiempo y explique su utilidad para la comprensión de "El hombre muerto".

7) Analice el tema de la muerte en tres cuentos de Quiroga: "El hombre muerto", "A la deriva" y "El desierto".

BIBLIOGRAFÍA

Beardsell, Peter R. *Quiroga: Cuentos de amor de locura y de muerte*. London: Grant & Cutler, 1986.

Flores, Ángel, ed. *Aproximaciones a Horacio Quiroga*. Caracas: Monte Avila, 1976.

Jitrik, Noé. *Horacio Quiroga: una obra de experiencia y riesgo*. Montevideo: Arca, 1967.

Lafforgue, Jorge. "Introducción biográfica y crítica." *Los desterrados y otros textos: Antología 1907–1937*. De Horatio Quiroga. Ed. Jorge Lafforgue. Madrid: Castalia, 1990.

Paoli, Roberto. "El perfecto cuentista: comentario a tres textos de Horacio Quiroga." *Revista Iberoamericana* 58 (1992): 953–74.

Rodríguez Monegal, Emir. *Las raíces de Horacio Quiroga*. Montevideo: Editorial Alfa, 1961.

Ben Heller

NELLIE FRANCISCA CAMPOBELLO (1900–1995)

A pesar de que Nellie Campobello es una de las pocas mujeres que han escrito sobre la experiencia de la Revolución Mexicana, su importancia ha sido "descubierta" recientemente por críticos, editores y traductores. Los datos sobre su vida y obra son tan inciertos que sus biógrafos ni siquiera están de acuerdo sobre su fecha de nacimiento, fijándola en 1900, 1909, 1912 y 1913. Sabemos que Nellie Campobello nació en Villa Ocampo, un pueblo en el estado mexicano de Durango que —en palabras de la misma escritora— fue fundado por sus antepasados indios. Los acontecimientos de la Revolución Mexicana (1910–17) dejaron una huella indeleble en el destino de toda su familia: su padre fue general villista y murió en una batalla en 1914; uno de sus hermanos sirvió en el Ejército del Norte, y su madre se destacó en organizar el apoyo para los soldados de Pancho Villa. Desde muy joven, Nellie Campobello estuvo familiarizada con la violencia más feroz de ejecuciones, torturas y batallas, pero, según su propia confesión, tuvo una infancia feliz gracias a la cohesión de su familia. Según indica Martha Robles "su hermana Gloria, destacada bailarina, y su madre, son figuras centrales de su obra" (171). En 1923, después de la muerte de su madre, se trasladó con sus hermanos a la Ciudad de México, donde se dedicó a combinar dos carreras: la danza y la literatura.

En los años 1930–1940 sus éxitos como bailarina, profesora de danza y directora de la Escuela Nacional de Danza parecían eclipsar su actividad literaria. Mientras sus artículos de prensa y su debut poético, *¡Yo! por Francisca* (1929) pasaron casi inadvertidos para la crítica, su colección de viñetas titulada *Cartucho: Relatos de la lucha en el Norte de México* (1931, 2a ed. revisada, 1940) le mereció un reconocimiento casi inmediato, aunque no exento de controversias. Según Laura Cazares y Dennis Parle —que han estudiado acuciosamente la escritura de Campobello—, se trata de un libro original e innovador. Los logros formales de *Cartucho* podrían esquematizarse de la manera siguiente: estructura de *collage* que contribuye a una visión panorámica del héroe colectivo; manejo hábil del perspectivismo; exploración de la sensibilidad de una niña; incorporación de la tradición del corrido, canción popular típica del Norte de México; uso de elipsis, y yuxtaposición de diversos niveles temporales.

La misma autora destaca el valor testimonial y universal de su libro: "las narraciones de *Cartucho,* debo aclararlo de una vez para siempre, son verdad histórica, son hechos trágicos vistos por mis ojos de niña en una ciudad, como otros ojos pudieron ver hechos análogos en Berlín o Londres durante la Guerra Mundial" (*Mis libros,* 17). Los críticos (Dessau, Portal), por su parte, sin negarle el sentido documental, destacan el aspecto subjetivo en la recreación de los hechos. Marta

Portal, basándose en sus conversaciones con Campobello, explica, por ejemplo, que como niña la futura escritora era muy sensible y observadora y hasta se le atribuían dotes de "zahorina", o es decir, versada en el arte adivinatorio (Portal, 125).

Mientras las polémicas que surgieron a raíz de la publicación de *Cartucho* eran de carácter eminentemente político —provocadas por las simpatías pro-villistas de la autora—, la crítica más reciente parece haber enfocado con más ahínco la identidad genérica del libro. Para algunos, se trata de una colección de cuentos breves; otros defienden su identidad de "novela" y enfatizan tales elementos unificadores del discurso como la voz narrativa y la repetición de ciertos motivos. En los años recientes, las relecturas de *Cartucho* y *Las manos de Mamá* —la segunda novela de Campobello publicada en 1937 e inmediatamente elogiada por el reconocido escritor Martín Luis Guzmán— han sido enriquecidas por la crítica feminista (Doris Meyer). Para Robles, el universo de *Las manos de Mamá* es "vasto, protector y amoroso", dominado por la figura de la madre que representa "el contrapunto de la figura masculina, personificada en Villa" (Robles, 167).

Según explica Laura Cazares, en 1960 se hizo la primera edición del conjunto de la obra literaria de Campobello que, bajo el título *Mis libros,* incluye su poesía, las dos novelas sobre el tema de la Revolución y un panfleto político, *Apuntes sobre la vida militar de Francisco Villa* (originalmente publicado en 1949). Dicha edición contiene también un prólogo en el que la misma autora suministra datos autobiográficos poco conocidos y ofrece perspicaces comentarios sobre la historia de México.

A pesar de la evidente "reivindicación" crítica de Campobello en los últimos años, muy poco se sabe de su vida. Martha Robles concluye así su semblanza de la escritora en *La sombra fugitiva:* "Aparentemente, dieciséis años estuvo encerrada en una habitación, incomunicada, enferma y sometida a la lenta tortura de las drogas. 'Se dice' —febrero de 1985— que es probable que ahora esté en Cuernavaca. Ningún reportero ha podido encontrarla. Tal es la fatalidad de quien consideró la libertad un bien supremo" (Robles, 178).

De *Cartucho,* en *Mis libros,* 1960

Desde una ventana

Una ventana de dos metros de altura en una esquina. Dos niñas viendo abajo un grupo de diez hombres con las armas preparadas apuntando a un joven sin rasurar y mugroso, que arrodillado suplicaba desesperado, terriblemente enfermo se retorcía de terror, alargaba las manos hacia los soldados, se moría de miedo. El oficial, junto a ellos, va dando las señales con la espada, cuando la elevó como para picar el cielo, salieron de los treintas diez fogonazos, que se incrustaron en su cuerpo hinchado de alcohol y cobardía. Un salto terrible al recibir los balazos, luego cayó manándole sangre por muchos agujeros. Sus manos se le quedaron pegadas en la boca. Allí estuvo tirado tres días; se lo llevaron una tarde, quién sabe quién.

Como estuvo tres noches tirado, ya me había acostrumbrado a ver el garabato de su cuerpo, caído hacia su izquierda con las manos en la cara, durmiendo allí, junto de mí. Me parecía mío aquel muerto. Había momentos que temerosa de que se lo hubieran llevado, me levantaba corriendo y me trepaba en la ventana, era mi obsesión en las noches, me gustaba verlo porque me parecía que tenía mucho miedo.

Un día, después de comer, me fui corriendo para contemplarlo desde la ventana, ya no estaba. El muerto tímido había sido robado por alguien, la tierra se quedó dibujada y sola. Me dormí aquel día soñando en que fusilarían otro y deseando que fuera junto a mi casa.

Nacha Ceniceros

Junto a Chihuahua, en X estación, un gran campamento villista. Todo está quieto y Nacha llora. Estaba enamorada de un muchacho coronel de apellido Gallardo, de Durango. Ella era coronela y usaba pistola y tenía trenzas. Había estado llorando al recibir consejos de una vieja. Se puso en su tienda a limpiar su pistola, estaba muy entretenida cuando se le salió un tiro.

En otra tienda estaba sentado Gallardo junto a una mesa; platicaba con una mujer; el balazo que se le salió a Nacha en su tienda lo recibió Gallardo en la cabeza y cayó muerto.

—Han matado a Gallardito, mi General.

Villa dijo depavorido:

—Fusílenlo.

—Fue una mujer, General.

—Fusílenla.

—Nacha Ceniceros.

—Fusílenla.

Lloró al amado, se puso los brazos sobre la cara, se le quedaron las trenzas negras colgando y recibió la descarga.

Hacía una bella figura, imborrable para todos los que vieron el fusilamiento.

Hoy existe un hormiguero en donde dicen que está enterrada.

Esta fue la versión que durante mucho tiempo prevaleció en aquellas regiones del Norte. La verdad se vino a saber años después. Nacha Ceniceros vivía. Había vuelto a su casa de Catarinas, seguramente desengañada de la actitud de los pocos que pretendieron repartirse los triunfos de la mayoría.

Nacha Ceniceros domaba potros y montaba a caballo mejor que muchos hombres; era lo que se dice una muchacha del campo, pero al estilo de la sierra, podía realizar con destreza increíble todo lo que un hombre puede hacer con su fuerza varonil. Se fue a la revolución porque los esbirros de don Porfirio Díaz le habían asesinado a su padre. Pudo haberse casado con uno de los más prominentes jefes villistas, pudo haber sido de las mujeres más famosas de la revolución, pero Nacha Ceniceros se volvió tranquilamente a su hogar deshecho y su puso a rehacer los muros y tapar las claraboyas de donde habían salido miles de balas contra los carrancistas asesinos.

La red de mentiras que contra el general Villa difundieron los simuladores, los grupos de la calumnia organizada, los creadores de la leyenda negra, irá cayendo como tendrán que caer las estatuas de bronce que se han levantado con los dineros avanzados.

Ahora digo, y lo digo con la voz del que ha podido destejer una mentira:

¡Viva Nacha Ceniceros, Coronela de la revolución!

Las cinco de la tarde

Los mataron rápido, así como son las cosas desagradables que no deben saberse. Los hermanos Portillo, jóvenes revolucionarios, ¿por qué los mataban? El camposantero dijo: "Luis Herrera traía los ojos colorados, colorados, parecía que lloraba sangre", Juanito Amparan no se olvida de ellos. "Parecía que lloraba sangre."

A los muchachos Portillo los llevó al panteón Luis Herrera, una tarde tranquila, borrada en la historia de la revolución; eran las cinco.

REFLEXIÓN Y ANÁLISIS

1) Discuta las estrategias narrativas (estilo, voz, perspectiva narrativa, tiempo, espacio) que sirven para la rendición discursiva del tema de la violencia en las viñetas de *Cartucho.*
2) En su interpretación de los fragmentos de *Cartucho* discuta la premisa del feminismo, según la cual el hecho de ser mujer tiene consecuencias profundas tanto para la escritura como para la lectura.
3) En "Nacha Ceniceros" aparece un diálogo breve entre Pancho Villa y uno de los soldados y que lleva en consecuencia a la (supuesta) ejecución de Nacha. Escriba otro diálogo imaginario cuyo resultado podría ser otro: la liberación de Nacha.

BIBLIOGRAFÍA

Campobello, Nellie. *Mis libros.* México: Compañía General de Ediciones, 1960.

Cazares, Laura. "Nellie Campobello: novelista de la Revolución." *Casa de las Américas* 31:183 (1991): 51–56.

Dessau, Adalbert. *La novela de la Revolución.* México: Fondo de Cultura Económica, 1972.

Meyer, Doris. "Nellie Campobello's *Las manos de Mamá:* A Rereading." *Hispania* 68 (1985): 747–52.

Parle, Dennis J. "Narrative Style and Technique in Nellie Campobello's *Cartucho.*" *Kentucky Romance Quarterly* 32 (1985): 201–11.

Portal, Marta. *Proceso narrativo de la Revolución mexicana.* Madrid: Espasa-Calpe, 1980.

Robles, Martha. *La sombra fugitiva: escritoras en la cultura nacional.* México: UNAM, 1985.

Elzbieta Sklodowska

DELMIRA AGUSTINI (1886–1914)

La voz femenina destinada a romper con el largo silencio que la muerte de Sor Juana Inés de la Cruz (1651–1695) ocasionara en la poesía hispanoamericana sería la de la joven uruguaya Delmira Agustini, quien publicó su primer libro de poemas en 1907 cuando apenas contaba con ventiún años de edad. La aparición de su extraordinaria obra *El libro blanco* cimbró la sólida estructura de la literatura en lengua castellana, una literatura hasta entonces predominantemente masculina. Fue tanta la repercusión que el volumen inicial de versos alcanzó que, poco tiempo después de haber sido publicado, los más destacados intelectuales de la época clasificaron a su autora como la revelación poética del momento. Entre los principales comentarios que Delmira Agustini recibiera cabe destacar el del escritor uruguayo Carlos Vaz Ferreira, quien dirigió a la poeta el siguiente juicio: "Si hubiera de expresar un comentario teniendo en cuenta su edad, calificaría su libro sencillamente como *un milagro*. Usted no debería ser capaz, no precisamente de escribir, sino de *entender* su libro. Cómo ha llegado usted, sea a saber, sea a sentir, lo que ha puesto en ciertas páginas es sencillamente inexplicable".

¿Qué características poseían los versos de la joven uruguaya que causaban este paradigmático asombro tanto entre los intelectuales y escritores de la época como entre el público en general? Sus textos presentaban una particularidad insospechada en la literatura hispanoamericana y española del momento: los poemas de la autora de *El libro blanco* eran textos inusitadamente sensuales. La voz poética de Delmira Agustini que se dejaba oír no había sido escuchada hasta entonces; voz cuya femineidad postulaba un erotismo inédito. Este temprano sello erótico en las composiciones de Agustini, plasmado en poemas como "Íntima" ("Como una flor nocturna allá en la sombra / yo abriré dulcemente para ti"), "Explosión" ("¡Mi vida toda canta, besa, ríe! / ¡Mi vida toda es una boca en flor!") y "El Intruso" ("Amor, la noche estaba trágica y sollozante / cuando tu llave de oro cantó en mi cerradura") entre otras composiciones, determinó que la joven autora destacara inmediatamente en la literatura modernista hispanoamericana.

Tres años después de su inicial poemario, Delmira Agustini publicó un subsecuente libro de versos, *Cantos de la mañana,* 1910 (año en que muere uno de los grandes poetas del Modernismo, el también uruguayo Julio Herrera y Reissig). Los *Cantos* de Delmira Agustini lejos de renunciar a la originalidad literaria que la caracterizaba —esa voz poética femenina y sensual— incidieron aún más en el erotismo que inaugurara *El libro blanco*. Así, en poemas como "Supremo Idilio" el erotismo de la hablante poética extiende su sensualidad recurriendo a inquietantes símbolos religiosos: "Te abro, ¡oh, mancha de lodo!, mi gran cáliz de nieve. / ¡Y tiendo a ti eucarísticos mis brazos, negra cruz!". Esta fusión erótico-espiritual llevó a Rubén Darío a declarar en 1912, año en que el representante más distinguido del Modernismo conociera en Montevideo a la ya famosa poeta, lo siguiente: "Es la primera vez que en lengua castellana aparece un alma femenina en el orgullo de la verdad de su inocencia y de su amor, a no ser Santa Teresa en su exaltación divina". Esta alusión del célebre nicaragüense a la mística española no era casual. El éxtasis físico que Delmira Agustini plasmaba en sus poesías la relacionaba de manera ineludible con quien antes que ella había expresado un éxtasis, si bien de orden divino, en sus escritos: Teresa de Avila.

Pero la conmoción que el despliegue sensual de la bella Agustini causara en su época se explica no sólo debido al contexto histórico-social en que aparecían sus versos (un Montevideo de principios de siglo que Herrera y Reissig no dudara en calificar de moralmente asfixiante), sino que también encuentra su razón de ser en la figura que Delmira Agustini proyectaba ante la sociedad. Hija de una distinguida y acomodada familia, la joven escritora era conocida como *La nena*, sobrenombre que se ajustaba bien a la incondicional protección que los padres de Delmira proporcionaron siempre a su hija. Críticos y biógrafos tan destacados como Emir Rodríguez Monegal y Clara Silva han insistido en el *aniñamiento* que Delmira Agustini sufría en manos de sus progenitores, especialmente notable cuando la poeta se encontraba bajo la influencia materna. Esta infantilización que Agustini proyectaba (quien, de acuerdo con el testimonio proporcionado por Medina Betancurt en 1907, era "rubia, azul, ligera, casi sobrehumana, quebradiza como un ángel encarnado, lleno de encanto e inocencia") no se ajustaba, sin embargo, al irreverente erotismo que sus versos postulaban. Este desajuste, casi esquizofrénico, entre el ser ardiente que su poesía trazaba y el angelical perfil que sus padres y su prometido oficial insistían en promover, llevaría a la poeta a escribir una atormentada carta de tono confesional. La misiva tiene a Rubén Darío como destinatario; en este trágico documento Delmira Agustini confesaría al autor de *Sinfonía en gris* lo siguiente:

> . . . éstas son mis horas más tristes. En ellas llego a la consciencia de mi inconsciencia. [. . .] Yo no sé si usted ha mirado la locura cara a cara y ha luchado con ella en la soledad angustiosa de un espíritu hermético. No hay, no puede haber situación más horrible. [. . .] A mediados de octubre pienso internar mi neurosis en un sanatorio, de donde, bien o mal, saldré en noviembre para casarme. He resuelto arrojarme al abismo medroso del casamiento.

A pesar de las intenciones que confiesa a Darío en su carta, Delmira Agustini pospone su proyectado matrimonio, hacia el que nunca se sintió verdaderamente atraída. Al año siguiente de haber escrito la misiva, y sin que haya podido confirmarse o descalificarse su ingreso en un sanatorio, la poeta publica un tercer libro de poesía: *Los cálices vacíos* (1913). Esta vez se trata de un libro magistral, y de él afirma Rodríguez Monegal: "Con ese libro Delmira se pone a la vanguardia de todo un continente. [. . .] Esta muchacha, esta niña montevideana, esta Nena, arroja de golpe las máscaras y escribe como mujer". El tercer libro de Agustini contiene textos definitivos para la trayectoria de la poesía hispanoamericana. El erotismo de la autora llega aquí a su expresión más atrevida, ya que, además de ofrendar el libro a Eros, su voz poética reconoce: "Fiera de amor, yo sufro hambre de corazones. / De palomos, de buitres, de corzos o leones. [. . .] ¡Con la esencia de sobrehumana pasión!".

Pocos meses después de haber aparecido este apasionado libro que constituye, entre otras cosas, una especie de jaquemate femenino al símbolo rey del Modernismo (el cisne), la poeta uruguaya contrae matrimonio con Enrique Job Reyes. Sin embargo, su aparente felicidad es breve. Antes de cumplir dos meses de casada, Delmira Agustini causa un nuevo escándalo social cuando regresa al hogar paterno. Decidida a divorciarse de su fugaz marido, afirma ante sus padres: "¡Vengo huyendo de la vulgaridad!". En 1914, luego de un tormentoso juicio de divorcio, en el que se alternan violentas acusaciones así como pasionales encuentros entre la poeta y su todavía marido, Reyes —tal vez desesperado ante la resolución definitiva del divorcio— asesina a Delmira Agustini de dos balazos en la cabeza, suicidándose él segundos después. El trágico fin de la poeta dotó a sus *Cálices vacíos* de drama y prefiguraciones: "Yo soy el cisne errante de los sangrientos rastros", afirma la voz poética de su "Nocturno", "voy manchando los lagos y remontando el vuelo".

La aportación de Delmira Agustini al Modernismo fue precisamente esa sensualidad dramática con que revistió a sus versos. A los brillos y los oropeles de la escuela modernista agregó el nuevo fulgor del erotismo femenino. La aristocrática, y en ocasiones interrogativa, ave-emblema de Rubén Darío quedó para siempre modificada gracias al pasional atributo con que Agustini (nueva Leda) dotara al cisne: "Del rubí de la lujuria / su testa está coronada".

En 1924 aparece el libro póstumo de la poeta uruguaya, *El rosario de Eros*. Este volumen reúne composiciones esenciales para entender la estética de quien abriera el camino a las poetas que después de ella cantarían la sensualidad (Juana de Ibarbourou y Alfonsina Storni, principalmente). Esos poemas son: "Boca a boca", "La Cita" y "Serpentina". Esta última composición enuncia las características que mejor definen a la voz poética que surge en los versos inmoderadamente femeninos y orgullosos de Delmira Agustini: "Si así sueño mi carne, así es mi mente: / un cuerpo largo, largo, de serpiente, / vibrando eterna ¡voluptuosamente!".

De *Los cálices vacíos,* 1913

Otra estirpe[1]

Eros[2], yo quiero guiarte, Padre ciego . . .
Pido a tus manos todopoderosas,
Su cuerpo excelso derramado en fuego
Sobre mi cuerpo desmayado en rosas!

La eléctrica corola[3] que hoy despliego
Brinda el nectario de un jardín de Esposas;
Para sus buitres[4] en mi carne entrego
Todo un enjambre[5] de palomas rosas!

Da a las dos sierpes[6] de su abrazo, crueles,
10 Mi gran tallo febril[7] . . . Absintio,[8] mieles,
Viérteme[9] de sus venas, de su boca . . .
¡Así tendida soy un surco[10] ardiente,
Donde puede nutrirse la simiente,[11]
De otra Estirpe sublimemente loca!

---

[1]**estirpe:** origen excepcional. Pertenecer a una estirpe significa pertenecer a una familia cuyas características la distinguen frente a las demás.

[2]**Eros:** dios griego que simboliza el amor. Delmira Agustini fusiona las características de Cupido (que en la mitología se cubre los ojos con una venda antes de disparar las flechas que causan el enamoramiento) con las de Eros.

[3]**corola:** el exterior de las flores. Agustini, buscando la sensualidad de las asociaciones, otorga al cuerpo femenino características que poseen las flores.

[4]**buitres:** aves cuyas cabezas y cuellos no presentan plumas, se alimentan de carne humana. En el poema simbolizan los deseos sexuales.

[5]**enjambre:** Agustini utiliza el vocablo como sinónimo de multitud. Es poco frecuente el uso que la poeta otorga a la palabra.

[6]**sierpes:** serpientes.

[7]**febril:** ansioso, anhelante.

[8]**Absintio:** ajenjo, licor aromático.

[9]**viérteme:** derrama sobre mí. Este verso se une al anterior formando un hipérbaton en el cual la voz poética expresa su petición a Eros: sentir sobre ella las "mieles" que surgen del amado.

[10]**surco:** hueco que se hace al abrir la tierra que será cultivada.

[11]**simiente:** semilla.

El cisne[1]

Pupila[2] azul de mi parque
Es el sensitivo espejo
De un lago claro, muy claro! . . .
Tan claro que a veces creo
Que en su cristalina página
Se imprime mi pensamiento.

Flor del aire, flor del agua,
Alma del lago es un cisne
Con dos pupilas humanas,
10 Grave y gentil como un príncipe;
Alas lirio, remos rosa . . .
Pico en fuego, cuello triste
y orgulloso, y la blancura
Y la suavidad de un cisne . . .

El ave cándida y grave
Tiene un maléfico[3] encanto;
—Clavel vestido de lirio,
Trasciende a llama y milagro! . . .
Sus alas blancas me turban
20 Como dos cálidos brazos;

Ningunos labios ardieron
Como su pico en mis manos;
Ninguna testa[4] ha caído
Tan lánguida[5] en mi regazo;
Ninguna carne tan viva,
He padecido o gozado:
Viborean[6] en sus venas
Filtros dos veces humanos!

---

[1] Este poema es primordial para comprender los cambios que Delmira Agustini otorga al emblemático símbolo modernista. La voz poética renueva el mito de Leda.
[2] **Pupila:** centro del ojo; apertura del iris. La pupila se cierra o se abre de acuerdo a la luz. El verso, al otorgar color azul a la pupila, se convierte en un verso modernista por excelencia.

[3] **maléfico:** que causa mal.
[4] **testa:** cabeza.
[5] **lánguida:** sin energía.
[6] **víbora:** serpiente. La poeta verbaliza el sustantivo, indicando así el movimiento de la sangre.

Del rubí de la lujuria[7]
30 Su testa está coronada;
Y va arrastrando el deseo
En una cauda rosada . . .

Agua le doy en mis manos
Y él parece beber fuego;
Y yo parezco ofrecerle
Todo el vaso de mi cuerpo . . .

Y vive tanto en mis sueños,
Y ahonda[8] tanto en mi carne,
Que a veces pienso si el cisne
40 Con sus dos alas fugaces,
Sus raros ojos humanos
Y el rojo pico quemante,
Es sólo un cisne en mi lago
O es en mi vida un amante . . .

Al margen del lago claro
Yo le interrogo[9] en silencio . . .
Y el silencio es una rosa
Sobre su pico de fuego . . .
Pero en su carne me habla
50 Y yo en mi carne le entiendo.
—A veces ¡toda! soy alma;
Y a veces ¡toda! soy cuerpo.—
Hunde el pico en mi regazo
Y se queda como muerto . . .
Y en la cristalina página,
En el sensitivo espejo
Del lago que algunas veces
Refleja mi pensamiento,
El cisne asusta de rojo,
60 Y yo de blanca doy miedo!

---

[7]**lujuria:** intenso deseo sexual; uno de los
siete pecados capitales.
[8]**ahonda:** entra profundamente.

[9]**le interrogo:** le pregunto. Confrontar las
composiciones poéticas de Rubén Darío
sobre el cisne.

De *El rosario de Eros*, 1924

Boca a boca

Copa de vida donde quiero y sueño
Beber la muerte con fruición[1] sombría,
Surco de fuego donde logra Ensueño
Fuertes semillas de melancolía.

Boca que besas a distancia y llamas
En silencio, pastilla de locura
Color de sed[2] y húmeda de llamas . . .
¡Verja de abismos es tu dentadura!

Sexo de un alma triste de gloriosa,
El placer unges[3] de dolor; tu beso,
Puñal[4] de fuego en vaina de embeleso,[5]
Me come en sueños como un cáncer rosa . . .

Joya de sangre y luna, vaso pleno
De rosas de silencio y de armonía,
Nectario de su miel y su veneno,
Vampiro vuelto mariposa al día.

Tijera ardiente de glaciales lirios,
Panal[6] de besos, ánfora[7] viviente
Donde brindan delicias y delirios
Fresas de aurora en vino de Poniente . . .

Estuche[8] de encendidos terciopelos
En que su voz es fúlgida presea,[9]
Alas del verbo amenazando vuelos,
Cáliz[10] en donde el corazón flamea.

---

[1]**fruición:** goce, deleite.
[2]Destacadas sinestesias de la poeta: locura
color de sed; humedad del fuego.
[3]**unges:** pones aceite aromático sobre el
cuerpo.
[4]**puñal:** cuchillo pequeño y filoso.
[5]**embeleso:** ilusión.
[6]**panal:** casa de cera que forman las abejas
para depositar la miel.

[7]**ánfora:** jarra antigua.
[8]**estuche:** objeto donde se guarda algo
valioso.
[9]**presea:** trofeo; fúlgida: adjetivo que describe algo difícil de alcanzar o retener.
[10]**cáliz:** vaso sagrado.

Pico rojo del buitre del deseo
Que hubiste sangre y alma entre mi boca,
De tu largo y sonante picoteo[11]
Brotó una llaga como flor de roca.

Inaccesible . . . Si otra vez mi vida
30   Cruzas, dando a la tierra removida
Siembra de oro tu verbo fecundo,[12]
Tu curarás la misteriosa herida:
Lirio de muerte, cóndor de vida,
¡Flor de tu beso que perfuma al mundo!

REFLEXIÓN Y ANÁLISIS

1) Identifique las características que Delmira Agustini retoma del Modernismo.
2) Comente la renovación poética que Agustini efectúa en sus poemas respecto a la escuela modernista.
3) Interprete el final del poema "Otra estirpe". ¿Cómo imagina Ud. esa "otra estirpe" que anuncia la poeta?
4) Compare "El cisne" de Agustini con poemas de Darío donde aparece esta ave. Determine las diferencias que existan entre ambos poetas.
5) Investigue el término *posmodernismo* y determine si este concepto es apropiado o no para designar a poetas como Delmira Agustini.

BIBLIOGRAFÍA

Alegría, Fernando. "Aporte de la mujer al nuevo lenguaje poético de Latinoamérica." *Revista-Review-Interamericana* (spring 1982): 27–35.

Alvar, Manuel. *Delmira Agustini: poesías completas.* Barcelona: Labor, 1971.

Kirkpatrick, Gwen. "The Limits of Modernism: Delmira Agustini and Julio Herrera y Reissig." *Romance Quarterly* (1989): 307–14.

Medina Vidal, Jorge, et al. *Delmira Agustini: seis ensayos críticos.* Montevideo: Ciencias, 1982.

Machado, Ofelia. *Delmira Agustini.* Montevideo: Ceibo, 1944.

Molloy, Silvia. "Dos lecturas del cisne: Rubén Darío y Delmira Agustini." *La sartén por el mango.* Eds. Patricia Elena González y Eliana Ortega. Puerto Rico: Huracán, 1985. 57–69.

---

[11]**picoteo:** golpes que dan las aves con sus picos.
[12]**fecundo:** que da vida.

Renfreu, Ileana. "La imagen como principio estructurador de la obra de Delmira Agustini." *La escritora hispánica*. Miami: Universal, 1990. 144–51.

Rodríguez Monegal, Emir. "Sexo y poesía en el 900 uruguayo." *Mundo Nuevo*. París: Instituto Latinoamericano de Relaciones Internacionales, 1967. 52–71.

Silva, Clara. *Genio y figura de Delmira Agustini*. Buenos Aires: Editorial Universitaria, 1968.

————. *Pasión y Gloria de Delmira Agustini*. Buenos Aires: Losada, 1972.

Visca, Arturo Sergio. *Correspondencia íntima de Delmira Agustini*. Montevideo: Biblioteca Nacional, 1978.

————. "Delmira Agustini: esquema de su itinerario vital y lírico." *La mirada crítica y otros ensayos*. Montevideo: Academia Nacional de Letras, 1979. 111–42.

Zum Felde, Alberto. *Poesías Completas. Delmira Agustini*. Buenos Aires: Losada, 1944.

Alessandra Luiselli

GABRIELA MISTRAL (1889-1957)

Gabriela Mistral, cuyo verdadero nombre es Lucila Godoy Alcayaga nace en Vicuña, pequeño poblado del Valle de Elqui, una especie de oasis en la región desértica del norte de Chile. Su destino era ser campesina y sin embargo tuvo una carrera fulgurante y diversa: como educadora, diplomática y poeta. A los quince años, con una esporádica instrucción primaria en una escuela rural de una sola aula, comenzó a trabajar como ayudante de escuela. A los treinta ya era Directora de Instrucción Pública en la provincia de Magallanes, jubilándose de la docencia antes de cumplir los cuarenta años, para luego ocupar un cargo creado especial-mente para ella: Cónsul Plenipotenciario y Vitalicio de su país en el mundo, cargo que la alejó de Chile, para siempre. Tras largos períodos de residencia en Portugal, Francia, España, Italia, Brasil y Estados Unidos, murió en Nueva York, tres años después de un breve viaje de retorno a Chile en 1954, con motivo de un tardío Premio Nacional.

Escribiendo poemas de corte modernista bajo el nombre inventado de Gabriela Mistral tendrá su primer triunfo en los Juegos Florales de Santiago de Chile en 1914 con sus "Sonetos de la muerte", una serie de composiciones sobre el suicidio de un novio que algunos creen que nunca tuvo o que corresponde a una combina-ción de experiencias vitales. La poesía es producto de la imaginación y Gabriela Mistral supo sacar partido de la suya, culminando su carrera literaria con el Premio Nobel en 1945, el primero otorgado a un escritor latinoamericano.

La verdad es que ella fue la primera en todo. La primera entre una nueva falan-ge de mujeres que en los años veinte lograron crearse un espacio propio en el mundo todavía masculino de las letras; el primer poeta de la América del Sur en romper con la atildada retórica del "buen decir", incorporando con toda natura-lidad en su escritura arcaísmos locales e imágenes insólitas para la poesía de entonces. Por ejemplo, en su poesía no hay ruiseñores, pues no existen en América; pero hay otoños de abril y primaveras que vienen en octubre, como corresponde a la realidad del hemisferio sur. En 1922, coincidiendo con la publi-cación de su primer libro, *Desolación,* y como "joven avanzada", es invitada por José Vasconcelos, Ministro de Educación de México, para participar en el exten-so programa de reforma educativa de aquel país recién salido de la Revolución. De ahí su consagración como "Maestra Rural", tema recurrente en sus poemas más célebres.

Fue de verdad maestra en todo, utilizando la literatura para promocionar sus ideas sobre la educación y para promover con muy buen tino la nueva creación de los jóvenes escritores, entre ellos Neruda, que fue alumno suyo en Temuco, y Nicanor Parra, a quien elogió en otros Juegos Florales, de Chillán en su debut como poeta. Por eso la importancia de su prosa ocasional, sus *Recados:* miles de páginas ya recopiladas y miles más todavía por recopilar sobre los más diversos temas de la cultura y de la actualidad.

Todo escritor, al incursionar por primera vez en la literatura, se enfrenta con el problema de cómo escribir. Problema doble para la mujer. ¿Debe escribir de una manera distinta (porque es mujer) o debe escribir de la misma manera que los hombres, mostrando su dominio del código? La literatura es un sistema de cambios y Gabriela Mistral es importante por haber transformado el sistema. Escribe como mujer y mejor que muchos hombres, cambiando de un plumazo la literatura de su momento.

Cuando se inicia en la poesía, los poetas hablaban sólo de las cosas nobles (el champán como "el oro que hierve" en *El rey burgués* de Darío). Mistral, anticipando al Neruda de las *Odas elementales* (1954), hablará de las cosas sencillas, las "materias": el pan, la sal, el agua y el aire . . . Incorporará en su poesía —una vez más a diferencia de los modernistas, siempre en busca de ritmos sutiles— los ritmos pronunciados de los bailes y canciones populares, como por ejemplo "Balada", un texto lírico que comienza como un tango: "El pasó con otra;/ yo le vi pasar". Poemas como éste, escritos en el intersticio entre el Modernismo y la vanguardia, revalorizan la tradición de lo popular. Es anterior al famoso "Poema XX" de Neruda, donde el hablante —también con voz de tanguista— va evocando a la amante ausente que le quería, que le quiso, y que ya no le quiere: "De otro. Será de otro. Como antes de mis besos". Ambos poemas nos hablan a todos, hombres y mujeres, y utilizan la retórica tradicional y popular de una manera hábil e innovadora para manipular nuestra lectura, nuestra apreciación estética del discurso lírico.

Militantes del feminismo pueden objetar, y han objetado, que Gabriela Mistral es femenina y no feminista. Bien. Pero a esto habrá que añadir que tampoco es "poetisa"; es POETA, primera entre las primeras en surgir en América desde Sor Juana Inés de la Cruz. Y Gabriela Mistral, más que nadie en su época, logró crearse una "habitación propia" en la literatura, un espacio individual, espacio de una poeta equiparable al de los mejores hombres-poetas de entonces.

De *Desolación*, 1922

La belleza

Una canción es una herida de amor que nos abrieron las cosas.

A ti, hombre basto,[1] sólo te turba un vientre de mujer, un montón de carne de mujer. Nosotros vamos turbados, nosotros recibimos la lanzada de toda la belleza del mundo, porque la noche estrellada nos fue amor tan agudo como un amor de carne.

Una canción es una respuesta que damos a la hermosura del mundo. Y la damos con un temblor incontenible, como el tuyo delante de un seno desnudo.

Y de volver en sangre esta caricia de la Belleza, y de responder al llamamiento innumerable de ella por los caminos, vamos más febriles, vamos más flagelados que tú.

[1]**basto:** grosero, tosco.

Balada

El pasó con otra;
yo le vi pasar.
Siempre dulce el viento
y el camino en paz.
¡Y estos ojos míseros
le vieron pasar!

El va amando a otra
por la tierra en flor.
Ha abierto el espino;[2]
pasa una canción.
¡Y él va amando a otra
10   por la tierra en flor!

El besó a la otra
a orillas del mar;
resbaló en las olas
la luna de azahar.
¡Y no untó mi sangre
la extensión del mar!

El irá con otra
por la eternidad.
Habrá cielos dulces.
20   (Dios quiere callar)
¡Y él irá con otra
por la eternidad!

---

[2] **espino**: arbusto rosíceo de flores blancas.

Los sonetos de la muerte

I

Del nicho helado en que los hombres te pusieron,
te bajaré a la tierra humilde y soleada.
Que he de dormirme en ella los hombres no supieron,
y que hemos de soñar sobre la misma almohada.

Te acostaré en la tierra soleada con una
dulcedumbre de madre para el hijo dormido,
y la tierra ha de hacerse suavidades de cuna
al recibir tu cuerpo de niño dolorido.

Luego iré espolvoreando tierra y polvo de rosas,
y en la azulada y leve polvareda de luna,
los despojos livianos irán quedando presos.

Me alejaré cantando mis venganzas hermosas,
¡porque a ese hondor recóndito la mano de ninguna
bajará a disputarme tu puñado de huesos!

II

Este largo cansancio se hará mayor un día,
y el alma dirá al cuerpo que no quiere seguir
arrastrando su masa por la rosada vía,
por donde van los hombres, contentos de vivir . . .

Sentirás que a tu lado cavan briosamente,
que otra dormida llega a la quieta ciudad.
Esperaré que me hayan cubierto totalmente . . .
¡Y después hablaremos por una eternidad!

Sólo entonces sabrás el porqué, no madura
para las hondas huesas tu carne todavía,
tuviste que bajar, sin fatiga, a dormir.

Se hará luz en la zona de los sinos, oscura;
sabrás que en nuestra alianza signo de astros había
y, roto el pacto enorme, tenía que morir . . .

III

Malas manos tomaron tu vida desde el día
en que, a una señal de astros, dejara su plantel
nevado de azucenas. En gozo florecía.
Malas manos entraron trágicamente en él . . .

Y yo dije al Señor:—"Por las sendas mortales
le llevan. ¡Sombra amada que no saben guiar!
¡Arráncalo, Señor, a esas manos fatales
o le hundes en el largo sueño que sabes dar!

⁴⁰ ¡No le puedo gritar, no le puedo seguir!
Su barca empuja un negro viento de tempestad.
Retórnalo a mis brazos o le siegas en flor."

Se detuvo la barca rosa de su vivir . . .
¿Que no sé del amor, que no tuve piedad?
¡Tú, que vas a juzgarme, lo comprendes, Señor!

La maestra rural

A Federico de Onís

La Maestra era pura. "Los suaves hortelanos",
decía, "de este predio,¹ que es predio de Jesús,
han de conservar puros los ojos y las manos,
guardar claros sus óleos, para dar clara luz."
La Maestra era pobre. Su reino no es humano.
(Así en el doloroso sembrador de Israel.)
Vestía sayas² pardas, no enjoyaba su mano
¡y era todo su espíritu un inmenso joyel!

¹⁰ La Maestra era alegre. ¡Pobre mujer herida!
Su sonrisa fue un modo de llorar con bondad.
Por sobre la sandalia rota y enrojecida,
tal sonrisa, la insigne flor de su santidad.

¡Dulce ser! En su río de mieles, caudaloso,
largamente abrevaba³ sus tigres el dolor!
Los hierros que le abrieron el pecho generoso
¡más anchas le dejaron las cuencas del amor!

---

¹**predio:** propiedad, lugar.   ³**abrevaba:** daba de beber.
²**sayas:** vestidura, falda de mujer.

¡Oh, labriego, cuyo hijo de su labio aprendía
el himno y la plegaria, nunca viste el fulgor
20 del lucero cautivo que en sus carnes ardía:
pasaste sin besar su corazón en flor!

Campesina, ¿recuerdas que alguna vez prendiste
su nombre a un comentario brutal o baladí?[4]
Cien veces la miraste, ninguna vez la viste
¡y en el solar de tu hijo, de ella hay más que de ti!

Pasó por él su fina, su delicada esteva,[5]
abriendo surcos donde alojar perfección.
la albada[6] de virtudes de que lento se nieva
es suya. Campesina, ¡no le pides perdón!

30 Daba sombra por una selva su encina hendida
el día en que la muerte la convidó a partir.
pensando en que su madre la esperaba dormida,
a La de Ojos Profundos se dio sin resistir.

Y en su Dios se ha dormido, como en cojín de luna;
almohada de sus sienes, una constelación;
canta el Padre para ella sus canciones de cuna
¡y la paz llueve largo sobre su corazón!

Como un henchido vaso, traía el alma hecha
para volcar aljófares[7] sobre la humanidad;
40 y era su vida humana la dilatada brecha
que suele abrirse el Padre para echar claridad.

Por eso aún el polvo de sus huesos sustenta
púrpura de rosales de violento llamear.
¡Y el cuidador de tumbas, cómo aroma, me cuenta,
las plantas del que huella sus huesos, al pasar!

---

[4]**baladí:** de poca importancia.
[5]**esteva:** pieza curva por donde se empuja
  el arado.

[6]**albada:** referencia a algo blanco.
[7]**aljófares:** perlas.

La cacería de Sandino[1]

Mister Hoover ha declarado a Sandino "fuera de la ley". Ignorando eso que llaman derecho internacional, se entiende, sin embargo, que los Estados Unidos hablan del territorio nicaragüense como del propio, porque no se comprende la declaración sino como lanzada sobre uno de sus ciudadanos: "Fuera de la ley norteamericana".

Los desgraciados políticos nicaragüenses, cuando pidieron contra Sandino el auxilio norteamericano, tal vez no supieron imaginar lo que hacían y tal vez se asusten hoy de la cadena de derechos que han creado al extraño y del despeñadero[2] de concesiones por el cual echaron a rodar su país.

La frase cocedora de Mr. Hoover suena a ese *Halalí*[3] de las grandes cacerías, cuando sobre la presa que ha asomado el bulto en un claro del bosque, el cuerno llamador arroja a la jauría.[4] Es numerosa la jauría esta vez hasta ser fantástica: sobre unas lomas caerán cinco mil hombres y decenas de aeroplanos. También equivale la frase a la otra de uso primitivo: "Tantos miles de pesos por tal cabeza", usada en toda tierra por los hombres de presa.

Lástima grande que la cabeza enlodada del herrero que la prensa yanqui llama *bandido,* sea, por rara ocurrencia, una cabeza a la cual sigue anhelante el continente donde vive toda su raza y una pieza que desde Europa llaman de héroe nato y de criatura providencial los que saben nombrar bien.

El herrero se parece más a Hércules que al Plutón infernal que ve Mr. Hoover. Enlodado corre por las cuchillas, a causa de los pantanos en que ha de escurrirse como culebra; carga las dos o tres pistolas que le dan las fotografías malignas de los semanarios neoyorquinos porque corre perseguido por los ajenos y los propios, y cada árbol y cada piedra de su región le son desleales; y su defensa toma aspecto de locura porque vive un caso fabuloso como para voltear a cualquiera la masa de la sangre.

Desde los años 1810, o sea desde el aluvión guerrero que bajó de México y Caracas hasta Chile, rompiéndolo todo para salvar una sola cosa, no habíamos vivido con nuestra expectación un trance semejante.

---

[1]**Augusto César Sandino:** (1895–1934), general y patriota nicaragüense, líder de la resistencia contra la ocupación norteamericana.

[2]**despeñadero:** precipitación peligrosa.
[3]**Halalí,** o bien Hallallí: grito de guerra o de incitación a la caza.
[4]**jauría:** conjunto de perros de caza.

30   Mr. Hoover, mal informado a pesar de sus veintiún embajadas, no sabe que el hombrecito Sandino, moruno, plebeyo e infeliz ha tomado como un garfio[5] la admiración de su raza, excepto uno que otro traidorzuelo o alma seca del Sur. Si lo supiese, a pesar de la impermeabilidad a la opinión pública de la Casa Blanca (la palabra es de un periodista yanqui) se pondría a voltear esta pieza de fragua y de pelotón militar, tan parecida a los Páez,[6] a los Artigas[7] y a los Carreras,[8] se volvería, a lo menos, caviloso y pararía la segunda movilización.

El guerrillero no es el mineral simple que él ve y que le parece un bandido químicamente puro; no es un pasmo militar a lo Pancho Villa, congestionado de ganas de matar, borracho de fechoría afortunada y cortador de cabezas a lo cuen-
40   to de Salgari.[9] Ha convencido desde la prensa francesa y el aprecio español hasta el último escritor sudamericano que suele leer, temblándole el pulso, el cable que le informa de que su Sandino sigue vivo.

Tal vez caiga ahora esa cabeza sin peinar que trae locas las cabezas acepilladas de los marinos ocupantes; tal vez sea esta ocasión la última en el millar de las jugadas y pérdidas por el invasor. Ya no se trata de una búsqueda sino de una cacería, como decimos.

Pero los marinos de Mr. Hoover van a recoger en sus manos un trofeo en el que casi todos los del Sur veremos nuestra sangre y sentiremos el choque del amputado que ve caer su muñón.[10] Mala mirada vamos a echarles y un voto dire-
50   mos bajito o fuerte que no hemos dicho nunca hasta ahora, a pesar de Santo Domingo y de Haití: "¡Malaventurados sean!"

Porque la identificación ya comienza y a la muerte de Sandino se hará de un golpe quedándose en el bloque. El guerrillero es, en un solo cuerpo, nuestro Páez, nuestro Morelos,[11] nuestro Carreras y nuestro Artigas. La faena es igual; el trance es el mismo.

---

[5]**garfio:** gancho de hierro.
[6]**José Antonio Páez:** (1790–1873), político y militar venezolano, compañero de Bolívar.
[7]**José Gervasio Artigas:** (1764–1850), caudillo y líder de la independencia uruguaya.
[8]**Carreras:** referencia a la familia chilena Carrera que luchó en las luchas por la independencia de su país. El más ilustre, José Miguel Carrera (1785–1821), jefe del ejército, fue derrotado en Rancagua (1814), y pasó a Argentina donde organizó guerrillas contra Bernardo O'Higgins.

Distintas facciones operaron durante las guerras de independencia, y Carrera se opuso a O'Higgins por razones políticas. Fue fusilado en Mendoza.
[9]**Emilio Salgari:** (1863–1911), escritor italiano, autor de novelas de aventuras y viajes. En su época fue uno de los novelistas más leídos por los jóvenes.
[10]**muñón:** parte del miembro cortado que permanece adherida al cuerpo.
[11]**José María Morelos y Pavón:** (1765–1815), sacerdote y patriota mexicano que se unió al movimiento emancipador de Hidalgo. Fue fusilado.

No hará vivir Mr. Hoover, eso sí, una sensación de unidad continental no probada ni en 1810 por la guerra de la independencia, porque este héroe no es local, aunque se mueva en un kilómetro de suelo rural, sino rigurosamente racial. Mr. Hoover va a conseguir, sin buscarlo, algo que nosotros mismos no habíamos logrado: sentirnos uno de punta a cabo del Continente en la muerte de Augusto Sandino.

Nueva York, 1931

Recado sobre Pablo Neruda

Antes de dejar Chile, su libro "Crepusculario" le había hecho cabeza de su generación. A su llegada de provinciano a la capital, él encontró un grupo alerta, vuelto hacia la liberación de la poesía, por la reforma poética, de anchas consecuencias, de Vicente Huidobro, el inventor del Creacionismo.

Un espíritu de la más subida originalidad hace su camino buscando eso que llamamos "la expresión", y el logro de una lengua poética personal. Rehusa las próximas, es decir, las nacionales. Pablo Neruda de esta obra no tiene relación alguna con la lírica chilena. Rehusa también la mayor parte de los comercios extranjeros: algunos contactos con Blake, Whitman, Milosz,[1] parecen coincidencias temperamentales.

La originalidad del léxico en Neruda, su adopción del vocablo violento y crudo, corresponde en primer lugar a una naturaleza que por ser rica es desbordante y desnuda, y corresponde en segundo lugar a cierta profesión de fe antipreciosista. Neruda suele asegurar que su generación de Chile se ha liberado gracias a él del neogongorismo del tiempo. No sé si la defensa del contagio ha sido un bien o un mal; en todo caso la celebraremos por habernos guardado el magnífico vigor del propio Neruda.

Imaginamos que el lenguaje poético de Neruda debe hacer el escándalo de quienes hacen poesía o crítica a lo "peluquero de señora".

La expresividad contumaz de Neruda es una marca de idiosincracia chilena genuina. Nuestro pueblo está distante de su grandísimo poeta y sin embargo, él tiene la misma repulsión de su artista respecto a la lengua manida[2] y barbilinda.[3] Es preciso recordar el empalagoso[4] almacén lingüístico de "bulbules",[5] "cendales"[6]

---

[1]**Milosz:** posible referencia a Oscar Milosz (1877–1939), poeta lituano de lengua francesa. El más famoso Czeslaw Milosz (1911), poeta polaco ganó el Premio Nobel de Literatura en 1980.

[2]**manida:** trillada, vulgar.

[3]**barbilinda:** preciada de lindo. Neruda se opone ambos aspectos de la lengua, según Mistral.

[4]**empalagoso:** en el sentido figurativo, referencia a un lenguaje dulzón, almibarado.

[5]**bulbules:** Esta palabra viene de un poema de Darío, significa "ruiseñor" y viene del poema "El reino interior" que se encuentra en el libro *Prosas profanas* de Darío.

[6]**cendales:** tela de seda o lino. Algo delgado, refinado.

y "rosas" en que nos dejó atollados el modernismo segundón, para entender esta ráfaga marina asalmuerada con que Pablo Neruda limpia su atmósfera propia y quiere despejar la general.

Otro costado de la originalidad de Neruda es la de los temas. Ha despedido las empalagosas circunstancias poéticas nuestras: crepúsculos, estaciones, idilios de balcón o de jardín, etc. También eso era un atascamiento en la costumbre empe-
dernida, es decir, en la inercia, y su naturaleza de creador quema cuanto encuen-
tra en estado de leño y cascarones. Sus asuntos deben parecer antipáticos a los trotadores de senderitos familiares: son las ciudades modernas en sus muecas de monstruosas criaturas; es la vida cotidiana en su grotesco o su mísero o su tierno de cosa parada o de cosa usual; son unas elegías en que la muerte, por novedosa, parece un hecho no palpado antes; son las materias, tratadas por unos sentidos inéditos que sacan de ellas resultados asombrosos, y es el acabamiento, por putre-
facción de lo animado y de lo inanimado. La muerte es referencia insistente y casi obsesionante en la obra de Neruda, el cual nos descubre y nos entrega las formas más insospechadas de la ruina, la agonía y la corrupción.

Pocos sabores españoles se sacarán de la obra de Neruda, pero hay en ella esta vena castellanísima de la obsesión morbosa de la muerte. El lector atropellado lla-
maría a Neruda un antimístico español. Tengamos cuidado con la palabra mística, que sobajeamos[7] demasiado y que nos lleva frecuentemente a juicios primarios. Pudiese ser Neruda un místico de la materia. Aunque se trata del poeta más corporal que pueda darse (por algo es chileno), siguiéndole paso a paso, se sabe de él esta novedad que alegraría a San Juan de la Cruz: la materia en que se sumer-
je voluntariamente, le repugna de pronto y de una repugnancia que llega a la náu-
sea. Neruda no es un adulador de la materia, aunque tanto se restriega en ella; de pronto la puñetea, y la abre en res como para odiarla mejor . . . Y aquí se desnuda un germen eterno de Castilla.

Su aventura con las materias me parece un milagro puro. El monje hindú, lo mismo que M. Bergson,[8] quieren que para conocer veamos por instalarnos realmente dentro del objeto. Neruda, el hombre de operaciones poéticas inefables, ha logrado en el canto de la Madera este curioso extrañamiento en la región inhumana y secreta.

El clima donde el poeta vive la mayor parte del tiempo con sus fantasmas habrá que llamarlo caliginoso[9] y también palúdico.[10] El poeta, eterno ángel abortado, busca la fiebre para suplirse su elemento original. Ha de haber también unos espíritus angélicos de la profundidad, como quien dice, unos ángeles de caverna o de

---

[7]**sobajar,** o sobajear: manosear una cosa
para ablandarla.
[8]**Henri Bergson:** (1859–1941), filósofo
francés, autor de *Materia y memoria,* entre
otros ensayos sobre el tiempo, el humor y
el espacio.

[9]**caliginoso:** nebuloso.
[10]**palúdico:** relativo al pántano.
Referencia a la fiebre que le puede venir
a las personas que habitan cerca de lugares
pantanosos.

⁶⁰ fondo marino, porque los planos de la frecuentación de Neruda parecen ser más subterráneos que atmosféricos, a pesar de la pasión oceánica del poeta.

Viva donde viva y lance de la manera que sea su mensaje, el hecho de contemplar y respetar en Pablo Neruda es el de la personalidad. Neruda significa un hombre nuevo en la América, una sensibilidad con la cual abre otro capítulo emocional americano. Su alta categoría arranca de su rotunda diferenciación.

Varias imágenes me levanta la poesía de Neruda cuando dejo de leerla para sedimentarla en mí y verla tomar en el reposo una existencia casi orgánica. Esta es una de esas imágenes: un árbol acosado de líneas y musgos, a la vez quieto y trepidante de vitalidad, dentro de su forro de vidas adscritas. Algunos poemas ⁷⁰ suyos me dan un estruendo tumultuoso y un pasmo de nirvana[11] que sirve de extraño sostén a ese hervor.

Las facultades opuestas y los rumbos contrastados en la criatura americana se explican siempre por el mestizaje; aquí anda como en cualquier cosa un hecho de sangre. Neruda se estima blanco puro, al igual del mestizo común que, por su cultura europea, olvida fabulosamente su doble manadero.[12] Los amigos españoles de Neruda sonríen cariñosamente a su convicción ingenua. Aunque su cuerpo no dijese lo suficiente el mestizaje, en ojo y mirada, en la languidez de la manera y especialmente del habla, la poesía suya, llena de dejos orientales, confesaría el conflicto, esta vez bienaventurado, de las sangres. Porque el mestizaje, que tiene ⁸⁰ varios aspectos de tragedia pura, tal vez sólo en las artes entraña una ventaja y da una seguridad de enriquecimiento. La riqueza que forma el aluvión emotivo y lingüístico de Neruda, la confluencia de un sarcasmo un poco brutal con una gravedad casi religiosa, y muchas cosas más, se las miramos como la consecuencia evidente de su trama de sangres española e indígena. En cualquier poeta el Oriente hubiese echado al garra, pero el Oriente ayuda sólo a medias y más desorienta que favorece al occidental. La arcilla indígena de Neruda se puso a hervir al primer contacto con el Asia. "Residencia en la tierra" cuenta tácitamente este profundo encuentro. Y revela también el secreto de que cuando el mestizo abre sin miedo su presa de aguas se produce un torrente de originalidad liberada. ⁹⁰ Nuestra imitación americana es dolorosa; nuestra devolución a nosotros mismos es operación feliz.

Ahora digamos la buena palabra americanidad. Neruda recuerda constantemente a Whitman mucho más que por su verso de vértebras desmedidas por un resuello largo y un desenfado de hombre americano sin trabas ni atajos. La americanidad se resuelve en esta obra en vigor suelto, en audacia dichosa y en ácida fertilidad.

La poesía última (ya no se puede decir ni moderna ni ultraísta) de la América, debe a Neruda cosa tan importante como una justificación de sus hazañas parciales. Neruda viene, detrás de varios oleajes poéticos de ensayo, como una mareja-

---

[11]**nirvana:** estado de elevación espiritual dentro del budismo.

[12]**manadero:** origen.

100 da mayor que arroja en la costa la entraña entera del mar que las otras dieron en brazada pequeña o resaca incompleta.

Mi país le debe favor extraordinario: Chile ha sido país fermental y fuerte. Pero su literatura, muchos años regida por una especie de Senado remolón que fue clásico con Bello y seudoclásico después, apenas si en uno u otro trozo ha dejado ver las entrañas ígneas de la raza, por lo que la chilenidad aparece en las Antologías seca, lerda y pesada. Neruda hace estallar en "Residencia" una tremenda levadura chilena que nos asegura un porvenir poético muy ancho y feraz.

En El Mercurio, *Santiago de Chile, 26 de abril, 1936*

REFLEXIÓN Y ANÁLISIS

1) Describa las emociones de la poeta en "La belleza", y "Balada".
2) Discuta los cambios en las emociones de la poeta en "Los sonetos de la muerte".
3) ¿Qué opiniones políticas expresa Mistral en su ensayo sobre Sandino?
4) ¿Qué importancia le da Mistral al hecho de que Neruda sea un poeta "mestizo", producto de una cultura india y española al contacto con el oriente?
5) ¿En qué consiste la americanidad de Neruda, según Mistral?

BIBLIOGRAFÍA

Alone (Hernán Díaz Arrieta), *Gabriela Mistral*. Santiago, Chile: Editorial Nascimento, 1946.

Alegría, Fernando. *Genio y figura de Gabriela Mistral*. Buenos Aires: Editorial Universitaria de Buenos Aires, 1966.

Taylor, Martin C. *Gabriela Mistral's Religious Sensibility*. Berkeley/Los Angeles: University of California Press, 1968.

Villegas, Juan. *Interpretación de textos poéticos chilenos*. Santiago, Chile: Editorial Nascimento, 1977. 49–94.

Vitier, Cintio. *La voz de Gabriela Mistral*. Santa Clara, Cuba: Universidad Central de Las Villas, 1957.

René de Costa

ALFONSINA STORNI (1892–1938)

Argentina, nacida en Suiza, de ascendencia italo-argentina. Una de las voces más originales de su generación e iniciadora de una nueva temática: la ridícula situación de la mujer en el mundo aún más ridículo de los hombres. Para hacerlo todo convincente adopta el discurso masculino y lo modifica, desenmascarándolo por medio del humor. En poemas como "Hombre pequeñito" o "Divertidas estancias a don Juan", se burla del clásico burlador con el procedimiento sencillo de trasladar el papel de hombre al rol de la mujer. En lugar de ser pasiva, la mujer es activa; por lo tanto es el hombre quien queda convertido en mero "objeto sexual".

Por sus fechas vitales, es de la generación vanguardista, la generación de Borges y Huidobro, pero aunque participa en las tertulias y publica en las mismas revistas, no hace innovaciones formales. Es como si necesitara hacer uso de la tradición para hacer resaltar la singularidad de su aporte temático, el de cambiar el enfoque de la poesía lírica del hombre a la mujer; pero a la mujer no como tema, sino como actante. Lo que es nuevo, vanguardista, es su enfoque: el hombre como una "cosita", un ser risible, pequeño y frágil; ejemplo de esto es su "Balada arrítmica por un viajero" en la que se dirige al capitán del barco y a todos los de a bordo rogándoles que se porten bien con su hombrecito, haciéndole sentir importante:

> Señor camarero,
> señor camarero del vapor:
> hágale usted una gran reverencia
> cuando lo vea pasar,
> estírele bien las sábanas de la cama,
> despiértelo con suavidad.
>
> Señorita viajera:
> usted, la más hermosa del barco:
> mírelo a los ojos con ternura;
> dígale con ellos cualquier cosa:
> —Me casaría con usted ahora mismo.
> O si no: —Vamos a tomar
> ahora mismo el té.

Al igual que Gabriela Mistral, anticipa a Neruda, al poeta de las *Odas elementales*, con sus poemas a una oreja, un diente o una lágrima.

En una época en la que el lugar de la mujer era todavía el de un adorno, Alfonsina Storni logró crearse un "espacio propio" en la literatura y es sólo ahora cuando podemos reconocerla como la pionera que era, como poeta y pensadora. Después de un diagnóstico de cáncer, decidió —como Hemingway— quitarse la vida, pero no sin enviar previamente un poema ("Voy a dormir") a los periódicos antes de ahogarse en el océano frente al Mar de Plata. Los últimos versos van dirigidos a algún galán, a modo de idea tardía:

> . . . Ah, un encargo:
> si él llama nuevamente por teléfono
> le dices que no insista, que he salido . . .

De *El dulce daño,* 1918

Cuadrados y ángulos

Casas enfiladas, casas enfiladas,
Casas enfiladas.
Cuadrados, cuadrados, cuadrados.
Casas enfiladas.
Las gentes ya tienen el alma cuadrada,
Ideas en fila
Y ángulo en la espalda.
Yo misma he vertido ayer una lágrima,
Dios mío, cuadrada.

Tú me quieres blanca

Tú me quieres alba,
Me quieres de espumas,
Me quieres de nácar.
Que sea azucena
Sobre todas, casta.
De perfume tenue.
Corola cerrada.

Ni un rayo de luna
Filtrado me haya.
Ni una margarita
Se diga mi hermana.
Tú me quieres nívea,
Tú me quieres blanca,
Tú me quieres alba.

Tú que hubiste todas
Las copas a mano,
De frutos y mieles
Los labios morados.
Tú que en el banquete
20 Cubierto de pámpanos[1]
Dejaste las carnes
Festejando a Baco.[2]
Tú que en los jardines
Negros del Engaño
Vestido de rojo
Corriste al Estrago.[3]

Tú que el esqueleto
Conservas intacto
No sé todavía
30 Por cuáles milagros,
Me pretendes blanca
(Dios te lo perdone),
Me pretendes casta
(Dios te lo perdone),
¡Me pretendes alba![4]

---

[1]**pámpanos:** ramas de la vid.
[2]**Baco:** dios griego del vino.
[3]**estrago:** ruina, perdición.

[4]**alba:** vestimenta blanca de los sacerdotes. Símbolo de pureza.

Huye hacia los bosques;
Vete a la montaña;
Límpiate la boca;
Vive en las cabañas;
40 Toca con las manos
la tierra mojada;
Alimenta el cuerpo
Con raíz amarga;
Bebe de las rocas;
Duerme sobre escarcha;
Renueva tejidos
Con salitre y agua;
Habla con los pájaros
Y lévate al alba.
50 Y cuando las carnes
Te sean tornadas,
Y cuando hayas puesto
En ellas el alma
Que por las alcobas
Se quedó enredada,
Entonces, buen hombre,
Preténdeme blanca,
Preténdeme nívea,
Preténdeme casta.

De *Irremediablemente,* 1919

Hombre pequeñito

Hombre pequeñito, hombre pequeñito,
Suelta a tu canario, que quiere volar . . .
Yo soy el canario, hombre pequeñito,
Déjame saltar.

Estuve en tu jaula, hombre pequeñito,
Hombre pequeñito que jaula me das.
Digo pequeñito porque no me entiendes,
Ni me entenderás.

Tampoco te entiendo, pero mientras tanto
Abreme la jaula que quiero escapar;
Hombre pequeñito, te amé media hora.
No me pidas más.

De *Languidez,* 1920

La que comprende

Con la cabeza negra caída hacia adelante
Está la mujer bella, la de mediana edad,
Postrada de rodillas, y un Cristo agonizante
Desde su duro leño la mira con piedad.

En los ojos la carga de una enorme tristeza,
En el seno la carga del hijo por nacer,
Al pie del blanco Cristo que está sangrando reza:
—¡Señor, el hijo mío que no nazca mujer!

Autodemolición[1]

Me habían ocurrido ya en la vida cosas extraordinarias, por ejemplo: ser mujer y tener sentido común; tenerlo, y a pesar de ello, escribir versos; escribirlos y que resultaran buenos; pero no me hubiera imaginado que me resolvería alguna vez a hablar un poco, nada más que un poco, mal de mí misma, intentando mi propia demolición, convencida que en la vida debemos tender al menor esfuerzo, ya que, dedicados a esta tarea, existen oficiosos amigos.

Confieso, sin embargo, que dispuesta a ayudarlos en virtud de una armonía de ritmo social, no sé cómo empezar. Hablaré primero de la envoltura, cofre, estuche, guante, tubo, vaina,[2] casa o cuerpo donde se halla felizmente recogida mi alma astral. ¡Ay! Tema miserable: altura, 1,57;[3] cubicaje:[4] no existe; una nariz que salta violentamente contra el cielo; dos ojos oblicuos azul pizarra; una nubecilla rubia ceniza por cabellos que, sabiamente recortados por un modesto peluquero de seis pesetas y no teniendo otra cosa que hacer, se ciñe prolijamente al cráneo, y un pie bastante grande (calzado número 37[5]).

Cuanto a la substancia: alma, luz, esencia, yo absoluto, encerrados en tan escasa armadura (ved la engañadora base), os ruego que no os acerquéis mucho, porque os estremecería un rugido de fiera. Pero si, familiarizados con él, hacéis el análisis de aquel ser, os encontraréis con esta proporción curiosa:

Instinto	20	por 100
Fantasía y sentimiento	9	" "
Corazón	1	" "
Azúcar	70	" "

Con respecto a mi obra literaria, no puedo negar la opinión corriente. (¡Cómo podría un ser tan azucarado contradecir la voz de Dios!) Esto es, que soy una gran poetisa; pero llena de horribles lunares:[6] defectuosa, desencontrada y esperando aún decir mi última palabra.

No niego, no, que publiqué un volumen de versos allá por el año 1916 —*La inquietud del rosal*—, libro tan malo como inocente, escrito entre cartas comerciales, en tiempos en que urgencias poco poéticas me obligaban a estar nueve horas en una oficina, ignorante, ¡Ay de mí!, de mi propia sagrada llama y de otras cosas indispensables a quien se decide a lanzar un libro. Para daros la seguridad de que este libro era verdaderamente malo, os diré que se escribieron sobre él una cantidad de artículos terriblemente elogiosos y, como espuma de leche hervida

---

[1]**autodemolición:** autodestrucción.
[2]**vaina:** envoltura.
[3]**1, 57:** un metro y 57 centímetros, apróximadamente cinco pies y una pulgada.
[4]**cubicaje:** volumen.

[5]**calzado número 37:** apróximadamente una medida de 7 y medio.
[6]**lunares:** manchas pequeñas en la piel.

que se alza, rebasa y cae —inefable imagen—, me descendió del cuarto piso donde escribí mis versos a las calles de la populosa Buenos Aires y a otras capitales de la fácil América.

De los otros cinco libros míos, un poco mejoraditos, os haré la reseña de sus defectos: en *El dulce daño,* despreocupación de la forma, extravagancia y exceso de literatura; en *Irremediablemente,* sobresaturación de azúcar; en *Languidez,* sobriedad excesiva; en *Ocre,* exceso de razonamiento y un antipática ironía, y en *Poemas de amor,* nada más que su brevedad. ¿Pero en cuanto a los defectos capitales, diréis, a los defectos con mayúscula? Allá van: poca severidad en la selección, complejidad, precipitación, desorden, despreocupación de detalles y haberme ganado, con un solo libro dos regios premios en metálico,[7] cosa que no me ha perdonado mi hermano el literato.

De mis defectos morales no me atrevo a hablar. Las mujeres me los han creado: ellas los conocen mejor que yo y, humilde al fin, los soporto sin disfrutarlos. Agregaré que soy profundamente estúpida. Y si alguno dudara de ello le ruego que relea dos o tres veces este artículo.

De Repertorio Americano, *7 de junio, 1930*

---

[7] **en metálico:** dinero en billetes o en efectivo.

De *El mundo de siete pozos,* 1934

Pasión

Unos besan las sienes, otros besan las manos,
otros besan los ojos, otros besan la boca.
Pero de qué a éste la diferencia es poca.
No son dioses, ¿qué quieres?, son apenas humanos.

Pero, encontrar un día el espíritu suyo,
la condición divina en el pecho de un fuerte,
el hombre en cuya llama quisieras deshacerte
¡como al golpe de viento las columnas de humo!

La mano que al posarse, grave, sobre tu espalda,
haga noble tu pecho, generosa tu falda,
y más hondos los zurcos creadores de tus sesos.

¡Y la mirada grande, que mientras te ilumine
te encienda al rojoblanco, y te arda, y te calcine[1]
hasta el seco ramaje de los pálidos huesos!

---

[1]**calcine:** de calcinar, someter a fuego vivo,
o quemar.

De *Mascarilla y trébol,* 1938

Voy a dormir

Dientes de flores, cofia[1] de rocío,
manos de hierbas, tú, nodriza fina,
ténme prestas las sábanas terrosas
y el edredón[2] de musgos escardados.[3]

Voy a dormir, nodriza mía, acuéstame.
Pónme una lámpara a la cabecera;
una constelación; la que te guste;
todas son buenas; bájala un poquito.

Déjame sola; oyes romper los brotes
te acuna un pie celeste desde arriba
y un pájaro te traza unos compases

para que olvides . . . Gracias. Ah, un encargo:
si él llama nuevamente por teléfono
le dices que no insista, que he salido . . .

REFLEXIÓN Y ANÁLISIS

1) Discuta el tono feminista de los poemas de Storni.
2) ¿Qué papel juega la ironía en "Autodemolición"? ¿A quién se dirige?
3) Discuta el nivel simbólico del poema "Voy a dormir".

BIBLIOGRAFÍA

Astrada de Tergaza, Etelvina. "Figura y significación de Alfonsina Storni." *Cuadernos Hispanoamericanos* 71 (1967): 127–44.
Jones, Sonia. *Alfonsina Storni.* Boston: Twayne, 1979.
Phillips, Rachel. *Alfonsina Storni: From Poetess to Poet.* London: Támesis, 1975.

René de Costa

---

[1]**cofia:** tipo de gorro que usualmente cubre las orejas.
[2]**edredón:** almohadón.

[3]**escardados:** de escardar, o separar lo malo de lo bueno.

OLIVERIO GIRONDO (1891–1967)

Escritor argentino que se inició en el campo de las vanguardias literarias de las primeras décadas de este siglo y continuó por estas sendas a lo largo de su trayectoria artística. Miembro de una acomodada familia patricia de Buenos Aires, recibió gran parte de su educación en Francia y en Inglaterra. Estudió en el Liceo Louis Le Grand de París y en Epsom College de Londres. Los viajes a Europa que para los Modernistas de la generación previa eran algo de rigor, se convirtieron para Oliverio Girondo en algo común y frecuente. Su carrera literaria fue influida por las obras de los Simbolistas franceses, especialmente Remy de Gourmont y la del vate nicaragüense Rubén Darío. Una fuerte veta existencial en su obra tiene su base en las lecturas y los estudios de Nietzsche. Las primeras décadas de este siglo anunciaron un período anti-conformista en la literatura argentina. Jorge Luis Borges volvió a Buenos Aires e introdujo los primeros atisbos de las vanguardias que había presenciado en Europa.

En 1922 Girondo publica la primera edición de los *Veinte poemas para ser leídos en el tranvía,* una de las obras más provocativas de la poesía de vanguardia por su tono anti-sentimental, anti-elitista e irreverente. Si por una parte estos poemas están cargados de un humorismo a veces negro, se evidencia también un tono angustiado que subraya lo absurdo de la vida cotidiana. Establece lazos con el grupo Martín Fierro y escribe el famoso "manifiesto" de las vanguardias argentinas que se publica el 15 de mayo de 1924 en la segunda época de la revista *Martín Fierro.* Este documento iconoclasta y atrevido señala las pautas de la futura poesía argentina. Aunque muchos poetas siguieron sus huellas, con el pasar del tiempo algunos se convirtieron en reaccionarios. Las únicas excepciones fueron Macedonio Fernández y Oliverio Girondo. Nuestro poeta fue fiel a los cánones de la vanguardia hasta sus últimos días. Las vanguardias pretendieron escandalizar toda una sociedad cuyos valores tradicionales eran considerados anticuados y sin base. En esta época en la que el hombre moderno se enfrentaba a los acontecimientos históricos y al malestar político y social, se cuestionaban todos los valores precedentes. Si las vanguardias fueron señaladas por rasgos lúdicos y absurdos, poetas como Girondo, captaron a la vez el malestar y la angustia del hombre moderno. Girondo fue también uno de los escritores que vio y apreció todo el proceso de creación como un producto comercial. Nuestro autor siempre se interesó en la redacción de sus libros desde los primeros momentos de la producción hasta el final. Muchas de sus obras llevan dibujos originales suyos. En 1926 conoce a la escritora Norah Lange, con la que comparte el resto de su vida, estableciendo una unión de mutuo respeto profesional, artístico y humano.

Su interés en lo gráfico es evidente en las obras *Calcomanías* (1925) y *Espantapájaros* (1932), donde se puede apreciar su talento como maestro del dibujo caricaturesco. Toda su vida se dedica a burlarse de la sociedad y de sus normas de valor. Desde luego, detrás de una sonrisa sarcástica encontramos a un hombre preocupado por los problemas existenciales de nuestra época. En una serie de artículos, publicados en la *Nación* de Buenos Aires en 1937, podemos apreciar el profundo compromiso social de nuestro autor que comenta con precisión la inminente catástrofe europea.

Su más singular aporte a la poesía moderna es evidente desde la publicación de *Persuasión de los días* (1942). Es una obra experimental y filosófica que plantea uno de los problemas palpitantes de la poesía contemporánea: la disolución de un lenguaje en perpetua tensión.

Girondo lleva el lenguaje poético a sus límites en su obra maestra *La masmédula* (1954). Es una obra que aparece en una edición limitada y que se difunde en distintas ediciones hasta la muerte de Girondo en 1967.

De *Persuasión de los días,* 1942

Ejecutoria del miasma[1]

Este clima de asfixia que impregna los pulmones
de una anhelante angustia de pez recién pescado.
Este hedor adhesivo y errabundo,
que intoxica la vida
y nos hunde en viscosas pesadillas de lodo.
Este miasma corrupto,
que insufla en nuestros poros
apetencias de pulpo,
deseos de vinchuca,[2]
no surge,
ni ha surgido
de estos conglomerados de sucia hemoglobina,
cal viva,
soda cáustica,
hidrógeno,
pis úrico,
que infectan los colchones,
los techos,
las veredas,
con sus almas cariadas,
con sus gestos leprosos.
Este olor homicida,
rastrero,
ineludible,
brota de otras raíces,
arranca de otras fuentes.

---

[1]**miasma:** mancha que se desprende de las substancias animales o vegetales en un estado de descomposición.

[2]**vinchuca:** chinche grande cuya picadura es muy dolorosa.

A través de años muertos,
de atardeceres rancios,
de sepulcros gaseosos,
30   de cauces subterráneos,
se ha ido aglutinando con los jugos pestíferos,
los detritus[3] hediondos,
las corrosivas vísceras,
las esquirlas[4] podridas que dejaron el crimen,
la idiotez purulenta,
la iniquidad sin sexo,
el gangrenoso engaño;
hasta surgir al aire,
expandirse en el viento
40   y tornarse corpóreo;
para abrir las ventanas,
penetrar en los cuartos,
tomarnos del cogote,
empujarnos al asco,
mientras grita su inquina,
su aversión,
su desprecio,
por todo lo que allana la acritud de las horas,
por todo lo que alivia la angustia de los días.

---

[3]**detritus:** residuos de la desegregación de un cuerpo.

[4]**esquirlas:** astillas de hueso roto.

De *La masmédula*, 1954

La mezcla

No sólo
el fofo[1] fondo
los ebrios lechos légamos telúricos[2] entre fanales senos
y sus líquenes
no sólo el solicroo[3]
las prefugas
lo impar ido
el ahonde
el tacto incauto solo
los acordes abismos de los órganos sacros del orgasmo
el gusto al riesgo en brote
al rito negro al alba con su esperezo lleno de gorriones
ni tampoco el regosto[4]
los suspiritos sólo
ni el fortuito dial sino
o los autosondeos en pleno plexo trópico
ni las exellas menos ni el endédalo[5]
sino la viva mezcla
la total mezcla plena
la pura impura mezcla que me merma[6] los machimbres[7] el almamasa
    tensa las tercas hembras tuercas
la mezcla
sí
la mezcla con que adherí mis puentes

---

[1]**fofo:** blando, esponjoso.
[2]**telúricos:** relativo a la tierra.
[3]**solicroo:** típico de los neologismos del
  poeta. Palabra que puede tener varios significados dentro del poema.
[4]**regosto:** engolosinamiento.

[5]**endédalo:** neologismo que puede sugerir
  "en un dédalo", o en un laberinto.
[6]**mermar:** bajar o disminuir una cosa.
[7]**machimbres:** neologismo que sugiere
  una connotación sexual. Posible alusión a
  los miembros masculinos.

Mi lumía[1]

MI LU
mi lubidulia
mi golocidalove
mi lu tan luz tan tu que me enlucielabisma
y descentratelura
y venusafrodea
y me nirvana el suyo la crucis los desalmes
con sus melimeleos
sus eropsiquisedas sus decúbitos lianas y dermiferios limbos y
10   gormullos
mi lu
mi luar
mi mito
demonoave dea rosa
mi pez hada
mi luvisita nimia
mi lubísnea
mi lu más lar
más lampo
20 mi pulpa lu de vértigo de galaxias de semen de misterio
mi lubella lusola
mi total lu plevida
mi toda lu
lumía

REFLEXIÓN Y ANÁLISIS

1) ¿Qué tono predomina en el poema "Ejecutoria del miasma"?
2) Haga una lista de todas las palabras que contribuyen a desarrollar el tema principal
   de este poema. ¿Cuál es la condición anímica del poeta?
3) Discuta el tono netamente sensual y sexual del poema "La mezcla".
4) ¿Qué tipo de imágenes predomina en el poema "Mi lumía"? ¿Cuál es el efecto de
   estas imágenes?
5) Señale los cambios que ocurren con el lenguaje y las imágenes en los tres poemas.

---

[1]**lumía:** neologismo de "luz mía". Todo el
poema se basa en neologismos que combinan fonemas, partes de palabras, con otras
partes, para crear un ambiente sugestivo y
sensual.

BIBLIOGRAFÍA

Abril, Xavier. "La evolución de la poesía moderna." *Cuadernos del Congreso por la Libertad de la Cultura* 19 (julio–agosto 1956): 131–36.

Fernández Moreno, César. "La poesía argentina de vanguardia." *Historia de la literatura argentina.* Ed. Rafael Alberto Arrieta. Tomo IV. Buenos Aires: Editorial Peuser, 1959. 636–42.

Molina, Enrique. "Hacia el fuego central, o la poesía de Oliverio Girondo." *Obras Completas.* Buenos Aires: Editorial Losada, 1968.

John F. Garganigo

CÉSAR VALLEJO (1892-1938)

Nace en Santiago de Chuco, Perú, un remoto poblado de la sierra andina a 3.000 metros de altura y a cuatro días de viaje (en burro) de Lima. Es el undécimo hijo de padres mestizos —*cholos* en el habla del Perú— hijos ambos de sacerdotes españoles y mujeres indígenas. Vallejo no conocerá la capital de su país hasta 1918, al publicar allí su primer libro de poemas, *Los heraldos negros.* En 1923, tras la publicación del segundo, *Trilce,* logrará irse a Europa, donde habrá de permanecer —sin volver jamás a su patria— hasta su prematura muerte, en París en julio de 1938. Nada de romanticismos triunfalistas en su caso, ya que nació, vivió, y murió en la más abyecta miseria. *Poemas humanos* (1939), su tercer y último poemario, armado y publicado por su viuda, es póstumo.

Absolutamente al margen de la vanguardia que estaba a la moda en Europa, Vallejo recicla lo que tiene a mano, el Modernismo, y lo transforma, ampliando su horizonte y abriéndole nuevas sendas discursivas. Para la cultura minoritaria dominante, él era "diferente": vivía y convivía con los mitos de su tierra, incorporándolos a su poesía con una total naturalidad.

Su indigenismo viene de muy hondo y es el núcleo mismo de su original manera de ver y expresarse. Esta supervivencia del pasado en el presente, que está allí a flor de piel en todo momento en las aldeas andinas, igual que en Roma o en Alejandría, cobra una evidencia real, palpable en la poesía de Vallejo escrita desde el Perú. En "Terceto autóctono" por ejemplo, poetiza una escena impresionista, a modo de anécdota efímera que puede haber ocurrido ayer . . . , o hace siglos. El motivo, aunque no tiene muchos antecedentes en la poesía tradicional, será un tema cultivado —después de Baudelaire— por la vanguardia, fascinada por la dinámica urbana: impresiones de madrugada cuando la ciudad se despierta. Apollinaire poetiza el despertar de París en "Zone" (*Alcools,* 1913); Borges escogió semejante momento transitorio en "Aldea", poema de *Fervor de Buenos Aires* (1923). Vallejo, por su cuenta y desde Lima, presenta el cruce entre la noche y la mañana en un arrabal, una madrugada cualquiera de un ahora inmemorial: unas mujeres saliendo a trabajar de buena mañana que se cruzan con un "Romeo rural", un golfo trasnochado:

> Van tres mujeres. . . . Silba un golfo. . . . Lejos
> el río anda borracho y canta y llora
> prehistorias de agua, tiempos viejos.
>
> Y al sonar una *caja* de Tayanga,
> como iniciando un *huaino* azul, remanga
> sus pantorrillas de azafrán la Aurora.

No hay referencia a ningún tiempo concreto. La referencia al río, con sus "prehistorias de agua", transmite la idea del constante fluir y permanecer de las cosas, la sobrevivencia del ayer en el ahora que se repite y que seguirá repitiéndose, al igual que el sol que sale todos los días. La última palabra, "Aurora", el nombre clásico de la diosa de la Mañana nos remite a otra época y a otra mitología, remisión domesticada por su casi casera personificación: después de una noche de juerga, "remanga sus pantorrillas de azafrán la Aurora". La fusión de la mitología clásica con lo indígena, se actualiza con el acertado uso del adjetivo "azul" en su doble sentido de ideal modernista y adjetivo mañanero: suena "una *caja* de Tayanga, / como iniciando un *huaino* azul". Más que descripción de una escena concreta, es la creación de una realidad permanente idealizada, la dignificación de una cultura rutinariamente rebajada por la simple tipificación (verbigracia: el "indio borracho", por eso, aquí no es el individuo, sino la personificación del alcohol, la chicha que "revienta"), poniendo los sucesos de la velada al nivel de la cultura dominante por medio de la analogía. En este aspecto Vallejo anticipa la noción de "relativismo cultural" señalada por Levy-Strauss: un sistema vital vale tanto como otro, no hay culturas "superiores" o "inferiores".

Donde más revoluciona el idioma, desarticulándolo para luego recomponerlo de un modo totalmente nuevo, es en *Trilce* (1922), un texto de setenta y siete discursos herméticos, en verso y prosa, sin título alguno de orientación. El título del libro, la inexistente palabra, "trilce", ha ocasionado diversas y conflictivas interpretaciones, ninguna totalmente satisfactoria. En la crítica literaria hay toda clase de interpretaciones sobre este punto; las que pretenden aclarar su hermético discurso y las que, reconociendo que se trata de un rompecabezas, disfrutan no tanto del desafío ontológico como del placer sugestivo de la miríada de transgresiones léxicas que Vallejo practica. Transgresiones muy parecidas a las del Surrealismo, pero dos años antes del *Manifiesto* de Breton —y con igual desprecio por la lógica del discurso, así como por la Belleza o el buen gusto.

El poema número I de *Trilce,* por ejemplo, en la primera lectura es simplemente confuso, una serie de imágenes herméticas sueltas, sin aparente hilo conductor. Pero todo se aclara y se torna chocante cuando se intuye su asunto. Se trata de un texto escrito desde la cárcel (Vallejo estuvo preso en 1920, acusado de desorden público) y tiene por tema una defecación colectiva en el patio, bajo la mirada impaciente del vigilante: "Quién hace tanta bulla y ni deja / testar las islas que van quedando". Otros poemas, como el II y el XXV, se basan en una técnica de "trans-sentido" fónico, generando palabras nuevas gracias al poder sugestivo de un simple encadenamiento de sonidos ("alfan alfiles a adherirse"), o de una ortografía transformada:

¿Qué se llama cuanto heriza nos?
Se llama Lomismo que padece
nombre nombre nombre nombre.

Éstas no son las "palabras en libertad" del Futurismo de Marinetti, sino más bien las ideas en libertad al estilo de Magritte como en el famoso retrato del hombre frente a un espejo (titulado *La Reproduction Interdite* (1937)) cuyo reflejo no es más que otra vez la imagen de espaldas, y que Vallejo parece anticipar en el poema VIII: "Pero un mañana sin mañana [. . .] / margen de espejo habrá / donde traspasaré mi propio frente / hasta perder el eco / y quedar con el frente hasta la espalda".

Vallejo, a pesar de no tener ningún contacto con la vanguardia oficial antes de marcharse a Europa, estaba consciente del alcance de su propia transformación. En el poema LV, significativamente redactado en prosa, contrasta su decir poético con el de Albert Samain, poeta decimonónico entonces en boga en el Perú de Vallejo:

> Samain diría que el aire es quieto y de una contenida tristeza.
> Vallejo dice hoy la Muerte está soldando cada lindero a cada hebra
> de cabello perdido, desde la cubeta de un frontal, donde hay algas,
> toronjiles que cantan divinos almácigos en guardia, y versos antisép-
> ticos sin dueño.

Y a un amigo de la bohemia, Antenor Orrego, el prologuista de la primera edición de *Trilce,* confesará en 1922: "Me doy en la forma más libre que puedo y ésta es mi mayor cosecha artística".

Después de marcharse a París, escribió muy poca poesía. De su más voluminosa aunque desigual producción en prosa (cuentos, novelas, teatro y ensayos), sólo un libro periodístico, *Rusia en 1931, reflexiones al pie del Kremlin,* publicado en España aquel mismo año, tuvo éxito de venta, agotándose tres ediciones en cuatro meses. Pero llegado el momento de participar en la bonanza, el editor madrileño le dio largas y Vallejo se vio forzado a pedir un préstamo para poder retornar a París. Mucho antes de este infortunio, en 1926, trata de incursionar en la vanguardia con una efímera revista en castellano que apenas circuló, *Favorables-París-Poema.* En 1927, escribe: "Yo sé de la bohemia, yo conozco su hueso amarillento, su martillo sin clavos, su par de dados, su gemebundo gallo negativo".[1] Aunque vive en París en los años gloriosos de la vanguardia, durante el hervor del Dadaísmo y del Surrealismo, no participa en ningún movimiento —como por ejemplo Huidobro con el Cubismo. Y cuando viaja repetidamente a España en plena época de gestación de la generación del 27, no se involucra con ella—salvo un cierto esporádico contacto directo con Gerardo Diego, jamás calaría en el grupo— como por ejemplo Neruda. ¿A qué se debe pues la fama de esta ave solitaria como uno de los grandes, uno de los "fundadores" de la poesía de nuestro siglo? Simple y llanamente a la altura de su vuelo, a su originalidad sin par, sin la etiqueta de ningún "ismo".

---

[1]En "La fiesta de las novias en París", artículo
  para la revista limeña, *Mundial,* 1-I-27.

De *Los heraldos negros,* 1918

Los heraldos negros[1]

Hay golpes en la vida, tan fuertes . . . Yo no sé!
Golpes como del odio de Dios; como si ante ellos,
la resaca de todo lo sufrido
se empozara en el alma . . . Yo no sé!

Son pocos; pero son . . . Abren zanjas oscuras
en el rostro más fiero y en el lomo más fuerte.
Serán tal vez los potros de bárbaros atilas;[2]
o los heraldos negros que nos manda la Muerte.

Son las caídas hondas de los Cristos del alma,
de alguna fe adorable que el Destino blasfema.
Esos golpes sangrientos son las crepitaciones
de algún pan que en la puerta del horno se nos quema.

Y el hombre . . . Pobre . . . pobre! Vuelve los ojos, como
cuando por sobre el hombro nos llama una palmada;
vuelve los ojos locos, y todo lo vivido
se empoza, como charco de culpa, en la mirada.

Hay golpes en la vida, tan fuertes . . . Yo no sé!

---

[1]Se respeta la ortografía y la puntuación de la primera edición, Lima (1918). A veces abre interrogativos y exclamaciones, a veces no.

[2]**Atila:** (432–453), rey de los hunos. En poco tiempo conquistó los emperadores de Oriente y Occidente. Por su crueldad fue conocido en su época como el "azote de Dios".

Terceto autóctono

I

El puño labrador se aterciopela,
y en cruz en cada labio se aperfila.
Es fiesta! El ritmo del arado vuela;
y es un chantre[1] de bronce cada esquila.

Afílase lo rudo. Habla escarcela . . .
En las venas indígenas rutila[2]
un yaraví[3] de sangre que se cuela
en nostalgias de sol por la pupila.

Las pallas,[4] aquenando[5] hondos suspiros,
como en raras estampas seculares,
enrosarían[6] un símbolo en sus giros.

Luce el Apóstol en su trono, luego;
y es, entre inciensos, cirios y cantares,
el moderno dios-sol para el labriego.

II

Echa una cana al aire[7] el indio triste.
Hacia el altar fulgente va el gentío.
El ojo del crepúsculo desiste
de ver quemado vivo el caserío.

La pastora de lana y llanque[8] viste,
con pliegues de candor en su atavío;[9]
y en su humildad de lana heroica y triste,
copo[10] es su blanco corazón bravío.

---

[1]**chantre:** palabra francesa que significa cantor.

[2]**rutila:** brilla, resplandece.

[3]**yaraví:** cantar dulce y melancólico, generalmente amoroso de los indios de Chile, Bolivia y Perú.

[4]**pallas:** "paya", composiciones populares a modo de controversia o preguntas y respuestas. Como las payadas de los gauchos; uno contesta y el otro responde.

[5]**aquenado:** de quena, instrumento musical de soplo muy popular en el Perú.

[6]**enrosar:** neologismo que sugiere manchar de rosa.

[7]**echar una cana al aire:** divertirse.

[8]**llanque:** sandalia.

[9]**atavío:** puede referirse a su vestido y en un sentido figurativo a su comportamiento.

[10]**copo:** un pedazo.

Entre músicas, fuegos de bengala,
solfea un acordeón! Algún tendero
da su reclame al viento: "Nadie iguala!"

Las chispas al flotar lindas, graciosas,
son trigos de oro audaz que el chacarero[11]
30 siembra en los cielos y en las nebulosas.

III

Madrugada. La chica al fin revienta
en sollozos, lujurias, pugilatos;
entre olores de úrea[12] y de pimienta
traza un ebrio al andar mil garabatos.[13]

"Mañana que me vaya . . ." se lamenta
un romeo rural cantando a ratos.
Caldo madrugador hay ya de venta;
y brinca un ruido aperital[14] de platos.

40 Van tres mujeres . . . silba un golfo . . . Lejos
el río anda borracho y canta y llora
prehistorias de agua, tiempos viejos.

Y al sonar una *caja*[15] de Tayanga,
como iniciando un *huaino*[16] azul, remanga
sus pantorrillas de azafrán la Aurora.

---

[11]**chacarero:** campesino.
[12]**úrea:** orina.
[13]**garabatos:** posible referencia a los gestos descompasados de una persona borracha.

[14]**aperital:** que incita el apetito.
[15]*caja:* tambor.
[16]*huaino:* baile poular.

El pan nuestro

Se bebe el desayuno . . . Húmeda tierra
de cementerio huele a sangre amada.
Ciudad de invierno . . . La mordaz cruzada
de una carreta que arrastrar parece
una emoción de ayuno encadenada!

Se quisiera tocar todas las puertas,
y preguntar por no sé quién; y luego
ver a los pobres, y, llorando quedos,
dar pedacitos de pan fresco a todos.
10   Y saquear a los ricos sus viñedos
con las dos manos santas
que a un golpe de luz
volaron desclavadas de la Cruz!

Pestaña matinal, no os levantéis!
¡El pan nuestro de cada día dánoslo,
Señor . . . !

Todos mis huesos son ajenos;
yo talvez los robé!
Yo vine a darme lo que acaso estuvo
20   asignado para otro;
y pienso que, si no hubiera nacido,
otro pobre tomara este café!
Yo soy un mal ladrón . . . A dónde iré!

Y en esta hora fría, en que la tierra
trasciende a polvo humano y es tan triste,
quisiera yo tocar todas las puertas,
y suplicar a no sé quién, perdón,
y hacerle pedacitos de pan fresco
aquí, en el horno de mi corazón . . . !

La cena miserable

Hasta cuándo estaremos esperando lo que
no se nos debe . . . Y en qué recodo estiraremos
nuestra pobre rodilla para siempre . . . Hasta cuándo
la cruz que nos alienta no detendrá sus remos.

Hasta cuándo la Duda nos brindará blasones
por haber padecido . . .
     Ya nos hemos sentado
mucho a la mesa, con la amargura de un niño
que a media noche, llora de hambre, desvelado . . .

10 Y cuándo nos veremos con los demás, al borde
de una mañana eterna, desayunados todos.
Hasta cuándo este valle de lágrimas, a donde
yo nunca dije que me trajeran.
     De codos
todo bañado en llanto, repito cabizbajo
y vencido: hasta cuándo la cena durará.

Hay alguien que ha bebido mucho, y se burla,
y acerca y aleja de nosotros, como negra cuchara
de amarga esencia humana, la tumba . . .
20   Y menos sabe
ese oscuro hasta cuándo la cena durará!

Espergesia

Yo nací un día
que Dios estuvo enfermo.
Todos saben que vivo,
que soy malo; y no saben
del diciembre de ese enero.
Pues yo nací un día
que Dios estuvo enfermo.

Hay un vacío
en mi aire metafísico
que nadie ha de palpar:
el claustro de un silencio
que habló a flor de fuego.
Yo nací un día
que Dios estuvo enfermo.

Hermano, escucha, escucha . . .
Bueno. Y que no me vaya
sin llevar diciembres,
sin dejar eneros.
Pues yo nací un día
que Dios estuvo enfermo.

Todos saben que vivo,
que mastico . . . Y no saben
por qué en mi verso chirrían,
oscuro sinsabor de féretro,
luyidos[1] vientos
desenroscados de la Esfinge
preguntona del Desierto.

Todos saben . . . Y no saben
que la Luz es tísica,
y la sombra gorda . . .
Y no saben que el Misterio sintetiza . . .
Que él es la joroba
musical y triste que a distancia denuncia
el paso meridiano de las lindes a las Lindes.

---

[1]**luyidos:** posiblemente del verbo "ludir",
   frotar, rozar.

Yo nací un día
que Dios estuvo enfermo,
grave.

De *Trilce*,[1] 1922

LXI

Esta noche desciendo del caballo,
ante la puerta de la casa, donde
me despedí con el cantar del gallo.
Está cerrada y nadie responde.

El poyo en que mamá alumbró
al hermano mayor, para que ensille
lomos que había yo montado en pelo,
por rúas y por cercas, niño aldeano;
el poyo en que dejé que se amarille al sol
mi adolorida infancia . . . ¿Y este duelo
que enmarca la portada?

Dios en la paz foránea,
estornuda, cual llamando también, el bruto;
husmea, golpeando el empedrado. Luego duda
relincha,
orejea a viva oreja.

Ha de velar papá rezando, y quizás
pensará se me hizo tarde.
Las hermanas, canturreando sus ilusiones
sencillas, bullosas,
en la labor para la fiesta que se acerca,
y ya no falta casi nada.
Espero, espero, el corazón
un huevo en su momento, que se obstruye.

---

[1] *Trilce:* esta colección de poemas contiene muchos neologismos que se prestan a distintas interpretaciones. Nuestras definiciones serán solo tentativas.

Numerosa familia que dejamos
no ha mucho, hoy nadie en vela, y ni una cera
puso en el ara para que volviéramos.

Llamo de nuevo, y nada.
30 Callamos y nos ponemos a sollozar, y el animal
relincha, relincha más todavía.

Todos están durmiendo para siempre,
y tan de lo más bien, que por fin
mi caballo acaba fatigado por cabeccar
a su vez, y entre sueños, a cada venia, dice
que está bien, que todo está muy bien.

El hombre moderno

París, noviembre de 1925

Dicen que nuestro tiempo se caracteriza por los caballos de fuerza que tiran de los carruajes, de las astas de las banderas, de los cuernos de la vida entera. La velocidad es la seña del hombre moderno. Nadie puede llamarse moderno sino mostrándose rápido. Así lo estatuyen los filósofos. Los oradores ingleses han reducido la factura de sus oraciones a lo esquemático y hay un solo discurso, en un país donde toda gran empresa política supone mil anginas[1] por inflamación del órgano de la voz. En Estados Unidos el alcalde de New York acaba de ser elegido sin haber dicho un solo discurso. Se podría argüir que el silencio no quiere decir la
10 rapidez. Esa es otra cuenta. Posiblemente, el tiempo que habría empleado el alcalde en pronunciar una oración política, lo habrá empleado en otra cosa. Porque el ritmo de la velocidad no sólo consiste en hacer una cosa pronto, sino también, y sobre todo en escoger acertar el empleo del tiempo oportuno. Supongamos dos personas que quieren atravesar la calzada de la Avenida de la Opera; estará más pronto en la otra acera la persona que *acierte el momento* de la travesía, pues el adagio reza: No por mucho madrugar, se amanece más temprano . . . Naturalmente, en nuestro ejemplo, lo que hay que escoger es el momento, es decir, el tiempo, y no la clase de labor, como en el caso del alcalde de coger el empleo del tiempo. No hay que olvidar, por lo demás, que la velocidad es un fenómeno de tiem-
20 po y no de espacio; hay cosas que se mueven más o menos ligeras, sin cambiar de lugar. Aquí se trata del movimiento en general físico y psíquico. En algún verso de *Trilce* he dicho haberme sentado alguna vez a caminar.

---

[1]**anginas:** afecciones inflamatorias de la faringe.

Pero nos hemos salido de tema. La velocidad, pues, signo es de nuestro tiempo. No soy yo quien lo dice; yo sólo gloso un concepto general. Algunos se preguntan:

—¿De qué manera se es rápido? ¿Qué se debe hacer para acelerarnos? Se trata de una disciplina heredada o de una disciplina que puede aprenderse a voluntad . . .

Estos son los que creen en que la rapidez nos lleva por buen camino. Ya sabemos que los que no crean así, echan una buena yuca a los demás y no hay Santo que los mueva, sino con las espaldas vueltas a la máquina.

Mas la disciplina de la velocidad existe, heredada o aprendida. Ella consiste en la posesión de una facultad de *perspicacia máxima* para la percepción, o mejor dicho, para traducir en conciencia, los fenómenos de la naturaleza y del reino subconsciente, en el menor tiempo posible; emocionarse a la mayor brevedad y darse cuenta instantáneamente del sentido verdadero y universal de los hechos y de las cosas. Hay hombres que se asombran de la actividad de otros. Hay escritores europeos —por ejemplo— que en el transcurso de un solo día han leído un bello libro, han saboreado una gran audición musical, han peleado y se han reconciliado tres veces con sus mujeres, han pasado una hora conversando con un hostilano, han escrito dos actos, han asistido a una representación teatral, han dormido una siesta, han llorado, han tenido una larga mirada sobre Dios y sobre el misterio . . .

No hay que confundir la velocidad con la ligereza, tomada esta palabra en el sentido de banalidad. Esto es muy importante.

Dos personas contemplan un gran lienzo; la que más pronto se emociona, ésa es la más moderna.

En El Norte, *13 de diciembre, 1925*

Poesía nueva

Poesía nueva ha dado en llamarse a los versos cuyo léxico está formado de las palabras "cinema, motor, caballos de fuerza, avión, radio, jazz-band, telegrafía sin hilos", y en general, de todas las voces de las ciencias e industrias contemporáneas, no importa que el léxico corresponda o no a una sensibilidad auténticamente nueva. Lo importante son las palabras.

Pero no hay que olvidar que esto no es poesía nueva ni antigua, ni nada. Los materiales artísticos que ofrece la vida moderna, han de ser asimilados por el espíritu y convertidos en sensibilidad. El telégrafo sin hilos, por ejemplo, está destinado, más que a hacernos decir "telégrafo sin hilos", a despertar nuevos temples nerviosos, profundas perspicacias sentimentales, amplificando videncias y comprensiones y densificando el amor: la inquietud entonces crece y se exaspera y el soplo de la vida, se aviva. Esta es la cultura verdadera que da el progreso; éste es su único sentido estético, y no el de llenarnos la boca con palabras flamantes. Muchas veces las voces nuevas pueden faltar. Muchas veces un poema no dice "cinema", poseyendo, no obstante, la emoción cinemática, de manera obscura y tácita, pero efectiva y humana. Tal es la verdadera poesía nueva.

En otras ocasiones el poeta apenas alcanza a combinar hábilmente los nuevos materiales artísticos y logra así una imagen o un "rapport" más nueva a base de palabras nuevas como en el caso anterior, sino de una poesía nueva a base de metáforas nuevas. Mas también en este caso hay error. En la poesía verdaderamente nueva pueden faltar imágenes o "rapports" nuevos —función ésta de ingenio y no de genio— pero el creador goza o padece allí una vida en que las nuevas relaciones y ritmos de las cosas se han hecho sangre, célula, algo, en fin, que ha sido incorporado vitalmente en la sensibilidad.

La poesía nueva a base de palabras o de metáforas nuevas, se distingue por su pedantería de novedad y, en consecuencia, por su complicación y barroquismo. La poesía nueva a base de sensibilidad nueva es, al contrario, simple y humana y a primera vista se la tomaría por antigua o no atrae la atención sobre si es o no moderna.

Es muy importante tomar nota de estas diferencias.

En Favorables-París-Poema, *Nº 1, París, julio de 1926*

De *Poemas humanos,* 1939

Me viene, hay días, una gana ubérrima,[1] política . . .

Me viene, hay días, una gana ubérrima, política,
de querer, de besar al cariño en sus dos rostros,
y me viene de lejos un querer
demostrativo, otro querer amar, de grado o fuerza,
al que me odia, al que rasga su papel, al muchachito,
a la que llora por el que lloraba,
al rey del vino, al esclavo del agua,
al que ocultóse en su ira,
al que suda, al que pasa, al que sacude su persona en mi alma.
10 Y quiero, por lo tanto, acomodarle
al que me habla, su trenza; sus cabellos, al soldado;
su luz, al grande; su grandeza, al chico.
Quiero planchar directamente
un pañuelo al que no puede llorar
y, cuando estoy triste o me duele la dicha,
remendar a los niños y a los genios.

Quiero ayudar al bueno a ser su poquillo de malo
y me urge estar sentado
a la diestra[2] del zurdo, y responder al mudo,
20 tratando de serle útil en
lo que puedo, y también quiero muchísimo
lavarle al cojo el pie,
y ayudarle a dormir al tuerto próximo.

¡Ah querer, éste, el mío, éste, el mundial,
interhumano y parroquial, provecto!
Me viene a pelo,
desde el cimiento, desde la ingle pública,
y, viniendo de lejos, da ganas de besarle
la bufanda al cantor,
30 y al que sufre, besarle en su sartén,
al sordo, en su rumor craneano, impávido;
al que me da lo que olvidé en mi seno,
en su Dante, en su Chaplin, en sus hombros.

---

[1]**ubérrima:** muy fértil.
[2]**diestra:** derecha.

Quiero, para terminar,
cuando estoy al borde célebre de la violencia
o lleno de pecho el corazón, querría
ayudar a reír al que sonríe,
ponerle un pajarillo al malvado en plena nuca,
cuidar a los enfermos enfadándolos,
40   comprarle al vendedor,
ayudar a matar al matador —cosa terrible—
y quisiera yo ser bueno conmigo
 en todo.

Considerando en frío, imparcialmente . . .

Considerando en frío, imparcialmente,
que el hombre es triste, tose y, sin embargo,
se complace en su pecho colorado;
que lo único que hace es componerse
de días;
que es lóbrego[1] mamífero y se peina . . .

Considerando
que el hombre procede suavemente del trabajo
y repercute jefe, suena subordinado;
10   que el diagrama del tiempo
es constante diorama[2] en sus medallas
y, a medio abrir, sus ojos estudiaron,
desde lejanos tiempos,
su fórmula famélica[3] de masa . . .

Comprendiendo sin esfuerzo
que el hombre se queda, a veces, pensando,
como queriendo llorar,
y, sujeto a tenderse como objeto,
se hace buen carpintero, suda, mata
20   y luego canta, almuerza, se abotona . . .

---

[1] **lóbrego:** triste, desgraciado.
[2] **diorama:** cuadro o conjunto de vistas pintadas en un lienzo grande.

[3] **famélica:** hambrienta.

Considerando también
que el hombre es en verdad un animal
y, no obstante, al voltear, me da con su tristeza en la cabeza . . .

Examinando, en fin,
sus encontradas piezas, su retrete[4]
su desesperación, al terminar su día atroz, borrándolo . . .

Comprendiendo
que él sabe que le quiero,
que le odio con afecto y me es, en suma, indiferente . . .

30 Considerando sus documentos generales
y mirando con lentes aquel certificado
que prueba que nació muy pequeñito . . .
Le hago una seña,
viene,
y le doy un abrazo, emocionado.
¡Qué mas da! Emocionado . . . Emocionado . . .

REFLEXIÓN Y ANÁLISIS

1) ¿Qué pueden significar los golpes? ¿Cuál es el golpe más fuerte para el hombre en "Los heraldos negros"?

2) ¿Qué tipo de ambiente predomina en "Terceto autóctono"? ¿Qué rasgos tienen en común estos tres poemas?

3) ¿Cómo dignifica la cultura indígena en estos tres poemas?

4) En los últimos cuatro poemas de *Los heraldos negros,* reproducidos en esta antología, Vallejo hace referencias a algunos motivos cristianos. ¿Cómo los presenta? ¿Hay una crítica ímplicita del cristianismo en estos poemas?

5) ¿Ofrece el poeta una alternativa al cristianismo?

6) Haga una comparación entre el poema LXI de *Trilce* y la parábola del hijo pródigo de la Biblia.

7) ¿Qué diferencia existe entre la "velocidad" y la "ligereza", en "El hombre moderno"?

8) Señale algunas de las contradicciones de la vida que Vallejo presenta en "Me viene, hay días, una gana ubérrima, política . . .". ¿Cuáles son las causas de estas contradicciones?

---

[4]**retrete:** cuarto pequeño, o lugar característico de los servicios.

9) ¿Ofrece el poeta algunas soluciones?
10) ¿Qué efecto tiene el empleo de un lenguaje burocrático en el poema "Considerando en frío, imparcialmente . . . "?
11) ¿Cuáles son los rasgos que contribuyen a la vida angustiada del poeta?

BIBLIOGRAFÍA

Escobar, Alberto. *Cómo leer a Vallejo*. Lima: P.L. Villanueva Editor, 1973.

Ferrari, Américo. *El universo poético de César Vallejo*. Caracas: Monte Avila, 1972.

Franco, Jean. *César Vallejo: The Dialectics of Poetry and Silence*. Cambridge, U.K.: University Press, 1976.

Higgins, James. *César Vallejo en su poesía*. Lima: Seglusa Editores, 1989.

Neale-Silva, Eduardo. *César Vallejo en su fase trílcica*. Madison: University of Wisconsin Press, 1975.

Ortega, Julio, ed. *César Vallejo, Trilce*. Madrid: Cátedra, 1991.

Paoli, Roberto. *Mapas anatómicos de César Vallejo*. Firenze: D'Anna, 1981.

Vallejo, César. *Los heraldos negros*. Edición e introducción de René de Costa. Málaga: Grupo Anaya, 1992.

René de Costa

VICENTE HUIDOBRO (1893–1948)

Procedente de la más alta burguesía chilena y descendiente de la nobleza española (heredero del título *Marqués de Casa Real,* que no emplearía nunca), rompe con su destino social de ser un potentado más y desde temprana edad decide ser poeta, "el primer poeta de su siglo", como confesaría en una de sus características salidas arrogantes.[1] Los treinta y tantos libros que publicará en sus apenas cincuenta y cinco años de vida, abarcan todos los géneros —novela, teatro, ensayo y poesía— y ocupan más de 1.600 páginas de apretada letra en la edición de sus *Obras completas* (1976). Prácticamente la mitad de esta voluminosa producción está en verso. Sin embargo, es como poeta que se le conoce y se le desconoce al mismo tiempo; pues, aunque afamado como autor de *Altazor* (1931) y como acérrimo creacionista siempre al ataque en la defensa de su originalidad, su poesía posterior, social y conversacional, es poco conocida. Igualmente ignorada por sus lectores de lengua castellana es la subversiva faceta Dadá de los años veinte en París. En una visión global, lo que unifica esta producción tan variada no es el tan mencionado Creacionismo —cuanto más una fugaz bandera de su militancia en la vanguardia parisina—, sino la personalidad del autor, su convicción personal de estar siempre en lo cierto y su capacidad, incluso su necesidad vital, de cambio, de renovación estética constante. Renovación y no transformación o metamorfosis, ya que Huidobro no abandonó nunca la noción romántica del poeta como vate, como vidente, como un ser privilegiado e hipersensible cuya misión es, como él mismo afirmara al final de su vida: "llenar el mundo de poesía".[2]

Le toca iniciarse en la literatura durante las postrimerías del Modernismo. Tras una serie de libros de corte experimental, rompe con la opulencia del lenguaje rubendariano y en *El espejo de agua* (1916) ensaya una escritura nueva y telegráfica, suprimiendo los elementos de enlace: "Mi espejo, corriente por las noches, / se hace arroyo y se aleja de mi cuarto". La discontinuidad de esta nueva modalidad discursiva le posibilita saltos gigantescos de la imaginación:

> Sobre sus olas, bajo cielos sonámbulos,
> Mis ensueños se alejan como barcos.
>
> De pie en la popa siempre me veréis cantando.
> Una rosa secreta se hincha en mi pecho
> Y un ruiseñor ebrio aletea en mi dedo.

---

[1] "La confesión inconfesable", *Vientos contrarios* (1926).

[2] En una carta a Juan Larrea (Santiago de Chile: 4-VI-44), Fundación Huidobro.

Del espejo al arroyo, al lago, al mar, para desembocar con el poeta cantando en la popa de su barco como el pirata de Espronceda . . . ; todo es posible cuando se deja de describir las cosas como son para escribirlas como el poeta las imagina, como él quiere que sean. O como entonces predicara Huidobro en su *Arte poética:* "Inventa mundos nuevos [. . .], el poeta es un pequeño Dios".

Empeñado en triunfar a lo grande, se traslada a París a fines de 1916, en plena guerra europea y cuando el Cubismo domina en las artes plásticas. Allí entra en contacto con los pintores hispanoparlantes —Gris, Picasso y Diego Rivera— quienes lo acogen en el grupo cubista y le presentan a los poetas, Pierre Reverdy, Max Jacob y Apollinaire. Es el comienzo del Cubismo literario, la idea de construir un poema con el rigor de un cuadro. El cubismo era el arte de la yuxtaposición. La yuxtaposición de elementos dispares que, en su propio proceso asociativo, generaban nuevas e ignoradas similitudes. Una guitarra, una partitura y un jarrón de vino sobre una mesa, por ejemplo, es el dibujo que Juan Gris realiza para el frontispicio de *Horizon carré* (1917), el primer libro de Huidobro en francés. Allí, las cuerdas de la guitarra y las barras de música se unen y se confunden para hacer aparente su similitud que, junto con el jarrón, tienen en común su forma curva. Al transferir esta idea a la poesía, conceptos que de otra manera hubieran estado separados, quedaban unidos de manera análoga. Tanto en pintura como en poesía, la colisión de lo disímil creaba metáforas; metáforas "plásticas" para los pintores y "líricas" para los poetas.

La extravagancia, tan evidente en esta clase de inventiva, asombró a los lectores españoles de su siguiente libro, *Poemas árticos,* cuando éste se publicó en Madrid en 1918. Lo que más les impresionó —aparte de su temática moderna de la guerra europea— fue la atmósfera, como de otro mundo, de poemas como "Luna" cuyo falso símil central anuncia un acontecimiento insólito con la urgencia tipográfica del titular de un diario: "LA LUNA SUENA COMO UN RELOJ". Es una sencilla sustitución léxica lo que permite que el astro nocturno se tome por la esfera iluminada de un reloj de iglesia, cuando "la luna se olvidó de dar la hora".

Sólo de manera ocasional se encuentran en el Cubismo, y por extensión en la poesía de Huidobro de este período, los tópicos convencionales de la modernidad que tanto cautivaron al Futurismo. Sin embargo, cuando aparecen, están totalmente transformados, reducidos al nivel de lo cotidiano, como en "Universo", donde un avión de caza —emblema de la época— no es más que una polilla ("junto al arco voltaico / un aeroplano daba vueltas") y la luna una bombilla. Huidobro obliga así al lector a asociar ideas y a establecer los contactos léxicos que hacen detonar las metáforas, creando en el proceso un centelleante lenguaje nuevo, una nueva manera de poetizar, que él por entonces quiso imponer bajo el rótulo de Creacionismo, como dijera el propio autor en el Ateneo de Madrid en 1921, en plena campaña creacionista:

> El poeta hace cambiar de vida a las cosas de la naturaleza, saca con su red todo lo que se mueve en el caos de lo innombrado, tiende hilos eléctricos entre las palabras y alumbra de repente rincones desconocidos, y todo ese mundo estalla en fantasmas inesperados. (de *La poesía,* 1921)

En este año Huidobro funda la revista *Creación,* con sus dos sedes en París y Madrid, en un esfuerzo por unificar alrededor suyo las varias tendencias de la vanguardia. Esfuerzo inútil, ya que con la llegada de Tristan Tzara a París el Dadá desplaza al Cubismo, y las repetidas visitas de Huidobro a Madrid sólo sirven para consolidar otra variante de la vanguardia, el ultraísmo —movimiento hispánico que Borges hará difundir en el Río de la Plata tras su retorno a Buenos Aires a fines de 1921.

Frustrado en su intento por hacer imponer el Creacionismo, se dedica a otras cosas: al cine mudo, a la novela fílmica y a la política revolucionaria, alejándose cada vez más de la vanguardia oficial a medida que ésta va cumpliendo su ciclo histórico. A comienzos de los años treinta —ya liquidada la vanguardia histórica— publica lo que muchos consideran su obra mayor, *Altazor,* poema largo en siete cantos que van desde el orden hasta el desorden, incluso hasta a la desarticulación total de la palabra. Extendiéndose sobre casi tres mil versos, es su obra más ambiciosa y de más larga elaboración. Anunciada como *Voyage en Parachute* en 1919, y esporádicamente redactada, unos tramos en francés y otros en castellano a lo largo de la década de los años veinte, no adquiere su forma definitiva hasta 1931, cuando finalmente se publica en Madrid. El libro por lo tanto, registra una obra en progresión discontinua, repentinamente conclusa, congelada como "obra abierta" en el momento mismo de ser entregada a la imprenta. El primer canto es un poema extenso sobre la guerra europea:

> Hace seis meses solamente
> Dejé la ecuatorial recién cortada
> En la tumba guerrera del esclavo paciente
> Corona de piedad sobre la estupidez humana
> Soy yo que estoy hablando en este año de 1919
> Es el invierno
> Ya la Europa enterró todos sus muertos
> Y un millar de lágrimas hacen una sola cruz de nieve.
> (I, 109–16)

La voz del hablante es aquí similar a la de *Ecuatorial* (1918), al que el texto hace referencia, como lo es su concentrado conceptismo cubista (lágrimas), transparentando la imagen elidida de un cementerio militar: "Y un millar de lágrimas hacen una sola cruz de nieve".

A lo largo del libro, que es un extenso diálogo lírico del poeta consigo mismo, la voz del hablante (Altazor-Huidobro) va cambiando, saltando entre lo profético y lo burlesco, adquiriendo a veces un desmesurado tono luciferino:

> Soy bárbaro tal vez [. . .]
> Bárbaro limpio de rutinas y caminos marcados
> No acepto vuestras sillas de seguridades cómodas
> Soy el ángel salvaje que cayó una mañana

En vuestras plantaciones de preceptos
Poeta
Antipoeta
Culto
Anticulto
(1, 363–72)

Su tema, el reto de forjar un nuevo tipo de poesía, es retomado en el canto III, pero la actitud del hablante ha cambiado. Ahora se cuestiona la eficacia del oficio poético: "Manicura de la lengua es el poeta / mas no el mago que apaga y enciende / palabras estelares" (III, 44–46). A partir de aquí, los versos del poema avanzan hacia una progresiva desarticulación de la imagen y de la palabra, que culminará en el grito primario que cierra el Canto VII y también el libro. De este modo, *Altazor* va más allá de su propósito inicial, pasando de ser un texto que discurre sobre el papel de la poesía, a ser una obra que muestra y demuestra las posibilidades y las limitaciones de la palabra misma: un alarde verbal que en la lectura se convierte en un *happening* lingüístico.

En los años treinta, de regreso en Chile tras la crisis económica provocada por el "crack" de la Bolsa, Huidobro milita en el Partido Comunista. Su convicción es total y casi todo lo que publica durante este período está al servicio de la revolución proletaria, que él consideraba inminente. Desde un punto de vista estrictamente literario, esta poesía de compromiso no es nada despreciable. En verdad y cotejándola con la de otros grandes poetas que también prestaron su pluma a la misma causa (verbigracia: Neruda y Vallejo), la lírica social de Huidobro es bastante original, comparable en su técnica con el arte de la publicidad. Persuade deleitando. El truco, su truco, es tomar de la realidad algo común y corriente y transformarlo de modo que el lector se identifique con el texto y, por ende, con su mensaje. Buen ejemplo de ello es un poema cuyo blanco es la burguesía. Titulado simplemente *Ella,* no se refiere a ninguna dama de sus sueños, sino más bien a una autómata social:

Ella daba dos pasos hacia adelante
Daba dos pasos hacia atrás
El primer paso decía buenos días señor
El segundo paso decía buenos días señora
Y los otros decían cómo está la familia

El retrato sigue así, acumulando "virtudes", cada vez más empalagosas, para llegar a una imagen que convierte a la dama en un ser totalmente deshumanizado y grotesco: "Tenía una boca de acero / y una bandera mortal dibujada entre los labios".

Casi todo lo que publica Huidobro durante esta década tiene un fin político: *La próxima* (1934), novela sobre la guerra que vislumbra "en poco tiempo más"; *En la luna,* "pequeño guiñol", también de 1934 que ridiculiza las dictaduras, y los poemas a la URSS y a España en guerra. Para Huidobro, 1941 será un año de cambios, de un gran viraje político y poético. Como consecuencia del pacto germano-soviético renuncia al partido comunista y saca del cajón dos gruesos libros de poesía (*Ver y palpar* y *El ciudadano del olvido*), al mismo tiempo que anuncia la necesidad de forjar un "nuevo lenguaje", una nueva escritura que "no tuviera tono literario, sino un lenguaje de conversación: no cantante; sólo hablado, parlante".[3] Ambición parcialmente realizada en sus *Últimos poemas* —textos recogidos por su hija y publicados póstumamente en 1948—que reflejan las nuevas direcciones de su itinerario poético final. Van de la confiada alegría vanguardista expresada en *La poesía es un atentado celeste,* a la profunda melancolía de *Edad negra*. Alternan entre la ilusión y la desilusión; pero no vacilan. Al contrario, casi todos tienen un remate fuerte, sentencioso, semejante al punto final —con un dedo en alto— de un discurso hablado, "parlante".

Toda su poesía posvanguardista está repleta de trucos. Trucos de malabarista, que maravillan al lector por su equilibrada rapidez. Como un mago que transforma las cosas bajo nuestra atenta mirada, Huidobro recurre a las frases más sencillas de la retórica tradicional para cambiarlas, inyectándolas de un nuevo e insólito sentido, como por ejemplo, *Impulso,* cuya fórmula es *para hacer esto, hagamos aquello*. Comienza declarando que "para saber la hora más sensible . . . / cerremos nuestros ojos por un minuto de eternidad". Ni la palabra *sensible* ni *eternidad* corresponden a la construcción, pero las aceptamos, llevados por la conocida fórmula retórica —casi de colegio infantil— de tal modo que al llegar al final, el remate detonante del poema nos lanza de pronto a otra órbita de ideas:

> Para sentir el corazón en los brazos de una lágrima
> Cerremos nuestros ojos aquí y abrámoslos allá.

El "allá" para Huidobro siempre será Europa y en 1944, otra vez en plena guerra, ansioso por estar en el centro de las cosas, se embarca para Francia. Estuvo con las tropas de los Aliados en Alemania y transmitía para la *Voz de América* desde París. Fue herido dos veces, en abril y después en mayo de 1945, por lo que fue mandado a Londres y luego dado de baja. De regreso a Chile, se instala en un gran fundo que había heredado en las afueras de Cartagena, lejos de la ciudad y junto al océano Pacífico. Allí, durante las navidades de 1947 sufre un derrame cerebral que, complicado por sus heridas de guerra, le llevaría a la muerte el viernes 2 de enero de 1948, pocos días antes de cumplir los cincuenta y cinco años. Fue enterrado en su fundo, en una colina que domina la playa, bajo una lápida con ecos de *Altazor:*

> Aquí yace el poeta Vicente Huidobro
> Abrid la tumba
> Al fondo de esta tumba se ve el mar.

---

[3] Carta a Juan Larrea (Santiago de Chile:
  25–VIII-41), Fundación Huidobro.

De *El espejo de agua,* 1916

Arte poética

Que el verso sea como una llave
Que abra mil puertas.
Una hoja cae; algo pasa volando;
Cuanto miren los ojos creado sea,
Y al alma del oyente quede temblando.

Inventa mundos nuevos y cuida tu palabra;
El adjetivo, cuando no da vida, mata.

Estamos en el ciclo de los nervios.
El músculo cuelga,
Como recuerdo, en los museos;
Mas no por eso tenemos menos fuerza:
El vigor verdadero
Reside en la cabeza.

Por qué cantáis la rosa, ¡oh Poetas!
Hacedla florecer en el poema;

Sólo para nosotros
Viven todas las cosas bajo el Sol.

El poeta es un pequeño Dios.

El espejo de agua

Mi espejo, corriente por las noches,
Se hace arroyo y se aleja de mi cuarto.

Mi espejo, más profundo que el orbe
Donde todos los cisnes se ahogaron.

Es un estanque verde en la muralla
Y en medio duerme tu desnudez anclada.

Sobre sus olas, bajo cielos sonámbulos,
Mis ensueños se alejan como barcos.

De pie en la popa siempre me veréis cantando.
10 Una rosa secreta se hincha en mi pecho
Y un ruiseñor ebrio aletea en mi dedo.

De *Poemas árticos*, 1918

Egloga

Sol muriente

Hay una panne[1] en el motor

Y un olor primaveral
Deja en el aire al pasar

En algún sitio
una canción

En donde estás

Una tarde como ésta
te busqué en vano
Sobre la niebla de todos los caminos
Me encontraba a mí mismo

Y en el humo de mi cigarro
Había un pájaro perdido

nadie respondía

Los últimos pastores se ahogaron

Y los corderos equivocados
10   Comían flores y no daban miel

El viento que pasaba
Amontona sus lanas
Entre las nubes
Mojadas de mis lágrimas

---

[1]**una panne:** palabra francesa; falla en el
motor.

A qué otra vez llorar
Lo ya llorado

Y pues que las ovejas comen flores
Señal que ya has pasado

Luna

Estábamos tan lejos de la vida
Que el viento nos hacía suspirar

LA LUNA SUENA COMO UN RELOJ

Inútilmente hemos huido
El invierno cayó en nuestro camino

Y el pasado lleno de hojas secas
Pierde el sendero de la floresta

Tanto fumamos bajo los árboles
Que los almendros huelen a tabaco

10   Medianoche

Sobre la vida lejana
alguien llora
Y la luna olvidó dar la hora

La poesía

(Fragmento de una conferencia leída en el Ateneo de Madrid, el año 1921.)

Aparte de la significación gramatical del lenguaje, hay otra, una significación mágica, que es la única que nos interesa. Uno es el lenguaje objetivo que sirve para nombrar las cosas del mundo sin sacarlas fuera de su calidad de inventario; el otro rompe esa norma convencional y en él las palabras pierden su representación estricta para adquirir otra más profunda y como rodeada de un aura luminosa que debe elevar al lector del plano habitual y envolverlo en una atmósfera encantada.

En todas las cosas hay una palabra interna, una palabra latente y que está debajo de la palabra que las designa. Esa es la palabra que debe descubrir el poeta.

La poesía es el vocablo virgen de todo prejuicio; el verbo creado y creador, la palabra recién nacida. Ella se desarrolla en el alba primera del mundo. Su precisión no consiste en denominar las cosas, sino en no alejarse del alba.

Su vocabulario es infinito porque ella no cree en la certeza de todas sus posibles combinaciones. Y su rol es convertir las probabilidades en certeza. Su valor está marcado por la distancia que va de lo que vemos a lo que imaginamos. Para ella no hay pasado ni futuro.

El poeta crea fuera del mundo que existe el que debiera existir. Yo tengo derecho a querer ver una flor que anda o un rebaño de ovejas atravesando el arco iris, y el que quiera negarme este derecho o limitar el campo de mis visiones debe ser considerado un simple inepto.

El poeta hace cambiar de vida a las cosas de la naturaleza, saca con su red todo aquello que se mueve en el caos de lo innombrado, tiende hilos eléctricos entre las palabras y alumbra de repente rincones desconocidos, y todo ese mundo estalla en fantasmas inesperados.

El valor del lenguaje de la poesía está en razón directa de su alejamiento del lenguaje que se habla. Esto es lo que el vulgo no puede comprender porque no quiere aceptar que el poeta trate de expresar sólo lo inexpresable. Lo otro queda para los vecinos de la ciudad. El lector corriente no se da cuenta de que el mundo rebasa fuera del valor de las palabras, que queda siempre un más allá de la vista humana, un campo inmenso lejos de las fórmulas del tráfico diario.

La Poesía es un desafío a la Razón, el único desafío que la razón puede aceptar, pues una crea su realidad en el mundo que ES y la otra en el que ESTÁ SIENDO.

La Poesía está antes del principio del hombre y después del fin del hombre. Ella es el lenguaje del paraíso y el lenguaje del Juicio Final, ella ordeña las ubres de la eternidad, ella es intangible como el tabú del cielo.

La Poesía es el lenguaje de la Creación. Por eso sólo los que llevan el recuerdo de aquel tiempo, sólo los que no han olvidado los vagidos del parto universal ni los acentos del mundo en su formación, son poetas. Las células del poeta están amasadas en el primer dolor y guardan el ritmo del primer espasmo. En la garganta del poeta el universo busca su voz, una voz inmortal.

El poeta representa el drama angustioso que se realiza entre el mundo y el cerebro humano, entre el mundo y su representación. El que no haya sentido el drama que se juega entre la cosa y la palabra, no podrá comprenderme.

El poeta conoce el eco de los llamados de las cosas y las palabras, ve los lazos sutiles que se tienden las cosas entre sí, oye las voces secretas que se lanzan unas a otras palabras separadas por distancias inconmensurables. Hace darse la mano a vocablos enemigos desde el principio del mundo, los agrupa y los obliga a marchar en su rebaño por rebeldes que sean, descubre las alusiones más misteriosas del verbo y las condensa en un plano superior, las entreteje en su discurso, en donde lo arbitrario pasa a tomar un rol encantatorio. Allí todo cobra nueva fuerza y así puede penetrar en la carne y dar fiebre al alma. Allí ese temblor ardiente de la palabra interna que abre el cerebro del lector y le da alas y lo transporta a un plano superior, lo eleva de rango. Entonces se apoderan del alma la fascinación misteriosa y la tremenda majestad.

Las palabras tienen un genio recóndito, un pasado mágico que sólo el poeta sabe descubrir, porque él siempre vuelve a la fuente.

El lenguaje se convierte en un ceremonial de conjuro y se presenta en la luminosidad de su desnudez inicial ajena a todo vestuario convencional fijado de antemano.

Toda poesía válida tiende al último límite de la imaginación. Y no sólo de la imaginación, sino del espíritu mismo, porque la poesía no es otra cosa que el último horizonte, que es, a su vez, la arista en donde los extremos se tocan, en donde no hay contradicción ni duda. Al llegar a ese lindero final el encadenamiento habitual de los fenómenos rompe su lógica, y al otro lado, en donde empiezan las tierras del poeta, la cadena se rehace en una lógica nueva.

El poeta os tiende la mano para conduciros más allá del último horizonte, más arriba de la punta de la pirámide, en ese campo que se extiende más allá de lo verdadero y lo falso, más allá de la vida y de la muerte, más allá del espacio y del tiempo, más allá de la razón y la fantasía, más allá del espíritu y la materia.

Allí ha plantado el árbol de sus ojos y desde allí contempla el mundo, desde allí os habla y os descubre los secretos del mundo.

Hay en su garganta un incendio inextinguible.

Hay además ese balanceo de mar entre dos estrellas.

Y hay ese *Fiat Lux*[1] que lleva clavado en su lengua.

---

[1] *Fiat lux:* Que haya luz.

De *Altazor*

CANTO I

Soy yo Altazor

[. . .]

Altazor
Encerrado en la jaula de su destino
En vano me aferro a los barrotes de la evasión posible
Una flor cierra el camino
Y se lavanta como la estatua de las llamas
La evasión imposible
10 Más débil marcho con mis ansias
Que un ejército sin luz en medio de emboscadas

Abrí los ojos en el siglo
En que moría el cristianismo
Retorcido en su cruz agonizante
Ya va a dar el último suspiro
¿Y mañana qué pondremos en el sitio vacío?
Pondremos un alba o un crepúsculo
¿Y hay que poner algo acaso?
La corona de espinas

20 Chorreando sus últimas estrellas se marchita
Morirá el cristianismo que no ha resuelto ningún problema
Que sólo ha enseñado plegarias muertas
Muere después de dos mil años de existencia
Un cañoneo enorme pone punto final a la era cristiana
El Cristo quiere morir acompañado de millones de almas
Hundirse con sus templos
Y atravesar la muerte con un cortejo inmenso
Mil aeroplanos saludan la nueva era
Ellos son los oráculos y las banderas

Hace seis meses solamente
30 Dejé la ecuatorial recién cortada
En la tumba guerrera del esclavo paciente
Corona de piedad sobre la estupidez humana
Soy yo que estoy hablando en este año de 1919
Es el invierno
Ya la Europa enterró todos sus muertos
Y un millar de lágrimas hacen una sola cruz de nieve
Mirad esas estepas que sacuden las manos
Millones de obreros han comprendido al fin
Y levantan al cielo sus banderas de aurora
40 Venid venid os esperamos porque sois la esperanza
La única esperanza
La última esperanza. [. . .]

[. . .]

Silencio la tierra va a dar a luz un árbol
La muerte se ha dormido en el cuello de un cisne
Y cada pluma tiene un distinto temblor
Ahora que Dios se sienta sobre la tempestad
Que pedazos de cielo caen y se enredan en la selva
Y que el tifón despeina las barbas del pirata
50 Ahora sacad la muerta al viento
Para que el viento abra sus ojos

Silencio la tierra va a dar a luz un árbol
Tengo cartas secretas en la caja del cráneo
Tengo un carbón doliente en el fondo del pecho
Y conduzco mi pecho a la boca
Y la boca a la puerta del sueño

El mundo se me entra por los ojos
Se me entra por las manos se me entra por los pies
Me entra por la boca y se me sale
60 En insectos celestes o nubes de palabras por los poros

REFLEXIÓN Y ANÁLISIS

1) ¿Qué tipo de imágenes prefiere Huidobro?
2) ¿Qué ocurre con la sintaxis en sus poemas?
3) ¿Qué significa para Ud. que el poeta es un pequeño Dios? ¿Un Artista-Dios?
4) Discuta los efectos visuales o icónicos en los poemas de Huidobro.
5) ¿Cómo define Huidobro su propia poesía?
6) ¿Cuál es el papel de la naturaleza en este proceso de creación?

BIBLIOGRAFÍA

Bary, David. *Huidobro o la vocación poética*. Granada, España: Universidad de Granada, 1963.
Costa, René de. *Vicente Huidobro: The Careers of a Poet*. New York: Oxford University Press, 1984.
———, ed. *Vicente Huidobro y el creacionismo*. Madrid: Taurus, 1975.
Goic, Cedomil. *La poesía de Vicente Huidobro*. Santiago de Chile: Universidad Católica de Chile, 1956.
Wood, Cecil. *The Creacionismo of Vicente Huidobro*. Frederickton, Canada: York, 1978.

René de Costa

PABLO NERUDA (1904–1973)

Llamado "el Picasso de la poesía" por su proteica habilidad para estar siempre al frente de los cambios, es un poeta de muchos estilos, de muchas voces y de muchísimos libros. Su voluminosa obra —miles y miles de páginas repartidas en más de 40 libros— es central en cada una de las distintas etapas de la poesía del siglo XX. Hijo de un conductor de tren y nacido con el estrambótico nombre de Neftalí Ricardo Reyes Basoalto, en el pueblo de Parral, en la zona agraria y central de Chile, no parecería estar predestinado a tanta fama. Ya como adolescente comienza a escribir versos, escondiendo su humilde identidad real bajo un surtido de sonoros pseudónimos, eligiendo finalmente el de Pablo Neruda al emigrar a la capital con una beca gubernamental para estudiar francés con el fin de ser maestro de escuela en su provincia de la infancia. Abandonará este opaco destino por el de la poesía y gracias a su fecundo talento conocerá una serie ininterrumpida de éxitos que lo proyectarán cada vez más hacia una órbita universal.

A los diecinueve años este joven de provincia se transforma en personaje célebre en Santiago de Chile con la publicación de sus *Veinte poemas de amor y una canción desesperada* (1924). Sólo una década después, llegará a Madrid como Cónsul de su país, y entonces los más importantes poetas de la Generación del 27, con Federico García Lorca a la cabeza, le rendirán homenaje como "una de las más auténticas realidades de la poesía de lengua española".[1] Su larga y dilatada carrera política le llevaría a ser elegido Senador de la República en 1947 y Embajador en 1970. Como poeta, su extensa obra abarcaría la lírica de amor, el hermetismo de introspección existencialista, la escritura de compromiso social, la épica y la antipoesía, culminando con el Premio Nobel en 1971, distinción que coincide con su cargo diplomático en Francia.

Su primer libro importante, los *Veinte poemas de amor,* al igual que los primeros poemas de Vallejo, arranca del Modernismo, pero va mucho más lejos, modificándolo para siempre. A manera de ilustración, cito los primeros versos de "Cuerpo de mujer" que, siguiendo la tradición milenaria de la poesía lírica, equipara a la mujer con la naturaleza:

> Cuerpo de mujer, blancas colinas, muslos blancos,
> te pareces al mundo en tu actitud de entrega.

---

[1] *Homenaje a Pablo Neruda de los poetas españoles* (Madrid: Plutarco, 1935), firmado por García Lorca, Vicente Aleixandre, Luis Cernuda, Gerardo Diego, León Felipe, Pedro Salinas, Miguel Hernández, *et al.*

Es notable el calculado abuso del alejandrino, verso preferido del Modernismo y vehículo tradicional de la poesía narrativa en castellano desde el medioevo. Neruda combina tradición e innovación para dar a este pareado su persuasiva dignidad. El primer verso es melódico e iterativo, con pausas acentuadas dividiéndolo en tres partes ("Cuerpo de mujer / blancas colinas / muslos blancos"); el segundo es más tradicional, con una separación en hemistiquios formando una ecuación equitativa: "te pareces al mundo / en tu actitud de entrega." Este verso refuerza la idea del anterior: que la mujer es, como el mundo mismo, generosamente disponible. Hipérbole chocante pero no rechazada en la lectura porque es el lector mismo quien tiene que suplir, imaginativamente, el lazo de unión entre lo concreto y lo abstracto, entre el cuerpo de la mujer y el universo. Además, es la "incorrecta" repetición del adjetivo *blanco* en el primer verso lo que sirve para relacionar sintácticamente *muslo con colina,* transferencia imaginaria ocasionada no por el explicitado color, sino por una similitud implícita de sus formas curvas. Comparación ridícula si se expresara directamente. Y es así, con la sencillez de un mago, como Neruda genera un corto-circuito de palabras y significados, para lanzar un *stil nuovo* moderno cargado de erotismo. Los poemas de este libro —del que se han vendido millones de ejemplares— han cambiado el lenguaje del amor en el mundo hispanoparlante. Consciente o inconscientemente, se hace el amor en nerudiano —frases como "me gustas cuando callas . . .", o "para que tú me oigas . . ." ya forman parte del repertorio de todo don Juan. Sus otros libros, aunque diferentes, serán igualmente impactantes, permeando a su manera el discurso de nuestra época.

Para situar la poesía de Neruda en su contexto hay que señalar que existe una diferencia radical entre la primera vanguardia programática de, por ejemplo, Huidobro y la intuitiva de Neruda o Vallejo. En los años veinte la idea del poeta como creador que maneja la palabra para brindarnos una nueva visión del mundo, es desplazada por la idea del poeta como simple "registrador" que exterioriza su visión interior del mundo. Consciencia versus subconsciencia; orden versus desorden. ¿Cómo poetizar el desorden de la experiencia individual en el ajetreado mundo moderno? André Breton adelantó el concepto de "automatismo psíquico" en su primer *Manifiesto del surrealismo* (1924). Varios meses antes de la publicación de este influyente documento, Neruda se explayaría sobre las virtudes de *Una expresión dispersa:* "Yo escribo y escribo sin que mi pensamiento me encadene, sin libertarme de las asociaciones del azar [. . .]; dejo libre mi sensación en lo que escribo; desasociado, grotesco, representa mi profundidad diversa y discordante". Es la técnica ensayada en *Tentativa del hombre infinito* (1926) y perfeccionada en *Residencia en la tierra* (1935), cuyo primer poema, crípticamente titulado *Galope muerto* comienza así: "Como cenizas, como mares poblándose, / en la sumergida lentitud . . .". Si en un principio el propósito del poeta fue seducir al destinatario real de los poemas de amor, su amante ausente (una mujer de buena familia que no quiso casarse con él), en *Residencia* pretendería persuadir al lector virtual de la autenticidad de su expresión poética ya "dispersa". La primera unidad estrófica de *Galope muerto,* de diez líneas, constituye una sola frase —una frase incompleta. La insistente repetición de *como,* el término comparativo clásico, sirve para recordarle al lector que la comparación es incompleta, como un fragmento de un monólogo interior más amplio. La segunda estrofa comienza con una construcción demostrativa (*Aquello todo*) que también implica una continuidad lógica que no llega a cumplirse; y las locuciones adverbiales (*por eso, ahora bien*) que confieren un falso inicio a las estrofas tercera y cuarta tiene un efecto similar. El poema evidentemente no está basado en correspondencias externas; se relaciona desde dentro de sí mismo, hacia sí mismo. No es una composición sobre algo concreto, ni siquiera una invención autónoma (estilo *jitanjáfora*), sino una poetización de una experiencia indefinida. El hablante del poema parece sentir el mundo y registrar su sentir sin más explicación. No se atreve a imponer ninguna interpretación. El resultado no es una poesía de deslumbrantes revelaciones, sino más bien un monólogo de discernimiento gradual, un darse cuenta paulatino que se transfiere sistemáticamente al texto violando la sintaxis normal para recalcar la procedencia pre-lógica del discurso.

El arte de Neruda, de naturaleza esencialmente experimental, nunca es premeditado ni permanente. Una vez que perfecciona una nueva modalidad expresiva, la abandona para desarrollar otra y otra. Siempre consciente de sus cambios y de los cambios en el mundo en su marcha histórica, su poesía está sembrada de una serie de "poéticas", textos que marcan el camino de su evolución como hombre y como poeta. Del hermetismo de *Residencia* pasaría a una poesía realista, "sin pureza" para hablar de "cosas que existen", como por ejemplo la Guerra Civil española, destacando el por qué de su propio cambio en un texto como "Explico algunas cosas":

> Preguntaréis por qué su poesía
> no nos habla del sueño, de las hojas,
> de los grandes volcanes de su país natal?
> Venid a ver la sangre por las calles.
> Venid a ver
> la sangre por las calles,
> venid a ver la sangre
> por las calles!

Ésta es una poesía de estilo oral, en la que la versificación es el mecanismo de modulación, ganando intensidad en este remate al romper el repetido endecasílabo ("Venid a ver la sangre por las calles") en unidades de (4 + 7) y luego en (7 + 4).

Neruda transita del soliloquio de su primera poesía, la declamación de *España en el corazón* (1938), el siguiente paso será la voz profética y testimonial de *Canto general* (1950), donde asume una nueva actitud, la de portavoz del continente en su lucha contra la opresión: "Yo estoy aquí para contar la historia". Y a través de mil páginas organizadas en quince largos cantos contará la historia, a veces como narrador-testigo, a veces dejando que la narración se convierta en representa-

ción, cediendo la palabra a los protagonistas, como por ejemplo Lautaro, el cacique araucano que dirigía la guerrilla contra los "conquistadores", ("Llevamos a
Valdivia bajo el árbol . . . / luego golpeamos el rostro enemigo / luego cortamos
el valiente cuello"), u obreros o guerrilleros contemporáneos, como un minero
de Bolivia que le habla ("Usted es Neruda? Pase, camarada") con la humilde
cadencia del indio de la sierra:

> Sí señor, José Cruz Achachalla,
> de la Sierra de Granito, al sur de Oruro.
> Pues allí deben vivir aún
> mi madre Rosalía:
> a unos señores trabaja,
> lavándoles, pues, la ropa.

Inaugura así, *avant la lettre,* el nuevo género de la literatura testimonial.

En los años cincuenta, ya consagrado como "el poeta de América", Neruda
daría todavía otro viraje a su poesía, dirigiéndose directamente al "hombre de la
calle", alabando cosas tan sencillas e incluso banales como una cebolla o unos calcetines en las *Odas elementales* (1954), poemas que publicaría en las columnas de
un diario a fin de llegar a un público más amplio. En "El hombre invisible", el
poema introductorio del libro, se revela un nuevo Neruda, menos espectacular,
más humilde: "Yo me río, / me sonrío / de los viejos poetas [. . .] / siempre dicen
"yo", / a cada paso / les sucede algo, / es siempre "yo", / por las calles / sólo
ellos andan / o la dulce que aman, / nadie más". Una vez más Neruda se desprende de su pasado —como la serpiente de su piel— para emerger renovado. Y
no se detiene allí.

Una de sus últimas innovaciones, *Estravagario* (1958), sería apropiarse de la voz
y el tono de su compatriota más joven, Nicanor Parra, convirtiéndose él también
en un "antipoeta", ahora capaz de reírse de sí mismo, del papel de gurú que la
fama le había asignado. En *El miedo,* baja de su pedestal y con un toque de humor
desacraliza su propia figura de autor consagrado ("Todos me piden que dé saltos,
/ que tonifique y que futbole, / que corra, que nade y que vuele"), para terminar encerrándose con su "más pérfido enemigo, Pablo Neruda". El miedo, no de
sí mismo, sino de la institución en que se ha convertido, del mismo modo como
hace Borges en su célebre monólogo *Borges y yo.*

En sus últimos años escribiría teatro, un libro de memorias y aún más poesía,
dejando nueve libros inéditos cuando muere en 1973. Entre tanto cambio siempre
hubo una constante, proveniente quizá de su origen humilde: su solidaridad con el
hombre sencillo. De ahí su militancia en el marxismo y su apoyo a la lucha social.
En esta última faceta fue el pre-candidato de la Unidad Popular en las elecciones de
1970 que llevaron a Salvador Allende a la Presidencia de Chile. En septiembre de
1973, una semana después del golpe militar que cortó en seco la vía chilena al socialismo, murió en Isla Negra dejando sus pertenencias al pueblo. Hoy día su casa es
un museo y una gran parte de su poesía sobrevive en la memoria de sus lectores.

De *Veinte poemas de amor y una canción desesperada*, 1924

1

Cuerpo de mujer, blancas colinas, muslos blancos,
te pareces al mundo en tu actitud de entrega.
Mi cuerpo de labriego salvaje te socava
y hace saltar el hijo del fondo de la tierra.

Fui solo como un túnel. De mí huían los pájaros
y en mí la noche entraba su invasión poderosa.
Para sobrevivirme te forjé como un arma,
como una flecha en mi arco, como una piedra en mi honda.

10 Pero cae la hora de la venganza, y te amo.
Cuerpo de piel, de musgo, de leche ávida y firme.
Ah los vasos del pecho! Ah los ojos de ausencia!
Ah las rosas del pubis! Ah tu voz lenta y triste!

Cuerpo de mujer mía, persistiré en tu gracia.
Mi sed, mi ansia sin límite, mi camino indeciso!
Oscuros cauces donde la sed eterna sigue,
y la fatiga sigue, y el dolor infinito.

5

Para que tú me oigas
20 mis palabras
se adelgazan a veces
como las huellas de las gaviotas en las playas.

Collar, cascabel ebrio
para tus manos suaves como las uvas.

Y las miro lejanas mis palabras.
Más que mías son tuyas.
Van trepando en mi viejo dolor como las yedras.
Ellas trepan así por las paredes húmedas.
Eres tú la culpable de este juego sangriento.

30 Ellas están huyendo de mi guarida oscura.
Todo lo llenas tú, todo lo llenas.

Antes que tú poblaron la soledad que ocupas,
y están acostumbradas más que tú a mi tristeza.

Ahora quiero que digan lo que quiero decirte
para que tú las oigas como quiero que me oigas.

El viento de la angustia aún las suele arrastrar.
Huracanes de sueños aún a veces las tumban.
Escuchas otras voces en mi voz dolorida.
Llanto de viejas bocas, sangre de viejas súplicas.
40   Amame, compañera. No me abandones. Sígueme.
Sígueme, compañera, en esa ola de angustia.

Pero se van tiñendo con tu amor mis palabras.
Todo lo ocupas tú, todo lo ocupas.

Voy haciendo de todas un collar infinito
para tus blancas manos, suaves como las uvas.

13

He ido marcando con cruces de fuego
el atlas blanco de tu cuerpo.
Mi boca era una araña que cruzaba escondiéndose.
50   En ti, detrás de ti, temerosa, sedienta.

Historias que contarte a la orilla del crepúsculo,
muñeca triste y dulce, para que no estuvieras triste.
Un cisne, un árbol, algo lejano y alegre.
El tiempo de las uvas, el tiempo maduro y frutal.

Yo que viví en un puerto desde donde te amaba.
La soledad cruzada de sueño y de silencio.
Acorralado[1] entre el mar y la tristeza.
Callado, delirante, entre dos gondoleros inmóviles.

---

[1]**acorrallado:** encerrado, atrapado.

Entre los labios y la voz, algo se va muriendo.
⁶⁰ Algo con alas de pájaro, algo de angustia y de olvido.
Así como las redes no retienen el agua.
Muñeca mía, apenas quedan gotas temblando.
Sin embargo, algo canta entre estas palabras fugaces.
Algo canta, algo sube hasta mi ávida boca.
Oh poder celebrarte con todas las palabras de alegría.
Cantar, arder, huir, como un campanario en las manos
de un loco.
Triste ternura mía, ¿qué te haces de repente?
Cuando he llegado al vértice más atrevido y frío
⁷⁰ mi corazón se cierra como una flor nocturna.

2 0

Puedo escribir los versos más tristes esta noche.

Escribir, por ejemplo: "La noche está estrellada,
y tiritan, azules, los astros, a lo lejos".

El viento de la noche gira en el cielo y canta.

Puedo escribir los versos más tristes esta noche.
Yo la quise, y a veces ella también me quiso.

En las noches como ésta la tuve entre mis brazos.
La besé tantas veces bajo el cielo infinito.

⁸⁰ Ella me quiso, a veces yo también la quería.
Cómo no haber amado sus grandes ojos fijos.

Puedo escribir los versos más tristes esta noche.
Pensar que no la tengo. Sentir que la he perdido.

Oír la noche inmensa, más inmensa sin ella.
Y el verso cae al alma como al pasto el rocío.

Qué importa que mi amor no pudiera guardarla.
La noche está estrellada y ella no está conmigo.

Eso es todo. A lo lejos alguien canta. A lo lejos.
Mi alma no se contenta con haberla perdido.

90 Como para acercarla mi mirada la busca.
Mi corazón la busca, y ella no está conmigo.

La misma noche que hace blanquear los mismos árboles.
Nosotros, los de entonces, ya no somos los mismos.

Ya no la quiero, es cierto, pero cuánto la quise.
Mi voz buscaba el viento para tocar su oído.

De otro. Será de otro. Como antes de mis besos.
Su voz, su cuerpo claro. Sus ojos infinitos.

Ya no la quiero, es cierto, pero tal vez la quiero.
Es tan corto el amor, y es tan largo el olvido.

100 Porque en noches como ésta la tuve entre mis brazos,
mi alma no se contenta con haberla perdido.

Aunque éste sea el último dolor que ella me causa,
y éstos sean los últimos versos que yo le escribo.

Una expresión dispersa

Yo escribo y escribo sin que mi pensamiento me encadene, sin libertarme de las asociaciones del azar. Simultáneamente coinciden con el acto de crear, mil actitudes admirables del ambiente. Ellas entran por dominios solapados[1] en la expresión sensible, ellas facturan secretamente los pensamientos confundidos, ellas condicionan, actúan sobre el resultado de la meditación. ¿Por qué despreciarlas? Ni siquiera desfigurarlas. Hacer que cuanta expresión estimule la realidad, se suceda o se sincronice en el poema. El pensamiento no hace sino eliminar a cada rato las ligazones convenidas para su expresión: baila, se detiene y sin empinarse[2] en trampolines engañosos, apura saltos mortales entre regiones inesperadas. Anudar, vertebrar este contenido imponderable, llenarlo de puentes y candados, ¡ah criminales! Dejo libre mi sensación en lo que escribo; disasociado, grotesco, representa mi profundidad diversa y discordante.

En Claridad, *11 de junio, 1924*

---

[1]**solapados:** cautelosos.
[2]**empinarse:** ponerse en la punta de los pies para ver mejor.

Sobre una poesía sin pureza

Es muy conveniente, en ciertas horas del día o de la noche, observar profundamente los objetos en descanso: Las ruedas que han recorrido largas, polvorientas distancias, soportando grandes cargas vegetales o minerales, los sacos de las carbonerías, los barriles, las cestas, los mangos y asas de los instrumentos del carpintero. De ellos se desprende el contacto del hombre y de la tierra como una lección para el torturado poeta lírico. Las superficies usadas, el gasto que las manos han infligido a las cosas, la atmósfera a menudo trágica y siempre patética de estos objetos, infunde una especie de atracción no despreciable hacia la realidad del mundo.

La confusa impureza de los seres humanos se percibe en ellos, la agrupación, uso y desuso de los materiales, las huellas del pie y de los dedos, la constancia de una atmósfera humana inundando las cosas desde lo interno y lo externo.

Así sea la poesía que buscamos, gastada como por un ácido por los deberes de la mano, penetrada por el sudor y el humo, oliente a orina y a azucena salpicada por las diversas profesiones que se ejercen dentro y fuera de la ley.

Una poesía impura como un traje, como un cuerpo, con manchas de nutrición, y actitudes vergonzosas, con arrugas, observaciones, sueños, vigilia, profecías, declaraciones de amor y de odio, bestias, sacudidas, idilios, creencias políticas, negaciones, dudas, afirmaciones, impuestos.

La sagrada ley del madrigal y los decretos del tacto, olfato, gusto, vista, oído, el deseo de justicia, el deseo sexual, el ruido del océano, sin excluir deliberadamente nada, sin aceptar deliberadamente nada, la entrada en la profundidad de las cosas en un acto de arrebatado amor, y el producto poesía manchado de palomas digitales, con huellas de dientes y hielo, roído tal vez levemente por el sudor y el uso. Hasta alcanzar esa dulce superficie del instrumento tocado sin descanso, esa suavidad durísima de la madera manejada, del orgulloso hierro. La flor, el trigo, el agua tienen también esa consistencia especial, ese recurso de un magnífico tacto.

Y no olvidemos nunca la melancolía, el gastado sentimentalismo, perfectos frutos impuros de maravillosa calidad olvidada, dejados atrás por el frenético libresco: la luz de la luna, el cisne en el anochecer, "corazón mío" son sin duda lo poético elemental e imprescindible. Quien huye del mal gusto cae en el hielo.

De Caballo Verde para la Poesía, *1935*

De *Residencia en la tierra,* 1935

Walking Around

Sucede que me canso de ser hombre.
Sucede que entro en las sastrerías y en los cines
marchito, impenetrable, como un cisne de fieltro
navegando en un agua de origen y ceniza.

El olor de las peluquerías me hace llorar a gritos.
Sólo quiero un descanso de piedras o de lana,
sólo quiero no ver establecimientos ni jardines,
ni mercaderías, ni anteojos ni ascensores.

Sucede que me canso de mis pies y mis uñas
y mi pelo y mi sombra.
Sucede que me canso de ser hombre.

Sin embargo sería delicioso
asustar a un notario con un lirio cortado
o dar muerte a una monja con un golpe de oreja.
Sería bello
ir por las calles con un cuchillo verde
y dando gritos hasta morir de frío.

No quiero seguir siendo raíz en las tinieblas,
vacilante, extendido, tiritando de sueño,
hacia abajo, en las tripas mojadas de la tierra,
absorbiendo y pensando, comiendo cada día.

No quiero para mí tantas desgracias.
No quiero continuar de raíz y de tumba,
de subterráneo solo, de bodega con muertos
ateridos, muriéndome de pena.

Por eso el día lunes arde como el petróleo
cuando me ve llegar con mi cara de cárcel,
y aúlla en su transcurso como una rueda herida,
y da pasos de sangre caliente hacia la noche.

30 Y me empuja a ciertos rincones, a ciertas casas húmedas,
a hospitales donde los huesos salen por la ventana,
a ciertas zapaterías con olor a vinagre,
a calles espantosas como grietas.

Hay pájaros de color de azufre y horribles intestinos
colgando de las puertas de las casas que odio,
hay dentaduras olvidadas en una cafetera,
hay espejos
que debieran haber llorado de vergüenza y espanto,
hay paraguas en todas partes, y venenos, y ombligos.

40 Yo paseo con calma, con ojos, con zapatos,
con furia, con olvido,
paso, cruzo oficinas y tiendas de ortopedia,
y patios donde hay ropas colgadas de un alambra:
calzoncillos, toallas y camisas que lloran
lentas lágrimas sucias.

De *España en el corazón*, 1937

Explico algunas cosas

PREGUNTARÉIS: Y dónde están las lilas?
Y la metafísica cubierta de amapolas?
Y la lluvia que a menudo golpeaba
sus palabras llenándolas
de agujeros y pájaros?

Os voy a contar todo lo que me pasa.

Yo vivía en un barrio
de Madrid, con campanas,
con relojes, con árboles.

10 Desde allí se veía
el rostro seco de Castilla
como un océano de cuero.
                    Mi casa era llamada
la casa de las flores, porque por todas partes
estallaban geranios: era
una bella casa

con perros y chiquillos.
                    Raúl,[1] te acuerdas?
Te acuerdas, Rafael?[2]
20   Federico,[3] te acuerdas
debajo de la tierra,
te acuerdas de mi casa con balcones en donde
la luz de junio ahogaba flores en tu boca?
                    Hermano, hermano!

Todo
eran grandes voces, sal de mercaderías,
aglomeraciones de pan palpitante,
mercados de mi barrio de Argüelles con su estatua
como un tintero pálido entre las merluzas:
30 el aceite llegaba a las cucharas,
un profundo latido
de pies y manos llenaba las calles,
metros, litros, esencia
aguda de la vida,
                    pescados hacinados,
contextura de techos con sol frío en el cual
la flecha se fatiga,
delirante marfil fino de las patatas,
tomates repetidos hasta el mar.

40 Y una mañana todo estaba ardiendo
y una mañana las hogueras
salían de la tierra
devorando seres,
y desde entonces fuego,
pólvora desde entonces,
y desde entonces sangre.
Bandidos con aviones y con moros,
bandidos con sortijas y duquesas,
bandidos con frailes negros bendiciendo
50 venían por el cielo a matar niños
corría simplemente, como sangre de niños.

---

[1]Raúl González Tuñón: (1905–1974), poeta
  argentino.
[2]Rafael Alberti: (1902), poeta español.

[3]Federico García Lorca: (1898–1936),
  poeta español asesinado durante la guerra
  civil española.

Chacales que el chacal rechazaría,
piedras que el cardo seco mordería escupiendo,
víboras que las víboras odiaran!

Frente a vosotros he visto la sangre
de España levantarse
para ahogaros en una sola ola
de orgullo y de cuchillos!

Generales
60   traidores:
mirad mi casa muerta,
mirad España rota:
pero de cada casa muerta sale metal ardiendo
en vez de flores,
pero de cada hueco de España
sale España,
pero de cada niño muerto sale un fusil con ojos,
pero de cada crimen nacen balas
 · que os hallarán un día el sitio
70   del corazón.

Preguntaréis por qué su poesía
no nos habla del sueño, de las hojas,
de los grandes volcanes de su país natal?

Venid a ver la sangre por las calles,
venid a ver
la sangre por las calles,
venid a ver la sangre
por las calles!

De *Canto general*, 1950

Alturas de Macchu Picchu

Del aire al aire, como una red vacía,
iba yo entre las calles y la atmósfera, llegando y despidiendo,
en el advenimiento del otoño la moneda extendida
de las hojas, y entre la primavera y las espigas,
lo que el más grande amor, como dentro de un guante
que cae, nos entrega como una larga luna.

(Días de fulgor vivo en la intemperie
de los cuerpos: aceros convertidos
al silencio del ácido:
10   noches deshilachadas hasta la última harina:
estambres agredidos de la patria nupcial.)

Alguien que me esperó entre los violines
encontró un mundo como una torre enterrada
hundiendo su espiral más abajo de todas
las hojas de color de ronco azufre:
más abajo, en el oro de la geología,
como una espada envuelta en meteoros,
hundí la mano turbulenta y dulce
en lo más genital de lo terrestre.

20   Puse la frente entre las olas profundas,
descendí como gota entre la paz sulfúrica,
y, como un ciego, regresé al jazmín
de la gastada primavera humana.

José Cruz Achachalla (Minero, Bolivia)

Sí, señor, José Cruz Achachalla,
de la Sierra de Granito, al sur de Oruro.[1]
Pues allí debe vivir aún
mi madre Rosalía:
a unos señores trabaja,
lavándoles, pues, la ropa.
Hambre pasábamos, capitán,
y con una varilla golpeaban
a mi madre todos los días.
Por eso me hice minero.
Me escapé por las grandes sierras
una hojita de coca, señor,
unas ramas sobre la cabeza
y andar, andar, andar. Los buitres
me perseguían desde el cielo,
y pensaba: son mejores
que los señores blancos de Oruro,
y así anduve hasta el territorio
de las minas.

[1]**Oruro:** ciudad de Bolivia en el departamento que lleva el mismo nombre. Rica en yacimientos minerales.

20   Hace ya
cuarenta años, era yo entonces
un niño hambriento. Los mineros
me recogieron. Fui aprendiz
y en las oscuras alerías,
uña por uña contra la tierra,
recogí el estaño escondido.
No sé adónde ni para qué
salen los lingotes plateados:
vivimos mal, las casas rotas,
30   y el hambre, otra vez, señor,
y cuando
nos reunimos, capitán,
para un peso más de salario,
el viento fojo, el palo, el fuego,
la policía nos golpeaba,
y aquí estoy, pues, capitán,
despedido de los trabajos,
dígame dónde me voy,
nadie me conoce en Oruro,
40   estoy viejo como las piedras,
ya no puedo cruzar los montes,
qué voy a hacer por los caminos,
aquí mismo me quedo ahora,
que me entierren en el estaño,
sólo el estaño me conoce.
José Cruz Achachalla, sí,
no sigas moviendo los pies,
hasta aquí llegaste, hasta aquí,
Achachalla, hasta aquí llegaste.

REFLEXIÓN Y ANÁLISIS

1) ¿Cómo ve el poeta a la mujer en "Veinte poemas de amor y una canción desesperada"?
2) Discuta el erotismo de los "Veinte poemas de amor y una canción desesperada".
3) "Una expresión dispersa" contiene algunas ideas básicas sobre la función de las palabras en la poesía. ¿Qué tipo de palabras prefiere el poeta?
4) Discuta "Sobre una poesía sin pureza", como manifiesto de la poesía de Neruda.
5) ¿Cómo interpreta Ud. la última frase, "Quien huye del mal gusto cae en el hielo"?
6) Describa el estado de alma del poeta en "Walking Around". ¿Cómo se manifiesta en las imágenes usadas por el poeta?

7) Llegue a una definición de lo que se considera "poesía pura", para luego contrastarla a la poesía sin pureza.

8) Señale los cambios principales en la poesía de Neruda entre sus primeros versos, los poemas de las *Residencia,* y el *Canto general.*

BIBLIOGRAFÍA

Alonso, Amado. *Poesía y estilo de Pablo Neruda.* Buenos Aires: Eudeba, 1967.

Costa, René de. *The Poetry of Pablo Neruda.* Cambridge, Mass.: Harvard University Press, 1979.

Loveluck, Juan, et al. *Simposio Pablo Neruda: actas.* New York: University of South Carolina–Las Américas Publishing, 1975.

Neruda, Pablo. *Antología fundamental.* Prólogo de Jaime Quezada, selección de Jorge Barros. Santiago: Pehuén Editores, 1988.

Santí, Enrico Mario. *Pablo Neruda: The Poetics of Prophecy.* Ithaca: Cornell University Press, 1982.

René de Costa

VII

PRIMEROS PASOS EN LA RUPTURA DE LA VISIÓN ETNOCÉNTRICA

l período de 1910–1940 en las letras hispanoamericanas se caracteriza por una reafirmación de la originalidad cultural del continente. Simultáneamente surgen y van desplegándose varias corrientes estéticas —criollismo, nativismo, indigenismo, afrocubanismo. Pero a pesar de la riqueza y diversidad de estas operaciones artísticas —que van desde los proyectos realistas de la novela regional hasta la experimentación vanguardista en la poesía— es posible discernir un denominador común: la búsqueda de una autonomía cultural. La valoración de lo autóctono y el reconocimiento del mito como categoría cultural que mejor define la idiosincrasia latinoamericana son las piedras angulares de este complejo y multifacético proyecto.

La convergencia de una compleja red de factores políticos, filosóficos y culturales permitió la cristalización de estos fenómenos. Sin embargo, hay un hecho que puede considerarse crucial en este proceso que Ángel Rama ha llamado "estructuración autónoma e identificación", y éste es: la Revolución Mexicana (1910–1917). A partir de entonces, se desencadenan e intensifican los diferentes modos de reivindicación de la herencia no-europea del "continente mestizo" que Rama agrupa bajo el término "transculturación". Término prestado de Fernando Ortiz, "por cuanto en ella se percibe la resistencia a considerarse la parte pasiva o inferior del contacto de culturas" (Rama, 209). También otros escritores y pensadores de la época —por ejemplo Alejo Carpentier y Miguel Angel Asturias— ven en el sincretismo cultural hispanoamericano el rasgo definitorio del continente.

No obstante, habría de reconocer también la importancia de influencias europeas para la apertura de nuevos caminos de afirmación de lo autóctono. Nos referimos, en particular, a la crisis de la modernidad europea ejemplificada en la tesis de Oswald Spengler sobre "la decadencia de Occidente". Por otro lado, en respuesta a la crisis de valores europeo-occidentales se pone de moda el interés por las llamadas culturas "primitivas" (véase, por ejemplo, *El decamerón negro,* 1910, del etnólogo alemán Leon Frobenius, 1873–1938). En esta Latinoamérica que constituye una encrucijada de culturas, algunas de las soluciones artísticas, como el afrocubanismo de Carpentier en; ¡*Ecué Yamba O!* (1931) o el realismo mágico de *Leyendas de Guatemala* (1930) de Asturias, se forjan directamente bajo la influencia europea (Asturias va a París donde "descubre" las culturas mayas con Georges Raynaud y traduce al español el *Popol-Vuh*).

La ruptura con el molde eurocentrista se produce no solamente en el nivel temático (la presencia de motivos y protagonistas indígenas o afroamericanos), sino también en la esfera formal (reproducción de ritmos afrocubanos en la poesía de Nicolás Guillén, por ejemplo) y en el orden conceptual (la obra ensayística de José Carlos Mariátegui, Alfonso Reyes, José Vasconcelos, Mariano Picón Salas, Fernando Ortiz, Jorge Mañach, entre otros). Para la crítica Irlemar Chiampi, precisamente este último aspecto —el ideológico— constituye la dimensión fundamental en la construcción del discurso americanista. Chiampi habla del "trabajo intelectual firme y consciente de su función cognitiva y la formulación de un proyecto crítico en favor de la descolonización cultural" (1167).

En el marco de este "proyecto crítico" marcan hitos importantísimos la valorización del mestizaje, en *La raza cósmica* (1925) e *Indología: una interpretación de la cultura iberoamericana* (1927) del mexicano José Vasconcelos, y la idea de asimilación recíproca de culturas ("transculturación"), en *El contrapunteo cubano del tabaco y el azúcar* (1941) del cubano Fernando Ortiz. Según indica Roberto Fernández Retamar, "al brutal racismo de los 'civilizadores' del siglo XIX, Vasconcelos opondrá entonces la idea de una fusión de razas a ser realizada en nuestra América" (*América Latina en sus ideas,* 320). La noción de "ruptura", de "marcar un hito", es sumamente importante para el entendimiento de estas transformaciones. Siguiendo a Lucía Fox-Lockert, hay que hacer hincapié en que a principios del siglo XX imperaba aún el racismo, inclusive entre los pensadores más destacados de Latinoamérica (los llamados "arielistas", por ejemplo, influidos por el pensamiento de José Enrique Rodó). El americanismo de los modernistas, sigue Fox-Lockert, era todavía parcial, exótico, paisajista y la visión de "otras" razas estaba marcada con los prejuicios raciales de su tiempo.

No es sorprendente, pues, que los primeros pasos hacia la ruptura del molde eurocentrista sean un poco ingenuos y marcados por un folklorismo superficial. La dilucidación de las diferencias entre el indianismo y el indigenismo puede ayudarnos a ilustrar esta paulatina transición desde una visión folklórica, distanciada, a veces idealizada, a veces degradante de las poblaciones indígenas en autores indianistas (Enrique López Albújar, 1872–1966) hasta el indigenismo de José María Arguedas (1911–1969) que, en cambio, emprende un tratamiento consciente de los problemas sociales apoyado en un conocimiento profundo de la cultura indígena. Una fuerte presencia de culturas autóctonas en la región andina (Perú, Bolivia, Ecuador) y en Centroamérica (México, Guatemala) convierte a estas zonas en focos importantes del pensamiento indigenista. Para José Carlos Mariátegui "los nuevos regionalistas son, ante todo, indigenistas". Sin embargo, Mariátegui advierte que la literatura indigenista "es todavía una literatura de mestizos. Por eso se llama indigenista y no indígena. Una literatura indígena, si debe venir, vendrá a su tiempo" (*Siete ensayos*). Asimismo, para el gran pensador peruano, todo intento de reivindicación indígena que excluya el aspecto económico-social estará condenado al fracaso, es decir, a un "estéril ejercicio teórico".

Así como el indianismo era una invención del europeo, de igual modo la negritud fue, antes de ser recuperada y transformada por los afroamericanos, un "descubrimiento" de los blancos. El redescubrimiento de la herencia africana en la cultura latinoamericana demuestra algunos paralelos con el Harlem Renaissance en los Estados Unidos. En la fase inicial de los creadores del movimiento de la negritud predominan los intelectuales blancos, como el puertorriqueño Luis

Palés Matos (1898–1954) o el cubano José Zacarías Tallet (1893–   ), quienes exploran aspectos pintorescos y exóticos de la cultura afroamericana. En la creación de Palés Matos en particular, Africa aparece utilizada como máscara y el conocimiento de lo africano es más bien superficial. Uno de los críticos ve en esta manifestación de la literatura negrista una "reacción al imperialismo cultural blanco" (Brathwaite, 155). Años más tarde, invocando su propia experiencia como uno de los iniciadores del afrocubanismo, Alejo Carpentier hizo una evaluación sumamente crítica de esta etapa: "En una época caracterizada por un gran interés hacia el folclor afrocubano recién 'descubierto' por los intelectuales de mi generación, escribí una novela ¡Ecué Yamba O! [. . .] Pues bien: al cabo de veinte años de investigación acerca de las realidades sincréticas de Cuba, me di cuenta de que todo lo hondo, lo verdadero, lo universal de este mundo había permanecido fuera del alcance de mi observación" (Tientos y diferencias).

En la segunda fase —cuyo apogeo corresponde a los años 1926–1928— hay una aceptación de la herencia cultural doble, "mestiza", "sincrética" o "transculturada", sin que se pierda el carácter esencialmente subversivo ni la noción de "cimarronaje cultural" propias de la tradición afrocubana que se remontan a la revolución haitiana (1791–1804). En la poesía del cubano Nicolás Guillén, para dar un ejemplo más conocido, se rescata la tradición oral afroamericana, se utilizan elementos inherentes a la creación popular (la improvisación, el ritmo peculiar), a la vez que lo africano aparece como parte consustancial de la identidad cubana y no solamente en términos de folklore o supervivencia cultural.

A pesar de ciertos titubeos formales e ideológicos en todos estos proyectos, es importante reconocer un impulso hacia el rescate de voces anteriormente silenciadas, marginadas o condenadas a la subalternidad. Los proyectos de Ortiz, Vasconcelos, Guillén y Mariátegui van allanando, cada uno a su manera, el camino para el florecimiento de formas de expresión más genuinas de culturas no europeas.

BIBLIOGRAFÍA

Bastide, Roger. "Historia del papel desempeñado por los africanos y sus descendientes en la evolución sociocultural de América Latina." *Introducción a la cultura africana en América Latina.* Ed. Salvador Bueno. París: UNESCO, 1979. 51–76.

Brathwaite, Edward Kaman. "Presencia africana en la literatura del Caribe." *Africa en América Latina.* Ed. Manuel Moreno Fraginals. París: UNESCO, 1977. 152–84.

Fox-Lockert, Lucía. "América ignota en la poesía de Darío, Chocano y Neruda." *Anales de Literatura Hispanoamericana* 16 (1987): 59–65.

Rama, Ángel. *La novela en América Latina.* Xalapa: Universidad Veracruzana, 1986.

————. *Transculturación narrativa en América Latina.* México: Siglo Veintiuno, 1982.

Skirius, John. "Radiografías del siglo XX." *Gaceta del Fondo de Cultura Económica,* marzo 1981.

Stabb, Martin S. *In Quest of Identity: Patterns in the Spanish American Essay of Ideas, 1890–1966.* Chapel Hill: University of North Carolina Press, 1967.

Zea, Leopoldo, ed. *América Latina en sus ideas.* México: Siglo XXI, 1986.

Elzbieta Sklodowska

FERNANDO ORTIZ (1881–1969)

Etnólogo cubano a quien se debe un esfuerzo inigualado de indagar con ahínco las raíces africanas de la identidad cubana y atesorar el aporte africano a la cultura del Caribe. Según indica en una nota biográfica Gutiérrez de la Solana, Ortiz cursó sus estudios universitarios en Menorca y Barcelona, donde obtuvo también su licenciatura en derecho. Se doctoró en leyes en la Universidad Central de Madrid y luego se graduó de doctor en Derecho Civil en la Universidad de La Habana. Debido a sus ideas políticas, que lo vinculaban al Partido Liberal y en consecuencia a la oposición a la dictadura de Machado, en 1930 Ortiz se vio forzado a salir de Cuba. Después de regresar, durante varios años se desempeñó como miembro del cuerpo diplomático de Cuba; luego fue también catedrático de la Universidad de La Habana.

En 1906 publica su primer estudio de etnología criminal, *Los negros brujos*, donde introduce el uso del vocablo "afrocubano". Con *Los negros brujos* Ortiz demuestra cómo al mecanismo violento de la esclavitud siguió la violencia de la discriminación racial. Aunque originalmente el libro ofrecía una visión de patología y marginalidad social, a partir de la segunda edición (1917) este enfoque de sociología criminal se ve matizado, suprimiéndose, entre otras cosas, la idea sobre "la mala vida" de algunos grupos de afrocubanos (los curros, los ñáñigos).

Los negros esclavos: estudio sociológico y de derecho público (1916), *Los cabildos afrocubanos* (1921) y *Los negros curros* (1926) continúan aún la línea de estudios criminalísticos, pero a partir de 1926 Ortiz rompe con esta veta de investigación para dedicarse a estudios etnológicos e historiográficos. De su pluma salen en esta época importantes documentos políticos: *La crisis cubana* (1919) y *La decadencia cubana* (1922). Aparecen también dos de sus más importantes trabajos de investigación lingüística: *El cataruro de cubanismos* (1923) y el *Glosario de afronegrismos* (1924). En la biografía intelectual titulada *José Antonio Saco y sus ideas cubanas* (1929), Ortiz rinde homenaje al pensamiento antirracista de uno de sus maestros, el primer investigador de la cultura afrocubana.

Durante los años veinte Ortiz establece estrechos lazos intelectuales y personales con la vanguardia cubana vinculada con el Grupo Minorista y la Revista *Avance*. A partir de esta época realiza también una intensa labor como fundador y animador de varias asociaciones científicas dedicadas al desbrozamiento de los procesos de formación de la cultura afrocubana. Funda la Sociedad del Folklore Cubano, la Sociedad Cubana de Estudios Históricos e Internacionales, la Sociedad de Estudios Afrocubanos y el Instituto Internacional de Estudios Afroamericanos, con sede en México. Es también fundador y/o director de las revistas *Revista Bimestre Cubana*, *Archivos del Folklore Cubano*, *Surco*, *Ultra* y *Estudios Afrocubanos*.

En su libro seminal, *Contrapunteo cubano del tabaco y el azúcar* (1940) —cuya preparación le tomó más de diez años—, Ortiz acuña el concepto de "transculturación". Prologado por el eminente antropólogo polaco Bronislaw Malinowski quien alaba su "sólida labor científica", y considerado por muchos como un estudio extraordinario, *El contrapunteo* se compone de dos partes: "el ensayo inicial que es de verdad el *contrapunteo* etnohistórico del tabaco y el azúcar y una segunda parte con el aparato de investigación concreta que sirve de apoyo a ese ensayo inicial" (Le Riverend, 53). Ortiz combina aquí la prosa literaria, de lectura amena, con un aparato documental amplio, una investigación científica impecable y un análisis incisivo del subdesarrollo a través de la historia económica y social de Cuba.

La tesis central del libro puede resumirse del modo siguiente: lo cubano auténtico está vinculado a la economía tabacalera, no dependiente del capital extranjero, en tanto que la economía azucarera está marcada por la dependencia. La metáfora esencial del *Contrapunteo* queda sucintamente capturada por Le Riverend: "se trata de la pelea entre lo extraño enemigo, la caña, la economía cañera, la economía azucarera, el capital extranjero, y lo cubano auténtico, el tabaco, que viene desde la cultura indígena" (54). Toda la estructura del libro oscila alrededor de las dualidades generadas por la oposición central tabaco-azúcar. Según la observación de Fernando Coronil, el tabaco está asociado con lo indígena, lo genuinamente nacional, lo único. El azúcar simboliza la influencia extranjera, el absolutismo español, la intervención española y norteamericana (69).

Sobre la terminología utilizada en el libro Ortiz explica: "nos permitimos usar por primera vez el vocablo transculturación a sabiendas de que es un neologismo" (Ortiz 1940, 273). Dice también que sin transculturación, es decir transmutación de culturas, resulta imposible entender la cultura cubana. La transculturación, según Ortiz, es un paulatino proceso histórico-cultural que abarca las siguientes fases: la hostil, la transingente, la adaptativa, la reivindicadora y la integrativa (que él mismo concibe como una etapa aún no cumplida, perteneciente al futuro). Aquí el pensador cubano plantea la idea de una cultura de síntesis, de recíprocas fecundaciones, a la vez que recorre el tema de diversos mestizajes y sincretismos y abandona el término "aculturación" que implicaba una desigualdad de culturas, de europeización de etnias supuestamente primitivas.

Con el comienzo de los años cincuenta Ortiz se dedica sobre todo a la investigación de manifestaciones artísticas y literarias de lo afrocubano (*Wifredo Lam y su obra vista a través de significados críticos*, 1950; *La africanía de la música folclórica cubana*, 1950; *Los bailes y el teatro de los negros en el folclor de Cuba*, 1951). Su ingente labor por combatir la xenofobia queda ejemplificada por los estudios *Por la integración cubana de blancos y negros* (1943) y *El engaño de las razas* (1946).

Los conocedores de la obra orticiana están de acuerdo en que el aporte principal de su monumental investigación consiste en la comprensión de orígenes híbridos de la cultura cubana. Es sintomático, sin embargo, que Ortiz empezara su trayectoria con un estudio de patología y marginalidad social (*Los negros brujos*), para llegar años más tarde a un punto de ruptura con los estudios del hampa y emprender la investigación de varios aspectos de la cultura afrocubana (el vocabulario, la cocina, la religión, la música).

Félix Lizaso puntualiza también el carácter erudito de esas investigaciones abarcadoras de disciplinas tales como el derecho, la arqueología, las lenguas, la antropología, el espiritismo, la lexicografía, el teatro. Sin embargo, en los últimos años ha surgido una reevaluación de la escritura orticiana, con hincapié en el aspecto ficticio y literario de su obra. Finalmente, cabe recordar que las investigaciones de Ortiz surgieron prácticamente en el vacío, puesto que la historiografía decimonónica cubana estuvo marcada por los intereses económicos de la clase blanca criolla (la llamada sacarocracia) que ignoraba o despreciaba la presencia de los africanos en la vida cultural y económica de la isla.

De *Contrapunteo cubano del tabaco y el azúcar*

II Del fenómeno social de la "transculturación" y de su importancia en Cuba

Con la venia del lector, especialmente si es dado a estudios sociológicos, nos permitimos usar por primera vez el vocablo *transculturación*, a sabiendas de que es un neologismo. Y nos atrevemos a proponerlo para que en la terminología sociológica pueda sustituir, en gran parte al menos, al vocablo *aculturación*, cuyo uso se está extendiendo actualmente.

Por *aculturación* se quiere significar el proceso de tránsito de una cultura a otra y sus repercusiones sociales de todo género. Pero *transculturación* es vocablo más apropiado.

Hemos escogido el vocablo *transculturación* para expresar los variadísimos fenómenos que se originan en Cuba por las complejísimas transmutaciones de culturas que aquí se verifican, sin conocer las cuales es imposible entender la evolución del pueblo cubano, así en lo económico como en lo institucional, jurídico, ético, religioso, artístico, lingüístico, psicológico, sexual y en los demás aspectos de su vida.

La verdadera historia de Cuba es la historia de sus intricadísimas transculturaciones. Primero la transculturación del indio paleolítico al neolítico y la desaparición de éste por no acomodarse al impacto de la nueva cultura castellana.

Después, la transculturación de una corriente incesante de inmigrantes blancos. Españoles, pero de distintas culturas y ya ellos mismos *desgarrados*, como entonces se decía, de las sociedades ibéricas peninsulares y transplantados a un Nuevo Mundo, que para ellos fue todo nuevo de naturaleza y de humanidad, donde tenían a su vez que reajustarse a un nuevo sincretismo de culturas. Al mismo tiempo, la transculturación de una continua chorrera humana de negros africanos, de razas y culturas diversas procedentes de todas las comarcas costeñas de Africa, desde el Senegal, por Guinea, Congo y Angola, en el Atlántico, hasta las de Mozambique en la contracosta oriental de aquel continente. Todos ellos arrancados de sus núcleos sociales originarios y con sus culturas destrozadas, oprimidas bajo el peso de las culturas aquí imperantes, como las cañas de azúcar son molidas entre las mazas de los trapiches. Y todavía más culturas inmigratorias, en oleadas esporádicas o en manaderos continuos, siempre fluyentes e influyentes y de las más varias oriundeces: indios continentales, judíos, lusitanos, anglosajones, franceses, norteamericanos y hasta amarillos mongoloides de Macao, Cantón y otras regiones del que fue Imperio Celeste. Y cada inmigrante como un desarraigado de su tierra nativa en doble trance de desajuste y de reajuste, de *desculturación* o *exculturación* y de *aculturación* o *inculturación*, y al fin de síntesis, de *transculturación*.

En todos los pueblos la evolución histórica significa siempre un tránsito vital de culturas a ritmo más o menos reposado o veloz; pero en Cuba han sido tantas y tan diversas en posiciones de espacio y categorías estructurales las culturas que han influido en la formación de su pueblo, que ese inmenso amestizamiento de razas y culturas sobrepuja en trascendencia a todo otro fenómeno histórico. Los mismos fenómenos económicos, los más básicos de la vida social en Cuba se confunden casi siempre con las expresiones de las diversas culturas. En Cuba decir ciboney, *taíno*, español, judío, inglés, francés, angloamericano, negro, yucateco, chino y criollo, no significa indicar solamente los diversos elementos formativos de la nación cubana, expresados por sus sendos apelativos gentilicios. Cada uno de éstos viene a ser también la sintética e histórica denominación de una economía y de una cultura de las varias que en Cuba se han manifestado sucesiva y hasta coetáneamente, produciéndose a veces los más terribles impactos. Recordemos aquél de la "destrucción de las Indias", que reseñó Bartolomé de las Casas.

Toda la escala cultural que Europa experimentó en más de cuatro milenios, en Cuba se pasó en menos de cuatro siglos. Lo que allí fue subida por rampa y escalones, aquí ha sido progreso a saltos y sobresaltos. Primero fue la cultura de los *ciboneyes y guanajabibes*,[1] la cultura paleolítica. Nuestra edad de piedra. Mejor, nuestra edad de piedra y palo; de piedras y maderas rústicas sin bruñir, y de conchas y espinas de peces, que eran como piedras y púas del mar.

Después, la cultura de los indios *taínos*, que eran neolíticos. Edad de la piedra con pulimento y de la madera labrada. Ya con los taínos llegan la agricultura, la sedentariedad, la abundancia, el cacique y el sacerdote. Y llegan por conquista e imponen la *transculturación*. Los ciboneyes pasan a siervos *naborias* o huyen a las serranías y selvas, a los *cibaos* y *caonaos*. Luego, un huracán de cultura; es Europa. Llegaron juntos y en tropel el hierro, la pólvora, el caballo, el toro, la rueda, la vela, la brújula, la moneda, el salario, la letra, la imprenta, el libro, el señor, el rey, la iglesia, el banquero... Y un vértigo revolucionario sacudió a los pueblos indios de Cuba, arrancando de cuajo sus instituciones y destrozando sus vidas. Se saltó en un instante de las soñolientas edades de piedra a la edad muy despertada del Renacimiento. En un día se pasaron en Cuba varias edades; se diría que miles de "años-cultura" si fuere admisible una tal métrica para la cronología de los pueblos. Si estas Indias de América fueron Nuevo Mundo para los pueblos europeos, Europa fue Mundo Novísimo para los pueblos americanos. Fueron dos mundos que recíprocamente se descubrieron y entrechocaron. El contacto de las dos culturas fue terrible. Una de ella pereció, casi totalmente, como fulminada. Transculturación fracasada para los indígenas y radical y cruel para los advenedizos. La india sedimentación humana de la sociedad fue destruida en Cuba y hubo que traer y transmigrar toda su nueva población, así la clase de los nuevos dominadores como la de los nuevos dominados. Curioso fenómeno social éste de Cuba, el de haber sido desde el siglo XVI igualmente invasoras, con la fuerza o a la fuerza, todas sus gentes y culturas, todas exógenas y todas desgarradas, con

---

[1] **ciboneyes y guanajabibes:** tribus indígenas que habitaban la isla de Cuba, aniquiladas durante la conquista española.

el trauma del desarraigo original y de su ruda transplantación, a una cultura nueva en creación.

Con los blancos llegó la cultura de Castilla y envueltos en ella vinieron andaluces, portugueses, gallegos, vascos y catalanes. Pudiera decirse que la representación de la cultura ibérica, la blanca subpirenaica. Y también desde las primeras oleadas inmigratorias arribaron genoveses, florentinos, judíos, levantinos y berberiscos, es decir, la cultura mediterránea, mixtura milenaria de pueblos y pigmentos, desde los normandos rubios a los subsaharianos negros. Mientras unos blancos trajeron la economía feudalesca, como conquistadores en busca de saqueo y de pueblos que sojuzgar y hacer pecheros; otros, blancos también, venían movidos por la economía del capitalismo mercantil y aun del industrial que ya alboreaba. En varias economías que llegaban, entre sí resueltas y en transición, a sobreponerse a otras economías también varias y mezcladas, pero primitivas y de imposible adaptación a los blancos de aquel ocaso de la Edad Media. El mero paso del mar ya les cambiaba su espíritu; salían rotos y perdidos y llegaban señores; de dominados en su tierra pasaban a dominadores en la ajena. Y todos ellos, guerreros, frailes, mercaderes y villanos, vinieron en trance de aventura, desgajados de una sociedad vieja para reinjertarse en otra, nueva de climas, de gentes, de alimentos, de costumbres y de azares distintos; todos con las ambiciones tensas o disparadas hacia la riqueza, el poderío y el retorno allende al declinar de su vida; es decir, siempre en empresa de audacia pronta y transitoria, en línea parabólica con principio y fin en tierra extraña y sólo un pasar para el medro en este país de Indias.

No hubo factores humanos más trascendentes para la cubanidad que esas continuas, radicales y contrastantes transmigraciones geográficas, económicas y sociales de los pobladores; que esa perenne transitoriedad de los propósitos y que esa vida siempre en desarraigo de la tierra habitada, siempre en desajuste con la sociedad sustentadora. Hombres, economías, culturas y anhelos todo aquí se sintió foráneo, provisional, cambiadizo, "aves de paso" sobre el país, a su costa, a su contra y a su malgrado.

Con los blancos llegaron los negros, primero de España, entonces cundida de esclavos guineos y congos, y luego directamente de toda la Nigricia. Con ellos trajeron sus diversas culturas, unas selváticas como la de los ciboneyes, otras de avanzada barbarie como la de los *taínos,* y algunos de más complejidad económica y social, como los mandingas, yolofes, hausas, dahomeyanos y yorubas, ya con agricultura, esclavos, moneda, mercados, comercio forastero y gobiernos centralizados y efectivos sobre territorios y poblaciones tan grandes como Cuba; culturas intermedias entre las *taínas* y las aztecas; ya con metales, pero aún sin escritura.

Los negros trajeron con sus cuerpos sus espíritus, pero no sus instituciones ni su instrumentario. Vinieron negros con multitud de procedencias, razas, lenguajes, culturas, clases, sexos y edades, confundidos en los barcos y barracones de la trata y socialmente igualados en un mismo régimen de esclavitud. Llegaron arrancados, heridos y trozados como las cañas en el ingenio y como éstas fueron molidos y estrujados para sacarles su jugo de trabajo. No hubo otro elemento humano en más profunda y continua transmigración de

ambientes, de culturas, de clases y de conciencias. Se traspasaron de una cultura a otra más potente, como los indios; pero éstos sufrieron en su tierra nativa, creyendo que al morir pasaban al lado invisible de su propio mundo cubano, y los negros, con suerte más cruel, cruzaron el mar en agonía y creyendo que aún después de muertos tenían que repasarlo para revivir allá en África con sus padres perdidos. Fueron los negros arrancados de otro continente como los blancos; pero aquéllos fueron traídos sin voluntad ni ambición, forzados a dejar sus antecedentes costumbres tribales para aquí
130   desesperarse en la esclavitud, mientras el blanco, que de su tierra salía desesperado, llegaba a las Indias en orgasmo de esperanzas, trocado en amo ordenador. Y si indios y castellanos en sus agobios tuvieron amparo y consuelo de sus familias, sus prójimos, sus caudillos y sus templos, los negros nada de eso pudieron hallar. Más desgarrados que todos, fueron aglomerados como bestias en jaula, siempre en rabia impotente, siempre en ansia de fuga, de emancipación, de mudanza y siempre en trance defensivo de inhibición, de disimulo y de aculturación, a un mundo nuevo. En tales condiciones de desgarre y amputación social, desde continentes ultraocceánicos, año tras año y siglo tras siglo, miles y miles de seres humanos fueron traídos a Cuba. En
140   mayor o menor grado de disociación estuvieron en Cuba así los negros como los blancos. Todos convivientes, arriba o abajo, en un mismo ambiente de terror y de fuerza; terror del oprimido por el castigo, terror del opresor por la revancha; todos fuera de justicia, fuera de ajuste, fuera de sí. Y todos en trance doloroso de transculturación a un nuevo ambiente cultural.

Después de los negros fueron llegando judíos, franceses, anglosajones, chinos y gentes de todos los rumbos; todas ellas a un *nuevo mundo*, y todas de paso, a un proceso de transplantación y reforma más o menos hirviente.

Entendemos que el vocablo *transculturación* expresa mejor las diferentes fases del proceso transitivo de una cultura a otra, porque éste no consiste solamente en
150   adquirir una distinta cultura, que es lo que en rigor indica la voz anglo-americana *aculturation*, sino que el proceso implica también necesariamente la pérdida o desarraigo de una cultura precedente, lo que pudiera decirse una parcial *desculturación*, y, además, significa la consiguiente creación de nuevos fenómenos culturales que pudieran denominarse de *neoculturación*. Al fin, como bien sostiene la escuela de Malinowski, en todo abrazo de culturas sucede lo que en la cópula genética de los individuos: la criatura siempre tiene algo de ambos progenitores, pero también siempre es distinta de cada uno de los dos. En conjunto, el proceso es una *transculturación*, y este vocablo comprende todas las fases de su parábola.

Estas cuestiones de nomenclatura sociológica no son baladíes para la mejor
160   inteligencia de los fenómenos sociales, y menos en Cuba donde, como en pueblo alguno de América, su historia es una intensísima, complejísima e incesante *transculturación* de varias masas humanas, todas ellas en pasos de transición. El concepto de la *transculturación* es cardinal y elementalmente indispensable para comprender la historia de Cuba y, por análogas razones, la de toda la América en general. Pero no es ésta la ocasión oportuna para extendernos en ese tema.

Sometido el propuesto neologismo, *transculturación* a la autoridad irrecusable de Bronislaw Malinowski, el gran maestro contemporáneo de etnografía y sociología, ha merecido su inmediata aprobación. Con tan eminente padrino, no vacilamos en lanzar el neologismo susodicho.

REFLEXIÓN Y ANÁLISIS

1) Discuta el origen y la función del término "transculturación" tal como éste queda empleado por Ortiz.
2) ¿Qué características tiene el estilo de Ortiz? Discuta el uso de recursos retóricos específicos.
3) ¿Cuál es la actitud de Ortiz respecto de la herencia africana en la cultura cubana?
4) Discuta algunas de las semejanzas con Martí en cuanto al tema de lo autóctono y la importancia de la herencia africana.

BIBLIOGRAFÍA

Bueno, Salvador, ed. *Introducción a la cultura africana en América Latina*. París: UNESCO, 1979.

Castells, Ricardo. "Ficción y nacionalismo económico en el Contrapunteo cubano de Fernando Ortiz." *Journal of Interdisciplinary Literary Studies/Cuadernos Interdisciplinarios de Estudios Literarios* 4.1–2 (1992): 55–70.

Coronil, Fernando. "Challenging Colonial Histories: Cuban Counterpoint/Ortiz Counterfetishism." *Critical Theory, Cultural Politics and Latin American Narrative*. Eds. Steven M. Bell et al. Notre Dame/London: University of Notre Dame Press, 1993. 61–80.

Gutiérrez Solana, Alberto de la. "En torno a Fernando Ortiz, lo afrocubano y otros ensayos." *En El ensayo y la crítica literaria en Iberoamérica*. Toronto: University of Toronto Press, 1970. 81–87.

Ibarra, Jorge. "La herencia científica de Fernando Ortiz." *Revista Iberoamericana* 152–153 (1990): 1339–51.

Le Riverend, Julio. "Fernando Ortiz y su obra cubana." *Unión* (diciembre 1972): 119–49.

———. "Don Fernando Ortiz en la historiografía cubana." *Anales del Caribe* 2 (1982): 45–60.

Lizaso, Félix. *Ensayistas contemporáneos* (1900–1920). La Habana: n. p., 1938.

Orbita de Fernando Ortiz. Selección y prólogo. Julio Le Riverend. La Habana: UNEAC, 1973.

Ortiz, Fernando. "El fenómeno social de la transculturación y su importancia en Cuba." *Revista Bimestre Cubana* 46.2 (1940), 273–78.

Pérez Firmat, Gustavo. *The Cuban Condition: Translation and Identity in Modern Cuban Literature*. Cambridge, U.K.: Cambridge University Press, 1989.

Elzbieta Sklodowska

JOSÉ CARLOS MARIÁTEGUI (1894–1930)

José Carlos Mariátegui es un pensador político y ensayista de importancia medular en América Latina en el siglo XX, quien se destacó por su agudo y heterodoxo análisis de la historia y literatura peruanas, aplicando ideas marxistas a la realidad peruana pero sometiéndolas a modificaciones importantes.

Nacido en 1894 en Moquegua, al sur del Perú, en una familia de escasos recursos, el joven Mariátegui sufre de mala salud, condición que le perseguirá toda la vida. El padre abandona a la familia apenas nacido Mariátegui y la pobreza familiar impide que el joven ingrese a la escuela secundaria. Años después, el escritor declarará con orgullo que era autodidacta. En 1919 Mariátegui viaja a Europa con un puesto oficial periodístico en Italia, donde se quedará dos años y medio, seguido por año y medio más de viajes por el continente, con estancias en Berlín, París y otras ciudades. Antes de partir a Europa ya había escrito numerosos artículos de crítica literaria y de arte, poemas, cuentos y dramas, además de haber colaborado en la creación de dos periódicos y una revista, aunque el escritor luego llamaría este período de su vida la "edad de piedra".

Después de testimoniar los años de pos-guerra en Europa y haberse instruido a través de voluminosas lecturas socio-políticas, Mariátegui vuelve al Perú en 1923 siendo un marxista convencido. De nuevo en Lima, retoma su labor periodística, pero con una orientación claramente izquierdista, y comienza a enseñar en universidades populares, dispersando ideas socialistas y analizando la situación nacional y mundial.

En 1924, los problemas físicos de su juventud se agudizan por causa de la intensa labor intelectual, hasta que tienen que amputarle la pierna derecha. Después de su recuperación, se dedica de nuevo a escribir artículos. En 1926 funda la importante revista *Amauta*, en colaboración con escritores vanguardistas y con intelectuales que luego ocuparán puestos importantes en los partidos socialistas y comunistas y en la Alianza Popular Revolucionaria Americana (APRA). *Amauta* publicará veintinueve números entre 1926 y 1930 y será una revista de suma importancia en la vida intelectual peruana, uno de los focos del debate sobre el indigenismo literario en el Perú. Durante estos años, Mariátegui colabora en la fundación del Partido Socialista del Perú (1928) y la Confederación General de Trabajadores del Perú (1929). Muere en 1930, a la edad de treinta y seis años.

La obra literaria de Mariátegui es amplia, aunque sólo publicó en su vida dos libros en los años veinte, los cuales eran recopilaciones de sus artículos publicados en revistas y periódicos. Esta obra se divide en dos etapas una que abarca su producción antes de viajar a Europa y la segunda, una época madura iniciada con el viaje. Como muchos de su generación, Mariátegui refleja en sus primeros escritos lecturas modernistas, aunque las revistas que funda antes del viaje criticaron este movimiento e intentaron trazar una nueva estética, sin conseguirlo del todo. Sobre todo, éstos son años de aprendizaje literario y cuestionamiento religioso. Como católico devoto, Mariátegui buscaba una manera de compaginar su fe religiosa con su naciente interés político y su percepción de injusticia social. Según Chang-Rodríguez, aunque estas primeras obras son contradictorias a veces, pues les falta la coherencia ideológica de su producción madura, muestran algunas características importantes presentes en toda su producción: religiosidad profunda, antipositivismo académico, irracionalismo filosófico, oposición a los gestos tradicionales de la academia, exaltación del heroísmo, y heterodoxia.

La obra más importante de Mariátegui es una colección de ensayos que publicó en 1928, *Siete ensayos de interpretación de la realidad peruana*, en la que el pensador analiza la historia y literatura peruanas con el fin de concebir una nueva sociedad basada en un socialismo indigenista. Aquí, Mariátegui traduce el modelo marxista a la realidad peruana, insistiendo en que las prácticas comunitarias indígenas del país pueden servir de base para la nueva sociedad socialista. Sin embargo, esto no significaba una vuelta nostálgica al pasado incaico, porque el impulso socialista indígena había sobrevivido cinco siglos de persecución, primero por la Colonia y luego por la República. Mariátegui no llegó a precisar cómo se iba a implementar esta nueva sociedad, pero había formulado la parte esencial, porque para el pensador peruano lo más importante era el mito que guiaría la revolución. Siguiendo a George Sorel y apartándose del marxismo "científico", Mariátegui percibió paralelos entre el socialismo y la religión. Aseveraba que el hombre era un ser metafísico y que necesitaba una concepción metafísica de la vida, es decir, un mito que guiara su movimiento en la historia. Y el mito que iba a substituir los mitos frustrados de la burguesía sería el del socialismo indigenista. A pesar de que estas ideas separaron a Mariátegui de los comunistas ortodoxos de la época y de otros izquierdistas nacionalistas como Víctor Raúl Haya de la Torre, fundador del APRA, han tenido una influencia decisiva en el desarrollo del pensamiento izquierdista latinoamericano a lo largo del siglo. Mariátegui, por ejemplo, puede ser visto como un precursor de la teología de la liberación (ver Gustavo Gutiérrez, en esta antología), movimiento socio-religioso de gran importancia para Latinoamérica. Ligado a su anticientificismo, Mariátegui pensaba que la revolución socialista no provendría del colapso inevitable de la economía burguesa, sino de una voluntad de lucha y trabajo tenaz, es decir, a través del voluntarismo y no de una sucesión de etapas económicas predeterminadas. Un corolario a estas ideas fue su entrañable fe en la capacidad inventiva y revolucionaria de las masas obreras y campesinas y su resistencia a un intelectualismo elitista que se ufanaba de ser la fuente primaria de ideas revolucionarias. Pero el aspecto más innovador del pensamiento de Mariátegui fue su adaptación de las ideas marxistas a la realidad peruana a través de su consideración del problema del indio. Para Mariátegui, solamente a través de la incorporación de la masa indígena a un proceso de construcción nacional se podía lograr la creación del socialismo en el Perú, que sería un socialismo indoamericano.

De *Siete ensayos de interpretación de la realidad peruana*

El problema de la tierra

EL PROBLEMA AGRARIO Y EL PROBLEMA DEL INDIO

Quienes desde puntos de vista socialistas estudiamos y definimos el problema del indio, empezamos por declarar absolutamente superados los puntos de vista humanitarios o filantrópicos, en que, como una prolongación de la apostólica batalla del padre de Las Casas[1], se apoyaba la antigua campaña pro-indígena. Nuestro primer esfuerzo tiende a establecer su carácter de problema fundamentalmente económico. Insurgimos primeramente, contra la tendencia instintiva — y defensiva— del criollo o "misti", a reducirlo a un problema exclusivamente administrativo, pedagógico, étnico o moral, para escapar a toda costa del plano de la economía. Por esto, el más absurdo de los reproches que se nos pueden dirigir es el de lirismo o literaturismo. Colocando en primer plano el problema económico-social, asumimos la actitud menos lírica y menos literaria posible. No nos contentamos con reivindicar el derecho del indio a la educación, a la cultura, al progreso, al amor y al cielo. Comenzamos por reivindicar, categóricamente, su derecho a la tierra. Esta reivindicación perfectamente materialista debería bastar para que no se nos confundiese con los herederos o repetidores del verbo evangélico del gran fraile español, a quien, de otra parte, tanto materialismo no nos impide admirar y estimar fervorosamente.

Y este problema de la tierra —cuya solidaridad con el problema del indio es demasiado evidente— tampoco nos avenimos a atenuarlo o adelgazarlo oportunamente. Todo lo contrario. Por mi parte, yo trato de plantearlo en términos absolutamente inequívocos y netos.

El problema agrario se presenta, ante todo, como el problema de la liquidación de la feudalidad[2] en el Perú. Esta liquidación debía haber sido realizada ya por el régimen demoburgués formalmente establecido por la revolución de la Independencia. Pero en el Perú no hemos tenido, en cien años de república, una verdadera clase burguesa, una verdadera clase capitalista. La antigua clase feudal —camuflada o disfrazada de burguesía republicana— ha conservado sus posiciones. La política de desamortización[3] de la propiedad agraria iniciada por la revolución de la Independencia —como una consecuencia lógica de su ideología—, no condujo al desenvolvimiento de la pequeña propiedad. La vieja clase terrate-

---

[1] **Las Casas:** Bartolomé de Las Casas (1474–1566), fraile dominico español, gran defensor de los indios, llamado el "Apóstol de los indios".

[2] **feudalidad:** de feudo, contrato por el cual los soberanos en la Edad Media concedían tierras, obligándose el que las recibía a

guardar fidelidad de vasallo al donante, prestarle el servicio militar, etc.

[3] **desamortización:** acción de dejar libres los bienes pasados a manos muertas; poner en venta tierras o bienes pasados a manos muertas.

niente no había perdido su predominio. La supervivencia de un régimen de lati-
fundistas produjo, en la práctica, el mantenimiento del latifundio[4]. Sabido es que
la desamortización atacó más bien a la comunidad[5]. Y el hecho es que, durante un
siglo de república, la gran propiedad agraria se ha reforzado y engrandecido a des-
pecho del liberalismo teórico de nuestra Constitución y de las necesidades prácticas del desarrollo de nuestra economía capitalista.

Las expresiones de la feudalidad sobreviviente son dos: latifundio y servidumbre. Expresiones solidarias y consustanciales, cuyo análisis nos conduce a la
40   conclusión de que no se puede liquidar la servidumbre, que pesa sobre la raza
indígena, sin liquidar el latifundio.

Planteado así el problema agrario del Perú, no se presta a deformaciones equí-
vocas. Aparece en toda su magnitud de problema económico-social —y por tanto
político— del dominio de los hombres que actúan en este plano de hechos e
ideas. Y resulta vano todo empeño de convertirlo, por ejemplo, en un problema
técnico-agrícola del dominio de los agrónomos.

Nadie ignora que la solución liberal de este problema sería, conforme a la ideo
logía individualista, el fraccionamiento de los latifundios para crear la pequeña
propiedad. Es tan desmesurado el desconocimiento, que se constata a cada paso,
50   entre nosotros, de los principios elementales del socialismo, que no será nunca
obvio ni ocioso insistir en que esta fórmula —fraccionamiento de los latifundios
en favor de la pequeña propiedad— no es utopista, ni herética, ni revolucionaria,
ni bolchevique, ni vanguardista, sino ortodoxa, constitucional, democrática, capitalista y burguesa. Y que tiene su origen en el ideario liberal en que se inspiran los
estatutos constitucionales de todos los Estados demoburgueses. Y que en los países de la Europa central y oriental —donde la crisis bélica trajo por tierra las últimas murallas de la feudalidad, con el consenso del capitalismo de Occidente que
desde entonces opone precisamente a Rusia este bloque de países antibolchevi-
ques— en Checoslovaquia, Rumania, Polonia, Bulgaria, etcétera, se ha sanciona-
60   do leyes agrarias que limitan, en principio, la propiedad de la tierra, al máximo
de 500 hectáreas.

Congruentemente con mi posición ideológica, yo pienso que la hora de ensayar
en el Perú el método liberal, la fórmula individualista, ha pasado ya. Dejando aparte las razones doctrinales, considero fundamentalmente este factor incontestable y
concreto que da un carácter peculiar a nuestro problema agrario: la supervivencia
de la comunidad, y de elementos de socialismo práctico en la agricultura y la vida
indígenas.

Pero quienes se mantienen dentro de la doctrina demoliberal —si buscan de
veras una solución al problema del indio, que redima a éste, ante todo, de su ser-
70   vidumbre— pueden dirigir la mirada a la experiencia checa o rumana, dado que

---

[4]**latifundio:** finca de gran extensión.
[5]**comunidad:** en este caso, la comunidad
  indígena.

la mexicana, por su inspiración y su proceso, les parece un ejemplo peligroso. Para ellos es aún tiempo de propugnar la fórmula liberal. Si lo hicieran, lograrían, al menos, que en el debate del problema agrario provocado por la nueva generación, no estuviese del todo ausente el pensamiento liberal, que, según la historia escrita, rige la vida del Perú desde la fundación de la República.

COLONIALISMO-FEUDALISMO

El problema de la tierra esclarece la actitud vanguardista o socialista, ante las supervivencias del virreinato. El "perricholismo"[6] literario no nos interesa sino como signo o reflejo del colonialismo económico. La herencia colonial que queremos liquidar no es, fundamentalmente, la de "tapadas"[7] y celosías, sino la del régimen económico feudal, cuyas expresiones son el gamonalismo,[8] el latifundio y la servidumbre. La literatura colonialista —evocación nostálgica del virreinato y de sus fastos— no es para mí sino el mediocre producto de un espíritu engendrado y alimentado por ese régimen. El virreinato no sobrevive en el "perricholismo" de algunos trovadores y algunos cronistas. Sobrevive en el feudalismo, en el cual se asienta, sin imponerle todavía su ley, un capitalismo larvado e incipiente. No renegamos, propiamente, la herencia española: renegamos la herencia feudal.

España nos trajo el medievo: inquisición, feudalidad, etcétera. Nos trajo, luego, la contrarreforma: espíritu reaccionario, método jesuítico, casuismo escolástico.[9] De la mayor parte de estas cosas nos hemos ido liberando, penosamente, mediante la asimilación de la cultura occidental, obtenida a veces a través de la propia España. Pero de su cimiento económico, arraigado en los intereses de una clase cuya hegemonía no canceló la revolución de la Independencia, no nos hemos liberado todavía. Los raigones[10] de la feudalidad están intactos. Su subsistencia es responsable, por ejemplo, del retardamiento de nuestro desarrollo capitalista.

El régimen de propiedad de la tierra determina el régimen político y administrativo de toda nación. El problema agrario —que la República no ha podido hasta ahora resolver—, domina todos los problemas de la nuestra. Sobre una economía semifeudal no pueden prosperar ni funcionar instituciones democráticas y liberales.

---

[6]**perricholismo:** de Micaela Villegas (1739–1819), actriz peruana conocida como La Perricholi, amante del Virrey Manuel Amat y Junyent. Mujer representativa de la tapada rebelde y de la burguesía acomodada, figura inspiradora de una abundante literatura.

[7]**tapada:** mujer que se tapa con el manto o pañuelo para no ser conocida, costumbre típica de la época colonial.

[8]**gamonalismo:** caciquismo; régimen sucesor de la feudalidad colonial. Según Mariátegui, "el factor central del fenómeno es la hegemonía de la gran propiedad semifeudal en la política y el mecanismo del estado".

[9]**casuismo escolástico:** doctrina de la iglesia católica sobre teología moral, con respecto a la aplicación de los principios morales, a casos concretos de las acciones humanas.

[10]**raigón:** raíz.

En lo que concierne al problema indígena, la subordinación al problema de la tierra resulta más absoluta aún, por razones especiales. La raza indígena es una raza de agricultores. El pueblo incaico era un pueblo de campesinos, dedicados ordinariamente a la agricultura y el pastoreo. Las industrias, las artes, tenían un carácter doméstico y rural. En el Perú de los incas era más cierto que en pueblo alguno el principio de que "la vida viene de la tierra". Los trabajos públicos las obras colectivas, más admirables del Tawantinsuyo,[11] tuvieron un objeto militar, religioso o agrícola. Los canales de irrigación de la sierra y de la costa, los andenes y terrazas de cultivo de los Andes, quedan como los mejores testimonios del grado de organización económica alcanzado por el Perú incaico. Su civilización se caracterizaba, en todos sus rasgos dominantes, como una civilización agraria. "La tierra —escribe Valcárcel estudiando la vida económica del Tawantinsuyo— en la tradición regnícola[12] es la madre común: de sus entrañas no sólo salen los frutos alimenticios, sino el hombre mismo. La tierra depara todos los bienes. El culto de la Mama Pacha[13] es par de la heliolatría,[14] y como el sol no es de nadie en particular, tampoco el planeta lo es. Hermanados los dos conceptos en la ideología aborigen, nació el agrarismo, que es propiedad comunitaria de los campos y religión universal del astro del día".[15]

Al comunismo incaico —que no puede ser negado ni disminuido por haberse desenvuelto bajo el régimen autocrático de los incas— se le designa por esto como comunismo agrario. Los caracteres fundamentales de la economía incaica —según César Ugarte, que define en general los rasgos de nuestro proceso con suma ponderación— eran los siguientes: "Propiedad colectiva de la tierra cultivable por el ayllu o conjunto de familias emparentadas, aunque dividida en lotes individuales intransferibles; propiedad colectiva de las aguas, tierras de pasto y bosques por la marca o tribu, o sea la federación de ayllus establecidos alrededor de una misma aldea; cooperación común en el trabajo; apropiación individual de las cosechas y frutos".[16]

La destrucción de esta economía —y por ende de la cultura que se nutría de su savia— es una de las responsabilidades menos discutibles del coloniaje, no por haber constituido la destrucción de las formas autóctonas, sino por no haber traído consigo su sustitución por formas superiores. El régimen colonial desorganizó y aniquiló la economía agraria incaica, sin remplazarla por una economía de mayores rendimientos. Bajo una aristocracia indígena, los nativos componían una nación de diez millones de hombres, con un Estado eficiente y orgánico cuya acción arribaba a todos los ámbitos de su soberanía; bajo una aristocracia extranjera los

---

[11]**Tawantinsuyo:** nombre antiguo del imperio incaico.
[12]**regnícola:** natural de un reino.
[13]**Mama Pacha:** madre tierra, en quechua.
[14]**heliolatría:** adoración del sol.

[15]Luis E. Valcárcel, *Del ayllu al imperio,* p. 166 [nota del autor].
[16]César Antonio Ugarte, *Bosquejo de la historia económica del Perú,* p. 9 [nota del autor].

nativos se redujeron a una dispersa y anárquica masa de un millón de hombres, caídos en la servidumbre y el "fellahismo".[17]

140 El dato demográfico es, a este respecto, el más fehaciente[18] y decisivo. Contra todos los reproches que —en el nombre de conceptos liberales, esto es, modernos, de libertad y justicia— se puedan hacer al régimen incaico, está el hecho histórico —positivo, material— de que aseguraba la subsistencia y el crecimiento de una población que, cuando arribaron al Perú los conquistadores, ascendía a diez millones y que, en tres siglos de dominio español, descendió a un millón. Este hecho condena al coloniaje y no desde los puntos de vista abstractos o teóricos o morales —o como quiera calificárseles— de la justicia, sino desde los puntos de vista prácticos, concretos y materiales de la utilidad.

El coloniaje, impotente para organizar en el Perú al menos una economía feu-
150 dal, injertó en ésta elementos de economía esclavista.

LA POLÍTICA DEL COLONIAJE: DESPOBLACIÓN Y ESCLAVITUD

Que el régimen colonial español resultara incapaz de organizar en el Perú una economía de puro tipo feudal se explica claramente. No es posible organizar una economía sin claro entendimiento y segura estimación, si no de sus principios, al menos de sus necesidades. Una economía indígena, orgánica, nativa se forma sola. Ella misma determina espontáneamente sus instituciones. Pero una economía colonial se establece sobre bases en parte artificiales y extranjeras, subordinada al interés del colonizador. Su desarrollo regular depende de la aptitud de éste para adaptarse a las condiciones ambientales o para transformarlas.

160 El colonizador español carecía radicalmente de esta aptitud. Tenía una idea, un poco fantástica, del valor económico de los tesoros de la naturaleza, pero no tenía casi idea alguna del valor económico del hombre.

La práctica de exterminio de la población indígena y de la destrucción de sus instituciones —en contraste muchas veces con las leyes y providencias de la metrópoli[19]— empobrecía y desangraba al fabuloso país ganado por los conquistadores para el rey de España, en una medida que éstos no eran capaces de percibir y apreciar. Formulando un principio de la economía de su época, un estadista sudamericano del siglo XIX debía decir más tarde, impresionado por el espectáculo de un continente semidesierto: "Gobernar es poblar".[20] El coloniza-
170 dor español, infinitamente lejano de este criterio, implantó en el Perú un régimen de despoblación.

---

[17]**fellahismo:** de fellah, campesino o trabajador de Egipto o de otro país de habla árabe.

[18]**fehaciente:** fidedigno.

[19]**metrópoli:** la nación dominante, respecto a sus colonias.

[20]**"Gobernar es poblar":** máxima de Juan Bautista Alberdi (1810-1884), político y ensayista argentino que escribió *Bases y puntos de partida para la organización política de la República Argentina,* 1852.

La persecución y esclavizamiento de los indios deshacía velozmente un capital subestimado en grado inverosímil por los colonizadores: el capital humano. Los españoles se encontraron cada día más necesitados de brazos para la explotación y aprovechamiento de las riquezas conquistadas. Recurrieron entonces al sistema más antisocial y primitivo de colonización: el de la importación de esclavos. El colonizador renunciaba así, de otro lado, a la empresa para la cual antes se sintió apto el conquistador: la de asimilar al indio. La raza negra traída por él tenía que servir, entre otras cosas, para reducir el desequilibrio demográfico entre el blanco y el indio.

La codicia de los metales preciosos —absolutamente lógica en un siglo en que tierras tan distantes casi no podían mandar a Europa otros productos— empujó a los españoles a ocuparse preferentemente en la minería. Su interés pugnaba por convertir en un pueblo minero al que, bajo los incas y desde sus más remotos orígenes, había sido un pueblo fundamentalmente agrario. De este hecho nació la necesidad de imponer al indio la dura ley de la esclavitud. El trabajo del agro, dentro de un régimen naturalmente feudal, hubiera hecho del indio un siervo vinculándolo a la tierra. El trabajo de las minas y las ciudades, debía hacer de él un esclavo. Los españoles establecieron, con el sistema de las "mitas", el trabajo forzado, arrancando al indio de su suelo y de sus costumbres.

La importación de esclavos negros que abasteció de braceros[21] y domésticos a la población española de la costa, donde se encontraba la sede[22] y la corte del virreinato, contribuyó a que España no advirtiera su error económico y político. El esclavismo se arraigó en el régimen viciándolo y enfermándolo. [. . .]

LA "COMUNIDAD" Y EL LATIFUNDIO

La defensa de la "comunidad" indígena no reposa en principios abstractos de justicia ni en sentimentales consideraciones tradicionalistas, sino en razones concretas y prácticas de orden económico y social. La propiedad comunal no representa en el Perú una economía primitiva a la que haya remplazado gradualmente una economía progresiva fundada de la propiedad individual. No; las "comunidades" han sido despojadas de sus tierras en provecho del latifundio feudal o semifeudal, constitucionalmente incapaz de progreso técnico.[23]

[. . .]

---

[21]**bracero:** peón, jornalero no especializado.

[22]**sede:** asiento o trono de un prelado; lugar donde tiene su domicilio una entidad económica, literaria, etc.

[23]"Escrito este trabajo, encuentro en el libro de Haya de la Torre *Por la emancipación de la América Latina,* conceptos que coinciden absolutamente con los míos sobre la cuestión agraria en general y sobre la comunidad indígena en particular. Partimos de los mismos puntos de vista, de manera que es forzoso que nuestras conclusiones sean también las mismas" [nota del autor].

La "comunidad", en cambio, de una parte acusa capacidad efectiva de desarrollo y transformación y de otra parte se presenta como un sistema de producción que mantiene vivos en el indio los estímulos morales necesarios para su máximo rendimiento como trabajador. Castro Pozo hace una observación muy justa cuando escribe que "la comunidad indígena conserva dos grandes principios económicos sociales que hasta el presente ni la ciencia sociológica ni el empirismo de los grandes industrialistas han podido resolver satisfactoriamente: el contrato múltiple del trabajo y la realización de éste con menor desgaste fisiológico y en un ambiente de agradabilidad, emulación y compañerismo".[24]

Disolviendo o relajando la "comunidad", el régimen del latifundio feudal no sólo ha atacado una institución económica, sino también, y sobre todo, una institución social que defiende la tradición indígena, que conserva la función de la familia campesina y que traduce ese sentimiento jurídico popular al que tan alto valor asignan Proudhon[25] y Sorel.[26]

REFLEXIÓN Y ANÁLISIS

1) ¿Cuál es el problema esencial del indio, según Mariátegui?
2) ¿En qué forma ha sobrevivido la feudalidad en el Perú?
3) ¿Cómo se caracteriza la economía incaica, según Mariátegui y sus fuentes?
4) ¿Cómo se diferencia el comunismo moderno del comunismo incaico, según Mariátegui?
5) Compare las ideas políticas y económicas de Mariátegui con las de Víctor Raúl Haya de la Torre, importante pensador político peruano, creador del partido nacionalista APRA.

---

[24]Castro Pozo, op. cit., p. 47. El autor tiene observaciones muy interesantes sobre los elementos espirituales de la economía comunitaria. "La energía, perseverancia e interés —apunta— con que un comunero siega, gavilla el trigo o la cebada, quipicha [quipichar: cargar a la espalda. Costumbre indígena extendida en toda la sierra. Los cargadores, fleteros y estibadores de la costa, cargan sobre el hombro] y desfila, a paso ligero, hacia la era alegre, corriéndole una broma al compañero o sufriendo la del que va detrás halándole el extremo de la manta, constituyen una tan honda y decisiva diferencia, comparados con la desidia, frialdad, laxitud del ánimo y al parecer, cansancio, con que prestan sus servicios los yanacones, en idénticos trabajos u otros de la misma naturaleza; que a primera vista salta el abismo que diversifica el valor de ambos estados psicofísicos, y la primera interrogación que se insinúa al espíritu, es la de ¿qué influencia ejerce en el proceso del trabajo su objetivación y finalidad concreta e inmediata?" [nota del autor]

[25]Proudhon, Pierre-Joseph: (1809–65), socialista libertario francés. El anarquismo como movimiento proviene de las enseñanzas de Proudhon.

[26]Georges Sorel: (1847–1922), sociólogo francés, autor de *Reflexiones sobre la violencia* y otras obras sobre filosofía y economía. Importante influencia sobre el pensamiento de Mariátegui.

6) Investigue las semejanzas y diferencias entre el pensamiento político de César Vallejo y el de Mariátegui.

7) Investigue la apropiación del pensamiento marateguiano por el grupo terrorista peruano Sendero Luminoso.

8) ¿Cuáles diferencias hay entre el pensamiento político de Mariátegui y el comunismo tradicional del primer tercio del siglo?

BIBLIOGRAFÍA

Baines, John M. *Revolution in Peru: Mariátegui and the Myth*. University, Ala.: University of Alabama Press, 1972.

Basadre, Jorge. Introduction. *Seven Interpretative Essays on Peruvian Reality*. José Carlos Mariátegui. Trad. Marjori Urquidi. Austin: University of Texas Press, 1971. ix–xxxiv.

Chang-Rodríguez, Eugenio. *Poética e ideología en José Carlos Mariátegui*. Madrid: Porrúa Turanzas, 1983.

————. "Vallejo y Mariátegui: convergencias y divergencias." *Cuadernos Hispanoamericanos* 454–455 (1988): 13–25.

Chavarría, Jesús. *José Carlos Mariátegui and the Rise of Modern Peru (1890–1930)*. Albuquerque: University of New Mexico Press, 1979.

Mariátegui, José Carlos. *Siete ensayos de interpretación de la realidad peruana*. México: Era, 1979.

Terán, Óscar. *Discutir Mariátegui*. Puebla, México: Universidad Autónoma de Puebla, 1985.

Ben Heller

NICOLÁS GUILLÉN (1902–1990)

Nicolás Guillén, considerado uno de los más importantes poetas hispanos, nació en Camagüey, Cuba en 1902. Pertenece a una familia afro hispana, cuyo padre llegó a ser editor del periódico *Las Dos Repúblicas*. Después de la muerte de su padre en 1917, cuando Guillén tenía apenas 14 años, se dedica al estudio de leyes y comienza su interés en la poesía. Sus primeros poemas se publican en la revista *Camagüey Gráfico* (1919). Por razones económicas tiene que interrumpir sus estudios de leyes en la Habana y en 1923 vuelve a Camagüey donde funda la revista *Lis,* con el apoyo de uno de sus hermanos. En este órgano comienza a publicar poemas de una sencillez directa que llegarán a ser un modelo de su futura producción artística.

El interés en las culturas africanas fue notado principalmente por las vanguardias artísticas europeas a partir de 1910. La publicación de los ensayos antropológicos de Leon Frobenius *Der Schwartze Dekameron* (*El decamerón negro*); la obra monumental de Oswald Spengler, *The Decline of the West;* los ensayos de Fernando Ortiz y Lydia Cabrera en Cuba; el subsiguiente interés en las culturas africanas por Picasso en el campo de la pintura en su cuadro *Les demoiselles d'Avignon;* los poemas de Federico García Lorca de su estadía en Nueva York; Josephine Baker en la danza, y un número de artistas del jazz de los Estados Unidos, influyeron en la poesía de Guillén. Es éste un período que corresponde al auge del grupo Harlem Renaissance en los Estados Unidos, y el movimiento Indigenista de Haití. En su obra poética, reproduce una serie de "Poemas de transición" que según el critico Keith Ellis, representan una ruptura con la poesía vanguardista de la época. Si existe la tendencia de experimentar con imágenes audaces, donde "lo abstracto se representa abruptamente con lo concreto" (Ellis, 58), se nota también un tono lúdico característico de la poesía de vanguardia. Aparece su interés por la elegía, forma que empleará con mucho éxito en sus futuros poemas. El mismo crítico señala que en esta época, Guillén ya hacía referencias al poder imperialista de los Estados Unidos, tema que se desarrollará en casi toda su obra.

En *Motivos de son* (1930), su primer libro de poemas, reproduce la cadencia rítmica del habla y la danza afro-cubana con el propósito de definir una identidad nacional y captar las esencias básicas culturales y espirituales de sus antepasados. El son, una combinación de formas estructurales basada en los romances españoles de los siglos XV y XVI, con motivos africanos populares, refleja todas las tensiones producidas por las dos culturas. El mismo Guillén, en su prólogo a la colección de poemas *Sóngoro cosongo* (1931), ha mencionado esta posición transcultural, reafirmando a la vez lo positivo de las contribuciones culturales africanas al proceso histórico de su país. Desde luego, su orgullo por la cultura africana, nunca se convierte en vehículo para proclamar una superioridad de una raza sobre la otra. En los quince poemas de esta colección, Guillén pone en evidencia los problemas raciales de la isla y la desigualdad social y política que se manifiesta en las dos culturas. Ataca también la presencia imperialista norteamericana, tema que logrará intensificarse a lo largo de toda su obra, ya evidente en los poemas de *West Indies, Ltd.* (1934), y principalmente en *El diario que a diario* (1972). "Sensemayá: canto para matar una culebra", de *West Indies, Ltd.*, es un poema alegórico que se refiere al período de la esclavitud en Cuba. Según Vera M. Kutzinski, es un poema basado en la danza y el canto ritual que se celebraba durante el Día de Reyes que capta todos los aspectos carnavalescos de la fiesta. El carnaval, como algo que subvierte toda una vida normal, subraya en un plano alegórico la resistencia afro-cubana frente al poder esclavista e imperialista. En "Balada de los dos abuelos", sugiere una simbiosis de las dos culturas básicas de la isla: la blanca y la negra.

En 1937 publica *Cantos para soldados y sones para turistas,* en México, y en España, *Poema en cuatro angustias y una esperanza*, éste basado en el conflicto de la Guerra Civil Española. Es éste un período marcado por un profundo fervor militante y político por parte de nuestro poeta. Con César Vallejo, Pablo Neruda, Octavio Paz, y otros artistas e intelectuales de izquierda, participó en el Segundo Congreso Internacional de Escritores para la Defensa de la Cultura que tuvo lugar en 1937 con sesiones en Barcelona, Valencia, Madrid y París. Uno de los más discutidos temas de este congreso fue el del papel del intelectual y los límites de su participación en los aspectos socio-políticos de la época. Como muchos de sus coetáneos, Guillén asumió una postura militante. No bastaba señalar las desigualidades de clase; el intelectual y el artista tenían que ponerse al servicio de las masas con la esperanza de cambiar las condiciones existentes.

Se une a Neruda y a Vallejo, al dedicar un poema a la Guerra Civil: "España: poema en cuatro angustias y una esperanza" (1937).

Cuando vuelve a Cuba en 1938 participa en la revista *Hoy*, órgano del Partido Comunista cubano. Dedica una serie de elegías a varios escritores y en 1958 las publica bajo el título *Elegías*. "El apellido", uno de los poemas de esta colección, cuestiona los problemas de una identidad cultural, común en muchos cubanos de origen africano.

El son entero; suma poética (1947), publicado en Buenos Aires, reúne una selección de sus poemas e incluye su única obra teatral "Poema con niños", originalmente estrenada en la Habana en 1943. Sus actividades políticas lo llevaron a congresos y conferencias por todo el mundo. Fue detenido dos veces por sus ataques al gobierno del dictador Fulgensio Batista y en 1953 viaja a Chile y comienza un exilio que duró seis años.

La paloma de vuelo popular (1957) es una colección de poemas dedicados a la paz universal con un gran sentido de solidaridad con los pobres de la tierra. El triunfo de la revolución cubana significó para Guillén la realización de todos sus sueños utópicos. Vuelve a Cuba donde se dedica con fervor a los ideales de la revolución.

Tengo (1964), celebra la victoriosa revolución y reafirma el valor fundamental del mestizaje cubano que la historia parece haber olvidado.

El gran zoo (1967), contiene poemas satíricos y a la vez humorísticos. Mientras desmitifica una sociedad imperialista, señala toda una gama de factores de la sociedad latinoamericana que se pueden entender bajo la rúbrica de "realismo mágico".

La rueda dentada (1972), insiste en la necesidad de funcionar dentro del nuevo sistema revolucionario para el bien de todos. Una obra ambiciosa en el ámbito estructural es *Diario que a diario* (1972 —segunda edición 1979), donde intensifica su sentido de solidaridad hacia la revolución cubana en un estudio de su historia, usando recortes de periódicos, fragmentos editoriales, recortes publicitarios y documentos oficiales.

De *Motivos de son*, 1930

Negro bembón

¿Por qué te pone tan bravo,
cuando te dicen negro bembón,[1]
si tiene la boca santa,
negro bembón?

Bembón así como ere
tiene de to:
Caridad te mantiene,
te lo da to.

Te queja todavía,
10 negro bembón;
sin pega y con harina,
negro bembón,
majagua de dril[2] blanco,
negro bembón;
zapato de do tono,
negro bembón . . .

Bembón así como ere,
tiene de to;
¡Caridad te mantiene,
20 te lo da to!

---

[1]**negro bembón:** bembón de labios gruesos.
[2]**majagua de dril:** chaqueta de algodón.

De *Songora cosongo,* 1931

El abuelo

Esta mujer angélica de ojos septentrionales,
que vive atenta al ritmo de su sangre europea,
ignora que en lo hondo de ese ritmo golpea
un negro el parche duro de roncos atabales.[1]

Bajo la línea escueta de su nariz aguda,
la boca, en fino trazo, traza una raya breve,
y no hay cuervo que manche la geografía de nieve
de su carne, que fulge temblorosa y desnuda.

¡Ah, mi señora! Mírate las venas misteriosas;
boga en el agua viva que allá dentro te fluye,
y ve pasando lirios, nelumbios, lotos, rosas;
que ya verás, inquieta, junto a la fresca orilla
la dulce sombra oscura del abuelo que huye,
el que rizó por siempre tu cabeza amarilla.

De *West Indies, Ltd.,* 1934

Sensemayá[2]

Canto para matar una culebra

¡Mayombe—bombe—mayombé!
¡Mayombe—bombe—mayombé!
¡Mayombe—bombe—mayombé!

La culebra tiene los ojos de vidrio;
La culebra viene y se enreda en un palo;
con sus ojos de vidrio, en un palo,
con sus ojos de vidrio.

---

[1]**atabales:** tambores.
[2]**Sensemayá:** Diosa afrocubana representada por una serpiente.

La culebra camina sin patas;
la culebra se esconde en la yerba;
caminando se esconde en la yerba,
caminando sin patas.

¡Mayombe—bombe—mayombé!
¡Mayombe—bombe—mayombé!
¡Mayombe—bombe—mayombé!

Tú le das con el hacha, y se muere:
¡dale ya!
¡No le des con el pie, que te muerde,
no le des con el pie, que se va!

Sensemayá, la culebra,
sensemayá.
Sensemayá, con sus ojos,
sensemayá.
Sensemayá, con su lengua,
sensemayá.
Sensemayá, con su boca,
sensemayá.

La culebra muerta no puede comer;
la culebra muerta no puede silbar;
no puede caminar,
no puede correr.
La culebra muerta no puede mirar;
la culebra muerta no puede beber;
no puede respirar,
no puede morder.

¡Mayombe—bombe—mayombé!
Sensemayá, la culebra . . .
¡Mayombe—bombe—mayombé!
Sensemayá, no se mueve . . .
¡Mayombe—bombe—mayombé!
Sensemayá, la culebra . . .
¡Mayombe—bombe—mayombé!
¡Sensemayá, se murió!

De *El son entero, 1929–1946*

Soldado, aprende a tirar . . .

Soldado, aprende a tirar:
tú no me vayas a herir,
que hay mucho que caminar.
¡Desde abajo has de tirar,
si no me quieres herir!

Abajo estoy yo contigo,
soldado amigo.
Abajo, codo con codo,
sobre el lodo.

10   Para abajo, no,
que allí estoy yo.

Soldado, aprende a tirar:
tú no me vayas a herir,
que hay mucho que caminar.

No sé por qué piensas tú

No sé por qué piensas tú,
soldado, que te odio yo,
si somos la misma cosa
yo,
tú.
Tú eres pobre, lo soy yo;
soy de abajo, lo eres tú;
¿de dónde has sacado tú,
soldado, que te odio yo?

Me duele que a veces tú
te olvides de quién soy yo;
10 caramba, si yo soy tú,
lo mismo que tú eres yo.

Pero no por eso yo
he de malquererte, tú;
si somos la misma cosa,
yo,
tú,
no sé por qué piensas tú,
soldado, que te odio yo.

20 Ya nos veremos yo y tú,
juntos en la misma calle,
hombro con hombro, tú y yo,
sin odios ni yo ni tú,
pero sabiendo tú y yo,
a dónde vamos yo y tú . . .
¡No sé por qué piensas tú,
soldado, que te odio yo!

REFLEXIÓN Y ANÁLISIS

1) Discuta los aspectos del lenguaje popular en "Motivos de son".
2) ¿Qué puede simbolizar la culebra en "Sensemayá? ¿Qué efecto produce la musicalidad de este poema?
3) Discuta el aspecto racial en el poema "El abuelo".
4) "Soldado, aprende a tirar", y "No sé por que piensas tú", son dos poemas que exhiben un fuerte sentimiento de solidaridad entre los seres humanos. ¿Cómo se expresa este sentimiento? ¿Qué efecto tiene el lenguaje sencillo de estos poemas?
5) Prepare un ensayo sobre los aspectos africanos en la poesía de Guillén.
6) Haga una comparación de algunos poemas de Guillén y de Cardenal que tratan de asuntos políticos.
7) Guillén y Cardenal se identifican con un pasado histórico en sus tentativas de encontrar sus raíces culturales. ¿Existen semejanzas entre los dos? ¿Qué diferencias básicas hay en sus pesquisas?

BIBLIOGRAFÍA

Ellis, Keith. *Cuba's Nicolás Guillén: Poetry and Ideology.* Toronto: University of Toronto Press, 1983.

Kutinski, Vera M. "Nicolás Guillén." *Latin American Writers.* Vol. 2. Ed. Carlos A. Solé and María Isabel Abreu. New York: Charles Scribner's Sons, 1989.

Kubayanda, Josephat B. *The Poet's Africa: Africanness in the Poetry of Nicolás Guillén and Aimé Césaire.* New York: Greenwood Press, 1990.

Williams, Lorna V. *Self and Society in the Poetry of Nicolás Guillén.* Baltimore: Johns Hopkins University Press, 1982.

John F. Garganigo

VIII

ANTEDECENTES A LA NUEVA NOVELA: ENTRANDO EN LA MODERNIDAD

a novela hispanoamericana de los años 1910–1950 ha llegado a nuestra época con cierta mala fama. Desde la perspectiva de algunos de los escritores más prominentes de la "nueva" narrativa, la novela anterior a la década del sesenta fue reacia a la innovación, a la vez que pecaba de un esquematismo imperdonable. Al contraponer la "novela de creación" a la "novela primitiva", Mario Vargas Llosa reconoce que en sus "mejores momentos"—entre los cuales incluye a *Los de abajo* (1914) de Mariano Azuela y a *La vorágine* (1924) de José Eustasio Rivera—la novela "primitiva" descubre temas sociales inéditos, pero no logra liberarse de la servidumbre formal. El interés de esta novela, sigue el escritor peruano, "reside en la originalidad de una historia y no en el tratamiento de esta historia, y por eso es truculento" (362).

Lo que es preciso señalar es que Vargas Llosa habla solamente de una fracción de la producción novelística anterior al boom. Es importante subrayar que a partir de la segunda década del siglo veinte, el código de representación realista-naturalista que había prevalecido en la narrativa hispanoamericana desde la segunda mitad del siglo diecinueve, empieza a desmoronarse bajo el impacto de las vanguardias artísticas como el futurismo, el creacionismo, el surrealismo, entre otras. Si bien es cierto que estos "ismos" innovadores tienen sus manifestaciones más originales en el campo de la poesía, la prosa narrativa no fue inmune a las transformaciones formales y conceptuales llevadas a cabo por pintores, artistas y poetas. En lugar de procedimientos cuyo propósito era garantizar la coherencia de lo narrado y una representación "objetiva" del mundo, empiezan a proliferar técnicas que exploran la relatividad del tiempo y de la identidad humana a través de un simbolismo antirrealista. Debido al impacto de la nueva ciencia psicoanalítica, iniciada por Sigmund Freud a finales del siglo diecinueve principios del veinte, la sexualidad, la psicopatología y la dimensión inconsciente del ser humano terminan penetrando también en la ficción narrativa.

Durante esas décadas, numerosos escritores y escritoras van preparando el terreno para que, a partir de la década del sesenta, se pueda hablar de una supuesta "explosión" de la "nueva" narrativa latinoamericana en los mercados internacionales del libro. Pese a la diversidad de sus manifestaciones, la narrativa moderna hispanoamericana que se está gestando en esta época tiene ciertas características sobresalientes que intentaremos sistematizar a continuación.

El intento por redefinir la realidad latinoamericana en términos propios del continente es el denominador común de algunos de los narradores que integran esta promoción en Latinoamérica. Gracias a una reevaluación crítica de la novela hispanoamericana, anterior al *boom* de los años sesenta, hoy en día los críticos tienden a subrayar cada vez más la importancia que para la renovación radical de la ficción latinoamericana tuvieron las novelas experimentales de los años 1920–1940. El llamado "realismo mágico" del guatemalteco Miguel Ángel Asturias (1899–1974) en sus *Leyendas de Guatemala* (1930) y la teoría de lo "real-maravilloso americano" del cubano Alejo Carpentier (1904–1980) plantean una suerte de "sincretismo" entre formas vanguardistas de origen europeo con creencias y experiencias históricas "vernáculas", propiamente latinoamericanas. La idea de Carpentier de que lo maravilloso de los surrealistas es un artificio creado por "trucos de prestidigitación" en contraposición a lo maravilloso latinoamericano que es inherente a la realidad del continente, iba a tener un impacto profundo sobre toda una generación de escritores que integraron años más tarde la constelación de las "superestrellas" (expresión de Jean Franco) de la nueva prosa hispanoamericana.

José María Arguedas —considerado como el máximo exponente del indigenismo literario— se aleja aún más radicalmente de las influencias europeas para encarnar el orden natural y cultural de la civilización indígena y mestiza del Perú por medio de una transcripción poética de la palabra oral. Con la obra de Arguedas, Carpentier y Asturias la novela hispanoamericana se aleja del modelo historicista-científico y se acerca más al paradigma antropológico, siguiendo en ello una línea de evolución que Roberto González Echevarría resume del siguiente modo: "La novela, o lo que hemos convenido en llamar novela a lo largo de más o menos tres siglos, pretende siempre no ser novela y sobre todo reniega de ser literatura; la novela quiere hacerse pasar por historia, confesión, documento hallado casualmente, intercambio de cartas, o una sola carta, relato de viajes, crónica periodística, informe dado a las autoridades. Mi hipótesis es que lo que la novela pretende ser está vinculado al discurso hegemónico de cada época dada" (442).

A diferencia de novelas más "convencionales" que encerraban la denuncia política y social de una forma realista, las obras que van apareciendo en esta época tienden a combinar el contenido politizado con experimentación formal. Simplificando hasta el máximo, podría decirse que el realismo social pierde terreno al mito, a la imaginación, a la intuición. Podría servir como ejemplo de esta tendencia *El señor presidente* (1946) de Asturias que emplea la materia del inconsciente (lo onírico), a la vez que recurre a la escritura automática, recurso prestado de los surrealistas. A pesar de haber sido publicada en 1949, *Hombres de maíz,* del mismo Asturias, sigue siendo considerada como uno de los textos más herméticos de la nueva narrativa hispanoamericana debido a su fundación en proyecciones oníricas, juegos temporales y atrevidos experimentos lingüísticos.

También *Al filo del agua* (1947) del mexicano Agustín Yáñez (1904–1980) marca un hito importante en la transición de la narrativa regionalista-costumbrista y la nueva novela. La exploración de la identidad nacional mexicana se efectúa a través de un meticuloso examen de voces que revelan los tabúes y los prejuicios de una sociedad tradicional en vísperas de uno de los hechos históricos más significativos del siglo —la Revolución Mexicana (1910–17). Debido al uso magistral del estilo indirecto libre, del monólogo interior y de la corriente de la conciencia, la obra de Yáñez ha sido analizada con frecuencia dentro del marco de la narrativa moderna, junto a nombres como los de James Joyce, William Faulkner y John Dos Passos.

Mientras que las obras hasta ahora mencionadas exploran espacios rurales latinoamericanos, varios escritores se dedican también a reclamar artísticamente el espacio urbano. Frente a la vertiginosa modernización en la primera mitad del siglo, novelistas como el argentino Roberto Arlt (1900–1942) y el uruguayo Juan Carlos Onetti (1909–1994) adoptan una nueva mirada, tratando de captar la fragmentación y el caos de la vida urbana a la par con la experiencia de alienación que los "antihéroes" de sus obras van arrastrando consigo. Los dos escritores proponen —aunque en formas bien distintas— una meditación inquietante sobre la disolución de la fe, de los valores éticos y de la integridad del sujeto.

El existencialismo va a ser una corriente filosófica de mayor alcance entre los escritores hispanoamericanos y su impacto se hará sentir con mayor profundidad precisamente en la obra narrativa de Onetti (*El pozo,* 1939). Si bien los fundamentos del pensamiento existencialista se encuentran en *Ser y tiempo* (1927) de Martin Heidegger, su expresión más acabada se halla en *El ser y la nada* (1943) y *El existencialismo es un humanismo* (1946) de Jean-Paul Sartre. En la literatura, el existencialismo se manifiesta a través de una falta de comunicación entre los personajes, una situación-límite, actos gratuitos y absurdos que degradan al ser humano.

A pesar de una marcada preocupación social en la gran parte de la narrativa del período, resulta fundamental para la evolución de la prosa moderna—no solamente hispanoamericana—el incipiente desarrollo de la metaficción. Es importante notar, sin embargo, que muchas de las novelas clasificables dentro de la corriente metaliteraria no permanecen insensibles ante los problemas más palpitantes de la realidad socio-política hispanoamericana. De modo semejante a la poesía vanguardista (Pablo Neruda, César Vallejo), la novela experimental hispanoamericana se tiñe frecuentemente de un compromiso político.

Es a partir de la obra de Jorge Luis Borges (1899–1986) que la narrativa hispanoamericana empieza a dialogar de manera consistente y profunda con toda la tradición del discurso occidental. La óptica profundamente autorreflexiva de Borges va a dejar una huella indeleble en la sensibilidad artística de varias generaciones de escritores premodernos, modernos y postmodernos. Contemporáneo a Borges, el cubano José Lezama Lima (1910–1976), es otro gran creador de universos culturales y lingüísticos que ejerce un gran papel formativo con respecto a los escritores más jóvenes que van a integrarse de lleno en la oleada innovadora del boom y del postboom. Con Borges y Lezama Lima la premisa del realismo convencional de que la literatura no es una construcción artificial, llega en las letras hispanoamericanas a su colapso definitivo.

BIBLIOGRAFÍA

Brushwood, John S. *La novela hispanoamericana del siglo XX*. México: Fondo de Cultura Económica, 1984.

González Echevarría, Roberto. "Colón, Carpentier y los orígenes de la ficción latino-americana." *La Torre* 2.7 (julio–setiembre 1988): 439–52.

Lienhard, Martin. *La voz y su huella*. Lima: Ed. Horizonte, 1992.

Prieto, René. *Miguel Ángel Asturias's Archaeology of Return*. Cambridge, U. K.: Cambridge University Press, 1993.

Rama, Ángel. *La novela latinoamericana. Panoramas 1920–1980*. Xalapa: Universidad Veracruzana, 1986.

Shaw, Donald. *Nueva narrativa hispanoamericana*. Madrid: Cátedra, 1981.

Vargas Llosa, Mario. "Novela primitiva y novela de creación en América Latina." *Novelistas como críticos*. Eds. Norma Klahn, Wilfredo H. Corral. Vol. 2. México: Fondo de Cultura Económica, Ediciones del Norte, 1991. 359–371.

Villanueva, Darío, y José María Viña Liste. *Trayectoria de la novela hispanoamericana actual: del realismo mágico a los años ochenta*. Madrid: Espasa Calpe, 1991.

Elzbieta Sklodowska

JORGE LUIS BORGES (1899-1986)

Jorge Luis Borges desciende de una familia ilustre y aristocrática de Buenos Aires. Su educación primaria sintió la influencia de su abuela inglesa, la cual despertó en él un interés en el estudio de su cultura y sus letras. Este aprendizaje llegó a formar la base de muchos de los estudios de Borges. En 1914 viaja con su padre a Suiza y es allí donde inicia sus estudios formales de literatura y filosofía, en especial las obras de los simbolistas franceses, la poesía de Heine y Whitman, los cuentos de Chesterton y las obras filosóficas de Schopenhauer y Nietzsche, entre otros.

Fundamental en el desarrollo intelectual de Borges es su estadía en España donde llegó a conocer de primera mano los atrevidos experimentos de las distintas escuelas de vanguardia, especialmente las técnicas del movimiento ultraísta encabezado por Rafael Cansinos-Asséns e Isaac del Vando-Villar. Muchos de estos primeros poemas vanguardistas aparecieron en las revistas españolas *Cervantes y Grecia,* unas de las más prestigiosas de la época. Cuando vuelve a Buenos Aires en 1921, el joven Borges introduce las técnicas y las teorizaciones poéticas ultraístas a un grupo de poetas imbuidos del espíritu novedoso que caracteriza toda la vanguardia literaria y artística. Es la época de las famosas revistas *Martín Fierro y Proa,* que producen un verdadero hervidero artístico e intelectual. De allí saldrán muchos de los grandes escritores argentinos de este siglo, entre ellos Ricardo Güiraldes, Leopoldo Marechal, Eduardo Mallea, Ricardo Molinari, Ezequiél Martínez Estrada, Girondo y el mismo Borges.

Los primeros libros de poemas de Borges, *Fervor de Buenos Aires* (1923), *Luna de enfrente* (1925) y *Cuaderno San Martín* (1929), pertenecen a este período. Tuvieron gran impacto por su énfasis en metáforas atrevidas. Estos textos en un estudio global de las obras de Borges son fundamentales. Es allí donde Borges introduce su concepto del tiempo cíclico, la búsqueda del absoluto, el mundo como laberinto y el juego entre lector y autor, todos temas que se ampliarán en futuros ensayos, cuentos y poemas. Él mismo ha dicho en más de una ocasión que son la piedra angular de toda su producción artística.

Se podría decir que Borges es un autor de un único libro que escribe y re-escribe a lo largo de su vida, corrigiendo, tachando y añadiendo en cada revisión. Su concepto de la literatura como algo comunitario, que pertenece a todos, ha revolucionado la literatura moderna. Un texto una vez escrito, queda recreado en cada lectura. Cada lector se convierte entonces en un escritor. Un texto puede tener las mismas palabras que otro texto y llegar a transmitir interpretaciones distintas. Un excelente ejemplo de esto es el cuento "Pierre Menard, autor del Quijote", en el que el personaje hace una reproducción moderna, palabra por palabra del libro de Cervantes, que sin embargo nuestro autor considera superior al original.

Si existe un hilo unificador en toda su producción literaria es el intento de tratar de proporcionar una semblanza de orden a nuestro mundo tan caótico, un mundo que sólo pudo haber sido creado por un demiurgo imperfecto. El suyo es un universo que queda fuera de nuestra comprensión. La filosofía, que según Borges es una rama de la literatura fantástica, no puede ofrecer respuestas metafísicas. El ser humano nunca podrá entender el universo. Desde luego, la literatura misma nos puede dar una esperanza y la poesía en particular nos ofrece la base para un entendimiento íntimo del ser humano y sus problemas. La poesía le ayuda al poeta a ver su propia cara.

Sus ensayos, *Discusión* (1932) e *Historia de la eternidad* (1936), plantean la base de sus conceptos filosóficos. Los cuentos de *Ficciones* (1944) y de *El Aleph* (1949), son los más conocidos y los que más han recibido la atención de los críticos. "Emma Zunz", de *El Aleph*, es uno de los cuentos favoritos de Borges. Es también uno de los pocos cuentos que desarrolla una protagonista femenina que plantea el eterno conflicto entre lo racional y lo emocional. Como en muchos de los cuentos de Borges, los planes racionales más detallados del ser humano logran presentar una situación ambigua con más preguntas que las que pretende resolver.

El hacedor (1960) es una colección de breves ensayos y poemas que cuestionan los límites del lenguaje y la imposibilidad de crear algo perfecto. "Borges y yo", reafirma el carácter dual de cada acto de creación; la separación del "yo" como persona y otro "yo", que es el escritor. Es un tema predilecto que Borges ya había tratado en otros ensayos sobre la poesía de Walt Whitman y la obra de Coleridge, entre otros.

"Pierre Menard, autor del Quijote", de *Ficciones,* puede leerse como una crítica de todo el proceso creativo, una especie de burla en serio que cuestiona los límites y las posibilidades de cada texto.

Emma Zunz

El catorce de enero de 1922, Emma Zunz, al volver de la fábrica de tejidos Tarbuch y Loewenthal, halló en el fondo del zaguán una carta, fechada en el Brasil, por la que supo que su padre había muerto. La engañaron, a primera vista, el sello y el sobre; luego, la inquietó la letra desconocida. Nueve o diez líneas borroneadas querían colmar la hoja; Emma leyó que el señor Maier había ingerido por error una fuerte dosis de veronal y había fallecido el tres del corriente en el hospital de Bagé. Un compañero de pensión de su padre firmaba la noticia, un tal Fein o Fain, de Río Grande, que no podía saber que se dirigía a la hija del muerto.

Emma dejó caer el papel. Su primera impresión fue de malestar en el vientre y en las rodillas; luego de ciega culpa, de irrealidad, de frío, de temor; luego, quiso ya estar en el día siguiente. Acto continuo comprendió que esa voluntad era inútil porque la muerte de su padre era lo único que había sucedido en el mundo, y seguiría sucediendo sin fin. Recogió el papel y se fue a su cuarto. Furtivamente lo guardó en un cajón, como si de algún modo ya conociera los hechos ulteriores. Ya había empezado a vislumbrarlos, tal vez; ya era la que sería.

En la creciente oscuridad, Emma lloró hasta el fin de aquel día el suicidio de Manuel Maier, que en los antiguos días felices fue Emanuel Zunz. Recordó veraneos en una chacra, cerca de Gualeguay,[1] recordó (trató de recordar) a su madre, recordó la casita de Lanús[2] que les remataron, recordó los amarillos losanges de una ventana, recordó el auto de prisión, el oprobio, recordó los anónimos con el suelto sobre "el desfalco del cajero", recordó (pero eso jamás lo olvidaba) que su padre, la última noche, le había jurado que el ladrón era Loewenthal. Loewenthal, Aarón Loewenthal, antes gerente de la fábrica y ahora uno de los dueños. Emma, desde 1916, guardaba el secreto. A nadie se lo había revelado, ni siquiera a su mejor amiga, Elsa Urstein. Quizá rehuía la profana incredulidad; quizá creía que el secreto era un vínculo entre ella y el ausente. Loewenthal no sabía que ella sabía; Emma Zunz derivaba de ese hecho ínfimo un sentimiento de poder.

No durmió aquella noche, y cuando la primera luz definió el rectángulo de la ventana, ya estaba perfecto su plan. Procuró que ese día, que le pareció interminable, fuera como los otros. Había en la fábrica rumores de huelga; Emma se declaró, como siempre, contra toda violencia. A las seis, concluido el trabajo, fue con Elsa a un club de mujeres, que tiene gimnasio y pileta.[3] Se inscribieron; tuvo que repetir y deletrear su nombre y su apellido, tuvo que festejar las bromas vulgares que comentan la revisación.[4] Con Elsa y con la menor de las Kronfuss discutió a qué cinematógrafo irían el domingo a la tarde. Luego, se habló de novios y nadie esperó que Emma hablara. En abril cumpliría diecinueve años, pero los

---

[1]**Gualeguay:** ciudad en la Provincia de
  Entre Ríos.
[2]**Lanús:** suburbio de Buenos Aires.

[3]**pileta:** piscina.
[4]**revisación:** revisión física antes de entrar
  en la piscina.

hombres le inspiraban, aún, un temor casi patológico . . . De vuelta, preparó una sopa de tapioca y unas legumbres, comió temprano, se acostó y se obligó a dormir. Así, laborioso y trivial, pasó el viernes quince, la víspera.

El sábado, la impaciencia la despertó. La impaciencia, no la inquietud, y el singular alivio de estar en aquel día, por fin. Ya no tenía que tramar y que imaginar; dentro de algunas horas alcanzaría la simplicidad de los hechos. Leyó en *La Prensa*[5] que el *Nordstjärnan,* de Malmö, zarparía esa noche del dique 3; llamó por teléfono a Loewenthal, insinuó que deseaba comunicar, sin que lo supieran las otras, algo sobre la huelga y prometió pasar por el escritorio, al oscurecer. Le temblaba la voz; el temblor convenía a una delatora. Ningún otro hecho memorable ocurrió esa mañana. Emma trabajó hasta las doce y fijó con Elsa y con Perla Kronfuss los pormenores del paseo del domingo. Se acostó después de almorzar y recapituló, cerrados los ojos, el plan que había tramado. Pensó que la etapa final sería menos horrible que la primera y que le depararía, sin duda, el sabor de la victoria y de la justicia. De pronto, alarmada, se levantó y corrió al cajón de la cómoda. Lo abrió; debajo del retrato de Milton Sills,[6] donde la había dejado la antenoche, estaba la carta de Fain. Nadie podía haberla visto; la empezó a leer y la rompió.

Referir con alguna realidad los hechos de esa tarde sería difícil y quizá improcedente. Un atributo de lo infernal es la irrealidad, un atributo que parece mitigar sus terrores y que los agrava tal vez. ¿Cómo hacer verosímil una acción en la que casi no creyó quien la ejecutaba, cómo recuperar ese breve caos que hoy la memoria de Emma Zunz repudia y confunde? Emma vivía por Almagro, en la calle Liniers; nos consta que esa tarde fue al puerto. Acaso en el infame Paseo de Julio se vio multiplicada en espejos, publicada por luces y desnudada por los ojos hambrientos, pero más razonable es conjeturar que al principio erró, inadvertida, por la indiferente recova . . . Entró en dos o tres bares, vio la rutina o los manejos de otras mujeres. Dio al fin con hombres del *Nordstjärnan*. De uno, muy joven, temió que le inspirara alguna ternura y optó por otro, quizá más bajo que ella y grosero, para que la pureza del horror no fuera mitigada. El hombre la condujo a una puerta y después a un turbio zaguán y después a una escalera tortuosa y después a un vestíbulo (en el que había una vidriera con losanges idénticos a los de la casa en Lanús) y después a un pasillo y después a una puerta que se cerró. Los hechos graves están fuera del tiempo, ya porque en ellos el pasado inmediato queda como tronchado del porvenir, ya porque no parecen consecutivas las partes que los forman.

¿En aquel tiempo fuera del tiempo, en aquel desorden perplejo de sensaciones inconexas y atroces, pensó Emma Zunz *una sola vez* en el muerto que motivaba el sacrificio? Yo tengo para mí que pensó una vez y que en ese momento peligró su desesperado propósito. Pensó (no pudo no pensar) que su padre le había hecho a su madre la cosa horrible que a ella ahora le hacían. Lo pensó con débil asombro

---

[5] *La Prensa:* diario de Buenos Aires. [6] **Milton Sills:** estrella del cine mudo.

80   y se refugió, en seguida, en el vértigo. El hombre, sueco o finlandés, no hablaba español; fue una herramienta para Emma como ésta lo fue para él, pero ella sirvió para el goce y él para la justicia.

Cuando se quedó sola, Emma no abrió en seguida los ojos. En la mesa de luz estaba el dinero que había dejado el hombre: Emma se incorporó y lo rompió como antes había roto la carta. Romper dinero es una impiedad, como tirar el pan; Emma se arrepintió, apenas lo hizo. Un acto de soberbia y en aquel día . . . el temor se perdió en la tristeza de su cuerpo, en el asco. El asco y la tristeza la encadenaban, pero Emma lentamente se levantó y procedió a vestirse. En el cuarto no quedaban colores vivos; el último crepúsculo se agravaba. Emma pudo salir
90 sin que la advirtieran; en la esquina subió a un Lacroze,[7] que iba al oeste. Eligió, conforme a su plan, el asiento más delantero, para que no le vieran la cara. Quizá le confortó verificar, en el insípido trajín de las calles, que lo acaecido no había contaminado las cosas. Viajó por barrios decrecientes y opacos, viéndolos y olvidándolos en el acto, y se apeó en una de las bocacalles de Warnes. Paradójicamente su fatiga venía a ser una fuerza, pues la obligaba a concentrarse en los pormenores de la aventura y le ocultaba el fondo y el fin.

Aarón Loewenthal era, para todos, un hombre serio; para sus pocos íntimos, un avaro. Vivía en los altos de la fábrica, solo. Establecido en el desmantelado arrabal,[8] temía a los ladrones: en el patio de la fábrica había un gran perro y en el
100 cajón de su escritorio, nadie lo ignoraba, un revólver. Había llorado con decoro, el año anterior, la inesperada muerte de su mujer —¡una Gauss, que le trajo una buena dote!—, pero el dinero era su verdadera pasión. Con íntimo bochorno se sabía menos apto para ganarlo que para conservarlo. Era muy religioso; creía tener con el Señor un pacto secreto, que lo eximía de obrar bien, a trueque de oraciones y devociones. Calvo, corpulento, enlutado, de quevedos ahumados y barba rubia, esperaba de pie, junto a la ventana, el informe confidencial de la obrera Zunz.

La vio empujar la verja (que él había entornado a propósito) y cruzar el patio sombrío. La vio hacer un pequeño rodeo cuando el perro atado ladró. Los labios
110 de Emma se atareaban como los de quien reza en voz baja; cansados, repetían la sentencia que el señor Loewenthal oiría antes de morir.

Las cosas no ocurrieron como había previsto Emma Zunz. Desde la madrugada anterior, ella se había soñado muchas veces, dirigiendo el firme revólver, forzando al miserable a confesar la miserable culpa y exponiendo la intrépida estratagema que permitiría a la Justicia de Dios triunfar de la justicia humana. (No por temor, sino por ser un instrumento de la Justicia, ella no quería ser castigada.) Luego, un solo balazo en mitad del pecho rubricaría la suerte de Loewenthal. Pero las cosas no ocurrieron así.

---

[7]**Lacroze:** autobús.   [8]**arrabal:** barrio.

Ante Aarón Loewenthal, más que la urgencia de vengar a su padre, Emma sintió la de castigar el ultraje padecido por ello. No podía no matarlo, después de esa
minuciosa deshonra. Tampoco tenía tiempo que perder en teatralerías. Sentada,
tímida, pidió excusas a Loewenthal, invocó (a fuer de delatora) las obligaciones
de la lealtad, pronunció algunos nombres, dio a entender otros y se cortó como
si la venciera el temor. Logró que Loewenthal saliera a buscar una copa de agua.
Cuando éste, incrédulo de tales aspavientos, pero indulgente, volvió del comedor, Emma ya había sacado del cajón el pesado revólver. Apretó el gatillo dos
veces. El considerable cuerpo se desplomó como si los estampidos y el humo lo
hubieran roto, el vaso de agua se rompió, la cara la miró con asombro y cólera,
la boca de la cara la injurió en español y en ídisch. Las malas palabras no cejaban;
Emma tuvo que hacer fuego otra vez. En el patio, el perro encadenado rompió a
ladrar, y una efusión de brusca sangre manó de los labios obscenos y manchó la
barba y la ropa. Emma inició la acusación que tenía preparada ("He vengado a mi
padre y no me podrán castigar…"), pero no la acabó, porque el señor Loewenthal
ya había muerto. No supo nunca si alcanzó a comprender.

Los ladridos tirantes le recordaron que no podía, aún, descansar. Desordenó el
diván, desabrochó el saco del cadáver, le quitó los quevedos[9] salpicados y los dejó
sobre el fichero. Luego tomó el teléfono y repitió lo que tantas veces repetiría,
con esas y con otras palabras: *Ha ocurrido una cosa que es increíble . . . El señor
Loewenthal me hizo venir con el pretexto de la huelga . . . Abusó de mí, lo maté . . .*

La historia era increíble, en efecto, pero se impuso a todos, porque sustan-
cialmente era cierta. Verdadero era el tono de Emma Zunz, verdadero el pudor,
verdadero el odio. Verdadero también era el ultraje que había padecido; sólo eran
falsas las circunstancias, la hora y uno o dos nombres propios.

---

[9]**quevedos:** lentes, gafas.

Borges y yo

Al otro, a Borges, es a quien le ocurren las cosas. Yo camino por Buenos Aires y me demoro, acaso ya mecánicamente, para mirar el arco de un zaguán y la puerta cancel; de Borges tengo noticias por el correo y veo su nombre en una terna de profesores o en un diccionario biográfico. Me gustan los relojes de arena, los mapas, la tipografía del siglo XVIII, el sabor del café y la prosa de Stevenson;[1] el otro comparte esas preferencias, pero de un modo vanidoso que las convierte en atributos de un actor. Sería exagerado afirmar que nuestra relación es hostil; yo vivo, yo me dejo vivir, para que Borges pueda tramar su literatura y esa literatura me justifica. Nada me cuesta confesar que ha logrado ciertas páginas válidas, pero esas páginas no me pueden salvar, quizá porque lo bueno ya no es de nadie, ni siquiera del otro, sino del lenguaje o la tradición. Por lo demás, yo estoy destinado a perderme, definitivamente, y sólo algún instante de mí podrá sobrevivir en el otro. Poco a poco voy cediéndole todo, aunque me consta su perversa costumbre de falsear y magnificar. Spinoza[2] entendió que todas las cosas quieren perseverar en su ser; la piedra eternamente quiere ser piedra y el tigre un tigre. Yo he de quedar en Borges, no en mí (si es que alguien soy), pero me reconozco menos en sus libros que en muchos otros o que en el laborioso rasgueo de una guitarra. Hace años yo traté de librarme de él y pasé de las mitologías del arrabal a los juegos con el tiempo y con lo infinito, pero esos juegos son de Borges ahora y tendré que idear otras cosas. Así mi vida es una fuga y todo lo pierdo y todo es del olvido, o del otro.

No sé cuál de los dos escribe esta página.

REFLEXIÓN Y ANÁLISIS

1) El final del cuento "Emma Zunz", nos deja con algunas incertidumbres. ¿Cómo las interpreta Ud.?
2) Describa en detalles la motivación emotiva y racional de las acciones de Emma Zunz.
3) ¿Qué función juegan los laberintos en este cuento?
4) ¿A qué se puede atribuir la actitud hacia el sexo que tiene Emma Zunz?
5) ¿Cuáles aspectos literarios plantea el cuento "Borges y yo"?
6) Estudie el aspecto de la ambigüedad en algunos cuentos de Borges.
7) Escoja ciertos cuentos de Borges donde se plantean alternativas a un mundo caótico.
8) Estudie el tema del eterno retorno en los textos de Borges.

---

[1]**Robert Louis Stevenson:** (1850–1894), novelista inglés, autor de *La isla del tesoro.*

[2]**Baruch Spinoza:** (1632–1677), filósofo holandés que desarrolló una visión panteísta del universo.

BIBLIOGRAFÍA

Alazraki, Jaime. *Jorge Luis Borges.* New York/London: Columbia Essays on Modern Writers, 1971. 57.

————. *Borges and the Kabbalah and Other Essays on His Fiction and Poetry.* Cambridge, U.K.: Cambridge University Press, 1988.

Barrenechea, Ana María. *Borges the Labyrinth Maker.* New York: New York University Press, 1965.

Echavarría, Arturo. *Lengua y literatura de Borges.* Barcelona: Ariel, 1983.

Friedman, Mary Lusky. *The Emperor's Kites: A Morphology of Borges' Tales.* Durham, N.C.: 1987.

Goloboff, Gerardo Mario. *Leer Borges.* Buenos Aires: Editorial Huemul, 1978.

Wheelock, Carter. *The Mythmaker: A Study of Motif and Symbol in the Short Stories of Jorge Luis Borges.* Austin: University of Texas Press, 1969.

John F. Garganigo

MIGUEL ÁNGEL ASTURIAS (1899–1974)

Poeta guatemalteco, editor, cuentista, dramaturgo, pero sobre todo novelista quien, en palabras de Dante Liano, ofrece en su narrativa una visión total de la problemática nacional guatemalteca. A pesar de haber nacido en la Ciudad de Guatemala, desde su infancia Asturias entra en contacto con la cultura indígena de su país, experiencia que va a dejar una huella imborrable en su obra creativa. En 1903 su familia, amenazada por la dictadura de Manuel Estrada Cabrera, se traslada al pueblo de Salamá en el interior del país. Es allí donde Asturias comienza sus estudios primarios, continuando su educación en la Ciudad de Guatemala. En 1916 termina el bachillerato y al año siguiente ingresa a la Facultad de Medicina. Al abandonar los estudios de medicina, ingresa a la Facultad de Ciencias Jurídicas y Sociales de la Universidad de San Carlos, graduándose en 1922 como abogado con una tesis sobre *El problema social del indio* (reeditada por Claude Couffon en París en 1971). En 1920 la dictadura de Cabrera Estrada es destituida por un movimiento popular, cuya parte integral es la Asociación de Estudiantes Universitarios, entre sus miembros más activos se destaca Asturias. También por esta época el joven escritor colabora en diversas revistas y conoce a algunos de los escritores más prominentes de habla hispana (Rubén Darío, Ramón del Valle-Inclán, Carlos Pellicer y José Vasconcelos).

En 1924 viaja a Londres y luego a París, donde continúa su labor periodística, al mismo tiempo que se dedica a estudiar las religiones de la América Precolombina, bajo la dirección del profesor Georges Raynaud. Ésta es indudablemente una etapa decisiva para la formación del joven escritor: en 1926 empieza la traducción al castellano del *Popol-Vuh,* lanza sus primeros cuentos y llega a relacionarse con los escritores más reconocidos de la época (James Joyce, Miguel de Unamuno, André Breton, Alejo Carpentier y César Vallejo). Después de numerosos viajes (Cuba, Europa, Medio Oriente, Grecia e Italia) llega a radicarse en Madrid, donde publica su primer libro independiente, *Leyendas de Guatemala* (1930). Encabezada por el exordio titulado "Guatemala", esta colección de siete narraciones breves —más tarde calificada por René Prieto bajo el rótulo de narrativa neoindigenista— ofrece un buen ejemplo de transculturación, es decir, un sincretismo de técnicas vanguardistas de origen europeo con los mitos indígenas americanos. Los críticos parecen concordar en que "Leyenda de la Tatuana" es la más elaborada y compleja de todas y que puede servir como ejemplo "antológico" de las preocupaciones formales y temáticas de Asturias en esta etapa de su trayectoria narrativa. Según la explicación de Prieto (60), El Maestro Almendro encarna el orden natural de la civilización Maya-Quiché que llega a enfrentarse al implacable mundo de los mercaderes y —tras una serie de derrotas— sale victorioso de esta lucha.

En 1933, tras haber viajado por Egipto, Palestina y Estados Unidos, regresa a su país natal, esta vez regido por la dictadura de Jorge Ubico. Durante la década de los treinta se ve forzado a cambiar frecuentemente de trabajo, pasando de la redacción de un diario a otro, a medida que su actividad política se vuelve cada vez más inaceptable para las autoridades. En los años que siguen, Asturias irá compaginando sus actividades políticas (en 1942 será nombrado diputado en la Legislatura y en 1946, agregado cultural de Guatemala en México) con el trabajo periodístico y creativo. La publicación en 1946 en México de su novela *El señor Presidente* —después de casi 15 años de demora— marca un hito importante tanto en su carrera individual de escritor, como en la trayectoria de la narrativa hispanoamericana en general. Es una novela marcadamente política, uno de los alegatos más poderosos contra el poder autoritario. La denuncia de las dictaduras latinoamericanas no se presenta en esta novela en forma de un testimonio directo, sino a través de un discurso polifónico, fragmentado, que lleva una marca directa de la experimentación vanguardista con la materia del inconsciente y de lo onírico. Algunos fragmentos de la novela están considerados por la crítica como ejemplos antológicos de la escritura automática de los surrealistas.

En 1949 publica *Hombres de maíz,* una novela basada en el hecho histórico —la lucha de los indígenas del área maya contra los invasores ladinos— pero transformado por el autor en un complejo tratado sobre el mito que parece haberse adelantado a los descubrimientos del estructuralismo antropológico. El título de la novela contrapone los hombres de maíz a los hombres de madera y a los hombres de barro, categorías que aparecen en la obra fundacional de la cosmovisión maya, *Popol-Vuh.* Clasificada bajo el rótulo abarcador del realismo mágico, la novela sigue siendo uno de los textos más herméticos de la nueva narrativa hispanoamericana, basado en proyecciones oníricas, juegos con el tiempo y con el lenguaje (aliteraciones, enumeraciones vertiginosas, reiteraciones). Según Gerald Martin, en el momento de su publicación era posiblemente la novela "más difícil, original y ambiciosa publicada por un escritor latinoamericano" que, debido a su extraordinaria complejidad formal y conceptual, ha desconcertado a los críticos quienes no llegaron a aclamarla sino décadas más tarde (507).

En la llamada trilogía bananera (*Viento fuerte* [1949], *El Papa verde* [1954], *Los ojos de los enterrados* [1960]) Asturias dio a conocer su postura de escritor comprometido contra la opresión política y social en Latinoamérica y su denuncia directa del neocolonialismo norteamericano. Según Liano, en esta trilogía lo mítico pierde terreno en favor del realismo social. A partir de 1954, a raíz de un golpe militar en su país —experiencia reflejada en *Week-end en Guatemala* (1956)—, empieza la larga y complicada trayectoria del exilio político: Argentina, Chile, viajes a la India, China, Cuba, Rumania, la URSS. En los años sesenta Asturias llega a ser presidente del Pen Club francés.

Éstos son también los años de una impresionante productividad creadora. En 1963 publica la novela *Mulata de tal,* donde los valores esenciales de la cultura indígena —la familia, la tierra, la comunidad— aparecen amenazados por una destrucción apocalíptica, contaminados y "ladinizados" por el contacto violento con la influencia europea. De acuerdo con el comentario de Prieto, mientras que *Hombres de maíz* era una explosión de esperanza con respecto al futuro de la cultura indígena en Guatemala, *Mulata de tal,* producto de una confrontación directa con la brutal realidad socio-política del país, es su antítesis. Las referencias a la cultura indígena también forman parte del complejo tejido de otras obras escritas en esta época: *Clarivigilia primaveral* (1965), *El espejo de Lida Sal* (1967), *Maladrón* (1969) y *Tres de cuatro soles* (1971). En la novela *Viernes de dolores* (1972), a su vez, vuelve a las reminiscencias del autor acerca de su experiencia como miembro del movimiento estudiantil en los años veinte.

Galardonado en 1967 con el Premio Nobel de Literatura, en los últimos años de su vida Asturias llega a ser gradualmente más reconocido y entendido por la crítica, a la vez que su obra se ve difundida entre los lectores de varios países. En 1974 cae enfermo gravemente y muere en Madrid el 9 de junio del mismo año. De acuerdo con su última voluntad, sus restos son enterrados en el Cementerio Père Lachaise en París.

Leyenda de la Tatuana

Ronda por Casa-Mata la Tatuana . . .[1]

El Maestro Almendro tiene la barba rosada, fue uno de los sacerdotes que los hombres blancos tocaron creyéndoles de oro, tanta riqueza vestían, y sabe el secreto de las plantas que lo curan todo, el vocabulario de la obsidiana —piedra que habla— y leer los jeroglíficos de las constelaciones.

Es el árbol que amaneció un día en el bosque donde está plantado, sin que ninguno lo sembrara, como si lo hubieran llevado los fantasmas. El árbol que anda . . . El árbol que cuenta los años de cuatrocientos días[2] por las lunas que ha visto, que ha visto muchas lunas, como todos los árboles, y que vino ya viejo del Lugar de la Abundancia.

Al llenar la luna del Búho-Pescador (nombre de uno de los veinte meses del año de cuatrocientos días), el Maestro Almendro repartió el alma entre los caminos. Cuatro eran los caminos y se marcharon por opuestas direcciones hacia las cuatro extremidades del cielo. La negra extremidad: Noche sortílega.[3] La verde extremidad: Tormenta primaveral. La roja extremidad: Guacamayo o éxtasis de trópico. La blanca extremidad: Promesa de tierras nuevas. Cuatro eran los caminos . . .

—¡Caminín! ¡Caminito! . . . —dijo al Camino Blanco una paloma blanca, pero el Caminito Blanco no la oyó. Quería que le diera el alma del Maestro, que cura de sueños. Las palomas y los niños padecen de ese mal.

—¡Caminín! ¡Caminito! . . . — dijo al Camino Rojo un corazón rojo; pero el Camino Rojo no lo oyó. Quería distraerlo para que olvidara el alma del Maestro. Los corazones, como los ladrones, no devuelven las cosas olvidadas.

—¡Caminín! ¡Caminito! . . . —dijo al Camino Verde un emparrado[4] verde; pero el Camino Verde no lo oyó. Quería que con el alma del Maestro le desquitase algo de su deuda de hojas y de sombra.

—¿Cuántas lunas pasaron andando los caminos?

El más veloz, el Camino Negro,[5] el camino al que ninguno habló en el camino, se detuvo en la ciudad, atravesó la plaza y en el barrio de los mercaderes, por un ratito de descanso, dio el alma del Maestro al Mercader de Joyas sin precio.

---

[1]**Tatuana:** según la nota del mismo Asturias, "O, como debe haber sido primitivamente, de la Tatuada, por tratarse de un tatuaje que tiene la virtud mágica de hacer invisible a la persona, y, por lo tanto, de ayudar a los presos a evadirse de las más guardadas cárceles. En el fondo, creo que se trata de la repetición de la leyenda de Chimalmat, la diosa que en la mitología quiché se torna invisible por encantamiento".

[2]**cuatrocientos días:** en el calendario de los indios quichés, un año tiene veinte meses y un mes veinte días.
[3]**sortílega:** hechicera.
[4]**emparrado:** armazón de barras, palos, etc. destinada a sostener una parra u otra planta trepadora; conjunto de armazón y planta.
[5]**Camino Negro:** antes de llegar a Xibalbá, lugar de la muerte, se cruzaban cuatro caminos, el rojo, el verde, el blanco y el negro.

Era la hora de los gatos blancos. Iban de un lado a otro. ¡Admiración de los rosales! Las nubes parecían ropas en los tendederos del cielo. Al saber el Maestro lo que el Camino Negro había hecho, tomó naturaleza humana nuevamente, desnudándose de la forma vegetal en un riachuelo que nacía bajo la luna ruboroso como una flor de almendro, y encaminóse a la ciudad.

Llegó al valle después de una jornada, en el primer dibujo de la tarde, a la hora en que volvían los rebaños, conversando a los pastores, que contestaban monosilábicamente a sus preguntas, extrañados, como ante una aparición, de su túnica verde y su barba rosada.

En la ciudad se dirigió a Poniente. Hombres y mujeres rodeaban las pilas públicas. El agua sonaba a besos al ir llenando los cántaros. Y guiado por las sombras, en el barrio de los mercaderes encontró la parte de su alma vendida por el Camino Negro al Mercader de Joyas sin precio. La guardaba en el fondo de una caja de cristal con cerradores de oro.

Sin perder tiempo se acercó al Mercader, que en un rincón fumaba, a ofrecerle por ella cien arrobas[6] de perlas.

El Mercader sonrió de la locura del Maestro. ¿Cien arrobas de perlas? ¡No, sus joyas no tenían precio!

El Maestro aumentó la oferta. Los mercaderes se niegan hasta llenar su tanto. Le daría esmeraldas, grandes como maíces, de cien en cien almudes,[7] hasta formar un lago de esmeraldas.

El Mercader sonrió de la locura del Maestro. ¿Un lago de esmeraldas? ¡No, sus joyas no tenían precio!

Le daría amuletos, ojos de namik[8] para lamer el agua, plumas contra la tempestad, mariguana para su tabaco . . .

El Mercader se negó.

¡Le daría piedras preciosas para construir, a medio lago de esmeraldas, un palacio de cuento!

El Mercader se negó. Sus joyas no tenían precio, y, además —¿a qué seguir hablando?—, ese pedacito de alma lo quería para cambiarlo en un mercado de esclavas, por la esclava más bella.

Y todo fue inútil, inútil que el Maestro ofreciera y dijera, tanto como lo dijo, su deseo de recobrar el alma. Los mercaderes no tienen corazón.

Una hebra de humo de tabaco separaba la realidad del sueño, los gatos negros de los gatos blancos y al Mercader del extraño comprador, que al salir sacudió sus sandalias en el quicio de la puerta. El polvo tiene maldición.

Después de un año de cuatrocientos días —sigue la leyenda— cruzaba los caminos de la cordillera el Mercader.

---

[6]**arrobas:** medida de peso de alrededor de veinticinco libras.

[7]**almudes:** medida antigua de capacidad, usada todavía en algunas regiones.

[8]**namik:** venado.

Volvía de países lejanos, acompañado de la esclava comprada con el alma del Maestro, de pájaro flor, cuyo pico truncaba en jacintos las gotitas de miel, y de un séquito de treinta servidores montados.

—¡No sabes —decía el Mercader a la esclava, arrendando su caballería— cómo vas a vivir en la ciudad! ¡Tu casa será un palacio y a tus órdenes estarán todos mis criados, yo el último, si así lo mandas tú!

—Allá —continuaba con la cara a mitad bañada por el sol— todo será tuyo. ¡Eres una joya, y yo soy el Mercader de Joyas sin precio! ¡Vales un pedacito de alma que no cambié por un lago de esmeraldas! . . . En una hamaca juntos veremos caer el sol y levantarse el día, sin hacer nada, oyendo los cuentos de una vieja mañosa que sabe mi destino. Mi destino, dice, está en los dedos de una mano gigante, y sabrá el tuyo, si así lo pides tú.

La esclava se volvía al paisaje de colores diluido en azules que la distancia iba diluyendo a la vez. Los árboles tenían a los lados del camino una caprichosa decoración de güipil.[9] Las aves daban la impresión de volar dormidas, sin alas, en la tranquilidad del cielo, y en el silencio de granito, el jadeo de las bestias, cuesta arriba, cobraba acento humano.

La esclava iba desnuda. Sobre sus senos, hasta sus piernas, rodaba su cabellera negra envuelta en un solo manojo, como una serpiente. El Mercader iba vestido de oro, abrigadas las espaldas con una manta de lana de chivo. Palúdico[10] y enamorado, al frío de su enfermedad se unía el temblor de su corazón. Y los treinta servidores montados llegaban a la retina como figuras de un sueño.

Repentinamente, aislados goterones rociaron el camino, percibiéndose muy lejos, en los abajaderos,[11] el grito de los pastores que recogían los ganados, temerosos de la tempestad. Las cabalgaduras apuraron el paso para ganar un refugio, pero no tuvieron tiempo: tras los goterones, el viento azotó las nubes, violentando selvas hasta llegar al valle, que a la carrera se echaba encima las mantas mojadas de la bruma, y los primeros relámpagos iluminaron el paisaje, como los fogonazos de un fotógrafo loco que tomase instantáneas de tormenta.

Entre las caballerías que huían como asombros, rotas las riendas, ágiles las piernas, grifa[12] la crin al viento y las orejas vueltas hacia atrás, un tropezón del caballo hizo rodar al Mercader al pie de un árbol, que, fulminado por el rayo en ese instante, le tomó con las raíces como una mano que recoge una piedra, y le arrojó al abismo.

En tanto, el Maestro Almendro, que se había quedado en la ciudad perdido, deambulaba como loco por las calles, asustando a los niños, recogiendo basuras y dirigiéndose de palabra a los asnos, a los bueyes y a los perros sin dueño, que para él formaban con el hombre la colección de bestias de mirada triste.

---

[9]**güipil:** vestido tradicional de mujeres indígenas guatemaltecas, camisa bordada, sin mangas.

[10]**Palúdico:** persona afectada por el paludismo (malaria), una enfermedad producida por un microbio propio de los terrenos pantanosos.

[11]**abajaderos:** inclinación hacia abajo.

[12]**grifa:** adjetivo aplicado al pelo: crespa, rizada o enmarañada.

—¿Cuántas lunas pasaron andando los caminos? . . . —preguntaba de puerta en puerta a las gentes, que cerraban sin responderle, extrañadas, como ante una aparición, de su túnica verde y su barba rosada.

Y pasado mucho tiempo, interrogando a todos, se detuvo a la puerta del Mercader de Joyas sin precio a preguntar a la esclava, única sobreviviente de aquella tempestad:

—¿Cuántas lunas pasaron andando los caminos? . . .

El sol, que iba sacando la cabeza de la camisa blanca del día, borraba en la puerta, claveteada de oro y plata, la espalda del Maestro y la cara de la que era un pedacito de su alma, joya que no se compró con un lago de esmeraldas.

—¿Cuántas lunas pasaron andando los caminos? . . .

Entre los labios de la esclava se acurrucó[13] la respuesta y se endureció como sus dientes. El Maestro callaba con insistencia de piedra misteriosa . . . Llenaba la luna del Búho-Pescador. En silencio se lavaron la cara con los ojos, al mismo tiempo, como dos amantes que han estado ausentes y se encuentran de pronto.

La escena fue turbada por ruidos insolentes. Venían a prenderles en nombre de Dios y el Rey, por brujo a él y por endemoniada a ella. Entre cruces y espadas bajaron a la cárcel, el Maestro con la barba rosada y la túnica verde, y la esclava luciendo las carnes, que de tan firmes parecían de oro.

Siete meses después, se les condenó a morir quemados en la Plaza Mayor. La víspera de la ejecución, el Maestro acercóse a la esclava y con la uña la tatuó un barquito en el brazo, diciéndola:

—Por virtud de este tatuaje, Tatuana, vas a huir siempre que te halles en peligro como vas a huir hoy. Mi voluntad es que seas libre como mi pensamiento; traza este barquito en el muro, en el suelo, en el aire, donde quieras, cierra los ojos, entra en él y vete . . .

¡Vete, pues mi pensamiento es más fuerte que ídolo de barro amasado con cebollín![14]

¡Pues mi pensamiento es más dulce que la miel de las abejas que liban la flor del suquinay![15]

¡Pues mi pensamiento es el que se torna invisible!

Sin perder un segundo la Tatuana hizo lo que el Maestro dijo: trazó el barquito, cerró los ojos y entrando en él, el barquito se puso en movimiento, y escapó de la prisión y de la muerte.

Y a la mañana siguiente, la mañana de la ejecución, los alguaciles encontraron en la cárcel un árbol seco que tenía entre las ramas dos o tres florecitas de almendro, rosadas todavía.

---

[13]**acurrucó:** agacharse o encogerse.
[14]**cebollín:** hierba espinosa, similar a la lechuga.

[15]**suquinay:** planta conocida por el zumo dulce de sus flores, produce una miel.

REFLEXIÓN Y ANÁLISIS

1) ¿Cómo construye Asturias la imagen de la mujer en este cuento?
2) ¿Qué papel se le atribuye a la naturaleza en el enfrentamiento con los poderes mercantiles?
3) ¿Cómo representa Asturias las instituciones coloniales españolas?
4) Si tuviera Ud. que definir las características del realismo mágico a partir de este cuento, ¿qué rasgos formales indicaría?
5) Haga un estudio de los mitos precolombinos en este cuento de Asturias.

BIBLIOGRAFÍA

Asturias, Miguel Ángel. *Hombres de maíz.* Edición Crítica Coord. Gerald Martin. París: Ed. Archivos, 1992.

Bellini, Giuseppe. *De tiranos, héroes y brujos. Estudios sobre la obra de Miguel Ángel Asturias.* Roma: Bulzoni, 1982.

Giacoman, Helmy F., ed. *Homenaje a Miguel Ángel Asturias.* New York: Las Américas, 1971.

Liano, Dante. *Literatura hispanoamericana.* Guatemala: Universidad de San Carlos, 1980.

Lienhard, Martin. *La voz y su huella.* Lima: Ed. Horizonte, 1992.

Prieto, René. *Miguel Ángel Asturias's Archaeology of Return.* Cambridge, U.K.: Cambridge University Press, 1993.

Elzbieta Sklodowska

ALEJO CARPENTIER (1904–1980)

Novelista cubano, ensayista, musicólogo y crítico de arte, precursor de un grupo de narradores que ha renovado radicalmente la ficción latinoamericana a través de una experimentación formal y búsqueda de temas profundamente americanos. Pasa sus primeros años en el ambiente familiar habanero particularmente propicio para el desarrollo del interés por la música y por las artes plásticas. A partir de su juventud, tantea varios caminos creativos: poesía, novelística, periodismo, musicología, arquitectura. Sus primeras obras literarias están vinculadas al Grupo Minorista, la revista *Carteles* y la revista *Avance,* que representan la vanguardia cubana del momento.

Bajo el terror de la dictadura de Gerardo Machado es encarcelado con otros escritores acusados de actividades comunistas. Durante su encarcelamiento traza el bosquejo de su primera novela *¡Écue Yamba O!* (1927 publicada en Madrid en 1933) de la que él mismo después renegará, llegando al extremo de no autorizar reediciones de este texto. La novela, cuyo título *Lucumí* significa "loado sea el Señor", ofrece una visión casi antropológica de iniciación a los ritos afrocubanos, pero su forma desafía los principios de representación realista: el lenguaje está cargado de metáforas vanguardistas y recursos onomatopéyicos y la incorporación de fotografías le otorga un aire de un *collage* cubista.

Puesto en libertad bajo fianza, Carpentier abandona clandestinamente el país para radicarse por once años en Francia, donde entra de lleno a la vida de la vanguardia artística y se relaciona con el efervescente movimiento surrealista. En la capital francesa conoce a los más destacados escritores e intelectuales hispanoamericanos: Miguel Ángel Asturias, Pablo Neruda, Arturo Uslar Pietri y a sus compatriotas, el poeta Nicolás Guillén y el pintor Wifredo Lam.

Profundamente involucrado en el movimiento a favor de la causa republicana durante la Guerra Civil española, en 1937 forma parte de la delegación cubana en el Congreso de Intelectuales Antifascistas. En 1939 vuelve a Cuba, donde continúa su labor periodística, enseña música en la Universidad de La Habana y presenta programas de radio de gran éxito. Pero es el viaje a Haití en 1943 lo que marca el hito tal vez más importante en su trayectoria de escritor: es allí donde descubre la esencia mágica del mundo latinoamericano.

A partir de la década de los cuarenta, Carpentier entra en una etapa de plenitud creativa que va a durar hasta el día de su muerte. Con el cuento "Viaje a la semilla" (1944) el escritor cubano encara una de sus preocupaciones fundamentales, el tiempo, a la vez que logra hallar una forma original para expresarlo: un mágico retroceso temporal a los orígenes queda enmarcado por otro tiempo, de cronología lineal, "normal". Con *La música en Cuba* (1946), a su vez, entra en un diálogo con sus contemporáneos, escritores cubanos agrupados en torno a José Lezama Lima y el Grupo Orígenes. Según explica González Echevarría, "el esfuerzo que hace Carpentier por trazar los orígenes de la música cubana y aquello que la hace peculiar, está animado por el mismo deseo de conocer la esencia de lo cubano que movía a Lezama y su grupo" (*Los pasos perdidos,* 28).

El reino de este mundo (1949) lo escribe Carpentier bajo la inspiración de su viaje haitiano. La novela queda enfocada en la vida del esclavo negro Ti Noël en el contexto histórico de la rebelión de Mackandal cuyo objetivo era establecer un reino africano en la isla dominada por los franceses. A pesar del encomiable trabajo de investigación histórica, lo que le interesa a Carpentier no son los datos ni las fechas, sino la esencia mítica del destino humano.

El famoso prefacio que encabeza la novela —calificado por Emir Rodríguez Monegal de "prólogo a la nueva novela latinoamericana"— contiene una definición de lo real-maravilloso americano. El concepto mismo fue acuñado por Carpentier a raíz de su experiencia surrealista. Sin embargo, hay una diferencia esencial entre la noción de lo maravilloso definida en el Primer Manifiesto Surrealista de Breton y la carpenteriana. Según Carpentier, lo maravilloso de los surrealistas es un artificio suscitado a través de "trucos de prestidigitación", mientras lo maravilloso latinoamericano es consustancial a la realidad misma que es una síntesis irrepetible de las diversas razas, culturas y realidades sociales: "lo real-maravilloso se encuentra a cada paso en las vidas de hombres que inscribieron fechas en la historia del Continente". En su idea de lo maravilloso, Carpentier desvaloriza la razón —asociada con el racionalismo cartesiano— y propone una valoración de la intuición, de la fe y de la imaginación.

Su siguiente novela, *Los pasos perdidos* (1953), se nutrirá también de las experiencias de sus numerosos viajes: esta vez, de sus exploraciones de la Gran Sabana y del Alto Orinoco, en Venezuela. Tomando el viaje y la experiencia autobiográfica como estrategias narrativas, Carpentier va más allá de las peripecias individuales, abarcando milenios de historia de la humanidad en un vertiginoso des-transcurrir del tiempo. González Echevarría nota con gran tino que *Los pasos perdidos* no solamente ofrece un balance autocrítico de la obra del propio Carpentier, sino que también es una síntesis de toda la tradición literaria hispanoamericana y una síntesis del discurso occidental a partir del Romanticismo (*Los pasos perdidos,* 16). Esta dimensión autorreflexiva de *Los pasos perdidos,* combinada con su evidente heterogeneidad (diario, autobiografía, confesión y relato antropológico), conlleva también un auto-cuestionamiento de la forma misma de la novela, hecho fundamental para la renovación del género en Hispanoamérica.

La publicación del relato *El acoso* (1956) y de una colección de cuentos *Guerra del tiempo* (1958), refuerza la creciente fama internacional de la obra carpenteriana y acaba preparando el terreno para el subsiguiente "estallido" de la narrativa latinoamericana en los mercados internacionales del libro. Con esta obra, Carpentier parece apoderarse de un estilo propio, caracterizado por una escasez de diálogos, profusión de descripciones barrocas y frecuentes cortes de dirección narrativa.

En 1959, con el triunfo de la Revolución Cubana, Carpentier se incorpora con entusiasmo a la vida cultural y política del país. Sus actividades no pueden haber sido más numerosas: asume sucesivamente, los cargos de Subdirector de Cultura, Vicepresidente de la Unión de Escritores y Artistas y Director Ejecutivo de la Editorial Nacional de Cuba, entre otros. Al calor de los vertiginosos cambios revolucionarios publica una de sus novelas más extensas y complejas: *El siglo de las luces* (1962). Narrada en tercera persona, la novela es un amplio fresco de dimensiones épicas cuyo tema histórico es el impacto de la Revolución Francesa en el Caribe, pero cuya dimensión alegórica incluye "hondas reflexiones sobre el compromiso ideológico, el papel del hombre en la Historia, el significado de la Revolución (no sólo francesa), el sentido de la evolución histórica, la relación del ser humano con el universo y la religión" (Collard, 34). Sin embargo, González Echevarría advierte contra una lectura de *El siglo de las luces* como "una especie de *roman à clef* de la Revolución Cubana", puesto que el texto había sido escrito en Caracas, antes de la Revolución (*Los pasos perdidos,* 35).

Nombrado en 1966 Ministro Consejero de la Embajada de Cuba en París, ocupará este cargo hasta el día de su muerte. "Significativamente, sin embargo", observa González Echevarría, "Carpentier pasaba temporadas en la Habana, alojándose en el Hotel Nacional, o el Habana Libre (antes Hilton), como si Cuba no fuese su patria, sino un lugar que se visita en viaje de turismo o vacaciones" ("Últimos viajes", 120). Contrariamente a la mayoría de intelectuales hispanoamericanos —quienes a mediados de la década del sesenta llegan a diferentes grados de desilusión de la Revolución— Carpentier permanece fiel al régimen de Castro y sigue gozando de todo tipo de privilegios. Esta postura política llega a alienarlo de otros escritores descollantes del llamado *boom* y, de manera más dolorosa, de muchos de sus compatriotas.

En *Tientos y diferencias* (1964) Carpentier formula ideas cruciales sobre la novelística latinoamericana, afirmando que "el legítimo estilo del novelista latinoamericano es el barroco" (*Tientos,* 35), necesario para que los conceptos hasta entonces considerados como regionales pudieran entrar en el canon universal. "Nuestra ceiba, nuestros árboles", dice Carpentier, "vestidos o no de flores, se tienen que hacer universales por la operación de palabras cabales pertenecientes al vocabulario universal" (*Tientos,* 37). Según han notado varios críticos, esta formulación presupone a un lector extranjero que desconoce la realidad latinoamericana: "Sólo el afán de universalizar la recepción de las obras literarias, partiendo de una cultura marginal a las grandes metrópolis, explica la fundamentación que hace Carpentier de la escritura barroca" (Ángel Rama, 306).

Después de un intervalo de más de diez años —cuando publica solamente algunos cuentos— en 1974, Carpentier vuelve a tantear la novela: aparecen *El recurso del método,* una exuberante sátira de las dictaduras latinoamericanas y *El concierto barroco,* en la que un crítico ve "una síntesis ejemplar de algunas preocupaciones constantes en la obra de Alejo Carpentier: la música, lo barroco, el tiempo, los contrastes culturales y la identidad americana" (Collard, 27). Comparada con sus obras anteriores de tema histórico, su penúltima novela, *La consagración de la primavera* (1978), ha sido criticada por su melodramatismo, su tono aleccionador y su optimismo triunfalista. En palabras de Donald L. Shaw, la adopción de un modelo marxista de la historia como progreso lineal destruye la novela: "No porque exalta el triunfo de la Revolución cubana resulta decepcionante el final de *La consagración* . . . sino porque . . . Carpentier parece olvidarse de su propio mensaje: en ningún momento histórico el hombre se exime de su trabajo de Sísifo" (88). Su novela siguiente, *El arpa y la sombra,* ha tenido, en cambio, una acogida muy positiva. Un crítico ha expresado el consenso sobre el aspecto irónico-paródico del texto, definiéndolo como "divertido, iconoclasta, desmitificador que nos presenta la vida de Colón como la de un genial embustero" (Collard, 31). Muchos han visto en esta obra —escrita cuando Carpentier ya se sabía muy enfermo— una suerte de balance autoirónico de su propia vida.

En 1977 recibe el Premio Cervantes de la Real Academia Española de la Lengua, máximo galardón para un escritor de habla hispana. A pesar de haber sido un candidato muy sólido al premio Nobel de literatura, Carpentier muere sin ser "canonizado" por el comité de la Academia Sueca. En todo caso, su lucidez en la indagación sobre la temporalidad, la historia y la identidad cultural latinoamericana le han asegurado un lugar destacado entre los escritores modernos.

De *El reino de este mundo*

Prólogo

A fines del año 1943 tuve la suerte de poder visitar el reino de Henri Christophe[1] —las ruinas, tan poéticas, de Sans-Souci; la mole, imponentemente intacta a pesar de rayos y terremotos, de la Ciudadela La Ferriére— y de conocer la todavía normanda Ciudad del Cabo —el Cap Français de la antigua colonia—, donde una calle de larguísimos balcones conduce al palacio de cantería habitado antaño por Paulina Bonaparte. Después de sentir el nada mentido sortilegio de las tierras de Haití, de haber hallado advertencias mágicas en los caminos rojos de la Meseta Central, de haber oído los tambores del Petro y del Rada, me vi llevado a acercar la maravillosa realidad recién vivida a la agotante pretensión de suscitar lo maravilloso que caracterizó ciertas literaturas europeas de estos últimos treinta años. Lo maravilloso, buscado a través de los viejos clisés de la selva de Brocelianda,[2] de los caballeros de la Mesa Redonda, del encantador Merlín y del ciclo de Arturo. Lo maravilloso, pobremente sugerido por los oficios y deformidades de los personajes de feria —¿no se cansarán los jóvenes poetas franceses de los fenómenos y payasos de la *fête foraine*[3], de los que ya Rimbaud[4] se había despedido en su *Alquimia del Verbo?*—. Lo maravilloso, obtenido con trucos de prestidigitación, reuniéndose objetos que para nada suelen encontrarse; la vieja y embustera historia del encuentro fortuito del paraguas y de la máquina de coser sobre una mesa de disección, generador de las cucharas de armiño, los caracoles en el taxi pluvioso, la cabeza de león en la pelvis de una viuda, de las exposiciones surrealistas. O, todavía, lo maravilloso literario: el rey de la *Julieta* de Sade, el supermacho de Jarry,[5] el monje de Lewis,[6] la utilería escalofriante de la novela negra inglesa: fantasmas, sacerdotes emparedados, licantropías[7], manos clavadas sobre la puerta de un castillo.

Pero, a fuerza de querer suscitar lo maravilloso a todo trance, los taumaturgos se hacen burócratas. Invocado por medio de fórmulas consabidas que hacen de

---

[1]**Henri Christophe:** militar haitiano (1767–1820), presidente de la República en 1807, que se proclamó rey en 1811 y gobernó hasta 1820. Se suicidó al no poder dominar una sublevación.

[2]**Brocelianda:** selva legendaria donde las narraciones de la Tabla Redonda señalan la morada del encantador Merlín.

[3]**fête foraine:** Francés para fiesta campestre.

[4]**Rimbaud:** Arturo Rimbaud (1854–1891), poeta francés. A los diecinueve años había escrito toda su obra (*El barco ebrio, Las iluminaciones, Una estación en el infier-*

no), dedicándose luego a viajes y aventuras. Su poesía ejerció una gran influencia sobre los simbolistas.

[5]**Jarry:** Alfredo Jarry (1873–1907), escritor francés, autor de la comedia *Ubu rey,* una sátira mordaz de la burguesía.

[6]**Lewis:** Mateo Gregorio Lewis (1775–1818), novelista inglés, autor de *Ambrosio o el monje.*

[7]**licantropía:** trastorno mental en que el enfermo imita los aullidos del lobo como si se creyese ser ese animal. Creencia en la posibilidad de transformarse en un lobo.

ciertas pinturas un monótono baratillo de relojes amelcochados,[8] de maniquíes de costurera, de vagos monumentos fálicos, lo maravilloso se queda en paraguas o langosta o máquina de coser, o lo que sea, sobre una mesa de disección, en el interior de un cuarto triste, en un desierto de rocas. Pobreza imaginativa, decía Unamuno, es aprenderse códigos de memoria. Y hoy existen códigos de lo fantástico, basados en el principio del burro devorado por un higo, propuesto por los *Cantos de Maldoror*[9] como suprema inversión de la realidad, a los que debemos muchos "niños amenazados por ruiseñores", o los "caballos devorando pájaros" de André Masson.[10] Pero obsérvese que cuando André Masson quiso dibujar la selva de la isla de Martinica, con el increíble entrelazamiento de sus plantas y la obscena promiscuidad de ciertos frutos, la maravillosa verdad del asunto devoró al pintor, dejándolo poco menos que impotente frente al papel en blanco. Y tuvo que ser un pintor de América, el cubano Wifredo Lam,[11] quien nos enseñara la magia de la vegetación tropical, la desenfrenada Creación de formas de nuestra naturaleza —con todas su metamorfosis y simbiosis—, en cuadros monumentales de una expresión única en la pintura contemporánea. Ante la desconcertante pobreza imaginativa de un Tanguy,[12] por ejemplo, que desde hace veinticinco años pinta las mismas larvas pétreas bajo el mismo cielo gris, me dan ganas de repetir una frase que enorgullecía a los surrealistas de la primera hornada: *Vous qui ne voyez pas, pensez a ceux qui voient*.[13] Hay todavía demasiados "adolescentes que hallan placer en violar los cadáveres de hermosas mujeres recién muertas" (Lautreamont),[14] sin advertir que lo maravilloso estaría en violarlas vivas. Pero es que muchos se olvidan, con disfrazarse de magos a poco costo, que lo maravilloso comienza a serlo de manera inequívoca cuando surge de una inesperada alteración de la realidad (el milagro), de una revelación privilegiada de la realidad, de una iluminación inhabitual o singularmente favorecedora de las inadvertidas riquezas de la realidad, de una ampliación de las escalas y categorías de la realidad, percibidas con particular intensidad en virtud de una exaltación del espíritu que lo conduce a un modo de "estado límite". Para empezar, la sensación de lo maravilloso presupone una fe. Los que no creen en santos no pueden curarse con milagros de santos, ni los que no son Quijotes pueden meterse, en cuerpo

---

[8]**amelcochado:** preparado con miel que ha sido sometida a un tratamiento consistente en calentarla, echarla después al agua fría y sobarla, con lo que queda correosa.

[9]**Cantos de Maldoror:** Una obra de Isidoro Ducasse (1846–1870), llamado el Conde de Lautreamont, escritor francés nacido en Montevideo. *Cantos* está considerada como precursora del surrealismo.

[10]**André Masson:** pintor francés adscrito al surrealismo.

[11]**Wifredo Lam:** pintor cubano (1902 -1982), combinó el surrealismo con la herencia afrocubana.

[12]**Yves Tanguy:** pintor francés, adscrito al surrealismo.

[13]**Vous qui ne voyez pas, pensez a ceux qui voient:** (francés) Los que no veis, pensad en los que ven.

[14]**Lautreamont:** ver *Cantos de Maldoror*.

alma y bienes, en el mundo de *Amadis de Gaula*[15] o *Tirante el Blanco*.[16] Prodigiosamente fidedignas resultan ciertas frases de Rutilio en *Los trabajos de Persiles y Segismunda*,[17] acerca de hombres transformados en lobos, porque en tiempos de Cervantes se creía en gentes aquejadas de manía lupina. Asimismo el viaje del personaje, desde Toscana a Noruega, sobre el manto de una bruja. Marco Polo admitía que ciertas aves volaran llevando elefantes entre las garras, y Lutero vio de frente al demonio a cuya cabeza arrojó un tintero. Víctor Hugo, tan explotado por los tenedores de libros de lo maravilloso, creía en aparecidos, porque estaba seguro de haber hablado en Guernesey,[18] con el fantasma de Leopoldina. A Van Gogh bastaba con tener fe en el Girasol, para fijar su revelación en una tela. De ahí que lo maravilloso invocado en el descreimiento —como lo hicieron los surrealistas durante tantos años— nunca fue sino una artimaña literaria, tan aburrida, al prolongarse, como cierta literatura onírica "arreglada", ciertos elogios de la locura, de los que estamos muy de vuelta. No por ello va a darse la razón, desde luego, a determinados partidarios de un *regreso a lo real* —término que cobra, entonces, un significado gregariamente político—, que no hacen sino sustituir los trucos del prestidigitador por los lugares comunes del literato "enrolado" o el escatológico[19] regodeo de ciertos existencialistas. Pero es indudable que hay escasa defensa para poetas y artistas que loan el sadismo sin practicarlo, admiran el supermacho por impotencia, invocan espectros sin creer que respondan a los ensalmos, y fundan sociedades secretas, sectas literarias, grupos vagamente filosóficos, con santos y señas y arcanos fines —nunca alcanzados—, sin ser capaces de concebir una mística válida ni de abandonar los más mezquinos hábitos para jugarse el alma sobre la temible carta de una fe.

Esto se me hizo particularmente evidente durante mi permanecia en Haití, al hallarme en contacto cotidiano con algo que podríamos llamar lo *real maravilloso*. Pisaba yo una tierra donde millares de hombres ansiosos de libertad creyeron en los poderes licantrópicos de Mackandal, a punto de que esa fe colectiva produjera un milagro el día de su ejecución. Conocía ya la historia prodigiosa de Bouckman, el iniciado jamaiquino. Había estado en la Ciudadela La Ferriére, obra sin antecedentes arquitectónicos, únicamente anunciada por las *Prisiones Imaginarias* del Piranese.[20] Había respirado la atmósfera creada por Henri

---

[15]**Amadis de Gaula:** célebre novela de caballerías.

[16]**Tirante el Blanco:** novela de caballerías del siglo XV escrita en lengua catalana.

[17]**Los trabajos de Persiles y Segismunda:** una obra de Cervantes publicada en 1617, de estilo pulido, que cuenta aventuras increíbles de sus protagonistas y contiene descripciones de escenarios fantásticos.

[18]**Guernesey:** una de las islas anglonormandas, capital Saint-Pierre.

[19]**escatológico:** relativo a la muerte y la vida de ultratumba.

[20]**Piranese:** Juan Bautista (1720–1778), arquitecto y grabador italiano; su hijo Francisco (1758–1810), también grabador.

⁹⁰ Christophe, monarca de increíbles empeños, mucho más sorprendente que todos los reyes crueles inventados por los surrealistas, muy afectos a tiranías imaginarias, aunque no padecidas. A cada paso hallaba lo real maravilloso. Pero pensaba, además, que esa presencia y vigencia de lo real maravilloso no era privilegio único de Haití, sino patrimonio de la América entera, donde todavía no se ha terminado de establecer, por ejemplo, un recuento de cosmogonías. Lo real maravilloso se encuentra a cada paso en las vidas de hombres que inscribieron fechas en la historia del Continente y dejaron apellidos aún llevados: desde los buscadores de la Fuente de la Eterna Juventud, de la áurea ciudad de Manoa, hasta ciertos rebeldes de la primera hora o ciertos héroes modernos de nuestras guerras de inde-
¹⁰⁰ pendencia de tan mitológica traza como la coronela Juana de Azurduy.[21] Siempre me ha parecido significativo el hecho de que, en 1780, unos cuerdos españoles, salidos de Angostura, se lanzaran todavía a la busca de El Dorado, y que, en días de la Revolución Francesa —¡vivan la Razón y el Ser Supremo!—, el compostelano Francisco Menéndez anduviera por tierras de Patagonia buscando la Ciudad Encantada de los Césares. Enfocando otro aspecto de la cuestión, veríamos que, así como en Europa occidental el folklore danzario, por ejemplo, ha perdido todo carácter mágico o invocatorio, rara es la danza colectiva, en América, que no encierre un hondo sentido ritual, creándose en torno a él todo un proceso iniciaco: tal los bailes de la santería cubana, o la prodigiosa versión negroide de la fies-
¹¹⁰ ta del Corpus, que aún puede verse en el pueblo de San Francisco de Yare, en Venezuela.

Hay un momento, en el sexto canto de Maldoror, en que el héroe, perseguido por toda la policía del mundo, escapa a "un ejército de agentes y espías" adoptando el aspecto de animales diversos y haciendo uso de su don de transportarse instantáneamente a Pekín, Madrid o San Petersburgo. Esto es "literatura maravillosa" en pleno. Pero en América, donde no se ha escrito nada semejante, existió un Mackandal dotado de los mismos poderes por la fe de sus contemporáneos, y que alentó, con esa magia, una de las sublevaciones más dramáticas y extrañas de la Historia. Maldoror —lo confiesa el mismo Ducasse—[22] no pasaba de ser un "poé-
¹²⁰ tico Rocambole".[23] De él sólo quedó una escuela literaria de vida efímera. De Mackandal el americano, en cambio, ha quedado toda una mitología, acompañada de himnos mágicos, conservados por todo un pueblo, que aún se cantan en las ceremonias del Vaudou.[24] (Hay, por otra parte, una rara casualidad en el hecho de que Isidoro Ducasse, hombre que tuvo un excepcional instinto de lo fantástico-poético, hubiera nacido en América y se jactara tan enfáticamente, al final de uno de sus cantos, de ser "Le Montevidéen".) Y es que, por la virginidad del paisaje, por

---

[21]**Juana de Azurduy:** Juana de Azurduy de Padilla (1781–1862), heroína boliviana de la Independencia.

[22]**Isidoro Ducasse:** ver *Cantos de Maldoror*.

[23]**Rocambole:** nombre de un personaje de las novelas de aventuras de Ponson du Terrail.

[24]**Vaudou:** religión de origen africano, practicada en Haití.

la formación, por la ontología, por la presencia fáustica del indio y del negro, por la Revelación que constituyó su reciente descubrimiento, por los fecundos mestizajes que propició, América está muy lejos de haber agotado su caudal de mitologías.

130   Sin habérmelo propuesto de modo sistemático, el texto que sigue ha respondido a este orden de preocupaciones. En él se narra una sucesión de hechos extraordinarios, ocurridos en la isla de Santo Domingo, en determinada época que no alcanza el lapso de una vida humana, dejándose que lo maravilloso fluya libremente de una realidad estrictamente seguida en todos sus detalles. Porque es menester advertir que el relato que va a leerse ha sido establecido sobre una documentación extremadamente rigurosa que no solamente respeta la verdad histórica de los acontecimientos, los nombres de personajes —incluso secundarios—, de lugares y hasta de calles, sino que oculta, bajo su aparente intemporalidad, un minucioso cotejo de fechas y de cronologías. Y sin embargo, por la

140   dramática singularidad de los acontecimientos, por la fantástica apostura de los personajes que se encontraron, en determinado momento, en la encrucijada mágica de la ciudad del Cabo, todo resulta maravilloso en una historia imposible de situar en Europa, y que es tan real, sin embargo, como cualquier suceso ejemplar de los consignados, para pedagógica edificación, en los manuales escolares. ¿Pero qué es la historia de América toda sino una crónica de lo real-maravilloso?

REFLEXIÓN Y ANÁLISIS

1) ¿Le parece acertada la distinción que establece Carpentier entre lo maravilloso europeo y lo real maravilloso latinoamericano?

2) ¿Cómo llega a manifestarse lo real maravilloso americano en la historia y en la naturaleza del continente?

3) ¿En qué medida puede ser útil para el estudio de la literatura latinoamericana la teoría de Carpentier expresada en su ensayo-prólogo?

4) ¿A qué se debe el hecho de que el ensayo de Carpentier se convirtiera en una suerte de manifiesto?

BIBLIOGRAFÍA

Collard, Patrick. *Cómo leer a Alejo Carpentier.* Madrid: Júcar, 1991.

Carpentier, Alejo. *Los pasos perdidos.* Ed. Roberto González Echevarría. Madrid: Cátedra, 1985. 15–62.

————. *Obras completas de Alejo Carpentier.* México/Madrid/Bogotá: Siglo Veintiuno Editores, 1983.

————. *Tientos y diferencias.* Montevideo: Arca, 1967.

González Echevarría, Roberto. *Alejo Carpentier: The Pilgrim at Home.* Ithaca/London: Cornell University Press, 1977.

————. "Últimos viajes del peregrino." *Revista Iberoamericana* 154 (1991): 119–34.

Márquez Rodríguez, Alexis. *Lo barroco y lo real-maravilloso en la obra de Alejo Carpentier.* Madrid/México/Bogotá: Siglo Veintiuno Editores, 1982.

Martínez, Julio A. *Dictionary of Twentieth-Century Cuban Literature.* New York/Westport, Conn.: Greenwood Press, 1990.

Rama, Ángel. *La novela latinoamericana. Panoramas 1920–1980.* Xalapa: Universidad Veracruzana, 1986.

Shaw, Donald. *Nueva narrativa hispanoamericana.* Madrid: Cátedra, 1981.

Elzbieta Sklodowska

IX

EL BOOM Y LA NUEVA NOVELA

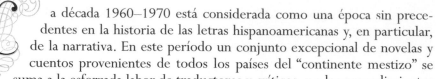

a década 1960–1970 está considerada como una época sin precedentes en la historia de las letras hispanoamericanas y, en particular,
de la narrativa. En este período un conjunto excepcional de novelas y
cuentos provenientes de todos los países del "continente mestizo" se
suma a la esforzada labor de traductores y críticos, y a los procedimientos
modernos de lanzamiento editorial que llegan a proyectar la narrativa hispanoamericana más allá de las fronteras de habla hispana. Algunos críticos, como Ángel
Rama, insisten en discernir entre el "boom" —como fenómeno meramente
comercial en el mercado librero mundial— y la "nueva novela hispanoamericana",
que llega a su culminación entre 1960 y 1970, pero que empieza a gestarse con la
obra de Jorge Luis Borges (1899–1986), Alejo Carpentier (1904–1980), Juan
Carlos Onetti (1909–1994), Juan Rulfo (1918–1986), Ernesto Sábato (1911–   ),
Leopoldo Marechal (1900–1970), María Luisa Bombal (1910–1980), Miguel
Ángel Asturias (1899–1974) y Agustín Yáñez (1904–1980), entre otros. En opinión de Carlos Fuentes, "el llamado *boom,* en realidad, es el resultado de una
literatura que tiene por lo menos cuatro siglos de existencia y que sintió una
urgencia definitiva en un momento de nuestra historia de actualizar y darle
orden a muchas lecciones del pasado" (Andadón, 621).

Si bien la noción de "boom" parece menos apropiada para un análisis de tendencias literarias que el término "nueva novela", tampoco es posible prescindir
por completo de ese concepto que, a fuerza de ser usado por todos, se ha convertido en sinónimo de la narrativa de los sesenta y ha sido consagrado por los
mismos escritores, como José Donoso en su *Historia personal del "boom".* Sin
embargo, dicho esto, conviene recordar la observación de Rama de que "La percepción de Donoso es estrictamente literaria y ni siquiera tiene en cuenta el rasgo
más definidor del *boom* que fue el consumo masivo de narraciones latinoamericanas" (247). Resulta interesante también tener en cuenta el argumento de Gustav
Siebenmann y Donald L. Shaw de que en este caso hay una correlación entre la
técnica audaz y el éxito comercial debido a un súbito y radical cambio de los hábitos perceptivos del público lector, el que llega a valorar, y hasta a sacralizar, la
experimentación formal.

La trabajosa tarea de ubicar el período del boom / nueva novela dentro de
unos límites temporales, formales y personales definibles ha sido emprendida por muchos críticos. Existe el consenso de que la publicación en 1962 de
La ciudad y los perros de Mario Vargas Llosa marca el momento de cambio decisivo en la recepción mundial de las letras latinoamericanas. De aquí en adelante, la editorial barcelonesa Seix-Barral —que galardonó a *La ciudad y los
perros* con su prestigioso Premio Biblioteca Breve— iba a convertirse en una
de las fuerzas más poderosas en la configuración del boom, es decir, en la promoción de los nuevos narradores en el mercado librero mundial. El Premio
Nobel de literatura otorgado a Miguel Ángel Asturias en 1967 representa el
apogeo del boom, a la vez que simboliza el enlace entre la literatura, la política y el mercado.

A la activación en esta época de la industria editorial española se suma el impacto de la revolución cubana que ayudó a la rápida internacionalización de ideas provenientes de Latinoamérica. El desafío ideológico que representaba el triunfo de Fidel Castro y sus "barbudos" de Sierra Maestra (1959) está considerado por muchos críticos como catalizador, no solamente de cambios ideológicos, sino también estéticos. Parafraseando a Julio Cortázar, podría decirse que "la literatura en la revolución" iba mano a mano con "la revolución en la literatura". Para Julio Ortega, la búsqueda de las técnicas audaces por parte de la novela corresponde justamente al momento histórico en el que "la literatura creía adelantarse en su rebeldía a la liberación ineludible de nuestros países" (13).

Si bien es cierto que muchos de los escritores más descollantes del boom estaban originalmente comprometidos con la causa revolucionaria cubana, la ideología no llegó a ser un factor aglutinador generacional. Con el recrudecimiento de la línea represiva del régimen cubano en los años sesenta —y a partir de 1968 en particular— numerosos escritores (Cabrera Infante, Vargas Llosa, Sarduy, Fuentes) expresaron su desilusión con el régimen de Castro, originando una profunda división en el seno de la comunidad de los intelectuales latinoamericanos.

En lo referente a los escritores y obras que forman parte del boom, Brushwood no deja de subrayar que es un club exclusivo y excluyente, mientras Vargas Llosa afirma que "cada uno tiene su propia lista". Sin entrar, pues, en cotizaciones gratuitas, diremos que los cinco autores repetidamente asociados con el boom son: Gabriel García Márquez (Colombia, 1928–), Julio Cortázar (Argentina, 1914–1984), Mario Vargas Llosa (Perú, 1936–), José Donoso (Chile, 1924–) y Carlos Fuentes (México, 1928–). Algunos críticos incluyen también a los cubanos José Lezama Lima (1910–1976), Guillermo Cabrera Infante (1929–) y Severo Sarduy (1937–), así como a los argentinos Manuel Puig (1932–1990) y Manuel Mujica Laínez (1910–1984) y al mexicano Salvador Elizondo (1932–).

Desde la ventajosa perspectiva de los años noventa, resulta igualmente curioso considerar a escritores y escritoras cuyas obras llevan un sello de experimentación propio de la nueva novela y quienes, no obstante, han quedado excluidos de las listas del boom. Entre los grandes ausentes están el peruano José María Arguedas (1911–1970) —cuya obra abarca un conocimiento profundo del simbolismo del mundo indígena— y Augusto Roa Bastos (1918–), con su búsqueda mítica, totalizante de las peculiaridades de la cultura e historia paraguayas. En la opinión de Ángel Rama, son precisamente estos autores quienes ofrecen una perspectiva "transculturada", es decir, una mediación entre varias culturas desde una óptica de la cultura nativa. Tampoco encontramos en las listas del *boom* a las mujeres, aunque la narrativa de las mexicanas Rosario Castellanos (1925–1974) y Elena Garro (1920–) —para dar solamente dos ejemplos— cumple con todos los parámetros de una novelística experimentadora. Curiosamente, la publicación de *Los recuerdos del porvenir* de Garro coincide con el supuesto comienzo del boom (1963) a la vez que la estructura temporal de la novela constituye un claro antecedente de *Cien años de soledad* (1967) de García Márquez, que marca el apogeo del boom.

El alineamiento entre el boom, la nueva novela y el *Modernism* europeo y nor-teamericano es otro problema que muchos críticos han tratado de elucidar. Algunos estudiosos disciernen las raíces de la nueva novela hispanoamericana en la escritura de James Joyce, Franz Kafka o William Faulkner, mientras otros sostienen que la originalidad de esta narrativa consiste de hecho en la parodia que se hace de la tra-dición occidental. Lo que debemos sacar en claro de estas opiniones es el hecho de que la vanguardia hispanoamericana y el *Modernism* fueron un taller donde se forja-ron muchas de las técnicas luego adoptadas, transformadas y transgredidas por los nuevos novelistas del boom. Es importante reconocer, además, que a los narrado-res les alimentó también la poesía de la vanguardia hispana y en particular la obra de Vicente Huidobro, Pablo Neruda, César Vallejo y Xavier Villaurrutia.

A la luz de estas observaciones resulta evidente la arbitrariedad de taxonomías, cronologías y cotizaciones. En cuanto a los rasgos formales de la nueva narrativa, la extraordinaria abundancia de títulos y autores y la disparidad generacional, temática y estética impiden un consenso crítico. En todo caso, la caracterización de la nueva novela que proponemos a continuación —basada en opiniones críticas de Brushwood, Loveluck, Ortega, Rama, Shaw y Villanueva— de ningún modo debe considerarse como exhaustiva o definitiva:

1) La nueva novela hispanoamericana no representa un modelo rígido, sino más bien una suma heterogénea de tendencias cuyo rasgo distintivo es el desafío con respecto a lo que Cortázar llamaba "la pertinaz noción realista de la novela".

2) El principio de causa-efecto queda sustituido por una narración fragmenta-da gracias al uso de perspectivas múltiples, así como al empleo de técnicas cine-matográficas, tramas entreveradas y acronologías (*Sobre héroes y tumbas* de Sábato, 1961; *La muerte de Artemio Cruz* de Fuentes, 1962; *La casa verde* de Vargas Llosa, 1965; *Conversación en la Catedral* del mismo autor, 1969).

3) Hay una coexistencia ambigua y conflictiva del orden real con el sobrena-tural (imaginación, fantasía, mito, magia, el llamado "realismo mágico"). Entre los precursores más inmediatos habría que incluir a Borges, con su exploración de lo fantástico, a Carpentier y a Asturias, con su americanización de lo maravi-lloso surrealista y a Rulfo con su "realismo mágico". *Los recuerdos del porvenir* (1963) de Garro y *Cien años de soledad* (1967) de García Márquez ejemplifican esta corriente de modo más cabal.

4) Se plantea con frecuencia el tema de la creación literaria. Entre novelas que descansan sobre este paradigma metaliterario, las más importantes son: *Rayuela* (1963) de Cortázar, *Tres tristes tigres* (1967) de Cabrera Infante, *Farabeuf* (1965) y *Grafógrafo* (1972) de Elizondo, *Cobra* (1972) de Sarduy. Teodosio Fernández acuña emplea para estos textos el término "novelas de la escritura", en las que encon-tramos a "un grafógrafo" quien "obcecado en su trabajo contra la representación,

recorta, ensambla, combina, convierte en tema el lenguaje narrativo . . . persiguiendo la destrucción de cualquier resto de ficción tradicional" (171).

5) Se produce una universalización de la temática latinoamericana gracias al empleo de ideas inspiradas por los grandes metadiscursos modernos (psicoanálisis, existencialismo, estructuralismo lingüístico y antropológico). Ilustran esta tendencia *Sobre héroes y tumbas* (1961) de Sábato, *El astillero* (1961) y *Juntacadáveres* (1964) de Onetti, *Rayuela* (1963) de Cortázar, *Cambio de piel* (1967) de Fuentes.

6) Numerosas novelas descansan sobre la incorporación de los discursos de consumo masivo (la música popular, la radio, el cine, el folletín, el periodismo). La fascinación con los hallazgos cinematográficos es particularmente visible en la obra de Manuel Puig (*La traición de Rita Hayworth,* 1968; *El beso de la mujer araña,* 1976).

7) La interpretación del lenguaje como refracción de la realidad incide en el ejercicio de la libertad lingüística, por medio de la vertiginosa experimentación verbal en novelas como *Tres tristes tigres* de Cabrera Infante o *Entre Marx y una mujer desnuda* (1976) del ecuatoriano Jorge Adoum (1923–   ). Además de neologismos, yuxtaposición de diversos registros del lenguaje, anacronismos y juegos de palabras, algunas novelas exploran la exuberancia barroca del vocabulario culto y de la sintaxis gongorina (*Paradiso,* 1966, de Lezama Lima).

8) El lector se ve involucrado en el proceso de creación, recreación y/o desciframiento del texto concebido como juego, laberinto, rompecabezas. El mejor ejemplo de esta tendencia es *Rayuela* con su incitación al lector en la tarea de armar diferentes (in)versiones del texto.

9) Se produce una ruptura con el modelo tradicional de la novela psicológica. La desintegración del personaje, su desfiguración grotesca y la reducción paródica del mismo, al estatus de un antihéroe se produce —con diversas matizaciones— en *Rayuela, Juntacadáveres, Tres tristes tigres, La muerte de Artemio Cruz* y *El obsceno pájaro de la noche.*

10) Junto a los modos imaginarios y metaliterarios es notable la persistencia de una corriente crítico-social que si bien lleva el sello de una experimentación formal, no llega al virtuosismo lingüístico o estructural de novelas más innovadoras (*Hijo de hombre,* 1961, de Roa Bastos; *La tregua,* 1960, del uruguayo Mario Benedetti).

11) Con más frecuencia que antes aparecen escenarios urbanos (*La región más transparente, Sobre héroes y tumbas, Rayuela, La ciudad y los perros, Conversación en la Catedral*). En la narrativa de la llamada Onda mexicana la fascinación por la ciu-

dad conlleva también una indagación sobre las relaciones entre la escritura y la oralidad, entre lo urbano y lo rural, así como una reflexión sobre las relaciones de dependencia entre la cultura latinoamericana y la cultura popular de las grandes metrópolis postcoloniales.

Dicho esto, conviene, sin embargo, agregar algunas observaciones sobre un "ismo" asociado con el período del *boom:* el realismo mágico. Hay que empezar por el término "lo real-maravilloso americano", inventado por el escritor cubano Alejo Carpentier y propagado, apropiado y glosado por los críticos bajo tales variantes como "realismo mágico" o "realismo maravilloso". Habría que pensar en qué consiste el encanto del realismo mágico y su indudable papel estético e ideológico en el proceso de universalización de la literatura hispanoamericana en la década de los sesenta.

Carpentier formuló la idea de lo real-maravilloso americano en su prólogo a *El reino de este mundo* (1949) en oposición a lo europeo. El escritor cubano partió de la premisa de que Latinoamérica constituye un espacio abarcador y único, en el cual es posible una coexistencia de fenómenos que desafían la lógica y la "normalidad" cartesiana, o sea fenómenos mágicos, fantásticos, míticos, irracionales. Carpentier afirma que mientras en la Europa moderna el efecto de lo maravilloso puede surgir solamente con el uso de los trucos artísticos (por ejemplo en el surrealismo), en el Nuevo Mundo lo maravilloso forma parte consustancial de la realidad misma.

Para bien o para mal de las letras iberoamericanas tanto Carpentier como algunos de sus colegas "mágicorrealistas" —Miguel Ángel Asturias, Demetrio Aguilera Malta y el mismo Gabriel García Márquez— parecen haber fortalecido entre los lectores europeos una imagen exótica de Latinoamérica y una reducción a un denominador común de culturas regionales marcadamente diversas. Por otra parte, el realismo mágico ha contribuido también a fortalecer la noción de solidaridad cultural hispanoamericana, puesto que desde los tiempos del Modernismo (1888-1910) no hubo en la América hispana otro fenómeno literario que pudiera ser aplicable a las literaturas nacionales de toda Hispanoamérica.

BIBLIOGRAFÍA

Andadón, José. "Entrevista a Carlos Fuentes." *Revista Iberoamericana* 123–24 (1983): 621–30.

Aviles Fábila, René. "Cómo escribir una novela y convertirla en un bestseller." *Mundo Nuevo* 41–42 (1970).

Brushwood, John S. *La novela hispanoamericana del siglo XX (Una vista panorámica).* México: Fondo de Cultura Económica, 1985.

————. "Two Views of the Boom: North and South." *Latin American Literary Review* 15.29 (1987): 13–32.

Carpentier, Alejo. *Tientos y diferencias.* Montevideo: Arca, 1970.

Cortázar, Julio, y Oscar Collazos. *Literatura en la revolución y revolución en la literatura.* México: Siglo XXI, 1970.

Donoso, José. *Historia personal del boom.* Barcelona: Anagrama, 1972.

Fernández, Teodosio. "El problema de la escritura y la narrativa hispanoamericana contemporánea." *Anales de literatura hispanoamericana* 14 (1985): 167–73.

Fuentes, Carlos. *La nueva novela hispanoamericana.* México: Joaquín Mortiz, 1969.

Gálvez Acero, Marina. *La novela hispanoamericana contemporánea.* Madrid: Taurus, 1987.

Gass, William H. "The First Seven Pages of the Boom." *Latin American Literary Review* 15.29 (1987): 33–56.

Loveluck, Juan. *La novela hispanoamericana.* Santiago de Chile: Ed. Universitaria, 1969.

MacAdam, Alfred. *Textual Confrontations: Comparative Readings in Latin American Literature.* Chicago: University of Chicago Press, 1987.

Martin, Gerald. *Journeys through the Labyrinth: Latin American Fiction in the Twentieth Century.* London/New York: Verso, 1989.

Ortega, Julio. "La literatura latinoamericana en la década del ochenta." *Revista Iberoamericana* 110–111 (1980): 161–65.

Pollmann, Leo. *La "nueva novela" en Francia y en Iberoamérica.* Madrid: Gredos, 1971.

Rama, Ángel. *La novela latinoamericana. Panoramas 1920–1980.* Xalapa: Universidad Veracruzana, 1986.

Rodríguez Monegal, Emir. *El boom de la novela latinoamericana.* Caracas: Tiempo Nuevo, 1972.

Siebenmann, Gustav. "Técnica narrativa y éxito literario." *Iberoromania* 7 (1978): 51–66.

Sommer, Doris, y George Yúdice. *Postmodernist Fiction.* Ed. Brian McHale. New York/London: Methuen, 1987.

Villanueva, Darío, y José María Viña Liste. *Trayectoria de la novela hispanoamericana actual: del realismo mágico a los años ochenta.* Madrid: Espasa Calpe, 1991.

Elzbieta Sklodowska

JULIO CORTÁZAR (1914–1984)

Nació en Bruselas, Bélgica, de padres argentinos. Fue educado en Argentina donde inició su interés en la literatura, especialmente en la literatura francesa. Se dedicó a la enseñanza primaria desde 1935 hasta 1944 para después pasar a la Universidad de Cuyo donde enseñó literatura hasta 1945. Durante este período fue encarcelado por haber participado en actividades políticas contra Perón. Después de una temporada dedicada a la traducción, en 1951 (año en que salió su primer libro de cuentos *Bestiario*), recibió una beca de estudios para Francia donde, salvo pocas ocasiones fuera del país, vivió hasta su muerte.

Evelyn Picon Garfield, crítica que ha estudiado la influencia del surrealismo en las obras de Cortázar, ha notado que en sus cuentos hay un elemento fuerte de lo fantástico que cuestiona una realidad condicionada por la razón. Este mundo fantástico, a veces es más real y creíble que la misma realidad.

En 1956 aparece su segunda colección de cuentos *Final del juego,* seguido por *Las armas secretas,* en 1959. El personaje principal de "El perseguidor", uno de los cuentos de esta colección, encarna muchas de las características de sus héroes. En la mayoría de los casos, son seres que sufren una angustia metafísica en sus tentativas de alcanzar la perfección artística. Quedan frustrados al enfrentarse con el tiempo en todas sus dimensiones mientras sufren al tener que vivir en un mundo previo de valores positivos y metas fijas. En la relación entre el artista de jazz, Johnny, y el crítico, Bruno, se plantea el problema que existe entre un genio creador y el crítico, ser analítico que sólo vive de la creación de los otros. Éste es uno de los temas predilectos de Cortázar, también recogido en la caracterización de muchos de sus personajes que se presentan como traductores. El personaje principal de este cuento tiene las mismas preocupaciones del artista moderno, como también las tiene el protagonista del cuento "Las babas del diablo", de la misma colección. Es en estos dos cuentos donde se prefigura el tema principal de su obra maestra *Rayuela* (1963). En esta novela ataca la manera más apropiada de cómo enfrentarse a captar una realidad multifacética reconociendo al mismo tiempo las limitaciones impuestas por el racionalismo y un lenguaje limitado.

Rayuela revolucionó la novela contemporánea al ofrecer al lector activo una obra abierta que él mismo puede configurar. La presentación de distintas verdades desde múltiples puntos de vista narrativos, anula la posibilidad de una única verdad. El lector que puede ordenar los capítulos de la novela según un esquema dado por el autor, o según su propio esquema, trastorna la estructura lineal de la novela tradicional. A la vez, se ataca en esta obra todo un lenguaje que Cortázar considera anticuado y muerto. Es el lenguaje de la Real Academia Española, que queda reemplazado por el "gíglico", basado en los sonidos y los neologismos.

La representación de múltiples realidades se manifiesta también en el cuento "Las babas del diablo", donde se presentan versiones distintas de lo que ocurrió. El lector, ayudado por un narrador que lo guía y lo despista, tiene que luchar para llegar a entender las múltiples posibilidades del cuento. El fotógrafo que tiene que ampliar una parte de la foto, tiene la misma visión restrictiva que tenemos todos nosotros cuando nos enfrentamos a la realidad. El lector encuentra la pieza fundamental a través de su lectura. Este cuento es la base de la película *Blow up,* del cineasta italiano, Antonioni.

Cortázar presentó sus ideas sobre el cuento como género en un ahora famoso ensayo teórico "Algunos aspectos del cuento", publicado en 1962 en la revista *Casa de las Américas.* El cuento, mezcla de elementos fantásticos e ilógicos subvierte e invade nuestro concepto de la realidad como vemos en "La noche boca arriba" de *Final del juego.* En este cuento se establece un elemento de tensión entre el mundo verdadero y el inconsciente. Tenemos que preguntarnos cuál de las dos realidades presentadas es un sueño, ¿el accidente en la motocicleta, o el sacrificio humano en la Guerra Florida? ¿Pueden ser los dos sueños?

En *Libro de Manuel* (1973), intenta escribir una novela comprometida con la realidad política de su época. Argentina y Uruguay vivían momentos críticos de su historia. Era el tiempo de guerrillas armadas que causaron terror en ambos países. En esta obra mezcla la ficción con la historia empleando recortes periodísticos de la situación política con el propósito de despertar la conciencia de su lector. Es también autor de *Octaedro* (1974); *Los autonautas de la cosmopista. Un viaje atemporal París-Marsella* (1983), obra escrita en colaboración con Carol Dunlop, y *Fascinación de las palabras* (1985).

De *Las armas secretas,* 1959

Las babas[1] del diablo

Nunca se sabrá cómo hay que contar esto, si en primera persona o en segunda, usando la tercera del plural o inventando continuamente formas que no servirán de nada. Si se pudiera decir: yo vieron subir la luna, o: nos me duele el fondo de los ojos, y sobre todo así: tú la mujer rubia eran las nubes que siguen corriendo delante de mis tus sus nuestros vuestros sus rostros. Qué diablos.

Puestos a contar, si se pudiera ir a beber un bock por ahí y que la máquina siguiera sola (porque escribo a máquina), sería la perfección. Y no es un modo de decir. La perfección, sí, porque aquí el agujero que hay que contar es también una máquina (de otra especie, una Cóntax[2] 1.1.2) y a lo mejor puede ser que una máquina sepa más de otra máquina que yo, tú, ella —la mujer rubia— y las nubes. Pero de tonto sólo tengo la suerte, y sé que si me voy, esta Rémington[3] se quedará petrificada sobre la mesa con ese aire de doblemente quietas que tienen las cosas movibles cuando no se mueven. Entonces tengo que escribir. Uno de todos nosotros tiene que escribir, si es que esto va a ser contado. Mejor que sea yo que estoy muerto, que estoy menos comprometido que el resto; yo que no veo más que las nubes y puedo pensar sin distraerme, escribir sin distraerme (ahí pasa otra, con un borde gris) y acordarme sin distraerme, yo que estoy muerto (y vivo, no se trata de engañar a nadie, ya se verá cuando llegue el momento, porque de alguna manera tengo que arrancar y he empezado por esta punta, la de atrás, la del comienzo, que al fin y al cabo es la mejor de las puntas cuando se quiere contar algo).

De repente me pregunto por qué tengo que contar esto, pero si uno empezara a preguntarse por qué hace todo lo que hace, si uno se preguntara solamente por qué acepta una invitación a cenar (ahora pasa una paloma, y me parece que un gorrión) o por qué cuando alguien nos ha contado un buen cuento, en seguida empieza como una cosquilla en el estómago y no se está tranquilo hasta entrar en la oficina de al lado y contar a su vez el cuento: recién entonces uno está bien, está contento y puede volverse a su trabajo. Que yo sepa nadie ha explicado esto, de manera que lo mejor es dejarse de pudores y contar, porque al fin y al cabo nadie se avergüenza de respirar o de ponerse los zapatos; son cosas que se hacen, y cuando pasa algo raro, cuando dentro del zapato encontramos una araña o al respirar se siente como un vidrio roto, entonces hay que contar lo que pasa, contarlo a los muchachos de la oficina o al médico. Ay, doctor, cada vez que respiro . . . Siempre contarlo, siempre quitarse esa cosquilla molesta del estómago.

Y ya que vamos a contarlo pongamos un poco de orden, bajemos por la escalera de esta casa hasta el domingo siete de noviembre, justo un mes atrás. Uno

---

[1]**babas:** saliva espesa y viscosa.
[2]**Cóntax:** máquina fotográfica.

[3]**Rémington:** máquina de escribir.

baja cinco pisos y ya está en el domingo, con un sol insospechado para noviembre en París, con muchísimas ganas de andar por ahí, de ver cosas, de sacar fotos (porque éramos fotógrafos, soy fotógrafo). Ya sé que lo más difícil va a ser encontrar la manera de contarlo y no tengo miedo de repetirme. Va a ser difícil porque nadie sabe bien quién es el que verdaderamente está contando, si soy yo o eso que ha ocurrido, o lo que estoy viendo (nubes, y a veces una paloma) o si sencillamente cuento una verdad que es solamente mi verdad, y entonces no es la verdad salvo para mi estómago, para estas ganas de salir corriendo y acabar de alguna manera con esto, sea lo que fuere.

Vamos a contarlo despacio, ya se irá viendo qué ocurre a medida que lo escribo. Si me sustituyen, si ya no sé qué decir, si se acaban las nubes y empieza alguna otra cosa (porque no puede ser que esto sea estar viendo continuamente nubes que pasan, y a veces una paloma), si algo de todo eso . . . Y después del "si", ¿qué voy a poner, cómo voy a clausurar correctamente la oración? Pero si empiezo a hacer preguntas no contaré nada; mejor contar, quizá contar sea como una respuesta, por lo menos para alguno que lo lea.

Roberto Michel, franco-chileno, traductor y fotógrafo aficionado a sus horas, salió del número 11 de la rue Monsieur-le-Prince el domingo siete de noviembre del año en curso (ahora pasan dos más pequeñas, con los bordes plateados). Llevaba tres semanas trabajando en la versión al francés del tratado sobre recusaciones y recursos de José Norberto Allende, profesor en la universidad de Santiago. Es raro que haya viento en París, y mucho menos un viento que en las esquinas se arremolinaba y subía castigando las viejas persianas de madera tras de las cuales soprendidas señoras comentaban de diversas maneras la inestabilidad del tiempo en estos últimos años. Pero el sol estaba también ahí, cabalgando el viento y amigo de los gatos, por lo cual nada me impediría dar una vuelta por los muelles del Sena y sacar unas fotos de la Conserjería y la Sainte-Chapelle. Eran apenas las diez, y calculé que hacia las once tendría buena luz, la mejor posible en otoño; para perder tiempo derivé hasta la isla Saint-Louis y me puse a andar por el Quai d'Anjou, miré un rato el hotel de Lauzun, me recité unos fragmentos de Apollinaire[4] que siempre me vienen a la cabeza cuando paso delante del hotel de Lauzun (y eso que debería acordarme de otro poeta, pero Michel es un porfiado), y cuando de golpe cesó el viento y el sol se puso por lo menos dos veces más grande (quiero decir más tibio pero en realidad es lo mismo), me senté en el parapeto y me sentí terriblemente feliz en la mañana del domingo.

Entre las muchas maneras de combatir la nada, una de las mejores es sacar fotografías, actividad que debería enseñarse tempranamente a los niños pues exige disciplina, educación estética, buen ojo y dedos seguros. No se trata de estar acechando la mentira como cualquier repórter, y atrapar la estúpida silueta del personajón que sale del número 10 de Downing Street, pero de todas maneras

---

[4]Guillaume Apollinaire: (1880–1918) escritor francés.

cuando se anda con la cámara hay como el deber de estar atento, de no perder ese brusco y delicioso rebote de un rayo de sol en una vieja piedra, o la carrera trenzas al aire de una chiquilla que vuelve con un pan o una botella de leche. Michel sabía que el fotógrafo opera siempre como una permutación de su manera personal de ver el mundo por otra que la cámara le impone insidiosa (ahora pasa una gran nube casi negra), pero no desconfiaba, sabedor de que le bastaba salir sin la Cóntax para recuperar el tono distraído, la visión sin encuadre, la luz sin diafragma ni 1/250. Ahora mismo (qué palabra, *ahora,* qué estúpida mentira) podía quedarme sentado en el pretil sobre el río, mirando pasar las pinazas negras y rojas, sin que se me ocurriera pensar fotográficamente las escenas, nada más que dejándome ir en el dejarse ir de las cosas, corriendo inmóvil con el tiempo. Y ya no soplaba viento.

Después seguí por el Quai de Bourbon hasta llegar a la punta de la isla, donde la íntima placita (íntima por pequeña y no por recatada, pues da todo el pecho al río y al cielo) me gusta y me regusta. No había más que una pareja y, claro, palomas; quizá alguna de las que ahora pasan por lo que estoy viendo. De un salto me instalé en el parapeto y me dejé envolver y atar por el sol, dándole la cara, las orejas, las dos manos (guardé los guantes en el bolsillo). No tenía ganas de sacar fotos, y encendí un cigarrillo por hacer algo; creo que en el momento en que acercaba el fósforo al tabaco vi por primera vez al muchachito.

Lo que había tomado por una pareja se parecía mucho más a un chico con su madre, aunque al mismo tiempo me daba cuenta de que no era un chico con su madre, de que era una pareja en el sentido que damos siempre a las parejas cuando las vemos apoyadas en los parapetos o abrazadas en los bancos de las plazas. Como no tenía nada que hacer me sobraba tiempo para preguntarme por qué el muchachito estaba tan nervioso, tan como un potrillo o una liebre, metiendo las manos en los bolsillos, sacando en seguida una y después la otra, pasándose los dedos por el pelo, cambiando de postura, y sobre todo por qué tenía miedo, pues eso se lo adivinaba en cada gesto, un miedo sofocado por la vergüenza, un impulso de echarse atrás que se advertía como si su cuerpo estuviera al borde de la huida, conteniéndose en un último y lastimoso decoro.

Tan claro era todo eso, ahí a cinco metros —y estábamos solos contra el parapeto, en la punta de la isla— que al principio el miedo del chico no me dejó ver bien a la mujer rubia. Ahora, pensándolo, la veo mucho mejor en ese primer momento en que le leí la cara (de golpe había girado como una veleta de cobre, y los ojos, los ojos estaban ahí), cuando comprendí vagamente lo que podía estar ocurriéndole al chico y me dije que valía la pena quedarse y mirar (el viento se llevaba las palabras, los apenas murmullos). Creo que sé mirar, si es que algo sé, y que todo mirar rezuma falsedad, porque es lo que nos arroja más afuera de nosotros mismos, sin la menor garantía, en tanto que oler, o (pero Michel se bifurca fácilmente, no hay que dejarlo que declame a gusto). De todas maneras, si de antemano se prevé la probable falsedad, mirar se vuelve posible; basta quizá

120 elegir bien entre el mirar y lo mirado, desnudar a las cosas de tanta ropa ajena. Y, claro, todo esto es más bien difícil.

Del chico recuerdo la imagen antes que el verdadero cuerpo (esto se entenderá después), mientras que ahora estoy seguro que de la mujer recuerdo mucho mejor su cuerpo que su imagen. Era delgada y esbelta, dos palabras injustas para decir lo que era, y vestía un abrigo de piel casi negro, casi largo, casi hermoso. Todo el viento de esa mañana (ahora soplaba apenas, y no hacía frío) le había pasado por el pelo rubio que recortaba su cara blanca y sombría —dos palabras injustas— y dejaba al mundo de pie y horriblemente solo delante de sus ojos negros, sus ojos que caían sobre las cosas como dos águilas, dos saltos al vacío, dos ráfagas de fango verde. No describo nada, trato más bien de entender. Y he dicho dos
130 ráfagas de fango verde.

Seamos justos, el chico estaba bastante bien vestido y llevaba unos guantes amarillos que yo hubiera jurado que eran de su hermano mayor estudiante de derecho o ciencias sociales; era gracioso ver los dedos de los guantes saliendo del bolsillo de la chaqueta. Largo rato no le vi la cara, apenas un perfil nada tonto —pájaro azorado, ángel de Fra Filippo, arroz con leche— y una espalda de adolescente que quiere hacer judo y que se ha peleado un par de veces por una idea o una hermana. Al filo de los catorce, quizá de los quince, se lo adivinaba vestido y alimentado por sus padres pero sin un centavo en el bolsillo, teniendo que deli-
140 berar con los camaradas antes de decidirse por un café, un coñac, un atado de cigarrillos. Andaría por las calles pensando en las condiscípulas, en lo bueno que sería ir al cine y ver la última película, o comprar novelas o corbatas o botellas de licor con etiquetas verdes y blancas. En su casa (su casa sería respetable, sería almuerzo a las doce y paisajes románticos en las paredes, con un oscuro recibimiento y un paragüero de caoba al lado de la puerta) llovería despacio el tiempo de estudiar, de ser la esperanza de mamá, de parecerse a papá, de escribir a la tía de Avignon. Por eso tanta calle, todo el río para él (pero sin un centavo) y la ciudad misteriosa de los quince años, con sus signos en las puertas, sus gatos estremecedores, el cartucho de papas fritas a treinta francos, la revista pornográfica
150 doblada en cuatro, la soledad como un vacío en los bolsillos, los encuentros felices, el fervor por tanta cosa incomprendida pero iluminada por un amor total, por la disponibilidad parecida al viento y a las calles.

Esta biografía era la del chico y la de cualquier chico, pero a éste lo veía ahora aislado, vuelto único por la presencia de la mujer rubia que seguía hablándole. (Me cansa insistir, pero acaban de pasar dos largas nubes desflecadas. Pienso que aquella mañana no miré ni una sola vez el cielo, porque tan pronto presentí lo que pasaba con el chico y la mujer no pude más que mirarlos y esperar, mirarlos y . . .) Resumiendo, el chico estaba inquieto y se podía adivinar sin mucho trabajo lo que acababa de ocurrir pocos minutos antes, a lo sumo media hora. El
160 chico había llegado hasta la punta de la isla, vio a la mujer y la encontró admirable. La mujer esperaba eso porque estaba ahí para esperar eso, o quizá el chico llegó antes y ella lo vio desde un balcón o desde un auto, y salió a su encuentro,

provocando el diálogo con cualquier cosa, segura desde el comienzo de que él iba a tenerle miedo y a querer escaparse, y que naturalmente se quedaría, engallado y hosco, fingiendo la veteranía y el placer de la aventura. El resto era fácil porque estaba ocurriendo a cinco metros de mí y cualquiera hubiese podido medir las etapas del juego, la esgrima irrisoria: su mayor encanto no era su presente sino la previsión del desenlace. El muchacho acabaría por pretextar una cita, una obligación cualquiera, y se alejaría tropezando y confundido, queriendo caminar con desenvoltura, desnudo bajo la mirada burlona que lo seguiría hasta el final. O bien se quedaría, fascinado o simplemente incapaz de tomar la iniciativa, y la mujer empezaría acariciarle la cara, a despeinarlo, hablándole ya sin voz, y de pronto lo tomaría del brazo para llevárselo, a menos que él, con una desazón que quizá empezara a teñir el deseo, el riesgo de la aventura, se animase a pasarle el brazo por la cintura y a besarla. Todo esto podía ocurrir pero aún no ocurría, y perversamente Michel esperaba, sentado en el pretil, aprontando casi sin darse cuenta la cámara para sacar una foto pintoresca en un rincón de la isla con una pareja nada común hablando y mirándose.

Curioso que la escena (la nada, casi: dos que están ahí, desigualmente jóvenes) tuviera como un aura inquietante. Pensé que eso lo ponía yo, y que mi foto, si la sacaba, restituiría las cosas a su tonta verdad. Me hubiera gustado saber qué pensaba el hombre del sombrero gris sentado al volante del auto detenido en el muelle que lleva a la pasarela, y que leía el diario o dormía. Acababa de descubrirlo, porque la gente dentro de un auto detenido casi desaparece, se pierde en esa mísera jaula privada de la belleza que le dan el movimiento y el peligro. Y sin embargo el auto había estado ahí todo el tiempo, formando parte (o deformando esa parte) de la isla. Un auto: como decir un farol de alumbrado, un banco de plaza. Nunca el viento, la luz del sol, esas materias siempre nuevas para la piel y los ojos, y también el chico y la mujer, únicos, puestos ahí para alterar la isla, para mostrármela de otra manera. En fin, bien podía suceder que también el hombre del diario estuviera atento a lo que pasaba y sintiera como yo ese regusto maligno de toda expectativa. Ahora la mujer había girado suavemente hasta poner al muchachito entre ella y el parapeto, los veía casi de perfil y él era más alto, pero no mucho más alto, y sin embargo ella lo sobraba, parecía como cernida sobre él (su risa, de repente, un látigo de plumas), aplastándolo con sólo estar ahí, sonreír, pasear una mano por el aire. ¿Por qué esperar más? Con un diafragma dieciséis, con un encuadre donde no entrara el horrible auto negro, pero sí ese árbol, necesario para quebrar un espacio demasiado gris . . .

Levanté la cámara, fingí estudiar un enfoque que no los incluía, y me quedé al acecho, seguro de que atraparía por fin el gesto revelador, la expresión que todo lo resume, la vida que el movimiento acompasa pero que una imagen rígida destruye al seccionar el tiempo, si no elegimos la imperceptible fracción esencial. No tuve que esperar mucho. La mujer avanzaba en su tarea de maniatar suavemente al chico, de quitarle fibra a fibra sus últimos restos de libertad, en una lentísima tortura deliciosa. Imaginé los finales posibles (ahora asoma una pequeña nube

espumosa, casi sola en el cielo) preví la llegada a la casa (un piso bajo probable-
mente, que ella saturaría de almohadones y de gatos) y sospeché el azoramiento
del chico y su decisión desesperada de disimularlo y de dejarse llevar fingiendo
que nada le era nuevo. Cerrando los ojos, si es que los cerré, puse en orden la
escena, los besos burlones, la mujer rechazando con dulzura las manos que pretendían desnudarla como en las novelas, en una cama que tendría un edredón lila,
y obligándolo en cambio a dejarse quitar la ropa, verdaderamente madre e hijo
bajo una luz amarilla de opalinas, y todo acabaría como siempre, quizá, pero quizá
todo fuera de otro modo, y la iniciación del adolescente no pasara, no la dejaran
pasar, de un largo proemio donde las torpezas, las caricias exasperantes, la carrera de las manos se resolviera quién sabe en qué, en un placer por separado y solitario, en una petulante negativa mezclada con el arte de fatigar y desconcertar
tanta inocencia lastimada. Podía ser así, podía muy bien ser así, aquella mujer no
buscaba un amante en el chico, y a la vez se lo adueñaba para un fin imposible de
entender si no lo imaginaba como un juego cruel, deseo de desear sin satisfacción, de excitarse para algún otro, alguien que de ninguna manera podía ser ese
chico.

Michel es culpable de literatura, de fabricaciones irreales. Nada le gusta más
que imaginar excepciones, individuos fuera de la especie, monstruos no siempre
repugnantes. Pero esa mujer invitaba a la invención, dando quizá las claves sufi-
cientes para acertar con la verdad. Antes de que se fuera, y ahora que llenaría mi
recuerdo durante muchos días, porque soy propenso a la rumia, decidí no perder
un momento más. Metí todo en el visor (con el árbol, el pretil, el sol de las once)
y tomé la foto. A tiempo para comprender que los dos se habían dado cuenta y
que me estaban mirando, el chico sorprendido y como interrogante, pero ella
irritada, resueltamente hostiles su cuerpo y su cara que se sabían robados, igno-
miniosamente presos en una pequeña imagen química.

Lo podría contar con mucho detalle pero no vale la pena. La mujer habló de
que nadie tenía derecho a tomar una foto sin permiso, y exigió que le entregara
el rollo de película. Todo esto con una voz seca y clara, de buen acento de París,
que iba subiendo de color y de tono a cada frase. Por mi parte se me importaba
muy poco darle o no el rollo de película, pero cualquiera que me conozca sabe
que las cosas hay que pedírmelas por las buenas. El resultado es que me limité a
formular la opinión de que la fotografía no sólo no está prohibida en los lugares
públicos sino que cuenta con el más decidido favor oficial y privado. Y mientras
se lo decía gozaba socarronamente de cómo el chico se replegaba, se iba quedando atrás —con sólo no moverse— y de golpe (parecía casi increíble) se volvía y
echaba a correr, creyendo el pobre que caminaba y en realidad huyendo a la carrera, pasando al lado del auto, perdiéndose como un hilo de la Virgen en el aire de
la mañana.

Pero los hilos de la Virgen se llaman también babas del diablo, y Michel tuvo que
aguantar minuciosas imprecaciones, oírse llamar entrometido e imbécil, mientras
se esmeraba deliberadamente en sonreír y declinar, con simples movimientos de

cabeza, tanto envío barato. Cuando empezaba a cansarme, oí golpear la portezue-
la de un auto. El hombre del sombrero gris estaba ahí, mirándonos. Sólo entonces
comprendía que jugaba un papel en la comedia.

Empezó a caminar hacia nosotros, llevando en la mano el diario que había pretendido leer. De lo que mejor me acuerdo es de la mueca que le ladeaba la boca,
le cubría la cara de arrugas, algo cambiaba de lugar y forma porque la boca le temblaba y la mueca iba de un lado a otro de los labios como una cosa independiente
y viva, ajena a la voluntad. Pero todo el resto era fijo, payaso enharinado u hombre sin sangre, con la piel apagada y seca, los ojos metidos en lo hondo y los agujeros de la nariz negros y visibles, más negros que las cejas o el pelo o la corbata
negra. Caminaba cautelosamente, como si el pavimento le lastimara los pies; le vi
zapatos de charol, de suela tan delgada que debía acusar cada aspereza de la calle.
No sé por qué me había bajado del pretil, no sé bien por qué decidí no darles la
foto, negarme a esa exigencia en la que adivinaba miedo y cobardía. El payaso y la
mujer se consultaban en silencio: hacíamos un perfecto triángulo insoportable,
algo que tenía que romperse con un chasquido. Me les reí en la cara y eché a andar,
supongo que un poco más despacio que el chico. A la altura de las primeras casas,
del lado de la pasarela de hierro, me volví a mirarlos. No se movían, pero el hombre había dejado caer el diario; me pareció que la mujer, de espaldas al parapeto,
paseaba las manos por la piedra, con el clásico y absurdo gesto del acosado que
busca la salida.

Lo que sigue ocurrió aquí, casi ahora mismo, en una habitación de un quinto piso. Pasaron varios días antes de que Michel revelara las fotos del domingo;
sus tomas de la Conserjería y de la Sainte-Chapelle eran lo que debían ser.
Encontró dos o tres enfoques de prueba ya olvidados, una mala tentativa de
atrapar un gato asombrosamente encaramado en el techo de un mingitorio
callejero, y también la foto de la mujer rubia y el adolescente. El negativo era
tan bueno que preparó una ampliación; la ampliación era tan buena que hizo
otra mucho más grande, casi como un afiche. No se le ocurrió (ahora se lo pregunta y se lo pregunta) que sólo las fotos de la Conserjería merecían tanto trabajo. De toda la serie, la instantánea en la punta de la isla era la única que le
interesaba; fijó la ampliación en una pared del cuarto, y el primer día estuvo un
rato mirándola y acordándose, en esa operación comparativa y melancólica del
recuerdo frente a la perdida realidad; recuerdo petrificado, como toda foto,
donde nada faltaba, ni siquiera y sobre todo la nada, verdadera fijadora de la
escena. Estaba la mujer, estaba el chico, rígido el árbol sobre sus cabezas, el
cielo tan fijo como las piedras del parapeto, nubes y piedras confundidas en una
sola materia inseparable (ahora pasa una con bordes afilados, corre como en una
cabeza de tormenta). Los dos primeros días acepté lo que había hecho, desde la
foto en sí hasta la ampliación en la pared, y no me pregunté siquiera por qué
interrumpía a cada rato la traducción del tratado de José Norberto Allende para
reencontrar la cara de la mujer, las manchas oscuras en el pretil. La primera

sorpresa fue estúpida; nunca se me había ocurrido pensar que cuando miramos una foto de frente, los ojos repiten exactamente la posición y la visión del objetivo; son esas cosas que se dan por sentadas y que a nadie se le ocurre considerar. Desde mi silla, con la máquina de escribir por delante, miraba la foto ahí a tres metros, y entonces se me ocurrió que me había instalado exactamente en el punto de mira del objetivo. Estaba muy bien así; sin duda era la manera más perfecta de apreciar una foto, aunque la visión en diagonal pudiera tener sus encantos y aun sus descubrimientos. Cada tantos minutos, por ejemplo cuando no encontraba la manera de decir en buen francés lo que José Alberto Allende
300 decía en tan buen español, alzaba los ojos y miraba la foto; a veces me atraía la mujer, a veces el chico, a veces el pavimento donde una hoja seca se había situado admirablemente para valorizar un sector lateral. Entonces descansaba un rato de mi trabajo, y me incluía otra vez con gusto en aquella mañana que empapaba la foto, recordaba irónicamente la imagen colérica de la mujer reclamándome la fotografía, la fuga ridícula y patética del chico, la entrada en escena del hombre de la cara blanca. En el fondo estaba satisfecho de mí mismo; mi partida no había sido demasiado brillante, pues si a los franceses les ha sido dado el don de la pronta respuesta, no veía bien por qué había optado por irme sin una acabada demostración de privilegios, prerrogativas y derechos ciudadanos.
310 Lo importante, lo verdaderamente importante era haber ayudado al chico a escapar a tiempo (esto en caso de que mis teorías fueran exactas, lo que no estaba suficientement probado, pero la fuga en sí parecía demostrarlo). De puro entrometido le había dado oportunidad de aprovechar al fin su miedo para algo útil, ahora estaría arrepentido, menoscabado, sintiéndose poco hombre. Mejor era eso que la compañía de una mujer capaz de mirar como lo miraban en la isla; Michel es puritano a ratos, cree que no se debe corromper por la fuerza. En el fondo, aquella foto había sido una buena acción.

No por buena acción la miraba entre párrafo y párrafo de mi trabajo. En ese momento no sabía por qué la miraba, por qué había fijado la ampliación en la
320 pared; quizá ocurra así con todos los actos fatales, y sea esa la condición de su cumplimiento. Creo que el temblor casi furtivo de las hojas del árbol no me alarmó, que seguí una frase empezada y la terminé redonda. Las costumbres son como grandes herbarios, al fin y al cabo una ampliación de ochenta por sesenta se parece a una pantalla donde proyectan cine, donde en la punta de una isla una mujer habla con un chico y un árbol agita unas hojas secas sobre sus cabezas.

Pero las manos ya eran demasiado. Acababa de escribir: *donc, la seconde clé réside dans la nature intrinsèque des difficultés que les sociétés*[5] — y vi la mano de la mujer que empezaba a cerrarse despacio, dedo por dedo. De mí no quedó

---

[5] *Donc, la seconde clé réside dans la nature intrinsèque des difficultés que les sociétés:* "Entonces, la segunda llave reside en la naturaleza intrínseca de las dificultades que las sociedades . . . .".

nada, una frase en francés que jamás habrá de terminarse, una máquina de
escribir que cae al suelo, una silla que chirría y tiembla, una niebla. El chico
había agachado la cabeza, como los boxeadores cuando no pueden más y esperan el golpe de desgracia; se había alzado el cuello del sobretodo, parecía más
que nunca un prisionero, la perfecta víctima que ayuda a la catástrofe. Ahora
la mujer le hablaba al oído, y la mano se abría otra vez para posarse en su
mejilla, acariciarla y acariciarla, quemándola sin prisa. El chico estaba menos
azorado que receloso, una o dos veces atisbó por sobre el hombro de la mujer
y ella seguía hablando, explicando algo que lo hacía mirar a cada momento
hacia la zona donde Michel sabía muy bien que estaba el auto con el hombre
del sombrero gris, cuidadosamente descartado en la fotografía pero refleján-
dose en los ojos del chico y (cómo dudarlo ahora) en las palabras de la mujer,
en las manos de la mujer, en la presencia vicaria de la mujer. Cuando vi venir
al hombre, detenerse cerca de ellos y mirarlos, las manos en los bolsillos y un
aire entre hastiado y exigente, patrón que va a silbar a su perro después de los
retozos en la plaza, comprendí, si eso era comprender, lo que tenía que pasar,
lo que tenía que haber pasado, lo que hubiera tenido que pasar en ese momento, entre esa gente, ahí donde yo había llegado a trastrocar un orden, inocen-
temente inmiscuido en eso que no había pasado pero que ahora iba a pasar,
ahora se iba a cumplir. Y lo que entonces había imaginado era mucho menos
horrible que la realidad, esa mujer que no estaba ahí por ella misma, no aca-
riciaba ni proponía ni alentaba para su placer, para llevarse al ángel despeina-
do y jugar con su terror y su gracia deseosa. El verdadero amo esperaba,
sonriendo petulante, seguro ya de la obra; no era el primero que mandaba a
una mujer a la vanguardia, a traerle los prisioneros maniatados con flores. El
resto sería tan simple, el auto, una casa cualquiera, las bebidas, las láminas
excitantes, las lágrimas demasiado tarde, el despertar en el infierno. Y yo no
podía hacer nada, esta vez no podía hacer absolutamente nada. Mi fuerza
había sido una fotografía, ésa, ahí, donde se vengaban de mí mostrándome sin
disimulo lo que iba a suceder. La foto había sido tomada, el tiempo había
corrido; estábamos tan lejos unos de otros, la corrupción seguramente con-
sumada, las lágrimas vertidas, y el resto conjetura y tristeza. De pronto el
orden se invertía, ellos estaban vivos, moviéndose, decidían y eran decididos,
iban a su futuro; y yo desde este lado, prisionero de otro tiempo, de una habitación en un quinto piso, de no saber quiénes eran esa mujer, y ese hombre y
ese niño, de ser nada más que la lente de mi cámara, algo rígido, incapaz de
intervención. Me tiraban a la cara la burla más horrible, la de decidir frente a
mi impotencia, la de que el chico mirara otra vez al payaso enharinado y yo
comprendiera que iba a aceptar, que la propuesta contenía dinero o engaño,
y que no podía gritarle que huyera, o simplemente facilitarle otra vez el camino con una nueva foto, una pequeña y casi humilde intervención que desba-
ratara el andamiaje de baba y de perfume. Todo iba a resolverse allí mismo, en
ese instante; había como un inmenso silencio que no tenía nada que ver con

el silencio físico. Aquello se tendía, se armaba. Creo que grité, que grité terriblemente, y que en ese mismo segundo supe que empezaba a acercarme, diez centímetros, un paso, otro paso, el árbol giraba cadenciosamente sus ramas en primer plano, una mancha del pretil salía del cuadro, la cara de la mujer, vuelta hacia mí como sorprendida iba creciendo, y entonces giré un poco, quiero decir que la cámara giró un poco, y sin perder de vista a la mujer empezó a acercarse al hombre que me miraba con los agujeros negros que tenía en el sitio de los ojos, entre sorprendido y rabioso miraba queriendo clavarme en el aire, y en ese instante alcancé a ver como un gran pájaro fuera de foco que pasaba de un solo vuelo delante de la imagen, y me apoyé en la pared de mi cuarto y fui feliz porque el chico acababa de escaparse, lo veía corriendo, otra vez en foco, huyendo con todo el pelo al viento, aprendiendo por fin a volar sobre la isla, a llegar a la pasarela, a volverse a la ciudad. Por segunda vez se les iba, por segunda vez yo lo ayudaba a escaparse, lo devolvía su paraíso precario. Jadeando me quedé frente a ellos; no había necesidad de avanzar más, el juego estaba jugado. De la mujer se veía apenas un hombro y algo de pelo, brutalmente cortado por el cuadro de la imagen; pero de frente estaba el hombre, entreabierta la boca donde veía temblar una lengua negra, y levantaba lentamente las manos acercándolas al primer plano, un instante aún en perfecto foco, y después todo él un bulto que borraba la isla, el árbol, y yo cerré los ojos y no quise mirar más, y me tapé la cara y rompí a llorar como un idiota.

Ahora pasa una gran nube blanca, como todos estos días, todo este tiempo incontable. Lo que queda por decir es siempre una nube, dos nubes, o largas horas de cielo perfectamente limpio, rectángulo purísimo clavado con alfileres en la pared de mi cuarto. Fue lo que vi al abrir los ojos y secármelos con los dedos: el cielo limpio, y después una nube que entraba por la izquierda, paseaba lentamente su gracia y se perdía por la derecha. Y luego otra, y a veces en cambio todo se pone gris, todo es una enorme nube, y de pronto restallan las salpicaduras de la lluvia, largo rato se ve llover sobre la imagen, como un llanto al revés, y poco a poco el cuadro se aclara, quizá sale el sol, y otra vez entran las nubes, de a dos, de a tres. Y las palomas, a veces, y uno que otro gorrión.

REFLEXIÓN Y ANÁLISIS

1) Analice los distintos puntos de vista de narración del cuento "Las babas del diablo".
¿Qué efecto producen?

2) ¿Cómo se cuestiona la realidad en este cuento? ¿Cuáles son sus implicaciones filosóficas?

3) Discuta este cuento como un ejemplo de una "obra abierta".

BIBLIOGRAFÍA

Alazraki, Jaime. *En busca del unicornio: los cuentos de Julio Cortázar.* Madrid: Gredos, 1983.

Garfield, Evelyn Picon. *¿Es Julio Cortázar un surrealista?* Madrid: Gredos, 1975.

Giacomán, Helmy F., ed. *Homenaje a Julio Cortázar.* New York: Las Americas, 1972.

Lagmanovich, David, ed. *Estudios sobre los cuentos de Julio Cortázar.* Barcelona: Ediciones Hispam, 1975.

John F. Garganigo

JUAN RULFO (1918–1986)

Juan Rulfo nació en Sayula, Jalisco, México en 1918 y poco después la familia se trasladó al pueblo cercano de San Gabriel. Allí vivió hasta los diez años, circundado por la gente del pueblo y oyendo cuentos que describían la violencia de crímenes y de guerras. De joven, fue testigo de la violencia de la Insurrección de los Cristeros (1926–1928). Los cristeros eran fanáticos religiosos que se opusieron al gobierno federal del Presidente Elías Calles. El padre de Rulfo y su tío fueron asesinados cuando Rulfo apenas tenía diez años. Cuando su madre murió de un infarto en 1927, Rulfo y sus dos hermanos se fueron a vivir con una abuela y al año siguiente fueron internados en un orfelinato de Guadalajara. Estas desgracias tuvieron una gran influencia en el carácter y en la personalidad trágica de nuestro autor. Sus cuentos, muchos de ellos basados en estas experiencias personales, revelan una actitud trágica y estoica hacia la vida. Sus personajes son seres solitarios que se mueven en un ambiente desolado y estático; son seres herméticos incapaces de cualquier tipo de comunicación. Se mudó a la Ciudad de México en 1933, donde emprendió los estudios de leyes, carrera que dejó truncada por su afición a la literatura.

Comienza en esta época un estudio sistemático de las letras, con énfasis en la narrativa europea. Según Luis Leal, crítico sagaz de la obra de Rulfo, su primer esfuerzo literario, *El hijo del desaliento* (1940), nunca llegó a publicarse en su totalidad. El mismo Rulfo destruyó esta novela cuyo tema principal era la soledad, por considerarla inferior.

Con la ayuda del amigo y escritor Efrén Hernández publica en el año 1945 su primer cuento "La vida no es muy seria en sus cosas", obra de escaso valor literario. El mismo año, en la revista *Pan,* de Guadalajara, aparecen los cuentos "Nos han dado la tierra" y "Macario", ambos incluidos en su colección *El llano en llamas* de 1953. "Macario", personaje parecido a Benji de la obra de Faulkner *The Sound and the Fury,* es uno de sus mejores cuentos. Subraya el efecto de la culpabilidad en un niño con retraso mental. "Talpa" capta los efectos de la culpabilidad y el remordimiento en una pareja unida en una relación ilícita.

La primera edición de *El llano en llamas,* quince cuentos en total, describe en detalle la violencia física y psicológica del ambiente rural mexicano. El paisaje violento sirve como trasfondo para sus personajes resignados a una vida de penurias y sufrimiento. Rulfo los describe con una distancia controlada, usando técnicas narrativas e innovadoras como el monólogo interior, *flashback* y asociaciones impresionistas para intensificar el efecto dramático de una situación. Hay pocas descripciones de los personajes que se mueven en este ambiente sombrío y misterioso cargado de tensiones.

Su novela, *Pedro Páramo* (1955), la historia de un cacique que controla todos los aspectos de un pueblo, ha llegado a ser el prototipo de la narrativa latinoamericana contemporánea. Es una novela de una enorme complejidad técnica. El punto de vista de la narración cambia con frecuencia, mientras el lector participa en la recreación activa de la vida del personaje central. En un ambiente que se puede comparar a un infierno dantesco, los personajes se revelan por medio de un fluir subconsciente narrativo cargado de un fuerte lirismo. Rulfo ya había descrito este ambiente misterioso en el cuento "Luvina".

Después del enorme éxito de *Pedro Páramo,* la producción de Rulfo es muy escasa. En el año 1962 entra en el Instituto Nacional Indigenista de la Ciudad de México y se dedica a elaborar guiones de cine. Anuncia también una futura novela *La cordillera*, obra que nunca terminó.

Rulfo nos ha dado una visión trágica de la vida mexicana que sólo parece tener sentido si el hombre se enfrenta a ella con una actitud estoica. Su obra ha entrado en el campo de la literatura universal. Rulfo murió en la Ciudad de México el 7 de enero de 1986.

De *El llano en llamas,* 1953

Talpa

Natalia se metió entre los brazos de su madre y lloró largamente allí con un llanto quedito. Era un llanto aguantado por mucho días, guardado hasta ahora que regresamos a Zenzontla y vio a su madre y comenzó a sentirse con ganas de consuelo.

Sin embargo, antes, entre los trabajos de tantos días difíciles, cuando tuvimos que enterrar a Tanilo en un pozo de la tierra de Talpa, sin que nadie nos ayudara, cuando ella y yo, los dos solos, juntamos nuestras fuerzas y nos pusimos a escarbar la sepultura desenterrando los terrones con nuestras manos —dándonos prisa para esconder pronto a Tanilo dentro del pozo y que no siguiera espantando ya a nadie con el olor de su aire lleno de muerte—, entonces no lloró.

Ni después, al regreso, cuando nos vinimos caminando de noche sin conocer el sosiego, andando a tientas como dormidos y pisando con pasos que parecían golpes sobre la sepultura de Tanilo. En ese entonces, Natalia parecía estar endurecida y traer el corazón apretado para no sentirlo bullir dentro de ella. Pero de sus ojos no salió ninguna lágrima.

Vino a llorar hasta aquí, arrimada a su madre; sólo para acongojarla y que supiera que sufría, acongojándonos de paso a todos, porque yo también sentí ese llanto de ella dentro de mí como si estuviera exprimiendo el trapo de nuestros pecados.

Porque la cosa es que a Tanilo Santos entre Natalia y yo lo matamos. Lo llevamos a Talpa para que se muriera. Y se murió. Sabíamos que no aguantaría tanto camino; pero, así y todo, lo llevamos empujándolo entre los dos, pensando acabar con él para siempre. Eso hicimos.

La idea de ir a Talpa salió de mi hermano Tanilo. A él se le ocurrió primero que a nadie. Desde hacía años que estaba pidiendo que lo llevaran. Desde hacía años. Desde aquel día en que amaneció con unas ampollas moradas repartidas en los brazos y las piernas. Cuando después las ampollas se le convirtieron en llagas por donde no salía nada de sangre y sí una cosa amarilla como goma de copal que destilaba agua espesa. Desde entonces me acuerdo muy bien que nos dijo cuánto miedo sentía de no tener ya remedio. Para eso quería ir a ver a la Virgen de Talpa; para que Ella con su mirada le curara sus llagas. Aunque sabía que Talpa estaba lejos y que tendríamos que caminar mucho debajo del sol de los días y del frío de las noches de marzo, así y todo quería ir. La Virgencita le daría el remedio para aliviarse de aquellas cosas que nunca se secaban. Ella sabía hacer eso: lavar las cosas, ponerlo todo nuevo de nueva cuenta como un campo recién llovido. Ya allí, frente a Ella, se acabarían sus males; nada le dolería ni le volvería a doler más. Eso pensaba él.

Y de eso nos agarramos Natalia y yo para llevarlo. Yo tenía que acompañar a Tanilo porque era mi hermano. Natalia tendría que ir también, de todos modos,

porque era su mujer. Tenía que ayudarlo llevándolo del brazo, sopesándolo a la ida
y tal vez a la vuelta sobre sus hombros, mientras él arrastrara su esperanza.

Yo ya sabía desde antes lo que había dentro de Natalia. Conocía algo de ella.
Sabía, por ejemplo, que sus piernas redondas, duras y calientes como piedras al
sol del mediodía, estaban solas desde hacía tiempo. Ya conocía yo eso. Habíamos
estado juntos muchas veces; pero siempre la sombra de Tanilo nos separaba: sentíamos que sus manos ampolladas se metían entre nosotros y se llevaban a Natalia
para que lo siguiera cuidando. Y así sería siempre mientras él estuviera vivo.

Yo sé ahora que Natalia está arrepentida de lo que pasó. Y yo también lo estoy;
pero eso no nos salvará del remordimiento ni nos dará ninguna paz ya nunca. No
podrá tranquilizarnos saber que Tanilo se hubiera muerto de todos modos porque
ya le tocaba, y que de nada había servido ir a Talpa, tan allá, tan lejos; pues casi es
seguro de que se hubiera muerto igual allá que aquí, o quizás tantito después aquí
que allá, porque todo lo que se mortificó por el camino, y la sangre que perdió
de más, y el coraje y todo, todas esas cosas juntas fueron las que lo mataron más
pronto. Lo malo está en que Natalia y yo lo llevamos a empujones, cuando él ya
no quería seguir, cuando sintió que era inútil seguir y nos pidió que lo regresára-
mos. A estirones lo levantábamos del suelo para que siguiera caminando, dicién-
dole que ya no podíamos volver atrás.

"Está ya más cerca Talpa que Zenzontla." Eso le decíamos. Pero entonces Talpa
estaba todavía lejos; más allá de muchos días.

Lo que queríamos era que se muriera. No está por demás decir que eso era lo
que queríamos desde antes de salir de Zenzontla y en cada una de las noches que
pasamos en el camino de Talpa. Es algo que no podemos entender ahora; pero
entonces era lo que queríamos. Me acuerdo muy bien.

Me acuerdo muy bien de esas noches. Primero nos alumbrábamos con ocotes.[1]
Después dejábamos que la ceniza oscureciera la lumbrada y luego buscábamos
Natalia y yo la sombra de algo para escondernos de la luz del cielo. Así nos arri-
mábamos a la soledad del campo, fuera de los ojos de Tanilo y desaparecidos en la
noche. Y la soledad aquella nos empujaba uno al otro. A mí me ponía entre los
brazos el cuerpo de Natalia y a ella eso le servía de remedio. Sentía como si des-
cansara; se olvidaba de muchas cosas y luego se quedaba adormecida y con el
cuerpo sumido en un gran alivio.

Siempre sucedía que la tierra sobre la que dormíamos estaba caliente. Y la
carne de Natalia, la esposa de mi hermano Tanilo, se calentaba en seguida con el
calor de la tierra. Luego aquellos dos calores juntos quemaban y lo hacían a uno
despertar de su sueño. Entonces mis manos iban detrás de ella; iban y venían por
encima de ese como rescoldo que era ella; primero suavemente, pero después la
apretaban como si quisieran exprimirle la sangre. Así una y otra vez, noche tras
noche, hasta que llegaba la madrugada y el viento frío apagaba la lumbre de nues-

---

[1]**ocotes:** especie de pino resinoso.

tros cuerpos. Eso hacíamos Natalia y yo a un lado del camino de Talpa, cuando llevamos a Tanilo para que la Virgen lo aliviara.

Ahora todo ha pasado. Tanilo se alivió hasta de vivir. Ya no podrá decir nada del
trabajo tan grande que le costaba vivir, teniendo aquel cuerpo como emponzoña-
do, lleno por dentro de agua podrida que le salía por cada rajadura de sus piernas
o de sus brazos. Unas llagas así de grandes, que se abrían despacito, muy despacito, para luego dejar salir a borbotones un aire como de cosa echada a perder que
a todos nos tenía asustados.

Pero ahora que está muerto la cosa se ve de otro modo. Ahora Natalia llora por
él, tal vez para que él vea, desde donde está, todo el gran remordimiento que
lleva encima de su alma. Ella dice que ha sentido la cara de Tanilo estos últimos
días. Era lo único que servía de él para ella; la cara de Tanilo, humedecida siempre por el sudor en que lo dejaba el esfuerzo para aguantar sus dolores. La sintió
acercándose hasta su boca, escondiéndose entre sus cabellos, pidiéndole, con una
voz apenitas, que lo ayudara. Dice que le dijo que ya se había curado por fin; que
ya no le molestaba ningún dolor. "Ya puedo estar contigo, Natalia. Ayúdame a
estar contigo", dizque eso le dijo.

Acabábamos de salir de Talpa, de dejarlo allí enterrado bien hondo en aquel
como surco profundo que hicimos para sepultarlo.

Y Natalia se olvidó de mí desde entonces. Yo sé cómo le brillaban antes los ojos
como si fueran charcos alumbrados por la luna. Pero de pronto se destiñeron, se
le borró la mirada como si la hubiera revolcado en la tierra. Y pareció no ver ya
nada. Todo lo que existía para ella era el Tanilo de ella, que ella había cuidado
mientras estuvo vivo y lo había enterrado cuando tuvo que morirse.

Tardamos veinte días en encontrar el camino real de Talpa. Hasta entonces
habíamos venido los tres solos. Desde allí comenzamos a juntarnos con gente que
salía de todas partes; que había desembocado como nosotros en aquel camino
ancho parecido a la corriente de un río, que nos hacía andar a rastras, empujados
por todos lados como si nos llevaran amarrados con hebras de polvo. Porque de
la tierra se levantaba, con el bullir de la gente, un polvo blanco como tamo de
maíz que subía muy alto y volvía a caer; pero los pies al caminar lo devolvían y lo
hacían subir de nuevo; así a todas horas estaba aquel polvo por encima y debajo
de nosotros. Y arriba de esta tierra estaba el cielo vacío, sin nubes, sólo el polvo;
pero el polvo no da ninguna sombra.

Teníamos que esperar a la noche para descansar del sol y de aquella luz blanca
del camino.

Luego los días fueron haciéndose más largos. Habíamos salido de Zenzontla a
mediados de febrero, y ahora que comenzaba marzo amanecía muy pronto.
Apenas si cerrábamos los ojos al oscurecer, cuando nos volvía a despertar el sol,
el mismo sol que parecía acabarse de poner hacía un rato.

Nunca había sentido que fuera más lenta y violenta la vida como caminar
entre un amontonadero de gente; igual que si fuéramos un hervidero de gusanos

apelotonados bajo el sol, retorciéndonos entre la cerrazón del polvo que nos encerraba a todos en la misma vereda y nos llevaba como acorralados. Los ojos seguían la polvareda; daban en el polvo como si tropezaran contra algo que no se podía traspasar. Y el cielo siempre gris, como una mancha gris y pesada que nos aplastaba a todos desde arriba. Sólo a veces, cuando cruzábamos algún río, el polvo era más alto y más claro. Zambullíamos la cabeza acalenturada y renegrida en el agua verde, y por un momento de todos nosotros salía un humo azul, parecido al vapor que sale de la boca con el frío. Pero poquito después desaparecíamos otra vez entreverados en el polvo, cobijándonos unos a otros del sol, de aquel calor del sol repartido entre todos.

Algún día llegará la noche. En eso pensábamos. Llegará la noche y nos pondremos a descansar. Ahora se trata de cruzar el día, de atravesarlo como sea para correr del calor y del sol. Después nos detendremos. Después. Lo que tenemos que hacer por lo pronto es esfuerzo tras esfuerzo para ir de prisa detrás de tantos como nosotros y delante de otros muchos. De eso se trata. Ya descansaremos bien a bien cuando estemos muertos.

En eso pensábamos Natalia y yo y quizá también Tanilo, cuando íbamos por el camino real de Talpa, entre la procesión; queriendo llegar los primeros hasta la Virgen, antes que se le acabaran los milagros.

Pero Tanilo comenzó a ponerse más malo. Llegó un rato en que ya no quería seguir. La carne de sus pies se había reventado y por la reventazón aquella empezó a salírsele la sangre. Lo cuidamos hasta que se puso bueno. Pero, así y todo, ya no quería seguir:

"Me quedaré aquí sentado un día o dos y luego me volveré a Zenzontla." Eso nos dijo.

Pero Natalia y yo no quisimos. Había algo dentro de nosotros que no nos dejaba sentir ninguna lástima por ningún Tanilo. Queríamos llegar con él a Talpa, porque a esas alturas, así como estaba, todavía le sobraba vida. Por eso mientras Natalia le enjuagaba los pies con aguardiente para que se le deshincharan, le daba ánimos. Le decía que sólo la Virgen de Talpa lo curaría. Ella era la única que podía hacer que él se aliviara para siempre. Ella nada más. Había otras muchas Vírgenes; pero sólo la de Talpa era la buena. Eso le decía Natalia.

Y entonces Tanilo se ponía a llorar con lágrimas que hacían surco entre el sudor de su cara y después se maldecía por haber sido malo. Natalia le limpiaba los chorretes de lágrimas con su rebozo, y entre ella y yo lo levantábamos del suelo para que caminara otro rato más, antes que llegara la noche.

Así, a tirones, fue como llegamos con él a Talpa.

Ya en los últimos días también nosotros nos sentíamos cansados. Natalia y yo sentíamos que se nos iba doblando el cuerpo entre más y más. Era como si algo nos detuviera y cargara un pesado bulto sobre nosotros. Tanilo se nos caía más seguido y teníamos que levantarlo y a veces llevarlo sobre los hombros. Tal vez de eso estábamos como estábamos: con el cuerpo flojo y lleno de flojera para caminar. Pero la gente que iba allí junto a nosotros nos hacía andar más aprisa.

Por las noches, aquel mundo desbocado se calmaba. Desperdigadas por todas partes brillaban las fogatas y en derredor de la lumbre la gente de la peregrinación rezaba el rosario, con los brazos en cruz, mirando hacia el cielo de Talpa. Y se oía cómo el viento llevaba y traía aquel rumor, revolviéndolo, hasta hacer de él un solo mugido. Poco después todo se quedaba quieto. A eso de la medianoche podía oírse que alguien cantaba muy lejos de nosotros. Luego se cerraban los ojos y se esperaba sin dormir a que amaneciera.

Entramos a Talpa cantando el Alabado.[2]

Habíamos salido a mediados de febrero y llegamos a Talpa en los últimos días de marzo, cuando ya mucha gente venía de regreso. Todo se debió a que Tanilo se puso a hacer penitencia. En cuanto se vio rodeado de hombres que llevaban pencas de nopal colgadas como escapulario, él también pensó en llevar las suyas. Dio en amarrarse los pies uno con otro con las mangas de su camisa para que sus pasos se hicieran más desesperados. Después quiso llevar una corona de espinas. Tantito después se vendó los ojos, y más tarde, en los últimos trechos del camino, se hincó en la tierra, y así, andando sobre los huesos de sus rodillas y con las manos cruzadas hacia atrás, llegó a Talpa aquella cosa que era mi hermano Tanilo Santos; aquella cosa tan llena de cataplasmas y de hilos oscuros de sangre que dejaba en el aire, al pasar, un olor agrio como de animal muerto.

Y cuando menos acordamos lo vimos metido entre las danzas. Apenas si nos dimos cuenta y ya estaba allí, con la larga sonaja[3] en la mano, dando duros golpes en el suelo con sus pies amoratados y descalzos. Parecía todo enfurecido, como si estuviera sacudiendo el coraje que llevaba encima desde hacía tiempo; o como si estuviera haciendo un último esfuerzo por conseguir vivir un poco más.

Tal vez al ver las danzas se acordó de cuando iba todos los años a Tolimán, en el novenario del Señor, y bailaba la noche entera hasta que sus huesos se aflojaban, pero sin cansarse. Tal vez de eso se acordó y quiso revivir su antigua fuerza.

Natalia y yo lo vimos así por un momento. En seguida lo vimos alzar los brazos y azotar su cuerpo contra el suelo, todavía con la sonaja repicando entre sus manos salpicadas de sangre. Lo sacamos a rastras, esperando defenderlo de los pisotones de los danzantes; de entre la furia de aquellos pies que rodaban sobre las piedras y brincaban aplastando la tierra sin saber que algo se había caído en medio de ellos.

A horcajadas, como si estuviera tullido, entramos con él en la iglesia. Natalia lo arrodilló junto a ella, enfrentito de aquella figurita dorada que era la Virgen de Talpa. Y Tanilo comenzó a rezar y dejó que se le cayera una lágrima grande, salida de muy adentro, apagándole la vela que Natalia le había puesto entre sus manos. Pero no se dio cuenta de esto; la luminaria de tantas velas prendidas que

---

[2]**Alabado:** himno religioso.
[3]**sonaja:** instrumento musical.

allí había le cortó esa cosa con la que uno se sabe dar cuenta de lo que pasa junto a uno. Siguió rezando con su vela apagada. Rezando a gritos para oír que rezaba.

Pero no le valió. Se murió de todos modos.

". . . Desde nuestros corazones sale para Ella una súplica igual, envuelta en el dolor. Muchas lamentaciones revueltas con esperanza. No se ensordece su ternura ni ante los lamentos ni las lágrimas, pues Ella sufre con nosotros. Ella sabe borrar esa mancha y dejar que el corazón se haga blandito y puro para recibir su misericordia y su caridad. La Virgen nuestra, nuestra madre, que no quiere saber nada de nuestros pecados; que se echa la culpa de nuestros pecados; la que quisiera llevarnos en sus brazos para que no nos lastime la vida, está aquí junto a nosotros, aliviándonos el cansancio y las enfermedades del alma y de nuestro cuerpo ahuatado, herido y suplicante. Ella sabe que cada día nuestra fe es mejor porque está hecha de sacrificios . . ."

Eso decía el señor cura desde allá arriba del púlpito. Y después que dejó de hablar, la gente se soltó rezando toda al mismo tiempo, con un ruido igual al de muchas avispas espantadas por el humo.

Pero Tanilo ya no oyó lo que había dicho el señor cura. Se había quedado quieto, con la cabeza recargada en sus rodillas. Y cuando Natalia lo movió para que se levantara ya estaba muerto.

Afuera se oía el ruido de las danzas; los tambores y la chirimía;[4] el repique de las campanas. Y entonces fue cuando me dio a mí tristeza. Ver tantas cosas vivas; ver a la Virgen allí, mero enfrente de nosotros dándonos su sonrisa, y ver por el otro lado a Tanilo, como si fuera un estorbo. Me dio tristeza.

Pero nosotros lo llevamos allí para que se muriera, eso es lo que no se me olvida.

Ahora estamos los dos en Zenzontla. Hemos vuelto sin él. Y la madre de Natalia no me ha preguntado nada; ni qué hice con mi hermano Tanilo, ni nada. Natalia se ha puesto a llorar sobre sus hombros y le ha contado de esa manera todo lo que pasó.

Y yo comienzo a sentir como si no hubiéramos llegado a ninguna parte, que estamos aquí de paso, para descansar, y que luego seguiremos caminando. No sé para dónde; pero tendremos que seguir, porque aquí estamos muy cerca del remordimiento y del recuerdo de Tanilo.

Quizá hasta empecemos a tenernos miedo uno al otro. Esa cosa de no decirnos nada desde que salimos de Talpa tal vez quiera decir eso. Tal vez los dos tenemos muy cerca el cuerpo de Tanilo, tendido en el petate enrollado; lleno por dentro y por fuera de un hervidero de moscas azules que zumbaban como si fuera un gran ronquido que saliera de la boca de él; de aquella boca que no pudo cerrarse a pesar de los esfuerzos de Natalia y míos, y que parecía querer respirar todavía sin encontrar resuello. De aquel Tanilo a quien ya nada le dolía, pero que estaba

---

[4]**chirimía:** instrumento musical de madera, parecido al clarinete.

como adolorido, con las manos y los pies engarruñados y los ojos muy abiertos como mirando su propia muerte. Y por aquí y por allá todas sus llagas goteando un agua amarilla, llena de aquel olor que se derramaba por todos lados y se sentía en la boca, como si se estuviera saboreando una miel espesa y amarga que se derretía en la sangre de uno a cada bocanada de aire.

Es de eso de lo que quizá nos acordemos aquí más seguido; de aquel Tanilo que nosotros enterramos en el camposanto de Talpa; al que Natalia y yo echamos tierra y piedras encima para que no lo fueran a desenterrar los animales del cerro.

REFLEXIÓN Y ANÁLISIS

1) ¿Cómo se presenta el tema del remordimiento en "Talpa"?
2) Discuta los elementos que desmitifican ciertas tradiciones y ritos religiosos.
3) ¿Cómo contribuye la estructura circular del cuento a la tensión entre los personajes?

BIBLIOGRAFÍA

Blanco Aguinaga, Carlos. *El llano en llamas.* Ed. Carlos Blanco Aguinaga. Madrid: Cátedra, 1980. 11–34.

Coulson, Garciela B. "Observaciones sobre la visión del mundo en los cuentos de Rulfo." *Homenaje a Juan Rulfo.* Ed. Hilmy F. Giacomán. New York: Las Américas, 1974.

González Alonso, Javier. "Macario o la cotidianeidad trascendente." *Revista de Estudios Hispánicos* 27 (1993): 37–61.

Gordon, Donald. K. *Los cuentos de Juan Rulfo.* Madrid: Playor, 1976.

Leal, Luis. *Juan Rulfo.* Boston: Twayne, 1983.

John F. Garganigo

CARLOS FUENTES (1928–   )

Hijo de un diplomático mexicano, Carlos Fuentes pasó su infancia y adolescencia en varias capitales del hemisferio: Río de Janeiro, Montevideo, Santiago de Chile, Washington D.C. y Buenos Aires. En sus numerosos viajes aprendió francés e inglés a la perfección. Cursó la carrera de leyes en la Universidad Nacional Autónoma de México (UNAM) y continuó sus estudios de posgrado en el Institute d'Hautes Etudes Internationales, en Ginebra. A principios de los años cincuenta trabajó en varios organismos de las Naciones Unidas. Se inició como escritor con la publicación de una colección de seis cuentos fantásticos, *Los días enmascarados* (1954), a la que pertenece el cuento "Chac Mool". Esta narración es la historia de una estatua del dios de la lluvia precolombino, Chac Mool, quien va transformándose paulatinamente en un ser humano. Chac Mool causa una serie de desastres en la existencia de su propietario, Filiberto y, finalmente, provoca la muerte del mismo. El cuento está considerado por algunos críticos como ejemplo del realismo mágico, en el sentido de que logra integrar de manera "natural" creencias míticas y hechos extraordinarios dentro de la realidad empírica. Para otros estudiosos, se trata más bien de un relato fantástico, en el sentido otorgado a este concepto por Tzvetan Todorov. Recordemos que para Todorov son fantásticos los fenómenos que provocan en el lector una duda y, en consecuencia, una vacilación con respecto a su posible interpretación. Todorov califica de extraños los hechos que pueden explicarse como sueño o alucinación y de maravillosos los fenómenos que —pese a su carácter insólito— no parecen alterar el orden natural.

En 1955 Fuentes fundó con Emmanuel Carballo la prestigiosa *Revista Mexicana de Literatura,* entre cuyos colaboradores se contaba Octavio Paz. Se desempeñó también como periodista en *El Espectador, Siempre* y otras revistas. En 1956 recibió una beca del Centro Mexicano de Escritores para escribir su primera novela, *La región más transparente* (1958), que le ganó un reconocimiento inmediato de la crítica. Bajo el título prestado de Humboldt y Alfonso Reyes — quienes habían descrito el valle de México como "la región más transparente del aire"—, Fuentes lanzó una de las novelas más deslumbrantes y experimentadoras de su tiempo. Un escritor contemporáneo suyo, el peruano Mario Vargas Llosa, atinó en llamar la novela "el mural pululante y populoso", con referencia a las monumentales pinturas de Rivera, Siqueiros y Orozco. Otro escritor destacado de la época, el argentino Julio Cortázar, la bautizó a su vez como "una comedia humana en un volumen". Valiéndose de un montaje cinematográfico, una fusión magistral de antropología, sociología, pintura y música y de cambio de perspectivas y enfoques temporales, Fuentes creó una visión totalizante de la vida en la Ciudad de México desde la fundación de Tenochtitlan hasta 1958.

En *La región más transparente* se dejan notar algunas características, consideradas por una crítica, constantes en la obra narrativa de Fuentes: su fascinación por la coexistencia conflictiva del substrato cultural indígena y las culturas europeas, la fusión de la historia y del mito y la visión del mexicano como ser elegido por los dioses para alimentarlos a través del sacrificio de sangre (Filer, 478). La voz narrativa de Ixca Cienfuegos —reencarnación de Huitzilopochtli, dios azteca de la guerra— sirve de eje en una laboriosa y laberíntica elaboración de destinos individuales y colectivos de representantes de diferentes clases sociales.

A *La región más transparente* le siguió una novela más tradicional, *Las buenas conciencias* (1959), considerada por algunos como un retorno al realismo anticuado y estéril. Con *La muerte de Artemio Cruz* (1962) Fuentes volvió a experimentar técnicas narrativas más audaces —montajes, cortes violentos, *flashbacks,* superposición de planos, desplazamientos vertiginosos de la perspectiva (Loveluck, 111). La narración va desplegándose mediante tres perspectivas narrativas (yo-tu-él) que representan la incertidumbre del hombre moderno frente a la realidad fragmentada y relativizada. Según han notado numerosos críticos —siguiendo también las explicaciones del mismo autor— la novela consta de trece fragmentos del monólogo interior de Artemio Cruz en primera persona, otros trece en segunda —que corresponden a la subconsciencia del personaje— y, finalmente, doce secuencias en tercera persona que evocan el pasado. La novela invierte el orden tradicional de novela biográfica, puesto que empieza con la agonía de Artemio (10 de abril de 1959) y termina con su nacimiento (1889). Además de ser una reflexión existencial sobre las diversas encrucijadas en la vida de un hombre capaz como nadie "de encarnar al mismo tiempo el bien y el mal", la novela desenmascara la corrupción y la degeneración de la Revolución Mexicana y contribuye al proceso de indagación sobre la identidad mexicana.

Con *Aura* (1962), Fuentes sigue explorando la conflictiva relación entre la realidad y la fantasía, así como los problemas de la identidad humana. A pesar de ser considerada por algunos críticos como una re-elaboración de *The Aspern Papers* de Henry James, de *Dr. Jekyll and Mr. Hyde* de Stevenson, *La sorcière* de Jules Michelet y del cuento "La cena" de Alfonso Reyes, la *nouvelle* de Fuentes es una obra *sui generis* cuya originalidad reside no tanto en los temas, sino en la estructuración magistral de los mismos.

En *Zona sagrada* (1967) notamos otra vez la fascinación de Fuentes por la presencia de los mitos indígenas y el sincretismo religioso, así como su obsesiva preocupación con el tema del doble (que volverá a tratar años más tarde en *Cumpleaños,* 1969 y *Una familia lejana*, 1981). Este mismo año, Fuentes recibe el prestigioso Premio de la Biblioteca Breve por su novela *Cambio de piel,* una obra que sintetiza las características de la narrativa del boom: complejidad estructural, juegos temporales, *collage,* aspiración totalizante. Construida alrededor de una voz narrativa que recoge las experiencias de dos parejas de protagonistas, la novela va recreando los episodios más violentos de la historia de Occidente: la Conquista, la Inquisición, los campos de concentración, Viet Nam.

La tragedia de Tlatelolco —el enfrentamiento entre las fuerzas de seguridad mexicanas y los estudiantes en la Plaza de Tlatelolco el 2 de octubre de 1968— tuvo un enorme impacto en todos los escritores e intelectuales mexicanos. La sangrienta represión policíaca del movimiento estudiantil (en la masacre perecieron al menos cuatrocientos estudiantes) desenmascaró la crisis del sistema político mexicano y la corrupción de los valores revolucionarios, fenómenos que Fuentes ya había desmitificado en su obra. Por aquella época, Fuentes continuó su intensa actividad cultural, artística y docente, produciendo guiones cinematográficos, dictando conferencias y colaborando con el movimiento editorial vinculado al boom de la narrativa latinoamericana (participó, por ejemplo, en la fundación de la prestigiosa editorial siglo XXI en 1966). A estas actividades se sumó su carrera diplomática como embajador en Francia. Son producto de esta época los siguientes ensayos: *La nueva novela hispanoamericana* (1969); *Casa con dos puertas* (1970), con páginas dedicadas a Faulkner, Hemingway y Sartre, entre otros, y *Tiempo mexicano* (1971). La idea central de esta última colección queda resumida por Malva Filer: "La modernidad asumida pasivamente, sin vínculo con el pasado que le dio origen, sin un filtro crítico que seleccione y rechace, produce, a nivel colectivo, el falseamiento de la realidad, la inmadurez y la dependencia" (Filer, 229).

No obstante sus numerosos viajes y su residencia prolongada fuera de México, Fuentes sigue dedicando su obra a la reflexión sobre la identidad cultural de su país, como puede verse en *Cervantes o la crítica de la lectura* (1976), meditaciones que constituyen el trasfondo metaliterario de *Terra nostra*. En los años setenta y ochenta se dedica también al teatro (*Todos los gatos son pardos* 1970, *El tuerto es rey* 1970, *Orquídeas a la luz de la luna* 1982), pero su fascinación central sigue siendo la novela.

Terra nostra (1975), galardonada en 1977 con el Premio Rómulo Gallegos, constituye, según algunos, una obra maestra de Fuentes y la culminación de la nueva novela hispanoamericana. Para José Miguel Oviedo, Fuentes ha logrado orquestar aquí "una sinfonía rebosante del Nuevo Mundo", una verdadera *summa* de mitos occidentales e indígenas, una reescritura de la historia del mundo hispano, un ensayo provocador sobre la religión y el arte, un tratado erudito sobre la herencia cultural de Hispanoamérica. De acuerdo con el escritor español, Juan Goytisolo, la novela es "ante todo una visión lúcida y cruel de la historia española y de su prolongación en el nuevo mundo a través de la Conquista" (229). Brian McHale afirma que no se trata de una novela histórica, sino más bien metahistórica que ofrece "la más monumental revisión posmoderna de la historia oficial" (92). No obstante, la libertad con la que Fuentes ha tratado la materia histórica fue, en palabras de Darío Villanueva, la chispa que encendió "la diatriba" con el reconocido historiador mexicano Enrique Krauze (Villanueva, 323).

Desde el punto de su marco temporal, *Terra nostra,* en sus casi ochocientas páginas, evoca dos mil años de la historia occidental y apocalípticamente anticipa el fin de nuestro siglo. Incontables personajes, hechos históricos y literarios (Don

Quijote, la Celestina, Don Juan) se encuentran y se enfrentan en el espacio del mito, de la ficción y de la crónica. Si bien el eje histórico de la novela lo constituye el descubrimiento y la conquista del Nuevo Mundo y el eje "personal" la figura del rey Felipe II, numerosos lectores y críticos se vieron desafiados por la complejidad de la estructura y la exuberancia barroca del estilo.

Después de *Terra nostra,* la obra narrativa de Fuentes se vuelve relativamente más accesible al lector. Este es el caso de *La cabeza de la hidra* (1978) que desarrolla una suerte de parodia del género policial. La novela siguiente, *Una familia lejana* (1980), explora, a su vez, las relaciones entre el lado de acá y el lado de allá —Europa/América, realidad/irrealidad— a través del destino de numerosos emigrantes y peregrinos, entre ellos el escritor uruguayo Isadore-Lucien Ducasse, conocido como Comte de Lautreamont, autor de *Les Chants de Maldoror.* Con *Agua quemada: cuarteto narrativo* (1981), Fuentes vuelve a cultivar la forma narrativa más breve (cuento, *nouvelle*). A pesar de su evolución hacia formas más sencillas, ciertos temas continúan fascinando a Fuentes. Según el crítico Lanin A. Gyurko, el tema del doble —presente a lo largo de la obra del mexicano— llega a ser obsesivo en *La cabeza de la hidra:* todos los personajes tienen identidades duales, hay escenas y diálogos simétricos y el doble funciona en todos los niveles discursivos ("Self and Double", 263).

Con *Gringo viejo* (1985) Fuentes noveliza la vida y la leyenda de Abrose Bierce, escritor norteamericano quien a los setenta y un años cruzó la frontera entre México y Estados Unidos, llevando credenciales de observador ante el ejército de Pancho Villa y luego desapareció en la confusión de la Revolución Mexicana. Ampliamente comentada y pronto filmada en Hollywood, esta variante de novela histórica ofrece una estimulante recreación imaginaria de un hecho histórico y un comentario incisivo sobre el enfrentamiento entre dos culturas vecinas.

La preocupación de Fuentes por la historia es notable también en las imágenes visionarias y apocalípticas de *Cristóbal nonato* (1987). Si bien es una novela que puede competir con *Terra nostra* en cuanto a su carácter complejo y totalizante, la omnipresencia de todo tipo de juegos literarios (sátira, juegos de palabras, parodia) señala, tal vez, un giro hacia la sensibilidad metahistórica postmoderna con su desmitificación de las categorías tradicionales de historia, historiografía y novela histórica. Después de publicar una colección de cinco relatos *Constancia y otras novelas para vírgenes* (1989), Fuentes vuelve al tema histórico en *La campaña* (1990), cuyo transfondo son las guerras de independencia latinoamericana. A pesar de su aparente sencillez y amena legibilidad, es una novela de cuidadosa y brillante estructuración. Para abarcar los diferentes niveles de interpretación posible, Seymour Menton sugiere leerla siguiendo seis códigos, a saber: como novela neo-criollista, novela arquetípica, novela carnavalesca, novela intertextual, parodia de la novela histórica popular y una "nueva" novela histórica (163).

A la par de su creación novelística, Fuentes sigue con su actividad de ensayista. En *Valiente mundo nuevo* (1990) ofrece una serie de bocetos sobre la literatura latinoamericana, incluyendo a la "novísima". *El espejo enterrado,* un libro que surgió paralelamente a la filmación de la serie de PBS "The Buried Mirror", constituye a su vez una contribución de Fuentes a los debates que surgieron a raíz del Quinto Centenario del encuentro de culturas, además de ser un valiosísimo compendio de la historia y cultura hispanoamericanas.

Galardonado con numerosos premios de literatura (Premio Xavier Villaurrutia, 1975; Premio Rómulo Gallegos, por *Terra nostra*; Premio Alfonso Reyes, 1980; Premio Nacional de Literatura, 1984; Premio Cervantes, 1987; Premio Príncipe de Asturias, 1994), Fuentes continúa su carrera como uno de los escritores más innovadores y prolíficos de habla hispana.

De *Los días enmascarados*

Chac Mool

Hace poco tiempo, Filiberto murió ahogado en Acapulco. Sucedió en Semana Santa. Aunque despedido de su empleo en la Secretaría, Filiberto no pudo resistir la tentación burocrática de ir, como todos los años, a la pensión alemana, comer el *choucrout*[1] endulzado por el sudor de la cocina tropical, bailar el sábado de gloria en La Quebrada, y sentirse "gente conocida" en el oscuro anonimato vespertino de la Playa de Hornos. Claro, sabíamos que en su juventud había nadado bien, pero ahora, a los cuarenta, y tan desmejorado como se le veía ¡intentar salvar, y a medianoche, un trecho tan largo! Frau Müller no permitió que se velara —cliente tan antiguo— en la pensión; por el contrario, esa noche organizó un baile en la terracita sofocada, mientras Filiberto esperaba, muy pálido en su caja, a que saliera el camión matutino de la terminal, y pasó acompañado de huacales[2] y fardos la primera noche de su nueva vida. Cuando llegué, temprano, a vigilar el embarque del féretro, Filiberto estaba bajo un túmulo[3] de cocos; el chofer dijo que lo acomodáramos rápidamente en el toldo y lo cubriéramos de lonas, para que no se espantaran los pasajeros, y a ver si no le habíamos echado la sal al viaje.

Salimos de Acapulco, todavía en la brisa. Hasta Tierra Colorada nacieron el calor y la luz. Con el desayuno de huevos y chorizo, abrí el cartapacio de Filiberto, recogido el día anterior, junto con sus otras pertenencias, en la pensión de los Müller. Doscientos pesos. Un periódico derogado en México; cachos[4] de la lotería; el pasaje de ida —¿sólo de ida?—. Y el cuaderno barato, de hojas cuadriculadas y tapas de papel mármol.

Me aventuré a leerlo, a pesar de las curvas, el hedor a vómito, y cierto sentimiento natural de respeto a la vida privada de mi difunto amigo. Recordaría —sí, empezaba con eso— nuestra cotidiana labor en la oficina; quizá, sabría por qué fue declinando, olvidando sus deberes, por qué dictaba oficios sin sentido, ni número, ni "sufragio efectivo".[5] Por qué, en fin, fue corrido, olvidada la pensión, sin respetar los escalafones.[6]

"Hoy fui a arreglar lo de mi pensión. El licenciado, amabilísimo. Salí tan contento que decidí gastar cinco pesos en un Café. Es el mismo al que íbamos de jóvenes y al que ahora nunca concurro, porque me recuerda que a los veinte años

---

[1]**choucrout:** manjar compuesto de coles picadas y fermentadas.
[2]**huacal:** especie de alacena portátil de forma cuadrada que se usa para lleva algo en la espalda.
[3]**túmulo:** montón.
[4]**cacho:** boleto.

[5]**¡Sufragio efectivo. No reelección!:** bajo esta consigna Francisco Madero y los revolucionarios mexicanos se opusieron a la reelección de Porfirio Díaz.
[6]**el escalafón:** lista de los individuos de un cuerpo, clasificados.

podía darme más lujos que a los cuarenta. Entonces todos estábamos en un mismo plano, hubiéramos rechazado con energía cualquier opinión peyorativa hacia los compañeros —de hecho librábamos la batalla por aquellos a quienes en la casa discutían la baja extracción o falta de elegancia. Yo sabía que muchos (quizá los más humildes) llegarían muy alto, y aquí, en la escuela, se iban a forjar las amistades duraderas en cuya compañía cursaríamos el mar bravío. No, no fue así. No hubo reglas. Muchos de los humildes quedaron allí, muchos llegaron más arriba de lo que pudimos pronosticar en aquellas fogosas, amables tertulias. Otros, que parecíamos prometerlo todo, quedamos a la mitad del camino, destripados en un examen extracurricular, aislados por una zanja invisible de los que triunfaron y de los que nada alcanzaron. En fin, hoy volví a sentarme en las sillas, modernizadas —también, como barricada de una invasión, la fuente de sodas— y pretendí leer expedientes. Vi a muchos, cambiados, amnésicos, retocados de luz neón, prósperos. Con el café que casi no reconocía, con la ciudad misma, habían ido cincelándose a ritmo distinto del mío. No, ya no me reconocían, o no me querían reconocer. A lo sumo —uno o dos— una mano gorda y rápida en el hombro. Adiós viejo, qué tal. Entre ellos y yo, mediaban los dieciocho agujeros del Country Club. Me disfracé en los expedientes. Desfilaron los años de las grandes ilusiones, de los pronósticos felices y también todas las omisiones que impidieron su realización. Sentí la angustia de no poder meter los dedos en el pasado y pegar los trozos de algún rompecabezas abandonado; pero el arcón de los juguetes se va olvidando, y al cabo, quién sabrá adónde fueron a dar los soldados de plomo, los cascos, las espadas de madera. Los disfraces tan queridos, no fueron más que eso. Y sin embargo había habido constancia, disciplina, apego al deber. ¿No era suficiente, o sobraba? No dejaba en ocasiones, de asaltarme el recuerdo de Rilke. La gran recompensa de la aventura de juventud debe ser la muerte; jóvenes, debemos partir con todos nuestros secretos. Hoy, no tendría que volver la vista a las ciudades de sal. ¿Cinco pesos? Dos de propina".

"Pepe, aparte de su pasión por el derecho mercantil, gusta de teorizar. Me vio salir de Catedral, y juntos nos encaminamos a Palacio. Él es descreído, pero no le basta: en media cuadra tuvo que fabricar una teoría. Que si no fuera mexicano, no adoraría a Cristo, y —No, mira, parece evidente. Llegan los españoles y te proponen adores a un Dios muerto hecho un coágulo, con el costado herido clavado en una cruz. Sacrificado. Ofrendado. ¿Qué cosa más natural que aceptar un sentimiento tan cercano a todo tu ceremonial, a toda tu vida? . . . Figúrate, en cambio, que México hubiera sido conquistado por budistas o mahometanos. No es concebible que nuestros indios veneraran a un individuo que murió de indigestión. Pero un Dios al que no le basta que se sacrifiquen por él, sino que incluso va a que le arranquen el corazón, ¡caramba, jaque mate a Huitzilopochtli![7] El

---

[7]**Huitzilopochtli:** dios de la guerra azteca.

70 cristianismo, en su sentido cálido, sangriento, de sacrificio y liturgia, se vuelve una prolongación natural y novedosa de la religión indígena. Los aspectos de caridad, amor y la otra mejilla, en cambio, son rechazados. Y todo en México es eso: hay que matar a los hombres para poder creer en ellos.

"Pepe sabía mi afición, desde joven, por ciertas formas del arte indígena mexicano. Yo colecciono estatuillas, ídolos, cacharros. Mis fines de semana los paso en Tlaxcala,[8] o en Teotihuacán.[9] Acaso por esto le guste relacionar todas las teorías que elabora para mi consumo con estos temas. Por cierto que busco una réplica razonable del Chac Mool desde hace tiempo, y hoy Pepe me informa de un lugar en la Lagunilla donde venden uno de piedra y parece que barato. Voy a ir el
80 domingo.

"Un guasón[10] pintó de rojo el agua del garrafón en la oficina, con la consiguiente perturbación de las labores. He debido consignarlo al Director, a quien sólo le dio mucha risa. El culpable se ha valido de esta circunstancia para hacer sarcasmos a mis costillas el día entero, todos en torno al agua. Ch . . . !"

"Hoy, domingo, aproveché para ir a la Lagunilla. Encontré el Chac Mool en la tienducha que me señaló Pepe. Es una pieza preciosa, de tamaño natural, y aunque el marchante asegura su originalidad, lo dudo. La piedra es corriente, pero ello no aminora la elegancia de la postura o lo macizo del bloque. El desleal vendedor le ha embarrado salsa de tomate en la barriga para convencer a los turistas
90 de la autenticidad sangrienta de la escultura.

"El traslado a la casa me costó más que la adquisición. Pero ya está aquí, por el momento en el sótano mientras reorganizo mi cuarto de trofeos a fin de darle cabida. Estas figuras necesitan sol, vertical y fogoso; ese fue su elemento y condición. Pierde mucho en la oscuridad del sótano, como simple bulto agónico, y su mueca parece reprocharme que le niegue la luz. El comerciante tenía un foco exactamente vertical a la escultura, que recortaba todas las aristas, y le daba una expresión más amable a mi Chac Mool. Habrá que seguir su ejemplo".

"Amanecí con la tubería descompuesta. Incauto, dejé correr el agua de la cocina, y se desbordó, corrió por el suelo y llegó hasta el sótano, sin que me percatara.
100 El Chac Mool resiste la humedad, pero mis maletas sufrieron, y todo esto en día de labores, me ha obligado a llegar tarde a la oficina".

"Vinieron, por fin, a arreglar la tubería. Las maletas, torcidas. Y el Chac Mool, con lama[11] en la base".

---

[8]**Tlaxcala:** ciudad en México, capital del estado del mismo nombre.
[9]**Teotihuacán:** antigua ciudad de México, importante centro religioso prehispánico, tuvo gran número de templos, como el de Quetzalcóatl, y muchas pirámides.
[10]**guasón:** burlón.
[11]**lama:** musgo.

"Desperté a la una: había escuchado un quejido terrible. Pensé en ladrones. Pura imaginación".

"Los lamentos nocturnos han seguido. No sé a qué atribuirlos, pero estoy nervioso. Para colmo de males, la tubería volvió a descomponerse, y las lluvias se han colado, inundando el sótano".

"El plomero no viene, estoy desesperado. Del Departamento del Distrito Federal, más vale no hablar. Es la primera vez que el agua de las lluvias no obedece a las coladeras y viene a dar a mi sótano. Los quejidos han cesado: vaya una cosa por otra".

"Secaron el sótano, y el Chac Mool está cubierto de lama. Le da un aspecto grotesco, porque toda la masa de la escultura parece padecer de una erisipela verde, salvo los ojos, que han permanecido de piedra. Voy a aprovechar el domingo para raspar el musgo. Pepe me ha recomendado cambiarme a un apartamento, y en el último piso, para evitar estas tragedias acuáticas. Pero no puedo dejar este caserón, ciertamente muy grande para mí solo, un poco lúgubre en su arquitectura porfiriana, pero que es la única herencia y recuerdo de mis padres. No sé qué me daría ver una fuente de sodas con sinfonola en el sótano y una casa de decoración en la planta baja".

"Fui a raspar la lama del Chac Mool con una espátula. El musgo parecía ser ya parte de la piedra; fue labor de más de una hora, y sólo a las seis de la tarde pude terminar. No era posible distinguir en la penumbra, y al dar fin al trabajo, con la mano seguí los contornos de la piedra. Cada vez que repasaba el bloque parecía reblandecerse. No quise creerlo: era ya casi una pasta. Este mercader de la Lagunilla me ha timado. Su escultura precolombina es puro yeso, y la humedad acabará por arruinarla. Le he puesto encima unos trapos, y mañana la pasaré a la pieza de arriba, antes de que sufra un deterioro total".

"Los trapos están en el suelo. Increíble. Volví a palpar al Chac Mool. Se ha endurecido pero no vuelve a la piedra. No quiero escribirlo: hay en el torso algo de la textura de la carne, lo aprieto como goma, siento que algo corre por esa figura recostada . . . Volví a bajar en la noche. No cabe duda: el Chac Mool tiene vello en los brazos".

"Esto nunca me había sucedido. Tergiversé los asuntos en la oficina; giré una orden de pago que no estaba autorizada, y el Director tuvo que llamarme la atención. Quizá me mostré hasta descortés con los compañeros. Tendré que ver a un médico, saber si es imaginación, o delirio, o qué, y deshacerme de ese maldito Chac Mool".

Hasta aquí, la escritura de Filiberto era la vieja, la que tantas veces vi en memoranda y formas, ancha y ovalada. La entrada del 25 de agosto, parecía escrita por otra persona. A veces como niño, separando trabajosamente cada letra; otras, nerviosa, hasta diluirse en lo ininteligible. Hay tres días vacíos, y el relato continúa.

"Todo es tan natural; y luego se cree en lo real . . . pero esto lo es, más que lo creído por mí. Si es real un garrafón, y más, porque nos damos mejor cuenta de su existencia, o estar, si pinta un bromista de rojo el agua . . . Real bocanada de cigarro efímera, real imagen monstruosa en un espejo de circo, reales, ¿no lo son todos los muertos, presentes y olvidados?... Si un hombre atravesara el Paraíso en un sueño, y le dieran una flor como prueba de que había estado allí, y si al despertar encontrara esa flor en su mano . . . ¿entonces, qué? . . . Realidad: cierto día la quebraron en mil pedazos, la cabeza fue a dar allá, la cola aquí, y nosotros no conocemos más que uno de los trozos desprendidos de su gran cuerpo. Océano libre y ficticio, sólo real cuando se le aprisiona en un caracol. Hasta hace tres días, mi realidad lo era al grado de haberse borrado hoy: era movimiento reflejo, rutina, memoria, cartapacio. Y luego, como la tierra que un día tiembla para que recordemos su poder, o la muerte que llegará, recriminando mi olvido de toda la vida, se presenta otra realidad que sabíamos estaba allí, mostrenca,[12] y que debe sacudirnos para hacerse viva y presente. Creía, nuevamente, que era imaginación: el Chac Mool, blando y elegante, había cambiado de color en una noche; amarillo, casi dorado, parecía indicarme que era un Dios, por ahora laxo, con las rodillas menos tensas que antes, con la sonrisa más benévola. Y ayer, por fin, un despertar sobresaltado, con esa seguridad espantosa de que hay dos respiraciones en la noche, de que en la oscuridad laten más pulsos que el propio. Sí, se escuchaban pasos en la escalera. Pesadilla. Vuelta a dormir . . . No sé cuánto tiempo pretendí dormir. Cuando volví a abrir los ojos, aún no amanecía. El cuarto olía a horror, a incienso y sangre. Con la mirada negra, recorrí la recámara, hasta detenerme en dos orificios de luz parpadeante, en dos flámulas crueles y amarillas.

Casi sin aliento encendí la luz.

"Allí estaba Chac Mool, erguido, sonriente, ocre, con su barriga encarnada. Me paralizaban los dos ojillos, casi bizcos, muy pegados a la nariz triangular. Los dientes inferiores, mordiendo el labio superior, inmóviles; sólo el brillo del casquetón cuadrado sobre la cabeza anormalmente voluminosa, delataba vida. Chac Mool avanzó hacia la cama; entonces empezó a llover".

Recuerdo que a fines de agosto, Filiberto fue despedido de la Secretaría, con una recriminación pública del Director, y rumores de locura y aun robo. Esto no lo creí. Sí vi unos oficios descabellados, preguntando al Oficial mayor si el agua

---

[12]**mostrenco:** dícese de una persona torpe y ruda.

podía olerse, ofreciendo sus servicios al Secretario de Recursos Hidráulicos para
180 hacer llover en el desierto. No supe qué explicación darme; pensé que las lluvias
excepcionalmente fuertes, de ese verano, lo habían crispado. O que alguna depresión moral debía producir la vida en aquel caserón antiguo, con la mitad de los
cuartos bajo llave y empolvados, sin criados ni vida de familia. Los apuntes
siguientes son de fines de septiembre:

"Chac Mool puede ser simpático cuando quiere, . . . un glu-glu de agua embele-
sada . . . Sabe historias fantásticas sobre los monzones,[13] las lluvias ecuatoriales,
el castigo de los desiertos; cada planta arranca su paternidad mítica: el sauce, su
hija descarriada; los lotos, sus mimados; su suegra: el cacto. Lo que no puedo
tolerar es el olor, extrahumano, que emana de esa carne que no lo es, de las
190 chanclas[14] flamantes de ancianidad. Con risa estridente, el Chac Mool revela
cómo fue descubierto por Le Plongeon,[15] y puesto físicamente en contacto con
hombres de otros símbolos. Su espíritu ha vivido en el cántaro y la tempestad,
natural; otra cosa es su piedra, y haberla arrancado al escondite es artificial y
cruel. Creo que nunca lo perdonará el Chac Mool. Él sabe de la inminencia del
hecho estético.

"He debido proporcionarle sapolio para que se lave el estómago que el mercader le untó de *ketchup* al creerlo azteca. No pareció gustarle mi pregunta sobre su
parentesco con Tláloc,[16] y, cuando se enoja, sus dientes, de por sí repulsivos, se
afilan y brillan. Los primeros días, bajó a dormir al sótano; desde ayer, en mi
200 cama".

"Ha empezado la temporada seca. Ayer, desde la sala en que duermo ahora,
comencé a oír los mismos lamentos roncos del principio, seguidos de ruidos
terribles. Subí y entreabrí la puerta de la recámara: el Chac Mool estaba rompiendo las lámparas, los muebles; saltó hacia la puerta con las manos arañadas, y
apenas pude cerrar e irme a esconder al baño . . . Luego bajó jadeante y pidió
agua; todo el día tiene corriendo las llaves, no queda un centímetro seco en la
casa. Tengo que dormir muy abrigado, y le he pedido no empapar la sala más".

"El Chac Mool inundó hoy la sala. Exasperado, dije que lo iba a devolver a la
Lagunilla. Tan terrible como su risilla —horrorosamente distinta a cualquier risa de
210 hombre o animal— fue la bofetada que me dio, con ese brazo cargado de brazale-
tes pesados. Debo reconocerlo: soy su prisionero. Mi idea original era distinta: yo
dominaría al Chac Mool, como se domina a un juguete; era, acaso, una prolonga-

---

[13]**el monzón:** viento periódico que sopla
en el Océano Indico.
[14]**la chancla:** chancleta, o sea chinela sin
talón o con el talón doblado.
[15]**Le Plongeon:** Augustus Le Plongeon
(1826–1908), estudioso de las culturas

precolombinas y explorador de las ruinas
mayas.
[16]**Tláloc:** divinidad del agua entre los antiguos mexicanos.

ción de mi seguridad infantil; pero la niñez —¿quién lo dijo?— es fruto comido por los años, y yo no me he dado cuenta… ha tomado mi ropa, y se pone las batas cuando empieza a brotarle musgo verde. El Chac Mool está acostumbrado a que se le obedezca, por siempre; yo, que nunca he debido mandar, sólo puedo doblegarme. Mientras no llueva —¿y su poder mágico?— vivirá colérico o irritable".

"Hoy descubrí que en las noches el Chac Mool sale de la casa. Siempre, al oscurecer, canta una canción chirriona y anciana, más vieja que el canto mismo. Luego cesa. Toqué varias veces a su puerta, y cuando no me contestó, me atreví a entrar. La recámara, que no había vuelto a ver desde el día en que intentó atacarme la estatua, está en ruinas, y allí se concentra ese olor a incienso y sangre que ha permeado la casa. Pero detrás de la puerta, hay huesos: huesos de perros, de ratones y gatos. Esto es lo que roba en la noche el Chac Mool para sustentarse. Esto explica los ladridos espantosos de todas las madrugadas".

"Febrero, seco. Chac Mool vigila cada paso mío; ha hecho que telefonee a una fonda para que me traigan diariamente arroz con pollo. Pero lo sustraído de la oficina ya se va a acabar. Sucedió lo inevitable: desde el día primero, cortaron el agua y la luz por falta de pago. Pero Chac ha descubierto una fuente pública a dos cuadras de aquí; todos los días hago diez o doce viajes por agua, y él me observa desde la azotea. Dice que si intento huir me fulminará: también es Dios del Rayo. Lo que él no sabe es que estoy al tanto de sus correrías nocturnas . . . Como no hay luz, debo acostarme a las ocho. Ya debería estar acostumbrado al Chac Mool, pero hace poco, en la oscuridad, me topé con él en la escalera, sentí sus brazos helados, las escamas de su piel renovada, y quise gritar.

"Si no llueve pronto, el Chac Mool va a convertirse en piedra otra vez. He notado su dificultad reciente para moverse; a veces se reclina durante horas, paralizado, y parece ser, de nuevo, un ídolo. Pero estos reposos sólo le dan nuevas fuerzas para vejarme, arañarme como si pudiera arrancar algún líquido de mi carne. Ya no tienen lugar aquellos intermedios amables en que relataba viejos cuentos; creo notar un resentimiento concentrado. Ha habido otros indicios que me han puesto a pensar; se está acabando mi bodega; acaricia la seda de las batas; quiere que traiga una criada a la casa; me ha hecho enseñarle a usar jabón y lociones. Creo que el Chac Mool está cayendo en tentaciones humanas, incluso hay algo viejo en su cara que antes parecía eterna. Aquí puede estar mi salvación: si el Chac se humaniza, posiblemente todos sus siglos de vida se acumulen en un instante y caiga fulminado. Pero también, aquí, puede germinar mi muerte: el Chac no querrá que asista a su derrumbe, es posible que desee matarme.

"Hoy aprovecharé la excursión nocturna de Chac para huir. Me iré a Acapulco; veremos qué puede hacerse para adquirir trabajo, y esperar la muerte de Chac Mool; sí, se avecina; está canoso, abotagado. Necesito asolearme, nadar, recuperar fuerza. Me quedan cuatrocientos pesos. Iré a la Pensión Müller, que es barata y cómoda. Que se adueñe de todo el Chac Mool: a ver cuánto dura sin mil baldes de agua".

Aquí termina el diario de Filiberto. No quise volver a pensar en su relato; dormí hasta Cuernavaca. De ahí a México pretendí dar coherencia al escrito, relacionarlo con exceso de trabajo, con algún motivo psicológico. Cuando a las nueve de la noche llegamos a la terminal, aún no podía concebir la locura de mi amigo. Contraté una camioneta para llevar el féretro a casa de Filiberto, y desde allí ordenar su entierro.

260

Antes de que pudiera introducir la llave en la cerradura, la puerta se abrió. Apareció un indio amarillo, en bata de casa, con bufanda. Su aspecto no podía ser más repulsivo; despedía un olor a loción barata; su cara, polveada, quería cubrir las arrugas; tenía la boca embarrada de lápiz labial mal aplicado, y el pelo daba la impresión de estar teñido.

—Perdone . . . no sabía que Filiberto hubiera . . .

—No importa; lo sé todo. Dígale a los hombres que lleven el cadáver al sótano.

REFLEXIÓN Y ANÁLISIS

1) ¿Cómo cambia la actitud del narrador-personaje del cuento, Pepe, frente a los acontecimientos extraños que le ocurren a su amigo Filiberto?

2) ¿Con qué recursos formales (punto de vista, suspenso, silencios, etcétera) se está creando el efecto de suspenso?

3) Indique algunas oposiciones que se van estableciendo en el texto y que refuerzan la tensión entre lo real y lo irreal.

4) Indique los pasajes en el texto que aluden a las diferentes etapas en la transformación de Chac Mool. ¿Qué detalles en la descripción de Chac Mool indican que se trata de un proceso de degeneración de valores ancestrales?

5) Analice la dimensión simbólica del cuento (el agua, la sangre, el sacrificio).

BIBLIOGRAFÍA

Alazraki, Jaime. "Theme and System in Carlos Fuentes' *Aura*." *Carlos Fuentes: A Critical View*. Ed. Robert Brody y Charles Rossman. Austin: University of Texas Press, 1982. 95–105.

Boldy, Steven. "Carlos Fuentes." *Modern Latin American Fiction: A Survey*. Ed. John King. London: Faber and Faber, 1987. 155–72.

Brody, Robert, y Charles Rossman, eds. *Carlos Fuentes: A Critical View*. Austin: University of Texas Press, 1982.

Duncan, Cynthia. "Carlos Fuentes' 'Chac Mool' and Todorov's Theory of the Fantastic: A Case for the Twentieth Century." *Hispanic Journal* 8.1 (1986): 125–31.

Faris, Wendy. *Carlos Fuentes*. New York: Ungar, 1983.

Feijóo, Gladys. *Lo fantástico en los relatos de Carlos Fuentes: aproximación teórica*. New York: Senda Nueva de Ediciones, 1985.

Filer, Malva. "Los mitos indígenas en la obra de Carlos Fuentes." *Revista Iberoamericana* 127 (1984): 475–89.

Goytisolo, Juan. "Terra Nostra." *Disidencias*. Barcelona: Seix Barral, 1977. 221–56.

Gyurko, Lanin. "Self and Double in Fuentes' *La cabeza de la hidra*." *Ibero-Amerikanisches Archiv* 7.3 (1981): 239–64.

Loveluck, Juan. "Intención y forma en *La muerte de Artemio Cruz*." *Nueva Narrativa Hispanoamericana* 1 (1971): 105–16.

McHale, Brian. *Postmodernist Fiction*. New York/London: Methuen, 1987.

Menton, Seymour. *Latin America's New Historical Novel*. Austin: University of Texas Press, 1993.

Oviedo, José Miguel. "Fuentes: sinfonía del Nuevo Mundo." *Hispamérica* 16 (1977): 19–32.

Villanueva, Darío, y José María Viña Liste. *Trayectoria de la novela hispanoamericana actual: del realismo mágico a los años ochenta*. Madrid: Espasa Calpe, 1991.

Williams, Raymond L. *The Writings of Carlos Fuentes*. Austin: University of Texas Press, 1996.

Elzbieta Sklodowska

GABRIEL GARCÍA MÁRQUEZ (1928–   )

Uno de los escritores más prominentes de la nueva narrativa hispanoamericana nació en un pequeño pueblo de la zona costeña de Colombia, donde su padre era telegrafista y lugar en el que durante los años 1920–1930 se dio un auge de la economía bananera a raíz de una invasión del capital norteamericano. Según indica Mario Vargas Llosa —uno de los biógrafos más meticulosos de García Márquez y a la vez escritor peruano de gran renombre—, Gabriel fue criado por sus abuelos hasta la edad de ocho años, y esta experiencia dejó una huella indeleble en su imaginación y, en consecuencia, en su futura obra literaria.

En 1940 el joven Gabriel ingresó a la escuela secundaria, el Liceo Nacional de Zipaquirá, cerca de Bogotá. En 1946 terminó el Colegio y al año siguiente entró a la Universidad Nacional de Bogotá, trasladándose al cabo de un año a la Universidad de Cartagena. Los violentos acontecimientos políticos de esta época, vinculados al asesinato a tiros de Jorge Eliécer Gaitán, candidato liberal a la presidencia, tuvieron una repercusión decisiva en la formación socio-política del principiante periodista y escritor. Con el comienzo de los años cincuenta García Márquez se trasladó a la ciudad de Barranquilla, cuyo ambiente cultural y literario tuvo un gran impacto en su formación como periodista y narrador. Es ahí donde se unió a un grupo de jóvenes escritores —Alfonso Fuenmayor, Alvaro Cepeda Samudio y Germán Vargas— para formar el llamado "Grupo de Barranquilla" que fue el primero en Colombia en romper el aislamiento cultural de su país y desafiar las pautas literarias tradicionales que surgían del Instituto Caro y Cuervo, un equivalente de la Real Academia.

En 1954 empieza a trabajar en la redacción de *El Espectador* y es enviado a Europa como corresponsal. Durante su ausencia, algunos amigos editan el manuscrito de *La hojarasca* (1955) —su primera novela corta— en la que los críticos han encontrado, en germen y en miniatura, muchos motivos de su narrativa ulterior. Particularmente el ambiente sofocante de un pueblo aislado, asfixiado por la carga de la tradición, el odio ancestral y la violencia agazapada. La estructura de la obra se centra en tres personajes, cuyos monólogos interiores aparecen magistralmente entretejidos. La crítica ha advertido la influencia de William Faulkner, tanto en el tratamiento del tiempo, como en el multiperspectivismo de la narración. El mismo escritor admite que los materiales caóticos empleados en la obra de Faulkner se le parecían mucho a la materia prima de la realidad colombiana. Es aquí donde García Márquez utiliza el método que Vargas Llosa llama "el dato escondido" y que volverá a emplear años después en *Crónica de una muerte anunciada*. La estrategia consiste en narrar omitiendo y silenciando temporalmente ciertos datos de la historia, con el objetivo de poner de relieve el poder de manipulación del narrador y crear el suspenso. Si bien es cierto que *La hojarasca* fue un texto de poca circulación y su impacto en la crítica y los lectores fue limitado, es preciso notar que con este libro García Márquez estableció sus credenciales como escritor capaz de encontrar una forma para narrar los desenfrenos de la realidad latinoamericana.

Hacia finales de los años cincuenta, García Márquez intensificó su actividad periodística. Emprendió viajes a Europa del Este (1957); fue testigo ocular del turbulento fin de la dictadura de Pérez Jiménez en Venezuela y, tras el triunfo de la Revolución Cubana, llegó a ser corresponsal de la agencia Prensa Latina, primero en Colombia y luego en los Estados Unidos. Entre 1961 y 1967 estableció su residencia permanente en México. En su propia opinión, su admirable técnica de hacer verosímil lo más extraordinario, deriva precisamente de su experiencia periodística: "Del periodismo . . . no aprendí el lenguaje económico y directo, como han dicho algunos críticos, sino ciertos recursos legítimos para que los lectores crean la historia. A un escritor le está permitido todo siempre que sea capaz de hacerlo creer. Eso, en general, se logra mejor con el auxilio de ciertas técnicas periodísticas mediante el apoyo de elementos de la realidad inmediata" (*La novela en América Latina,* 20). Su obra periodística de esta época quedó recogida en 1973 en un tomo *Cuando era feliz e indocumentado* y *Obra periodística* (1981–1982, tres volúmenes).

En 1961 apareció *El coronel no tiene quien le escriba* —anteriormente publicada en la revista Mito—, una novela política corta sobre un anciano coronel quien ha perdido a su único hijo y lleva una existencia absurda esperando una pensión militar que no acaba de llegar. Los críticos concuerdan en que el libro se destaca por su concisión y la extraordinaria fuerza del lenguaje, a la vez que logra recortar la dignidad humana del personaje central sobre el trasfondo de violencia y aislamiento. Por otro lado, en los ocho cuentos de la colección *Los funerales de la Mamá Grande* (1962) se dan la mano el mito, la realidad empírica y la más desbordada fantasía. Difícilmente podría encontrarse entre los escritores hispanoamericanos contemporáneos a un creador más dedicado a deleitarse en el antiguo arte de contar. El cuento que da el título a toda la colección termina con la siguiente afirmación del poder ético del *storyteller,* quien encarna la voz callejera frente a las mentiras de la historiografía oficial: "ahora es la hora de recostar un taburete a la puerta de la calle y empezar a contar desde el principio los pormenores de esta conmoción nacional, antes de que tengan tiempo de llegar los historiadores" (*Los funerales,* 127). Con las narraciones recogidas en *La mala hora* (1962) García Márquez vuelve sobre los temas explícitamente relacionados con la "violencia". En palabras de Villanueva, es ahí donde "se reconstruye la locura colectiva de un pueblo, engendrada por unos misteriosos pasquines difamatorios que dan pública noticia de secretos muy personales" (294).

En 1967 aparece la novela decisiva del boom narrativo hispanoamericano, cuyas inolvidables páginas irán conquistando a lectores de todas las latitudes: *Cien años de soledad.* Otros escritores del boom han visto en esta novela "el descubrimiento de un nuevo mundo" (Fuentes) y han llegado a elogiarla por la manera en que ha transformado la realidad a través de la imaginación (Cortázar). Ese mismo año, 1967, es el comienzo de la elaboración de *Historia de un deicidio,* un monumental homenaje dedicado a García Márquez por Vargas Llosa.

Cien años de soledad nos invita a emprender tantos caminos interpretativos que cualquier resumen parece truncado y cualquier enfoque insuficiente para abarcar la extraordinaria riqueza de su mundo. En esta novela, el escritor colombiano incluye por igual la historia de Occidente y sus mitos, la realidad empírica de Colombia y la fantasía de Latinoamérica. En palabras del mismo escritor, cada buena novela es "una adivinanza del mundo", así que, inevitablemente, tiene que ser también una metanovela que autorreconoce su propia calidad de ficción. Este motivo autorreflexivo aparece ejemplificado en la estructura especular de la novela y, en particular, en la figura de Aureliano Babilonia, lector y "descodificador" de los manuscritos del gitano Melquíades, pero a la vez el protagonista de los mismos manuscritos.

El eje del libro lo constituye la vida de varias generaciones de la familia de los Buendía, habitantes de un pueblo, Macondo, desde su fundación hasta su destrucción apocalíptica. Al estudiar la estructura de la novela, Palencia Roth apunta hacia múltiples simetrías, repeticiones y circularidades en las vidas de los protagonistas, vinculándolas con el mito apocalíptico, "pues de una destrucción total nace otro mundo nuevo, completándose el círculo e iniciándose el otro" (413). Sucesos fantásticos se entretejen con hechos históricos, de acuerdo con la tesis de García Márquez de que "En América Latina y el Caribe los artistas han tenido que inventar muy poco, y tal vez su problema ha sido lo contrario: hacer creíble su realidad" ("Fantasía y creación", 4). La entrada de Macondo en la historia —marcada por la llegada de las instituciones políticas españolas— conlleva también la violencia de las guerras (docenas de "revoluciones", la guerra colombiana de los mil días, 1900–1902) y enfrentamientos entre los oprimidos y los poderosos (la matanza de los trabajadores de la bananera, ferozmente reprimida por el ejército). Si bien es cierto que diferentes críticos enfatizan varias facetas de la novela, Donald Shaw parece haber acertado en sistematizar los principales "órdenes" temáticos de este texto, a saber: la naturaleza de la realidad, el destino de la humanidad y los problemas socio-políticos de Latinoamérica (Shaw, 319). El rasgo que más ha deslumbrado a los lectores es, indudablemente, la relación entre lo real y lo imaginario que —para muchos— ejemplifica el "realismo mágico". En su tratamiento de la realidad, García Márquez recurre al humor, la ironía y la exageración grotesca, a la vez que muestra una impasibilidad admirable frente a fenómenos habitualmente considerados como "extraños" (levitaciones de personajes, lluvias de flores amarillas y de mariposas, esteras voladoras, etcétera).

En comparación con su obra anterior, *Cien años de soledad* es un texto que reúne episodios, temas y personajes ya conocidos de sus cuentos. También en este sentido es una novela total y metaficticia, que recupera, enlaza y reordena la historia de su propia creación. *Cien años de soledad* llegó a ser una de las novelas mejor recibidas y más estudiadas en la historia de las letras hispánicas, allanándole el camino a otros textos, muchos de ellos escritos en los años cincuenta. En los años que median entre la publicación de *Cien años de soledad* y de su novela siguiente, *El otoño del patriarca* (1974), García Márquez dio a conocer una riqueza de textos menores: el relato *Isabel viendo llover en Macondo* (1967); un diálogo crítico con Mario Vargas Llosa, *La novela en América Latina* (1969); *Relato de un náufrago* (1970); *La increíble y triste historia de la cándida Eréndira y de su abuela desalmada* (1972, novela corta); *Ojos de perro azul* (1972, cuentos), y *Cuando era feliz e indocumentado* (1973, textos periodísticos).

El otoño del patriarca pertenece a la corriente hispanoamericana de "novelas del dictador", junto con *El Señor Presidente,* de Miguel Ángel Asturias; *Yo el Supremo* de Augusto Roa Bastos, y *El recurso del método,* de Alejo Carpentier. La novela nos conduce por los laberintos de la vida de un dictador "arquetípico" latinoamericano a la vez que —en palabras de Julia Cuervo Hewitt— construye el arquetipo universal del mito del poder que va más allá de las fronteras regionales o nacionales. Si bien es cierto que, al igual que *Cien años de soledad,* la novela estructura el caos de la experiencia histórica según el "orden cíclico", se trata de un texto mucho más hermético y difícil en la lectura, particularmente debido a la experimentación con los diversos puntos de vista y la polifonía de los diversos registros lingüísticos (retórica oficialista, lenguaje popular, referencias intertextuales eruditas, etcétera).

Con *Crónica de una muerte anunciada* (1981), en cambio, estamos en presencia de una novela formalmente más accesible, donde un narrador privilegiado intenta unificar los diferentes estilos, voces y puntos de vista. A nivel de la trama, la novela parte del hallazgo del cadáver de un tal Santiago Nasar y —a través de diferentes voces "testimoniales"— retrocede al pasado con el aparente objetivo de reconstruir los complejos condicionamientos de lo ocurrido. En última instancia, el texto deriva su mayor importancia del juego paródico con los diferentes códigos discursivos y culturales: la crónica, la novela detectivesca, el código ritualizado del honor. *Crónica de una muerte anunciada,* al destacar las contradicciones entre las diferentes (in)versiones de los hechos, desenmascara también su propia identidad ficticia.

Después de haber sido galardonado con el prestigioso Premio Nobel de Literatura (1982), García Márquez continuó su multifacética y prolífica carrera de periodista, novelista y cuentista, pero sin dejar de experimentar y buscar nuevos derroteros formales y temáticos. *El amor en los tiempos del cólera* (1985) se engarza, hasta cierto punto, con la línea de *Cien años de soledad* en el sentido de que lo más importante es contar una historia depurada de complejidades formales, pero a veces hiperbólicamente exagerada y, por lo tanto, mágica. Los seis capítulos de la novela giran alrededor de una larga historia de amor perseguido durante cincuenta y un años, nueve meses y cuatro días. A pesar de los juicios críticos que la han situado "por debajo de la propia narrativa del autor" (34), la novela tuvo un éxito impresionante entre los lectores, también fuera del ámbito de habla hispana.

Con *El general en su laberinto* (1989) revisita García Márquez el pasado heroico de las guerras de independencia, centrándose en la figura de Simón Bolívar, quien liberó medio continente. La figura del Libertador —al borde de la muerte, desengañado, enfermo de tuberculosis— queda implacablemente desmitificada, reducida de proporciones míticas a proporciones humanas. A diferencia de otras novelas históricas del mismo período —que Seymour Menton llama "nuevas" debido a su experimentación con distorsiones temporales, parodia, polifonía o reflexión metafícticia—, *El general en su laberinto* evita anacronismos y otras "distorsiones ingeniosas", a la vez que mantiene un alto grado de "fidelidad" con los hechos reconocidos como históricos. Menton subraya también la perfección estructural de la novela, su "unidad orgánica", asegurada a lo largo de los ocho capítulos por el meticuloso entretejido de los siguientes hilos narrativos: el presente miserable del héroe, su pasado glorioso, su vida amorosa, el papel de sus consejeros y de los visitantes y la función del ambiente (Menton, 102–16).

Con todo, las constantes que mejor definen la obra del colombiano, pueden interpretarse en términos de su biografía, aunque habrá quien proteste contra tal "falacia intencional". De hecho, Vargas Llosa interpreta toda la escritura de García Márquez a través del prisma biográfico, argüyendo que todos los temas de su obra son una suerte de "demonios" —hechos reales, sueños, personas, realidades políticas— que lo están persiguiendo y que encuentran su "exorcismo" en el mundo de la ficción narrativa. También Darío Villanueva, al comentar acerca de las características generales de la escritura del colombiano, subraya el inextricable lazo entre la imaginación y las vivencias reales, definiendo su obra como "recuerdos fantaseados de lo vivido" (290). Villanueva menciona la enorme carga imaginativa y humorística presente en la escritura de García Márquez, la interferencia de los planos reales y maravillosos, su capacidad fabuladora, la incorporación de la tradición oral y la presencia de personajes memorables como constantes de su obra de gran repercusión en la narrativa moderna, tanto hispanoamericana como mundial.

Entre los numerosos premios y honores recibidos, además del ya mencionado Premio Nobel de Literatura, se destacan los siguientes: el Premio Esso a *La mala hora* (1961), el Premio Rómulo Gallegos (1972), el Premio Internacional Neustadt (1972), la Legión de Honor en el grado de Comendador del gobierno francés, así como los premios por las traducciones de *Cien años de soledad* (el Premio Chianciano, Italia, 1969; y el Prix du Meilleur Livre Etranger, Francia, 1969).

De *Los Funerales de la Mamá Grande*, 1962

Los funerales de la Mamá Grande

Ésta es, incrédulos del mundo entero, la verídica historia de la Mamá Grande, soberana absoluta del reino de Macondo, que vivió en función de dominio durante 92 años y murió en olor de santidad un martes del setiembre pasado, y a cuyos funerales vino el Sumo Pontífice.

Ahora que la nación sacudida en sus entrañas ha recobrado el equilibrio; ahora que los gaiteros de San Jacinto, los contrabandistas de la Guajira, los arroceros[1] de Sinú, las prostitutas de Guacamayal, los hechiceros de la Sierpe y los bananeros de Aracataca han colgado sus toldos para restablecerse de la extenuante vigilia, y que han recuperado la serenidad y vuelto a tomar posesión de sus estados el presidente de la república y sus ministros y todos aquellos que representaron al poder público y a las potencias sobrenaturales en la más espléndida ocasión funeraria que registren los anales históricos; ahora que el Sumo Pontífice ha subido a los Cielos en cuerpo y alma, y que es imposible transitar en Macondo a causa de las botellas vacías, las colillas de cigarrillos, los huesos roídos, las latas y trapos y excrementos que dejó la muchedumbre que vino al entierro, ahora es la hora de recostar un taburete a la puerta de la calle y empezar a contar desde el principio los pormenores de esta conmoción nacional, antes de que tengan tiempo de llegar los historiadores.

Hace catorce semanas, después de interminables noches de cataplasmas, sinapismos[2] y ventosas,[3] demolida por la delirante agonía, la Mamá Grande ordenó que la sentaran en su viejo mecedor de bejuco para expresar su última voluntad. Era el único requisito que le hacía falta para morir. Aquella mañana, por intermedio del padre Antonio Isabel, había arreglado los negocios de su alma, y sólo le faltaba arreglar los de sus arcas con los nueve sobrinos, sus herederos universales, que velaban en torno al lecho. El párroco, hablando solo y a punto de cumplir cien años, permanecía en el cuarto. Se habían necesitado diez hombres para subirlo hasta la alcoba de la Mamá Grande, y se había decidido que allí permaneciera para no tener que bajarlo y volverlo a subir en el minuto final.

Nicanor, el sobrino mayor, titánico y montaraz, vestido de caqui, botas con espuelas y un revólver calibre 38, cañón largo ajustado bajo la camisa, fue en busca del notario. La enorme mansión de dos plantas, olorosa a melaza y a orégano, con sus oscuros aposentos atiborrados de arcones y cachivaches de cuatro generaciones convertidas en polvo, se había paralizado desde la semana anterior a la expectativa de aquel momento. En el profundo corredor central, con garfios

---

[1]**arroceros:** personas que venden o cultivan el arroz.

[2]**sinapismo:** medicamento externo hecho con polvo de mostaza.

[3]**ventosa:** vaso que se aplica sobre la piel para producir una irritación local enrareciendo el aire dentro de él.

en las paredes donde en otro tiempo se colgaron cerdos desollados y se desangraban venados en los soñolientos domingos de agosto, los peones dormían amontonados sobre sacos de sal y útiles de labranza, esperando la orden de ensillar las bestias para divulgar la mala noticia en el ámbito de la hacienda desmedida. El resto de la familia estaba en la sala. La mujeres lívidas, desangradas por la herencia y la vigilia, guardaban un luto cerrado que era una suma de incontables lutos superpuestos. La rigidez matriarcal de la Mamá Grande había cercado su fortuna y su apellido con una alambrada sacramental, dentro de la cual los tíos se casaban con las hijas de las sobrinas, y los primos con las tías, y los hermanos con las cuñadas, hasta formar una intrincada maraña de consanguinidad que convirtió la procreación en un círculo vicioso. Sólo Magdalena, la menor de las sobrinas, logró escapar al cerco; aterrorizada por las alucinaciones se hizo exorcizar por el padre Antonio Isabel, se rapó la cabeza y renunció a las glorias y vanidades del mundo en el noviciado de la Prefectura Apostólica. Al margen de la familia oficial, y en ejercicio del derecho de pernada, los varones habían fecundado hatos, veredas y caseríos con toda una descendencia bastarda, que circulaba entre la servidumbre sin apellidos a título de ahijados, dependientes, favoritos y protegidos de la Mamá Grande.

La inminencia de la muerte removió la extenuante expectativa. La voz de la moribunda, acostumbrada al homenaje y a la obediencia, no fue más sonora que un bajo de órgano en la pieza cerrada, pero resonó en los más apartados rincones de la hacienda. Nadie era indiferente a esa muerte. Durante el presente siglo, la Mamá Grande había sido el centro de gravedad de Macondo, como sus hermanos, sus padres y los padres de sus padres lo fueron en el pasado, en una hegemonía que colmaba dos siglos. La aldea se fundó alrededor de su apellido. Nadie conocía el origen, ni los límites ni el valor real del patrimonio, pero todo el mundo se había acostumbrado a creer que la Mamá Grande era dueña de las aguas corrientes y estancadas, llovidas y por llover, y de los caminos vecinales, los postes del telégrafo, los años bisiestos y el calor, y que tenía además un derecho heredado sobre vidas y haciendas. Cuando se sentaba a tomar el fresco de la tarde en el balcón de su casa, con todo el peso de sus vísceras y su autoridad aplastado en su viejo mecedor de bejuco, parecía en verdad infinitamente rica y poderosa, la matrona más rica y poderosa del mundo.

A nadie se le había ocurrido pensar que la Mamá Grande fuera mortal, salvo a los miembros de su tribu, y a ella misma, aguijoneada por las premoniciones seniles del padre Antonio Isabel. Pero ella confiaba en que viviría más de 100 años, como su abuela materna, que en la guerra de 1875 se enfrentó a una patrulla del coronel Aureliano Buendía, atrincherada en la cocina de la hacienda. Sólo en abril de este año comprendió la Mamá Grande que Dios no le concedería el privilegio de liquidar personalmente, en franca refriega, a una horda de masones federalistas.

En la primera semana de dolores el médico de la familia la entretuvo con cataplasmas de mostaza y calcetines de lana. Era un médico hereditario, laureado en Montpellier, contrario por convicción filosófica a los progresos de su ciencia, a quien la Mamá Grande había concedido la prebenda de que se impidiera en Macondo el establecimiento de otros médicos. En un tiempo recorría el pueblo a caballo, visitando los lúgubres enfermos del atardecer, y la naturaleza le concedió el privilegio de ser padre de numerosos hijos ajenos. Pero la artritis le anquilosó en un chinchorro, y terminó por atender a sus pacientes sin visitarlos, por medio de suposiciones, correveidiles[4] y recados. Requerido por la Mamá Grande atravesó la plaza en pijama, apoyado en dos bastones, y se instaló en la alcoba de la enferma. Sólo cuando comprendió que la Mamá Grande agonizaba, hizo llevar una arca con pomos de porcelana marcados en latín y durante tres semanas embadurnó a la moribunda por dentro y por fuera con toda suerte de emplastos académicos, julepes[5] magníficos y supositorios magistrales. Después le aplicó sapos ahumados en el sitio del dolor y sanguijuelas en los riñones, hasta la madrugada de ese día en que tuvo que enfrentarse a la disyuntiva de hacerla sangrar por el barbero o exorcizar por el padre Antonio Isabel.

Nicanor mandó a buscar al párroco. Sus diez hombres mejores lo llevaron desde la casa cural hasta el dormitorio de la Mamá Grande, sentado en su crujiente mecedor de mimbre bajo el mohoso palio de las grandes ocasiones. La campanilla del Viático[6] en el tibio amanecer de setiembre fue la primera notificación a los habitantes de Macondo. Cuando salió el sol, la placita frente a la casa de la Mamá Grande parecía una feria rural.

Era como el recuerdo de otra época. Hasta cuando cumplió los 70, la Mamá Grande celebró su cumpleaños con las ferias más prolongadas y tumultuosas de que se tenga memoria. Se ponían damajuanas de aguardiente a disposición del pueblo, se sacrificaban reses en la plaza pública, y una banda de músicos instalada sobre una mesa tocaba sin tregua durante tres días. Bajo los almendros polvorientos donde la primera semana del siglo acamparon las legiones del coronel Aureliano Buendía, se ponían ventas de masato[7], bollos, morcillas, chicharrones, empanadas, butifarras, caribañolas, pandeyuca, almojábanas, buñuelos, arepuelas, hojaldres, longanizas, mondongos, cocadas, guarapo entre todo género de menudencias, chucherías, baratijas y cacharros, y peleas de gallos y juegos de lotería. En medio de la confusión de la muchedumbre alborotada se vendían estampas y escapularios con la imagen de la Mamá Grande.

Las festividades comenzaban la antevíspera y terminaban el día del cumpleaños, con un estruendo de fuegos artificiales y un baile familiar en la casa de la Mamá Grande. Los selectos invitados y los miembros legítimos de la familia, generosamente servidos por la bastardía, bailaban al compás de la vieja pianola equipada con rollos de moda. La Mamá Grande presidía la fiesta desde el fondo del salón, en una poltrona con almohadas de lino, impartiendo discretas instrucciones con su

---

[4] **correveidile:** persona que lleva chismes de unos a otros.
[5] **julepe:** poción medicinal.
[6] **Viático:** sacramento de la Eucaristía administrado a un enfermo en peligro de muerte.
[7] **masato:** especie de mazamorra de maíz, plátano o yuca.

diestra adornada de anillos en todos los dedos. A veces en complicidad con los enamorados, pero casi siempre aconsejada por su propia inspiración, aquella noche
concertaba los matrimonios del año entrante. Para clausurar el jubileo, la Mamá
Grande salía al balcón adornado con diademas y faroles de papel, y arrojaba monedas a la muchedumbre.

Aquella tradición se había interrumpido, en parte por los duelos sucesivos de
la familia, y en parte por la incertidumbre política de los últimos tiempos. Las
nuevas generaciones no asistieron sino de oídas a aquellas manifestaciones de
esplendor. No alcanzaron a ver a la Mamá Grande en la misa, abanicada por algún
miembro de la autoridad civil, disfrutando del privilegio de no arrodillarse ni en
el instante de la elevación para no estropear su saya de volantes holandeses y sus
almidonados pollerines de olán. Los ancianos recordaban como una alucinación
de la juventud los doscientos metros de esteras que se tendieron desde la casa
solariega hasta el altar mayor, la tarde en que María del Rosario Castañeda y
Montero asistió a los funerales de su padre, y regresó por la calle esterada inves-
tida de su nueva e irradiante dignidad, a los 22 años convertida en la Mamá
Grande. Aquella visión medieval pertenecía entonces no sólo al pasado de la familia, sino al pasado de la nación. Cada vez más imprecisa y remota, visible apenas
en su balcón sofocado entonces por los geranios en las tardes de calor, la Mamá
Grande se esfumaba en su propia leyenda. Su autoridad se ejercía a través de
Nicanor. Existía la promesa tácita, formulada por la tradición, de que el día en
que la Mamá Grande lacrara su testamento, los herederos decretarían tres noches
de jolgorios públicos. Pero se sabía asimismo que ella había decidido no expresar
su voluntad última hasta pocas horas antes de morir, y nadie pensaba seriamente
en la posibilidad de que la Mamá Grande fuera mortal. Sólo esa madrugada, des-
pertados por los cencerros del Viático, los habitantes de Macondo se convencie-
ron de que la Mamá Grande no sólo era mortal, sino que se estaba muriendo.

Su hora era llegada. En su cama de lienzo, embadurnada de áloes hasta las orejas, bajo la marquesina de polvorienta espumilla, apenas se adivinaba la vida en la
tenue respiración de sus tetas matriarcales. La Mamá Grande, que hasta los cincuenta años rechazó a los más apasionados pretendientes, y que fue dotada por la
naturaleza para amamantar ella sola a toda su especie, agonizaba virgen y sin hijos.
En el momento de la extremaunción, el padre Antonio Isabel tuvo que pedir
ayuda para aplicarle los óleos en la palma de las manos, pues desde el principio
de su agonía la Mamá Grande tenía los puños cerrados. De nada valió el concurso de las sobrinas. En el forcejeo, por primera vez en una semana, la moribunda
apretó contra su pecho la mano constelada de piedras preciosas, y fijó en las
sobrinas su mirada sin color, diciendo: "Salteadoras." Luego vio al padre Antonio
Isabel en indumentaria litúrgica y al monaguillo con los instrumentos sacramentales, y murmuró con una convicción apacible: "Me estoy muriendo." Entonces se
quitó el anillo con el Diamante Mayor y se lo dio a Magdalena, la novicia, a quien
correspondía por ser la heredera menor. Aquél era el final de una tradición:
Magdalena había renunciado a su herencia en favor de la Iglesia.

Al amanecer, la Mamá Grande pidió que la dejaran a solas con Nicanor para impartir sus últimas instrucciones. Durante media hora, con perfecto dominio de sus facultades, se informó de la marcha de los negocios. Hizo formulaciones especiales sobre el destino de su cadáver, y se ocupó por último de las velaciones. "Tienes que estar con los ojos abiertos —dijo—. Guarda bajo llave todas las cosas de valor, pues mucha gente no viene a los velorios sino a robar." Un momento después, a solas con el párroco, hizo una confesión dispendiosa[8], sincera y detallada y comulgó más tarde en presencia de los sobrinos. Entonces fue cuando pidió que la sentaran en el mecedor de bejuco para expresar su última voluntad.

Nicanor había preparado, en veinticuatro folios escritos con letra muy clara, una escrupulosa relación de sus bienes. Respirando apaciblemente, con el médico y el padre Antonio Isabel por testigos, la Mamá Grande dictó al notario la lista de sus propiedades, fuente suprema y única de su grandeza y autoridad. Reducido a sus proporciones reales, el patrimonio físico se reducía a tres encomiendas adjudicadas por Cédula Real durante la colonia, y que con el transcurso del tiempo, en virtud de intrincados matrimonios de conveniencia, se habían acumulado bajo el dominio de la Mamá Grande. En ese territorio ocioso, sin límites definidos, que abarcaba cinco municipios y en el cual no se sembró nunca un solo grano por cuenta de los propietarios, vivían a título de arrendatarias 352 familias. Todos los años, en vísperas de su onomástico, la Mamá Grande ejercía el único acto de dominio que había impedido el regreso de las tierras al Estado: el cobro de los arrendamientos. Sentada en el corredor interior de su casa, ella recibía personalmente el pago del derecho de habitar en sus tierras, como durante más de un siglo lo recibieron sus antepasados de los antepasados de los arrendatarios. Pasados los tres días de la recolección, el patio estaba atiborrado de cerdos, pavos y gallinas, y de los diezmos y primicias sobre los frutos de la tierra que se depositaban allí en calidad de regalo. En realidad, ésa era la única cosecha que jamás recogió la familia de un territorio muerto desde sus orígenes, calculado a primera vista en 100.000 hectáreas. Pero las circunstancias históricas habían dispuesto que dentro de esos límites crecieran y prosperaran las seis poblaciones del distrito de Macondo, incluso la cabecera del municipio, de manera que todo el que habitara una casa no tenía más derecho de propiedad del que le correspondía sobre los materiales, pues la tierra pertenecía a la Mamá Grande y a ella se pagaba el alquiler, como tenía que pagarlo el gobierno por el uso que los ciudadanos hacían de las calles.

En los alrededores de los caseríos, merodeaba un número nunca contado y menos atendido de animales herrados en los cuartos traseros con la forma de un candado. Ese hierro hereditario, que más por el desorden que por la cantidad se había hecho familiar en remotos departamentos donde llegaban en verano, muertas

---

[8]**confesión dispendiosa:** confesión prolífica o excesivamente minuciosa.

de sed, las reses desperdigadas, era uno de los más sólidos soportes de la leyenda. Por razones que nadie se había detenido a explicar, las extensas caballerizas de la casa se habían vaciado progresivamente desde la última guerra civil, y en los últimos tiempos se habían instalado en ellas trapiches de caña, corrales de ordeño,[9] y una piladora de arroz.

Aparte de lo enumerado, se hacía constar en el testamento la existencia de tres vasijas de morrocotas[10] enterradas en algún lugar de la casa durante la guerra de Independencia, que no habían sido halladas en periódicas y laboriosas excavaciones. Con el derecho de continuar la explotación de la tierra arrendada y a percibir los diezmos y primicias y toda clase de dádivas extraordinarias, los herederos recibían un plano levantado de generación en generación, y por cada generación perfeccionado, que facilitaba el hallazgo del tesoro enterrado.

La Mamá Grande necesitó tres horas para enumerar sus asuntos terrenales. En la sofocación de la alcoba, la voz de la moribunda parecía dignificar en su sitio cada cosa enumerada. Cuando estampó su firma balbuciente, y debajo estamparon la suya los testigos, un temblor secreto sacudió el corazón de las muchedumbres que empezaban a concentrarse frente a la casa, a la sombra de los almendros polvorientos.

Sólo faltaba entonces la enumeración minuciosa de los bienes morales. Haciendo un esfuerzo supremo —el mismo que hicieron sus antepasados antes de morir para asegurar el predominio de su especie— la Mamá Grande se irguió sobre sus nalgas monumentales, y con voz dominante y sincera, abandonada a su memoria, dictó al notario la lista de su patrimonio invisible:

La riqueza del subsuelo, las aguas territoriales, los colores de la bandera, la soberanía nacional, los partidos tradicionales, los derechos del hombre, las libertades ciudadanas, el primer magistrado, la segunda instancia, el tercer debate, las cartas de recomendación, las constancias históricas, las elecciones libres, las reinas de la belleza, los discursos trascendentales, las grandiosas manifestaciones, las distinguidas señoritas, los correctos caballeros, los pundonorosos militares, su señoría ilustrísima, la corte suprema de justicia, los artículos de prohibida importación, las damas liberales, el problema de la carne, la pureza del lenguaje, los ejemplos para el mundo, el orden jurídico, la prensa libre pero responsable, la Atenas sudamericana, la opinión pública, las lecciones democráticas, la moral cristiana, la escasez de divisas, el derecho de asilo, el peligro comunista, la nave del estado, la carestía de la vida, las tradiciones republicanas, las clases desfavorecidas, los mensajes de adhesión.

No alcanzó a terminar. La laboriosa enumeración tronchó su último vahaje. Ahogándose en el maremágnum de fórmulas abstractas que durante dos siglos constituyeron la justificación moral del poderío de la familia, la Mamá Grande emitió un sonoro eructo, y expiró.

Los habitantes de la capital remota y sombría vieron esa tarde el retrato de una mujer de veinte años en la primera página de las ediciones extraordinarias, y pen-

---

[9]**corral de ordeño:** lugar donde se extrae la leche de la ubre de los animales.

[10]**morrocotas:** onzas de oro.

saron que era una nueva reina de la belleza. La Mamá Grande vivía otra vez la momentánea juventud de su fotografía, ampliada a cuatro columnas y con retoques urgentes, su abundante cabellera recogida a lo alto del cráneo con un peine de marfil, y una diadema sobre la gola de encajes. Aquella imagen, captada por un fotógrafo ambulante que pasó por Macondo a principios de siglo y archivada por los periódicos durante muchos años en la división de personajes desconocidos, estaba destinada a perdurar en la memoria de las generaciones futuras. En los autobuses decrépitos, en los ascensores de los ministerios, en los lúgubres salones de té forrados de pálidas colgaduras, se susurró con veneración y respeto de la autoridad muerta en su distrito de calor y malaria, cuyo nombre se ignoraba en el resto del país hacía pocas horas, antes de ser consagrado por la palabra impresa. Una llovizna menuda cubría de recelo y de verdín a los transeúntes. Las campanas de todas las iglesias tocaban a muerto. El presidente de la república, sorprendido por la noticia cuanto se dirigía al acto de graduación de los nuevos cadetes, sugirió al ministro de la guerra, en una nota escrita de su puño y letra en el revés del telegrama, que concluyera su discurso con un minuto de silencio en homenaje a la Mamá Grande.

El orden social había sido rozado por la muerte. El propio presidente de la república, a quien los sentimientos urbanos llegaban como a través de un filtro de purificación, alcanzó a percibir desde su automóvil en una visión instantánea pero hasta un cierto punto brutal, la silenciosa consternación de la ciudad. Sólo permanecían abiertos algunos cafetines de mala muerte, y la Catedral Metropolitana, dispuesta para nueve días de honras fúnebres. En el Capitolio Nacional, donde los mendigos envueltos en papeles dormían al amparo de columnas dóricas y taciturnas estatuas de presidentes muertos, las luces del Congreso estaban encendidas. Cuando el primer mandatario entró a su despacho, conmovido por la visión de la capital enlutada, sus ministros lo esperaban vestidos de tafetán funerario, de pie, más solemnes y pálidos que de costumbre.

Los acontecimientos de aquella noche y las siguientes serían más tarde definidos como una lección histórica. No sólo por el espíritu cristiano que inspiró a los más elevados personeros del poder público, sino por la abnegación con que se conciliaron intereses disímiles y criterios contrapuestos, en el propósito común de enterrar un cadáver ilustre. Durante muchos años la Mamá Grande había garantizado la paz social y la concordia política de su imperio, en virtud de los tres baúles de cédulas electorales falsas que formaban parte de su patrimonio secreto. Los varones de la servidumbre, sus protegidos y arrendatarios, mayores y menores de edad, ejercitaban no sólo su propio derecho de sufragio, sino también el de los electores muertos en un siglo. Ella era la prioridad del poder tradicional sobre la autoridad transitoria, el predominio de la clase sobre la plebe, la trascendencia de la sabiduría divina sobre la improvisación mortal. En tiempos pacíficos, su voluntad hegemónica acordaba y desacordaba canonjías,[11] prebendas

---

[11]**canonjías:** prebenda del canónigo.

y sinecuras, y velaba por el bienestar de los asociados así tuviera para lograrlo que
recurrir a la trapisonda[12] o al fraude electoral. En tiempos tormentosos, la Mamá
Grande contribuyó en secreto para armar a sus partidarios, y socorrió en público a sus víctimas. Aquel celo patriótico la acreditaba para los más altos honores.

El presidente de la república no había tenido necesidad de recurrir a sus consejeros para medir el peso de su responsabilidad. Entre la sala de audiencias de
Palacio y el patiecito adoquinado que sirvió de cochera a los virreyes, mediaba un
jardín interior de cipreses oscuros donde un fraile portugués se ahorcó por amor
en las postrimerías de la colonia. A pesar de su ruidoso aparato de oficiales con-
decorados, el presidente no podía reprimir un ligero temblor de incertidumbre
cuando pasaba por ese lugar después del crepúsculo. Pero aquella noche, el estre-
mecimiento tuvo la fuerza de una premonición. Entonces adquirió plena conciencia de su destino histórico, y decretó nueve días de duelo nacional, y honores
póstumos a la Mamá Grande en la categoría de heroína muerta por la patria en el
campo de batalla. Como lo expresó en la dramática alocución que aquella madrugada dirigió a sus compatriotas a través de la cadena nacional de radio y televisión, el primer magistrado de la nación confiaba en que los funerales de la Mamá
Grande constituyeran un nuevo ejemplo para el mundo.

Tan altos propósitos debían tropezar sin embargo con graves inconvenientes.
La estructura jurídica del país, construida por remotos ascendientes de la Mamá
Grande, no estaba preparada para acontecimientos como los que empezaban a
producirse. Sabios doctores de la ley, probados alquimistas del derecho ahonda-
ron en hermenéuticas y silogismos, en busca de la fórmula que permitiera al presidente de la república asistir a los funerales. Se vivieron días de sobresalto en las
altas esferas de la política, el clero y las finanzas. En el vasto hemiciclo del
Congreso, enrarecido por un siglo de legislación abstracta, entre óleos de próce-
res nacionales y bustos de pensadores griegos, la evocación de la Mamá Grande
alcanzó proporciones insospechables, mientras su cadáver se llenaba de burbujas
en el duro setiembre de Macondo. Por primera vez se habló de ella y se la conci-
bió sin su mecedor de bejuco, sus sopores a las dos de la tarde y sus cataplasmas
de mostaza, y se la vio pura y sin edad, destilada por la leyenda.

Horas interminables se llenaron de palabras, palabras, palabras que repercu-
tían en el ámbito de la república, aprestigiadas por los altavoces de la letra
impresa. Hasta que alguien dotado de sentido de la realidad en aquella asamblea
de jurisconsultos asépticos, interrumpió el blablablá histórico para recordar que
el cadáver de la Mamá Grande esperaba la decisión a 40 grados a la sombra.
Nadie se inmutó frente a aquella irrupción del sentido común en la atmósfera
pura de la ley escrita. Se impartieron órdenes para que fuera embalsamado el
cadáver, mientras se encontraban fórmulas, se conciliaban pareceres o se hacían
enmiendas constitucionales que permitieron al presidente de la república asistir
al entierro.

---

[12]**trapisonda:** enredos.

Tanto se había parlado,[13] que los parloteos transpusieron las fronteras, traspasaron el océano y atravesaron como un presentimiento por las habitaciones pontificias de Castelgandolfo.[14] Repuesto de la modorra del ferragosto[15] reciente, el Sumo Pontífice estaba en la ventana, viendo en el lago sumergirse los buzos que buscaban la cabeza de la doncella decapitada. En las últimas semanas los periódicos de la tarde no se habían ocupado de otra cosa, y el Sumo Pontífice no podía ser indiferente a un enigma planteado a tan corta distancia de su residencia de verano. Pero aquella tarde, en una sustitución imprevista, los periódicos cambiaron las fotografías de las posibles víctimas, por la de una sola mujer de veinte años, señalada con una blonda de luto. "La Mamá Grande", exclamó el Sumo Pontífice, reconociendo al instante el borroso daguerrotipo que muchos años antes le había sido ofrendado con ocasión de su ascenso a la Silla de San Pedro. "La Mamá Grande", exclamaron a coro en sus habitaciones privadas los miembros del colegio Cardenalicio, y por tercera vez en veinte siglos hubo una hora de desconciertos, sofoquines y correndillas en el imperio sin límites de la cristiandad, hasta que el Sumo Pontífice estuvo instalado en su larga góndola negra, rumbo a los fantásticos y remotos funerales de la Mamá Grande.

Detrás quedaron los luminosos sembrados de melocotones, la Via Apia Antica[16] con tibias actrices de cine dorándose en las terrazas sin todavía tener noticias de la conmoción, y después el sombrío promontorio del Castelsantangelo en el horizonte del Tíber. Al crepúsculo, los profundos dobles de la Basílica de San Pedro se entreveraron con los bronces cuarteados de Macondo. Desde su toldo sofocante, a través de los caños intrincados y las ciénagas sigilosas que marcaban el límite del Imperio romano y los hatos de la Mamá Grande, el Sumo Pontífice oyó toda la noche la bullaranga de los monos alborotados por el paso de las muchedumbres. En su itinerario nocturno la canoa pontificia se había ido llenando de costales de yuca, racimos de plátanos verdes y huacales de gallina, y de hombres y mujeres que abandonaban sus ocupaciones habituales para tentar fortuna con cosas de vender en los funerales de la Mamá Grande. Su Santidad padeció esa noche, por primera vez en la historia de la Iglesia, la fiebre de la vigilia y el tormento de los zancudos.[17] Pero el prodigioso amanecer sobre los dominios de la Gran Vieja, la visión primigenia del reino de la balsamina y de la iguana, borraron de su memoria los padecimientos del viaje y lo compensaron del sacrificio.

Nicanor había sido despertado por tres golpes en la puerta que anunciaban el arribo inminente de Su Santidad. La muerte había tomado posesión de la casa. Inspirados por sucesivas y apremiantes alocuciones presidenciales, por las febriles controversias de los parlamentarios que habían perdido la voz y continuaban

---

[13]**parlado:** hablado.
[14]**Castelgandolfo:** lugar de veraneo del papa.
[15]**ferragosto:** período típico de vacaciones en Italia, entre el 15 de julio y el 30 de agosto.

[16]Referencia a la Via Appia Antica, carretera antigua de Roma.
[17]**zancudo:** especie de mosquito.

entendiéndose por medio de signos convencionales, hombres y congregaciones de todo el mundo se desentendieron de sus asuntos y colmaron con su presencia los oscuros corredores, los atiborrados pasadizos, las asfixiantes buhardas, y quienes
360　llegaron con retardo se treparon y acomodaron del mejor modo en barbacanas, palenques, atalayas, maderámenes[18] y matacanes.[19] En el salón central, momificándose en espera de las grandes decisiones, yacía el cadáver de la Mamá Grande, bajo un estremecido promontorio de telegramas. Extenuados por las lágrimas, los nueve sobrinos velaban el cuerpo en un éxtasis de vigilancia recíproca.

Aún debió el Universo prolongar el acecho durante muchos días. En el salón del consejo municipal, acondicionado con cuatro taburetes de cuero, una tinaja de agua filtrada y una hamaca de lampazo, el sumo Pontífice padeció un insomnio sudoroso, entreteniéndose con la lectura de memoriales y disposiciones administrativas en las dilatadas noches sofocantes. Durante el día, repartía caramelos
370　italianos a los niños que se acercaban a verlo por la ventana, y almorzaba bajo la pérgola de astromelias con el padre Antonio Isabel, y ocasionalmente con Nicanor. Así vivió semanas interminables y meses alargados por la expectativa y el calor, hasta que Pastor Pastrana se plantó con su redoblante en el centro de la plaza y leyó el bando de la decisión. Se declaraba turbado el orden público, tarrataplán,[20] y el presidente de la república, tarrataplán, disponía de las facultades extraordinarias, tarrataplán, que le permitían asistir a los funerales de la Mamá Grande, tarrataplán, rataplán, plan, plan.

El gran día era venido. En las calles congestionadas de ruletas, fritangas y mesas de lotería, y hombres con culebras enrolladas en el cuello que pregonaban el bálsamo
380　samo definitivo para curar la erisipela[21] y asegurar la vida eterna; en la placita abigarrada donde las muchedumbres habían colgado sus toldos y desenrollado sus petates, apuestos ballesteros despejaron el paso a la autoridad. Allí estaban, en espera del momento supremo, las lavanderas del San Jorge, los pescadores de perla del Cabo de Vela, los atarrayeros de Ciénega, los camaroneros de Tasajera, los brujos de la Mojana, los salineros de Manaure, los acordeoneros de Valledupar, los chalanes de Ayapel, los papayeros de San Pelayo, los mamadores de gallo de La Cueva, los improvisadores de las Sabanas de Bolívar, los camajanes de Rebolo, los bogas del Magdalena, los tinterillos de Mompox, además de los que se enumeran al principio de esta crónica, y muchos otros. Hasta los veteranos del coronel
390　Aureliano Buendía —el duque de Marlborough a la cabeza, con su atuendo de pieles y uñas y dientes de tigre— se sobrepusieron a su rencor centenario por la Mamá Grande y los de su especie, y vinieron a los funerales, para solicitar del presidente de la república el pago de las pensiones de guerra que esperaban desde hacía sesenta años.

---

[18]**maderámenes:** conjunto de maderas que se emplean en un edificio.
[19]**matacanes:** balcones.

[20]**tarrataplán:** sonido altisonante de los tambores.
[21]**erisipela:** inflamación cutánea.

Poco antes de las once, la muchedumbre delirante que se asfixiaba al sol, contenida por una élite imperturbable de guerreros uniformados de dormanes guarnecidos y espumosos morriones, lanzó un poderoso rugido de júbilo. Dignos, solemnes en sus sacolevas y chisteras, el presidente de la república y sus ministros; las comisiones del parlamento, la corte suprema de justicia, el consejo de estado, los partidos tradicionales y el clero, y los representantes de la banca, el comercio y la industria, hicieron su aparición por la esquina de la telegrafía. Calvo y rechoncho, el anciano y enfermo presidente de la república desfiló frente a los ojos atónitos de las muchedumbres que lo habían investido sin conocerlo y que sólo ahora podían dar un testimonio verídico de su existencia. Entre los arzobispos extenuados por la gravedad de su ministerio y los militares de robusto tórax acorazado de insignias, el primer magistrado de la nación transpiraba el hálito inconfundible del poder.

En segundo término, en un sereno transcurso de crespones luctuosos, desfilaban las reinas nacionales de todas las cosas habidas y por haber. Por primera vez desprovistas del esplendor terrenal, allí pasaron, precedidas de la reina universal, la reina del mango de hilacha, la reina de la ahuyama verde, la reina del guineo manzano, la reina de la yuca harinosa, la reina de la guayaba perulera, la reina del coco de agua, la reina del frijol de cabecita negra, la reina de 426 kilómetros de sartales de huevos de iguana, y todas las que se omiten por no hacer interminables estas crónicas.

En su féretro con vueltas de púrpura, separada de la realidad por ocho torniquetes de cobre, la Mamá Grande estaba entonces demasiado embebida en su eternidad de formaldehído para darse cuenta de la magnitud de su grandeza. Todo el esplendor con que ella había soñado en el balcón de su casa durante las vigilias del calor, se cumplió con aquellas cuarenta y ocho gloriosas en que todos los símbolos de la época rindieron homenaje a su memoria. El propio Sumo Pontífice, a quien ella imaginó en sus delirios suspendido en una carroza resplandeciente sobre los jardines del Vaticano, se sobrepuso al calor con un abanico de palma trenzada y honró con su dignidad suprema los funerales más grandes del mundo.

Obnubilado por el espectáculo del poder, el populacho no determinó el ávido aleteo que ocurrió en el caballete de la casa cuando se impuso el acuerdo en la disputa de los ilustres, y se sacó el catafalco a la calle en hombros de los más ilustres. Nadie vio la vigilante sombra de gallinazos que siguió al cortejo por las ardientes callecitas de Macondo, ni reparó que al paso de los ilustres éstas se iban cubriendo de un pestilente rastro de desperdicios. Nadie advirtió que los sobrinos, ahijados, sirvientes y protegidos de la Mamá Grande cerraron las puertas tan pronto como sacaron el cadáver, y desmontaron las puertas, desenclavaron las tablas y desenterraron los cimientos para repartirse la casa. Lo único que para nadie pasó inadvertido en el fragor de aquel entierro, fue el estruendoso suspiro de descanso que exhalaron las muchedumbres cuando se cumplieron los catorce días de plegarias, exaltaciones y ditirambos,[22] y la tumba fue sellada con una plataforma de plomo. Algunos de los allí presentes dispusieron de la suficiente cla-

rividencia para comprender que estaban asistiendo al nacimiento de una nueva época. Ahora podía el Sumo Pontífice subir al cielo en cuerpo y alma, cumplida
440 su misión en la tierra, y podía el presidente de la república sentarse a gobernar según su buen criterio, y podían las reinas de todo lo habido y por haber casarse y ser felices y engendrar y parir muchos hijos, y podían las muchedumbres colgar sus toldos según su leal modo de saber y entender en los desmesurados dominios de la Mamá Grande, porque la única que podía oponerse a ello y tenía suficiente poder para hacerlo había empezado a pudrirse bajo una plataforma de plomo. Sólo faltaba entonces que alguien recostara un taburete en la puerta para contar esta historia, lección y escarmiento de las generaciones futuras, y que ninguno de los incrédulos del mundo se quedara sin conocer la noticia de la Mamá Grande, que mañana miércoles vendrán los barrenderos y barrerán la basura de sus fune-
450 rales, por todos los siglos de los siglos.

REFLEXIÓN Y ANÁLISIS

1) ¿Cómo se caracterizan los ricos y los pobres en "La prodigiosa tarde de Baltazar"?
2) ¿En qué sentido puede ser "prodigiosa" la tarde de Baltazar?
3) ¿Hasta qué punto podemos considerar este cuento como una crítica del sistema capitalista?
4) Enumere los rasgos que contribuyen a la caricatura del personaje la Mamá Grande.
5) ¿Cuál es el efecto de la exageración en este cuento?
6) Discuta el papel de la ironía en este cuento.
7) ¿Cuáles son algunas de las instituciones que se satirizan en este cuento?

BIBLIOGRAFÍA

Cuervo-Hewitt, Julia. "La dictadura de la imagen en la imagen de la dictadura en *El otoño del patriarca* de Gabriel García Márquez." *Plural* 167 (1985): 16–20.

Foster, David William. "García Márquez and the Ecriture of Complicity: 'La prodigiosa tarde de Baltazar.'" *Studies in the Contemporary Spanish-American Short Story*. Ed. D. W. Foster. Columbia: University of Missouri Press, 1979. 39–50.

————. "The Double Inscription of the Narrataire in "Los funerales de la Mamá Grande." *Studies in the Contemporary Spanish-American Short Story*. Ed. D. W. Foster. Columbia: University of Missouri Press, 1979. 51–62.

García Márquez, Gabriel. "Fantasía y creación artística en América Latina y el Caribe." *Texto Crítico* 14 (1979): 3–8.

————. *Los funerales de la Mamá Grande*. Buenos Aires: Sudamericana, 1969.

---

[22]**ditirambo:** composición poética en honor de Baco.

Latin American Literary Review, número especial sobre García Márquez, 13 (1985).

Levine, S. Jill. *El espejo hablado.* Monte Avila: Caracas, 1975.

Ludmer, Josefina. Cien años de soledad: *una interpretación.* Buenos Aires: Tiempo Contemporáneo, 1972.

McGuirk, Bernard, y Richard Cardwell. *Gabriel García Márquez: New Readings.* Cambridge, U.K.: Cambridge University Press, 1987.

McMurray, George R. *Gabriel García Márquez.* New York: 1977.

Mena, Lucila Inés. *La función de la historia en* Cien años de soledad. Bogotá: Plaza y Janés, 1979.

Menton, Seymour. *Latin America's New Historical Novel.* Austin: University of Texas Press, 1993.

Oviedo, José Miguel. "*El amor en los tiempos del cólera* de Gabriel García Márquez." *Vuelta* 114 (mayo 1986): 33–38.

Palencia-Roth, Michael. "Los pergaminos de Aureliano Babilonia." *Revista Iberoamericana* 123–24 (1983): 404–17.

Elzbieta Sklodowska

X

ÉPOCA CONTEMPORÁNEA: POESÍA Y TEATRO

POESÍA

No existe una unidad que se llame la "poesía hispanoamericana contemporánea", por lo menos no como existe el modernismo o la poesía de la época colonial. Existen poetas y poemas, muchos y de alta calidad, en un locus cultural conflictivo, donde dialogan entre sí y con el mundo de las cosas y los acontecimientos. Sin embargo, este conjunto de escritores y sus obras forma una serie incompleta, no terminada, abierta hacia el futuro. Intentaremos describirla, pero a sabiendas de que mañana puede aparecer un poeta que nos haga poner todas nuestras formulaciones en tela de juicio.

Se puede señalar la segunda mitad de la década de los años treinta como el inicio de la poesía contemporánea en Hispanoamérica. Es en estos años que el impulso vanguardista sufre una transformación, respuesta en parte a la devastación provocada por la Guerra Civil Española (1936–1939). Los poetas de la vanguardia, Vicente Huidobro, César Vallejo, Pablo Neruda, entre otros, habían tomado la escena en la segunda década del siglo, queriendo romper con el pasado poético (el modernismo) y los valores que éste entrañaba (elitismo, escapismo, preciosismo), enfrentando el proceso de modernización y de urbanización con un entusiasmo más o menos angustiado y sometiendo el lenguaje poético a una violencia creadora para poder expresar mejor la nueva realidad. Este asalto a las tradiciones y al lenguaje los llevó en algunos casos a producir una poesía tan oscura, tan hermética que se percibió como una nueva especie de elitismo, por ejemplo, las *Residencias en la tierra* de Neruda. Esta poesía no hablaba lo suficientemente claro y directo a los problemas reales de la gente común, lo que llegó a ser evidente en la época de crisis y de guerra de los años treinta. En este momento la poesía de Neruda y de Vallejo y otros adoptó un tono más coloquial, una dicción más directa y una perspectiva en gran medida testimonial. Se publican entonces algunos de los mejores poemas explícitamente políticos en lengua castellana (*Aparta de mí este cáliz,* de Vallejo), y esta nota socio-política, comprometida, es la nota dominante de la poesía escrita en los años treinta. Contra este trasfondo emergen los poetas que incluimos directamente dentro de la época contemporánea, que comienzan a publicar sus primeros libros importantes en la década de los treinta, Octavio Paz (1914–   ); José Lezama Lima (1910–1976), presentado en un previo capítulo de nuestra antología; Nicanor Parra (1914–   ) y Gonzalo Rojas (1917–   ).

Si los poetas vanguardistas habían intentado romper con el pasado, algunos de los poetas "pos-vanguardistas" sintieron la necesidad de establecer nuevos lazos con los discursos culturales tradicionales. Esto explica por un lado el interés de Octavio Paz en la cultura azteca y sobre todo su concepción del tiempo (manifestado explícitamente en "Piedra del sol"), además de la riqueza de alusiones literarias e históricas en la poesía del cubano José Lezama Lima. Paradójicamente, para Paz, la poesía, igual que el amor, servía como un escape del fluir unidireccional temporal, dando acceso a un sentimiento de comunidad transcendental. Algunos críticos han considerado esta actitud como una evasión de la historia y de sus batallas mundanas. La actitud de Lezama Lima frente a la historia difiere de la de Paz, pero es tal vez igualmente difícil de comprender para aquéllos que creen que el deber del poeta es tomar parte activa en luchas para la justicia social. Lezama Lima no era un poeta social, como lo era su compatriota Nicolás Guillén, pero creía fuertemente en el poder de la imagen, y contra la idea de naturaleza Lezama Lima proponía el concepto de "sobrenaturaleza", que definía como "la imagen entrando en la historia". De esta manera, el arte podía tener un impacto indirecto pero de suma importancia sobre la historia y la situación socio-política de una nación. Aunque con el paso del tiempo, esta concepción de la relación indirecta entre poesía e historia (poesía y cambio social) ha ejercido una influencia importante (especialmente en los poetas cubanos de las últimas generaciones), en el primer momento de su recepción la poesía de Lezama Lima fue percibida como radicalmente escindida del contexto social. Otros poetas posteriores que han creado una poesía fuertemente marcada por su conexión con discursos tradicionales (literarios o históricos) son los peruanos Carlos Germán Belli y Antonio Cisneros y el mexicano José Emilio Pacheco.

Ambos, Paz y Lezama Lima comparten la idea simbolista del lenguaje poético como una forma de conocimiento humano, que a través de la imagen, el ritmo y la métrica puede develar el ser de las cosas. El joven Paz es fuertemente marcado por su lectura de los surrealistas y su contacto directo con ellos (André Breton, en particular), y sus primeros libros de poesía se caracterizan por una densidad de imágenes insólitas, oníricas. Luego, entra en una exploración tanto del pensamiento oriental como de las raíces de la cultura mexicana. Su poesía se vuelve más filosófica, aunque no carente de una sensualidad notable. Por su parte, Lezama Lima se destaca por su complejidad y exuberancia lingüística. Algo gongorista (de Luis de Góngora, poeta español del siglo XVII) en sus primeros libros, su poesía gana en profundidad como consecuencia de su lectura voraz en los campos de la filosofía, la religión, la literatura, etcétera. De difícil comprensión, es uno de los escritores y pensadores más importantes —y heterodoxos— del siglo. Es el "maestro" poético de un grupo de poetas cubanos, Cintio Vitier, Eliseo Diego, Fina García Marruz, para quienes el catolicismo y el deseo de justicia social (aquí la lectura de Vallejo fue experiencia definitoria) son ejes temáticos centrales.

Otros poetas tampoco rehusan la dificultad lingüística, explotando todos los recursos retóricos de los vanguardistas tanto latinoamericanos como europeos (sobre todo los surrealistas). Dentro de esta vertiente se incluyen los peruanos César Moro y Emilio Adolfo Westphalen, el argentino Enrique Molina y el chileno Gonzalo Rojas.

Mientras tanto, algunos de los jóvenes, como los mismos poetas de la vanguardia, sienten la necesidad de comunicarse más directamente y se inicia un giro hacia el lenguaje coloquial, directo. Nicanor Parra con su "antipoesía" es un fundador de esta vertiente y produce, a propósito, una poesía de tono menor, irónica e individualista, de un humor cortante y mordaz. El blanco de su sátira es la sociedad burguesa, capitalista, y más reciente, la destrucción del medio ambiente. Como Parra, el nicaragüense Ernesto Cardenal crea su poesía con base en un lenguaje vernáculo, aunque aquí las motivaciones son más obviamente políticas. Esta poesía sigue en una rica tradición de poesía nicaragüense de tono coloquial y de compromiso político (Joaquín Pasos, Coronel Urtecho, Pablo Antonio Cuadra), que recibe con Cardenal y otros el nombre de poesía "exteriorista". Esta poesía se ocupa de las cosas de este mundo y se dirige sin trabas a una comunidad, en la voz y con los modales lingüísticos de esa comunidad. Intenta ser objetiva, narrativa y basada en las experiencias de la colectividad. Integra referencias a la cultura popular y a situaciones políticas concretas, tanto del presente como del pasado. Mujeres poetas continúan creándose más y más espacio dentro del mundo poético hispanoamericano. Cada una tiene voz propia, pero en conjunto elaboran un idioma poético expresionista e intimista que evade los peligros de la retórica común. Las poetas que se destacan aquí serían las uruguayas Idea Vilariño e Ida Vitale, la argentina Olga Orozco, la peruana Blanca Varela, y la cubana Fina García Marruz. La mexicana Rosario Castellanos gana un lugar especial por su cultivo tanto del ensayo como de la novela y de la poesía. Su voz reclama los derechos tradicionalmente negados a las mujeres y a otros grupos marginados.

La vertiente de la poesía en los años sesenta llega a denominarse "poesía conversacional". El impacto de la Revolución cubana es importante aquí, porque alienta un impulso utópico de carácter socialista en muchos países latinoamericanos. Los poetas que celebran este impulso, Roque Dalton, Otto René Castillo y otros, lo hacen en un lenguaje poético lírico pero exento de metáforas complejas. Los temas más importantes aquí son la justicia social y la construcción de una nueva sociedad libre de explotación. Aun con poetas que no comparten esta misma ideología política o compromiso intenso, como por ejemplo el cubano Heberto Padilla, el mexicano José Emilio Pacheco, y el peruano Antonio Cisneros, el prosaísmo y el cultivo del habla coloquial son aspectos prevalecientes. Pacheco y Cisneros destacan por su exploración de fuentes históricas hispanoamericanas. Además, para Pacheco, como para otros muchos poetas, la traducción de poesía asume una importancia y una función integral en la producción de su propia obra. A esta escena, Alejandra Pizarnik contribuye con una poesía fuertemente individual, intimista, donde la nostalgia para la infancia perdida se mezcla con el tema del amor atormentado. Caracterizada por su cultivo de imágenes insólitas y del poema en prosa, la poesía de Pizarnik es de singular belleza.

Los setenta y ochenta en Latinoamérica son años de dictaduras militares (por ejemplo en Chile, Argentina, Uruguay y Brazil) y consecuentemente de exilio, interno y externo, para muchos poetas. Los que se quedan se exponen a la censura y a la represión; mientras que los que se van, se enajenan a veces en el nuevo contexto, lejos de su patria y de las circunstancias que los formaron, lejos de la voz de su público. Voces importantes en este momento son el chileno Raúl Zurita, el cubano José Kozer, la salvadoreña Claribel Alegría y la nicaragüense Giaconda Belli. En los años noventa, en un mundo donde formas culturales masmediáticas (televisión, cine, radio, etc.) cobran cada día más importancia, la poesía sigue siendo en Hispanoamérica una fuerza vital y una forma de expresión sumamente respetada.

Ben Heller

TEATRO

Al mismo tiempo que el boom emergía en el campo de la narrativa, muchos dramaturgos latinoamericanos que rompieron con el servilismo a los maestros del Viejo Continente, empezaron a escribir y a producir obras de teatro cuya temática se enfocaba principalmente en una perspectiva latinoamericana que captaba la realidad de sus países.

Las obras de teatro creadas en las capitales de Argentina, México, Chile, Colombia, Uruguay y Cuba por artistas individuales y recientemente mediante un esfuerzo colectivo, presentan las complejidades de la vida latinoamericana y a menudo sugieren modos de resolver los problemas que afligen a las sociedades respectivas. Podemos decir que continúan una línea de un teatro social y comprometido marcada desde sus inicios.

En Argentina el "grotesco criollo", una deformación de la realidad al modo de los "esperpentos" de Valle-Inclán, llegará a manifestar algunas de las mismas preocupaciones del teatro del absurdo francés, especialmente en su desarrollo del tema de la falta de comunicación en un mundo sin valores. Esta perspectiva con un enfoque más bien político y llevada a sus conclusiones extremas es evidente en la obra *La nona* (1977) del argentino Roberto Cossa. Este dramaturgo estrenó su obra *El viejo criado* (1980) durante la época de la "guerra sucia". En esta obra se desmitificaban algunos valores sacrosantos como el tango, con un mensaje intencionado a esquivar la censura. En esta misma vena podemos situar el teatro de la argentina Griselda Gambaro, creadora de unas piezas como *El campo* (1968) y *La malasange* (1984) con referencias ambiguas a la situación política contemporánea. En *El campo,* maneja con habilidad las técnicas de Antonin Artaud y su "teatro de la crueldad".

En Chile, el interés social ya evidente en la obra finisecular *El vividor* (1884) de Daniel Barros Grez, con sus cuadros de costumbres locales, se intensifica y adquiere un sabor totalmente político en las piezas de Egon Wolff, principalmente en *Los invasores* (1961). Su coetáneo, Jorge Díaz experimenta este mismo año con su farsa *El cepillo de dientes* (1961), obra que desmitifica todo un proceso psicoanalítico basado en los modelos de Freud. Cuestiona los distintos niveles del lenguaje, mofándose con un humor insidioso del lenguaje de consumo que contribuye a la enajenación del ser humano. Este mismo tono lo veremos en la obra del argentino Agustín Cuzzani, *Sempronio* (1957).

Los dramaturgos que emplearon técnicas de Brecht en sus obras son el chileno Jorge Díaz y Osvaldo Dragún, este último está presentado en esta antología. Díaz nos dio su obra maestra con el estreno de *Topografía de un desnudo* (1966), basada en la historia verdadera de la masacre de unos pobres que se habían apoderado de terrenos públicos para construir sus casas. Es un ataque feroz a todo un sistema social dominado por la corrupción; empleando técnicas como diapositivas, bailes, reproducciones documentales en una gran pantalla, apartes y confrontación directa con el público para incitarlo a pensar para luego convertir el pensamiento en acción.

El puertorriqueño, René Marqués con su obra maestra *Los soles truncos* (1966) se enfrenta al problema básico de la contraposición de valores antiguos y modernos que aflige a su país.

En México, donde el teatro tiene una larga y sólida tradición, sobresalen las obras de Rodolfo Usigli como *El gesticulador* (1937), *Corona de sombra* (1947) y *Corona de luz* (1963). Su discípulo, Emilio Carballido, autor de obras tan distinguidas como *Yo también hablo de la rosa* (1966) y *Almanaque de Juárez* (1969), es considerado el más prolífico y respetado de los dramaturgos mexicanos de su época. El guatemalteco Carlos Solórzano, en *Los fantoches* (1958), trata la angustia existencial en un mundo sin valores. En Cuba sobresalen las obras de Virgilio Piñera y José Triana; mientras que en Colombia han tenido éxito las "mojigangas", o teatro popular con rasgos fantásticos y folklóricos, de Enrique Buenaventura.

John F. Garganigo

BIBLIOGRAFÍA

Cobo Borda, Juan Gustavo. "Prólogo." *Antología de la poesía hispanoamericana*. México: Fondo de Cultura Económica, 1985. 9–54.

Forster, Merlin H. *Historia de la poesía hispanoamericana*. Clear Creek, Ind.: The American Hispanist, 1981.

Giordano, Jaime. *Dioses, antidioses: ensayos críticos sobre poesía hispanoamericana*. Concepción, Chile: Lar, 1987.

González, Mike, y David Treece. *The Gathering of Voices: The Twentieth Century Poetry of Latin America*. London: Verso, 1992.

Sucre, Guillermo. *La máscara, la transparencia*. 2a edición. México: Fondo de Cultura Económica, 1985.

Ben Heller

JOSÉ LEZAMA LIMA (1910–1976)

Uno de los ensayos del escritor cubano José Lezama Lima comienza con la frase "sólo lo difícil es estimulante", y la obra de este poeta, narrador y ensayista sobresale por su dificultad y por su riqueza lingüística y filosófica. Esta dificultad no es el resultado de un deseo de oscurecer lo que debiera ser claro, sino de una profunda filosofía —lo que Lezama llamaba un "sistema poético del mundo"— y de un concepto particular de la naturaleza de la cultura americana.

La vida de Lezama Lima, en contraste con su obra, era de una sencillez exterior notable. Vivió la mayor parte de su vida en La Habana, Cuba, en el mismo barrio y en la misma casa. Su familia era de clase media y su padre era militar, llegando al rango de coronel, antes de morir a la temprana edad de treinta y tres años. Lezama se graduó con un título en derecho de la Universidad de La Habana y ocupó un puesto burocrático en el penal de La Habana. Después de la Revolución castrista (1959) ocupó el puesto de vicepresidente en una importante organización cultural y luego trabajó en una biblioteca. Como adulto, solamente salió de Cuba dos veces, para breves visitas a Jamaica y a México. Vivió con su madre hasta que ella murió, en 1964. En ese mismo año contrajo matrimonio con una amiga de la familia, quien cuidó de él hasta el día de su muerte, en 1976.

Esta aparente tranquilidad y sencillez encubre una rica vida intelectual y una incesante labor literaria. Comenzando en sus años universitarios, Lezama editó una serie de revistas, culminando en *Orígenes* (1944–1956), una de las publicaciones intelectuales más importantes de la época en Latinoamérica y foro cohesivo para varias generaciones de escritores cubanos. Además, en vida, publicó cinco libros de poesía, *Muerte de narciso* (1937), *Enemigo rumor* (1941), *Aventuras sigilosas* (1945), *La fijeza* (1949) y *Dador* (1960); una novela, *Paradiso* (1996), y cuatro libros de ensayos. A su muerte dejó un libro de poesía (*Fragmentos a su imán,* 1977) y una novela (la continuación de *Paradiso,* titulada *Oppiano Licario,* 1977), ambos publicados póstumamente. La publicación de *Paradiso* —novela familiar y cuasi-autobiográfica— ocasiona cierto escándalo (especialmente en Cuba) por su barroquismo y sus pasajes eróticos, pero también lanza a su autor al primer rango entre los escritores del boom.

Los años formativos de Lezama transcurrieron durante el *Machadato* (1925–1933), período particularmente tumultuoso políticamente en Cuba, cuando el general Gerardo Machado gobernó la isla con mano dictatorial. Machado fue derrocado en 1933 por una rebelión popular dirigida por varias organizaciones políticas y una parte del aparato militar encabezada por Fulgencio Batista, quien reemplazó a Machado como "hombre fuerte", gobernando directamente o detrás de las escenas hasta 1959. Esta época se marca por una corrupción gubernamental y una violencia cotidiana que minó la confianza del pueblo y cerró espacios de debate público. Además, son años en que la economía estadounidense penetró por completo en la de Cuba, proveyendo la mayoría de productos importados y controlando la exportación de azúcar, producto agrícola de primera importancia en la isla. Esta situación motivó un movimiento de subversión armada que resultó al final en plena guerra y en el triunfo en 1959 de las fuerzas revolucionarias, bajo Fidel Castro, Ernesto "Che" Guevara y otros. En los años cuarenta y cincuenta, sin ningún auspicio del gobierno, Lezama Lima y los otros autores, artistas y músicos que colaboraron en la revista *Orígenes* (por ejemplo Cintio Vitier, Eliseo Diego, Fina García Marruz, Gastón Baquero, Lorenzo García Vega, Mariano Rodríguez y otros) intentaron crear un espacio autónomo para el arte. Aunque consideraron este acto de creación cultural una forma de resistencia con un fuerte elemento utópico y espiritual (católico) en una época en que las consideraciones materiales predominaban; después de la revolución muchos críticos los juzgaron de evasionistas de las realidades sociales de la época. Aunque Lezama decidió quedarse en Cuba después de la Revolución, y ocupó puestos culturales relativamente importantes en el gobierno, fue marginalizado fuertemente desde finales de los años sesenta hasta su muerte y solamente fue recuperado oficialmente a finales de los ochenta. Sin embargo, su obra tuvo un efecto muy grande sobre autores cubanos más jóvenes, por ejemplo Severo Sarduy.

El "sistema poético del mundo" de Lezama Lima no es un sistema filosófico tradicional —es decir, una unidad coherente y organizada de axiomas— sino una colección de citas e ideas (provenientes de San Pablo, de filósofos como Pascal, Vico, Nicolás de Cusa, etcétera), que provee una manera de concebir el mundo desde o a través de la estética, en concreto, desde la poesía, la imagen, la metáfora. Este "sistema" privilegia así lo no-racional y la causalidad poética (metafórica), en fuerte contraste con la racionalidad cartesiana. Desarrollado a lo largo de la vida del poeta en todos los géneros que trabajaba, el sistema llega a su punto culminante con la serie de ensayos que trataba el concepto de "era imaginaria", con la que Lezama quiso articular una relación necesaria entre poesía y sociedad, proporcionando así una nueva manera de idear la historia. La importancia general de la imagen en el sistema lezamiano se ve claramente en una selección de *Paradiso,* en la que el protagonista José Cemí, futuro poeta, con su madre y hermanas, experimentan juntos una visión del padre muerto, imagen que les confiere una coherencia familiar desde la ausencia.

El sistema poético de Lezama se complementa con una reflexión más concreta sobre la naturaleza de las culturas americanas, lo que él llama "la expresión americana", título de una colección importantísima de ensayos de la que reproducimos un pequeño fragmento. Aquí Lezama se inserta en la controversia persistente sobre la identidad cultural latinoamericana, proponiendo el barroco como movimiento cultural primordial americano. Este barroco americano no es una simple transferencia del barroco europeo a otro espacio, sino su transfiguración, una recepción activa que da nueva vida a lo recibido, al ponerlo en contacto con las culturas indígenas pre-hispánicas y los aportes culturales de los esclavos africanos. Esta receptividad americana, que resulta en una expresión cultural híbrida, tiene poco que ver con "influencias" y mucho con diálogo. La obra de Lezama Lima, tan rica en alusiones y en cubanidad, es un ejemplo brillante de esta expresión americana.

De *Enemigo rumor,* 1941

Una oscura pradera me convida

Una oscura pradera me convida,
sus manteles estables y ceñidos,
giran en mí, en mi balcón se aduermen.
Dominan su extensión, su indefinida
cúpula de alabastro se recrea.
Sobre las aguas del espejo,
breve la voz en mitad de cien caminos,
mi memoria prepara su sorpresa:
gamo en el cielo, rocío, llamarada.
Sin sentir que me llaman
penetro en la pradera despacioso,
ufano en nuevo laberinto derretido.
Allí se ven, ilustres restos,
cien cabezas, cornetas, mil funciones
abren su cielo, su girasol callando.
Extraña la sorpresa en este cielo,
donde sin querer vuelven pisadas
y suenan las voces en su centro henchido.
Una oscura pradera va pasando.
Entre los dos, viento o fino papel,
el viento, herido viento de esta muerte
mágica, una y despedida.
Un pájaro y otro ya no tiemblan.

De *La expresión americana*

La curiosidad barroca

[. . .]

La gran hazaña del barroco americano,[1] en verdad que aún ni siquiera igualada en nuestros días, es la del quechua Kondori, llamado el indio Kondori.[2] En la voluntariosa masa pétrea de las edificaciones de la Compañía,[3] en el flujo muneroso de las súmulas barrocas, en la gran tradición que venía a rematar el barroco, el indio Kondori logra insertar los símbolos incaicos de sol y luna, de abstractas elaboraciones, de sirenas incaicas, de grandes ángeles cuyos rostros de indios reflejan la desolación de la explotación minera. Sus portales de piedra compiten en la proliferación y en la calidad con los mejores del barroco europeo. Había estudiado con delicadeza y alucinada continuidad las plantas, los animales, los instrumentos metálicos de su raza, y estaba convencido de que podía formar parte del cortejo de los símbolos barrocos en el templo. Sus soportes de columnas ostentan en una poderosa abstracción soles incaicos, cuya opulenta energía se vuelca sobre una sirena con quejumbroso rostro mitayo, al propio tiempo que tañe una guitarra de su raza. El indio Kondori fue el primero que en los dominios de la forma, se ganó la igualdad con el tratamiento de un estilo por los europeos. Todavía hoy nos gozamos en adivinar la reacción de los padres de la compañía, que buscaban más la pura expresión de la piedra que los juegos de ornamentos y volutas, ante aquella regalía que igualaba la hoja americana con la trifolia griega, la semiluna incaica con los acantos de los capiteles corintios, el son de los charangos[4] con los instrumentos dóricos y las renacentistas violas de gamba. Ahora, gracias al heroísmo y conveniencia de sus símbolos, precisamos que podemos acercarnos a las manifestaciones de cualquier estilo sin acomplejarnos ni resbalar, siempre que insertemos allí los símbolos de nuestro destino y la escritura con que nuestra alma anegó los objetos.

---

[1]**barroco americano:** primer gran estilo artístico americano, del siglo XVII y XVIII, transportado de Europa y transformado en América por su contacto con nuevas influencias culturales. Ver las introducciones aquí sobre la época colonial y la selección de Sor Juana Inés de la Cruz.

[2]**el indio Kondori:** escultor, maestro del estilo andino-mestizo, pero una figura de quien no tenemos datos muy precisos; parece haber sido un indio o mestizo de Bolivia (Mojos), originalmente un artesano en la talla de madera, que transfirió sus habilidades a la piedra en la creación de la portada de San Lorenzo de Potosí, labrada entre 1728 y 1744.

[3]**la Compañía:** la Compañía de Jesús, o los jesuitas, orden religiosa militante fundada por San Ignacio de Loyola en 1540.

[4]**charango:** instrumento musical andino, una especie de bandurria o mandolina pequeña.

Así como el indio Kondori representa la rebelión incaica, rebelión que termina como con un pacto de igualdad, en que todos los elementos de su raza y de su cultura tienen que ser admitidos, ya en el Aleijadinhno[5] su triunfo es incontestable, pues puede oponerse a los modales estilísticos de su época, imponiéndoles los suyos y luchar hasta el último momento con la *Ananké,*[6] con un destino torvo, que lo irrita para engrandecerlo, que lo desfigura en tal forma que sólo le permite estar con su obra que va inundando la ciudad de Ouro Preto,[7] las ciudades vecinas, pues hay en él las mejores esencias feudales del fundador, del que hace una ciudad y la prolonga y le traza sus murallas, y le distribuye la gracia y la llena de torres y agujas, de canales y fogatas.

El barroco, como estilo, ha logrado y en la América del siglo XVIII el pacto de familia del indio Kondori y el triunfo prodigioso del Aleijadinhno, que prepara ya la rebelión del próximo siglo, es la prueba de que se está maduro ya para una ruptura. He ahí la prueba más decisiva, cuando un esforzado de la forma, recibe un estilo de una gran tradición, y lejos de amenguarlo, lo devuelve acrecido, es un símbolo de que ese país ha alcanzado su forma en el arte de la ciudad. Es la gesta que en el siglo siguiente al Aleijadinhno, va a realizar José Martí.[8] La adquisición de un lenguaje, que después de la muerte de Gracián,[9] parecía haberse soterrado, demostraba, imponiéndose a cualquier pesimismo histórico, que la nación había adquirido una forma. Y la adquisición de una forma o de un reino, está situada dentro del absoluto de la libertad. Sólo se relatan los sucesos de los reyes, se dice en la Biblia, es decir, los que han alcanzado una forma, la unidad, el reino. La forma alcanzada es el símbolo de la permanencia de la ciudad. Su soporte, su esclarecimiento, su compostura. [. . .]

---

[5]**Aleijadinho:** António Francisco de Lisboa (1738–1814), llamado el Aleijadinho (el cojo), arquitecto y escultor brasileño; fue de ascendencia africana y portuguesa.

[6]**Ananké:** en la literatura griega, el destino o la necesidad, llega a ser personificada en la literatura después de Homero.

[7]**Ouro Preto:** ciudad brasileña, en el estado de Minas Gerais; fundada en 1698, fue un centro de explotación minera, sufriendo una prosperidad repentina (boom)

como consecuencia del descubrimiento de oro y de plata a final del siglo XVII.

[8]**José Martí:** (1853–1895), escritor y patriota cubano, uno de los fundadores de la nación; ver la introducción a su selección aquí.

[9]**Gracián:** Baltasar Gracián y Morales (1601–1658), filósofo y escritor español, exponente máximo del "conceptismo", tendencia barroca que enfatiza el uso de metáforas audaces e ingenio.

REFLEXIÓN Y ANÁLISIS

1) La "oscura pradera" es el símbolo central de este poema. ¿Qué se asocia normalmente con la oscuridad? ¿Qué se asocia con las praderas? Y ¿qué puede significar la
imagen en el contexto del poema?

2) El espacio descrito en este poema es un espacio obviamente diferente del mundo
cotidiano. ¿Cómo describiría Ud. este espacio? Y cuando el yo lírico dice "Extraña la
sorpresa en este cielo, / donde sin querer vuelven pisadas/ y suenan las voces", ¿a
qué se refiere? ¿Por qué vuelven las pisadas? ¿Por qué no se asocian los cuerpos con
estas voces?

3) Sabiendo que éste fue el último poema escrito por el autor, poco antes de morir,
¿cómo describiría Ud. su actitud ante la muerte?

4) Según Lezama Lima, ¿cómo se diferencia el barroco americano del barroco europeo?

5) ¿Cuál conexión existe según este autor entre el estilo barroco y los movimientos de
independencia latinoamericanos del siglo XIX?

6) Compare y contraste las ideas de Lezama Lima y de Severo Sarduy sobre el barroco. Explique la posible conexión entre estas ideas estéticas y contextos sociales.

BIBLIOGRAFÍA

Bejel, Emilio. *José Lezama Lima: Poet of the Image*. Gainesville: University of Florida
Press, 1990.

Camacho-Gingerich, Alina. *La cosmovisión poética de José Lezama Lima en "Paradiso" y
"Oppiano Licario."* Miami: Ediciones Universal, 1990.

Cruz-Malavé, Arnaldo. *El primitivo implorante: el "sistema poético del mundo" de José Lezama
Lima*. Amsterdam: Rodopi, 1994.

Pellón, Gustavo. *José Lezama Lima's Joyful Vision*. Austin: University of Texas Press, 1989.

Santí, Enrico Mario. "Parridiso". *Modern Language Notes* 94 (1979): 343–65.

Vitier, Cintio. "Introducción". *Obras completas*. 2 vols. Ed. José Lezama Lima. México:
Aguilar, 1975–1977.

Vizcaíno, Cristina, Eugenio Suárez Galbán, eds. *Coloquio Internacional sobre la obra de José
Lezama Lima*. 2 vols. Madrid: Fundamentos, 1984.

Ben Heller

NICANOR PARRA (1914–)

Este escritor chileno, profesor de matemáticas, con títulos avanzados de Brown (1944) y de Oxford (1949) es autor de un pequeño libro de versos que en 1954 revolucionara la poesía y la manera de poetizar en todo el mundo hispanoparlante, *Poemas y antipoemas.* En este libro, la voz tradicional del cantor se transforma en la de un antilírico adversario de sí mismo y su discurso poético abandona el desarrollo lógico de la poesía discursiva anterior para presentarse a base de saltos, exabruptos y reflexiones imprevistas. Es como si hubiera dos niveles de discurso, uno narrativo en voz alta y otro reflexivo en voz baja, un monólogo exterior y otro interior, la vanguardia y la tradición en una suerte de diálogo consigo mismo. El libro tiene un éxito inmediato y marca el comienzo de la antipoesía, una nueva lírica dialogística.

En los años sesenta, Ernesto Cardenal (nicaragüense) saldrá al ruedo con su variante, el "exteriorismo"; y en España (así como en Italia) irán apareciendo los "novísimos", dando entre todos, un nuevo matiz "no-literario" a la poesía actual. En sus *Poemas y antipoemas* de 1954, Parra encabezó la sección más atrevida del libro (la de los "antipoemas") con una significativa "Advertencia el lector", que decía en parte:

> El autor no responde de las molestias que puedan
>   ocasionar sus escritos:
> Aunque le pese
> El lector tendrá que darse siempre por satisfecho.

Para muchos este "autor" sería un genio; para otros, un fraude.

En su segundo libro, *Versos de salón* (1962), volverá al ataque, anulando toda la poesía anterior a su libro de 1954:

> Durante medio siglo
> La poesía fue
> El paraíso del tonto solemne.
> Hasta que vine yo . . .

El hechizo de la antipoesía estriba en la habilidad del autor en desdoblarse; en transformar su voz natural de cantor lírico en otra, en su contrario, en un antilírico adversario de sí mismo, cambiando el registro de su voz y la dirección del poema en el transcurso de la alocución; doblándose y desdoblándose tantas veces dentro de un mismo texto que el lector ha de terminar preguntándose constantemente sobre quién habla: ¿el "autor"?, ¿el "poeta"?, ¿un loco?

El hecho es que la antipoesía, por ser nueva, impone una lectura nueva, una nueva manera de leer y de entender lo que se está contando. Pero, a pesar de todo, los antipoemas no son otra cosa que poemas, poemas nuevos que se nutren del lenguaje hablado y del lenguaje poético tradicional, ironizándolo.

De *Poemas y antipoemas*, 1954

Autorretrato

Considerad, muchachos,
Este gabán de fraile mendicante:
Soy profesor en un liceo obscuro,
He perdido la voz haciendo clases.
(Después de todo o nada
Hago cuarenta horas semanales.)
¿Qué les dice mi cara abofeteada?
¡Verdad que inspira lástima mirarme!
Y qué les sugieren estos zapatos de cura
10   Que envejecieron sin arte ni parte.

En materia de ojos, a tres metros
No reconozco ni a mi propia madre.
¿Qué me sucede? —¡Nada!
Me los he arruinado haciendo clases:
La mala luz, el sol,
La venenosa luna miserable.
Y todo ¡para qué!
Para ganar un pan imperdonable
Duro como la cara del burgués
20   Y con olor y con sabor a sangre.
¡Para qué hemos nacido como hombres
Si nos dan una muerte de animales!

Por el exceso de trabajo, a veces
Veo formas extrañas en el aire,
Oigo carreras locas,
Risas, conversaciones criminales.
Observad estas manos
Y estas mejillas blancas de cadáver,
Estos escasos pelos que me quedan.
30   ¡Estas negras arrugas infernales!
Sin embargo yo fui tal como ustedes,
Joven, lleno de bellos ideales,
Soñé fundiendo el cobre
Y limando las caras del diamante:
Aquí me tienen hoy
Detrás de este mesón incorfortable
Embrutecido por el sonsonete
De las quinientas horas semanales.

Advertencia al lector

El autor no responde de las molestias que puedan
      ocasionar sus escritos:
Aunque le pese.
El lector tendrá que darse siempre por satisfecho.
Sabelius,[1] que además de teólogo fue un humorista
      consumado,
Después de haber reducido a polvo el dogma de la
      Santísima Trinidad
¿Respondió acaso de su herejía?
Y si llegó a responder, ¡cómo lo hizo!
¡En qué forma descabellada!
¡Basándose en qué cúmulo de contradicciones!

Según los doctores de la ley este libro no debiera
      publicarse:
La palabra arco iris no aparece en él en ninguna parte,
Menos aún la palabra dolor,
La palabra torcuato.[2]
Sillas y mesas sí que figuran a granel,[3]
¡Ataúdes!, ¡útiles de escritorio!
Lo que me llena de orgullo
Porque, a mi modo de ver, el cielo se está cayendo
      a pedazos.

Los mortales que hayen leído el Tractatus de Wittgenstein[4]
Pueden darse con una piedra en el pecho
Porque es una obra difícil de conseguir:
Pero el Círculo de Viena se disolvió hace años,
Sus miembros se dispersaron sin dejar huella
Y yo he decidido declarar la guerra a los cavalieri
      della luna.

---

[1]**Sabelius:** heresiarca del siglo III que negaba la distinción entre las tres personas de la Santísima Trinidad.

[2]**torcuato:** nombre italiano altisonante. En Chile se emplea en el sentido de ridículo.

[3]**a granel:** en montón, o con mucha frecuencia.

[4]**Ludwig Wittgenstein:** (1885–1951), filósofo nacido en Viena y educado en Inglaterra. Su obra maestra *Tractatus Logico-Philosophicus* (1922), analiza la relación entre la lógica y el lenguaje. Es una obra filosófica que ha influido en el estudio del análisis de la obra literaria.

30 Mi poesía puede perfectamente no conducir a ninguna
      parte:
"¡Las risas de este libro son falsas!", argumentarán
      mis detractores
"Sus lágrimas, ¡artificiales!"
"En vez de suspirar, en estas páginas se bosteza"
"Se patalea como un niño de pecho"
"El autor se da a entender a estornudos"
Conforme: os invito a quemar vuestras naves,
Como los fenicios pretendo formarme mi propio
40   alfabeto.

"¿A qué molestar al público entonces?", se preguntarán
      los amigos lectores:
"Si el propio autor empieza por desprestigiar sus escritos,
¡Qué podrá esperarse de ellos!"
Cuidado, yo no desprestigio nada
O, mejor dicho, yo exalto mi punto de vista,
Me vanaglorio de mis limitaciones
Pongo por las nubes mis creaciones.

Los pájaros de Aristófanes[5]
50 Enterraban en sus propias cabezas
Los cadáveres de sus padres.
(Cada pájaro era un verdadero cementerio volante)
A mi modo de ver
Ha llegado la hora de modernizar esta ceremonia
¡Y yo entierro mis plumas en la cabeza de los señores
      lectores!

---

[5]**Aristófanes:** (445–386? antes de J.C.),
comediógrafo griego. Entre otras obras
escribió *Las aves*.

De *Versos de salón*, 1962

Mujeres

La mujer imposible,
La mujer de dos metros de estatura,
La señora de mármol de Carrara
Que no fuma ni bebe,
La mujer que no quiere desnudarse
Por temor a quedar embarazada,
La vestal intocable
Que no quiere ser madre de familia,
La mujer que respira por la boca,
10 La mujer que camina
Virgen hacia la cámara nupcial
Pero que reacciona como hombre,
La que se desnudó por simpatía
Porque le encanta la música clásica
La pelirroja que se fue de bruces,[1]
La que sólo se entrega por amor
La doncella que mira con un ojo,
La que sólo se deja poseer
En el diván, al borde del abismo,
20 La que odia los órganos sexuales,
La que se une sólo con su perro,
La mujer que se hace la dormida
(El marido la alumbra con un fósforo)
La mujer que se entrega porque sí
Porque la soledad, porque el olvido . . .
La que llegó doncella a la vejez,
La profesora miope,
La secretaria de gafas oscuras,
La señorita pálida de lentes
30 (Ella no quiere nada con el falo)
Todas estas walkirias[2]
Todas estas matronas respetables
Con sus labios mayores y menores
Terminarán sacándome de quicio.

-----

[1]**irse de bruces:** con la cara boca abajo.
[2]**walkirias:** diosas de categoría inferior en
   la mitología escandinava.

La poesía terminó conmigo

Yo no digo que ponga fin a nada
No me hago ilusiones al respecto
Yo quería seguir poetizando
Pero se terminó la inspiración.
La poesía se ha portado bien
Yo me he portado horriblemente mal.

Qué gano con decir
Yo me he portado bien
La poesía se ha portado mal
¹⁰ Cuando saben que yo soy el culpable.
¡Está bien que me pase por imbécil!

La poesía se ha portado bien
Yo me he portado horriblemente mal
La poesía terminó conmigo.

De *La camisa de fuerza*, 1968

Test

Qué es un antipoeta:
Un comerciante en urnas y atáudes?
Un sacerdote que no cree en nada?
Un general que duda de sí mismo?
Un vagabundo que se ríe de todo
Hasta de la vejez y de la muerte?
Un interlocutor de mal carácter?
Un bailarín al borde del abismo?
Un narciso que ama a todo el mundo?
¹⁰ Un bromista sangriento
Deliberadamente miserable?
Un poeta que duerme en una silla?
Un alquimista de los tiempos modernos?
Un revolucionario de bolsillo?
Un pequeño burgués?
Un charlatán?
              un dios?
                      un inocente?
Un aldeano de Santiago de Chile?
²⁰ Subraye la frase que considere correcta.

Qué es la antipoesía:
Un temporal en una taza de té?
Una mancha de nieve en una roca?
Un azafate lleno de excrementos humanos
Cómo lo cree el padre Salvatierra?
Un espejo que dice la verdad?
Un bofetón al rostro
Del Presidente de la Sociedad de Escritores?
(Dios lo tenga en su santo reino)
30 Una advertencia a los poetas jóvenes?
Un ataúd a chorro?
Un ataúd a fuerza centrífuga?
Un ataúd a gas de parafina?
Una capilla ardiente sin difunto?

Marque con una cruz
La definición que considere correcta.

REFLEXIÓN Y ANÁLISIS

1) ¿Cómo se ve a si mismo el poeta en su "Autorretrato"?
2) ¿Qué es lo que critica?
3) ¿Qué tipo de poesía está promulgando Parra?
4) ¿Cuáles son las características de la "antipoesía"? ¿Qué efecto tiene el tono irreverente de su poesía?
5) ¿Qué papel juega el humor en este proceso? ¿La ironía?
6) Escriba un ensayo sobre la teoría de los antipoemas de Parra. Haga un contraste con
   las premisas de la "poesía pura".
7) Después de leer el manifiesto de Neruda "Sobre una poesía sin pureza", trate de ver
   si hay un paralelo con la poesía de Parra.

BIBLIOGRAFÍA

Benedetti, Mario. "Nicanor Parra descubre y mortifica su realidad." *Letras del continente mestizo*. Montevideo: Arga, 1974.

Grossman, Edith. *The Antipoetry of Nicanor Parra*. New York: New York University Press, 1975.

Schopf, Federico. "Las huellas del antipoema." *Revisía Iberoamericana* 60.8 (julio–diciembre 1994): 771–83.

René de Costa

OCTAVIO PAZ (1914–)

Poeta, ensayista, diplomático, y una de las figuras públicas más destacadas de su generación, Octavio Paz comenzó su carrera literaria durante los años treinta, cuando se unió a un grupo de jóvenes intelectuales de su país y fundaron la revista literaria *Taller*. Iniciaron así un estudio detallado de la poesía mexicana y escribieron poemas netamente vanguardistas. Los poetas de este grupo expresaron sentimientos antifascistas y lucharon contra las injusticias sociales. Paz se convirtió en líder de su generación estableciendo cánones poéticos y señalando futuros rumbos de la poesía moderna.

Es en París en 1937 donde siente la influencia del surrealismo. Allí también inicia un estudio cuidadoso de las obras de T. S. Eliot y Ezra Pound. Alberto Ruy Sánchez, crítico de la obra de Paz, ha notado que este poeta logró combinar los poderes de rebelión y expresión de los surrealistas, con los elementos prosaicos e históricos de los textos de Pound y Eliot. Es en este período que la poesía de Paz manifiesta preocupaciones metafísicas al intentar encontrar respuestas a pesquisas existenciales. Esta búsqueda lo lleva a concluir que el ser humano está destinado a sufrir en la soledad; su única salvación posible reside en el acto de la creación poética. La poesía se convierte en una forma de expresión íntima por medio de la cual el ser humano llega a un conocimiento de su propio ser. Su poesía se caracteriza por una tensión continua entre el mundo y sus límites terrestres. Las tentativas del ser humano al tratar de resolver los misterios del universo fracasan y esto provoca su angustia existencial. Típicos de este período son los poemas de *La estación violenta* (1959), que expresan la frustración del poeta al reconocer sus límites intelectuales, en cuanto a una evaluación de los problemas metafísicos. Sus imágenes y su tono nihilista, nos hacen pensar en la poesía de otros dos poetas mexicanos: Gorostiza y su *Muerte sin fin,* y Sor Juana Inés de la Cruz y su *Primero sueño.*

En *El laberinto de la soledad* (1950), se enfrenta al problema de la autenticidad cultural y la identidad nacional siguiendo huellas ya emprendidas por Samuel Ramos en su obra *El perfil del hombre y la cultura en México* (1934). Paz emplea el término "soledad" en un sentido especial. El hombre contemporáneo se siente solo y enajenado del mundo y de la historia. Según Paz, los mexicanos han llegado al banquete cultural demasiado tarde. Incapaces de volver al pasado, y sin la capacidad de enfrentarse al presente, el típico ser mexicano construye una muralla defensiva que al protegerlo, tambien lo aísla. Este ensayo combina una intensidad poética con un riguroso proceso analítico de estas cuestiones metafísicas.

En 1960 publica *Libertad bajo palabra: obra poética, 1935–1957*. Este texto contiene toda su obra escrita en este período y sobresalen los poemas de *La estación violenta* (1948–1957), especialmente su "Himno entre ruinas" y "Piedra de sol" donde notamos la influencia de la filosofía oriental y a la vez un retorno a los temas y mitos aztecas.

Salamandra (1962), libro de poesía cargado de imágenes surrealistas, subraya el choque del hombre moderno con su ambiente urbano. Se ve también una preocupación del tiempo como algo que fluye y refluye entre dos puntos. Afirma su fe en el presente.

En Viento entero (1965), demuestra un conocimiento profundo de las filosofías orientales. Le fascina el concepto de la eternidad del hombre y la reafirmación de un continuo presente. El ser humano gana un poco de certidumbre al sentirse unido al cosmos. La soledad, algo que había dominado su poesía anterior y sus complejos ensayos, ahora queda conquistada. El ser humano, aún infinitamente pequeño, se siente ahora una parte íntegra del todo.

Paz ha escrito también numerosos ensayos sobre el proceso de creación poética. En *El arco y la lira* (1956) intenta llegar a una definición de la creación poética, postulando preguntas que han perseguido a los poetas desde la antigüedad. ¿Qué es la poesía? ¿Cuál es el poder comunicativo del lenguaje? ¿Cuáles son sus limitaciones? ¿Cómo se define el poeta por medio del acto de creación? Para Paz, la poesía le ayuda al poeta a descubrirse a sí mismo al no encontrar su lugar en la historia. Al enfrentarse al mundo, la poesía todavía es la única salvación posible.

Uno de los ensayos más revolucionarios sobre el proceso poético es "Los signos en rotación", de la segunda edición del *El arco y la lira* (1967). La poesía llega a ser un descubrimiento. La lectura de un poema nunca es algo fijo. No hay una sola interpretación del texto, sino varias que se descubren a través de distintas lecturas.

En su larga y distinguida carrera diplomática, Paz representó a su país en varios cargos. Fue embajador en la India en 1968, cargo al que renunció después de la masacre en La Plaza de las Tres Culturas en la Ciudad de México, el día 2 de octubre de 1968. Un gran número de estudiantes fueron asesinados por el gobierno en esta famosa "Noche del Tlatelolco". En un ensayo de *Postdata* (1970), asume una postura crítica hacia el gobierno de su país. Vuelve a este mismo tema, con su enfoque en la política e historia de México, en una serie de ensayos publicados bajo el título *El ogro filántropico,* (1979). Son ensayos escritos con pasión, angustia e ira, de un intelectual y un escritor comprometido. En 1990 recibió el Premio Nobel de Literatura.

De *El laberinto de la soledad,* 1950

Los hijos de la Malinche[1]

La extrañeza que provoca nuestro hermetismo ha creado la leyenda del mexicano, ser insondable. Nuestro recelo provoca el ajeno. Si nuestra cortesía atrae, nuestra reserva hiela. Y las inesperadas violencias que nos desgarran, el esplendor convulso o solemne de nuestras fiestas, el culto a la muerte, acaban por desconcertar al extranjero. La sensación que causamos no es diversa a la que producen los orientales. También ellos, chinos, indostanos o árabes, son herméticos e indescifrables. También ellos arrastran en andrajos un pasado todavía vivo. Hay un misterio mexicano como hay un misterio amarillo y uno negro. El contenido concreto de esas representaciones depende de cada espectador. Pero todos coinciden en hacerse de nosotros una imagen ambigua, cuando no contradictoria: no somos gente segura y nuestras respuestas como nuestros silencios son imprevisibles, inesperados. Traición y lealtad, crimen y amor, se agazapan en el fondo de nuestra mirada. Atraemos y repelemos.

No es difícil comprender los orígenes de esta actitud. Para un europeo, México es un país al margen de la Historia universal. Y todo lo que se encuentra alejado del centro de la sociedad aparece como extraño e impenetrable. Los campesinos, remotos, ligeramente arcaicos en el vestir y el hablar, parcos, amantes de expresarse en formas y fórmulas tradicionales, ejercen siempre una fascinación sobre el hombre urbano. En todas partes representan el elemento más antiguo y secreto de la sociedad. Para todos, excepto para ellos mismos, encarnan lo oculto, lo escondido y que no se entrega sino difícilmente, tesoro enterrado, espiga que madura en las entrañas terrestres, vieja sabiduría escondida entre los pliegues de la tierra.

La mujer, otro de los seres que viven aparte, también es figura enigmática. Mejor dicho, es el Enigma. A semejanza del hombre de raza o nacionalidad extraña, incita y repele. Es la imagen de la fecundidad, pero asimismo de la muerte. En casi todas las culturas las diosas de la creación son también deidades de destrucción. Cifra viviente de la extrañeza del universo y de su radical heterogeneidad, la mujer ¿esconde la muerte o la vida?, ¿en qué piensa?, ¿piensa acaso?, ¿siente de veras?, ¿es igual a nosotros? El sadismo se inicia como venganza ante el hermetismo femenino o como tentativa desesperada para obtener una repuesta de un cuerpo que tememos insensible. Porque, como dice Luis Cernuda,[2] "el deseo es una pregunta cuya respuesta no existe". A pesar de su desnudez —redonda, plena— en las formas de la mujer siempre hay algo que desvelar:

[1]**Malinche:** o Marina, india mexicana que fue interprete, consejera y amante de Hernán Cortés, con quien tuvo un hijo. En un plano simbólico, los mexicanos han visto esta unión como una traición o violación cultural.

[2]**Luis Cernuda:** (1902–1963), poeta español.

Eva y Cipris[3] concentran el misterio
del corazón del mundo.

Para Rubén Darío, como para todos los grandes poetas, la mujer no es solamente un instrumento de conocimiento, sino el conocimiento mismo. El conocimiento que no poseeremos nunca, la suma de nuestra definitiva ignorancia: el misterio supremo.

Es notable que nuestras representaciones de la clase obrera no estén teñidas de sentimientos parecidos, a pesar de que también vive alejada del centro de la sociedad —inclusive físicamente, recluida en barrios y ciudades especiales—. Cuando un novelista contemporáneo introduce un personaje que simboliza la salud o la destrucción, la fertilidad o la muerte, no escoge, como podría esperarse, a un obrero —que encierra en su figura la muerte de la vieja sociedad y el nacimiento de otra—. D. H. Lawrence, que es uno de los críticos más violentos y profundos del mundo moderno, describe en casi todas sus obras las virtudes que harían del hombre fragmentario de nuestros días un hombre de verdad, dueño de una visión total del mundo. Para encarnar esas virtudes crea personajes de razas antiguas y no-europeas. O inventa la figura de Mellors, un guardabosque, un hijo de la tierra. Es posible que la infancia de Lawrence, transcurrida entre las minas de carbón inglesas, explique esta deliberada ausencia. Es sabido que detestaba a los obreros tanto como a los burgueses. Pero ¿cómo explicar que en todas las grandes novelas revolucionarias tampoco aparezcan los proletarios como héroes, sino como fondo? En todas ellas el héroe es siempre el aventurero, el intelectual o el revolucionario profesional. El hombre aparte, que ha renunciado a su clase, a su origen o a su patria. Herencia del romanticismo, sin duda, que hace del héroe un ser antisocial. Además, el obrero es demasiado reciente. Y se parece a sus señores: todos son hijos de la máquina.

El obrero moderno carece de individualidad. La clase es más fuerte que el individuo y la persona se disuelve en lo genérico. Porque ésa es la primera y más grave mutilación que sufre el hombre al convertirse en asalariado industrial. El capitalismo lo despoja de su naturaleza humana —lo que no ocurrió con el siervo— puesto que reduce todo su ser a fuerza de trabajo, transformándolo por este solo hecho en objeto. Y como a todos los objetos, en mercancía, en cosa susceptible de compra y venta. El obrero pierde, bruscamente y por razón misma de su estado social, toda relación humana y concreta con el mundo: ni son suyos los útiles que emplea, ni es suyo el fruto de su esfuerzo. Ni siquiera lo ve. En realidad no es un obrero, puesto que no hace obras o no tiene conciencia de las que hace, perdido en un aspecto de la producción. Es un trabajador; nombre abstracto, que no designa una tarea determinada, sino una función. Así, no lo distingue de los

---

[3]**Cipris:** otro nombre de Venus, diosa del
amor.

otros hombres su obra, como acontece con el médico, el ingeniero o el carpintero. La abstracción que lo califica —el trabajo medido en tiempo— no lo separa,
sino lo liga a otras abstracciones. De ahí su ausencia de misterio, de problemati-
cidad, su transparencia, que no es diversa a la de cualquier instrumento.

La complejidad de la sociedad contemporánea y la especialización que requiere
el trabajo extienden la condición abstracta del obrero a otros grupos sociales.
Vivimos en un mundo de técnicos, se dice. A pesar de las diferencias de salarios y
80 de nivel de vida, la situación de estos técnicos no difiere esencialmente de la de los
obreros: también son asalariados y tampoco tienen conciencia de la obra que rea-
lizan. El gobierno de los técnicos, ideal de la sociedad contemporánea, sería así el
gobierno de los instrumentos. La función sustituiría al fin; el medio, al creador. La
sociedad marcharía con eficacia, pero sin rumbo. Y la repetición del mismo gesto,
distintiva de la máquina, llevaría a una forma desconocida de la inmovilidad: la del
mecanismo que avanza de ninguna parte hacia ningún lado.

Los regímenes totalitarios no han hecho sino extender y generalizar, por
medio de la fuerza o de la propaganda, esta condición. Todos los hombres sometidos a su imperio la padecen. En cierto sentido se trata de una transposición a la
90 esfera social y política de los sistemas económicos del capitalismo. La producción
en masa se logra a través de la confección de piezas sueltas que luego se unen en
talleres especiales. La propaganda y la acción política totalitaria —así como el
terror y la represión— obedecen al mismo sistema. La propaganda difunde verdades incompletas, en serie y por piezas sueltas. Más tarde esos fragmentos se
organizan y se convierten en teorías políticas, verdades absolutas para las masas.
El terror obedece al mismo principio. La persecución comienza contra grupos
aislados —razas, clases, disidentes, sospechosos—, hasta que gradualmente
alcanza a todos. Al iniciarse, una parte del pueblo contempla con indiferencia el
exterminio de otros grupos sociales o contribuye a su persecución, pues se exas-
100 peran los odios internos. Todos se vuelven cómplices y el sentimiento de culpa se
extiende a toda la sociedad. El terror se generaliza: ya no hay sino persecutores y
perseguidos. El persecutor, por otra parte, se transforma muy fácilmente en perseguido. Basta una vuelta de la máquina política. Y nadie escapa a esta dialéctica
feroz, ni los dirigentes.

El mundo del terror, como el de la producción en serie, es un mundo de cosas,
de útiles. (De ahí la vanidad de la disputa sobre la validez histórica del terror
moderno.) Y los útiles nunca son misteriosos o enigmáticos, pues el misterio proviene de la indeterminación del ser o del objeto que lo contiene. Un anillo misterioso se desprende inmediatamente del género anillo; adquiere vida propia,
110 deja de ser un objeto. En su forma yace, escondida, presta a saltar, la sorpresa. El
misterio es una fuerza o una virtud oculta, que no nos obedece y que no sabemos
a qué hora y cómo va a manifestarse. Pero los útiles no esconden nada, no nos
preguntan nada y nada nos responden. Son inequívocos y transparentes. Meras
prolongaciones de nuestras manos, no poseen más vida que la que nuestra voluntad les otorga. Nos sirven; luego, gastados, viejos, los arrojamos sin pensar al

cesto de la basura, al cementerio de automóviles, al campo de concentración. O los cambiamos a nuestros aliados o enemigos por otros objetos.

Todas nuestras facultades, y también todos nuestros defectos, se oponen a esta concepción del trabajo como esfuerzo impersonal, repetido en iguales y vacías porciones de tiempo: la lentitud y cuidado en la tarea, el amor por la obra y por cada uno de los detalles que la componen, el buen gusto, innato ya, a fuerza de ser herencia milenaria. Si no fabricamos productos en serie, sobresalimos en el arte difícil, exquisito e inútil de vestir pulgas. Lo que no quiere decir que el mexicano sea incapaz de convertirse en lo que se llama un buen obrero. Todo es cuestión de tiempo. Y nada, excepto un cambio histórico cada vez más remoto e impensable, impedirá que el mexicano deje de ser un problema, un ser enigmático, y se convierta en una abstracción más.

Mientras llega ese momento, que resolverá —todas nuestras contradicciones, debo señalar que lo extraordinario de nuestra situación reside en que no solamente somos enigmáticos ante los extraños, sino ante nosotros mismos. Un mexicano es un problema siempre, para otro mexicano y para sí mismo. Ahora bien, nada más simple que reducir todo el complejo grupo de actitudes que nos caracteriza —y en especial la que consiste en ser un problema para nosotros mismos— a lo que se podría llamar "moral de siervo", por oposición no solamente, a la "moral de señor", sino a la moral moderna, proletaria o burguesa.

La desconfianza, el disimulo, la reserva cortés que cierra el paso al extraño, la ironía, todas, en fin, las oscilaciones psíquicas con que al eludir la mirada ajena nos eludimos a nosotros mismos, son rasgos de gente dominada, que teme y que finge frente al señor. Es revelador que nuestra intimidad jamás aflore de manera natural, sin el acicate de la fiesta, el alcohol o la muerte. Esclavos, siervos y razas sometidas se presentan siempre recubiertos por una máscara, sonriente o adusta. Y únicamente a solas, en los grandes momentos, se atreven a manifestarse tal como son. Todas sus relaciones están envenenadas por el miedo y el recelo. Miedo al señor, recelo ante sus iguales. Cada uno observa al otro, porque cada compañero puede ser también un traidor. Para salir de sí mismo el siervo necesita saltar barreras, embriagarse, olvidar su condición. Vivir a solas, sin testigos. Solamente en la soledad se atreve a ser.

La indudable analogía que se observa entre ciertas de nuestras actitudes y las de los grupos sometidos al poder de un amo, una casta o un Estado extraño, podría resolverse en esta afirmación: el carácter de los mexicanos es un producto de las circunstancias sociales imperantes en nuestro país; la historia de México, que es la historia de esas circunstancias, contiene la respuesta a todas las preguntas. La situación del pueblo durante el período colonial sería así la raíz de nuestra actitud cerrada e inestable. Nuestra historia como nación independiente contribuiría también a perpetuar y hacer más neta esta psicología servil, puesto que no hemos logrado suprimir la miseria popular ni las exasperantes diferencias sociales, a pesar de siglo y medio de luchas y experiencias constitucionales. El empleo de la violencia como recurso dialéctico, los abusos de autoridad de los poderosos

—vicio que no ha desaparecido todavía— y finalmente el escepticismo y la resig-
nación del pueblo, hoy más visibles que nunca debido a las sucesivas desilusiones
posrevolucionarias, completarían esta explicación histórica.

[. . .]

En suma, la historia podrá esclarecer el origen de muchos de nuestros fantasmas, pero no los disipará. Sólo nosotros podemos enfrentarnos a ellos. O dicho
de otro modo: la historia nos ayuda a comprender ciertos rasgos de nuestro carácter, a condición de que seamos capaces de aislarlos y denunciarlos previamente.
Nosotros somos los únicos que podemos contestar a las preguntas que nos hacen
la realidad y nuestro propio ser.

En nuestro lenguaje diario hay un grupo de palabras prohibidas, secretas, sin
contenido claro, y a cuya mágica ambigüedad confiamos la expresión de las más
brutales o sutiles de nuestras emociones y reacciones. Palabras malditas, que sólo
pronunciamos en voz alta cuando no somos dueños de nosotros mismos.
Confusamente reflejan nuestra intimidad: las explosiones de nuestra vitalidad las
iluminan y las depresiones de nuestro ánimo las oscurecen. Lenguaje sagrado,
como el de los niños, la poesía y las sectas. Cada letra y cada sílaba están animadas
de una vida doble, al mismo tiempo luminosa y oscura, que nos revela y oculta.
Palabras que no dicen nada y dicen todo. Los adolescentes, cuando quieren presu-
mir de hombres, las pronuncian con voz ronca. Las repiten las señoras, ya para significar su libertad de espíritu, ya para mostrar la verdad de sus sentimientos. Pues
estas palabras son definitivas, categóricas, a pesar de su ambigüedad y de la facilidad con que varía su significado. Son las malas palabras, único lenguaje vivo en un
mundo de vocablos anémicos. La poesía al alcance de todos.

Cada país tiene la suya. En la nuestra, en sus breves y desgarradas, agresivas,
chispeantes sílabas, parecidas a la momentánea luz que arroja el cuchillo cuando
se le descarga contra un cuerpo opaco y duro, se condensan todos nuestros ape-
titos, nuestras iras, nuestros entusiasmos y los anhelos que pelean en nuestro
fondo, inexpresados. Esa palabra es nuestro santo y seña. Por ella y en ella nos
reconocemos entre extraños y a ella acudimos cada vez que aflora a nuestros
labios la condición de nuestro ser. Conocerla, usarla, arrojándola al aire como un
juguete vistoso o haciéndola vibrar como una arma afilada, es una manera de afirmar nuestra mexicanidad.

Toda la angustiosa tensión que nos habita se expresa en una frase que nos viene
a la boca cuando la cólera, la alegría o el entusiasmo nos llevan a exaltar nuestra
condición de mexicanos: ¡Viva México, hijos de la Chingada! Verdadero grito de
guerra, cargado de una electricidad particular, esta frase es un reto y una afirmación, un disparo, dirigido contra un enemigo imaginario, y una explosión en el aire.
Nuevamente, con cierta patética y plástica fatalidad, se presenta la imagen del cohe-
te que sube al cielo, se dispersa en chispas y cae oscuramente. O la del aullido en

que terminan nuestras canciones, y que posee la misma ambigua resonancia: alegría rencorosa, desgarrada afirmación que se abre el pecho y se consume a sí misma.

Con ese grito, que es de rigor gritar cada 15 de septiembre, aniversario de la Independencia, nos afirmamos y afirmamos a nuestra patria, frente, contra y a pesar de los demás. ¿Y quiénes son los demás? Los demás son los "hijos de la chingada": los extranjeros, los malos mexicanos, nuestros enemigos, nuestros rivales. En todo caso, los "otros". Esto es, todos aquellos que no son lo que nosotros somos. Y esos otros no se definen sino en cuanto hijos de una madre tan indeterminada y vaga como ellos mismos.

¿Quién es la Chingada? Ante todo, es la Madre. No una Madre de carne y hueso, sino una figura mítica. La Chingada es una de las representaciones mexicanas de la Maternidad, como la Llorona o la "sufrida madre mexicana" que festejamos el diez de mayo. La Chingada es la madre que ha sufrido, metafórica o realmente, la acción corrosiva e infamante implícita en el verbo que le da nombre. Vale la pena detenerse en el significado de esta voz.

[. . .]

Chingar también implica la idea de fracaso. En Chile y Argentina se chinga un petardo, "cuando no revienta, se frustra o sale fallido". Y las empresas que fracasan, las fiestas que se aguan, las acciones que no llegan a su término, se chingan. En Colombia, chingarse es llevarse un chasco. En el Plata un vestido desgarrado es un vestido chingado. En casi todas partes chingarse es salir burlado, fracasar. Chingar, asimismo, se emplea en algunas partes de Sudamérica como sinónimo de molestar, zaherir, burlar. Es un verbo agresivo, como puede verse por todas estas significaciones: descolar a los animales, incitar o hurgar a los gallos, chunguear, chasquear, perjudicar, echar a perder, frustrar.

[. . .]

La idea de romper y de abrir reaparece en casi todas las expresiones. La voz está teñida de sexualidad, pero no es sinónima del acto sexual; se puede chingar a una mujer sin poseerla. Y cuando se alude al acto sexual, la violación o el engaño le prestan un matiz particular. El que chinga jamás lo hace con el consentimiento de la chingada. En suma, chingar es hacer violencia sobre otro. Es un verbo masculino, activo, cruel: pica, hiere, desgarra, mancha. Y provoca una amarga, resentida satisfacción en el que lo ejecuta.

Lo chingado es lo pasivo, lo inerte y abierto, por oposición a lo que chinga, que es activo, agresivo y cerrado. El chingón es el macho, el que abre. La chingada, la hembra, la pasividad pura, inerme ante el exterior. La relación entre ambos es violenta, determinada por el poder cínico del primero y la impotencia de la otra. La idea de violación rige oscuramente todos los significados. La dialéctica de "lo cerrado" y "lo abierto" se cumple así con precisión casi feroz.

El poder mágico de la palabra se intensifica por su carácter prohibido. Nadie la dice en público. Solamente un exceso de cólera, una emoción o el entusiasmo delirante, justifican su expresión franca. Es una voz que sólo se oye entre hombres, o en las grandes fiestas. Al gritarla, rompemos un velo de pudor, de silencio o de hipocresía. Nos manifestamos tales como somos de verdad. Las malas palabras hierven en nuestro interior, como hierven nuestros sentimientos. Cuando salen, lo hacen brusca, brutalmente, en forma de alarido, de reto, de ofensa. Son proyectiles o cuchillos. Desgarran.

Los españoles también abusan de las expresiones fuertes. Frente a ellos el mexicano es singularmente pulcro. Pero mientras los españoles se complacen en la blasfemia y la escatología, nosotros nos especializamos en la crueldad y el sadismo. El español es simple: insulta a Dios porque cree en él. La blasfemia, dice Machado, es una oración al revés. El placer que experimentan muchos españoles, incluso algunos de sus más altos poetas, al aludir a los detritus y mezclar la mierda con lo sagrado se parece un poco al de los niños que juegan con lodo. Hay, además del resentimiento, el gusto por los contrastes, que ha engendrado el estilo barroco y el dramatismo de la gran pintura española. Sólo un español puede hablar con autoridad de Onán y Don Juan. En las expresiones mexicanas, por el contrario, no se advierte la dualidad española simbolizada por la oposición de lo real y lo ideal, los místicos y los pícaros, el Quevedo fúnebre y el escatológico, sino la dicotomía entre lo cerrado y lo abierto. El verbo chingar indica el triunfo de lo cerrado, del macho, del fuerte, sobre lo abierto.

La palabra chingar, con todas estas múltiples significaciones, define gran parte de nuestra vida y califica nuestras relaciones con el resto de nuestros amigos y compatriotas. Para el mexicano la vida es una posibilidad de chingar o de ser chingado. Es decir, de humillar, castigar y ofender. O a la inversa. Esta concepción de la vida social como combate engendra fatalmente la división de la sociedad en fuertes y débiles. Los fuertes —los chingones sin escrúpulos, duros e inexorables— se rodean de fidelidades ardientes e interesadas. El servilismo ante los poderosos —especialmente entre la casta de los "políticos", esto es, de los profesionales de los negocios públicos— es una de las deplorables consecuencias de esta situación. Otra, no menos degradante, es la adhesión a las personas y no a los principios. Con frecuencia nuestros políticos confunden los negocios públicos con los privados. No importa. Su riqueza o su influencia en la administración les permite sostener una mesnada que el pueblo llama, muy atinadamente, de "lambiscones" (de lamer).

El verbo chingar —maligno, ágil y juguetón como un animal de presa— engendra muchas expresiones que hacen de nuestro mundo una selva: hay tigres en los negocios, águilas en las escuelas o en los presidios, leones con los amigos. El soborno se llama "morder". Los burócratas roen sus huesos (los empleos públicos). Y en un mundo de chingones, de relaciones duras, presididas por la violencia y el recelo, en el que nadie se abre ni se raja y todos quieren chingar,

280 las ideas y el trabajo cuentan poco. Lo único que vale es la hombría, el valor personal, capaz de imponerse.

La voz tiene además otro significado, más restringido. Cuando decimos "vete a la Chingada", enviamos a nuestro interlocutor a un espacio lejano, vago e indeterminado. Al país de las cosas rotas, gastadas. País gris, que no está en ninguna parte, inmenso y vacío. Y no sólo por simple asociación fonética lo comparamos a la China, que es también inmensa y remota. La Chingada, a fuerza de uso, de significaciones contrarias y del roce de labios coléricos o entusiasmados, acaba por gastarse, agotar sus contenidos y desaparecer. Es una palabra hueca. No quiere decir nada. Es la nada.

De *¿Águila o sol?*, 1949–1950

¿Águila o sol?

Comienzo y recomienzo. Y no avanzo. Cuando llego a las letras fatales, la pluma retrocede: una prohibición implacable me cierra el paso. Ayer, investido de plenos poderes, escribía con fluidez sobre cualquier hoja disponible: un trozo de cielo, un muro (impávido ante el sol y mis ojos), un prado, otro cuerpo. Todo me servía: la escritura del viento, la de los pájaros, el agua, la piedra. ¡Adolescencia, 10 tierra arada por una idea fija, cuerpo tatuado de imágenes, cicatrices resplandecientes! El otoño pastoreaba grandes ríos, acumulaba esplendores en los picos, esculpía plenitudes en el Valle de México, frases inmortales grabadas por la luz en puros bloques de asombro.

Hoy lucho a solas con una palabra. La que me pertenece, a la que pertenezco: ¿cara o cruz, águila o sol?

De *Árbol adentro,* 1967–1988

DECIR-HACER

(A Roman Jakobson)[1]

1

Entre lo que veo y digo,
entre lo que digo y callo,
entre lo que callo y sueño,
entre lo que sueño y olvido,
la poesía.
  Se desliza
entre el sí y el no:
     dice
lo que callo,
    calla
lo que digo,
    sueña
lo que olvido.
     No es un decir:
es un hacer.
    Es un hacer
que es un decir.
    La poesía
se dice y se oye:
     es real.
Y apenas digo
    es real,
se disipa.
    ¿Así es más real?

2

Idea palpable,
    palabra
impalpable:
    la poesía
va y viene
    entre lo que es
y lo que no es.
    Teje reflejos
y los desteje.
    La poesía
siembra ojos en la página,
siembra palabras en los ojos.
Los ojos hablan,
    las palabras miran,
las miradas piensan.
    Oír
los pensamientos,
    ver
lo que decimos,
    tocar
el cuerpo de la idea.
    Los ojos
se cierran,
    las palabras se abren.

---

[1]**Roman Jakobson:** (1896–1982),
lingüista ruso, fundador de la fonología.

REFLEXIÓN Y ANÁLISIS

1) Analice el poema "¿Águila o sol?" como ejemplo de las preocupaciones y el quehacer artístico de Paz.
2) Discuta el tema principal del poema "DECIR-HACER".
3) Haga una comparación y un contraste entre *El laberinto de la soledad,* y *El perfil del hombre en México* de Samuel Ramos.
4) Discuta el papel de los mitos en cada proceso de autodefinición cultural.
5) Discuta el tema del machismo en "Los hijos de la Malinche".
6) ¿Qué efecto tienen las palabras prohibidas?

BIBLIOGAFÍA

Fein, John M. *Toward Octavio Paz: A Reading of his Major Poems, 1957–1976.* Lexington: University of Kentucky Press, 1986.

Ivask, Ivar, ed. *The Perpetual Present: The Poetry and Prose of Octavio Paz.* Norman: University of Oklahoma Press, 1973.

Paz, Octavio. *Sor Juana Inés de la Cruz o Las trampas de la fe.* México: Fondo de Cultura Económica, 1982.

Verani, Hugo J. *Octavio Paz: bibliografía crítica.* México: Universidad Autónoma de México, 1983.

John F. Garganigo

ROSARIO CASTELLANOS (1925–1974)

Rosario Castellanos nació en la ciudad de México en 1925. Sin embargo, su infancia transcurrió no en la capital méxicana, sino en un estado situado a varios cientos de kilómetros al sur: Chiapas. Es en esta región donde vivió su niñez y parte de su adolescencia; es a esta región a la que, en varios de sus libros más significativos, regresaría para narrar los pormenores de una vida trascurrida entre dos mundos: el mundo de los hacendados y el mundo de los indígenas. A los dieciséis años, Rosario Castellanos regresó a su ciudad natal, México, con el propósito de adquirir una educación superior. Fue así como en 1950 la célebre escritora recibió el título de maestría en Filosofía y Letras, en la Universidad Nacional Autónoma de México. Su tesis *Sobre cultura femenina* expone la discriminación de las mujeres a lo largo de la historia.

Al año siguiente, 1951, Rosario Castellanos cursó en la Universidad de Madrid un posgrado sobre estilística. Fue becada por el Centro Mexicano de Escritores en 1953 y posteriormente trabajó durante cinco años para el Instituto Nacional Indigenista, tanto en Chiapas como en la Ciudad de México, de 1956 a 1961. A esta época pertenece también la fecha de su desafortunado matrimonio. Fue profesora de literatura (hispanoamericana, española, inglesa y francesa) en la Universidad Nacional Autónoma de México y en la Universidad Femenina de México. La escritora mexicana fue, además, profesora invitada en las universidades de Wisconsin e Indiana. El último puesto de su destacada vida lo obtuvo cuando fue nombrada embajadora en Tel Aviv, ciudad en la que murió a causa de una descarga eléctrica (que algunos calificaron de suicidio y otros de accidente) en 1974.

La extensa bibliografía de Rosario Castellanos incluye doce libros de poesía, antologados en una sola obra: *Poesía no eres tú* (1972). Este volumen reúne poemas publicados a lo largo de treinta años. Evidentemente, el libro no postula un tema único, la extensión cronológica que antologa (1942–1972) impide trazar un sólo recorrido en la trayectoria poética de la célebre escritora. Sin embargo, a pesar de la dificultad en señalar un tema preciso, ciertos tropos destacan con fuerza en la poesía de Rosario Castellanos: la soledad, el reconocimiento —algunas veces transformado en rechazo— de su ser femenino, la pasión y el abandono y una desoladora presencia de la muerte.

Además de su importante obra poética, Rosario Castellanos se ha destacado como una de las novelistas más sobresalientes de la narrativa hispanoamericana. Su obra en este género es breve pero altamente significativa: *Balún-Canán* (1957) y *Oficio de tinieblas* (1962). Ambas novelas recuperan el mundo indígena que conoció cuando siendo niña habitó en el estado de Chiapas. El elemento autobiográfico identificable en la primera de estas novelas es un hecho comentado por la propia autora: "A la novela llegué recordando sucesos de mi infancia. Así, casi sin darme cuenta, di principio a *Balún-Canán:* sin una idea general de conjunto, dejándome llevar por los recuerdos". Tal fue el reconocimiento que la propia escritora hiciera, en una famosa entrevista con Emmanuel Carballo, sobre el elemento autobiográfico de su historia. Esta primera novela de Rosario Castellanos tiene una estructura tripartita, en la que tanto la primera como la tercera parte son contadas por la voz narrativa de una niña de siete años. La segunda parte, en cambio, es contada en tercera persona y narra la problemática indígena ante las leyes de educación y reforma agraria impuestas, en los años treinta, por el entonces presidente de México, Lázaro Cárdenas.

La incorporación de una voz narrativa totalmente distanciada del hilo conductor infantil, fue una técnica a la que la escritora recurrió en *Balún-Canán* debido a los serios temas sociales que abordaba en su historia. Era francamente imposible, admitió la autora ante Carballo, pretender que la pequeña de siete años estuviera enterada de los sucesos políticos que culminaron con el levantamiento armado de grupos indígenas. Sin embargo, afirma Castellanos en la citada entrevista: "el mundo infantil es muy semejante al mundo de los indígenas [. . .]. Así en las dos primeras partes los indios y la niña se ceden la palabra y las diferencias de tono no son mayúsculas".

A *Balún-Canán* (novela que, además de ser traducida a múltiples lenguas, fue distinguida en México con el Premio Xavier Villaurrutia) siguió otra novela de tema similar, *Oficio de tinieblas.* Este segundo libro narra un hecho histórico ocurrido también en el estado de Chiapas: el levantamiento de los indios chamulas en el año 1867, año en el que el líder de los chamulas fuera crucificado. En esta novela la utilización de voces regionales se mitigó un tanto, respecto a la gran prominencia del recurso presente en la primera novela de Rosario Castellanos. Es notable, sin embargo, el contraste agudo entre la mentalidad indígena y la mentalidad de los seres supuestamente educados que deciden el destino de los indios, seres marginados de la cultura moderna.

La obra novelística de Rosario Castellanos ha sido clasificada en numerosas ocasiones como obra indigenista. La autora se pronunció en contra de este juicio en la comentada entrevista: "Uno de los defectos principales de esta corriente reside en considerar el mundo indígena como un mundo exótico en el que los personajes, por ser pobres, son poéticos y buenos. Esta simplicidad me causa risa. Los indios son seres absolutamente iguales a los blancos, sólo que colocados en una circunstancia social desfavorable. Como son más débiles pueden ser más malos (violentos, traidores, hipócritas) que los blancos". Sin embargo, a pesar de las objeciones de la escritora, lo cierto es que su obra se inscribe al lado de otros importantes escritores indigenistas, y ello ocurre así debido a que la denominación "indigenista" hoy en día mantiene una percepción más objetiva respecto al fenómeno que define. Lo que Rosario Castellanos rechazaba —la poetización de los indios— se conoce ahora como indianismo, no como indigenismo.

A la perspectiva indígena presente en *Balún-Canán* (1957) y en *Oficio de tinieblas* (1962) se suma un volumen de cuentos aparecido entre ambas publicaciones: *Ciudad real* (1960). Obra en la que la autora explora el tema que rige sus novelas: el mundo de los indios. La posterior producción cuentística de Rosario Castellanos incluye dos libros más: *Los convidados de agosto* (1964) y *Albúm de familia* (1971). En su volumen del año 1964 Rosario Castellanos todavía presenta el tema de Chiapas en sus narraciones, sin embargo, en su volumen del año 1971 la autora ha cambiado ya su énfasis narrativo hacia temas de actualidad femenina.

Rosario Castellanos es, además de poeta y narradora, dramaturga. Su producción teatral recoge dos títulos únicamente: *El eterno femenino* (1975) y una obra muy anterior a ésta, *Tablero de damas* (1952). *El eterno femenino* es una divertida, siempre irónica farsa que sitúa su diálogo en un salón de belleza. Las frustraciones de las mujeres que conversan en este recinto, se emparentan con los temas que exploran algunas de las últimas poesías de Castellanos: el solitario, frustrante mundo de las mujeres casadas. Además de las obras dramáticas mencionadas, el corpus de Castellanos también incluye tres volúmenes de crítica literaria: *Juicios sumarios* (1966), *Mujer que sabe latín* (1973) y *El mar y sus pescaditos* (libro póstumo del año 1975). A estos libros de crítica deben sumarse también sus artículos periodísticos y sus crónicas, los cuales fueron recogidos en un volumen también póstumo titulado *El uso de la palabra* (1976). Algunas crónicas en este último libro hablan de sus años como embajadora en Israel y recrean aspectos de su vida cotidiana, como lo fueron sus relaciones con su único hijo, Gabriel Guerra Castellanos.

En la presente antología se han incluido poemas que datan de diferentes épocas. La voz poética de Rosario Castellanos, sin embargo, y a pesar de los años que separan sus primeros versos de sus últimos poemas, es siempre identificable por el dolor que brota de ellos, un dolor presentido casi como el destino de ser mujer. Una voz atormentada, solitaria y finalmente escéptica, en ocasiones demasiado áspera consigo misma, emerge de los versos de Rosario Castellanos. Versos que, sin embargo, traducen la experiencia femenina con sabiduría y pasión. "La única misión del amor", confesó la poeta ante Carballo, "es exponernos a la herida y luego desaparecer. No es algo que pueda cumplirse y alcanzar su plenitud. [. . .] El amor es un elemento catastrófico". Este elemento catastrófico se encuentra en casi todas las páginas de su poesía.

De *Poesía no eres tú,* 1972

La despedida[1]

Déjame hablar, mordaza,[2] una palabra
para decir adiós a lo que amo.
Huye la tierra, vuela como un pájaro.
Su fuga traza estelas[3] redondas en el aire,
frescas huellas de aromas y señales de trinos.[4]

Todo viaja en el viento, arrebatado.[5]

¡Ay, quién fuera un pañuelo,
sólo un pañuelo blanco!

Linaje[1]

Hay cierta raza de hombres
(ahora ya conozco a mis hermanos)
que llevan en el pecho como un agua desnuda
temblando.
Que tienen manos torpes
y todo se les quiebra entre las manos;
que no quieren mirar para herir
y levantan sus actos
como una estatua de ángel amoroso
10   y repentinamente degollado.[2]
Raza de la ternura funesta, de Abel
resucitado.[3]

---

[1]De *De la vigilia estéril* (1950). Este poema y
todos los siguientes se encuentran reproducidos en el volumen antológico que compila
la obra poética de la autora, *Poesía no eres tú.*
[2]**mordaza:** instrumento que se pone en la
boca para impedir el habla.
[3]**estelas:** huella que deja trás de sí un cuerpo en movimiento.

[4]**trinos:** cantos.
[5]**arrebatado:** tomado con fuerza.
[1]de *Al pie de la letra* (1959), reproducido en
el citado volumen antológico.
[2]**degollado:** que la cabeza ha sido cortada.
[3]**resucitado:** que ha vuelto a tener vida.

Kinsey Report

I

—¿Si soy casada? Sí. Esto quiere decir
que se levantó un acta en alguna oficina
y se volvió amarilla con el tiempo
y que hubo ceremonia en una iglesia
con padrinos y todo. Y el banquete
y la semana entera en Acapulco.

No, ya no puedo usar mi vestido de boda.
He subido de peso con los hijos,
con las preocupaciones. Ya usted ve, no faltan.

Con frecuencia, que puedo predecir,
mi marido hace uso de sus derechos o,
como él gusta llamarlo, paga el débito[1]
conyugal. Y me da la espalda. Y ronca.[2]

Yo me resisto siempre. Por decoro.
Pero, siempre también cedo.[3] Por obediencia.

No, no me gusta nada.
De cualquier modo no debería de gustarme
porque yo soy decente ¡y él es tan material!

Además, me preocupa otro embarazo.
Y esos jadeos fuertes y el chirrido
de los resortes de la cama pueden
despertar a los niños que no duermen después
hasta la madrugada.

---

[1]**débito:** deuda, lo que se debe pagar. [3]**cedo:** acepto.
[2]**ronca:** hace ruido al dormir.

2

Soltera, sí. Pero no virgen. Tuve
un primo a los trece años.

Él de catorce y no sabíamos nada.
Me asusté mucho. Fui con un doctor
30 que me dio algo y no hubo consecuencias.

Ahora soy mecanógrafa y algunas veces salgo
a pasear con amigos.
Al cine y a cenar. Y terminamos
la noche en un motel. Mi mamá no se entera.

Al principio me daba vergüenza, me humillaba
que los hombres me vieran de ese modo
después. Que me negaran
el derecho a negarme cuando no tenía ganas
porque me habían fichado como puta.

40 Y ni siquiera cobro. Y ni siquiera
puedo tener caprichos en la cama.

Son todos unos tales.[4] ¿Que que por qué lo hago?
Porque me siento sola. O me fastidio.
Porque ¿no lo ve usted? estoy envejeciendo.
Ya perdí la esperanza de casarme
y prefiero una que otra cicatriz
a tener la memoria como un cofre vacío.

3

Divorciada. Porque era tan mula como todos.
50 Conozco a muchos más. Por eso es que comparo.

De cuando en cuando echo una cana al aire[5]
para no convertirme en una histérica.

Pero tengo que dar el buen ejemplo
a mis hijas. No quiero que su suerte
se parezca a la mía.

---

[4]**unos tales:** expresión usada en México
  para señalar poca generosidad en la conducta.

[5]**una cana al aire:** expresión usada en
  México para referirse a las aventuras amorosas de las personas mayores.

4

Tengo ofrecida a Dios esta abstinencia
¡por caridad, no entremos en detalles!

A veces sueño. A veces despierto derramándome
60   y me cuesta un trabajo decirle al confesor
que, otra vez, he caído porque la carne es flaca.[6]

Ya dejé de ir al cine. La oscuridad ayuda
y la aglomeración en los elevadores.

Creyeron que me iba a volver loca
pero me está atendiendo un médico. Masajes.

Y me siento mejor.

5

A los indispensables (como ellos se creen)
los puede usted echar a la basura,
70   como hicimos nosotras.

Mi amiga y yo nos entendemos bien.
Y la que manda es tierna, como compensación;
así como también, la que obedece,
es coqueta y se toma sus revanchas.

Vamos a muchas fiestas, viajamos a menudo
y en el hotel pedimos
un solo cuarto y una sola cama.

Se burlan de nosotras pero también nosotras
nos burlamos de ellos y quedamos a mano.

80   Cuando nos aburramos de estar solas
alguna de las dos irá a agenciarse un hijo.

¡No, no de esa manera! En el laboratorio
de la inseminación artificial.

---

[6]**la carne es flaca:** expresión que señala el
  gozo sexual unido a una cierta culpabilidad moral.

6

Señorita. Sí, insisto. Señorita.

Soy joven. Dicen que no fea. Carácter
llevadero. Y un día
vendrá el Príncipe Azul, porque se lo he rogado
como un milagro a San Antonio.[7] Entonces,
vamos a ser felices. Enamorados siempre.

¿Qué importa la pobreza? Y si es borracho
lo quitaré del vicio. Si es un mujeriego[8]
yo voy a mantenerme siempre tan atractiva,
tan atenta a sus gustos, tan buena ama de casa,
tan prolífica madre
y tan extraordinaria cocinera
que se volverá fiel como premio a mis méritos
entre los que, el mayor, es la paciencia.

Lo mismo que mis padres y los de mi marido
celebraremos nuestras bodas de oro
con gran misa solemne.

No no he tenido novio. No, ninguno
todavía. Mañana.

REFLEXIÓN Y ANÁLISIS

1) Comente la representación que de sí misma establece la voz poética de los poemas
"La despedida" y "Linaje". ¿Es una voz poética triunfalista, agresiva? Descríbala.

2) Discuta las diferentes voces que dan forma al poema "Kinsey Report". ¿Existe alguna característica común a los seis monólogos?

BIBLIOGRAFÍA

Avilés, Alejandro. "Poesía de Rosario Castellanos." *A Rosario Castellanos: sus amigos.*
México: Cía. Impresora y Litográfica Juventud, 1975. 4–11.
Beer, Gabriella de. "Feminismo en la obra poética de Rosario Castellanos." *Revista de
Crítica Literaria* 7 (1981): 105–12.

---

[7]**San Antonio:** el santo patrón de las mujeres que desean tener novio o esposo.

[8]**mujeriego:** que tiene amores con muchas
mujeres.

Bradú, Fabianne. "Vida no eres tú." *Señas Particulares: Escritora*. México: FCE, 1987.

Campos, Julieta. "Rosario Castellanos en su poesía." *A Rosario Castellanos: sus amigos*. México: Cía. Impresora Juventud, 1975. 141–57.

Carballo, Emmanuel. *Protagonistas de la literatura mexicana*. México: SEP, 1986. 519–33.

Castellanos, Rosario. *Poesía no eres tú. Obra poética 1948–1971*. México: FCE, 1972.

Millán, María del Carmen. "Tres escritoras mexicanas del siglo XX." *Cuadernos Americanos* 34 (1975): 163–81.

Miller, Beth. "The Poetry of Rosario Castellanos." *Homenaje a Rosario Castellanos*. Eds. Maureen Ahern y Mary Seale Vázquez. Valencia: Alabatros, 1980.

Miller, Yvette. "El temario poético de Rosario Castellanos." *Hispamérica* 10 (1981): 107–15.

Ocampo, Aurora. "Debe haber otro modo de ser humano y libre: Rosario Castellanos." *Homenaje a Rosario Castellanos*. Eds. Maureen Ahern y Mary Seale Vázquez. Valencia: Alabatros, 1980.

Pacheco, José Emilio. "Rosario Castellanos o la rotunda austeridad de la poesía." *La vida literaria* 30 (1972): 8–11.

Poniatowska, Elena. "Rosario Castellanos." *¡Ay vida, no me mereces!* México: Joaquín Mortiz, 1985. 45–132.

Alessandra Luiselli

ERNESTO CARDENAL (1925–   )

Ernesto Cardenal es una de las voces más claras y comprometidas en la actual poesía latinoamericana. Nace en Granada, Nicaragua en 1925. Inicia sus estudios en un colegio jesuita ampliando su cultura en las universidades de México y de Estados Unidos, a fines de la década de los cuarenta. Cuando vuelve a Nicaragua, a principios de los años cincuenta, después de una temporada en Europa, participa en la lucha clandestina contra el dictador Anastasio Somoza. Es irónico que Somoza, asiduo perseguidor de Cardenal por sus ideas políticas, fuera matado por mano de otro poeta, Rigoberto López Pérez.

Entre 1952 y 1957 escribe una serie de *Epigramas*, publicados en 1962, donde se unen una veta amorosa y otra política, ambas templadas por un tono netamente humorístico si bien mordaz. Son poemas que forman parte de la tradición clásica y satírica de Catullo y Marcial.[1] Como suele ocurrir, estos versos que comentan la condición social, resultaron proféticos a la luz de lo que más tarde comprobaría la historia.

El poema épico *La hora O* (1960), continúa con una poesía narrativa que tuvo influencias de Whitman, Cummings y Pound, acusando de manera directa y pujante a los imperialistas que, según Cardenal, controlan no sólo la infraestructura del país, sino también los nexos culturales. Surge en estos versos la figura mítica de Sandino,[2] esperanza futura de la nación, que nunca llega a ser presidente, pues es asesinado por Somoza.

Una fase decisiva en la vida de Cardenal es su crisis religiosa que lo lleva a entrar en la orden Trapense de Gethsemany, Kentucky, en el año 1956. Allí inicia un largo diálogo con Thomas Merton su líder espiritual. En el monasterio se le prohibió escribir poemas, pero pudo recopilar algunas notas sobre la sencillez de la vida monástica y sobre la paz del ambiente. Su libro *Gethsemany* (1960), se centra en un sentimiento de nostalgia hacia Nicaragua y en un desprecio dirigido al materialismo norteamericano. Desarrolla en estos poemas un lenguaje que desmitifica el propio lenguaje publicitario, símbolo para Cardenal de lo peor de los Estados Unidos. Hay un gran interés en la cosificación, algo que lo vincula a la poesía de los poetas norteamericanos ya mencionados y a Neruda, en Latinoamérica.

Deja la orden de la Trapa por razones de salud y continúa sus estudios para el sacerdocio en un monasterio benedictino de Cuernavaca, México. En 1964 publica *Salmos*, donde nos presenta una visión apocalíptica del mundo contemporáneo.

---

[1] Catullo (87?–55 antes de J.C.), Marcial (42–104 D.C.), nacido en España.

[2] **Sandino:** Líder revolucionario nicaragüense (1895–1934).

En un lenguaje bíblico implora a Dios que intervenga contra los que oprimen al pueblo. Surge la idea de un Dios aislado de los problemas humanos, incapaz de resolverlos y sin voluntad de actuar.

Su obra más conocida es *La oración por Marilyn Monroe y otros poemas* (1965). En el poema homónimo hace resaltar la enajenación de la pobre suicida, destruida por un mundo de consumo. Emplea los mismos códigos de comunicación publicitaria como símbolos de esta enajenación.

El estrecho dudoso (1966), es una especie de collage de las crónicas y documentos de los conquistadores que aluden a su metódica destrucción del pueblo y de la cultura indígenas. Es también una re-escritura de la historia, una recreación y re-descubrimiento de una antigua naturaleza captada por un tono mágico lleno de maravilla. Es a la vez un primer paso de un proceso que se cumplirá en 1969 con la publicación del *Homenaje a los indios americanos*. Los críticos han destacado el aspecto político de esta obra; una condena de la teoría económica del capitalismo donde Cardenal desarrolla algunas ideas afines a las de Ezra Pound sobre el verdadero valor del dinero. Sugiere a los indios una posible salvación a través del rescate de los valores autóctonos y un retorno a una vida antigua.

Por aquel entonces ya había iniciado un estrecho diálogo con Tomás Borge y Carlos Fonseca, líderes del Movimiento Sandinista. Es la época en que Cardenal se convierte en un revolucionario militante; renuncia a sus creencias pacifistas basadas en los conceptos de Gandhi[3] y adopta una postura que incluye la violencia como último recurso. En *Oráculo sobre Managua* (1973), obra escrita poco después del catastrófico terremoto, continúa su ataque contra Somoza. Con la victoria Sandinista de 1979, Cardenal es nombrado Ministro de Cultura, cargo que ejerce hasta 1988. Su última obra *Cántico cósmico* (1989), es un largo poema que se ocupa de la creación del universo en términos científicos y líricos. Es también su obra más ambiciosa.

---

[3]Mahatma Gandhi (1869–1948). Patriota y filósofo pacifista indio. Líder del movimiento independentista de la India. Fue matado por un religioso fanático en 1948.

Epigramas

Muchachas que algún día leáis estos versos
y soñéis con un poeta:
sabed que yo los hice para una como vosotras
y que fue en vano.

———————

Esta será mi venganza:
Que un día llegue a tus manos el libro de un poeta famoso
y leas estas líneas que el autor escribió para ti
y tú no lo sepas.

———————

Me contaron que estabas enamorada de otro
y entonces me fui a mi cuarto
y escribí este artículo contra el Gobierno
por el que estoy preso.

———————

De pronto suena en la noche una sirena
de alarma, larga, larga,
el aullido lúgubre de la sirena
de incendio o de la ambulancia blanca de la muerte,
como el grito de la yegua en la noche,
que se acerca y se acerca sobre las calles
y las casas y sube, sube, y baja
y crece, crece, baja y se aleja
creciendo y bajando. No es incendio ni muerte:
                Es Somoza que pasa.

———————

SOMOZA DESVELIZA LE ESTATUA DE SOMOZA
EN EL ESTADIO SOMOZA

No es que yo crea que el pueblo me erigió esta estatua
porque yo sé mejor que vosotros que la ordené yo mismo.
Ni tampoco que pretenda pasar con ella a la posteridad
porque yo sé que el pueblo la derribará un día.
Ni que haya querido erigirme a mí mismo en vida
el monumento que muerto no me erigiréis vosotros:
sino que erigí esta estatua porque sé que me odiáis.

Oración por Marilyn Monroe

Señor
recibe a esta muchacha conocida en toda la tierra con el nombre de
     Marilyn Monroe
aunque ese no era su verdadero nombre
(pero Tú conoces su verdadero nombre, el de la huerfanita violada
a
       los 9 años
y la empleadita de tienda que a los 16 se había querido matar)
y que ahora se presenta ante Ti sin ningún maquillaje
sin su Agente de Prensa
sin fotógrafos y sin firmar autógrafos
sola como un astronauta frente a la noche espacial.

Ella soñó cuando niña que estaba desnuda en una iglesia
       (según cuenta el *Time*)
ante una multitud postrada, con las cabezas en el suelo
y tenía que caminar en puntillas para no pisar las cabezas.
Tú conoces nuestros sueños mejor que los psiquiatras.
Iglesia, casa, cueva, son la seguridad del seno materno
pero también algo más que eso . . .
Las cabezas son los admiradores, es claro
(la masa de cabezas en la oscuridad bajo el chorro de luz).
Pero el templo no son los estudios de la 20th Century-Fox.
El templo —de mármol y oro— es el templo de su cuerpo
en el que está el Hijo del Hombre con un látigo en la mano
expulsando a los mercaderes de la 20th Century-Fox
que hicieron de Tu casa de oración una cueva de ladrones.

Señor
en este mundo contaminado de pecados y radioactividad
Tú no culparás tan sólo a una empleadita de tienda.
30   Que como toda empleadita de tienda soñó ser estrella de cine.
Y su sueño fue realidad (pero como la realidad del tecnicolor).
Ella no hizo sino actuar según el script que le dimos
—El de nuestras propias vidas— Y era un script absurdo.
Perdónala Señor y perdónanos a nosotros
por nuestra 20th Century
por esta Colosal Super-Producción en la que todos hemos
trabajado.
Ella tenía hambre de amor y le ofrecimos tranquilizantes.
Para la tristeza de no ser santos
40   se le recomendó el Psicoanálisis.
Recuerda Señor su creciente pavor a la cámara
y el odio al maquillaje —insistiendo en maquillarse en cada
escena—
y cómo se fue haciendo mayor el horror
y mayor la impuntualidad a los estudios.

Como toda empleadita de tienda
soñó ser estrella de cine.
Y su vida fue irreal como un sueño que un psiquiatra interpreta y
archiva

50   Sus romances fueron un beso con los ojos cerrados
que cuando se abren los ojos
se descubre que fue bajo reflectores

                                y apagan los reflectores!
y desmontan las dos paredes del aposento (era un set
cinematográfico)
mientras el Director se aleja con su libreta
                        porque la escena ya fue tomada.
O como un viaje en yate, un beso en Singapur, un baile en Río
la recepción en la mansión del Duque y la Duquesa de Windsor
60   vistos en la salita del apartamento miserable.
La película terminó sin el beso final.
La hallaron muerta en su cama con la mano en el teléfono.
Y los detectives no supieron a quién iba a llamar.

Fue
como alguien que ha marcado el número de la única voz amiga
y oye tan sólo la voz de un disco que le dice: WRONG NUMBER.
O como alguien que herido por los gángsters
alarga la mano a un teléfono desconectado.

Señor
⁷⁰ quienquiera que haya sido el que ella iba a llamar
y no llamó (y tal vez no era nadie
o era Alguien cuyo número no está en el Directorio de Los
Angeles)
                contesta Tú el teléfono!

REFLEXIÓN Y ANÁLISIS

1) Discuta la ironía de los *Epigramas*.
2) ¿Por qué se puede considerar el poema sobre Marilyn Monroe como una "oración"?
3) ¿Cuáles aspectos del poema desmitifican un lenguaje de consumo?
4) ¿Cómo se caracteriza el mundo de Hollywood?
5) Estudie el aspecto satírico de los *Epigramas*.
6) El poema *La hora 0* es considerado uno de los más políticos de Cardenal. Trate de analizar hasta qué punto la política puede contribuir al efecto artístico total del poema antes de que se convierta en pura propaganda.

BIBLIOGRAFÍA

Benedetti, Mario. "Ernesto Cardenal: evangelio y revolución." *Casa de las Américas* 63 (1970): 175–83.

Borgeson, Paul W. Jr. *Hacia el hombre nuevo: poesía y pensamiento de Ernesto Cardenal.* London: Tamesis Books, 1984.

Oviedo, José Miguel. "Ernesto Cardenal: un místico comprometido." *Casa de las Américas* 53 (1969): 29–48.

John F. Garganigo

ALEJANDRA PIZARNIK (1936–1972)

Alejandra Pizarnik nació en Buenos Aires en 1936 y muere treinta y seis años más tarde, suicidándose en la misma ciudad. En el breve transcurso de su vida produjo una poesía deslumbrante, llena de contradicciones: rica en imágenes y textura fónica, pero escrita al borde del silencio; difícil de comprender pero desgarradora, orientada hacia un fin, la muerte, pero obsesionada con los comienzos, la infancia.

Pizarnik estudió literatura en la Universidad de Buenos Aires y pintura con el surrealista uruguayo Juan Batlle Planas. Hizo amistades duraderas con los poetas surrealistas argentinos Enrique Molina y Olga Orozco. Pasó cuatro años en París (1960–1964), donde trabajó en revistas literarias y entabló amistad con intelectuales como el poeta surrealista André Pieyre de Mandiargues y el novelista argentino Julio Cortázar. Además, tradujo escritores franceses como Antonin Artaud, poeta, visionario y creador del teatro de la crueldad, y Henri Michaux. Comenzó a publicar poesía muy joven, con *La tierra más ajena,* de 1955. Sus libros más importantes de poesía son *La última inocencia* (1956), *Las aventuras perdidas* (1958), *Árbol de Diana* (1962), *Los trabajos y las noches* (1965), *Extracción de la piedra de la locura* (1968), *Nombres y figuras* (1969) y *El infierno musical* (1971). Publicó también una biografía poética de la Condesa Erzbet Báthory, *La condesa sangrienta* (1971). Un libro póstumo, de poesía y de prosa, fue publicado en 1982.

Como señala el crítico David Foster, la consciencia cultural que asociamos con Pizarnik encarna múltiples aspectos de la marginalización, por ser mujer, judía de familia inmigrante, lesbiana, esquizofrénica (pasando los últimos años de vida en una clínica), suicida y poeta. Estos elementos de su identidad han suscitado interés en su obra y han ayudado a crearle renombre tanto en Argentina, como en Latinoamérica en general. Sin embargo, esto no implica que su obra sea principalmente un testimonio transparente de estos elementos biográficos de etnia, origen, orientación sexual, etc. En el caso de Pizarnik, su obra transforma extensamente lo real de su vida; y nos la presenta no tanto con el reflejo de esa vida, sino con una indagación poética, sufrida, acerca de las posibilidades mismas de la representación. Pizarnik intuye siempre una vasta distancia entre las palabras y las cosas, entre lo que uno quiere decir y lo que se acaba diciendo. El lenguaje en fin es inadecuado para expresar la realidad. Por eso dice en "Piedra fundamental": "No puedo hablar para nada decir. Por eso nos perdemos yo y el poema, en la tentativa inútil de transcribir relaciones ardientes". El poema arranca de un silencio, de una imposibilidad de hablar, y se sabe inútil de antemano, pero no por eso deja la poeta de escribir: "a pesar de la niebla verde en los labios y del frío gris en los ojos, su voz corroe la distancia que se abre entre la sed y la mano que busca el vaso. Ella canta" ("Cantora nocturna"). Pero esta afirmación no encubre el destino trágico de todo intento de expresión. Si la poesía germina en y contra el silencio, igualmente termina en la ausencia, en la muerte: "¿A dónde la conduce esta escritura? A lo negro, a lo estéril, a lo fragmentado" ("Piedra fundamental").

La desconfianza con los poderes referenciales del lenguaje corresponde en Pizarnik a una intuición profunda de la multiplicidad del sujeto. La multiplicidad de seres comprendidos en el "yo" incluye memorias de la infancia (las niñas que fue la poeta en diferentes momentos de la juventud, perdidas irremediablemente pero invocadas incesantemente), pero también ese alter ego de la poeta, el sujeto hablante del poema. Esta fragmentación del "yo" inspira terror: el doble, el otro, está enemistado con el sujeto, aunque íntimamente ligado a ella: "he sabido dónde se aposenta aquello tan otro que es yo, que espera que me calle para tomar posesión de mí y drenar y barrenar los cimientos, los fundamentos, aquello que me es adverso desde mí" ("Piedra fundamental"). Es aquí, en el intersticio entre el yo y el otro, en este sitio/no sitio que es un lugar *plural,* donde Pizarnik ubica su poesía.

Varios críticos (Running, DiAntonio) aconsejan contra la idea de leer toda la poesía de Pizarnik en función de su suicidio final y el consejo es saludable: esta poesía no se limita a un tema y un único hecho biográfico no puede explicarlo. Pero no se puede negar que esta poesía transluce a cada paso un presentimiento de muerte. Es más, la poesía de Pizarnik se escribe *desde* la muerte —desde un silencio y una consciencia de saberse fragmentada por un lenguaje que no se puede dominar (que toma posesión de nosotros y habla a través de nosostros) y por un tiempo que no se puede detener.

Esta consciencia del inevitable fluir del tiempo marca uno de los textos más extraños de Pizarnik. *La condesa sangrienta* es una serie de once poemas en prosa que narra la vida de un personaje real, una condesa medieval que fue acusada de haber matado a más de 600 niñas con torturas rituales, en un intento de asegurarse la juventud perpetua. Esta reflexión sobre la muerte es también una reflexión sobre el sadismo y un punto de partida indispensable para cualquier intento de entender la función de la sexualidad en la obra de Pizarnik. Pero más que nada, es una crítica feroz de los abusos de poder. Este último aspecto ha contribuido a que este texto haya cobrado fama e importancia en Argentina en los años de la dictadura militar (1976–1983) y después de la transición a la democracia, período en el que se ha sometido el pasado reciente de la nación a un escrutinio y análisis profundos.

De *Extración de la piedra de locura*, 1968

Cantora nocturna

Joe, macht die Musik von damals nacht . . .[1]

La que murió de su vestido azul está cantando. Canta imbuida de muerte al sol de su ebriedad. Adentro de su canción hay un vestido azul, hay un caballo blanco, hay un corazón verde tatuado con los ecos de los latidos de su corazón muerto. Expuesta a todas las perdiciones, ella canta junto a una niña extraviada que es ella: su amuleto de la buena suerte. Y a pesar de la niebla verde en los labios y del frío gris en los ojos, su voz corroe la distancia que se abre entre la sed y la mano que busca el vaso. Ella canta.

a Olga Orozco[2]

Fragmentos para dominar el silencio

I

Las fuerzas del lenguaje son las damas solitarias, desoladas, que cantan a través de mi voz que escucho a lo lejos. Y lejos, en la negra arena, yace una niña densa de música ancestral. ¿Dónde la verdadera muerte? He querido iluminarme a la luz de mi falta de luz. Los ramos se mueren en la memoria. La yacente anida en mí con su máscara de loba. La que no pudo más e imploró llamas y ardimos.

II

Cuando a la casa del lenguaje se le vuela el tejado y las palabras no guarecen, yo hablo.

Las damas de rojo se extraviaron dentro de sus máscaras aunque regresarán para sollazar entre flores.

No es muda la muerte. Escucho el canto de los enlutados sellar las hendiduras del silencio. Escucho tu dulcísimo llanto florecer mi silencio gris.

III

La muerte ha restituido al silencio su prestigio hechizante. Y yo no diré mi poema y yo he de decirlo. Aun si el poema (aquí, ahora) no tiene sentido, no tiene destino.

---

[1]**Joe, macht die Musik von damals nacht . . .:** frase incompleta en alemán "Joe, la música de aquella noche, [te hace pensar en. . .]".

[2]**Olga Orozco:** (1920–   ), poeta argentina, amiga de Pizarnik.

Un sueño donde el silencio es de oro

El perro del invierno dentellea mi sonrisa. Fue en el puente. Yo estaba desnuda y llevaba un sombrero con flores y arrastraba mi cadáver también desnudo y con un sombrero de hojas secas.

He tenido muchos amores —dije— pero el más hermoso fue mi amor por los espejos.

De *El infierno musical,* 1971

El deseo de la palabra

La noche, de nuevo la noche, la magistral sapiencia de lo oscuro, el cálido roce de la muerte, un instante de éxtasis para mí, heredera de todo jardín prohibido.

Pasos y voces del lado sombrío del jardín. Risas en el interior de las paredes. No vayas a creer que están vivos. No vayas a creer que no están vivos. En cualquier momento la fisura en la pared y el súbito desbandarse de las niñas que fui.

Caen niñas de papel de variados colores. ¿Hablan los colores? ¿Hablan las imágenes de papel? Solamente hablan las doradas y de ésas no hay ninguna por aquí.

Voy entre muros que se acercan, que se juntan. Toda la noche hasta la aurora salmodiaba: si no vino es porque no vino. Pregunto. ¿A quién? Dice que pregunta, quiere saber a quién pregunta. Tú ya no hablas con nadie. Extranjera a muerte está muriéndose. Otro es el lenguaje de los agonizantes.

He malgastado el don de transfigurar a los prohibidos (los siento respirar adentro de las paredes). Imposible narrar mi día, mi vía. Pero contempla absolutamente sola la desnudez de estos muros. Ninguna flor crece ni crecerá del milagro. A pan y agua toda la vida.

En la cima de la alegría he declarado acerca de una música jamás oída. ¿Y qué? Ojalá pudiera vivir solamente en éxtasis, haciendo el cuerpo del poema con mi cuerpo, rescatando cada frase con mis días y con mis semanas, infundiéndole al poema mi soplo a medida que cada letra de cada palabra haya sido sacrificada en las ceremonias del vivir.

La palabra del deseo

Esta espectral textura de la oscuridad, esta melodía en los huesos, este soplo de silencios diversos, este ir abajo por abajo, esta galería oscura, oscura, este hundirse sin hundirse.

¿Qué estoy diciendo? Está oscuro y quiero entrar. No sé qué más decir. (Yo no quiero decir, yo quiero entrar). El dolor en los huesos, el lenguaje roto a paladas, poco a poco reconstituir el diagrama de la irrealidad.

Posesiones no tengo (esto es seguro; al fin algo seguro). Luego una melodía. Es una melodía plañidera, una luz lila, la inminencia sin destinatario. Veo la melodía. Presencia de una luz anaranjada. Sin tu mirada no voy a saber vivir, también esto es seguro. Te suscito, te resucito. Y me dijo que saliera al viento y fuera de casa en casa preguntando si estaba.

Paso desnuda con un cirio en la mano, castillo frío, jardín de las delicias. La soledad no es estar parada en el muelle, a la madrugada, mirando el agua con avidez. La soledad es no poder decirla por no poder circundarla por no poder darle un rostro por no poder hacerla sinónimo de un paisaje. La soledad sería esta melodía rota de mis frases.

REFLEXIÓN Y ANÁLISIS

1) ¿Qué papel juega el deseo en "Cantorna nocturna"? ¿Qué puede mitigar la distancia entre lo que uno desea y el objeto de satisfacción?
2) En "Fragmentos para dominar el silencio", ¿quiénes son "las damas solitarias"? ¿Quién es la "yacente"? y ¿por qué hay que "dominar" el silencio?
3) Investigue una posible conexión entre algún elemento biográfico de Alejandra Pizarnik y su obra poética. ¿Es productivo leerla como una voz 'feminina', 'judía', o 'lesbiana'? ¿hay huellas de identidad (o de identidades) en esta poesía?

BIBLIOGRAFÍA

DiAntonio, Robert E. "On Seeing Things Darkly in the Poetry of Alejandra Pizarnik: Confessional Poetics or Aesthetic Metaphor?" *Confluencia: Revista Hispánica de Cultura y Literatura* 2.2 (1987): 47–52.

Foster, David William. "The Representation of the Body in the Poetry of Alejandra Pizarnik." *Hispanic Review* 62 (1994): 319–47.

Kuhnheim, Jill S. "Unsettling Silence in the Poetry of Olga Orozco and Alejandra Pizarnik." *Monographic Review/Revista Monográfica* 6 (1990): 258-73.

Lasarte, Francisco. "Más allá del surrealismo: la poesía de Alejandra Pizarnik." *Revista Iberoamericana* 49.125 (1983): 867–77.

Piña, Cristina. *Alejandra Pizarnik*. Buenos Aires: Planeta, 1991.

Running, Thorpe. "The Poetry of Alejandra Pizarnik." *Chasqui: Revista de Literatura Latinoamericana* 14.2–3 (1985): 45–55.

Ben Heller

OSVALDO DRAGÚN (1929–   )

En un país donde el teatro se ha cultivado con éxito desde los comienzos del siglo XIX, Osvaldo Dragún es uno de los dramaturgos más novedosos que ha merecido a la vez fama internacional. Dragún, nace en Paraná, Argentina, el 7 de mayo de 1929 donde pasa su juventud. Dragún se traslada después a Buenos Aires donde despierta su interés por el teatro. Se vincula a los teatros independientes que comenzaron a establecerse durante la década de los cincuenta. Estos grupos ofrecieron un tipo de teatro experimental con el doble propósito de deleitar y despertar en su público una conciencia política y social.

Su teatro, poblado por seres enajenados, revela una profunda preocupación existencial. En la base encontramos una crítica de la sociedad y de los valores de un sistema capitalista. Ya en su primera obra, *La peste viene de Melos* (1956), basada en un hecho histórico de la lucha entre Melos y Atenas, notamos una crítica del materialismo y la confrontación de dos distintas clases sociales. Los críticos han visto esta obra en un plano alegórico como una crítica de la invasión norteamericana de Guatemala en 1954 y la caída del gobierno democrático de Arbenz. Sigue la misma huella en *Túpac Amaru* (1957), otra obra histórica que dramatiza el conflicto entre el Inca José Gabriel Condorcanqui y las fuerzas represivas del gobierno colonial español.

Su obra maestra es una serie de cuadros, *Historias para ser contadas* (1957), donde cuatro actores juegan papeles intercambiables al hablar directamente al público. Emplea técnicas de Bertolt Brecht para que el público cuestione algunos de sus propios valores. Presenta situaciones ridículas y grotescas para demostrar la degradación de un individuo atrapado en un sistema que lo enajena. Por ejemplo, en *La historia de un hombre que se convirtió en un perro,* la situación es tan ridícula que los espectadores tienen que buscar otro sentido más profundo y simbólico en este drama. Cuando se presentó por primera vez en 1957, se estableció un sentimiento de empatía entre el público y el hombre que se convirtió en un perro por razones económicas. En una producción del año 1979, con los mismos actores y el mismo director, la reacción del público fue totalmente distinta. La situación económica en Argentina era tan mala que cuando el hombre consiguió trabajo al convertirse en un perro, el público aplaudió. Era más fácil vivir como un perro que ir a buscar un trabajo normal. En *Historia de mi esquina* (1957) y *Los de la mesa 10,* del mismo año, plantea el conflicto entre generaciones de la misma familia. En un plano técnico, siguiendo las huellas de Brecht, comienza a experimentar en sus dramas con canciones y bailes.

Dragún se mudó a Cuba durante el período 1961–1963, donde organizó una serie de talleres de teatro. Allí escribió *Y nos dijeron que éramos inmortales* (1963), obra que recoge el tema de las diferencias entre padres e hijos que cuestionan antiguos valores que consideran inadecuados. *Milagro en el Mercado viejo* (1964), se centra en el tema de la crueldad y la diferencia de clases sociales. Sugiere que el conflicto entre un vagabundo y un poderoso comerciante, en última instancia, se puede resolver por medios violentos.

Un maldito domingo (1968) tuvo su estreno en Madrid y luego en Buenos Aires con el título *El amasijo;* es una obra cargada de tensiones existenciales. Una pareja de media edad, condenada a una vida estéril, busca una posible salida inventando distintos papeles que desempeñan en la escena.

La situación política en su país durante los años setenta y su oposición al gobierno militar, le causaron muchos problemas. Cuando encontraba trabajo en producciones de televisión tuvo que emplear pseudónimos. Desde luego, nunca se alejó del ambiente teatral y en 1981, con un grupo destacado de dramaturgos argentinos, funda el Teatro Abierto, una alternativa al teatro comercial. Muchas de las obras escritas y presentadas a un público que pagaba el mínimo de entradas tenían un aspecto político y social. Había muchas alusiones a la situación histórica del momento y su propósito era fomentar un diálogo. Este tipo de teatro tuvo gran éxito. Desafortunadamente, el lugar donde se estrenaron las obras se quemó bajo circunstancias sospechosas.

!Arriba Corazón! (1987) traza la historia del protagonista en distintas etapas de su vida. Su vida refleja la historia de Argentina con sus problemas políticos y sociales. Es una obra que estudia detalladamente la relación entre padre e hijo, indagando también el tema del judío en Argentina.

En estos últimos años, Dragún divide su tiempo entre Argentina y Cuba, lugar donde ha fundado EITALC, La Escuela Internacional de Teatro de América Latina y el Caribe.

De *Historias para ser contadas*

Prólogo para ser contado

(La acción transcurre en la época actual.)

¡Público de la Plaza, buenas noches!
Somos los nuevos comediantes,
cuatro actores que van de pueblo en pueblo,
que van de plaza en plaza,
¡pero siempre adelante!
Si es cierto que la vida del hombre es una estrella
que dura apenas un minuto
en esta infinita trayectoria
10 *que es un día del mundo,*
convengamos que es también una historia,
una pequeña historia irrealizada
que termina a veces antes de empezada.
Una pequeña Historia para ser Contada.
La Comedia Italiana[1] *era otra cosa.*
Tal vez fuese aquella época de rosas.
Hoy la flor se deshoja contra el viento
y la espina se hinca en nuestras manos,
a veces callosas . . .
20 *¡Y entonces la arrancamos!*
A veces de nube.
¡Y naufragamos!
La mandolina rota de Arlequino,[2]
es hoy tranvía furioso,
y la sonrisa azul de Cantarina[3]
la esperanza rosada de una nueva heroína:
madre,
mujer,
hermana,
30 *que con un signo de interrogación*
tachan el día de mañana
en nuestro calendario.

---

[1]**Comedia Italiana:** referencia a la Commedia dell'Arte del siglo XVII donde los personajes improvisan siguiendo un guión esquemático.

[2]**Arlequino:** personaje cómico de la Comedia. Viste un traje compuesto de pedacitos de paño en forma de rombos.

[3]**Cantarina:** personaje inventado por Dragún que suena como si fuera un personaje de la Comedia. Posible alusión a Colombina, personaje de la Comedia.

mas nosotros sabemos,
ya que por actores, sabios somos,
que siempre llega el sol hasta la cuna
de la simple semilla.
Un pequeño hombre no es más que una semilla,
y su historia,
una historia sencilla.
40 *Nosotros existimos*
porque existen ustedes.
Sus historias nos pesan en el alma
y nuestras manos las lloran.
Lágrimas de muy allá traemos
y también una risa.
Y si alguno de ustedes, padres nuestros,
tiene una risa para ser reída
o una lágrima que deba ser llorada,
que se acerque al final de la jornada
50 *a nosotros, actores,*
cantores,
llorones,
reidores,
cazadores de estrellas.
Su historia contaremos
allá, en lejanas plazas,
bajo el sol o la luna,
para ninguno o muchos.
Lo importante es contarla,
60 *y su pequeña historia acribillada,*
será otra Historia para ser Contada.

ACTOR 1º —¡Público de la Feria, somos los nuevos Comediantes!

ACTOR 2º —Cuatro actores que van de plaza en plaza, de teatro en teatro . . .

ACTOR 3º —¡Pero siempre adelante!

ACTRIZ —No se asombren de lo que aquí verán. Les traemos la ciudad . . .

ACTOR 2º —Sus hombres . . .

ACTOR 3º —Sus cantos . . .

ACTOR 1º —Sus problemas.

ACTRIZ —Somos solamente cuatro.

70 ACTOR 3º —Yo . . .

ACTOR 1º —Yo . . .

ACTOR 2º —Yo . . .

ACTORES 1º, 2º y 3º —Y ella.

ACTRIZ —Pero a veces yo seré una hermana, después una madre y en seguida una esposa . . .

ACTOR 1º —¡Y yo un viejo, o un joven, o un niño! . . .

ACTOR 2º —¡Y yo un tango, y después una sombra!

ACTOR 3º —Traemos para ustedes Tres Historias de la vida cotidiana.

ACTOR 3º —Si tras la sorpresa quedan ustedes pensando, eso es lo que pretendemos.

ACTOR 3º —Público de la Feria, muchas gracias . . . *(Sale Actor 3º)*

De *Historias para ser contadas*

Historia del hombre que se convirtió en perro

ACTOR 2º —Amigos, la tercera historia vamos a contarla así…

ACTOR 3º —Así como nos la contaron esta tarde a nosotros.

ACTRIZ —Es la "historia del hombre que se convirtió en perro".

ACTOR 3º —Empezó hace dos años, en el banco de una plaza. Allí, señor . . ., donde usted trataba hoy de adivinar el secreto de una hoja.

ACTRIZ —Allí, donde extendiendo los brazos apretamos al mundo por la cabeza y los pies, y le decimos: ¡suena, acordeón, suena!

ACTOR 2º — Allí le conocimos. *(Entra el Actor 1º.)* Era . . . *(Lo señala.)* . . . así como lo ven, nada más. Y estaba muy triste.

ACTRIZ —Fue nuestro amigo. Él buscaba trabajo, y nosotros éramos actores.

ACTOR 3º —Él debía mantener a su mujer, y nosotros éramos actores.

ACTOR 2º —Él soñaba con la vida, y despertaba gritando por la noche. Y nosotros éramos actores.

ACTRIZ —Fue nuestro amigo, claro. Así como lo ven . . . *(Lo señala.)* Nada más.

TODOS —¡Y estaba muy triste!

ACTOR 3º —Pasó el tiempo. El otoño . . .

ACTOR 2º —El verano . . .

ACTRIZ —El invierno . . .

ACTOR 1º —La primavera . . .

ACTOR 1º —¡Mentira! Nunca tuve primavera.

ACTOR 2º —El otoño . . .

ACTRIZ —El invierno . . .

ACTOR 1º —El verano. Y volvimos. Y fuimos a visitarlo, porque era nuestro amigo.

ACTOR 2º —Y preguntamos: ¿Está bien? Y su mujer nos dijo . . .

ACTRIZ —No sé . . .

ACTOR 3º —¿Está mal?

ACTRIZ —No sé.

ACTORES 2º y 3º —¿Dónde está?

ACTRIZ —En la perrera. *(Actor 1º en cuatro patas.)*

ACTORES 2° y 3° —¡Uhhh!
ACTOR 3° —*(Observándolo.)*

Soy el director de la perrera,
y esto me parece fenomenal.
Llegó ladrando como un perro
(requisito principal);
y si bien conserva el traje,
es un perro, a no dudar.

40 ACTOR 2° —*(Tartamudeando.)*

S-s soy el v-veter-r-inario,
y esto-to-to es c-claro p-para mí
Aun-que p-parezca un ho-hombre,
es un p-pe-perro el q-que está aquí.

ACTOR 1° —*(Al público.)* Y yo, ¿qué les puedo decir? No sé si soy hombre o perro. Y creo que ni siquiera ustedes podrán decírmelo al final. Porque todo empezó de la manera más corriente. Fui a una fábrica a buscar trabajo. Hacía tres meses que no conseguía nada, y fui a buscar trabajo.

ACTOR 1° —¿No leyó el letrero? "NO HAY VACANTES".
50 ACTOR 1° —Sí, lo leí. ¿No tiene nada para mí?
ACTOR 3° —Si dice "No hay vacantes", no hay.
ACTOR 1° —Claro. ¿No tiene nada para mí?
ACTOR 3° —¡Ni para usted, ni para el ministro!
ACTOR 1° —¡Ahá! ¿No tiene nada para mí?
ACTOR 3° —¡NO!
ACTOR 1° —Tornero[1] . . .
ACTOR 3° —¡NO!
ACTOR 1° —Mecánico . . .
ACTOR 3° —¡NO!
60 ACTOR 1° —S . . .
ACTOR 3° —N . . .
ACTOR 1° —R . . .
ACTOR 3° —N . . .
ACTOR 1° —F . . .
ACTOR 3° —N . . .
ACTOR 1° —¡Sereno![2] ¡Sereno! ¡Aunque sea de sereno!
ACTRIZ —*(Como si tocara un clarín.)* ¡Tutú, tu-tu-tú! ¡El patrón! *(Los actores 2° y 3° hablan por señas.)*

---

[1] **tornero:** obrero que labra objetos al torno.

[2] **sereno:** vigilante nocturno.

ACTOR 3° —*(Al público.)* El perro del sereno, señores, había muerto la noche anterior, luego de veinticinco años de lealtad.

ACTOR 2° —Era un perro muy viejo.

ACTRIZ —Amén.

ACTOR 2° —*(Al Actor 1°.)* ¿Sabe ladrar?

ACTOR 1° —Tornero.

ACTOR 2° —¿Sabe ladrar?

ACTOR 1° —Mecánico . . .

ACTOR 2° —¿Sabe ladrar?

ACTOR 1° —Albañil . . .

ACTORES 2° y 3° —¡NO HAY VACANTES!

ACTOR 1° —*(Pausa.)* ¡Guau . . . guau! . . .

ACTOR 2° —Muy bien, lo felicito . . .

ACTOR 3° —Le asignamos diez pesos diarios de sueldo, la casilla y la comida.

ACTOR 2° —Como ven, ganaba diez pesos más que el perro verdadero.

ACTRIZ —Cuando volvió a casa me contó del empleo conseguido. Estaba borracho.

ACTOR 1° —*(A su mujer.)* Pero me prometieron que apenas un obrero se jubilara,[3] muriera o fuera despedido me darían su puesto. ¡Divertite, María, divertite! ¡Guau . . . guau! . . . ¡Divertite, María, divertite!

ACTORES 2° y 3° —¡Guau . . . guau . . . ¡Divertite, María, divertite!

ACTRIZ —Estaba borracho, pobre . . .

ACTOR 1° —Y a la otra noche empecé a trabajar . . . *(Se agacha en cuatro patas.)*

ACTOR 2° —¿Tan chica le queda la casilla?

ACTOR 1° —No puedo agacharme tanto.

ACTOR 3° —¿Le aprieta aquí?

ACTOR 1° —Sí.

ACTOR 3° —Bueno, pero vea, no me diga "sí". Tiene que empezar a acostumbrarse. Dígame: ¡Guau . . . guau!

ACTOR 2° —¿Le aprieta aquí *(El actor 1° no responde.)* ¿Le aprieta aquí?

ACTOR 1° —¡Guau . . . guau! . . .

ACTOR 2° —Y bueno . . . *(Sale.)*

ACTOR 1° —Pero esa noche llovió, y tuve que meterme en la casilla.

ACTOR 2° —*(Al Actor 1°)* Ya no le aprieta . . .

ACTOR 3° —Y está en la casilla.

ACTOR 2° —*(Al Actor 1°)* ¿Vio cómo uno se acostumbra a todo?

ACTRIZ —Uno se acostumbra a todo . . .

ACTORES 2° y 3° —Amén . . .

---

[3]**se jubilará:** de jubilarse; eximir del servicio a un empleado por razones de ancianidad.

ACTRIZ —Y él empezó a acostumbrarse.

ACTOR 3º —Entonces, cuando vea que alguien entra, me grita: ¡Guau . . . guau! A ver . . .

ACTOR 1º —*(El Actor 2º pasa corriendo)* ¡Guau . . . guau! . . . *(El Actor 2º pasa sigilosamente.)* ¡Guau . . . guau! . . . *(El Actor 2º pasa agachado.)* ¡Guau . . . guau . . . guau! . . . *(Sale.)*

ACTOR 3º —*(Al Actor 2º)* Son diez pesos por día extras en nuestro presupuesto . . .

ACTOR 2º —¡Mmm!

ACTOR 3º — . . . pero la aplicación que pone el pobre, los mercce . . .

ACTOR 2º —¡Mmm!

ACTOR 3º —Además, no come más que el muerto . . .

ACTOR 2º —¡Mmm!

ACTOR 3º —¡Debemos ayudar a su familia!

ACTOR 2º —¡Mmm! ¡Mmm! ¡Mmm! *(Salen.)*

ACTRIZ —Sin embargo, yo lo veía muy triste, y trataba de consolarlo cuando él volvía a casa. *(Entra Actor 1º)* ¡Hoy vinieron visitas! . . .

ACTOR 1º —¿Sí?

ACTRIZ —Y de los bailes en el club, ¿te acordás?

ACTOR 1º —Sí.

ACTRIZ —¿Cuál era nuestro tango?

ACTOR 1º —No sé.

ACTRIZ —¿Cómo que no! "Percanta que me amuraste[4] . . ." *(El Actor 1º está en cuatro patas.)* Y un día me trajiste un clavel . . . *(Lo mira, y queda horrorizada.)* ¿Qué estás haciendo?

ACTOR 1º —¿Qué?

ACTRIZ —Estás en cuatro patas . . . *(Sale.)*

ACTOR 1º —¡Esto no lo aguanto más! ¡Voy a hablar con el patrón! *(Entran los Actores 2º y 3º)*

ACTOR 3º —Es que no hay otra cosa . . .

ACTOR 1º —Me dijeron que un viejo se murió.

ACTOR 3º —Sí, pero estamos de economía. Espere un tiempito más, ¿eh?

ACTRIZ —Y esperó. Volvió a los tres meses.

ACTOR 1º —*(Al Actor 2º)* Me dijeron que uno se jubiló . . .

ACTOR 2º —Sí, pero pensamos cerrar esa sección. Espere un tiempito más, ¿eh?

ACTRIZ —Y esperó. Volvió a los dos meses.

ACTOR 1º —*(Al Actor 3º)* Deme el empleo de uno de los que echaron por la huelga . . .

---

[4]**percanta que me amuraste:** parte de un tango argentino "Percanta que amuraste en lo mejor de mi vida . . ." Significa percanta que me aprisionaste. Una percanta en el lunfardo argentino es una mujer considerada desde el punto de vista amatorio.

ACTOR 3° —Imposible. Sus puestos quedarán vacantes . . .

ACTORES 2° y 3° —¡Como castigo! *(Salen.)*

150 ACTOR 1° —Entonces no pude aguantar más . . . ¡Y planté!

ACTRIZ —Fue nuestra noche más feliz en mucho tiempo. *(Lo toma del brazo.)* ¿Cómo se llama esta flor?

ACTOR 1° —Flor . . .

ACTRIZ —¿Y cómo se llama esa estrella?

ACTOR 1° —María.

ACTRIZ —*(Ríe.)* ¡María me llamo yo!

ACTOR 1o —¡Ella también . . . ella también! *(Le toma una mano y la besa.)*

ACTRIZ —*(Retira la mano.)* ¡No me muerdas!

ACTOR 1° —No te iba a morder . . . Te iba a besar, María . . .

160 ACTRIZ. —¡Ah!, yo creía que me ibas a morder . . . . *(Sale. Entran los Actores 2° y 3°)*

ACTOR 2° —Por supuesto . . .

ACTOR 3° — . . . a la mañana siguiente . . .

ACTORES 2° y 3° —Debió volver a buscar trabajo.

ACTOR 1° —Recorrí varias partes, hasta que en una . . .

ACTOR 3° —Vea, éste . . . no tenemos nada. Salvo que . . .

ACTOR 1° —¿Qué?

ACTOR 3° —Anoche murió el perro del sereno.

ACTOR 2° —Tenía treinta y cinco años, el pobre . . .

170 ACTORES 2° y 3° —¡El pobre! . . .

ACTOR 1° —Y tuve que volver a aceptar.

ACTOR 2° —Eso sí, le pagábamos quince pesos por día. *(Los Actores 2° y 3° dan vueltas.)* ¡Hmm! . . . ¡Hmmm! . . . ¡Hmmm! . . .

ACTORES 2° y 3° —¡Aceptado! ¡Que sean quince! *(Salen.)*

ACTRIZ —*(Entra.)* Claro que 450 pesos no nos alcanza para pagar el alquiler . . .

ACTOR 1° —Mirá, como yo tengo la casilla, mudáte vos a una pieza con cuatro o cinco muchachas más, ¿eh?

ACTRIZ —No hay otra solución. Y como no nos alcanza tampoco para 180 comer . . .

ACTOR 1° —Mirá, como yo me acostumbré al hueso, te voy a traer la carne a vos,[5] ¿eh?

ACTORES 2° y 3° —*(Entrando.)* ¡El directorio accedió!

ACTOR 1° y ACTRIZ —El directorio accedió . . . ¡Loado sea! *(Salen los Actores 2o y 3o)*

ACTOR 1° —Yo ya me había acostumbrado. La casilla me parecía más grande. Andar en cuatro patas no era muy diferente de andar en dos. Con María

---

[5]**vos:** reemplaza el tú en el lenguaje usado
en el Río de la Plata.

nos veíamos en la plaza . . . *(Va hacia ella.)* Porque vos no podés entrar en mi casi-lla; y como yo no puedo entrar en tu pieza . . . Hasta que una noche . . .

ACTRIZ —Paseábamos. Y de repente me sentí mal . . .

ACTOR 1º —¿Qué te pasa?

ACTRIZ —Tengo mareos.[6]

ACTOR 1º —¿Por qué?

ACTRIZ —*(Llorando.)* Me parece . . . que voy a tener, un hijo . . .

ACTOR 1º —¿Y por eso llorás?

ACTRIZ —¡Tengo miedo . . ., tengo miedo!

ACTOR 1º —Pero, ¿por qué?

ACTRIZ —¡Tengo miedo . . ., tengo miedo! ¿No quiero tener un hijo!

ACTOR 1º —¿Por qué, María? ¿Por qué?

ACTRIZ —Tengo miedo . . . que sea . . . *(Musita "perro". El Actor 1º la mira aterrado, y sale corriendo y ladrando. Cae al suelo. Ella se pone de pie.)* ¡Se fue . . ., se fue corriendo! A veces se paraba, y a veces corría en cuatro patas . . .

ACTOR 1º —¡No es cierto, no me paraba! ¡No podía pararme! ¡Me dolía la cintura si me paraba! ¡Guau! . . . Los coches se me venían encima . . . La gente me miraba . . . *(Entran los Actores 2º y 3º)* ¡Váyanse! ¿Nunca vieron un perro?

ACTOR 2º —¡Está loco! ¡Llamen a un médico! *(Sale.)*

ACTOR 3º —¡Está borracho! ¡Llamen a un policía! *(Sale.)*

ACTRIZ —Después me dijeron que un hombre se apiadó de él, y se le acercó cariñosamente.

ACTOR 2º —*(Entra.)* ¿Se siente mal, amigo? No puede quedarse en cua-tro patas. ¿Sabe cuántas cosas hermosas hay para ver, de pie, con los ojos hacia arriba? A ver, párese . . . Yo lo ayudo . . . Vamos, párese . . .

ACTOR 1º —*(Comienza a pararse, y de repente)*: ¡Guau . . . guau! . . . *(Lo muerde.)* ¡Guau . . . guau! . . . *(Sale.)*

ACTOR 3º —*(Entra.)* En fin, que cuando, después de dos años sin verlo, le preguntamos a su mujer "¿Cómo está?", nos contestó . . .

ACTRIZ —No sé.

ACTOR 2º —¿Está bien?

ACTRIZ —No sé.

ACTOR 3º —¿Está mal?

ACTRIZ —No sé.

ACTORES 2º y 3º —¿Dónde está?

ACTRIZ —En la perrera.

ACTOR 3º —Y cuando veníamos para acá, pasó al lado nuestro un boxea-dor . . .

ACTOR 2º —Y nos dijeron que no sabía leer, pero que eso no importa-ba porque era boxeador.

---

[6]**tener mareos:** náusea, o turbación del estómago y de la cabeza.

ACTOR 3° —Y pasó un conscripto . . .

ACTRIZ —Y pasó un policía . . .

ACTOR 2° —Y pasaron . . ., y pasaron . . ., y pasaron ustedes. Y pensamos que tal vez podría importales la historia de nuestro amigo . . .

ACTRIZ —Porque tal vez entre ustedes haya ahora una mujer que piense: "¿No tendré . . ., no tendré . . .?" *(Musita:"perro".)*

ACTOR 3° —O alguien a quien le hayan ofrecido el empleo del perro del sereno . . .

ACTRIZ —Si no es así, nos alegramos.

ACTOR 2° —Pero si es así, si entre ustedes hay alguno a quien quiera convertir en perro, como a nuestro amigo, entonces . . . Pero bueno, entonces esa . . . ¡esa es otra historia!

Telón

REFLEXIÓN Y ANÁLISIS

1) ¿Qué se está criticando en esta historia?
2) ¿Qué ocurre con las relaciones humanas en los momentos de crisis económica?
3) ¿A qué se debe la pérdida de la dignidad humana en esta historia?

BIBLIOGRAFÍA

Dauster, Frank. "Brecht y Dragún: teoría y práctica." *Ensayos sobre teatro hispanoamericano.* México: 1975. 189-97.

Garganigo, John F. *Osvaldo Dragún: su teatro.* Medellín: Ediciones Otras Palabras. 1993.

Schmidt, Donald L. "El teatro de Osvaldo Dragún." *Latin American Theatre Review* 2 (1969): 3–20.

John F. Garganigo

XI

NOVÍSIMA NARRATIVA: EL POST-BOOM Y LA POSMODERNIDAD

*L*a narrativa hispanoamericana más reciente (de 1975 en adelante), tras haber experimentado innovaciones vertiginosas en las décadas del sesenta y setenta que le merecieron el nombre de "nueva", ha sido designada, a su vez, con calificativos como "novísima", "posmoderna" o del "post-boom". Ninguno de los conceptos es preciso y hay quien dice que todos son malogrados, pero el término "post-boom" ha sido el más usado y el más criticado, tal vez, porque "tiene la desdicha de ser correlativo de otro movimiento, de hace un cuarto de siglo, que todavía se discute y cuyo nombre no fue ni muy acertado ni aceptado: el *boom*" (Giardinelli, 182). La mayoría de los escritores involucrados en el debate taxonómico optan por autodefinirse como "novísimos". Para ellos, la asociación con el "post-boom" significaría algo inaceptable: primero, la adopción de un término extranjero que tiene un matiz peyorativo debido a sus connotaciones comerciales y, segundo, un tácito reconocimiento del carácter meramente epigónico de su propia obra.

La línea divisoria entre la nueva y novísima narrativa suele ubicarse a mediados de los años setenta: la nueva narrativa es interpretada como producto de la década optimista de expectativas revolucionarias, mientras la novísima escritura queda estrechamente vinculada a la época de desilusión con los proyectos de democratización (ver los estudios de Marcos y Gutiérrez-Mouat). Novelas como *De amor y de sombra* (1984) de la chilena Isabel Allende (1942–   ), *Ardiente paciencia* (1985) de su compatriota Antonio Skármeta (1940–   ), *La última canción de Manuel Sendero* (1982) de otro chileno Ariel Dorfman (1942–   ) o *El color que el infierno nos escondiera* (1981) del uruguayo Carlos Martínez Moreno (1917–1986) y *Días y noches de amor y de guerra* (1978) de su compatriota Eduardo Galeano (1940–   ), pueden servir como una pequeña muestra de la enorme diversidad de formas que sirven para abordar la experiencia de dictaduras, violencia y exilio.

Buscando una síntesis de los últimos años, Gerald Martin nota también un cambio generacional que se hace evidente con la muerte de escritores asociados con la eclosión y el reconocimiento universal de las letras hispanoamericanas (Neruda, Asturias, Carpentier, Cortázar, Borges, Rulfo). Para Skármeta, los "novísimos" son los escritores nacidos alrededor de 1940. En la amplia nómina de autores que corresponden a este criterio generacional, los más reconocidos y leídos, junto a los ya mencionados, son: los cubanos Severo Sarduy (1937–   ) y Reinaldo Arenas (1943–1991), los argentinos Manuel Puig (1932–1991), Ricardo Piglia (1940–   ) y Luisa Valenzuela (1937–   ) y el colombiano Rafael Humberto Moreno Durán (1946–   ).

Quizás 1977 sería un año clave para tomarlo como punto de partida en nuestras consideraciones sobre la transformación de las formas narrativas, puesto que de aquí en adelante —al calor del éxito de los "novísimos"— entre los escritores más descollantes del boom puede observarse un progresivo abandono de formas estructuralmente complejas, herméticas, metaliterarias, a favor de novelas más accesibles al lector, organizadas alrededor de una trama "legible". Tras haber cultivado estructuras tan laberínticas como las de *Conversación en La Catedral, El obsceno pájaro de la noche, Terra nostra* y *El otoño del patriarca:* Mario Vargas Llosa, José

Donoso, Carlos Fuentes y Gabriel García Márquez derivan con sus "novísimas" novelas hacia un estilo más sencillo y una organización del relato sobre un argumento fácil de seguir. Sin embargo, hay que notar que es engañosa la sencillez de novelas como *La tía Julia y el escribidor* (1978) de Vargas Llosa, *La misteriosa desaparición de la marquesita de Loria* (1980) de Donoso, *La cabeza de hidra* (1978) de Fuentes o *Crónica de una muerte anunciada* (1981) de García Márquez. En todos estos casos la aparente reproducción de modelos de literatura y cultura populares (literatura detectivesca, radionovelas, *romance*) desemboca en una transgresión por medio de las más diversas formas de humor (parodia, ironía, carnavalización, inversión y distorsión grotesca).

La novísima narrativa hispanoamericana recurre a la parodia con una insistencia peculiar. Se trata de algo más que una típica rebeldía cuyo objetivo sería la denigración de formas ya gastadas. Si bien algunos escritores, como el colombiano Marco Tulio Aguilera Garramuño en *Breve historia de todas las cosas* (1976) o Isabel Allende en *La casa de los espíritus* (1982) de hecho dirigen sus críticas contra los modelos discursivos asociados con el boom —como el realismo mágico—, otros autores reescriben textos anacrónicos con el objetivo explícitamente juguetón, pero exento de sarcasmo (la trilogía *Femina Suite,* 1977–1983, de Moreno Durán). La obra entera de Sarduy —escrita a partir de su contacto con el grupo parisino "Tel Quel"— parece inscribirse en esta veta de humorismo paródico, subversivo, exuberante, cuyo blanco de ataque es la novela misma (*Cobra* 1972; *Maitreya* 1978; *Colibrí* 1983; *Cocuyo* 1990). En otros casos el humorismo va entreverado con una despiadada sátira social como en *Palinuro de México* (1977) del mexicano Fernando del Paso (1935–   ) o *El bazar de los idiotas* (1974) del colombiano Gustavo Alvarez Gardeazábal (1945–   ). Para Julio Ortega, el hecho de que los componentes de "violencia", "injusticia", o "pasiones extremas" cambiaran ostensiblemente a "comedia", "intriga" o "pasiones banales", significó en su momento una despolitización peligrosa de la novísima narrativa y la necesidad urgente de ensayar perspectivas completamente nuevas.

Cuando se intenta esbozar un panorama de un fenómeno tan cercano como la narrativa en cuestión, las dificultades que surgen son insalvables. Cualquier tentativa de sistematización es en este caso debatible y parcial debido a la inmediatez de los fenómenos descritos y a la enorme diversificación formal de la escritura hispanoamericana de las últimas dos décadas. No menos significativo es el desdibujamiento posmoderno de la noción de canon y de género literario. Los críticos abordan la novísima narrativa desde varios puntos de vista, pero todos ponen énfasis en la noción de evolución literaria concebida en términos de continuidad y ruptura. Dicho de otra manera: mientras la novísima narrativa rechaza, critica y parodia algunas premisas de la escritura precedente, al mismo tiempo profundiza en los temas heredados y consagra los recursos formales hasta ahora marginados. Resumiendo y simplificando al máximo las ideas de Giardinelli, González Echevarría, Marcos, Rama, Shaw y Skármeta, podría llegarse a un balance provisorio con respecto a las características de la narrativa hispanoamericana a partir de 1975, a saber:

1) *Recuperación del realismo* distingue a los novísimos de la promoción anterior, cuyo interés recaía más sobre el proceso mismo de la creación (metaliteratura) y sobre las dimensiones imaginarias, mágicas y fantásticas de la experiencia humana (opinión de Rama).

2) *Un tangible aumento de novelas de tema histórico* que emprenden la tarea de releer la historia por medio de una reflexión metahistórica, que incluye la parodia y la distorsión grotesca con el objetivo de *deconstruir* la historiografía oficial. En este renacimiento de novelas históricas participan escritores de diferentes generaciones, nacionalidades y orientaciones ideológicas. Podrían citarse como ejemplos representativos: en Argentina, *Los perros del paraíso* (1983) y *Daimón* (1978) de Abel Posse (1936–   ), *El entenado* (1983) de Juan José Saer (1937–   ), *La novela de Perón* (1985) de Tomás Eloy Martínez (1944–   ), *Respiración artificial* (1980) de Ricardo Piglia; en México, *Terra nostra* (1975) y *Gringo viejo* (1985) de Carlos Fuentes, *Noticias del imperio* (1987) de Fernando del Paso, *Los pasos de López* de Jorge Ibargüengoitia (1928–1983); *El mar de las lentejas* (1979) del cubano Antonio Benítez Rojo (1931–   ) y *El arpa y la sombra* (1979) de su compatriota Alejo Carpentier; *Memoria del fuego* (1982) del uruguayo Eduardo Galeano (1940–   ); *La guerra del fin del mundo* (1981) de Vargas Llosa y *El general en su laberinto* (1989) de García Márquez; *Lope de Aguirre, príncipe de la libertad* (1979) del venezolano Miguel Otero Silva.

3) *Auge del testimonio:* la novela testimonial —que sigue el modelo establecido por el cubano Miguel Barnet con su *Biografía de un cimarrón* (1966)— llega a convertirse en una de las formas más cultivadas y críticamente reconocidas. En palabras de John Beverley, "un testimonio es una narración —usualmente, pero no obligatoriamente del tamaño de una novela o novela corta— contada en primera persona por un narrador que es a la vez el protagonista (o el testigo) de su propio relato. Su unidad narrativa suele ser una 'vida' o una vivencia particularmente significativa (situación laboral, militancia política, encarcelamiento, etc.)" (173). Lo que distingue al testimonio de formas autobiográficas tradicionales es la presencia de un editor solidario con la causa del pueblo que sirve de intermediario entre el testigo y el público lector. Estos textos se destacan por su originalidad, valor humano y estético, los siguientes testimonios: *Si me permiten hablar* (1977) de la boliviana Domitila Barrios de Chungara (ed. Moema Viezzer), *Me llamo Rigoberta Menchú y así me nació la conciencia* (1983) de la guatemalteca Rigoberta Menchú (ed. Elizabeth Burgos) y las novelas testimoniales *Hasta no verte Jesús mío* (1969) de la mexicana Elena Poniatowska (1933–   ), *La montaña es algo más que una inmensa estepa verde* (1983) del nicaragüense Omar Cabezas Lacayo y *Un día en la vida* del salvadoreño Manlio Argueta (1935–   ).

4) *El exilio* interior y exterior, el motivo de distancia y desgarramiento conforma la escritura de numerosos autores, particularmente en la década del ochenta. Ejemplifican esta tendencia Luisa Valenzuela, Mempo Giardinelli y Daniel Moyano

(1928–   ) (*Libro de navíos y borrascas,* 1983) de la Argentina, Cristina Peri Rossi del Uruguay, la chilena Isabel Allende y el escritor cubano Reinaldo Arenas (1943–1991). El exilio aparece también en la obra de los escritores antes reconocidos, como en *Primavera con una esquina rota* (1983) y *Geografías* (1984) del uruguayo Mario Benedetti (1920–   ) o en *El jardín de al lado* (1981) del chileno Donoso.

5) *La creciente importancia de autores no capitalinos y la vuelta a temas rurales y a la exploración de la tierra y de la denuncia social.* Esta voluntad artística de recrear la realidad local, sin reducirla a la mera variante del regionalismo tradicional o a una modalidad del realismo exótico, aparece con particular insistencia en la obra de los mexicanos Eraclio Zepeda y Jesús Gardea y de los argentinos Mempo Giardinelli y Daniel Moyano.

6) *El enriquecimiento de los distintos registros del lenguaje coloquial* con las variantes regionales y la insistencia particular en el habla de los que —a causa de su clase social, raza, sexo o preferencia sexual— han sido marginados o considerados "periféricos" a la cultura dominante (burguesa, europeizante, patriarcal). *La guaracha del Macho Camacho* (1976) del puertorriqueño Luis Rafael Sánchez (1936–   ) ejemplifica esta tendencia.

7) *La osadía en la exploración de la sexualidad.* El decidido paso a formas de escritura erótica imaginativa está marcado por novelas como *El beso de la mujer araña* (1976) del argentino Manuel Puig, *Monte de Venus* (1973) de Reina Roffé (1951–   ), la obra de Cristina Peri Rossi (*Solitario de amor,* 1988) o la trilogía *Femina suite* (1977–1983) de Moreno Durán.

8) *Una presencia más establecida de la escritura femenina y el creciente reconocimiento crítico de la misma.* Además de las escritoras ya mencionadas, una nómina —lejos de ser completa— de las individualidades más descollantes de la novísima prosa incluye a: Elena Poniatowska, Isabel Allende, Rosario Ferré (1938–   ), Marta Traba (1930–1983), Diamela Eltit (1949–   ), Albalucía Ángel (1939–   ).

9) *En contraste con la prosa del boom, la novísima narrativa abandona tanto los grandes metadiscursos (el mito) como la obsesiva búsqueda de la identidad (latinoamericana, nacional).* De acuerdo con las tendencias de la posmodernidad, el énfasis recae en la fragmentación de la identidad y del canon estético. De ahí la insistencia sobre lo local, lo diferente, lo periférico, según observa Doris Sommer al estudiar lo que ella denomina el regionalismo cultural judío, cuyos representantes más destacados son el peruano Isaac Goldemberg (1945–   ) con su *La vida a plazos de don Jacobo Lerner* (1976) y el argentino Mario Szichman (1946–   ) con su saga de la familia de los Pechof.

En resumen: la copiosa producción novelística de los setenta y ochenta en Hispanoamérica demuestra una diversificación de estilos y tendencias ideológicas. A pesar de una vuelta hacia modelos narrativos más "legibles" —*user friendly,* diríamos, tal vez, en inglés— incluso novelas como *El amor en los tiempos del cólera* (1985) y *El general en su laberinto* (1989) de García Márquez o *Vigilia del almirante* (1992) de Augusto Roa Bastos, no pueden llamarse "tradicionales" en el sentido estricto de la palabra. No cabe duda de que la experimentación formal —llevada a sus proporciones vertiginosas en las décadas anteriores— ha dejado una huella indeleble sobre la manera en la que el narrador hispanoamericano enfrenta y moldea la complejísima materia llamada Latinoamérica.

BIBLIOGRAFÍA

Ainsa, Fernando. "La nueva novela histórica latinoamericana." *Plural* 240 (1991): 81–85.
Beverley, John, y Marc Zimmerman. "Testimonial Narrative." *Literature and Politics in the Central American Revolutions.* Austin: University of Texas Press, 1990. 173–211.
Giardinelli, Mempo. "Variaciones sobre la postmodernidad." *Puro cuento* 23 (1990): 182.
González Echevarría, Roberto. "Severo Sarduy, the Boom and the Post Boom." *Latin American Literary Review* 15.29 (1987): 57–71.
Gutiérrez-Mouat, Ricardo. *José Donoso: impostura e impostación. La modelización lúdica y carnavalesca en la producción literaria.* Gaithersburg, Md.: Hispamérica, 1983.
Jara, René, y Hernán Vidal. *Testimonio y literatura.* Minneapolis: Institute for the Study of Ideologies and Literature, 1986.
Marcos, Juan Manuel. *De García Márquez al post-boom.* Madrid: Orígenes, 1985.
Ortega, Julio. "La literatura latinoamericana en la década del ochenta." *Revista Iberoamericana* 110–11 (1980): 161–65.
Rama, Ángel. *La novela latinoamericana 1920–1980.* Bogotá: Instituto Colombiano de Cultura, 1982.
Shaw, Donald. "Towards a Description of the Post-Boom." *Bulletin of Hispanic Studies* 66 (1989): 87–94.
———. "On the New Novel in Spanish America." *New Novel Review* 1.1 (1993): 59–73.
Skármeta, Antonio. "Perspectiva de los novísmimos." *Hispamérica* 28 (1981): 49–65.
Sklodowska, Elzbieta. *La parodia en la nueva novela hispanoamericana.* Amsterdam/Philadelphia: John Benjamins, 1991.
Sommer, Doris, y Goerge Yúdice. Ed. Larry McCaffery. *Postmodern Fiction: A Bio-Bibliographical Guide.* Westport, Conn.: Greenwood Press, 1986. 189–214.
Swanson, Philip. *José Donoso: The Boom and Beyond.* Liverpool: Francis Cairns, 1988.
———. "Boom or Bust?: Latin America and the Not So New Novel." *New Novel Review* 1.1. (1993): 75–92.
Williams, Raymond L. *The Postmodern Novel in Latin America.* New York: St. Martin's Press, 1995.

Elzbieta Sklodowska

GUILLERMO CABRERA INFANTE (1929–   )

Uno de los escritores más importantes de la literatura cubana contemporánea. Como muchos intelectuales de su generación, Cabrera Infante fue profundamente marcado por la Revolución Cubana. Establecido en los años cincuenta como un oponente locuaz de la dictadura de Batista, reconocido como periodista, crítico de cine y uno de los fundadores de la Cinemateca de Cuba (1951). Al triunfar la Revolución, Cabrera Infante llegó a dirigir el suplemento literario más importante del momento, *Lunes de la Revolución;* fue nombrado presidente del Consejo Nacional de Cultura y director de un nuevo instituto de cine. En los primeros años después de la toma del poder por Fidel Castro —es decir, antes de la invasión de la Playa Girón en 1961— Cabrera Infante fue una de las figuras más prominentes del *establishment* cultural revolucionario.

En 1960 publicó una colección de relatos *Así en la paz como en la guerra.* Según explica Alfred J. MacAdam, el libro —inspirado por la obra temprana de Hemingway, *In Our Time* (1924)— consta de dos secciones: quince viñetas breves de rebeldía y opresión en la Cuba de Batista y catorce fábulas políticas. En 1965 apareció *Un oficio del siglo XX,* una colección de reseñas de cine que Cabrera Infante había publicado bajo el seudónimo de Caín en las revistas *Carteles y Revolución* entre los años 1954 y 1962.

No obstante su inicial entusiasmo por los cambios políticos, su relación con el nuevo régimen pronto llegó a ser conflictiva. Después de la clausura de *Lunes de la Revolución* Cabrera Infante fue "desterrado" a Bélgica como agregado cultural (1962), pero en 1965 renunció definitivamente a la diplomacia y quedó exilado en Europa, radicándose en Londres. En 1968 en el periódico argentino *Primera Plana* Cabrera Infante denunció abiertamente al régimen de Castro y en una extensa entrevista concedida a Rita Guibert en octubre de 1970 intensificó sus críticas. Indagado sobre su posición política la definió del modo siguiente: "Uno, soy anti-utopista. Creo que Arcadia, el paraíso, o lo que quieran llamar a ese horizonte, yace a nuestras espaldas, siempre en el remoto pasado y nunca en el futuro. Dos, creo que todas las ideologías son reaccionarias; el poder corrompe tanto las ideas como a los hombres: el comunismo es simplemente el fascismo del pobre" (entrevista con Rita Guibert).

En 1967 —tras numerosas alteraciones, reescrituras e intervenciones de la censura— apareció su novela más importante hasta la fecha, *Tres tristes tigres,* considerada por muchos como uno de los libros más cómicos de lengua española. En palabras de Isabel Alvarez-Borland, es un texto por excelencia experimentador, que bajo una estructura externa aparentemente caótica contiene otra, interna, "de extraordinaria coherencia" (18) tejida con los diversos registros del lenguaje hablado de La Habana de los años cincuenta. De hecho, el lenguaje es el verdadero protagonista de *Tres tristes tigres:* "Mediante todo tipo de gimnasia verbal (anagramas, transposiciones, la incorporación de vulgarismos y anglicismos, etc.)", continúa Alvarez-Borland, "Cabrera Infante explora las diferentes realidades cubanas de los tormentosos años anteriores a la Revolución" (18).

Tres tristes tigres parece haber tenido más impacto sobre el desarrollo de la narrativa latinoamericana que sobre la vida de su autor. En medio de la estrechez económica de su exilio británico, Cabrera Infante se estaba ganando la vida escribiendo artículos periodísticos y guiones cinematográficos (*Vanishing Point,* 1970). Fue hasta mediados de los setenta —tras unos años de depresión y problemas de salud— que Cabrera Infante recuperó su prolijidad como escritor. En 1974 aparecieron las viñetas de *Vista del amanecer en el trópico,* las cuales han sido definidas por Arturo A. Fox como "una 'historia' supersintetizada de la isla de Cuba contada en un centenar de brevísimas viñetas cuya extensión no pasa a veces de las tres o cuatro líneas. El autor, además, ha prescindido de fechas, de referencias geográficas, incluso ha silenciado los nombres de casi todos los personajes históricos que aparecen en la obra" (147). La selección de viñetas que sigue ofrece una buena muestra de esto y de sus preocupaciones ideológicas: su ironía mordaz, su inclinación a desafiar las jerarquías y los modelos de escritura historiográfica, su preferencia por la memoria popular colectiva. Su estilo —de pinceladas rápidas, pero certeras— logra capturar la interminable sucesión de violencia, represión y corrupción que ha marcado la historia de Cuba desde su fundación.

En 1975 Cabrera publicó *Exorcismos de esti(l)o* —un *collage* de ensayos, versos y chistes verbales—, seguido en 1978 por *Arcadia todas las noches,* colección de ensayos en la que va indagando sobre las relaciones entre el cine y la literatura. La aparición en 1979 de una novela pseudo-autobiográfica *La Habana para un infante difunto* marca un hito importante en la trayectoria cabreriana y vuelve a enhebrar algunos de sus temas favoritos: su interés en el ambiente urbano, particularmente habanero, la presencia de Cuba como trasfondo, la fascinación por los juegos lingüísticos, la recreación de la adolescencia con sus ritos de pasaje, la irreverencia con respecto al tabú sexual, la distorsión paródica de modelos discursivos consagrados (autobiografía, viaje del héroe mítico, *Bildungsroman*).

Su libro más reciente, *Holy Smoke* (1985), escrito en inglés, parece reafirmar estas obsesiones temáticas y formales: la historia humorística del descubrimiento y de la popularización del tabaco, desde Colón hasta Castro. Este aspecto es un pretexto para una profunda meditación sobre el lenguaje y, en particular, sobre la dolorosa ruptura lingüística que marca la experiencia de Cabrera Infante como escritor desterrado de su propia cultura. Es un libro que desafía la noción de género al yuxtaponer en un vertiginoso juego paródico recortes periodísticos, reminiscencias personales, poesía, cartas, entrevistas, textos historiográficos etcétera. Los numerosos proyectos anunciados y/o reelaborados en los años recientes por Cabrera Infante —desde *Itaca vuelta a visitar,* que se está perfilando como una versión cabreriana de novela de espionaje, hasta *Mea Cuba,* una recopilación de ensayos políticos y *The Lost City,* un guión cinematográfico— ofrecen una admirable muestra de la inagotable energía creadora del escritor cubano.

De *Vista del amanecer en el trópico*

En el grabado se ve la ejecución, más bién el suplicio,[1] de un jefe indio. Está atado a un poste a la derecha. Las llamas comienzan ya a cubrir la paja al pie del poste. A su lado, un padre franciscano, con su sombrero de teja[2] echado sobre la espalda, se le acerca. Tiene un libro —un misal o una biblia— en una mano y en la otra lleva un crucifijo. El cura se acerca al indio con algún miedo, ya que un indio amarrado siempre da más miedo que un indio suelto: quizá porque pueda soltarse. Está todavía tratando de convertirlo a la fe cristiana. A la izquierda del grabado hay un grupo de conquistadores, de armadura de hierro, con arcabuces[3] en las manos y espadas en ristre,[4] mirando la ejecución. Al centro del grabado se ve un hombre minuciosamente ocupado en acercar la candela al indio. El humo de la hoguera ocupa toda la parte superior derecha del grabado y ya no se ve nada. Pero a la izquierda, al fondo, se ven varios conquistadores a caballo persiguiendo a una indiada semidesnuda —que huye veloz hacia los bordes del grabado.

La leyenda dice que el cura se acercó más al indio y le propuso ir al cielo. El jefe indio entendía poco español pero comprendió lo suficiente y sabía lo bastante como para preguntar: "Y los españoles, ¿también ir al cielo?" "Sí, hijo", dijo el buen padre por entre el humo acre y el calor, "los buenos españoles también van al cielo", con tono paternal y bondadoso. Entonces el indio elevó su altiva cabeza de cacique, el largo pelo negro grasiento atado detrás de la orejas, su perfil aguileño todavía visible en las etiquetas de las botellas de cerveza que llevan su nombre, y dijo con calma, hablando por entre las llamas: "mejor yo no ir al cielo, mejor yo ir al infierno".

Al llegar a una aldea grande, los conquistadores encontraron reunidos en la plaza central a unos dos mil indios, que los esperaban con regalos, mucho pescado y casabe,[5] sentados todos en cuclillas y algunos fumando. Empezaron los indios a repartir la comida cuando un soldado sacó su espada y se lanzó sobre uno de ellos cercenándole[6] la cabeza de un solo tajo. Otros soldados imitaron la acción del primero y sin ninguna provocación empezaron a tirar sablazos a diestra y siniestra. La carnicería se hizo mayor cuando varios soldados entraron en un batey,[7] que era una casa muy grande en la que había reunidos más de quinientos

---

[1] **el suplicio:** pena corporal, sufrimiento.
[2] **el sombrero de teja:** sombrero de los eclesiásticos.
[3] **el arcabuz:** arma de fuego, antecesora del fusil.
[4] **el ristre:** hierro de la armadura donde se afianza la lanza.

[5] **el casabe:** torta circular delgada hecha de yuca rallada y cocida.
[6] **cercenar:** cortar.
[7] **el batey:** lugar llano y limpio, a modo de plaza que en los pueblos indios de las Antillas se destinaba al juego de pelota y otras ceremonias.

indios, "de los cuales muy pocos tuvieron oportunidad de huir". Cuenta el padre Las Casas: "Iba el arroyo de sangre como si hubieran muerto muchas vacas". Cuando se ordenó una investigación sobre el sangriento incidente, se supo que al ser recibidos los conquistadores con tal amistosidad "pensaron que tanta cortesía era por les matar de seguro".

Lo único que queda de él es la fotografía y el recuerdo.

En la foto está sentado en el suelo y mira al fotógrafo como mirará a la muerte, sereno. Está herido porque se ve la sangre que baja por la pierna derecha y un manchón oscuro sobre el muslo, la herida —y no es una cornada. De manera que nadie corre a llevar el diestro a la enfermería. Esto no es una corrida y el piso de azulejos moros no es de la capilla de una plaza de toros de provincia. Es un cuartel, en tiempo de carnaval, domingo. El herido no se vistió de luces porque no es un torero ni quiso posar de matador. Trató de poner fin a una tiranía y se disfrazó de soldado en la madrugada y vino a atacar el cuartel con noventa muchachos más. Ahora el ataque fracasó y él está ahí tirado en el suelo del cuerpo de guardia esperando a que lo interroguen. No tiene miedo ni siente dolor, pero no se jacta ni siquiera piensa en el dolor o el miedo: hace el fin con la misma sencillez que hizo el comienzo, y espera.

El recuerdo sabe que segundos después lo levantaron a empujones, luego de tumbarle el cigarrillo de la boca de una bofetada y de insultarlo. El cigarrillo se lo dio el fotógrafo, el mismo que creyó ingenuamente salvarlo con la fotografía. Le preguntaron a gritos y él respondió tranquilo que no sabía nada y nada podía decir: Ustedes son la autoridá, no yo. Cuentan que una sola vez trató de alcanzar la herida con la mano, pero no pudo y aunque no hizo un gesto se veía que dolía como carajo. Más tarde lo sacaron a golpes de culata y cuando bajaba cojeando los tres escalones hasta el patio le pegaron un tiro en la nuca. Tenía las manos atadas. Como las tiene en la foto todavía.

Los obligaron a formar en el patio de la prisión. Fueron cinco o seis, presos políticos todos. Era el 24 de diciembre y un interrogatorio de noche, con frío, al aire libre no es la Nochebuena de nadie. Todo estaba negro alrededor de la cárcel y se oía soplar el viento, en ráfagas, por sobre el tejado. Dos reflectores los iluminaban. Soldados y no los guardas habituales eran la custodia. El interrogador, vestido de coronel, preguntaba algo, primero en voz baja y luego los insultaba vociferando por minutos, agotando su vocabulario de malas palabras, repitiéndolas, y empezando de nuevo volvía a decir las cosas bajito, como conversando.

Después, un teniente que se mantuvo siempre en la oscuridad les puso uno a uno su pistola detrás de la oreja. El coronel gritaba cada vez: ¡Van hablar coño, van hablar!, y entre el fin de su grito y el disparo se oía el silencio o el viento.

Estaban presos hace días y ninguno pudo responder la preguntas sobre un atentado ocurrido esa mañana. ¿Pensó el último rehén[8] antes de morir que soñaba?

Hay muchos cuentos de escapados. Muchos son terribles, otros son forzosa-
mente jocosos como aquel del chino que se escapó en una batea[9] y que es recibido con vítores en el exilio, pero el chino es renuente[10] a ser considerado un
héroe, repitiendo una y otra vez: Pela, que e'lotlo, hasta que finalmente ven
entrar en la Bahía a otro chino sentado en un tibor.[11] Pero la realidad no es broma.

La realidad es que han muerto entre siete mil y diez mil personas tratando de
escapar. Unos han sido acribillados por las baterías de tierra o por los cazatorpede-
ros que patrullan las costas, otros han naufragado y se han ahogado, muchos más han
sido comidos por los tiburones y muchos más han sido arrastrados por la corriente
del golfo hasta naufragar en pleno océano o han sido aniquilados por la inclemencia
de la naturaleza, que no reconoce partidos políticos ni buenos ni malos.

Era el prisionero de estado número 2717 y estaba recluido en un calabozo del
pabellón de máxima seguridad del Castillo del Príncipe. Había sido un líder estudiantil que había luchado en la clandestinidad contra el régimen anterior y ahora
había sido detenido, como antes, por conspirar contra los poderes del estado. Fue
juzgado y condenado a diez años de prisión en 1960, pero todavía en 1972 estaba preso. Al principio lo recluyeron en la cárcel circular de Isla de Pinos, pero al
tratar de fugarse de allí le dieron un balazo que lo dejó semiparalítico. Ahora pesaba solamente 85 libras y parecía un cadáver viviente. Hasta el final discutió con
sus captores y una o dos veces se había declarado en huelga de hambre. Cuando
murió fue enterrado en secreto y no le avisaron a sus familiares y se negaron a
darle el cadáver a su madre, cuando lo supo días después.

---

[8]**el rehén:** persona que queda en poder del
enemigo como garantía.
[9]**la batea:** recipiente de madera, de forma
más o menos circular.

[10]**renuente:** reacio, que se muestra opuesto
a hacer algo.
[11]**el tibor:** vaso grande de barro, de China
o del Japón.

REFLEXIÓN Y ANÁLISIS

1) En la primera viñeta reelabora Cabrera Infante un muy conocido grabado y anécdota sobre la ejecución del cacique indígena Hatuey por los conquistadores españoles. ¿Le parece que la forma escogida por el autor —el laconismo, el sarcasmo— cumple su propósito denunciador y va más allá del cliché?

2) Las viñetas están depuradas de referencias históricas explícitas, por lo cual requieren una complicidad del lector, un (re)conocimiento del contexto. ¿Consideraría usted válida, sin embargo, una lectura de estos relatos que no fuera realista-histórica, sino alegórica?

3) En la opinón de Alvarez-Borland, las viñetas cabrerianas "dejan de ser facetas de la violencia para convertirse en caras de la historia" (34). Comentar.

4) ¿Qué efecto estético y conceptual tiene el hecho de basar las viñetas sobre grabados o fotografías —o sea, otras representaciones de la realidad?

BIBLIOGRAFÍA

Alvarez-Borland, Isabel. *Discontinuidad y ruptura en Guillermo Cabrera Infante.* Hispamérica, 1982.

Fox, Arturo. "Lectura de *Vista del amanecer en el trópico.*" *Hispanic Journal* 8.1 (1986): 147–56.

Guibert, Rita. *Seven Voices: Seven Latin American Writers Talk to Rita Guibert.* Trad. Frances Partridge. Introd. Emir Rodríguez Monegal. New York: Knopf, 1973.

Martínez, Julio A. *Dictionary of Twentieth-Century Cuban Literature.* New York/Westport, Conn: Greenwood Press, 1990.

Nelson, Ardis L. *Cabrera Infante in the Menippean Tradition.* Newark, N.J.: Cuesta, 1983.

———. "Guillermo Cabrera Infante." *Dictionary of Literary Biography: Modern Latin-American Writers.* Ed. William Luis. Vol. 113. Detroit/London: Gale Research Inc., 1992. 82–95.

Ortega, Julio, et al. *Guillermo Cabrera Infante.* Madrid: Orígenes, 1974.

Siemens, William L. "Selected Bibliography (1960–1987)." *World Literature Today,* número especial dedicado a Cabrera Infante, 61 (otoño 1987): 535–38.

Souza, Raymond D. *Major Cuban Novelists: Innovation and Tradition.* Columbia: University of Missouri Press, 1976.

Tittler, Jonathan. *Narrative Irony in the Contemporary Spanish-American Novel.* Ithaca, N.Y.: Cornell University Press, 1984.

Elzbieta Sklodowska

ELENA PONIATOWSKA (1933—   )

Elena Poniatowska nació en París en 1933, siendo su madre mexicana y su padre francés de origen polaco. Radica en la ciudad de México desde 1942, ciudad donde ha desarrollado íntegramente su vida profesional como destacada periodista y escritora. Poniatowska publicó su primer volumen de cuentos, *Lilus Kikus,* en 1954, libro en el que emerge la infancia como resorte narrativo. A partir de la publicación de estas narraciones, Poniatowska empezó a escribir notas y entrevistas en el diario *Novedades.* Algunos de estos textos fueron posteriormente recogidos en su primer libro de entrevistas periodísticas, *Palabras cruzadas* (1961). A esta obra, que se inserta plenamente en el género del periodismo, Elena Poniatowska ha agregado un buen número de publicaciones en las que brilla su pasión por las entrevistas, por las crónicas y los reportajes. Por ejemplo: *Todo empezó en Domingo* (1963), libro que, ilustrado por Alberto Beltrán, atestigua los pasatiempos y costumbres de los citadinos mexicanos en los días domingo; *La Noche de Tlatelolco* (1971), recoge los testimonios de quienes presenciaron la sangrienta revuelta estudiantil que sacudió la base del gobierno mexicano en el año 1968. Este documento-reportaje significó una ruptura respecto a la habitual respuesta represiva del gobierno mexicano frente a la denuncia de irregularidades oficiales. *La Noche de Tlatelolco* no sólo se convirtió en el gran éxito de librerías, vendiéndose miles de ejemplares, sino que Elena Poniatowska fue nominada para recibir el Premio Xavier Villaurrutia, distinción que la autora se negó a aceptar arguyendo que nadie iba a premiar a los estudiantes muertos.

Consciente de su labor de fuerte impacto político y social, Elena Poniatowska continuó publicando libros periodísticos de gran resonancia para el país: *Fuerte es el silencio,* (1980), que incluye crónicas de sucesos tales como huelgas de hambre, denuncias de desaparecidos políticos y un reportaje acerca de una colonia paupérrima; *La casa en la tierra* (1980), bella edición del Instituto Nacional Indigenista sobre las viviendas de los campesinos mexicanos (la espléndida fotografía del libro pertenece a Mariana Yamplosky); *Domingo 7* (1982), entrevistas a políticos que se postulaban como los posibles sucesores a la Presidencia de México; *El último guajolote* (1982), intenta reproducir el ambiente del México porfirista, el México anterior a la Revolución; *¡Ay vida, no me mereces!* (1985), recoge semblanzas de los escritores mexicanos Carlos Fuentes, Rosario Castellanos, Juan Rulfo y Gustavo Sainz, entre otros; *Nada, nadie* (1988), libro que narra los sobrecogedores sucesos de quienes sobrevivieron al trágico terremoto que asoló la ciudad de México en el año 1985; *Mujeres de Juchitán* (1988), agudo reportaje que muestra la situación de las mujeres en este pueblo situado en el estado de Oaxaca; y *Todo México* (1990), que contiene, en su mayoría, reportajes sobre personalidades del mundo artístico (como excepción sobresale el texto sobre el escritor Gabriel García Márquez).

A la larga lista de volúmenes periodísticos, Elena Poniatowska ha sumado libros que oscilan entre el periodismo y la creación literaria: *Hasta no verte, Jesús Mío* (1969), en el que la infatigable periodista entrevista a una soldadera, es decir, una participante armada de la Revolución Mexicana de 1910. Poniatowska retoma el relato de esta singular y aguerrida mujer, Jesusa Palancares, a la cual grabó en innumerables ocasiones. Emerge así, bajo la guía narrativa de la periodista, un vigoroso —siempre coloquial— texto narrado en primera persona; texto que algunos estudiosos de la literatura mexicana, como es el caso de Martha Robles, han denominado "recreación testimonial". Dice Jesusa Palancares: "Estaba yo muy chica. No comprendía. Cuando uno es chica se le figura que la luna es de queso, que todo el monte es de orégano. Es uno muy tonta. Como padecía tanto con Pedro dije yo: 'Mejor me quedo sola'. Dicen que el buey solo bien se lame, y ¿por qué la vaca no? ¿Cómo podía adivinar si me iba a ir bien o mal casada con un extranjero? Para ser malo el hombre lo mismo es extranjero que mexicano. Todos pegan igual".

Dentro de este género, en el cual Elena Poniatowska hace converger las definiciones de lo que es novela y lo que es investigación, destaca también el volumen *Querido Diego, te abraza Quiela* (1978), en el que la audaz periodista imagina el apasionado epistolario que supuestamente Angelina Beloff cruzara con su amante, el pintor mexicano Diego Rivera. Los datos necesarios para la inventiva de estas conmovedoras misivas tuvieron, como punto de partida, la extraordinaria biografía de Diego Rivera titulada *La Fabulosa Vida de Diego Rivera* (1963) del investigador Bertram Wolfe. El libro más reciente de Poniatowska, dentro de esta perspectiva que le es tan propia y que emerge de la fusión de lo francamente documental y lo decidadamente literario, es la biografía novelada de la fotógrafa italiana —radicada en México— Tina Modotti, *Tiníssima* (1992). Este libro, de más de seiscientas páginas, constituye un trabajo monumental de investigación sociológica sobre un período altamente politizado en México: el período correspondiente a las primeras décadas del siglo XX, años en los que el socialismo luchaba por establecerse en el país.

Como libros eminentemente de creación literaria se encuentran los volúmenes *De noche vienes,* (1980) y *La Flor de Lis* (1988). El primero es un libro de cuentos y el segundo es una novela, considerada autobiográfica, que narra los sucesos que enfrenta una adolescente en un colegio de monjas. Esta novela se caracteriza por la búsqueda de un lenguaje altamente literario, búsqueda que se comprende debido a que las críticas más severas que ha recibido Elena Poniatowska por parte de sus detractores residen precisamente en el estilo que caracteriza sus relatos: un estilo eminentemente cotidiano, sin afectación alguna. Elena Poniatowska recoge en casi todos sus libros el habla coloquial de los mexicanos y con este mismo desenfado, intrínsecamente antisolemne de la expresión cotidiana, cuenta sus historias. En este sentido *La Flor de Lis* es una excepción gracias a su esmerado lenguaje. Respecto a su estilo, generalmente cotidiano, ha afirmado Martha Robles: "Desde *Lilus Kikus* hasta crónicas recientes, el estilo de Elena Poniatowska es uno mismo, aunque depurado: informalidad, evasión de términos cultos, y clara tendencia a ser la voz de los marginados". Robles señala, con acierto, una de las características de Poniatowska más recuperadas por la ensayística suscitada en torno a la obra de la periodista mexicana: la voz de la marginalidad, la voz testimonial que claramente ilustra la situación de los desposeídos que habitan la gran urbe mexicana. Sin embargo, hace falta,destacar un aspecto de gran importancia no subrayado por la citada ensayista respecto a la obra de Elena Poniatowska: la maestría, el dominio con el que esta autora logra trasladar a sus textos el habla representativa de los diversos sectores de la sociedad mexicana, principalmente el habla de los desposeídos, seres que no tienen representación alguna en el discurso dominante.

El libro de cuentos *De noche vienes* incluye un buen número de narraciones cuya problemática se centra en torno a uno de los grupos sociales más marginados de la sociedad mexicana: las sirvientas. Elena Poniatowska traslada a su libro la fascinación que el sector social de las empleadas domésticas ejerce sobre ella; las estudia, trascribe sus entonaciones y las particularidades de su habla y efectúa, en el traslado, un juicio siempre repetido: la ingenuidad y un cierto primitivismo, a veces encantador ("Las lavanderas"), a veces resentido ("Love Story"), caracteriza a estos personajes extraídos de la feroz, insoslayable lucha social que México lleva en sí como nación, como país resultante de los casi trescientos años de vida colonial. Ejemplo también del choque de clases es, en cierta forma, la relación que se establece entre hombres y mujeres en la sociedad contemporánea, enfrentamiento que Poniatowska retoma en sus escritos con un humor agridulce. A este choque en el que se enfrentan hombres y mujeres pertenece el cuento "La ruptura", en el cual se establece una interesante lucha de contrarios. Al respecto la propia escritora ha afirmado en una entrevista que concedió a los estudiantes de la Universidad Metropolitana en México: "Yo conozco pocas parejas que funcionan y creo que cuando funcionan es casi siempre en detrimento de uno de los miembros de la pareja; es decir, si la pareja funciona es porque uno capitula, uno de los dos capitula . . .". La capitulación narrada en el mencionado cuento, que forma parte del volumen *De noche vienes,* ilustra el radical punto de vista de una de las escritoras mexicanas más reconocidas en el ámbito periodístico y literario de la actualidad.

De *De noche vienes*, 1979

La ruptura

Ella sintió que las palabras aleteaban[1] en el cuarto antes de que él las dijera. Con una mano se alisó el cabello, con la otra pretendió aquietar[2] los latidos de su corazón. De todos modos, había que preparar la cena, hacer cuentas. Pero las palabras iban de un lado a otro revoloteando en el aire (sin posarse) como mariposas negras, rozándole los oídos. Sacó el cuaderno de cocina y un lápiz; la punta era tan afilada que al escribir rompió la hoja, eso le dolió. Las paredes del cuarto se estrechaban en torno a ella y hasta el ojo gris de la ventana parecía observarla con su mirada irónica. Y el saco de Juan, colgado de la percha, tenía el aspecto de un fantasma amenazante. ¿Dónde habría otro lápiz? En su bolsa estaba uno, suave y cálido. Apuntó: gas $18.00; leche $2.50; pan $1.25; calabacitas $0.80. El lápiz se derretía tierno sobre los renglones escolares, casi como un bálsamo. ¿Qué darle de cenar? Si por lo menos hubiera pollo; ¡le gustaba tanto! Pero no, abriría una lata de jamón endiablado. Por amor de Dios, que el cuarto no fuera a oler a gas.

Juan seguía fumando boca arriba sobre la cama. El humo de su cigarro subía, perdiéndose entre sus cabellos negros y azules.

—¿Sabes, Manuela?

Manuela sabía. Sabía que aún era tiempo.

—Lo sé, lo sé. Te divertiste mucho en las vacaciones. Pero ¿qué son las vacaciones, Juan? No son más que un largo domingo y los domingos envilecen al hombre. Sí, sí, no me interrumpas. El hombre a secas, sin la dignidad que le confieren sus dos manos y sus obligaciones cotidianas . . . ¿No te has fijado en lo torpe que se ven los hombres en la playa, con sus camisas estampadas, sus bocas abiertas, sus quemaduras de sol y el lento pero seguro empuje de su barriga?[3] (¡Dios mío! ¿qué es lo que digo? ¡Estoy equivocándome de camino!)

—¡Ay, Manuela! —musitó Juan—, ¡ay mi institutriz inglesa! ¿Habrá playas en el cielo, Manuela? ¿Grandes campos de trigo que se mezclan entre las nubes?

Juan se estiró, bostezó de nuevo, encogió las piernas, se arrellanó y volvió la cara hacia la pared. Manuela cerró el cuaderno y también volvió la cara hacia la pared donde estaba la repisa cubierta de objetos que se había comprado con muchos trabajos. Como tantas mujeres solteras y nerviosas, Manuela había poblado su deseo de *objetos maravillosos* absolutamente indispensables a su estabilidad. Primero una costosa reproducción de Fra Diamante, de opalina azul con estrellitas de oro. "¡El Fra Diamante, cielito santo, si no lo tengo me muero!" El precio era mucho más alto de lo que ella creía. Significó horas extras en la oficina, original y tres copias, dos nuevas monografías, prólogos para libros estudiantiles y privarse del teatro, de la mantequilla, de la copita de coñac con la cual conciliaba el

---

[1]**aleteaban:** movían sus alas.
[2]**aquietar:** calmar.

[3]**barriga:** voz coloquial, vientre.

sueño. Pero finalmente lo adquirió. Después de quince días jubilosos en que el Fra Diamante iluminó todo el cuarto, Manuela sintió que su deseo no se había colmado. Siguieron la caja de música con las primeras notas de la *Pastoral* de Beethoven, el supuesto paisaje de Velasco pintado en una postal con todo y sus estampillas, el reloj antiguo en forma de medallón que debió pertenecer a una joven acameliada y tuberculosa, el samovar de San Petersburgo como el de *La dama del perrito* de Chejov. Manuela paseaba su virginidad por todos estos objetos como una hoja seca.

Hasta que un día vino Juan con las manos suaves como hojas tersas llenas de savia.

Primero no vio en él más que un estudiante de esos que oyen eternamente el mismo disco de jazz, con un cigarro en la boca y un mechón sobre los ojos, ¿cómo se puede querer tanto un mechón de pelo? De esos que turban a las maestras porque son pantanosos y puros como el unicornio, tan falso en su protección de la doncella.

—Maestra, podría usted explicarme después de la clase . . .

El tigre se acercó insinuante y malévolo. Manuela caló a fondo sus anteojos. Sí, era de esos que acaban por dar rasguños tan profundos que tardan años en desaparecer. Se deslizaba a su alrededor. A cada rato estaba en peligro de caerse, porque cruzaba delante de ella, sin mirarla pero rugiendo cosas incomprensibles como las que se oyen en el cielo cuando va a llover.

Y un día le lamió la mano. Desde aquel momento, casi inconscientemente, Manuela decidió que Juan sería el próximo objeto maravilloso que llevaría a su casa. Le pondría un collar y una cadena. Lo conduciría hasta su departamento y su cuerpo suave rozaría sus piernas al caminar. Allá lo colocaría en la repisa al lado de sus otros antojos. Quizá Juan los haría añicos pero ¡qué importaba! la colección de *objetos maravillosos* llegaría a su fin con el tigre finalmente disecado.

Antes de tomar una decisión irrevocable, Manuela se fue a confesar:

—Fíjese, padre, que sigo con esa manía de comprar todo objeto al que me aficiono y esta vez quisiera llevarme un tigrito . . .

—¿Un tigre? Bueno, está bien, también los tigres son criaturas de Dios. Cuídalo mucho y lo devuelves al zoológico cuando esté demasiado grande. Acuérdate de San Francisco.

—Sí, padre, pero es que este tigre tiene cara de hombre y ojos de tigre y retozar de tigre y todo lo demás de hombre.

—¡Ah, ése ha de ser una especie de *Felinantropus* peligrosamente *erectus!* ¡Hija de mi alma! En esta Facultad de Filosofía y Letras les enseñan a los alumnos cosas extrañas . . . El advenimiento del nominalismo o sea la confusión del nombre con el hombre ha llevado a muchas jóvenes a desvariar y a trastocar los valores. Ya no pienses en tonterías y como penitencia rezarás un rosario y trescientas tres jaculatorias.[4]

---

[4]**jaculatorias:** oraciones breves.

—¡Ave María Purísima!

—¡Sin pecado concebida!

80 Manuela rezó el rosario y las jaculatorias: "¡Tigre rayado, ruega por mí! ¡Ojos de azúcar quemada, rueguen por mí! ¡Ojos de obsidiana, rueguen por mí! ¡Colmillos de marfil, muérdanme el alma! ¡Fauces, desgárrenme por piedad! ¡Paladar rosado, trágame hasta la sepultura! ¡Que los fuegos del infierno me quemen! ¡Tigre devorador de ovejas, llévame a la jungla! ¡Truéname los huesitos! ¡Amén!"

Terminadas las jaculatorias, Manuela volvió a la Facultad. Juan sonreía mostrándole sus afilados caninos. Esa misma tarde, vencida, Manuela le puso el collar y la cadena y se lo llevó a su casa.

—Manuela, ¿qué tienes para la cena?

90 —Lo que más te gusta, Juan. Mameyes y pescado crudo, macizo y elástico.

—¿Sabes, Manuela? Allá en las playas perseguía yo a muchachas inmensamente verdes que en mis brazos se volvían rosas. Cuando las abrazaba eran como esponjas lentas y absorbentes. También capturaba sirenas para llevarlas a mi cama y se convertían en ríos toda la noche.

Juan desaparecía cada año en la época de las vacaciones y Manuela sabía que una de esas escapadas iba a ser definitiva . . . Cuando Juan la besó por primera vez tirándole los anteojos en un pasillo de la Facultad, Manuela le dijo que no, que la gente sólo se besa después de una larga amistad, después de un asedio constante y tenaz de palabras, de proyectos. La gente se besa siempre con fines ulteriores:

100 casarse y tener niños y tomar buen rumbo, nada de pastelearse. Manuela tejía una larga cadena de compromisos, de res-pon-sa-bi-li-da-des.

—Manuela, eres tan torpe como un pájaro que trata de volar, ojalá y aprendas. Si sigues así, tus palabras no serán racimos de uvas sino pasas resecas de virtud . . .

—Es que los besos son raíces, Juan.

Sobre la estufa, una mosca yacía inmóvil en una gota de almíbar. Una mosca tierna, dulce, pesada y borracha. Manuela podría matarla y la mosca ni cuenta se daría. Así son las mujeres enamoradas: como moscas panzonas que se dejan porque están llenas de azúcar.[5]

Pero sucedió algo imprevisto: Juan, en sus brazos, empezó a convertirse en un

110 gato. Un gato perezoso y familiar, un blando muñeco de peluche. Y Manuela, que ambicionó ser devorada, ya no oía sino levísimos maullidos.

¿Qué pasa cuando un hombre deja de ser tigre? Ronronea alrededor de las domadoras caseras. Sus impetuosos saltos se convierten en raquíticos brinquitos. Se pone gordo y en lugar de enfrentarse a los reyes de la selva, se dedica a cazar

---

[5]Estos desplazamientos narrativos hacia cotidiano son una característica de la narrativa
de Poniatowska.

ratones. Tiene miedo de caminar sobre la cuerda floja. Su amor, que de un rugido poblaba de pájaros el silencio, es sólo un suspiro sobre el tejado a punto de derrumbarse.

Ante la transformación, Manuela aumentó a cuatrocientos siete el número de jaculatorias: "¡Tigre rayado, sólo de noche vienes! ¡Hombre atigrado, retumba en la tormenta! ¡Rayas oscuras, truéquense en miel! ¡Vetas sagradas, llévenme hasta el fondo de la mina! ¡Cueva de helechos, algas marinas humedezcan mi alma! ¡Tigre, tigre zambúllete en mi sangre! ¡Cúbreme de nuevo de llagas deliciosas! ¡Rey de los cielos, únenos de una vez por todas y mátanos en una sola soldadura! ¡Virgen improbable, déjame morir en la cúspide de la ola!" Si las jaculatorias surtieron efecto, Manuela no lo consignó en su diario. Sólo escribió un día con pésima letra —seguramente lo hizo sin anteojos— que su corazón se le había ido por una rendija en el piso y que ojalá y ella pudiera algún día seguirlo.

Juan prendió un nuevo cigarro. El humo subió lentamente, concéntrico como holocausto.

—Manuela, tengo algo que decirte. Allá en la playa conocí a . . .

Ya estaba: el río apaciguado se desbocaba y las palabras brotaban torrenciales. Se desplomaban como frutas excesivamente maduras que empiezan a pudrirse. Frutas redondas, capitosas, primitivas. Hay palabras antediluvianas que nos devuelven al estado esencial: entre arenas, palmeras, serpientes cubiertas por el gran árbol verde y dorado de la vida.

Y Manuela vio a Juan entre el follaje, repasando su papel de tigre para otra Eva inexperta.

Sin embargo, Manuela y Juan hablaron. Hablaron como nunca lo habían hecho antes y con las palabras de siempre. A la hora de la ruptura se abren las compuertas de la presa. (A nadie se le ha ocurrido construir para su convivencia un vertedor de demasías.) Después de un tiempo, la conversación tropezó con una fuerza hostil e insuperable. El diálogo humano es una necesidad misteriosa. Por encima de las palabras y de todos sus sentidos, por encima de la mímica de los rostros y de los ademanes, existe una ley que se nos escapa. El tiempo de comunicación está estrictamente limitado y más allá sólo hay desierto y soledad y roca y silencio.

—Manuela, ¿sabes lo que quisiera hoy de cena?

—¿Qué?

(En el silencio y no hubo pájaros.)

—Un poquito de leche.

—Sí, gato, está bien.

(Había en la voz de Manuela una cicatriz, como si Juan la hubiera lacerado, enronquecido; ya no daría las notas agudas de la risa, no alcanzaría jamás el desgarramiento del grito, era un fogón de cenizas apagadas.)

—Sólo un poquito.

—Sí, gato, ya te entendí.

Y Manuela tuvo que admitir que su tigre estaba harto de carne cruda. ¡Cómo se acentuaba esa arruga en su frente! Manuela se llevó la mano al rostro con lasitud. Se tapó la boca. Juan era un gato, pero suyo para siempre . . . ¡Cómo olía aquel cuarto a gas! Tal vez Juan ni siquiera notaría la diferencia . . . Sería tan fácil abrir otro poco la llave antes de acostarse, al ir por el platito de leche . . .

REFLEXIÓN Y ANÁLISIS

1) Comente el estilo narrativo de Poniatowska. ¿Existe una voluntad de lenguaje metafórico o simbólico?
2) Discuta la utilización de elementos totalmente cotidianos en la escritura del cuento.
3) ¿Es posible hablar de narrativa femenina al comentarse el texto "La ruptura"?
4) Interprete el final del cuento.

BIBLIOGRAFÍA

Chevigny, Bell Gale. "The Transformation of Privilege in the Work of Elena Poniatowska." *Latin American Literary Review* 13 (1985): 49–62.

Flori, Mónica. "Visions of Women: Symbolic Physical Portrayal as Social Commentary in the Short Fiction of Elena Poniatowska." *Third Woman* 2 (1984): 77–83.

Franco, Jean. "Rewriting the Family." *Plotting Women*. New York: Columbia University Press, 1988.

Miller, Beth. "Personajes y personas: Castellanos, Fuentes, Poniatowska, Sainz." *Mujeres en la literatura*. México: Fleisher, 1975.

Miller, Beth, y Alfonso González. *26 autoras del México actual*. México: Costa Amic, 1978. 301–21.

Poniatowska, Elena. *Confrontaciones*. (Respuestas a los estudiantes de la Universidad Autónoma Metropolitana). México: UAM, 1984.

Robles, Martha. *Escritoras en la Cultura Nacional*. 2 vols. Edición corregida y aumentada de *La sombra fugitiva*. México: Diana, 1989.

Starcevic, Elizabeth. "Breaking the Silence: Elena Poniatowska." *Literatures in Transition*. Gaithersburg, Md.: Hispamérica, 1982. 63–68.

———. "Elena Poniatowska: Witness for the People." *Contemporary Women Authors of Latin America: Introductory Essays*. Eds. Doris Meyer y Margarite Fernández Olmos. New York: Brooklyn College Press, 1987. 72–77.

Alessandra Luiselli

LUISA VALENZUELA (1938–)

Luisa Valenzuela es sin duda una de las escritoras latinoamericanas más importantes y más reconocidas internacionalmente. Se destaca por su crítica acerba de la sociedad y su indagación sobre el nexo entre la sexualidad y el poder. Su fino sentido de humor ilumina una prosa a veces experimental, siempre precisa en su observación de la psique humana.

Nacida en Buenos Aires, Argentina, de madre novelista, Valenzuela emprende a temprana edad la vida de escritora. Comienza colaborando como periodista en diarios importantes de Buenos Aires como *La Nación* y *El Mundo*. Viaja a París en 1958 y se queda allí tres años, trabajando en la Radio Télévision Française y escribiendo una novela. De 1961 a 1969 vive en Argentina, ejerciendo el periodismo y escribiendo ficción. Desde 1969 hasta 1978 vivió en México, España y los Estados Unidos. Aunque publicó una novela y una colección de cuentos en los años sesenta, comienza a ganar renombre en los setenta, con su novela *El gato eficaz* (1972) y la colección de cuentos *Aquí pasan cosas raras* (1975). Después de 1978 se radica en los Estados Unidos, enseñando en Columbia University y New York University. Ha obtenido muchos honores, incluyendo una beca Guggenheim en 1982. Es la autora de seis novelas y seis libros de cuentos.

La narrativa de Valenzuela se destaca entre otras cosas por abordar el tema de la sexualidad y el erotismo, no con el propósito de entretener simplemente, sino como parte esencial de la experiencia humana y como espacio de conflicto entre los sexos. Es decir, las relaciones eróticas se configuran en Valenzuela como relaciones de poder. Esto es evidente sobre todo en su pequeña novela *Cambio de armas* (1982), que cuenta el encarcelamiento de una terrorista por el hombre que intentó matar. Después de torturarla hasta conseguir un lavado de cerebro, la mantiene en una casa como su mujer, exhibiéndose en actos sexuales con ella ante sus guardias que espían.

Esta novela, como el cuento incluido en esta selección ("Aquí pasan cosas raras"), refleja la insistencia de Valenzuela en dar testimonio de situaciones políticas ocurridas en el período de la "guerra sucia" argentina, 1976–1983. Este testimonio denuncia la represión política, la revela, mostrando su ejercicio y la necesidad de ocultarse. También incluye material político en su cuarta novela, *Cola de lagartija* (1983), cuyo protagonista se basa en la figura histórica de José López Rega, ministro en el gobierno de Isabel Perón y su secretario personal. La época de guerra en Argentina es tan importante para Valenzuela que sigue siendo un subtexto de sus novelas más recientes, por ejemplo *en Novela negra con argentinos* (1990). Aquí se cuenta la historia de dos novelistas argentinos, un hombre y una mujer, que se encuentran en New York. El hombre mata a una mujer sin motivo aparente y la novela sigue a los dos escritores mientras tratan de llegar al por qué del incidente. Bajo este episodio de violencia subyacen los múltiples episodios de violencia en Argentina durante la época de represión militar. En un momento, por ejemplo, cuando la escritora instiga al otro a que vuelva a su país natal, éste responde que no puede: "Demasiados cadáveres allá, contra uno solito aquí . . . Todos somos reponsables. Escarban y sacan cadáveres de todas partes, de debajo de las piedras. Es intolerable. Es una ciudad construida sobre cadáveres, un país de desaparecidos. No hay vuelta posible" (74). Esta novela relata la larga experiencia de Valenzuela en los Estados Unidos y su condición de escritora auto-exiliada, o por lo menos trasplantada. También revela la constante investigación por parte de Valenzuela de la relación entre ficción (fantasía, sueño) y realidad, un tópico recurrente en la literatura latinoamericana desde Borges.

Las ideas de Valenzuela sobre el lenguaje iluminan su proyecto narrativo. Según la autora, uno de los deberes del escritor es el de restaurar la verdad de las palabras, una verdad oculta por el uso a lo largo del tiempo (Picon Garfield, 162). Esta idea explica los juegos lingüísticos en *El gato eficaz,* en su tercera novela *Como en la guerra* (1977) y en muchos de sus cuentos. Estos juegos añaden humor y ambigüedad a los textos, y motivan al lector a penetrar en la capa de hábitos y prejuicios que oculta la referencia de las palabras al mundo. Hay aquí una desconfianza en la palabra como portadora de la verdad, a la vez que une en el poder de la escritura, su habilidad de llegar a lo auténtico, a la realidad. Valenzuela también se adscribe, hasta cierto punto, a la idea de una escritura femenina. Es decir, que la producción artística de una mujer es producto no solamente de una mente que no se ciñe al contexto, sino de una fisiología y una visión del mundo afectada, moldeada, por esa fisiología (Picon Garfield, 161). Esto significa que la mujer será más sensible que el hombre a ciertos aspectos de la vida humana. Sin embargo, Valenzuela piensa que cada ser humano contiene los dos sexos hasta cierto punto y el tema de lo transexual, lo andrógino, la confusión y la fusión de géneros es recurrente en su obra.

Aquí pasan cosas raras

En el café de la esquina —todo café que se precie está en esquina, todo sitio de encuentro es un cruce entre dos vías (dos vidas)— Mario y Pedro piden sendos cortados[1] y les ponen mucha azúcar porque el azúcar es gratis y alimenta. Mario y Pedro están sin un mango[2] desde hace rato y no es que se quejen demasiado pero bueno, ya es hora de tener un poco de suerte, y de golpe ven el portafolios abandonado y tan sólo mirándose se dicen que quizá el momento haya llegado. Propio ahí, muchachos, en el café de la esquina, uno de tantos.

Está solito el portafolios sobre la silla arrimada a la mesa y nadie viene a buscarlo.

Entran y salen los chochamus[3] del barrio, comentan cosas que Mario y Pedro no escuchan: Cada vez hay más y tienen tonadita,[4] vienen de tierra adentro . . . me pregunto qué hacen, para qué han venido. Mario y Pedro se preguntan en cambio si alguien va a sentarse a la mesa del fondo, va a descorrer esa silla y encontrar ese portafolios que ya casi aman, casi acarician y huelen y lamen y besan. Uno por fin llega y se sienta, solitario (y pensar que el portafolios estará repleto de billetes y el otro lo va a ligar al módico precio de un batido de Gancia que es lo que finalmente pide después de dudar un rato). Le traen el batido con buena tanda[5] de ingredientes. ¿Al llevarse a la boca qué aceituna, qué pedacito de queso va a notar el portafolios esperándolo sobre la silla al lado de la suya? Pedro y Mario no quieren ni pensarlo y no piensan en otra cosa . . . Al fin y al cabo el tipo tiene tanto o tan poco derecho al portafolios como ellos, al fin y al cabo es sólo cuestión de azar, una mesa mejor elegida y listo. El tipo sorbe su bebida con desgano, traga uno que otro ingrediente; ellos ni pueden pedir otro café porque están en la mala[6] como puede ocurrirle a usted o a mí, más quizá a mí que a usted, pero eso no viene a cuento ahora que Pedro y Mario viven supeditados a un tipo que se saca pedacitos de salame de entre los dientes con la uña mientras termina de tomar su trago y no ve nada, no oye los comentarios de la muchachada: Se los ve en las esquinas. Hasta Elba el otro día me lo comentaba, fijate, ella que es tan chicata.[7] Ni qué ciencia ficción, aterrizados de otro planeta aunque parecen tipos del interior pero tan peinaditos atildaditos te digo y yo a uno le pedí la hora pero minga, claro, no tienen reloj. Para qué van a querer reloj, me podés decir, si viven en un tiempo que no es el de nosotros. No. Yo también los vi, salen de debajo de los adoquines en esas calles donde todavía quedan y ahora vaya uno a saber qué buscan aunque sabemos que dejan agujeros en las calles, esos baches enormes por donde salieron y que no se pueden cerrar más.

---

[1]**cortado:** una taza o vaso de café con un poco de leche.
[2]**sin un mango:** sin un centavo.
[3]**chochamus:** chicos del barrio.
[4]**tonadita:** acento especial del habla, dejo.

[5]**tanda:** gran cantidad.
[6]**estar en la mala:** estar sin dinero, en la miseria.
[7]**chicata:** en lunfardo significa, "miope".

Ni el tipo del batido de Gancia los escucha ni los escuchan Mario y Pedro, pendientes de un portafolios olvidado sobre una silla que seguro contiene algo de valor porque si no no hubiera sido olvidado así para ellos, tan sólo para ellos, si el tipo del batido no. El tipo del batido de Gancia, copa terminada, dientes escar-

40 bados, platitos casi sin tocar, se levanta de la mesa, paga de pie, mozo retira todo mete propina en bolsa pasa el trapo húmedo sobre mesa se aleja y listo, ha llegado el momento porque el café está animado en la otra punta y aquí vacío y Mario y Pedro saben que si no es ahora es nunca.

Portafolios bajo el brazo, Mario sale primero y por eso mismo es el primero en ver el saco de hombre abandonado sobre un coche, contra la vereda. Contra la vereda el coche, y por ende el saco abandonado sobre el techo del mismo. Un saco espléndido de estupenda calidad. También Pedro lo ve, a Pedro le tiemblan las piernas por demasiada coincidencia, con lo bien que a él le vendría un saco nuevo y además con los bolsillos llenos de guita.[8] Mario no se anima a agarrarlo.

50 Pedro sí aunque con cierto remordimiento que crece, casi estalla al ver acercarse a dos canas[9] que vienen hacia ellos con intenciones de

—Encontramos este coche sobre un saco. Este saco sobre un coche. No sabemos qué hacer con él. El saco, digo.

—Entonces déjelo donde lo encontró. No nos moleste con menudencias, estamos para cosas más importantes.

Cosas más trascendentes. Persecución del hombre por el hombre si me está permitido el eufemismo. Gracias a lo cual el célebre saco queda en las manos azoradas de Pedro que lo ha tomado con tanto cariño. Cuánta falta le hacía un saco como éste, sport y seguro bien forradito, ya dijimos, forrado de guita no de seda

60 qué importa la seda. Con el botín bien sujeto enfilan a pie hacia su casa. No se deciden a sacar uno de esos billetes crocantitos que Mario creyó vislumbrar al abrir apenas el portafolios, plata para tomar un taxi o un mísero colectivo.

Por las calles prestan atención por si las cosas raras que están pasando, esas que oyeron de refilón[10] en el café, tienen algo que ver con los hallazgos. Los extraños personajes o no aparecen por esas zonas o han sido reemplazados: dos vigilantes por esquina son muchos vigilantes porque hay muchas esquinas. Esta no es una tarde gris como cualquiera y pensándolo bien quizá tampoco sea una tarde de suerte como parece. Son las caras sin expresión de un día de semana, tan distintas de las caras sin expresión de los domingos. Pedro y Mario ahora tienen color,

70 tienen máscara y se sienten existir porque en su camino florecieron un portafolios (fea palabra) y un saco sport. (Un saco no tan nuevo como parecía más bien algo raído y con los bordes gastados pero digno. Eso es: un saco digno). Como tarde no es una tarde fácil, ésta. Alto se desplaza en el aire con el aullido de las sirenas y ellos empiezan a sentirse señalados. Ven policías por todos los rincones,

---

[8]**guita:** dinero.
[9]**cana:** (Argentina), policía.

[10]**refilón:** oblicuamente, de paso.

policías en los vestíbulos sombríos, de a pares en todas las esquinas cubriendo el área ciudadana, policías trepidantes en sus motocicletas circulando a contramano como si la marcha del país dependiera de ellos y quizá dependa, sí, por eso están las cosas como están y Mario no se arriesga a decirlo en voz alta porque el portafolios lo tiene trabado, ni que ocultara un micrófono, pero qué paranoia, si nadie lo obliga a cargarlo. Podría deshacerse de él en cualquier rincón oscuro y no, ¿cómo largar la fortuna que ha llegado sin pedirla a manos de uno, aunque la fortuna tenga carga de dinamita? Toma el portafolios con más naturalidad, con más cariño, no como si estuviera a punto de estallar. En ese mismo momento Pedro decide ponerse el saco que le queda un poco grande pero no ridículo ni nada de eso. Holgado, sí, pero no ridículo; cómodo, abrigado, cariñoso, gastadito en los bordes, sobado. Pedro mete las manos en los bolsillos del saco (*sus* bolsillos) y encuentra unos cuantos boletos de colectivo, un pañuelo usado, unos billetes y monedas. No le puede decir nada a Mario y se da vuelta de golpe para ver si los han estado siguiendo. Quizá hayan caído en algún tipo de trampa indefinible, y Mario debe de estar sintiendo algo parecido porque tampoco dice palabra. Chifla entre dientes con cara de tipo que toda su vida ha estado cargando un ridículo portafolios negro como ése. La situación no tiene aire tan brillante como en un principio. Parece que nadie los ha seguido, pero vaya uno a saber: gente viene tras ellos y quizá alguno dejó el portafolios y el saco con oscuros designios. Mario se decide por fin y le dice a Pedro en un murmullo: No entremos a casa, sigamos como si nada, quiero ver si nos siguen. Pedro está de acuerdo. Mario rememora con nostalgia los tiempos (una hora atrás) cuando podían hablarse en voz alta y hasta reír. El portafolios se le está haciendo demasiado pesado y de nuevo tiene la tentación de abandonarlo a su suerte. ¿Abandonarlo sin antes haber revisado el contenido? Cobardía pura.

Siguen caminando sin rumbo fijo para despistar a algún posible aunque improbable perseguidor. No son ya Pedro y Mario los que caminan, son un saco y un portafolios convertidos en personajes. Avanzan y por fin el saco decide: Entremos en un bar a tomar algo, me muero de sed.

—¿Con todo esto? ¿Sin siquiera saber de qué se trata?

—Y, sí. Tengos unos pesos en el bolsillo.

Saca la mano azorada con dos billetes. Mil y mil de los viejos, no se anima a volver a hurgar, pero cree —huele— que hay más. Buena falta les hacen unos sandwiches, pueden pedirlos en ese café que parece tranquilo.

Un tipo dice y la otra se llama los sábados no hay pan; cualquier cosa, me pregunto cuál es el lavado de cerebro . . . En épocas turbulentas no hay como parar la oreja aunque lo malo de los cafés es el ruido de voces que tapa las voces. Lo bueno de los cafés son los tostados mixtos.

Escuchá bien, vos que sos inteligente.

Ellos se dejan distraer por un ratito, también se preguntan cuál será el lavado de cerebro, y si el que fue llamado inteligente se lo cree. Creer por creer, los hay dispuestos hasta a creerse lo de los sábados sin pan, como si alguien pudiera ignorar que los sábados se necesita pan para fabricar las hostias del domingo y el domingo se necesita vino para poder atravesar el páramo feroz de los días hábiles.

Cuando se anda por el mundo —los cafés— con las antenas aguzadas se pescan todo tipo de confesiones y se hacen los razonamientos más abstrusos (absurdos), absolutamente necesarios por necesidad de alerta y por culpa de esos dos elementos tan ajenos a ellos que los poseen a ellos, los envuelven sobre todo ahora que esos muchachos entran jadeantes al café y se sientan a una mesa con cara de aquí no ha pasado nada y sacan carpetas, abren libros pero ya es tarde: traen a la policía pegada a sus talones y como se sabe los libros no engañan a los sagaces guardianes de la ley, más bien los estimulan. Han llegado tras los estudiantes para poner orden y lo ponen, a empujones: documentos, vamos, vamos, derechito al celular que espera afuera con la boca abierta. Pedro y Mario no saben cómo salir de allí, cómo abrirse paso entre la masa humana que va abandonando el café a su tranquilidad inicial, convalesciente ahora. Al salir, uno de los muchachos deja caer un paquetito a los pies de Mario que, en un gesto irreflexivo, atrae el paquete con el pie y lo oculta tras el célebre portafolios apoyado contra la silla. De golpe se asusta: cree haber entrado en la locura apropiatoria de todo lo que cae a su alcance. Después se asusta más aún: sabe que lo ha hecho para proteger al pibe[11] pero ¿y si a la cana se le diera por registrarlo a él? Le encontrarían un portafolios que vaya uno a saber qué tiene adentro, un paquete inexplicable (de golpe le da risa, alucina que el paquete es una bomba y ve su pierna volando por los aires simpáticamente acompañada por el portafolios, ya despanzurrado y escupiendo billetes de los gordos, falsos). Todo esto en el brevísimo instante de disimular el paquetito y después nada. Más vale dejar la mente en blanco, guarda con los canas telépatas y esas cosas. ¿Y qué se estaba diciendo hace mil años cuando reinaba la calma?: un lavado de cerebro; necesario sería un autolavado de cerebro para no delatar lo que hay dentro de esa cabecita loca —la procesión va por dentro, muchachos—. Los muchachos se alejan, llevados un poquito a las patadas por los azules,[12] el paquete queda allí a los pies de estos dos señores dignos, señores de saco y portafolios (uno de cada para cada). Dignos señores o muy solos en el calmo café, señores a los que ni un tostado mixto podrá ya consolar.

Se ponen de pie. Mario sabe que si deja el paquetito el mozo lo va a llamar y todo puede ser descubierto. Se lo lleva, sumándolo así al botín del día pero por poco rato; lo abandona en una calle solitaria dentro de un tacho de basura como quien no quiere la cosa y temblando. Pedro a su lado no entiende nada pero por suerte no logra reunir las fuerzas para preguntar.

En épocas de claridad pueden hacerse todo tipo de preguntas, pero en momentos como éste el solo hecho de seguir vivo ya condensa todo lo preguntable y lo desvirtúa. Sólo se puede caminar, con uno que otro alto en el camino, eso sí, para

---

[11]**pibe:** (Rio de la Plata), chiquillo, muchacho.

[12]**los azules:** la policía.

ver por ejemplo por qué llora este hombre. Y el hombre llora de manera tan mansa, tan incontrolada, que es casi sacrílego no detenerse a su lado y hasta preocuparse. Es la hora de cierre de las tiendas y las vendedoras que enfilan a sus casas quieren saber de qué se trata: el instinto maternal siempre está al acecho en ellas, y el hombre llora sin consuelo. Por fin logra articular Ya no puedo más, y el corrillo de gente que se ha formado a su alrededor pone cara de entender pero no entiende. Cuando sacude el diario y grita No puedo más, algunos creen que ha leído las noticias y el peso del mundo le resulta excesivo. Ya están por irse y dejarlo abandonado a su flojera. Por fin entre hipos logra explicar que busca trabajo desde hace meses y ya no le queda un peso para el colectivo ni un gramo de fuerza para seguir buscando.

—Trabajo, le dice Pedro a Mario. Vamos, no tenemos nada que hacer acá.

—Al menos, no tenemos nada que ofrecerle. Ojalá tuviéramos.

Trabajo, trabajo corean los otros y se conmueven porque esa sí es palabra inteligible y no las lágrimas. Las lágrimas del hombre siguen horadando el asfalto y vaya uno a saber qué encuentran pero nadie se lo pregunta aunque quizá él sí, quizá él se esté diciendo mis lágrimas están perforando la tierra y el llanto puede descubrir petróleo. Si me muero acá mismo quizá pueda colarme por los agujeritos que hacen las lágrimas en el asfalto y al cabo de mil años convertirme en petróleo para que otro como yo, en estas mismas circunstancias . . . Una idea bonita pero el corrillo no lo deja sumirse en sus pensamientos que de alguna manera —intuye— son pensamientos de muerte (el corrillo se espanta: pensar en muerte así en plena calle, qué atentado contra la paz del ciudadano medio a quien sólo le llega la muerte por los diarios). Falta de trabajo sí, todos entienden la falta de trabajo y están dispuestos a ayudarlo. Es mejor que la muerte. Y las buenas vendedoras de las casas de artefactos electrodomésticos abren sus carteras y sacan algunos billetes por demás estrujados, de inmediato se organiza la colecta, las más decididas toman el dinero de los otros y los instan a aflojar más. Mario está tentado de abrir el portafolios ¿qué tesoros habrá ahí dentro para compartir con ese tipo? Pedro piensa que debería haber recuperado el paquete que Mario abandonó en un tacho de basura. Quizá eran herramientas de trabajo, pintura en aerosol, o el perfecto equipito para armar una bomba, cualquier cosa para darle a este tipo y que la inactividad no lo liquide.

Las chicas están ahora pujando para que el tipo acepte el dinero juntado. El tipo chilla y chilla que no quiere limosnas. Alguna le explica que sólo se trata de una contribución espontánea para sacar del paso a su familia mientras él sigue buscando trabajo con más ánimo y el estómago lleno. El cocodrilo llora ahora de emoción. Las vendedoras se sienten buenas, redimidas, y Pedro y Mario deciden que éste es un tipo de suerte.

Quizá junto a este tipo Mario se decida a abrir el portafolios, Pedro pueda revisar a fondo el secreto contenido de los bolsillos del saco.

Entonces, cuando el tipo queda solo, lo toman del brazo y lo invitan a comer con ellos. El tipo al principio se resiste, tiene miedo de estos dos: pueden querer

²⁰⁰ sacarle la guita que aca de recibir. Ya no sabe si es cierto o si es mentira que no encuentra trabajo o si ése es su trabajo, simular la desesperación para que la gente de los barrios se conmueva. Reflexiona rápidamente: Si es cierto que soy un desesperado y todos fueron tan buenos conmigo no hay motivo para que estos dos no lo sean. Si he simulado la desesperación quiere decir que mal actor no soy y voy a poder sacarles algo a estos dos también. Decide que tienen una mirada extraña pero parecen honestos, y juntos se van a un boliche¹³ para darse el lujo de unos buenos chorizos y bastante vino.

Tres, piensa alguno de ellos, es un número de suerte. Vamos a ver si de acá sale algo bueno.

²¹⁰ ¿Por qué se les ha hecho tan tarde contándose sus vidas que quizá sean ciertas? Los tres se descubren una idéntica necesidad de poner orden y relatan minuciosamente desde que eran chicos hasta estos días aciagos en que tantas cosas raras están pasando. El boliche queda cerca del Once y ellos por momentos sueñan con irse o con descarrilar un tren o algo con tal de aflojar la tensión que los infla por dentro. Ya es la hora de las imaginaciones y ninguno de los tres quiere pedir la cuenta. Ni Pedro ni Mario han hablado de sus sorpresivos hallazgos. Y el tipo ni sueña con pagarles la comida a estos dos vagos que para colmo lo han invitado.

La tensión se vuelve insoportable y sólo hay que decidirse. Han pasado horas. Alrededor de ellos los mozos van apilando las sillas sobre las mesas, como un ²²⁰ andamiaje que poco a poco se va cerrando, amenaza con engullirlos, porque los mozos en un insensible ardor de construcción siguen apilando sillas sobre sillas, mesas sobre mesas y sillas y más sillas. Van a quedar aprisionados en una red de patas de madera, tumba de sillas y una que otra mesa. Buen final para estos tres cobardes que no se animaron a pedir la cuenta. Aquí yacen: pagaron con sus vidas siete sándwiches de chorizo y dos jarras de vino de la casa. Fue un precio equitativo.

Pedro por fin —el arrojado Pedro— pide la cuenta y reza para que la plata de los bolsillos exteriores alcance. Los bolsillos internos son un mundo inescrutable aun allí, escudado por las sillas; los bolsillos internos conforman un laberinto ²³⁰ demasiado intrincado para él. Tendría que recorrer vidas ajenas al meterse en los bolsillos interiores del saco, meterse en lo que no le pertenece, perderse de sí mismo entrando a paso firme en la locura.

La plata alcanza. Y los tres salen del restaurante aliviados y amigos. Como quien se olvida, Mario ha dejado el portafolios —demasiado pesado, ya— entre la intrincada construcción de sillas y mesas encimadas, seguro de que no lo van a encontrar hasta el día siguiente. A las pocas cuadras se despiden del tipo y siguen camino al departamento que comparten. Cuando están por llegar, Pedro se da

---

¹³**boliche:** fonda o taberna de baja categoría.

cuenta de que Mario ya no tiene el portafolios. Entonces se quita el saco, lo estira con cariño y lo deja sobre un auto estacionado, su lugar de origen. Por fin abren la puerta del departamento sin miedo, y se acuestan sin miedo, sin plata y sin ilusiones. Duermen profundamente, hasta el punto que Mario, en un sobresalto, no logra saber si el estruendo que lo acaba de despertar ha sido real o soñado.

REFLEXIÓN Y ANÁLISIS

1) Describir la situación económica y el estado mental de los dos protagonistas, Mario y Pedro.
2) ¿Cómo explicaría la paranoia de los dos protagonistas? ¿A qué se debe? ¿Qué imagen se presenta de la sociedad en la cual toma lugar la acción?
3) Explique la importancia de la imaginación de los protagonistas en el desarrollo del cuento.
4) Describa cómo se narra esta historia, el tono de la voz narrativa, el punto de vista narrativa, la heterogencidad de la narración (los fragmentos de conversaciones), etcétera. ¿Cómo contribuyen estos elementos a la creación de la escena?
5) Investigar la época de la "guerra sucia" en Argentina, y explicar su importancia en este cuento.

BIBLIOGRAFÍA

Magnarelli, Sharon. "El significante deseo en *Cambio de armas* de Luisa Valenzuela." *Escritura: Revista de Teoría y Crítica Literarias* 16.31–32 (1991): 160–69.
———. *Reflections/Retractions: Reading Luisa Valenzuela.* New York: Peter Lang, 1988.
Picon Garfield, Evelyn, ed. "Luisa Valenzuela." *Women's Voices from Latin America: Interviews with Six Contemporary Authors.* Detroit: Wayne State University Press, 1985.
The Review of Contemporary Fiction 6.3 (1986). Número especial: "Luisa Valenzuela."
Rojas-Trempe, Lady. "Apuntes sobre *Cambio de armas* de Luisa Valenzuela." *Letras Femeninas* 19.1–2 (1993): 74–83.

Ben Heller

CRISTINA PERI ROSSI (1941–   )

Nació en Montevideo, en una familia obrera, donde inició su vida profesional, primero como profesora de enseñanza media y periodista y luego como autora de cuentos y poemas. Afiliada a una coalición de partidos izquierdistas, fue perseguida y forzada a exiliarse en España. Antes de emigrar, publicó en el Uruguay varios tomos de prosa breve, muchos de los cuales exploran, de modo alegórico o simbólico, la experiencia de la represión: *Viviendo* (1963), *Los museos abandonados* (1968), *El libro de mis primos* (1969), *Indicios pánicos* (cuentos y poesía, 1970), *Evohé* (1971). En esta obra temprana aparece también el tema homoerótico que escandalizó a muchos lectores. En palabras de la misma escritora: "El lector politizado (o sea, todos los lectores del país) estaba acostumbrado a encontrar en mi narrativa una alegoría, una metáfora que siempre tenía un nivel político, larvario o muy elaborado . . . Es posible que en ese momento de intensa lucha política, de guerra interna declarada por el gobierno contra la subversión . . . la índole de *Evohé,* libro erótico y homosexual, causara mucha sorpresa" (Deredita, 134).

A partir de 1972 Peri Rossi se radicó en España, publicando en las editoriales más reconocidas del país. Cronológicamente aparecieron: *Descripción de un naufragio* (poesía, 1974), *Los extraños objetos voladores* (1974), *La tarde del dinosaurio* (cuentos, 1976), *Diáspora* (poesía, 1976), *Los amores* (poesía, 1978), *Lingüística general* (1979), *La rebelión de los niños* (cuentos, 1980), *El museo de los esfuerzos inútiles* (cuentos, 1983), *La nave de los locos* (novela, 1984), *La mañana después del diluvio* (poesía, 1985), *Una pasión prohibida* (cuentos, 1986), *Solitario de amor* (novela, 1988), y *La última noche de Dostoievski* (novela, 1992). La experiencia del "naufragio" político del Uruguay bajo el régimen militar y las vivencias del exilio imprimen una huella indeleble en todos estos textos.

Si bien resulta imposible resumir en pocas palabras una trayectoria literaria tan rica y compleja, los críticos han señalado una recurrencia casi obsesiva de algunos temas, motivos e imágenes en la obra de Peri Rossi. Según Gabriela Mora, la celebración del erotismo le sirve a Peri Rossi para combatir y desafiar todo tipo de opresión, intolerancia y violencia (438). Por otra parte, los niños —que son una presencia constante en su universo literario— con su idealismo, su creatividad y sus juegos permiten desenmascarar las prácticas de la realidad cotidiana. En palabras de Julio Cortázar "los niños son testigos, víctimas y jueces de quienes los inmolan al engendrarlos, educarlos, amarlos, vestirlos, delegarlos" (prólogo a *La tarde del dinosaurio*). Varios críticos mencionan la audacia formal de Peri Rossi quien llega a desbordar los modelos literarios establecidos, sobre todo en cuanto al concepto de la trama narrativa.

En su obra más reciente, como *Solitario de amor,* se nota una ruptura con algunas características de su escritura anterior, como la alegoría y la imaginería surrealista y una exaltación casi obsesiva de temas antes latentes (como las relaciones homosexuales y la fascinación abierta por el cuerpo femenino).

Con respecto a la situación de la narrativa de Peri Rossi dentro de la "novísima" escritura latinoamericana y dentro de la literatura uruguaya del último cuarto de siglo, es importante subrayar su vínculo con la veta antirrealista, imaginaria, fantástica que atraviesa la producción literaria latinoamericana como una suerte de contracorriente con respecto a la tendencia realista. Ella misma reconoce al escritor uruguayo Felisberto Hernández como el progenitor de la literatura fantástica en América del Sur. Con gran tino advierte Mabel Moraña que la alegoría como principio estructurador es consustancial con una situación de represión, exilio masivo y desmoronamiento político y económico de las democracias burguesas del Cono Sur: "La ficción de Peri Rossi traduce a imagen el concepto, dramatiza simbólicamente las tensiones y traumas de la sociedad representada, alegorizando en términos fantasiosos e irrestrictos, un mundo de clausura, con pocos intersticios disponibles para la libertad" (40). La misma autora también confiesa: "es una de mis debilidades: la alegoría. Tengo un radar especialmente montado para lo simbólico" (Ragazzoni, 229).

Aunque muchos estudiosos insisten en mencionar la afinidad entre el mundo imaginario de Julio Cortázar y el de Peri Rossi, en años recientes la crítica se ha concentrado con razón en las interpretaciones feministas del discurso de la escritora uruguaya (Velasco, Kaminsky, Mora). Asimismo, el auge de esta aproximación crítica en el ámbito de letras hispanoamericanas ha facilitado la incorporación de la obra perirossiana al llamado "canon" y ha permitido una investigación profunda de los complejos y hasta ahora ignorados aspectos de su escritura, con especial hincapié en la intersección entre el sexo, el (homo)erotismo y el poder patriarcal. La misma Peri Rossi deja constancia de su conciencia con respecto a las complejas relaciones entre lo político y lo sexual tanto en su obra creativa, como en numerosos comentarios y entrevistas. El siguiente fragmento de su entrevista con Eileen Zeitz parece poner los puntos sobre las íes en cuanto a estas cuestiones: "La revolución tiene que pasar necesariamente por la libertad sexual (solamente limitada por el derecho individual de cada uno a no ser violentado en sus deseos) y por la liberación completa y absoluta de la mujer, pero para ello es necesario que se vea la relación que existe entre la dominación y los roles sexuales, entre la sociedad capitalista y la esclavitud de la mujer" (citado por Kaminsky 1992, 155).

De *El museo de los esfuerzos inútiles,* 1983

La Navidad de los lagartos

Me levanté temprano y me fui a cazar lagartos. Con el palo negro que tiene una piedra en la punta. Hace nueve meses que no llueve, y si sigue sin llover, si no llueve antes de que el Niño nazca en el pesebre[1] de la iglesia, seguramente no tendremos ni Navidad, ni Año Nuevo, ni ningún año, los años van a detenerse, los años se volverán de piedra y no pasarán. Nos quedaremos para siempre fijos en esta edad, yo no creceré y moriremos niños, sedientos y cubiertos de polvo, amarillaremos, como el campo, como las plantas, nos secaremos, como la hierba. Tampoco nacerá el Niño, aunque el camino esté lleno de lagartos que salen a calentarse al sol, a dormir bajo la modorra[2] de la luz, en el lecho de tierra seca, tan seca que no se ve ni un mendrugo de planta, ni un retoño de árbol. Pero a mí me gusta el calor. Mi abuelo, desde el fondo del pozo seco grita que soy una mala bestia porque estoy contento con el calor. El se ha bajado al fondo del pozo, a esperar el agua. La lluvia que no llega, a pesar de que muchas tardes el cielo se llena de nubes grises y entre las nubes grises hay algunas que son más oscuras, tienen el lomo renegrido, y se instalan sobre el monte, sobre el monte amarillo que da lástima mirarlo. Todos pensamos entonces que va a llover, que por fin el agua caerá y las mujeres corren a poner cazos afuera, ponen ollas y miran para arriba, esperando las primeras gotas y todos pensamos que mi abuelo por fin saldrá del fondo del pozo, que ha hecho una promesa, me voy al pozo, dijo, hace ya muchos días y no saldré de allí hasta que el agua me desaloje, hasta que en el pozo el agua empiece a subir y al cruzar el aire los pájaros se reflejen.

Y la mala bestia del calor hace que los lagartos, aparezcan, dejen el monte, el arroyo seco que ya nadie recuerda qué arroyo es, donde las vacas sedientas se echan, cansadas, sin nada que beber o masticar. Yo los acecho, escondido, y cuando aparecen, apunto bien hacia el centro de la cabeza, cierro uno de los ojos para no errar el tiro, vuela la piedra (con el calor, mis piedras son las únicas cosas que vuelan en medio del aire seco, como aves prehistóricas) y se estrella contra la testa parda, redonda y sin pupilas. Cada cinco lagartos que atrapo, el hombre de las pieles me da un peso. Pero no todos los días salen los lagartos. Hay que esperar que el sol caliente mucho y ellos bajen de los matorrales o salgan de los agujeros donde pasaron el invierno. Porque les gusta el calor, y cuando el sol aprieta, lentos, pesados, como si arrastraran una carcasa muy dura, avanzan entre las hierbas secas, hasta encontrar un lugar que hierve y echarse allí, a cocinarse bajo el sol.

Me levanté temprano y me fui al monte. Al pasar por el pozo, me asomé para ver al abuelo. El abuelo que sentado allí, en el fondo seco del pozo, espera que el

---

[1]**pesebre:** tradicionalmente el lugar donde nació el niño Jesus.

[2]**modorra:** somnolencia pesada.

agua llegue, y cuando pasé hice un poco de ruido con el palo, para que él supiera que yo andaba cerca, entonces él me escuchó y a los gritos —como si el pozo fuera una montaña— me preguntó cómo estaba el cielo. Para consolarlo, le dije que había anchas nubes negras. De qué lado están, preguntó el viejo, algo más quedo. Miré hacia un lado y otro el cielo despejado, liso, orlado de luz, y le dije: "Del lado del Norte. Las nubes gordas de agua están del lado del Norte". "Bien. Entonces son las verendas", dijo el abuelo, a quien le gusta bautizar las cosas.

Él espera la lluvia, y los lagartos esperan al sol. Muchos lagartos abandonan sus agujeros estos días, lentos y perezosos se deslizan por la tierra e inmensamente quietos, como si fueran de piedra, se echan a recibir el calor. Yo también los espero. Y la Virgen, espera al Niño. La Virgen que tenemos en el pueblo, es vecina mía. No siempre ha sido Virgen: ésta es la primera vez. Yo no sabía que era la Virgen, pero ayer, cuando entré a la iglesia para ver el pesebre, vi que ella era la Virgen y en seguida me arrodillé. Estaban armando el cobertizo, y José amontonaba la paja, y había una cuna vacía donde seguramente pondrán al Niño cuando nazca. Ella estaba allí, muy callada, con un vestido largo que yo no le conocía y un manto en la cabeza; ordenaba las flores y ayudaba a preparar la casa y yo la veía muy bien, a pesar de la oscuridad de la iglesia. Había gente alrededor y se escuchaba un murmullo porque con la escasez de agua todo el mundo va a la iglesia, salvo mi abuelo, que se metió en el pozo. Me pareció muy alta, más que cuando desde el fondo de mi casa la veo alzarse para arrancar una manzana o pasearse entre los girasoles. José le hablaba, pero no pude oír lo que le decía. Hacia arriba, allí donde el cobertizo termina en dos maderas en pico, había una enorme estrella con su resplandor. El manto me pareció muy bonito, aunque yo prefiero mirarla cuando va con los cabellos sueltos. Después se sentó, se sentó en el banco de madera, al lado de la cuna del niño que aún no ha llegado y se quedó inmóvil, con sus grandes ojos azules muy fijos mirando hacia adelante. Justo en ese momento se me cayó el palo que siempre llevo conmigo y tiene una piedra en la punta, de modo que tuve que inclinarme para recogerlo, y ella me miró. Yo estaba un poco avergonzado por el ruido del palo al caer, pero como me sonrió, me acerqué un poco más y le dije: "¿Cuándo nacerá el niño?" "Mañana —me respondió ella—. Mañana será el advenimiento". Y como estaba un poco nervioso, me fui corriendo al monte, abrasado por el calor. Cuando llegué, me puse a tirarle piedras a los árboles, porque no encontré lagartos.

Hoy me desperté pensando que es el día en que el Niño llega y quizás con él llegue también un poco de lluvia. Todo el mundo irá a depositar regalos al pie de su cuna, porque no es un niño cualquiera. Y allí estará ella, esperándolo para mecerlo. De modo que bien temprano me fui al monte, a ver si algún lagarto madrugador quería salir y al salir me encontraba a mí, esperándolo con el palo que tiene una piedra en la punta, porque cuando veo que se trata de un lagarto muy somnoliento, no hay necesidad de apuntar desde lejos, me alcanza con aplastarle la cabeza con el palo. Y tuve suerte, porque no más al llegar al monte y ponerme a liar unas briznas de choclo, me di cuenta de que a lo lejos, lentos y

pesados, llenos de sueño y de sol, asombaban dos grandes lagartos. Me gusta
echarme al sol, de modo que esperé sin impaciencia. Ni una nube se veía en el
horizonte, y las chicharras cantaban, borrachas de luz. Con el calor, el pueblo está
lleno de moscas y el monte también. Zumban, azules, bordonas,[3] y si uno se
queda quieto, se le meten por los ojos y por la nariz. Pero el humo las espanta,
así que yo expulsaba el de las briznas de choclo apuntando hacia ellas. Los lagartos, lentos, bajaban. El Niño tendría muchos regalos. Su venida sería celebrada, a
pesar del calor, de la seca, del cielo despejado. Y a lo mejor tenía más regalos que
nunca, para convencerlo de que hiciera llover. Vendrían todos los del pueblo, más
los Reyes, gente de un lado y de otro, a conocer al Niño. Y ella estaría allí, muy
quieta, mirando la cuna. Uno de los lagartos se echó en la pendiente, al lado de
una piedra blanca de sol, y como una estatua, permaneció inmóvil. Le di un golpe
seco con el palo, y apenas se sacudió. El sol me daba en la cara, pequeños rayos
luminosos se me metían entre las pestañas y yo los intentaba espantar con la
mano. El otro se echó no muy lejos de allí, entre unos yuyos secos. Me acerqué
por atrás y apunté bien al centro de su cabeza roma.[4] Tenía la piel caliente, como
los bañistas cuando han tomado mucho sol. Con los dos en las manos, me fui del
monte, acompañado por el chillido ebrio de las chicharras. Están en las ramas,
cantando porque hay mucho sol, crujiendo con las piñas que se abren y largan su
semilla de alas blancas, transparentes. Es difícil verlas, tan difícil como dejar de
oírlas. Por el camino, encontré otros lagartos pequeños, pero no les hice caso.
Anduve rápido y, cuando llegué al pueblo, me dirigí a la iglesia.

    Había mucha gente en la puerta, como cada vez que hay alguna ceremonia.
Pensé en mi abuelo, que estaba en el fondo del pozo, y desde allí no podía ver la
mentira del cielo despejado, pero ya se habría dado cuenta, de todos modos. La
gente, a la puerta de la iglesia, parecía indecisa entre entrar o seguir mirando,
melancólicamente, el cielo claro, la evidencia del sol rotundo e implacable. Al fin,
hartos de calor, entraban. Yo también entré, pero por la puerta más pequeña, la
que está medio rota y el cura siempre pide limosna para arreglarla. La empujé
despacio, porque en cualquier momento se rompe del todo. Al costado, pude ver
el gran pesebre ya dispuesto, con su paja esparcida por el suelo, su luminosa estrella en lo alto, los enseres[5] de José, que es carpintero, la cuna de madera, por fin
la Virgen, con su vestido largo y su manto en la cabeza. Me acerqué despacio, sin
hacer ruido, porque la iglesia, a pesar de la gente, estaba en silencio, como solemne. Había poca luz, pero del establo donde se esperaba al Niño, salía un resplandor de velas.

---

[3] **bordonas:** que produce un zumbido, como los moscardones.

[4] **romo:** sin punta, sin filo; opuesto a puntiagudo.

[5] **enseres:** utensilios.

A los pies de la cuna, vi manzanas rojas, naranjas, grandes limones maduros, una cabra atada.

Me acerqué a la Virgen por un costado, sin que me viera. Ella miraba hacia adelante y tenía una expresión muy serena, muy compuesta, muy digna. Yo la había visto antes andar por el patio, encalar las paredes, juntar limones caídos, desplumar los pollos que servirían para el almuerzo. Entonces, yo no sabía que era la Virgen; entonces, hablábamos como vecinos, me preguntaba por el abuelo, por mi madre, yo le decía que se nos había muerto el perro.

Me acerqué y, en silencio, deposité los lagartos en su falda. Ella se sorprendió un poco, al sentir el peso. Recogió los ojos de donde los tenía (¿dónde estarían navegando como peces?) y posiblemente no me vio, en medio de la penumbra. Los volvió hacia los lagartos muertos. Yo seguía quieto, apoyado contra un ángulo en la oscuridad. El Niño todavía no había nacido, pues la cuna estaba vacía. Pero ella sin duda lo estaba esperando.

—Quiero ser el Niño —dije, desde la oscuridad, hablando bajo—. Por favor —insistí—, haz que el Niño sea yo.

Los lagartos seguían en su falda, inmóviles, tan quietos como cuando en el camino se echan para recibir al sol. Nada los diferencia, cuando están dormidos, cuando están muertos.

En su falda, los lagartos eran una pequeña mancha oscura.

—Para el Niño —dijo ella, sin descubrirme aún en la oscuridad— , las ofrendas deben ser de vida, no de muerte. Perdónalos hoy, en el día del advenimiento. Nada debe estar muerto, alrededor de su cuna. Todo debe respirar, estar fresco. ¿Entiendes? Se había erguido un poco, sobre el banco de madera al pie de la cuna del Niño y con los lagartos en la mano, asidos por la cola, me buscaba en la oscuridad.

—No son para Él —respondí, rabioso—. No los he cazado para el Niño a quien todo se ofrece, sino para ti —dije, rebelde—. Puedo traerte más, todos los que quieras. Cada cinco, el hombre de las pieles paga un peso. Puedo ir al monte a cada rato, y bajar con más. Tú los guardarás hasta la noche, y cuando ya no se vea más el sol, tendrás muchos lagartos a tu alrededor, muchas pieles, las venderás al hombre que paga . . .

—Los homenajes de este día —dijo— son para Él. Para el recién llegado. Para el que está viniendo. Toma tus lagartos, ofréceselos a Él, o mejor: en su nombre, perdónales la vida.

Los cogí, no tuve más remedio, y salí corriendo de la iglesia. No sé hacia adónde iba, pero por el camino pasé por el pozo, donde estaba el abuelo. Tiré los lagartos lejos y jalé la cuerda. Me deslicé hasta el fondo, donde el abuelo rumiaba, a la luz de una vela, sus maldiciones acerca de la vida. Cuando estuve en el fondo del pozo, el abuelo no se sorprendió.

—Era hora de que bajaras —me dijo él, sin sonreír—. Ponte a hacer ruido con esta latas — agregó—. A veces, así, se atrae al agua.

REFLEXIÓN Y ANÁLISIS

1) Los formalistas rusos han inventado el término "defamiliarización" para referirse a los procedimientos narrativos que sirven para alterar la perspectiva habitual del lector. Indique los procedimientos concretos que producen este efecto en "La Navidad de los lagartos".

2) La prosa de Peri Rossi se ha definido con frecuencia como simbólica y/o alegórica. Analice el ámbito simbólico de este cuento.

3) Analice la forma y el significado de las imágenes religiosas.

4) ¿Qué efecto tiene el empleo de la voz narrativa de un niño?

BIBLIOGRAFÍA

Cortázar, Julio. Prólogo. *La tarde del dinosaurio* de Cristina Peri Rossi. Barcelona: Planeta, 1976.

Deredita, John F. "Desde la diáspora: entrevista con Cristina Peri Rossi." *Texto Crítico* 9 (1978): 121–42.

Kaminsky, Amy. "Gender and Exile in Cristina Peri Rossi." *Continental, Latin American and Francophone Writers*. Eds. Eunice Myers y Ginette Adamson. New York: University Press of America, 1987: 149–59.

—————. *Reading the Body Politic: Feminist Criticism and Latin American Women Writers*. Minneapolis: University of Minnesota Press, 1992.

Marting, Diane E., ed. *Women Writers of Spanish America: An Annotated Bio-Bibliographical Guide*. New York/Westport, Conn.: Greenwood Press, 1987.

Mora, Gabriela. "Peri Rossi: *La nave de los locos* y la búsqueda de la armonía." *Nuevo Texto Crítico* 1.2 (1988): 343–52.

Moraña, Mabel. "Hacia una crítica de la nueva narrativa hispanoamericana: alegoría y realismo en Cristina Peri Rossi." *Revista de Estudios Hispánicos* 21.3 (1987): 33–48.

Ragazzoni, Susanna. "La escritura como identidad: una entrevista con Cristina Peri Rossi." *Studi di letteratura ispanoamericana* 15–16 (1983): 227–41.

Velasco, Mavel. "Cristina Peri Rossi y la ansiedad de la influencia." *Monographic Review* 4 (1988): 207–20.

Elzbieta Sklodowska

ISABEL ALLENDE (1942–   )

Isabel Allende, nacida en Lima, Perú, pero chilena de nacionalidad, es una de las narradoras más populares de Latino América y ha gozado de atención mundial gracias a las muchas traducciones que se han hecho de sus novelas y cuentos. Conocida por la riqueza inventiva de sus narraciones, Allende se destaca también por la expresión de un punto de vista femenino y feminista, además de su incorporación de hechos y figuras políticos en su obra. Este interés en lo político y la correspondiente corriente testimonial actúan como balance con los elementos fantásticos comunes en su obra, y revelan su fuerte creencia en la literatura como medio imprescindible para la preservación de la memoria social.

Allende nació en una familia económicamente privilegiada, aunque sus padres se divorciaron muy temprano, y el padre rompió contacto con la familia. Sin embargo, la familia mantuvo relaciones estrechas con la familia del padre, especialmente con su primo hermano, Salvador Allende, quien fue presidente de Chile entre 1970–1973. La familia vivió con los abuelos maternos, que funcionarían luego como los modelos para Clara y Esteban Trueba, personajes centrales de *La casa de los espíritus* (1982), la primera novela de esta autora. Después del segundo matrimonio de la madre de Allende con un diplomático, la familia emprendió una serie de viajes, por Bolivia, Europa y el Medio Oriente (Líbano). La familia regresó a Chile cuando Allende tenía quince años. La joven ya había manifestado su interés en ser escritora, y tenía la costumbre de escribir una carta cada día a su madre —costumbre que le valió muchísimo en el momento de ponerse a novelar hechos claves de su propia vida. Allende emprendió la carrera de periodismo muy temprano, haciendo programas de televisión y colaborando en una revista feminista, pero todo cambió radicalmente en 1973, con el golpe de estado que puso fin al gobierno socialista de Salvador Allende. El golpe introdujo un largo período de dictadura militar, bajo el mando del General Augusto Pinochet, caracterizado por la tortura y desaparación de presos políticos, represión política general y otros abusos de poder. Isabel Allende, casada ya con un ingeniero civil, se vio en peligro mortal por sus simpatías políticas y salió de Chile en 1974 para Venezuela, donde vivió por varios años.

El oficio literario de Allende tomó vuelo en Venezuela y tuvo sus inicios en una larga carta que comenzó a escribir a su abuelo, cuando éste estaba a punto de morir. La carta, una recopilación de la memoria familiar, nunca se mandó porque el abuelo murió pronto, pero Allende siguió trabajando en ella y después de un año la carta se había convertido en obra de ficción y había alcanzado el tamaño de una novela, la que sería *La casa de los espíritus*. La novela es un largo relato familiar, centrado principalmente en las figuras de Esteban Trueba, patriarca de la familia, hacendado y político conservador, y su esposa Clara, mujer sensible, espiritista, madre de tres hijos. Esta novela debe mucho al realismo mágico de autores como Alejo Carpentier y Gabriel García Márquez, y a la visión de lo latinoamericano que se manifiesta en la narrativa de estos autores. Sin embargo, *La casa de los espíritus* se diferencia de esta corriente literaria en su visión feminista del medio social (el de Chile a lo largo de las tres generaciones de los Trueba, aunque no se menciona el nombre del país donde transcurre la acción) —sin ignorar la perspectiva masculina. Además, alcanza una voz muy particular, muy suya, al presentar su versión de la historia política reciente de Chile, especialmente durante el gobierno de Allende e inmediatamente después del golpe.

La segunda novela de Allende, *De amor y de sombra* (1984), entra aún más en esta historia contemporánea, narrando la vida de dos amantes que se empeñan en descubrir la verdad de una masacre que tuvo lugar después de un golpe militar (de nuevo no se menciona el nombre del país, aunque el modelo real fue el chileno). A pesar del ambiente represivo, ésta es una historia en la que el amor vence todos los obstáculos —tema común en mucha de la narrativa de Allende. La tercera novela de Allende, *Eva Luna* (1987), sale del paisaje y del ambiente político chilenos, para narrar la vida azarosa de una mestiza pobre de una nación caribeña (Venezuela, por todos los indicios), desde su nacimiento hasta que se convierte en una escritora exitosa de telenovelas. Aquí de nuevo se revela la preocupación de Allende por la vida de los pobres y la injusticia social latinoamericana, además de su persistente interés en crear personajes femeninos que puedan narrar su propia historia, decir su propia verdad. Esta novela fue seguida por una colección de cuentos, *Cuentos de Eva Luna* (1989), entre lo mejor que ha escrito Allende desde *La casa de los espíritus,* por la economía narrativa y la precisión sicológica. La mayoría de estos cuentos se narran en la voz de Eva Luna y muestran su tono y sus preocupaciones.

La cuarta novela de Allende, *El plan infinito* (1991), responde de nuevo a otro paisaje y a otro ambiente social, los de California, (donde la autora ha vivido desde 1988, después de su segundo matrimonio), y muestra los lazos históricos y emotivos entre el mundo anglosajón americano y el hispano. Aquí se cuenta la vida de un hombre cuya familia se radica en un barrio chicano de Los Ángeles. Allí se cría, aprende español y es adoptado espiritualmente por una familia hispana. Experimenta la vida difícil de las calles de Los Ángeles, los terrores de Viet Nam y la vida profesional como abogado. Mientras tanto, se busca a sí mismo y al amor y trata de encontrar un equilibrio entre su ambición y su sentimiento de justicia social.

En 1994 Allende publicó *Paula,* un texto autobiográfico, escrito durante la trágica enfermedad de su hija. Paula sufría de porfiria y cayó en un estado de coma a la edad de veintiocho años, del que nunca se despertó. Comenzado como una carta a la hija, para contarle lo que pasó durante su enfermedad, en caso de que recobrara la consciencia, *Paula* alterna entre sucesos familiares y personales de Allende y la historia presente de la enfermedad y muerte de la hija. Ésta es seguramente la obra más sentida y conmovedora de la autora, en la que vemos su visión espiritual del mundo sin ambajes ni adornos novelísticos.

"Tosca" es la historia de una mujer que pasa gran parte de su vida intentando vivir una historieta romántica, para descubrir al final el tamaño real de la mentira y de su pérdida. Este cuento cuestiona hasta cierto punto la fuerte tendencia sentimental aparente en otras obras de Allende y sobresale por su precisión sicológica y la claridad de su evocación del ambiente.

De *Cuentos de Eva Luna,* 1989

Tosca

Su padre la sentó al piano a los cinco años y a los diez Maurizia Rugieri dio su primer recital en el Club Garibaldi, vestida de organza[1] rosada y botines de charol, ante un público benévolo, compuesto en su mayoría por miembros de la colonia italiana. Al término de la presentación pusieron varios ramos de flores a sus pies y el presidente del club le entregó una placa conmemorativa y una muñeca de loza,[2] adornada con cintas y encajes.

—Te saludamos, Maurizia Rugieri, como a un genio precoz, un nuevo Mozart. Los grandes escenarios del mundo te esperan —declamó.

La niña aguardó que se callara el aplauso y, por encima del llanto orgulloso de su madre, hizo oír su voz con una altanería inesperada.

—Ésta es la última vez que toco el piano. Lo que yo quiero es ser cantante — anunció y salió de la sala arrastrando a la muñeca por un pie.

Una vez que se repuso del bochorno,[3] su padre la colocó en clases de canto con un severo maestro, quien por cada nota falsa le daba un golpe en las manos, lo cual no logró matar el entuasiasmo de la niña por la ópera. Sin embargo, al término de la adolescencia se vio que tenía una voz de pájaro, apenas suficiente para arrullar a un infante en la cuna, de modo que debió de cambiar sus pretensiones de soprano por un destino más banal. A los diecinueve años se casó con Ezio Longo, inmigrante de primera generación en el país, arquitecto sin título y constructor de oficio, quien se había propuesto fundar un imperio sobre cemento y acero y a los treinta y cinco años ya lo tenía casi consolidado.

Ezio Longo se enamoró de Maurizia Rugieri con la misma determinación empleada en sembrar la capital con sus edificios. Era de corta estatura, sólidos huesos, un cuello de animal de tiro y un rostro enérgico y algo brutal, de labios gruesos y ojos negros. Su trabajo lo obligaba a vestirse con ropa rústica y de tanto estar al sol tenía la piel oscura y cruzada de surcos, como cuero curtido. Era de carácter bonachón y generoso, reía con facilidad y gustaba de la música popular y de la comida abundante y sin ceremonias. Bajo esa apariencia algo vulgar se encontraba un alma refinada y una delicadeza que no sabía traducir en gestos o palabras. Al contemplar a Maurizia a veces se le llenaban los ojos de lágrimas y el pecho de una oprimente ternura, que él disimulaba de un manotazo, sofocado de vergüenza. Le resultaba imposible expresar sus sentimientos y creía que cubriéndola de regalos y soportando con estoica paciencia sus extravagantes cambios de humor y sus dolencias imaginarias, compensaría las fallas de su repertorio de amante. Ella provocaba en él un deseo perentorio, renovado cada día con el ardor de los primeros encuentros, la abrazaba exacerbado, tratando de salvar el abismo entre los dos, pero toda su

---

[1]**organza:** una tela elaborada de nylon.   [3]**bochorno:** vergüenza, rubor.
[2]**loza:** especie de cerámica fina y barnizada.

pasión se estrellaba contra los remilgos[4] de Maurizia, cuya imaginación permanecía afiebrada por lecturas románticas y discos de Verdi y Puccini. Ezio se dormía vencido por las fatigas del día, agobiado por pesadillas de paredes torcidas y escaleras en espiral, y despertaba al amanecer para sentarse en la cama a observar a su mujer dormida con tal atención que aprendió a adivinarle los sueños. Hubiera dado la vida por que ella respondiera a sus sentimientos con igual intensidad. Le contruyó una desmesurada mansión sostenida por columnas, donde la mezcolanza de estilos y la profusión de adornos confundían el sentido de orientación, y donde cuatro sirvientes trabajaban sin descanso sólo para pulir bronces, sacar brillo a los pisos, limpiar las pelotillas de cristal de las lámparas y sacudir los muebles de patas doradas y las falsas alfombras persas importadas de España. La casa tenía un pequeño anfiteatro en el jardín, con altoparlantes y luces de escenario mayor, en el cual Maurizia Rugieri solía cantar para sus invitados. Ezio no habría admitido ni en trance de muerte que era incapaz de apreciar aquellos vacilantes trinos de gorrión, no sólo para no poner en evidencia las lagunas de su cultura, sino sobre todo por respeto a las inclinaciones artísticas de su mujer. Era un hombre optimista y seguro de sí mismo, pero cuando Maurizia anunció llorando que estaba encinta, a él le vino de golpe una incontrolable aprensión, sintió que el corazón se le partía como un melón, que no había cabida para tanta dicha en este valle de lágrimas. Se le ocurrió que alguna catástrofe fulminante desbarataría su precario paraíso y se dispuso a defenderlo contra cualquier interferencia.

La catástrofe fue un estudiante de medicina con quien Maurizia se tropezó en un tranvía. Para entonces había nacido el niño —una criatura tan vital como su padre, que parecía inmune a todo daño, inclusive al mal de ojo— y la madre ya había recuperado la cintura. El estudiante se sentó junto a Maurizia en el trayecto al centro de la ciudad, un joven delgado y pálido, con perfil de estatua romana. Iba leyendo la partitura de Tosca[5] y silbando entre dientes un aria del último acto. Ella sintió que todo el sol del mediodía se le eternizaba en las mejillas y un sudor de anticipación le empapaba el corpiño. Sin poder evitarlo tarareó las palabras del infortunado Mario[6] saludando al amanecer, antes de que el pelotón de fusilamiento acabara con sus días. Así, entre dos líneas de la partitura, comenzó el romance. El joven se llamaba Leonardo Gómez y era tan entusiasta del *bel canto*[7] como Maurizia.

Durante los meses siguientes el estudiante obtuvo su título de médico y ella vivió una por una todas las tragedias de la ópera y algunas de la literatura universal, la mataron sucesivamente don José, la tuberculosis, una tumba egipcia, una daga y veneno, amó cantando en italiano, francés y alemán, fue Aída, Carmen y

---

[4]**remilgo:** acción y ademán de remilgarse, o hacer gestos con el rostro por una delicadeza afectada.

[5]**Tosca:** protagonista femenina de la ópera del mismo nombre, escrita en 1900 por Giacomo Puccini (1858–1924).

[6]**Mario:** protagonista masculino de "Tosca", amante de la protagonista.

[7]**bel canto:** expresión italiana que describe un estilo operático de cantar; se caracteriza por la belleza del sonido, el preciso control de la voz y la articulación de las palabras.

Lucía de Lammermoor,[8] y en cada ocasión Leonardo Gómez era el objeto de su pasión inmortal. En la vida real compartían un amor casto, que ella anhelaba consumar sin atreverse a tomar la iniciativa, y que él combatía en su corazón por respeto a la condición de casada de Maurizia. Se vieron en lugares públicos y algunas veces enlazaron sus manos en la zona sombría de algún parque, intercambiaron notas firmadas por Tosca y Mario y naturalmente llamaron Scarpia[9] a Ezio Longo, quien estaba tan agradecido por el hijo, por su hermosa mujer y por los bienes otorgados por el cielo, y tan ocupado trabajando para ofrecerle a su familia toda la seguridad posible, que de no haber sido por un vecino que vino a contarle el chisme de que su esposa paseaba demasiado en tranvía, tal vez nunca se habría enterado de lo que ocurría a sus espaldas.

Ezio Longo se había preparado para enfrentar la contingencia de una quiebra en sus negocios, una enfermedad y hasta un accidente de su hijo, como imaginaba en sus peores momentos de terror supersticioso, pero no se le había ocurrido que un melifluo estudiante pudiera arrebatarle a su mujer delante de las narices. Al saberlo estuvo a punto de soltar una carcajada, porque de todas las desgracias, ésa le parecía la más fácil de resolver, pero después de ese primer impulso, una rabia ciega le trastornó el hígado. Siguió a Maurizia hasta una discreta pastelería, donde la sorprendió bebiendo chocolate con su enamorado. No pidió explicaciones. Cogió a su rival por la ropa, lo levantó en vilo y lo lanzó contra la pared en medio de un estrépito de loza rota y chillidos de la clientela. Luego tomó a su mujer por un brazo y la llevó hasta su coche, uno de los últimos Mercedes Benz importados al país, antes de que la Segunda Guerra Mundial arruinara las relaciones comerciales con Alemania. La encerró en casa y puso dos albañiles de su empresa al cuidado de las puertas. Maurizia pasó dos días llorando en la cama, sin hablar y sin comer. Entretanto Ezio Longo había tenido tiempo de meditar y la ira se le había transformado en una frustración sorda que le trajo a la memoria el abandono de su infancia, la pobreza de su juventud, la soledad de su existencia y toda esa inagotable hambre de cariño que lo acompañaron hasta que conoció a Maurizia Rugieri y creyó haber conquistado a una diosa. Al tercer día no aguantó más y entró en la pieza de su mujer.

—Por nuestro hijo, Maurizia, debes sacarte de la cabeza esas fantasías. Ya sé que no soy muy romántico, pero si me ayudas, puedo cambiar. Yo no soy hombre para aguantar cuernos y te quiero demasiado para dejarte ir. Si me das la oportunidad, te haré feliz, te lo juro.

Por toda respuesta ella se volvió contra la pared y prolongó su ayuno dos días más. Su marido regresó.

—Me gustaría saber qué carajo es lo que te falta en este mundo, a ver si puedo dártelo —le dijo, derrotado.

---

[8]**Aída, Carmen, Lucía de Lammermoor:** protagonistas femeninas de óperas de los mismos nombres, por Verdi (1813–1901), Bizet (1838–1875), y Donizetti (1797–1848), respectivamente.

[9]**Scarpia:** protagonista malévolo de "Tosca", el jefe de la policía que persigue a Tosca y a Mario.

—Me falta Leonardo. Sin él me voy a morir.

—Está bien. Puedes ir con ese mequetrefe[10] si quieres, pero no volverás a ver a nuestro hijo nunca más.

Ella hizo sus maletas, se vistió de muselina, se puso un sombrero con un velo y llamó a un coche de alquiler. Antes de partir besó al niño sollozando y le susurró al oído que muy pronto volvería a buscarlo. Ezio Longo —quien en una semana había perdido seis kilos y la mitad del cabello— le quitó a la criatura de los brazos.

Maurizia Rugieri llegó a la pensión donde vivía su enamorado y se encontró con que éste se había ido hacía dos días a trabajar como médico en un campamento petrolero, en una de esas provincias calientes, cuyo nombre evocaba indios y culebras. Le costó convencerse de que él había partido sin despedirse, pero lo atribuyó a la paliza recibida en la pastelería, concluyó que Leonardo era un poeta y que la brutalidad de su marido debió desconcertarlo. Se instaló en un hotel y en los días siguientes mandó telegramas a todos los puntos imaginables. Por fin logró ubicar a Leonardo Gómez para anunciarle que por él había renunciado a su único hijo, desafiado a su marido, a la sociedad y al mismo Dios y que su decisión de seguirlo en su destino, hasta que la muerte los separara, era absolutamente irrevocable.

El viaje fue una pesada expedición en tren, en camión y en algunas partes por vía fluvial.[11] Maurizia jamás había salido sola fuera de un radio de treinta cuadras alrededor de su casa, pero ni la grandeza del paisaje ni las incalculables distancias pudieron atemorizarla. Por el camino perdió un par de maletas y su vestido de muselina quedó convertido en un trapo amarillo de polvo, pero llegó por fin al cruce del río donde debía esperarla Leonardo. Al bajarse del vehículo vio una piragua[12] en la orilla y hacia allá corrió con los jirones del velo volando a su espalda y su largo cabello escapando en rizos del sombrero. Pero en vez de su Mario, encontró a un negro con casco de explorador y dos indios melancólicos con los remos en las manos. Era tarde para retroceder. Aceptó la explicación de que el doctor Gómez había tenido una emergencia y se subió al bote con el resto de su maltrecho equipaje, rezando para que aquellos hombres no fueran bandoleros o caníbales. No lo eran, por fortuna, y la llevaron sana y salva por el agua a través de un extenso territorio abrupto y salvaje, hasta el lugar donde la aguardaba su enamorado. Eran dos villorrios,[13] uno de largos dormitorios comunes donde habitaban los trabajadores; y otro, donde vivían los empleados, que consistía en las oficinas de la compañía, veinticinco casas prefabricadas traídas en avión desde los Estados Unidos, una absurda cancha de golf y una pileta de agua verde que cada mañana amanecía llena de enormes sapos, todo rodeado de un cerco metálico con un portón custodiado por dos centinelas. Era un campamento de hombres de paso, allí la

---

[10]**mequetrefe:** hombre que causa mucho ruido; hombre bullicioso y entrometido.

[11]**vía fluvial:** por río.

[12]**piragua:** canoa ligera.

[13]**villorrio:** palabra despectiva para una aldea pequeña; aldehuela o poblacho.

150 existencia giraba en torno de ese lodo oscuro que emergía del fondo de la tierra como un inacabable vómito de dragón. En aquellas soledades no había más mujeres que algunas sufridas compañeras de los trabajadores; los gringos y los capataces viajaban a la ciudad cada tres meses para visitar a sus familias. La llegada de la esposa del doctor Gómez, como la llamaron, trastornó la rutina por unos días, hasta que se acostumbraron a verla pasear con sus velos, su sombrilla y sus zapatos de baile, como un personaje escapado de otro cuento.

Maurizia Rugieri no permitió que la rudeza de esos hombres o el calor de cada día la vencieran, se propuso vivir su destino con gradeza y casi lo logró. Convirtió a Leonardo Gómez en el héroe de su propio melodrama, adornándolo con virtu-
160 des utópicas y exaltando hasta la demencia la calidad de su amor, sin detenerse a medir la respuesta de su amante para saber si él la seguía al mismo paso en esa desbocada carrera pasional. Si Leonardo Gómez daba muestras de quedarse muy atrás, ella lo atribuía a su carácter tímido y su mala salud, empeorada por ese clima maldito. En verdad, tan frágil parecía él, que ella se curó definitivamente de todos sus antiguos malestares para dedicarse a cuidarlo. Lo acompañaba al primitivo hospital y aprendió los menesteres de enfermera para ayudarlo. Atender víctimas de malaria o curar horrendas heridas de accidentes en los pozos le parecía mejor que permanecer encerrada en su casa, sentada bajo un ventilador, leyendo por centésima vez las mismas revistas añejas y novelas románticas. Entre jeringas[14] y apósi-
170 tos[15] podía imaginarse a sí misma como una heroína de la guerra, una de esas valientes mujeres de las películas que veían a veces en el club del campamento. Se negó con una determinación suicida a percibir el deterioro de la realidad, empeñada en embellecer cada instante con palabras, ante la imposibilidad de hacerlo de otro modo. Hablaba de Leonardo Gómez —a quien siguió llamando Mario— como de un santo dedicado al servicio de la humanidad, y se impuso la tarea de mostrarle al mundo que ambos eran los protagonistas de un amor excepcional, lo cual acabó por desalentar a cualquier empleado de la Compañía que pudiera haberse sentido inflamado por la única mujer blanca del lugar. A la barbarie del campamento, Maurizia la llamó *contacto con la naturaleza* e ignoró los mosquitos, los
180 bichos venenosos, las iguanas, el infierno del día, el sofoco de la noche y el hecho de que no podía aventurarse sola más allá del portón. Se refería a su soledad, su aburrimiento y su deseo natural de recorrer la ciudad, vestirse a la moda, visitar a sus amigas e ir al teatro, como una ligera *nostalgia*. A lo único que no pudo cambiarle el nombre fue a ese dolor animal que la doblaba en dos al recordar a su hijo, de modo que optó por no mencionarlo jamás.

Leonardo Gómez trabajó como médico del campamento durante más de diez años, hasta que las fiebres y el clima acabaron con su salud. Llevaba mucho tiempo dentro del cerco protector de la Compañía Petrolera, no tenía ánimo para iniciarse en un medio más agresivo y, por otra parte, aún recordaba la furia de Ezio

---

[14]**jeringa:** instrumento médico para dar inyecciones.

[15]**apósito:** remedio que se aplica exteriormente, fijándolo con vendajes.

190 Longo cuando lo reventó contra la pared, así que ni siquiera consideró la eventualidad de volver a la capital. Buscó otro puesto en algún rincón perdido donde pudiera seguir viviendo en paz, y así llegó un día a Agua Santa con su mujer, sus instrumentos de médico y sus discos de ópera. Era la década de los cincuenta y Maurizia Rugieri se bajó del autobús vestida a la moda, con un estrecho traje a lunares[16] y un enorme sombrero de paja negra, que había encargado por catálogo a Nueva York, algo nunca visto por esos lados. De todas maneras, los acogieron con la hospitalidad de los pueblos pequeños y en menos de veinticuatro horas todos conocían la leyenda de amor de los recién llegados. Los llamaron Tosca y Mario, sin tener la menor idea de quiénes eran esos personajes, pero Maurizia se encargó

200 de hacérselos saber. Abandonó sus prácticas de enfermera junto a Leonardo, formó un coro litúrgico para la parroquia y ofreció los primeros recitales de canto en la aldea. Mudos de asombro, los habitantes de Agua Santa la vieron tranformada en Madame Butterfly[17] sobre un improvisado escenario en la escuela, ataviada con una estrambótica[18] bata de levantarse, unos palillos de tejer en el peinado, dos flores de plástico en las orejas y la cara pintada con yeso blanco, trinando con su voz de pájaro. Nadie entendió ni una palabra del canto, pero cuando se puso de rodillas y sacó un cuchillo de cocina amenazando con enterrárselo en la barriga, el público lanzó un grito de horror y un espectador corrió a disuadirla, le arrebató el arma de las manos y la obligó a ponerse de pie. Enseguida se armó una larga discusión

210 sobre las razones para la trágica determinación de la dama japonesa, y todos estuvieron de acuerdo en que el marido norteamericano que la había abandonado era un desalmado, pero no valía la pena morir por él, puesto que la vida es larga y hay muchos hombres en este mundo. La representación terminó en holgorio[19] cuando se improvisó una banda que interpretó unas cumbias[20] y la gente se puso a bailar. A esa noche memorable siguieron otras similares: canto, muerte, explicación por parte de la soprano del argumento de la ópera, discusión pública y fiesta final.

El doctor Mario y la señora Tosca eran dos miembros selectos de la comunidad, él estaba a cargo de la salud de todos y ella de la vida cultural y de informar sobre los cambios en la moda. Vivía en una casa fresca y agradable, la mitad de

220 la cual estaba ocupada por el consultorio. En el patio tenían una guacamaya[21] azul y amarilla, que volaba sobre sus cabezas cuando salían a pasear por la plaza. Se sabía por dónde andaban el doctor o su mujer porque el pájaro los acompañaba siempre a dos metros de altura, planeando silenciosamente con sus grandes alas

---

[16]**lunar:** pequeña mancha en la piel; mancha circular de tamaño vario que adorna una tela.

[17]**Madame Butterfly:** protagonista femenina de la ópera que lleva su nombre, de Puccini.

[18]**estrambótica:** extravagante, irregular, raro.

[19]**holgorio:** diversión muy animada, bulliciosa; regocijo.

[20]**cumbia:** baile popular de Colombia y Perú, que se ha extendido por Latinoamérica.

[21]**guacamaya:** ave americana (género Ara), con plumaje rojo, azul y amarillo, y la cola muy larga.

de animal pintarrajeado. En Agua Santa vivieron muchos años, respetados por la gente, que los señalaba como un ejemplo de amor perfecto.

En uno de esos ataques el doctor se perdió en los caminos de la fiebre y ya no pudo regresar. Su muerte conmovió al pueblo. Temieron que su mujer comitiera un acto fatal, como tantos que había representado cantando, así es que se turnaron para acompañarla de día y de noche durante las semanas siguientes. Maurizia Rugieri se vistió de luto de pies a cabeza, pintó de negro todos los muebles de la casa y arrastró su dolor como una sombra tenaz que le marcó el rostro con dos profundos surcos junto a la boca, sin embargo no intentó poner fin a su vida. Tal vez en la intimidad de su cuarto, cuando estaba sola en la cama, sentía un profundo alivio porque ya no tenía que seguir tirando de la pesada carreta de sus sueños, ya no era necesario mantener vivo al personaje inventado para representarse a sí misma, ni seguir haciendo malabarismos[22] para disimular las flaquezas de un amante que nunca estuvo a la altura de sus ilusiones. Pero el hábito del teatro estaba demasiado enraizado. Con la misma paciencia infinita con que antes se creó una imagen de heroína romántica, en la viudez construyó la leyenda de su desconsuelo. Se quedó en Agua Santa, siempre vestida de negro, aunque el luto ya no se usaba desde hacía mucho tiempo, y se negó a cantar de nuevo, a pesar de las súplicas de sus amigos, quienes pensaban que la ópera podría darle consuelo. El pueblo estrechó el círculo alrededor de ella, como un fuerte abrazo, para hacerle la vida tolerable y ayudarla en sus recuerdos. Con la complicidad de todos, la imagen del doctor Gómez creció en la imaginación popular. Dos años después hicieron una colecta para fabricar un busto de bronce que colocaron sobre una columna en la plaza, frente a la estatua de piedra del libertador.

Ese mismo año abrieron la autopista que pasó frente a Agua Santa, alterando para siempre el aspecto y el ánimo del pueblo. Al comienzo la gente se opuso al proyecto, creyendo que sacarían a los pobres reclusos del Penal de Santa María para ponerlos, engrillados,[23] a cortar árboles y picar piedras, como decían los abuelos que había sido construida la carretera en tiempos de la dictadura del Benefactor,[24] pero pronto llegaron los ingenieros de la ciudad con la noticia de que el trabajo lo realizarían máquinas modernas, en vez de los presos. Detrás de ellos vinieron los topógrafos y después las cuadrillas de obreros con cascos anaranjados y chalecos que brillaban en la oscuridad. Sus máquinas resultaron ser unas moles de hierro del tamaño de un dinosaurio, según cálculos de la maestra de escuela, en cuyos flancos estaba pintado el nombre de la empresa, *Ezio Longo e Hijo*. Ese mismo viernes llegaron el padre y el hijo a Agua Santa para revisar las obras y pagar a los trabajadores.

---

[22]**malabarismos:** juegos malabares, ejercicios de destreza que consisten en lanzar y recoger objetos diversos (normalmente pelotas), sin que caigan al suelo.

[23]**engrillado:** metido en un grillete, un arco de hierro que sujeta los pies; sujetado, aprisionado.

[24]**Benefactor:** alusión al dictador militar Juan Vicente Gómez, que gobernó Venezuela con mano dura desde 1908 hasta su muerte en 1935.

260   Al ver los letreros y las máquinas de su antiguo marido, Maurizia Rugieri se escondió en su casa con puertas y ventanas cerradas, con la insensata esperanza de mantenerse fuera del alcance de su pasado. Pero durante veintiocho años había soportado el recuerdo de su hijo ausente, como un dolor clavado en el centro del cuerpo, y cuando supo que los dueños de la compañía constructora estaban en Agua Santa almorzando en la taberna, no pudo seguir luchando contra su instinto. Se miró en el espejo. Era una mujer de cincuenta y un años, envejecida por el sol del trópico y el esfuerzo de fingir una felicidad quimérica, pero sus rasgos aún mantenían la nobleza del orgullo. Se cepilló el cabello y lo peinó en un moño alto, sin intentar disimular las canas, se colocó su mejor vestido negro y el collar de

270 perlas de su boda, salvado de tantas aventuras, y en un gesto de tímida coquetería se puso un toque de lápiz negro en los ojos y de carmín en las mejillas y en los labios. Salió de su casa protegiéndose del sol con el paraguas de Leonardo Gómez. El sudor le corría por la espalda, pero ya no temblaba.

    A esa hora las persianas de la taberna estaban cerradas para evitar el calor del mediodía, de modo que Maurizia Rugieri necesitó un buen rato para acomodar los ojos a la penumbra y distinguir en una de las mesas del fondo a Ezio Longo y el hombre joven que debía ser su hijo. Su marido había cambiado mucho menos que ella, tal vez porque siempre fue una persona sin edad. El mismo cuello de león, el mismo sólido esqueleto, las mismas facciones torpes y ojos hundidos, pero ahora

280 dulcificados por un abanico de arrugas alegres producidas por el buen humor. Inclinado sobre su plato, masticaba con entusiamo, escuchando la charla del hijo. Maurizia los observó de lejos. Su hijo debía andar cerca de los treinta años. Aunque tenía los huesos largos y la piel delicada de ella, los gestos eran los de su padre, comía con igual placer, golpeaba la mesa para enfatizar sus palabras, se reía de buena gana, era un hombre vital y enérgico, con un sentido categórico de su propia fortaleza, bien dispuesto para la lucha. Maurizia miró a Ezio Longo con ojos nuevos y vio por primera vez sus macizas virtudes masculinas. Dio un par de pasos al frente, conmovida, con el aire atascado[25] en el pecho, viéndose a sí misma desde otra dimensión, como si estuviera sobre un escenario representando el momento más

290 dramático del largo teatro que había sido su existencia, con los nombres de su marido y su hijo en los labios y la mejor disposición para ser perdonada por tantos años de abandono. En ese par de minutos vio los minuciosos engranajes de la trampa donde se había metido durante tres décadas de alucinaciones. Comprendió que el verdadero héroe de la novela era Ezio Longo, y quiso creer que él había seguido deseándola y esperándola durante todos esos años con el amor persistente y apasionado que Leonardo Gómez nunca pudo darle porque no estaba en su naturaleza.

    En ese instante, cuando un solo paso más la habría sacado de la zona de la sombra y puesto en evidencia, el joven se inclinó, aferró la muñeca de su padre y le dijo algo con un guiño simpático. Los dos estallaron en carcajadas, palmoteándose los

---

[25]**atascado:** estancado, detenido.

³⁰⁰ brazos, desordenándose mutuamente el cabello, con una ternura viril y una firme complicidad de la cual Maurizia Rugieri y el resto del mundo estaban excluidos. Ella vaciló por un momento infinito en la frontera entre la realidad y el sueño, luego retrocedió, salió de la taberna, abrió su paraguas negro y volvió a su casa con la guacamaya volando sobre su cabeza, como un estrafalario²⁶ arcángel de calendario.

REFLEXIÓN Y ANÁLISIS

1) Describa a los personajes principales del cuento; trate de explicar la preferencia de Maurizia Rugieri por el joven Leonardo Gómez.

2) Analice el "amor" compartido entre Maurizia y Leonardo; ¿se aman el uno al otro con la misma intensidad?

3) Describa los dos pueblos donde viven los amantes, y el papel social que asume Maurizia en los dos lugares.

4) ¿Qué eventos impulsan el desenlace final, dando a Maurizia Rugieri la oportunidad de conocer de nuevo a su hijo?

5) ¿Qué decisión toma Maurizia Rugieri al final del cuento, y qué es lo que esta decisión revela acerca de su personalidad?

6) Investigue el "realismo mágico", y trate de ver si este cuento cabe dentro de esa tendencia literaria.

7) ¿Qué papel juega la ópera "Tosca" (de Puccini) en este cuento? ¿Cuáles son las coincidencias y las diferencias entre el argumento del cuento y el de la ópera?

BIBLIOGRAFÍA

Alvarez-Rubio, Pilar. "Una conversación con Isabel Allende." *Revista Iberoamericana* 60.8 (julio–diciembre 1994): 1063–71.

Castillo de Berchenko, Adriana, y Pablo Berchenko, eds. *La narrativa de Isabel Allende: claves de una marginalidad.* Perpignan, France: Université de Perpignan, 1990.

Coddou, Marcelo. *Para leer a Isabel Allende: introducción a "La casa de los espíritus."* Concepción, Chile: Ediciones LAR, 1988.

Hart, Patricia. *Narrative Magic in the Fiction of Isabel Allende.* Cranbury, N.J.: Associated University Presses, 1989.

Levine, Linda Gould. "A Passage to Androgyny: Isabel Allende's *La casa de los espíritus.*" *The Feminine Mode: Essays on Hispanic Women Writers.* Eds. Noël Valis y Carol Maier. Lewisburg, Pa.: Bucknell University Press, 1990.

Riquelme Rojas, Sonia, y Edna Aguirre Rehbein, eds. *Critical Approaches to Isabel Allende's Novels.* New York: Peter Lang, 1991.

Rivero, Eliana S. "Scheherezade Liberated: Eva Luna and Women Storytellers." *Splintering Darkness: Latin American Women Writers in Search of Themselves.* Ed. Lucia Guerra Cunningham. Pittsburgh: Latin American Literary Review Press, 1990.

Ben Heller

---

²⁶**estrafalario:** desaliñado, extravagante, ridículo.

ROSARIO FERRÉ (1942–   )

Rosario Ferré nació en Puerto Rico en 1942, país en el que dirigió por dos años la revista literaria *Zona de carga y descarga* (1972–1974). A través de esta publicación dio a conocer sus primeros textos: narraciones cortas, poemas y algunos ensayos. En 1976 Ferré publicó en México su primera colección de cuentos: *Papeles de Pandora,* libro en el que explora de forma sobresaliente la temática de la mujer. A finales de la década de los setenta y a principios de los ochenta, la escritora puertorriqueña dio a la prensa tres colecciones de cuentos para niños: *El medio pollito* (1978), *Las fábulas de Juan Bobo* (1980) y *La mona que le pisaron la cola* (1981). En estas colecciones hay muchos elementos de intertextualidad de la cuentística universal: la fábula oriental, los cuentos de hadas europeos, la picaresca española y las leyendas indígenas. Dichos elementos convergen en estas narraciones que han sido comentadas por la estudiosa Margarite Fernández Olmos como "fantasías emancipadoras", debido a que logran transmitir una cierta subversión respecto a los códigos convencionales.

Sin embargo, la obra de Rosario Ferré no se limita sólo al cuento. En 1980 esta autora publicó un libro de ensayos sobre mujeres sobresalientes: *Sitio A Eros.* En este volumen Ferré reflexiona sobre la obra de algunas reconocidas escritoras inglesas (Mary Godwin Shelley, Virginia Woolf, Jean Rhys, Sylvia Plath) y sobre los escritos de algunas no menos sobresalientes escritoras rusas (Clara Zetkin, Ines Armand y Alexandra Kollontay, de quien retoma el título de su ensayo *Sitio a Eros alado*). Así mismo, Ferré destaca en su libro la figura de la fotógrafa italiana Tina Modotti (la protagonista central del reciente libro de Elena Poniatowska, *Tiníssima,* 1992), así como también se refiere a Anais Nin, George Sand, Flora Tristán y Julia de Burgos. Además de sus reflexiones sobre estas mujeres célebres, Rosario Ferré elabora su teoría del diario como forma de escritura femenina. En su ensayo sobre este último tema la autora afirma: "El diario es ese lugar secreto donde la mujer encuentra su autenticidad, libre de los prejuicios de los que siempre ha sido víctima".

Rosario Ferré recibió en 1982 el grado de maestría en literatura española e hispanoamericana en la Universidad de Puerto Rico. En ese mismo año publicó *Fábulas de la garza desangrada,* volumen que recoge narraciones poéticas y del cual Julio Ortega ha afirmado que el yo narrativo que lo estructura es un yo subversivo que se ha desprendido ya del árbol patriarcal y familiar, siendo entonces las fábulas de Ferré fábulas eminentemente transgresivas. Trascurridos cinco años desde la publicación del libro, Ferré concluyó su doctorado en la Universidad de Maryland (1987). El año anterior a su doctorado, la escritora puertorriqueña publicó *Maldito Amor* (1986), novela acompañada de tres narraciones cortas. En

1989 Ferré publicó sus *Sonatinas* y un nuevo libro de ensayos: *El árbol y sus sombras,* en el que aborda temas clásicos de la literatura en lengua española desde la Celestina hasta Sor Juana. Las más recientes publicaciones de Rosario Ferré son el *Coloquio de las Perras* (1990) y las *Memorias de Ponce: autobiografía de Luis A. Ferré* (1992).

En la presente antología se incluye "Amalia", uno de los cuentos que integran el primer volumen de cuentos que publicó la escritora. En esta historia, como en el cuento "La muñeca menor", la autora utiliza la técnica del desdoblamiento para narrar los sucesos que aquejan a los protagonistas de su narrativa. El cuento de Ferré evidencia, además, la búsqueda de un lenguaje literario que se expresa mediante imágenes oníricas surrealistas semejantes a las que usaban los vanguardistas de las primeras décadas del siglo veinte. Así, por ejemplo la narradora de "Amalia" se encuentra, al inicio de la historia, "sudando caballos blancos y gaviotas que vomitan sal". Estas imágenes surrealistas alternan con la narración de tono cotidiano. Destaca en el relato la utilización de la ironía como soporte de la crítica social que la autora establece en repetidas ocasiones: "los embajadores porto rico is our home, porto rico chicken soup, chicken wire, chicken egg, porto rico chicken, ours, oh yes . . .". En efecto, en "Amalia" no sólo es evidente la denuncia de corte feminista (visible sobre todo en el desplazamiento conflictivo en las muñecas), también existe en el texto una denuncia sociológica que critica mordazmente la situación actual de Puerto Rico: una sociedad marcada por el colonialismo y por la influencia que ejerce la lengua inglesa sobre el idioma español.

La crítica estadounidense, Jean Franco, comenta el aspecto sociológico de la narrativa de Ferré señalando que esta escritora nacida en Puerto Rico, al igual que un buen número de autoras latinoamericanas contemporáneas, ha escrito no únicamente sobre la familia (tema característico de la narrativa de las mujeres), sino sobre las peligrosas y precarias alianzas que las clases sociales establecen entre sí. De acuerdo con este reconocimiento, es posible percibir en "Amalia" y en todos los cuentos que integran el libro *Papeles de Pandora,* la complejidad que se deriva de la alianza entre la burguesía puertorriqueña, el ejército, los extranjeros y las clases sociales bajas. De igual forma, en el cuento mencionado se presenta la situación de la mujer hispanoamericana actual, quien tradicionalmente crece en el seno de una familia conservadora, la cual impone a las jóvenes destinos que únicamente conllevan la perpetuidad de un sistema en el que la mujer no tiene más alternativa que someterse a la voluntad masculina. La rebeldía social y feminista presente en "Amalia" no debe buscarse en el texto en sí, debido a que el final de la narración concluye en uno de los tres destinos que la crítica feminista ha considerado "típicamente femeninos": el matrimonio, la muerte o la locura. La rebeldía liberadora del cuento analizado se encuentra, más bien, en la denuncia que emerge en la exposición misma de la enajenación femenina.

De *Papeles de Pandora*, 1976

Amalia[1]

> y dios expulsó al hombre y puso delante del jardín de edén un querubín[2] y una espada flameante[3] que giraba hacia todas partes para guardar el camino del árbol de la vida.
>
> *Génesis, cap. 3.*

Ahora ya estoy aquí, en medio del patio prohibido, saliéndome desde adentro, sabiendo que esto va a ser hasta donde dice sin poder parar, rodeada de golpes de sábana y aletazos[4] abandonados que dan vuelta a mi alrededor, sudando caballos blancos y gaviotas que vomitan sal.[5] Ahora empiezo a acunar entre los brazos esta masa y repugnante que era tú, Amalia, y era también yo, juntas éramos las dos una sola, esperando el día en que nos dejaran encerradas en este patio, en que sabiendo que nos dejarán. Ahora todos se han ido y la casa arde como un hueso blanco y doy un suspiro de alivio porque ya estoy sudando, porque ahora por fin puedo sudar.

Una de las sirvientas me encontró con los ojos vueltos hacia la sombra de atrás tirada en el suelo del patio como una muñeca de trapo. Y empezó a gritar y aunque yo estaba lejos la oía gritando al lado mío con desesperación hasta que sentí que entre todas me levantaban con mucho cuidado y me llevaron a mi cuarto y me tendieron en la cama y después se fueron todas llorando a buscar a mamá. Ahora el brazo derecho me pesa como un tronco y siento la aguja metida, y aunque tengo los ojos cerrados sé que es la aguja porque ya la he sentido antes y sé que debo tener paciencia y no me puedo mover porque si me muevo es la carne desgarrándose por dentro y el dolor. Oigo detrás de la puerta a las sirvientas gimoteando[6] y más cerca a mamá, doctor, si la niña no hacía ni diez minutos que había salido al patio, se le escapó a las sirvientas que estaban lavando la ropa en la pileta, si para eso están ellas para vigilarla que no salga al sol, tres sirvientas para eso nada más, pero ella es lista como una ladilla[7] y se les escapa todo el tiempo,

---

[1]Este cuento forma parte del libro de Rosario Ferré, *Papeles de Pandora* (México: Joaquín Mortiz, 1976). En el cuento la autora continúa la temática que da inicio a su libro de relatos: el tema de la mujer joven cuya vida es contada a través de un desdoblamiento con las muñecas de su niñez. Ver el cuento "La muñeca menor", texto con el que Ferré inicia su mencionado libro de cuentos.

[2]**querubín:** ángel.
[3]**flameante:** con llamas de fuego.
[4]**aletazos:** golpes de ala.
[5]Imagen visual de tonos surrealistas que será una característica de la narrativa de Ferré.
[6]**gimoteando:** derivado peyorativo de gimiendo.
[7]**ladilla:** parásito. Figurativamente se utiliza para describir a una persona cuyo comportamiento es insistente y causa molestias.

en cuanto se distraen se escurre como una polilla[8] blanca por la oscuridad, se esconde debajo de las hojas de malanga[9] acechando, velando el patio donde se
30 ponen a secar las sábanas, y cuando ve que no hay nadie sale y se acuesta en el piso ardiendo como una cualquiera, como una desvergonzada, ensuciándose el traje blanco y las medias blancas y los zapatos blancos, con esa carita inocente vuelta hacia arriba y los brazos abiertos, porque quiere saber lo que pasa, dice, quiere saber cómo es. Ya casi no puedo dormir, doctor, es la cuarta vez y la próxima la encontraremos muerta, y lo peor es no saber lo que tiene, saber nada más que no tiene remedio, verle esa piel blancucina y transparente como un bulbo de cebolla encogiéndose y ensortijándose al menor contacto con el calor, ver el agua que le sale por todas partes como si fuera una vejiga y no una niña y la estuvieran exprimiendo. Por las noches sueño que la veo tirada en el suelo del patio toda
40 arrugada y seca, con la cabeza muy grande y el cuerpo chiquitito, con la piel gomosa y violeta pegada sin remedio al semillero duro de los huesos.

Entonces oigo señora, dígame, entre su familia y la de su marido existe alguna relación, no que yo sepa, doctor, no hay lazos de sangre si eso es lo que usted quiere decir, no quedábamos ni primos lejanos, pero por qué pregunta eso, qué es lo que está pensando, no nada, es que en estos casos de degeneración genética siempre hay detrás algún incesto, son los mismos genes que se superponen unos a otros hasta que se debilitan las paredes y entonces aparece en el hijo una característica de naturaleza distinta, nace con una sola pierna o a lo mejor sin boca, sí, claro, casi siempre se mueren pero en este caso no y eso es lo malo, qué es lo que
50 usted está diciendo doctor, incesto. Pero si mi marido y yo no quedábamos nada, usted está loco, doctor, INCESTO. IN-cesto, in the basket, encestó, señora, el cesto de la basura, el vicio de los pobres, en el diez por ciento de las familias puertorriqueñas se comete incesto, es la urgencia natural del hombre cuando se acuesta la madre con las hijitas en el mismo cuarto, ya usted sabe en la oscuridad no se sabe, winstontastesgood like a cigarret should, pero también es el vicio de los ricos, es el vicio de todo el mundo porque la relación sexual es siempre meternos dentro de nosotros mismos, meter el espejo dentro del espejo, el espejo redondo dentro del útero de nuestra madre por donde asoma la cabeza sangrienta de nuestro hermano, carne de mi carne y sangre de mi sangre que te meto den-
60 tro, ¡oh! dios creó al hombre a su imagen y semejanza pero el hombre se sintió solo en aquel paraíso tan grande y entonces dios creó a la mujer y se la presentó, ésta se llamará varona porque de varón ha sido tomada y el hombre se sintió consolado porque cada vez que fornicaba con ella le parecía que fornicaba con dios. It happens in the best of circles, or baskets, perdón.

Entonces oigo que mi madre da un portazo y sale del cuarto y las sirvientas siguen gimoteando detrás de la puerta y oigo que el médico les da instrucciones

---

[8]**polilla:** pequeña mariposa nocturna que destruye papel, telas, lanas, etc. Figurativamente se usa para describir a

una persona cuyo comportamiento es destructivo.
[9]**malanga:** planta del Caribe.

minuciosas para mi absoluto reposo y para que traten por todos los medios de impedir que vuelva a salir al sol. Entonces cierra la puerta sin hacer ruido y se va.

De medio día abajo mi tío entró a verme acompañado de mamá. Tenía puesto el uniforme militar, planchado y almidonado[10] como un arcángel y el águila relumbrándole[11] sobre la visera del gorro. Llevaba una gran caja rosada debajo del brazo y con el otro abrazaba a mamá rodeándole los hombros desnudos. Los veo ahora, juntos al pie de mi cama, deformándose continuamente por las gotas de sudor que me caen de los párpados, las facciones finas, las manos finas, los labios finos, alargándose, acortándose, concavándose, uno en traje de mujer y el otro en traje de hombre, idénticos, alternando animadamente los mismos gestos, cambiando rápidamente de máscaras entre sí, rebotando risaspelotasblancas con precisión mortal, empatados en pantomima furia, olvidados por completo del mundo. Me hablan pero yo sé que me usan, yo no soy más que una pared que reboto pelotas, juntos al pie de mi cama, mirándome, me usan para jugar entre sí. Hoy te he traído una sorpresa me dice le dice mi tío, y abrió la caja y sacó con mucho cuidado una preciosa muñeca de novia de entre los pliegues de papel de seda, es una muñeca muy fina, me dice le dice, no es como las de ahora y le dio cuerda a una pequeña mariposa que tenías en la espalda y empezaste a mover tu pequeño abanico de nácar al son del cilindro de alfileres que te daba vueltas dentro del pecho. Entonces mi tío se rió como embromándome y un chorro de pelotas blancas rebotaron contra mí. Después que salieron del cuarto te acosté a mi lado y comprendí lo que mi tío había querido decir. Eras, en efecto, una muñeca extraordinaria, pero tenías una particularidad. Estabas hecha de cera.

Pobre Amalia ahora se te está derritiendo[12] la cara y ya se ve la tela metálica donde reposan tus facciones, tu cara parece el ojo abierto de una mosca gigante. Trato de protegerte con mi cuerpo pero ya no sirve, el sol viene de todas partes, rebota de las paredes y te da puñetazos, de la sábanas cartones blancos, del piso arde. Ahora se te han derretido los párpados y me miras con las bolas de los ojos fijos, como esos peces de los lagos subterráneos que no necesitan párpados porque no hay sol y nunca se sabe si están dormidos o despiertos. Ahora se te ha derretido la boca en un vómito de sangre y me da rabia porque pienso que la culpa de todo la tuvieron ellas, las otras muñecas que manipularon a su antojo al muñeco grande, porque estaban limitadas a una sola galería y a una sola baranda y ése era su destino, estar siempre en su sitio cuidando sus mesitas y sus floreros, sus tacitas y sus manteles haciendo juego, recibiendo las visitas de los generales y de los embajadores y de los ministros porque no quisieron y no les dio la gana y no se quisieron conformar. El sudor me cae dentro de los ojos y me arde pero mamá sigue de pie junto a mi cama, sonriéndome, aunque a mi tío, por más que

---

[10]**almidonado:** el almidón es una sustancia blanca que se usa al planchar para dejar las telas rígidas, sin arrugas.

[11]**relumbrándole:** brillándole.
[12]**derritiendo:** volviéndose líquida.

trato, no puedo verlo más que en pedazos, como acabo de verlo ahora mismo cuando me asomé por la ventana del comedor.

El día que mamá murió le quité a Amalia su traje de novia y la vestí de luto. Como mi padre había muerto hacía mucho tiempo mi tío se vino a vivir a la casa acompañado de Gabriel su chofer. Al poco tiempo de estar en casa mi tío botó a las antiguas sirvientas de mamá y cogió para el trabajo a tres muchachas muy bonitas, la María, la Adela y la Leonor. Las trataba siempre muy bien, nunca como si fueran sirvientas, las mandaba al beauty parlor[13] todo el tiempo, les regalaba perfumes y joyas y le asignó a cada cual una preciosa habitación.

A pesar de que las muchachas agradecían a mi tío sus atenciones y eran siempre cariñosas con él, era evidente desde que llegaron a la casa que las tres andaban rematadas[14] por Gabriel. Cuando Gabriel se sentaba en la silla de la cocina a cantar, vestido con el uniforme tinta que se confundía con su piel, los ojos le relampagueaban y su voz daba coletazos[15] de muchedumbre. Cantaba todo el tiempo, lamiendo con voz de brea[16] los zócalos y las paredes de losetas blancas de la cocina, derritiéndola sobre el fogón para después revolcarla entre las cenizas antes de enroscársela dentro de la boca otra vez. Siempre con la gorra puesta y ellas todo el tiempo sirviéndole café. Entonces empezaba a tocar en la tabla de picar las costillitas y las chuletas una dos y tré como si fuera un tambor de picar las manos rosadas de cerdo y los sesos azules de buey que pase maschévere[17] hasta que ellas dejaban lo que estaban haciendo y lo seguían porque no les quedaba más remedio que seguirlo, bailando alrededor de la mesa de la cocina, garabateando el compás con el tenedor chiquiquichiqui sacándole las agallas a los peces y enganchándoselas de las orejas enroscándoselas alrededor del cuello quichiquichá como navajas de coral triturando huesos y chupando tuétanos una dos y tré y después baila que te baila y toribio toca la flauta que la conga É. La verdad que a mí también me gustaba seguir el compás con mi zapato blanco escondida detrás de la puerta de la cocina hasta que un día él me atrapó y dándome una voltereta en el aire me agarró por la muñeca y me puso al final de la cola. Desde ese día, cuando Gabriel no tenía que manejar el carro de mi tío, todo el día nos la pasábamos jugando.

Mi tío no había querido casarse nunca y se había dedicado en cuerpo y alma a la carrera militar. Yo había sentido siempre una inexplicable antipatía hacia él y evitaba su compañía. Él, por su parte, trataba siempre de ser amable conmigo. Había dado órdenes a las sirvientas de que ya que el doctor me tenía prohibido salir al patio, me dejasen dentro de la casa en completa libertad. También por

---

[13]La utilización del idioma inglés en este texto tiene una intención sarcástica.

[14]**rematadas:** locas.

[15]**coletazos:** golpes.

[16]**brea:** resina que se unta a la madera para una mejor combustión.

[17]**maschévere:** expresión popular que sugiere algo muy bueno, formidable, excelente . . .

aquel tiempo me fue regalando otras muñecas bien alimentadas y mofletudas, a quienes fui bautizando María, Adela y Leonor.[18]

Poco después de su llegada lo ascendieron a general y empezó entonces la interminable caravana de embajadores y de ministros, coroneles y generales. Yo los miraba pasar jugando con las muñecas, sentada en el piso del comedor como si viese pasar una procesión de tronos y dominaciones, pasillos y escaleras, subiendo y bajando majestuosamente la alfombra roja que llevaba al despacho de mi tío, pasando suavemente la mano por encima de la bola verde que brillaba al comienzo y al final. Yo no comprendía de lo que hablaban pero me gustaba escucharlos cuando sus voces se elevaban llenas de inspiración, como esos himnos que se elevan por las noches de los templos pentecostales, jesús se quedó dormido tenemos que ganar jesús se quedó dormido somo los responsables del orden mundial jesús se quedó dormido establecido por mandato divino jesús se quedó dormido y si no se despierta pronto somos responsables de la paz sea con vosotros, de esa paz que conseguimos por medio de la producción en masa de cerebros cloroformocoliflor, de esa paz que repetimos todos los días, con la televisión me acuesto, con la televisión me levanto, coma por televisión, haga el amor por televisión, abra las piernas por televisión y para sin dolor, PROHIBIDOFUMAR PROHIBIDOMARAVILLARSE PROHIBIDOPREGUNTAR PROHIBIDOPENSAR dominus vobiscum et cumspiritutuo, la paz de la televisión sea con vosotros. Jesús se quedó dormido jesús se quedó dormido y si no se despierta pronto María lo matará lo matará lo matará.

Entonces oigo que dicen de ahora en adelante usaremos todas las armas que la divina providencia en su inmensa sabiduría ha puesto a nuestro alcance. ALCANCES, morteros, cañones, submarinos, cruceros y también el séptimo sello metido en una cajita de deodorante BanBan que una cigüeña lleva volando en el pico mientras venus se queda mirándola desde la tierra preocupada de que no se la vaya a caer y entonces oigo we are shipping M-48 tanks, landing tanks, every fifteen minutes, landing tanks, using nine triple turret eight inch guns, largest in service, destroying guided missiles, helicopters at its shores, every fifteen minutes, fresh fighter bombers, F4 phantoms, A6 intruders, A7 corsairs, every fifteen minutes, opening their jaws to vomit death, titititititiiti la máquina de teletipo sigue titititititiiti sacándome la lengua, enredándola alrededor de las patas de las sillas del comedor y de los tiradores de las gavetas civilians flee as gunners slammed barrage after barrage titititititi llenando el comedor hasta el techo de serpentina blanca.

Cuando la raíz de la lengua se le quedó atascada en la boca la máquina de teletipo se calló. Entonces todos los ministros, embajadores y generales se levantaron con mucho cuidado para que no se les resquebrajara[19] el almidón de los uniformes

---

[18]La narradora bautiza a las muñecas con el nombre de las criadas que contrató el tío.

[19]**que no se resquebrajara:** que no se volviera blando.

180 y poniéndose la mano derecha sobre el corazón bajaron todos la cabeza y repitieron con profunda devoción hace siete años que lo debimos de haber hecho hace siete años que lo debimos hacer. Yo los escuchaba sin comprender lo que estaban hablando, pero cuando los oía cogía a mis muñecas y las ponía a todas en fila, hagan fila, orden, orden, a-t-t-tenttion, pero las muñecasoldadosniñosmuertos no me hacían caso se empeñaban en apiñarse a orillas de los caminos ofreciendo sus cerebros abiertos como ramos a los caminantes que no se los querían comprar. Y Amalia vestida de negro caminando por el desierto con la cabeza en la mano todo el tiempo quejándose todo el tiempo protestando porque ya no era como antes una hermosa mujer vestida de blanco que se paraba al pie de la cama y se quedaba tranquila observándonos morir, porque ahora no era más que una muertepiltrafa, muerteañico, muertenafta, muertenapalm, muertelatadesopa tabulada por la máquina registradora a 39 centavos cada una. Entonces me quedaba quieta en medio de la serpentina blanca y empezaba a sudar.

190 Desde que empezaron las visitas de las delegaciones se interrumpieron nuestros juegos en la cocina. Al terminar cada reunión mi tío llevaba a sus invitados a la sala donde hacía que la María, la Adela y la Leonor les sirvieran pasta de guayaba con queso[20] y refresco de limón. Después hacía que se sentaran con ellos a darles conversación, como son extranjeros es bueno que nos conozcan mejor que vean que aquí también hay muchachas bonitas que se hacen tipping en el pelo usan pestañas postizas y covergirlmakeup, use Noxema shaving foam, take it off, take it off, Sexi Boom! executives intimate clothing fashion show Sexi Boom! churrasco served en La Coneja, Avenida Ponce de León No. 009 next to Martin Fierro Restaurant y ellos yes how nice, are these girls daughters of the american revolution? All. But much more exotic of course, the flesh and fire of tropical fiestas, of piña colada and cocorum, lets start screwing together the erector set girls, mi daddy wanted me to be an engineer and every year he gave me for christmas a yellow erector set.

200 Y la María la Adela y la Leonor a carcajada limpia coreando oh tierra de borinquen[21] donde he nacido yo, reptando como jutías[22] por encima de las butacas y de los sofás, tierra de miss universo la isla de marisol, tomando champán en zapatos de escarcha azul, desfilando desnudas por entre galerías de libros que nadie tiene tiempo de leer, poe-sía peo-sea, porque se tapó el sifón y la trituradora se atascó y la comida podrida apesta, cuando a sus playas llegó colón, aguantándose la risa dentro de las tripas, exclamó lleno de admiración FO! FO! FO! acariciando a los militares y a los embajadores con manos de mayonesa y uñas de guanábana, abofeteándose las caras con los cinco dedos abiertos para restrellarse la sangre y asegurarse de que no estaban muertas.

---

[20]Postre típico del Caribe.
[21]A las personas nacidas en Puerto Rico se
  les llama borinqueños.

[22]**jutías:** roedores de las Antillas.

Al principio yo las oía desde lejos y les tenía pena hasta el día en que a mí también me llevaron a la sala y me pararon debajo de la lámpara con la falda blanca
220 muy abierta como si fuera una mariposa de papel. Entonces me levantaron entre todas y me sentaron sobre las rodillas de mi tío y me llenaron las manos de mentas blancas y sonriéndome con ternura me aseguraron que todo aquello lo hacían en mi honor. Desde entonces cada vez que oía a alguien tocando suavemente a la puerta de atrás yo misma corría a abrir y ante el asombro de los hombres que se quedaban mirándome desde la penumbra del umbral yo sacudía enérgicamente la cabeza para que no los engañaran mis rizos y mi gran lazo blanco y los cogía tiernamente de la mano y los hacía entrar y caminando en puntillas atravesábamos sigilosamente los pasillos oscuros hasta donde yo sabía que se estaban divirtiendo tanto la María la Adela y la Leonor.

230 Durante aquellas tardes en que Gabriel y yo nos encontrábamos encerrados en la casa, abandonados a nuestra propia soledad, nos pasábamos todo el tiempo jugando a las muñecas. Habíamos convertido en casa de muñecas el antiguo ceibó del comedor porque nos agradaban las largas galerías de balaustres donde antes se recostaban las caras vacías de los platos. Sacamos a las muñecas de sus cajas y le asignamos a cada una un piso. Entonces establecimos una ley, en ese piso que le pertenecía cada habitante podía hacer y deshacer a su antojo pero no podía bajo pena de muerte visitar a los demás. Así jugamos tranquilos todas las tardes hasta el día en que a Gabriel le volvieron a entrar las ganas de cantar.

Ese día Gabriel se atrevió a coger a Amalia entre los brazos y yo que no quie-
240 ro forcejeando para quitársela Amalia es mía no la toques pero no había suéltala forma él era mucho más fuerte que yo suéltala te digo y la comenzó a acunar cantándole condenado muy pasito y que estás acunándola haciendo hasta que Amalia ayayay comenzó a enloquecer rompiendo todas las leyes ayayay subiendo y bajando por todas las galerías al principio jugando Amalia abriendo y cerrando tus faldas negras por entre los balaustres ayayay riendo Amalia por primera vez riendo con dientes de guayo chiquiquichiqui machacando ajos con los talones blandos en el hoyo hediondo del pilón PUM-pum-pum-pum, PUM-pum-pum-pum ay mamita qué fuerte huele la carnecita de ajo y después huyendo Amalia chillando como una loca como una verdadera furia corriendo y resbalándote, levantándote
250 y volviendo a correr una y otra vez sin importarte ya el precio que sabía que tendría que pagar. En las tardes que se sucedieron Gabriel y yo seguimos jugando a las muñecas, pero desde ese día nuestros juegos fueron diferentes. Amalia subía y bajaba por todas las galerías en completa libertad.

Todo hubiese seguido igual y así hubiésemos seguido siendo, a nuestra manera, felices, si no es por culpa tuya Amalia, porque se me metió en la cabeza que tú eras infeliz. Mi tío había insistido en que cuando yo cumpliera doce años hiciera la primera comunión. Unos días antes me preguntó lo que quería de regalo y yo sólo pensé en ti, Amalia, en los años que llevabas de luto y en las ansias que tendrías de vestirte de novia otra vez. Después de todo para eso te habían hecho,
260 para eso tenía un sitio blando en la mollera donde se te podía enterrar sin temor

un largo alfiler de acero que te fijara en su sitio el velo y la corona de azahares. Pero las otras muñecas te tenían envidia, gozaban viéndote esclavizada, siempre subiendo y bajando las galerías María cuánto has hecho hoy, que mi tío necesita dinero, y tú Adela acuérdate que me debes un lazo blanco y un par de medias, Leonor como te sigas haciendo la enferma te van a botar de aquí tú que ya tienes el pelo pajizo y la cara plástica resquebrajada, así consecutivamente, visitando las galerías dos y tres veces al día con el bolsillo oculto de la falda negra hecho una pelota de dinero de papel.

Yo quisiera un novio para Amalia dije y él me miró sonriendo como si hubiese esperado esa contestación. Esta mañana me entregó la caja de regalo antes de salir para la iglesia. Ya yo tenía los guantes puestos y la vela en la mano pero no pude esperar a estar de vuelta. Abrí la caja en seguida y cuando levanté la tapa se me paralizó el corazón. Adentro había un gran muñeco rubio vestido de impecable uniforme militar, reluciente de galones y de águilas. Cogí mi vela, mi misal y mi bolsa con la hostia pintada encima y debajo del velo que cubría mi cara logré disimular mi terror. Salimos a la calle y mi tío abrió inmediatamente sobre mí su paraguas negro. La iglesia quedaba cerca y fuimos en pequeña procesión, primero mi tío y yo, después Gabriel, después la María la Adela y la Leonor. La caja se había quedado abierta sobre la mesa, a merced de las habitantas del ceibó.

Cuando regresamos a la casa nos quedamos paseando por el patio, mi tío insistió en que me sentara a su lado en un banco y se quedó mirándome un rato sin pronunciar una sola palabra. Todavía sostenía el paraguas negro abierto sobre mi cabeza y había ordenado a los demás que subieran a la casa para que más tarde nos sirvieran allí la merienda de celebración. Los oídos me zumbaban cuando comenzó a hablarme y me dí cuenta entonces de que lo que me estaba diciendo me lo sabía de memoria, que desde un principio lo había estado esperando. Me había rodeado los hombros con un brazo y seguía hablando y yo no oía ninguna de sus palabras pero entendía perfectamente lo que me estaba diciendo y entonces supe exactamente cómo se tenía que haber sentido mamá.[23] Pero a pesar de sus palabras él veía cómo yo mantenía la cabeza agachada y no me daba la gana de mirarlo y esto lo fue enfureciendo poco a poco porque mamá siempre lo miraba recto, aunque fuera, lo supe entonces, para desafiarlo, y yo no me daba la gana de mirarlo porque él no era más que un cobarde todo cubierto de aquellas águilas ridículas y no merecía siquiera que lo desafiaran porque un fantoche no se desafía porque un fantoche no vale la pena ni desafiarlo sino que se deja tirado en un rincón hasta que la polilla lo devora o le arranca la cabeza algún ratón. Entonces puso el paraguas abierto sobre el piso y dejó que el sol me acribillara por todos lados y puso su mano sobre mi pequeña teta izquierda. Yo me quedé inmóvil y por

---

[23]La narración es deliberadamente ambigua, sin embargo, en este recuerdo parece encontrarse una referencia al diálogo inicial de la madre con el médico, cuando ambos hablaron del incesto.

fin lo miré con todo el odio de que fui capaz. Y empecé a gritar a mí no me interesa tu paraíso de manjares y de champanes edificado para los embajadores y militares que vienen de visita, los embajadores porto rico is our home, porto rico
chicken soup, chicken wire, chicken egg, porto rico chicken, ours, oh yes, a mí
no me interesa tu paraíso dioressence bath perfume, paraíso tiempo piaget donde
el amor es una bola gigante de lady richmond ice cream, porque las hojas se están
cayendo de los árboles y el cielo chorrea cianuro[24] y nitroglicerina por todas partes y los pájaros y las bestias huyen espantadas porque saben que el paraíso está
perdido para siempre. Entonces él retiró la mano de mi pecho porque vio que
sobre la tela blanca que estaba apretando había aparecido una enorme mancha de
sudor.

Pero lo que sucedió después sí que no me lo esperaba, Amalita, debe haber sido
obra de las habitantas o a lo mejor fuiste tú, sí, ahora se me ocurre que lo más
seguro fuiste tú, porque desde que Gabriel te cantó te pusiste atrevida y desvergonzada, desde entonces fuiste libre, sabías lo que querías y nada que tú quisieras
se te hubiese podido impedir. Las habitantas estaban regordetas y conformes aso-
madas a sus galerías, eran después de todo sólo muñecas plásticas de esas hechas
en serie, made in taiwan, con el orín aguado y las vocecitas de batería y el pelo
plateado de nilón. Tú trataste lo más que pudiste de hacer que se rebelaran,
echándoles en cara dos y tres veces al día su condición despreciable, su compla-
ciente manumisión, 25 dollars a fuck rodeadas de bañeras de porcelana rosa y
lavamanos en forma de tulipán en todos los colores y los clósets llenos de pelu-
cas y de ropa y de vajillas de porcelana que se levantaban en medio de la noche a
acariciar. Y no te dabas cuenta de que todo era inútil, de que tú no eras más que
una muñeca de cera, un anacronismo endeble cuya excelencia artística no tenía
empleo práctico alguno en el mundo de hoy, de que los dientes de tu caja de
música estaban enmohecidos después de tanto tiempo y de que estallarían por
todas partes como un pequeño concierto chino en cuanto te dieran cuerda y tra-
taras de incitar la rebelión. Y sinembargo a lo mejor todo esto también lo sabías
y por eso hiciste lo que hiciste a propósito y con toda premeditación. Sacaste el
muñeco militar de su caja, le arrancaste las insignias y las águilas y también el uniforme blanco y después lo pintaste de arriba abajo con la pintura más negra que
encontraste, con brea azul, le teñiste el pelo con jugo de hicacos negros, le ardis-
te la piel con cobalto y se la teñiste de añil. Entonces lo vestiste con un uniforme
muy sencillo, casi de mecánico, y le pusiste su gorra con visera de charol.[25]
Cuando la María la Adela y la Leonor subieron a servir la merienda te encontraron metida en la caja con él, abrazados.

---

[24]**cianuro:** veneno mortal.
[25]Al muñeco vestido de general le cambia el
uniforme en un obvio desplazamiento que
va del tío a Gabriel.

Entonces oímos explotar dentro de la casa el griterío de risas y mi tío subió de un salto las escaleras y entró al comedor. Yo me quedé quieta, sentada en el banco, mirando cómo las manchas de sudor se iban esparciendo por todo mi traje de manera que casi no me di cuenta cuando a los pocos segundos regresó trayéndote en vilo, sacudiéndote violentamente con las dos manos, esto es obra tuya chiquilla del demonio, te parecerás a tu madre con esa carita inocente pero en el fondo no eres más que una puta, te lo he dado todo y tú no sólo no me lo agradeces sino que me faltas el respeto, so pila de mierda descarada jódete con tu negro ahí tienes a tu pendeja muñeca y ahora quédense las dos ahí para que sepan lo que es bueno. Entonces te arrojó en mi falda y cerró la puerta de un portazo y volvió a entrar.

Un rato después empecé a oír unos ruidos extraños que venían de la casa, una dos y tré, quichí, que pase masché, quiché. Poco a poco me fui acercando al comedor hasta que haciendo un esfuerzo me pude asomar por el borde de la ventana. Gabriel iba delante, rebanando el tronco, los brazos, las manos, con golpes de acetileno, maceteando jarrones de flores y garrafas de vino, explotándolas de un solo golpe, garrapatas abastecidas, cabezas de mártires, muebles destripados, arañas espacharradas contra los espejos de baccarat, platos y vasos y fuentes de plata como proyectiles volando, piedras, puños, rodillas y codos volando, cantos de vidrio y no de palabras volando, plastas de mierda y no de palabras volando, todo estallaba a su alrededor como los fragmentos de una estrella en formación. Y detrás iban ellas, rebeladas, enfurecidas, poseídas de su espíritu por fin, bailando y pariendo a la vez, pariendo gritos y gatos y uñas mientras le pegaban fuego a los tapices y a las cortinas le han sacado los ojos y los echaron en un vaso revolviendo los cuchillos dentro de la guata le cortaron las manos y se las sirvieron en un plato quebrando la cadera y volviéndola a meter le han abierto la boca y le han metido algo rosado y largo en ella que no comprendo cada vez más profundo cuando gritan É. Mi cara me mira tranquila en el cristal de la ventana, enrojecida por la luz de las llamas. Entonces el cristal se astilla y mi cara se astilla y el humo me ahoga y el fuego me roe y veo a Gabriel delante de mí cerrándome la entrada con la espada.

Cuando el fuego se fue apagando me quedé mirando cómo el sol rebotaba de las paredes. Lentamente caminé hasta el centro del patio. Entonces me senté en el suelo y cogí a Amalia entre los brazos y la comencé a acunar. Te acuné mucho rato, tratando de protegerte con mi cuerpo mientras te ibas derritiendo. Después te acosté a mi lado y poco a poco fui abriendo los brazos sobre el cemento que late y estiré con mucho cuidado las piernas para que no se me ensuciara la falda blanca y las medias blancas y los zapatos blancos y ahora vuelvo la cara hacia arriba y me sonrío porque ahora voy a saber lo que pasa, ahora sí que voy a saber cómo es.

REFLEXIÓN Y ANÁLISIS

1) Explique el concepto "surrealismo" y encuentre ejemplos de la utilización de imágenes surrealistas en el texto.
2) Discuta el concepto "desdoblamiento" y comente los desdoblamientos, femeninos y masculinos, que se dan en el cuento.
3) Comente la utilización de la ironía y el sarcasmo.
4) Analice el comentario político que forma parte del cuento.
5) Comente la crítica feminista implícita en los reproches a las muñecas María, Adela y Leonor.

BIBLIOGRAFÍA

Davis, Lisa. "La puertorriqueña dócil y rebelde en los cuentos de Rosario Ferré." *Sin Nombre* 9 (1979): 82–88.

Fernández Olmos, Margarita. "Desde una perspectiva femenina: la cuentística de Rosario Ferré y Ana Lydia Vega." *Homines* 8 (1984-85): 303–11.

———. "Los cuentos infantiles de Rosario Ferré." *Revista de Crítica Literaria Latinoamericana* 14 (1988): 151–63.

Franco, Jean. "Rewriting the Family." *Plotting Women*. New York: Columbia University Press, 1988. 175–87.

Guerra-Cunningham, Lucía. "Tensiones paradójicas de la femineidad en la narrativa de Rosario Ferré." *Chasqui* 13 (1984): 13–25.

Lagos Pope, María Inés. "Sumisión y rebeldía: el doble o la representación de la alienación femenina en narraciones de Marta Bruner y Rosario Ferré." *Revista Iberoamericana* 51 (1985): 731–49.

Méndez Clark, Ronald. "La pasión y la marginalidad en la escritura de Rosario Ferré." *La sartén por el mango*. Ed. Patricia Elena González y Elena Ortega. Puerto Rico: Ediciones Huracán, 1984. 119–39.

Ortega, Julio. "Rosario Ferré y la voz trasgresiva." *Una Poética de Cambio*. Caracas: Ayacucho, 1991.

Oviedo, José Miguel. "La palabra apasionada de Rosario Ferré." *Escrito al margen*. México: Premiá, 1987. 310–17.

Umpierre, Luz María. "Un manifiesto literario: *Papeles de Pandora* de Rosario Ferré." *The Bilingual Review* 9 (1982): 120–26.

Alessandra Luiselli

SEVERO SARDUY (1936–1994)

Severo Sarduy fue un escritor multifacético, novelista, poeta, ensayista, dramaturgo, editor y una de las figuras más importantes y enigmáticas del boom en la narrativa latinoamericana. Su obra se destaca por su dificultad, su complejidad conceptual y lingüística. Aprendiz literario de los grandes escritores neobarrocos cubanos, Alejo Carpentier y José Lezama Lima, Sarduy, en sus ensayos y novelas, crea una teoría del Barroco que hace inteligibles en gran medida a sus precursores.

Sarduy nació en Camagüey, Cuba, en 1936, en una familia donde se mezcló sangre española, africana y china. De joven publicó versos en los periódicos de Camagüey y participó en la vida literaria de los cafés. Sin embargo, ya para los años cincuenta se había mudado a La Habana, donde estudió medicina y trabajó en una agencia de publicidad y comenzó a publicar en revistas importantes. Sus estudios nunca progresaron debido a los disturbios políticos; la lucha contra el dictador Batista ocasionó la clausura de la universidad varias veces y además, Sarduy fue uno de los pocos escritores que tomó parte activa en la lucha. Después de pasar un año en París en 1961, estudiando crítica de arte, becado por el gobierno revolucionario, decidió quedarse en Europa porque el gobierno cubano ya mostraba tendencias autoritarias.

Durante los sesenta y setenta, Sarduy formó parte del boom de la narrativa hispanoamericana, publicando sus primeras novelas, *Gestos* (1963), *De donde son los cantantes* (1967) y *Cobra* (1972). No gozó de la misma fama que Carlos Fuentes, García Márquez, Vargas Llosa ni muchos otros, pero ganó su propio espacio; publicando en las mismas revistas, fue leído y traducido a varios idiomas. A la vez, tomó parte activa en la vida intelectual parisiense como miembro del grupo estructuralista *Tel quel* (de la revista del mismo nombre). Nombrado luego editor de la serie latinoamericana en una importante editorial francesa, Éditions du Seuil, Sarduy desempeñó un papel clave en la traducción y diseminación de autores fundamentales como García Márquez, Borges y José Lezama Lima.

Aunque su primera novela *Gestos* es de corte tradicional, la segunda, *De donde son los cantantes,* es una de las novelas más experimentales y difíciles del boom. El tema central de la novela es la identidad cubana y la forma de la narración, dividida en tres secciones, refleja los tres componentes étnicos más importantes de la nación: el español, el africano y el chino. En la primera parte se narra la historia de Flor de Loto, un travesti chino perseguido por un general de origen español; la segunda parte narra la vida trágica de una mujer negra de Camagüey, utilizando como base de la narración una décima escrita sobre su tumba, y en la tercera parte dos travestis de origen español narran la historia de Cuba de manera paródica. En la novela se propone una concepción de la identidad cultural no como algo esencial y estable, sino como una serie de desplazamientos violentos y de disfraces. Su tercera novela, *Cobra,* ahonda en cuestiones de identidad, explorando más la conexión entre identidad y sexualidad (travestismo).

Después del boom Sarduy publica cuatro novelas, *Maitreya* (1978), *Colibrí* (1984), *Cocuyo* (1990), y su novela póstuma, *Pájaros de la playa* (1994). *Maitreya* retoma un personaje menor, Luis Leng, de la novela *Paradiso* (1966) de José Lezama Lima y elabora una trama alrededor de su genealogía. De acuerdo con Sarduy, Leng es una reencarnación de Buda y la novela sigue su linaje desde el Tíbet a Cuba, y luego a Miami, a New York y finalmente a Irán. Según el crítico Roberto González Echevarría la novela de Sarduy es una reescritura de la de su "maestro" Lezama, pero donde Lezama añora un conocimiento poético de raíz divina que incluye una comunión con la patria, Sarduy postula lo paradisíaco en el juego textual, en la risa, y en el desplazamiento de identidades. La preocupación de Sarduy con cuestiones de identidad (cultural, sexual, etcétera) sigue en *Colibrí,* una versión paródica de la novela de la selva. Como tal, sigue en la tradición de novelas clásicas latinoamericanas como *La vorágine* de José Eustasio Rivera, *Los pasos perdidos* de Alejo Carpentier y *La casa verde* de Mario Vargas Llosa; pero donde estos autores buscaban la esencia latinoamericana en su naturaleza, Sarduy encuentra en esta naturaleza un sin fin de transformaciones, de disfraces y de simulaciones.

Aparte de novelas, Sarduy ha publicado *El Cristo de la rue Jacob,* libro de ensayos autobiográficos (lo que él llama "epifanías"), ocho libros de poemas y uno de teatro, además de piezas para radio. Como poeta, Sarduy sobresale por la fineza y la heterodoxia de sus sonetos y de sus décimas (una forma poética popular en el Siglo de Oro español y base de la lírica de la música folklórica cubana). Su penúltimo libro de poesía, *Un testigo fugaz y disfrazado* (1985), desarrolla temas homoeróticos (raras veces tocados en la poesía en español) en un lenguaje y estilo barroco. Los temas de la muerte y de la corrupción corporal también aparecen como constantes. Frecuentemente aparecen elementos culturales cubanos en la poesía de Sarduy, a pesar de (o como resultado de) su exilio. Esto es notable sobre todo en su último libro de poesía, *Un testigo perenne y delatado,* que contiene una secuencia de décimas sobre frutas tropicales y otra sobre los dioses u orishás de la santería, la religión sincrética afrocubana.

Sarduy ha publicado cuatro libros de ensayos, *Escrito sobre un cuerpo* (1969), *Barroco* (1974), *La simulación* (1982), y *Ensayos generales sobre el Barroco* (1987). El primero es uno de los mejores ejemplos de crítica literaria estructuralista en español (trata de figuras como el Marqués de Sade, George Bataille, Julio Cortázar y José Lezama Lima); mientras que el segundo propone una teoría del arte barroco informada por las ideas de Lezama Lima y por teorías recientes en los campos del sicoanálisis (del sicoanalista francés Jacques Lacan) y de la lingüística. Esta teoría esclarece la cosmovisión barroca, tanto la europea del siglo XVII como la americana colonial. Además, ayuda en la comprensión del arte neobarroco latinoamericano (la obra, por ejemplo, de Carpentier y de Lezama Lima). Como puede verse en la selección que sigue, esta teoría cultural se basa en la geometría de la elipse, lo cual implica una descentralización o pluralidad de centros. Según Sarduy, el arte barroco y neobarroco se caracteriza por el exceso, la proliferación, el juego, el artificio y la transgresión. En general, estos ensayos, además de *La simulación,* el largo ensayo "Nueva inestabilidad", incluido con los previos tres libros de ensayos en la colección *Ensayos generales sobre el Barroco,* son lecturas claves para entender las novelas de Sarduy y su obsesión con la cosmología (orígenes y estructura del universo), el cuerpo, la simulación (el travestismo) y las culturas orientales.

De "Barroco" en *Ensayos generales sobre el Barroco*

V. Suplemento

1. ECONOMÍA

¿Qué significa hoy en día una práctica del barroco? ¿Cuál es su sentido profundo? ¿Se trata de un deseo de oscuridad, de una exquisitez? Me arriesgo a sostener lo contrario: ser barroco hoy significa amenazar, juzgar y parodiar la economía burguesa, basada en la administración tacaña de los bienes, en su centro y fundamento mismo: el espacio de los signos, el lenguaje, soporte simbólico de la sociedad, garantía de su funcionamiento, de su comunicación. Malgastar, dilapidar, derrochar lenguaje únicamente en función de placer —y no, como en el uso doméstico, en función de información es un atentado al buen sentido, moralista y "natural" —como el círculo de Galileo[1]— en que se basa toda la ideología del consumo y la acumulación. El barroco subvierte el orden supuestamente normal de las cosas, como la elipse —ese suplemento de valor— subvierte y deforma el trazo, que la tradición idealista supone perfecto entre todos, del círculo.

2. EROTISMO

El espacio barroco es pues el de la superabundancia y el desperdicio. Contrariamente al lenguaje comunicativo, económico, austero, reducido a su funcionalidad —servir de vehículo a una información—, el lenguaje barroco se complace en el suplemento, en la demasía y la pérdida parcial de su objeto. O mejor: en la búsqueda, por definición frustrada, del *objeto parcial*. El "objeto" del barroco puede precisarse: es ese que Freud, pero sobre todo Abraham,[2] llaman *objeto parcial*: seno materno, excremento —y su equivalencia metafórica: *oro, materia* constituyente y soporte simbólico de todo barroco—, mirada, voz, *cosa* para siempre extranjera a todo lo que el hombre puede comprender, asimilar(se) del otro y de sí mismo, residuo que pondríamos describir como la (a)lteridad,

---

[1]**como el círculo de Galileo:** Sarduy asocia lo prebarroco con la cosmología de Galileo, heliocéntrica, donde los planetas giran alrededor de un sólo centro, el sol, en círculos perfectos. El barroco se asocia con la astronomía de Kepler, quien descubrió que los planetas giran alrededor del sol en órbitas elípticas (una pluralidad de centros).

[2]**Nicolas Abraham:** (1919–1975), filósofo y psicoanalista húngaro, radicado en Francia. Con Jacques Lacan (ver nota 3), uno de los más importantes revisionistas del pensamiento de Freud.

para marcar en el concepto el aporte de Lacan, que llama a ese objeto precisamente (a).[3]

El objeto (a) en tanto que cantidad residual, pero también en tanto que caída, pérdida o desajuste entre la realidad y la imagen fantasmática que la sostiene, entre la obra barroca visible y la saturación sin límites, la proliferación ahogante, el horror vacui,[4] preside el espacio barroco. El suplemento —otra voluta, ese "otro ángel más" de que habla Lezama— interviene como constatación de un fracaso: el que significa la presencia de un objeto no representable, que resiste a franquear la línea de la Alteridad: *(a)licia* que irrita a *Alicia* porque esta última no logra hacerla pasar del otro lado del espejo.

La constatación del fracaso no implica la modificación del proyecto, sino al contrario, la repetición del suplemento; esta repetición obstinada de una cosa inútil —puesto que no tiene acceso a la entidad simbólica de la obra—, es lo que determina al barroco en tanto que *juego* en oposición a la determinación de la obra clásica en tanto que *trabajo*. La exclamación infalible que suscita toda capilla de Churriguera[5] o del Aleijadinho,[6] toda estrofa de Góngora[7] o de Lezama,[8] todo acto barroco, ya pertenezca a la pintura o a la repostería —"¡Cuánto trabajo!"—, implica un apenas disimulado adjetivo: ¡Cuánto trabajo *perdido,* cuánto juego y desperdicio, cuánto esfuerzo sin funcionalidad! Es el superyó del homo faber,[9] el ser-para-el-trabajo el que aquí se enuncia impugnando el regodeo, la voluptuosidad del oro, el fasto, la desmesura, el placer.

Juego, pérdida, desperdicio y placer: es decir, erotismo en tanto que actividad puramente lúdica, que parodia de la función de reproducción, transgresión de lo útil, del diálogo "natural" de los cuerpos.

---

[3]**Jacques Lacan:** (1901–1981), psicoanalista francés, revisionista de Freud, puso las ideas del padre del psicoanálisis en contacto con la filosofía de Hegel y la lingüística de Saussure (y el pensamiento estructuralista en general). El "objeto a" para Lacan es el fragmento de la madre (el otro) con el cual el niño se identificaba narcisísticamente (e incestuosamente) antes de entrar en el orden simbólico. Este fragmento (seno, mirada, etc.) se pierde al ingresar en el orden simbólico constitutivo del sujeto social.

[4]**horror vacui:** horror del vacío que motiva la proliferación (exceso ornamental) barroca.

[5]**José Churriguera:** (1665–1723), arquitecto español que creó un estilo caracterizado por su complejidad y ornamentación, al que se dio el nombre de "churrigueresco". Mezcla elementos góticos, platerescos y barrocos.

[6]**Aleijadinho:** Antonio Francisco de Lisboa (1730–1814), llamado el Aleijadinho. Escultor y arquitecto barroco brasileño. Tenía sangre africana; sufría de la lepra.

[7]**Luis de Góngora y Argote:** (1561–1627), poeta español, figura cimera del barroco poético español, autor de *Las soledades, Fábula de Polifemo y Galatea,* y otras obras.

[8]**José Lezama Lima:** (1910–1976), poeta, narrador y ensayista cubano, frecuentemente asociado al movimiento neobarroco latinoamericano. Ejerce una influencia enorme sobre toda la obra de Sarduy.

[9]**homo faber:** hombre hacedor, en latín.

⁵⁰ En el erotismo la artificialidad, lo cultural, se manifiestan en el juego con el objeto perdido, juego cuya finalidad está en sí mismo y cuyo propósito no es la conducción de un mensaje —el de los elementos reproductores en este caso—, sino su desperdicio en función del placer.

Como la retórica barroca el erotismo se presenta en tanto que rupture total del nivel denotativo, directo y "natural" del lenguaje —somático—, como la perversión que implica toda metáfora, toda figura. No es un azar histórico si en nombre de la moral se ha abogado por la exclusión de las figuras en el discurso literario.

3. ESPEJO

Si en cuanto a su utilidad el juego barroco es nulo, no sucede así en cuanto a ⁶⁰ su estructura. Ésta no es un simple aparecer arbitrario y gratuito, una sinrazón que no expresa más que su demasía, sino al contrario, un reflejo reductor de lo que la envuelve y trasciende; reflejo que repite su intento —ser a la vez totalizante y minucioso—, pero que no logra, como el espejo que centra y resume el retrato de los esposos Arnolfini, de Van Eyck,[10] o como el espejo gongorino "aunque cóncavo fiel", captar la vastedad del lenguaje que lo circunscribe, la organización del universo: algo en ella le resiste, le opone su opacidad, le niega su imagen.

Esta incompletud de todo barroco a nivel de la sincronía[11] no impide —sino al contrario, por el hecho de sus constantes reajustes, facilita— a la diversidad de los ⁷⁰ estilos barrocos funcionar como reflejo significante de cierta diacronía:[12] así el barroco europeo y el primer barroco latinoamericano se dan como imágenes de un universo móvil y descentrado, pero aún armónico; se constituyen como portadores de una consonancia: la que tienen con la homogeneidad y el ritmo del logos[13] exterior que los organiza y precede, aun si ese logos se caracteriza por su infinitud, por lo inagotable de su despliegue. La *ratio*[14] de la ciudad leibniziana[15] está en la infinitud de puntos a partir de los cuales se le puede mirar; ninguna

---

[10]**Juan Van Eyck:** (1390?–1441), pintor, uno de los creadores del arte flamenco (de Flandes, región en tierra de Francia, Bélgica y Holanda).

[11]**sincronía:** vista de un sistema o conjunto de elementos en un momento dado de la historia.

[12]**diacronía:** evolución o cambio en un sistema a través del tiempo.

[13]**logos:** del griego, "razón", "verbo". En la filosofía de Platón, Dios como principio de las ideas; en la teología cristiana, el Verbo de Dios, Cristo, segunda persona de la trinidad.

[14]**ratio:** del latín, "tasa", "proporción", "razón".

[15]**leibniziana:** de Gottfried Wilhelm Leibniz (1646–1716), filósofo y matemático barroco, alemán, uno de los creadores (con Newton) del cálculo infinitesimal.

imagen agota esa infinitud, pero una estructura puede contenerla en potencia, *indicarla* como potencia, lo cual no quiere decir aún soportarla en tanto que residuo.

Ese logos marca con su autoridad y equilibrio los dos ejes epistémicos[16] del siglo barroco: el dios —el verbo de potencia infinita— jesuita, y su metáfora terrestre, el rey.

Al contrario, el barroco actual, el neobarroco, refleja estructuralmente la inarmonía, la ruptura de la homogeneidad, del logos en tanto que absoluto, la carencia que constituye nuestro fundamento epistémico. Neobarroco del desequilibrio, reflejo estructural de un deseo que no puede alcanzar su objeto, deseo para el cual el logos no ha organizado más que una pantalla que esconde la carencia. La mirada ya no es solamente infinito: en tanto que objeto parcial se ha convertido en objeto perdido. El trayecto —real o verbal— no salta ya solamente sobre divisiones innumerables, sabemos que pretende un fin que constantemente se le escapa, o mejor, que este trayecto está dividido por esa misma ausencia alrededor de la cual se desplaza.

Neobarroco: reflejo necesariamente pulverizado de un saber que sabe que ya no está apaciblemente cerrado sobre sí mismo. Arte del destronamiento y la discusión.

4. REVOLUCIÓN

Sintácticamente incorrecta a fuerza de recibir incompatibles elementos alógenos,[17] a fuerza de multiplicar hasta "la pérdida del hilo" el artificio sin límites de la subordinación, la frase neobarroca —la de Lezama, por ejemplo— muestra en su incorrección —falsas citas, malogrados "injertos" de otros idiomas, etc.—, en su no "caer sobre sus pies" y su pérdida de la concordancia, nuestra pérdida del *ailleurs*[18] único, armónico, conforme a nuestra imagen, teológico en suma.

Barroco que en su acción de bascular,[19] en su caída, en su lenguaje *pinturero* a veces estridente, abigarrado y caótico, metaforiza la impugnación de la entidad logocéntrica[20] que hasta entonces lo estructuraba desde su lejanía y su autoridad; barroco que recusa toda instauración, que metaforiza al orden discutido, al dios juzgado, a la ley transgredida. Barroco de la Revolución.

---

[16]**epistémicos:** de "epistemes", sistemas de pensamiento que caracterizan una época.
[17]**alógenos:** de diferente raza.
[18]**ailleurs:** del francés, "en otra parte".
[19]**bascular:** oscilar.
[20]**logocéntrico:** de logocentrismo, corriente filosófica que según Jacques Derrida (filósofo francés, 1929–   ) caracteriza la tradición occidental (desde Platón hasta nuestros días), en la cual se sobrevalora la razón y el habla sobre el juego y la escritura. Ver su *De la Grammatologie* (Minuit, 1967).

De *Un testigo fugaz y disfrazado*, 1985

El rumor de las máquinas crecía
en la sala contigua: ya mi espera
de un adjetivo —o de tu cuerpo— no era
más que un intento de acortar el día.

La noche que llegaba y precedía
el viento del desierto, la certera
luz —o tus pies desnudos en la estera—
del ocaso, su tiempo suspendía.

No recuerdo el amor sino el deseo;
10   no la falta de fe, sino la esfera—
imagen confrontando su espejeo

con la textura blanca, verdadera
página —o tu cuerpo que aún releo—:
vasto ideograma de la primavera.

Recuento

Ya no soy el de ayer, el tiempo pasa.
Mi verso se ha tornado transparente.
Por las tardes me vienen de repente
bruscos deseos de volver a casa.

La pasión que ensimisma y la que abrasa
se alejaron de mí; ahora es la mente
quien disfruta, nocturna indiferente,
con los cuerpos que el día me rechaza.

No deploro el amor, que me fue ajeno;
10   sino el deseo, que redime, invierte
y modifica todo lo que toca.

Escrituras, pasiones y veneno
faltaron a mi vida y a mi muerte.
Y el roce de unas manos, y una boca.

REFLEXIÓN Y ANÁLISIS

1) ¿Cómo se definen el espacio y el lenguaje barroco?
2) ¿Cómo se define el erotismo en este fragmento? ¿Qué tiene que ver con la reproducción?
3) ¿Qué diferencia hay entre el Barroco (europeo y el primer Barroco americano) y el Neobarroco?
4) ¿Qué conexión hay entre el arte (neo)barroco y la política, según Sarduy?
5) En los dos poemas de esta selección, ¿qué actitud (o actitudes) demuestra el "yo" lírico hacia el deseo? ¿hacia las pasiones humanas en general?
6) ¿Qué conexión puede haber aquí entre la escritura y el cuerpo, entre le lenguaje y el deseo?
7) Explore cómo el pensamiento de Sarduy sobre el arte barroco americano entronca con textos claves sobre el tema de la identidad cultural latinoamericana (por ejemplo "Nuestra América" de José Martí o *Ariel* de José Enrique Rodó).
8) Investigar las diferencias entre el Barroco y el Neobarroco mediante un análisis comparativo de algunos poemas cortos de Luis de Góngora (autor español barroco) y de Sarduy.

BIBLIOGRAFÍA

Bush, Andrew. "Literature, History and Literary History: A Cuban Family Romance." *Latin American Literary Review* 8.16 (1980): 161–72.

González Echevarría, Roberto. *La ruta de Severo Sarduy.* Hanover, N.H.: Norte, 1987.

Pérez Firmat, Gustavo. "Riddles of the Sphincter." *Literature and Liminality: Festive Readings in the Hispanic Tradition.* Durham, N.C.: Duke University Press, 1986. 53–74.

Revista Iberoamericana 57.154 (enero–marzo, 1991). Número especial: "Proyección internacional de las letras cubanas: Lezama Lima, Carpentier, Cabrera Infante, Sarduy, Arenas."

Ríos, Julián, ed. *Severo Sarduy.* Madrid: Fundamentos, 1976.

Santí, Enrico Mario. "Textual Politics: Severo Sarduy." *Latin American Literary Review* 8.16 (1980): 152–60.

Ben Heller

XII

DESCOLONIZACIÓN DEL CANON

os textos de Burgos/Menchú, Gutiérrez y Fernández Retamar agrupados en esta sección ejemplifican bien los cambios que han ocurrido en las letras hispanoamericanas en las últimas tres décadas. A la par de la disolución postmoderna de la noción de "centro" —impuesta por la tradición de Occidente— se ha dado en América Latina una marcada tendencia hacia la descolonización, también en la esfera cultural. En el ámbito literario estos procesos han llevado a un cuestionamiento del concepto convencional de "literatura" y, consecuentemente, a una redefinición del canon literario.

A partir de los ejemplos que se incluyen a continuación y tomando en cuenta las opiniones de los críticos que se han ocupado del asunto, es posible indicar algunas características generales de esta actitud que Beatriz Pastor ha llamado "descanonizadora y recanonizante" (81).

En primer lugar, los temas de liberación, resistencia y reivindicación del subalterno constituyen el denominador común de muchos de los textos que se incorporan al canon. *Me llamo Rigoberta Menchú y así me nació la conciencia* (1983), por ejemplo, es un relato documental que crea un espacio discursivo para una mujer indígena guatemalteca, oprimida y perseguida —junto con su comunidad— por el *establishment* político de su país. La voz de Rigoberta es la voz del "otro" colonizado, del Calibán, del subalterno.

La incorporación al canon literario de la perspectiva del "otro" —marginado debido a su etnia, clase, género o preferencia sexual— requiere también ajustes en la noción misma de lo "literario." El género testimonial —ejemplificado aquí por *Me llamo Rigoberta Menchú*— demuestra cómo los escritores latinoamericanos han ido buscando formas nuevas para acomodar la materia propia de las ciencias sociales —las historias de vida, la oralidad, la sensibilidad popular— sin sacrificar los criterios estéticos asociados con lo "literario".

Si bien es cierto que el testimonio exemplifica los cambios en el canon latinoamericano, es importante notar también el gran surgimiento de otras formas antes relegadas a los márgenes de los literario —como historias de vida, biografías y autobiografías, reportajes, novelas históricas y novelas documentales. Además de la incorporación al canon de la literatura documental o pseudodocumental, los críticos han notado también el gran auge de modalidades discursivas consideradas como "paraliterarias" y su integración a la "alta" literatura. Chuck Tatum demuestra, por ejemplo, el amplio uso de la literatura detectivesca, de las radionovelas y telenovelas y de las novelas rosa en las obras de escritores tan reconocidos como Manuel Puig (*Boquitas pintadas, The Buenos Aires Affair*), Mario Vargas Llosa (*La tía Julia y el escribidor*) Julio Cortázar (*Fantomas contra los vampiros multinacionales*).

Evidentemente, el exacerbado eclecticismo de las formas literarias contemporáneas no está limitado a América Latina. Más bien, se trata de un fenómeno global que tiene que ver con la disociación "postmoderna" de los paradigmas que Lyotard ha llamado una vez "los grandes discursos" de Occidente (la historia, el mito, la literatura misma).

La discusión del canon literario latinoamericano ha tenido un impacto sobre la manera en que se construyen antologías y dictan cursos académicos. En palabras de Pastor, "Las listas tradicionales de obras literarias maestras se ven enmendadas por una percepción académica cada vez más crítica que llena vacíos, suple omisiones y considera con espíritu cada vez más desmitificador y desacralizador esa lista sumamente selectiva que durante siglos equiparó no sólo con la cultura occidental sino con la Cultura" (80–81). La sección que sigue es solamente una modesta muestra de estas reconsideraciones y transformaciones que se están dando ante nuestros ojos.

BIBLIOGRAFÍA

Pastor, Beatriz. "Polémicas en torno al canon: implicaciones filosóficas, pedagógicas y políticas." *Casa de las Américas* (noviembre–diciembre 1988): 88–95.
Tatum, Chuck. "Paraliterature." *Handbook of Latin American Literature*. Ed. David William Foster. New York: Garland, 1992. 687–728.

Elzbieta Sklodowska

GUSTAVO GUTIÉRREZ (1928—   )

Reconocido como el eje espiritual y fundador del movimiento dentro de la religión católica llamado la teología de liberación, nació en Lima, Perú en 1928. Después de sus estudios de colegio comenzó a estudiar medicina en la Universidad Nacional de Lima. Es durante este período cuando se interesa en los movimientos políticos estudiantiles y se dedica más al estudio formal de la filosofía y la teología. Se traslada a Bélgica en 1951 y entra en la Universidad de Louvain donde inicia sus estudios para el sacerdocio. Allí se encuentra con Camilo Torrés (1929–1966), sacerdote, militante y guerrillero colombiano asesinado en 1966. Continúa sus estudios en el departamento de teología de la Universidad de Lyon, Francia, entre 1955–1959, y en 1959 lo ordenan sacerdote en Lima. Llega a ser profesor de teología en la Universidad Católica de Lima y consejero nacional de UNEC, grupo de estudiantes católicos universitarios.

El Papa Juan XXIII en su famosa carta apostólica *Mater et Magistra* (1961), había declarado que los países industrializados del Primer Mundo tenían la responsabilidad de ayudar a los pobres del Tercer Mundo y, lo más importante, la Iglesia Católica que siempre había apoyado el status quo, tenía que asumir esta responsabilidad también. El Papa Paulo VI en *Populorum Progresio* (1967) reafirmó las ideas progresistas y revolucionarias de Juan XXIII, proclamando que el capitalismo había sido la causa de graves injusticias y notando a la vez que los países subdesarrollados podrían recurrir a la violencia para resolver sus problemas si no le fueran posibles otros métodos. Cuando CELAM II (Consejo Episcopal Latinoamericano), el segundo congreso de los obispos latinoamericanos, se reúne en Medellín, Colombia en 1968, Gustavo Gutiérrez ya había formulado su plan para la teología de la liberación. Sus ideas revolucionarias que iban a dividir efectivamente la iglesia en dos grupos diametralmente opuestos, se publicaron en su libro *Teología de la liberación* (1971), obra que en pocos años llegó a ser traducida a los principales idiomas del mundo.

La teología de la liberación combina la religión católica con el marxismo, es decir, la teología con la praxis. El crítico Rosino Gibellini, editor de *Frontiers of Theology in Latin America,* señala tres etapas en su desarrollo: 1) Las bases de esta nueva teología datan del año 1964 y fueron formuladas durante varias reuniones con el sacerdote austriaco, Ivan Illich (1926), fundador de una escuela libre en Cuernavaca, México. 2) En 1965, cuando algunos grupos guerrilleros comenzaron a efectuar cambios sociales con el empleo de la violencia, algunos sacerdotes, convencidos de que la teología que habían aprendido en Europa era ineficaz y frustrados en sus tentativas de efectuar cambios sociales dentro del sistema, se unieron a estos grupos. 3) Cuando Gustavo Gutiérrez presentó un curso en

Montreal, Canadá, en 1967 sobre la pobreza en el mundo, vio a los pobres de la tierra como una "clase social y como mensajeros de la palabra de Dios" (traducción mía). Si todavía existe una iglesia católica, latinoamericana "oficial", existe también otra, una iglesia militante que les ofrece a los pobres ayuda espiritual y a la vez consejos políticos para cambiar su situación económica y social. No bastan las palabras; a veces hay que convertirlas en acción. Es esta última premisa la que le ha causado mucha crítica al movimiento.

Las ideas básicas que encontramos en la obra de Gutiérrez fueron puestas en práctica por numerosos sacerdotes fueran o no militantes, entre ellos, Camilo Torres, Dom Hélder Cámara, obispo de Río de Janciro (1952–1964) y obispo de Recife hasta su jubilación en 1985, y el sacerdote y poeta nicaragüense, ex ministro de cultura, Ernesto Cardenal. Paulo Freire (1926), sociólogo brasileño, fundamental en formular algunas de las bases de la teología de la liberación, instituyó todo un sistema práctico para la educación de los pobres. Su libro *Pedagogía del oprimido* (1968), originalmente publicado en portugués, aplica las ideas de la teología de la liberación en su programa de educación.

De *Teología de la liberación*

3. EL PROBLEMA

Hablar de una teología de la liberación es buscar una respuesta al interrogante: ¿qué relación hay entre la salvación y el proceso histórico de liberación del hombre? Dicho de otro modo, es hacer un ensayo por ver cómo se relacionan entre sí los diferentes niveles de significación del término liberación que habíamos tratado de precisar anteriormente. El problema lo iremos circunscribiendo poco a poco a lo largo de este trabajo, pero puede ser útil señalar, desde ahora, algunos de sus rasgos fundamentales.

La cuestión, en cuanto a lo fundamental, es tradicional. A ella procuró responder siempre, al menos implícitamente, la reflexión teológica. En los últimos años lo intentó, a su modo, lo que se llamó —con una expresión que nunca recogió todos los sufragios— la teología de las realidades terrestres. Lo hace asimismo, la teología de la historia, y, más recientemente, la teología del desarrollo. Desde otra perspectiva, la cuestión es enfocada, también, por la "teología política"; y, parcialmente, por la discutida —y discutible— teología de la revolución.

Se trata, en definitiva, del asunto clásico de la relación entre fe y existencia humana, fe y realidad social; fe y acción política; o en otros términos: reino de Dios y construcción del mundo. En ese problema se inscribe normalmente el tema clásico, también, de la relación iglesia-sociedad, iglesia-mundo.

Pero esto no nos debe hacer olvidar los aspectos inéditos que revisten hoy las cuestiones tradicionales. Bajo nuevas formas, ellas mantienen toda su vigencia. J.B. Metz afirmaba recientemente: "a pesar de las numerosas discusiones sobre la iglesia y el mundo, no hay nada menos claro que la naturaleza de su relación mutua". Pero, si es así, si el problema conserva su actualidad, si las respuestas intentadas nos parecen poco satisfactorias, es, tal vez, porque el planteamiento tradicional se ha hecho tangencial a una realidad cambiante y nueva, porque no cala suficientemente hondo. En el estudio de esas cuestiones los textos, y, sobre todo, el espíritu del concilio son sin duda un necesario punto de referencia. Sin embargo, el nuevo diseño del problema no estuvo —no podía estar— sino parcialmente presente en los trabajos conciliares.

> Me parecería de la mayor importancia —decía K. Rahner recientemente— estar o ponerse de acuerdo sobre el hecho que los temas, explícitamente tratados durante el Vaticano II, no representan, en realidad, los problemas centrales de la iglesia postconciliar.

No basta, en efecto, decir que el cristiano "no debe desinteresarse" de las tareas terrestres, ni que éstas tienen una "cierta relación" con la salvación. La misma

Gaudium et spes[1] da, a veces, la impresión de quedar en esas afirmaciones generales.
Igual cosa ocurre —lo que es más grave— con buena parte de sus comentadores.
Es tarea de la teología contemporánea elucidar la actual problemática, dibujando
más exactamente los términos en que ella se plantea. Sólo así se podrá, además,
hacer frente a los desafíos concretos de la situación presente.

En la problemática actual, un hecho salta a la vista: el carácter adulto que ha
comenzado a asumir la praxis social del hombre contemporáneo. Es el comportamiento de un hombre cada vez más consciente de ser sujeto activo de la historia, cada vez más lúcido frente a la injusticia social y a todo elemento represivo
que le impida realizarse, cada vez más decidido a participar en la transformación
de las actuales estructuras sociales y en la efectiva gestión política. Son, sobre
todo, las grandes revoluciones sociales, la francesa y la rusa, para referirnos sólo
a dos grandes hitos, así como todo el proceso de fermentación revolucionaria que
se deduce de ellas, las que han arrancado —que han empezado a hacerlo— las
decisiones políticas de manos de una élite "destinada" al gobierno de los pueblos.
En esas decisiones las grandes mayorías no participaban o sólo lo hacían esporádica y formalmente. Es cierto que hoy la mayor parte de los hombres se halla lejos
de este nivel de la conciencia, pero no es menos cierto que lo vislumbran confusamente y que se orientan hacia él. El fenómeno que llamamos "politización", de
amplitud y hondura creciente en América latina, es una de las manifestaciones de
ese proceso complejo. Y la lucha por la liberación de las clases oprimidas en este
subcontinente, por la que pasa necesariamente la efectiva y humana responsabilidad política de todos, busca senderos inéditos.

La razón humana se ha hecho razón política. Para la conciencia histórica contemporánea, lo político no es ya más algo que se atiende en los momentos libres
que deja la vida privada y ni siquiera una región bien delimitada de la existencia
humana. La construcción —desde sus bases económicas— de la *polis,* de una
sociedad en la que los hombres pueden vivir solidariamente como tales es una
dimensión que abarca y condiciona severamente todo el quehacer del hombre. Es
el lugar del ejercicio de una libertad crítica, que se conquista a lo largo de la historia. Es el condicionamiento global y el campo colectivo de la realización humana. Sólo dentro de este sentido amplio de lo político puede situarse el sentido más
preciso de la política como orientación al poder. Orientación que constituye para
Max Weber la nota típica de la actividad política. Las formas concretas que reves-
tirá la búsqueda y el ejercicio del poder político son variadas pero todas ellas
reposan en la aspiración profunda del hombre por asumir las riendas de su propia
vida y ser artífice de su destino. Nada escapa a lo político así entendido. Todo está
coloreado políticamente. Es en ese tejido y nunca fuera de él, donde el hombre
surge como un ser libre y responsable, como hombre en relación con otros

---

[1] **Gaudium et spes:** latín para *alegría y esperanza*.

hombres, como alguien que asume una tarea en la historia. Las relaciones personales mismas adquieren cada vez más una dimensión política. Los hombres entran
en contacto entre ellos a través de la mediación de lo político. [. . .]

[. . .]

Además de este aspecto de totalidad, estamos ante una radicalidad creciente de
la praxis social. El hombre contemporáneo ha comenzado a perder su ingenuidad
frente a sus condicionamientos económicos y socio-culturales, las causas hondas
de la situación en que se halla le son, cada vez, mejor conocidas. Atacarlas es el
requisito indispensable para un cambio radical. Esto ha llevado a abandonar, poco
a poco, una actitud simplemente reformista frente al actual orden social, que al
no ir hasta las raíces, perpetúa el sistema existente. La situación revolucionaria en
que se vive hoy, en particular en el tercer mundo, expresa ese carácter de radicalidad ascendente. Propugnar la revolución social quiere decir abolir el presente
estado de cosas e intentar reemplazarlo por otro cualitativamente distinto; quiere decir construir una sociedad justa basada en nuevas relaciones de producción;
quiere decir intentar poner fin al sometimiento de unos países a otros, de unas
clases sociales a otras, de unos hombres a otros. La liberación de esos países, clases sociales y hombres socava el basamento mismo del orden actual y se presenta
como la gran tarea de nuestra época.

Esta radicalidad ha hecho percibir con claridad que el dominio de lo político
es necesariamente conflictual. Más exactamente, que la construcción de una
sociedad justa pasa por el enfrentamiento —en el que la violencia está presente
de modos diferentes— entre grupos humanos con intereses y opiniones diversas,
que pasa por la superación de todo lo que se opone a la creación de una autén-
ca paz entre los hombres. Concretamente, en América latina, esa conflictividad
gira alrededor del *eje opresión-liberación*. La praxis social tiene exigencias que pueden parecer duras e inquietantes para aquellos que quieren obtener —o mantener— una conciliación a bajo costo. Una conciliación que no es sino una ideología
justificadora de un desorden profundo, un artificio para que unos pocos sigan
viviendo de la miseria de los más. Pero tomar conciencia del carácter conflictivo
de lo político no es complacerse en él, es, por el contrario, buscar con lucidez y
coraje, sin engañarse ni engañar a los demás, el establecimiento de la paz y la justicia entre los hombres.

Hasta ahora, la preocupación por la praxis social, en el pensamiento teológico,
no ha tenido suficientemente en cuenta estos elementos. En ambientes cristianos
se ha tenido —y se tiene— dificultad para percibir la originalidad, la especifici-
dad del campo de lo político. El acento se puso en la vida privada, en el cultivo
de los valores intimistas; lo político se hallaba en un segundo plano, en el escu-
rridizo y poco exigente terreno de un mal entendido "bien común". Lo que servía, a lo sumo, para elaborar una "pastoral social", basada en la "emoción social"

que todo cristiano que se respetaba debía tener. De allí que se quedara satisfecho con una visión aproximativa moralista y "humanizante" de la realidad, en desmedro de un conocimiento científico, objetivo y estructural de los mecanismos socio-económicos y de la dinámica histórica; y que, consecuentemente, se insistiera más en aspectos personales y conciliadores del mensaje evangélico, que en sus dimensiones políticas y conflictuales. Todo esto nos lleva a una relectura de la vida cristiana, y condiciona y cuestiona la presencia histórica de la iglesia. Esa presencia tiene una inesquivable dimensión política. Siempre fue así. Pero la nueva situación la hace más exigente, y, además, actualmente se tiene —incluso en ambientes cristianos— una mayor conciencia de ella. Es imposible pensar y vivir en iglesia sin tener en cuenta este condicionamiento.

Lo que llevamos dicho nos hace comprender por qué la praxis social ha dejado de ser —es cada vez menos— para los cristianos un deber impuesto por su conciencia moral, o una reacción frente al ataque a los intereses de la iglesia. Las notas de totalidad, radicalidad y conflictividad que hemos creído descubrir en lo político desbordan una concepción sectorial y nos hacen ver sus más profundas dimensiones humanas. La praxis social se convierte, gradualmente, en el lugar mismo en el que el cristiano juega —con otros— su destino de hombre y su fe en el Señor de la historia. La participación en el proceso de liberación es un lugar obligado y privilegiado de la actual reflexión y vida cristianas. En ella se escucharán matices de la palabra de dios imperceptibles en otras situaciones existenciales, y sin las cuales no hay, al presente, auténtica y fecunda fidelidad al Señor.

Es por ello que si ahondamos un poco en la forma como se plantea hoy la cuestión del valor de salvación, descubrimos en la tarea histórica así entendida, es decir, como praxis liberadora, que se trata de una pregunta sobre *la significación misma del cristianismo*. Ser cristiano es, en efecto, aceptar y vivir solidariamente en la fe, la esperanza y la caridad, el sentido que la palabra del Señor y el encuentro con él dan al devenir histórico de la humanidad en marcha hacia la comunión total. Colocar la relación única y absoluta con Dios como horizonte de toda acción humana es situarse, de primer intento, en un contexto más amplio, más profundo. Más exigente también. Estamos, lo vemos más descarnadamente en nuestros días, ante la cuestión teológico-pastoral central: *¿qué es ser cristiano?, ¿cómo ser iglesia en las condiciones inéditas que se avecinan?* Es, en última instancia, buscar en el mensaje evangélico la respuesta a lo que, según Camus, constituye el interrogante capital de todo hombre: "juzgar que la vida merece o no merece la pena de ser vivida".

Estos elementos dan tal vez una mayor hondura, una cara nueva al problema tradicional. No tener en cuenta la novedad de su planteamiento, so pretexto de que, de una manera u otra, el asunto estuvo siempre presente, es despegar peligrosamente de la realidad y arriesgarse a tomar el camino de las generalidades, de las soluciones poco comprometedoras, y finalmente de las actitudes evasivas. Pero por otra parte, no ver sino lo inédito del diseño actual es perder el aporte

160 de la vida y de la reflexión de la comunidad cristiana en su peregrinar histórico. Sus aciertos, sus lagunas y sus errores son nuestra herencia. No deben ser, sin embargo, nuestro límite. El pueblo de Dios es aquel que camina "dando cuenta de su esperanza", hacia "nuevos cielos y nueva tierra".

[. . .]

12. II. 3. FRATERNIDAD CRISTIANA Y LUCHA DE CLASES

La fraternidad humana, que tiene como fundamento último nuestra situación de hijos de Dios, se construye en la historia. Esta historia presenta hoy caracteres conflictuales que parecen oponerse a tal construcción. Entre esos rasgos hay uno que ocupa un lugar central: la división de la humanidad en opresores y oprimi-
170 dos, en propietarios de los bienes de producción y despojados del fruto de su trabajo, en clases sociales antagónicas. Pero las cosas no quedan ahí; esta división acarrea enfrentamientos, luchas, violencias. ¿Cómo vivir entonces la caridad evangélica en medio de esta situación? ¿Cómo conciliar su universalidad con la opción por una clase social? De otro lado, la unidad es una de las notas de la iglesia y la lucha de clases divide a los hombres, ¿unidad de la iglesia y lucha de clases son compatibles?

Estos interrogantes se plantean con insistencia creciente a la conciencia cristiana. De ellos depende, muy en concreto, el sentido de la presencia de la iglesia en el mundo, tema central del concilio.[2] En el caso de América Latina se trata de
180 la presencia en un mundo en trance revolucionario, en el que la violencia reviste las formas más variadas, desde las más sutiles hasta las más abiertas.

[. . .]

La lucha de clases forma parte en efecto, de nuestra realidad económica, social, política, cultural y religiosa. Su evolución, su alcance preciso, sus matices, sus variaciones son objeto de análisis de las ciencias sociales, pertenecen al terreno de la racionalidad científica.

Reconocer la existencia de la lucha de clases no depende de nuestras opciones éticas o religiosas. No faltan los que han pretendido considerarla como algo artificial, extraño a las normas que rigen nuestra sociedad, contrario al espíritu de la
190 "civilización occidental y cristiana", obra de agitadores y resentidos. A pesar quizás de quienes así piensan, hay algo de cierto en ese enfoque: la opresión y el despojo, y por consiguiente la experiencia de la lucha de clases, son sufridos y percibidos, en primer lugar, por aquellos que han sido marginados por esa civilización y

---

[2] **concilio:** referencia a la reunión de los obispos en Medellín en 1968.

que carecen de voz propia en la iglesia. Pero tomar conciencia de la lucha de clases desde la periferia, no quiere decir que ella no esté en el centro de la sociedad: los desposeídos existen por causa de quienes orientan y dirigen esa sociedad. La lucha de clases no es producto de mentes afiebradas sino para quien no conoce, o no quiere conocer, lo que el sistema produce. Como afirmaban los obispos franceses hace unos años: "La lucha de clases es en primer lugar un hecho que nadie puede negar" y continuaban "si nos situamos al nivel de los responsables de la lucha de clases los primeros responsables son aquellos que mantienen voluntariamente la clase obrera en una situación injusta, que se oponen a su promoción colectiva y que combaten los esfuerzos que ella hace por liberarse".

[. . .]

La lucha de clases es un hecho y la neutralidad en esta materia no es posible; esas dos observaciones delimitan los problemas señalados, nos evitan perdernos en soluciones de facilidad y dan un contexto concreto a nuestra búsqueda. Más exactamente: los interrogantes planteados a propósito del carácter universal del amor y de la unidad de la iglesia, son reales precisamente porque la lucha de clases se impone a nosotros como un hecho, y porque es imposible no tomar partido en ella.

El evangelio anuncia el amor de Dios por todos los hombres y nos pide amar como él ama, pero aceptar la lucha de clases significa optar por unos hombres y contra otros. Vivir ambas cosas sin yuxtaposiciones es un gran desafío para el cristiano comprometido con la totalidad del proceso de liberación. Un desafío que lo lleva a profundizar en su fe y a madurar en su amor a los demás.

La universalidad del amor cristiano es una abstracción si no se hace historia concreta, proceso, conflicto, superación de la particularidad. Amar a todos los hombres no quiere decir evitar enfrentamientos, no es mantener una armonía ficticia. Amor universal es aquel que en solidaridad con oprimidos busca liberar también a los opresores de su propio poder, de su ambición de su egoísmo:

El amor hacia los que viven en una condición de pecado objetivo nos exige luchar liberarlos de él. La liberación de los pobres y la de los ricos se realiza simultáneamente.

REFLEXIÓN Y ANÁLISIS

1) ¿Qué papel juega el materialismo dialéctico en el intento de re-interpretación del cristianismo en la teología de la liberación?

2) En este proceso, ¿cómo se cuestiona el sentido mismo del cristianismo y de la misión de la Iglesia Católica?

BIBLIOGRAFÍA

Gibellini, Rosino. *Frontiers of Theology*. Mary Knoll, N.Y.: Orbis Books, 1979.

Gutiérrez, Gustavo. *Teología de la liberación. Perspectivas*. Salamanca: Sígueme, 1972.

Mateo Seco, Lucas F. *Sobre la teología de la liberación*. Pamplona: Scripta Theologica, 1975.

John F. Garganigo

ROBERTO FERNÁNDEZ RETAMAR (1930–   )

Intelectual, escritor, crítico literario y gran defensor de la Revolución Cubana, ha trazado en detalle todo un proceso de la Revolución de su país en sus estudios que analizan paralelos históricos con la obra de José Martí. Se doctoró de Filosofía y Letras en la Universidad de La Habana en 1954. En 1962 obtuvo el Premio Nacional de Poesía por su libro *Patrias* (1949–1951).Vinculado desde 1951 al grupo *Orígenes*, que incluye a poetas como Cintio Vitier, Fina García Marruz, Eliseo Diego y Lezama Lima. En su primer libro de poesía, *Elegía como un himno* (1950), encontramos una afinidad con las elegías de Nicolás Guillén, especialmente en su tono conversacional. Según el mismo poeta, en este libro se notan influencias de César Vallejo y de los poetas españoles de la Generación del 27. No es hasta el triunfo de la Revolución Cubana que el poeta logra definir su propia voz en poemas que captan todo el dolor y los sacrificios humanos de los que defendieron el proceso revolucionario. Son poemas que expresan a la vez el entusiasmo de un nuevo porvenir histórico.

Retamar cursó estudios en La Sorbona de París en 1955 y en la Universidad de Londres en 1956. Después de haber dictado un curso en la Universidad de Yale en 1960, obtuvo un cargo de consejero cultural en París en 1960, llega a ser profesor de la Facultad de Filosofía y Letras de la Universidad de La Habana. Con la Revolución, es director de la revista *Casa de las Américas,* órgano de gran prestigio literario y cultural de su país.

Si su poesía le ha ofrecido fama, es en el campo del ensayo donde más éxito personal ha tenido.Ya en *Ensayo de otro mundo* (1962), había establecido nexos culturales, políticos y sociales entre la obra de José Martí y las nuevas ideas revolucionarias. Si existe un eje central en sus ensayos es en una insistencia en querer aclarar todo un proceso de una identidad nacional que se siente amenazado por un mundo capitalista e imperialista. Es precisamente desde este enfoque marxista de este proceso histórico que escribe lo que se considera su obra maestra, *Calibán y otros ensayos,* 1971. En una entrevista con Emilio Bejel, Retamar nos aclara el propósito central de este ensayo. Nos dice: ". . . en Calibán quise replicar a muchas objeciones que se hacían a nuestra Revolución, a nuestra cultura, a nuestro mundo en general . . . el ensayo es violentamente anticolonialista y espera a ser inscrito en la estela de José Martí" (Bejel, 102). Es un ensayo que tiene que ser entendido dentro de un contexto histórico dominado por un entusiasmo revolucionario típico de la época. Mientras traza la trayectoria de Calibán desde la obra *The Tempest* de Shakespeare, pasando por *Ariel* de Rodó, hasta nuestros días, el símbolo negativo, original de Calibán se convierte en la esencia de nuestras raíces autóctonas; Calibán como víctima del poder de Próspero, revela la condición dependiente de todos los países latinoamericanos.

Este ensayo que fue comentado y criticado desde toda una gama de perspectivas, ha sufrido una revisión en estos últimos años hecha por el mismo Retamar. La presente condición económica cubana, más seria desde la falta del apoyo de la Unión Soviética, ha sometido a un pueblo entero a sufrir penurias extremas. En un nuevo ensayo, "Apéndice o Post Data al primer Calibán", "Calibán en esta hora de nuestra América" (1992), Retamar cambia su posición política anterior y admite, aún con cierto dolor, que las soluciones económicas socialistas que han marginado a Cuba tienen que ser revisadas, incluyendo hasta la posibilidad de establecer un diálogo con otros países no socialistas. Es un cambio de actitud radical que puede influir en el porvenir del país.

Calibán

Un periodista europeo, de izquierda por más señas, me ha preguntado hace unos días: "¿existe una cultura latinoamericana?" . . . La pregunta me pareció revelar una de las raíces de la polémica, y podría enunciarse también de esta otra manera: "¿existen ustedes?" Pues poner en duda nuestra cultura es poner en duda nuestra propia existencia, nuestra realidad humana misma, y por tanto estar dispuestos a tomar partido en favor de nuestra irremediable condición colonial, ya que se sospecha que no seríamos sino eco desfigurado de lo que sucede en otra parte. Esa otra parte son, por supuesto, las metrópolis, los centros colonizadores, cuyas "derechas" nos esquilmaron,[1] y cuyas supuestas "izquierdas" han pretendido y pretenden orientarnos con piadosa solicitud. Ambas cosas, con el auxilio de intermediarios locales de variado pelaje.

Si bien este hecho, de alguna manera, es padecido por todos los países que emergen del colonialismo —esos países nuestros a los que esforzados intelectuales metropolitanos han llamado torpe y sucesivamente *barbarie, pueblos de color, países subdesarrollados, tercer mundo*—, creo que el fenómeno alcanza una crudeza singular al tratarse de la que Martí llamó "nuestra América *mestiza*". Aunque puede fácilmente defenderse la indiscutible tesis de que todo hombre es un mestizo, e incluso toda cultura; aunque esto parece especialmente válido en el caso de las colonias, sin embargo, tanto en el aspecto étnico como en el cultural es evidente que los países capitalistas alcanzaron hace tiempo una relativa homogeneidad en este orden. Casi ante nuestros ojos se han realizado algunos reajustes: la población blanca de los Estados Unidos (diversa, pero de común origen europeo) exterminó a la población aborigen y echó a un lado a la población negra, para darse por encima de divergencias esa homogeneidad . . . Menos a la vista el proceso (y quizás, en algunos casos, menos cruel), los otros países capitalistas también se han dado una relativa homogeneidad racial y cultural, por encima de divergencias *internas.*

Tampoco puede establecerse un acercamiento necesario entre mestizaje y mundo colonial. Este último es sumamente complejo, a pesar de básicas afinidades estructurales . . . En estos pueblos, en grado mayor o menor, hay mestizaje, por supuesto, pero es siempre accidental, siempre al margen de su línea central de desarrollo.

Pero existe en el mundo colonial, *en el planeta,* un caso especial: una vasta zona para la cual el mestizaje no es el accidente, sino la esencia, la línea central: nosotros, "nuestra América *mestiza*". Martí, que tan admirablemente conocía el idioma, empleó este adjetivo preciso como la señal distintiva de nuestra cultura, una cultura de descendientes de aborígenes, de africanos, de europeos —étnica y culturalmente hablando—. En su "Carta de Jamaica" (1815), el Libertador Simón

---

[1]**esquilmaron:** agotaron.

Bolívar había proclamado: "Nosotros somos un pequeño género humano: posee-
mos un mundo aparte, cercado por dilatados mares, nuevo en casi todas las artes
y ciencias"; y en su mensaje al Congreso de Angostura (1819) añadió:

> Tengamos en cuenta que nuestro pueblo no es el europeo, ni el
> americano del norte, que más bien es un compuesto de África y de
> América que una emanación de Europa; pues que hasta la España
> misma deja de ser europea por su sangre africana, por sus institucio-
> nes y por su carácter. Es imposible asignar con propiedad a qué familia
> humana pertenecemos. La mayor parte del indígena se ha aniquilado;
> el europeo se ha mezclado con el americano y con el africano, y éste
> se ha mezclado con el indio y con el europeo. Nacidos todos del seno
> de una misma madre, nuestros padres, diferentes en origen y en san-
> gre, son extranjeros, y todos difieren visiblemente en la epidermis;
> esta desemejanza, trae un reato[2] de la mayor trascendencia. [. . .]

[. . .]

NUESTRO SÍMBOLO

Nuestro símbolo no es pues Ariel, como pensó Rodó, sino Calibán. Esto es
algo que vemos con particular nitidez los mestizos que habitamos estas mismas
islas donde vivió Calibán: Próspero invadió las islas, mató a nuestros ancestros,
esclavizó a Calibán y le enseñó su idioma para poder entenderse con él: ¿qué otra
cosa puede hacer Calibán sino utilizar ese mismo idioma —hoy no tiene otro—
para maldecirlo, para desear que caiga sobre él la "roja plaga"? No conozco otra
metáfora más acertada de nuestra situación cultural, de nuestra realidad. De
Túpac Amaru,[3] *Tiradentes,* Toussaint-Louverture, Simón Bolívar, el cura Hidalgo,
José Artigas, Bernardo O'Higgins, Benito Juárez, Antonio Maceo y José Martí, a
Emiliano Zapata, Augusto César Sandino [. . .] al muralismo mexicano, Héctor
Villalobos . . . César Vallejo, José Carlos Mariátegui, Ezequiel Martínez Estrada,
Carlos Gardel, Pablo Neruda, Alejo Carpentier, Nicolás Guillén, Aimé Césaire,
José María Arguedas, Violeta Parra y Frantz [sic] Fanon, ¿qué es nuestra historia,
qué es nuestra cultura, sino la historia, sino la cultura de Calibán?

En cuanto a Rodó [. . .] lo que en su caso es digno de señalar es lo que sí vio,
y que sigue conservando cierta dosis de vigencia y aun de virulencia.

---

[2]**reato:** resto de pena que queda por cumplir aún, después de perdonado el pecado.
[3]**Túpac Amaru:** inca peruano, conocido
también bajo el nombre de José Gabriel
Condorcanqui, que se sublevó contra los
españoles en 1780. Fue ejecutado. Sigue
toda una lista de escritores y patriotas hispanoamericanos que en sus obras o en sus
acciones dieron énfasis a lo típicamente
"nuestro".

> Pese a sus carencias, omisiones e ingenuidades [ha dicho también Benedetti[4]], la visión de Rodó sobre el fenómeno yanqui, rigurosamente ubicada en su contexto histórico, fue en su momento la primera plataforma de lanzamiento para otros planteos posteriores, menos ingenuos, mejor informados, más previsores
> [. . .] la casi profética sustancia del arielismo rodoniano conserva, todavía hoy, cierta parte de su vigencia.

Estas observaciones están apoyadas por realidades incontrovertibles. Que la visión de Rodó sirvió para planteos posteriores menos ingenuos y más radicales, 80 lo sabemos bien los cubanos con sólo remitirnos a la obra de nuestro Julio Antonio Mella, en cuya formación fue decisiva la influencia de Rodó [. . .] Mella volverá a citar con devoción a Rodó ese año y al siguiente contribuirá a fundar en La Habana el Instituto politécnico Ariel. Es oportuno recordar que ese mismo año 1925 Mella se encuentra también entre los fundadores del primer Partido comunista de Cuba. Sin duda el *Ariel* de Rodó sirvió a este primer marxista-leninista orgánico de Cuba —y uno de los primeros del continente—, como "Plataforma de lanzamiento" para su meteórica carrera revolucionaria . . . [. . .] Bien vistas las cosas, es casi seguro que estas líneas de ahora no llevarían el nombre que tienen de no ser por el libro de Rodó, y prefiero considerarlas tam- 90 bién como un homenaje al gran uruguayo, cuyo centenario se celebra este año [. . .]

Al proponer a Calibán nuestro símbolo, me doy cuenta de que tampoco es enteramente nuestro, también es una elaboración extraña, aunque esta vez lo sea a partir de nuestras concretas realidades. Pero, ¿cómo eludir enteramente esta extrañeza? La palabra más venerada en Cuba —*mambí*[5]— nos fue impuesta peyorativamente por nuestros enemigos, cuando la guerra de independencia, y todavía no hemos descifrado del todo su sentido. Parece que tiene una evidente raíz africana, e implicaba, en boca de los colonialistas españoles, la idea de que todos los independentistas equivalían a los negros esclavos —emancipados por la pro- 100 pia guerra de independencia—, quienes, por supuesto, constituían el grueso del ejército libertador. Los independentistas, blancos y negros, hicieron suyo con honor lo que el colonialismo quiso que fuera una injuria. Es la dialéctica de Calibán. Nos llaman *mambí,* nos llaman *negro* para ofendernos; pero nosotros reclamamos como un timbre de gloria el honor de considerarnos descendientes de *mambí,* descendientes de negro alzado, cimarrón, independentista; y *nunca* descendientes de esclavista. Sin embargo, Próspero, como bien sabemos, le enseñó

---

[4]Referencia a Mario Benedetti, escritor uruguayo (1920).

[5]**mambí, o mambís:** insurrectos de Cuba que se rebelaron contra la dominación española.

el idioma a Calibán, y consecuentemente, le dio nombre. ¿Pero es ese su verdadero nombre? Oigamos este discurso de 1971:

> Todavía, con toda precisión, no tenemos siquiera un nombre, estamos prácticamente sin bautizar: que si latinoamericanos, que si íberoamericanos, que si indoamericanos. Para los imperialistas no somos más que pueblos despreciados y despreciables. Al menos lo éramos. Desde Girón empezaron a pensar un poco diferente. Desprecio racial. Ser criollo, ser mestizo, ser negro, ser, sencillamente, latinoamericano, es para ellos desprecio.

Es, naturalmente, Fidel Castro, en el décimo aniversario de la victoria de Playa Girón.[6]

Asumir nuestra condición de Calibán implica repensar nuestra historia desde el *otro* lado, desde el *otro* protagonista. El *otro* protagonista de *La tempestad* (o, como hubiéramos dicho nosotros, *El ciclón*) no es por supuesto Ariel, sino Próspero. No hay verdadera polaridad Ariel-Calibán: ambos son siervos en manos de Próspero, el hechicero extranjero. Sólo que Calibán es el rudo e inconquistable dueño de la isla, es en ella, como vieron Ponce[7] y Césaire,[8] el intelectual. [. . .]

¿Y ARIEL, AHORA?

Ariel, en el gran mito shakespeareano que hemos seguido en estas notas, es, como se ha dicho, el intelectual de la misma isla que Calibán: puede optar entre servir a Próspero —es el caso de los intelectuales de la anti-América—, con el que aparentemente se entiende de maravillas, pero de quien no pasa de ser un temeroso sirviente, o unirse a Calibán en su lucha por la verdadera libertad. Podría decirse, en lenguaje gramsciano,[9] que pienso sobre todo en intelectuales "tradicionales", de los que incluso en el período de transición, el proletariado necesita asimilarse el mayor número posible, mientras va generando sus propios intelectuales "orgánicos".

Es sabido, en efecto, que una parte más o menos importante de la intelectualidad al servicio de las clases explotadas suele provenir de las clases explotadoras, de las cuales se desvincula radicalmente. Es el caso, por lo demás clásico, de figuras cimeras como Marx, Engels y Lenin. Este hecho había sido observado ya en el

---

[6]**Playa Girón:** lugar del desembarco de tropas que en 1961 fracasaron en su intento de poner fin al régimen socialista de Fidel Castro.

[7]**Aníbal Ponce:** (1898–1938), escritor argentino que trató el tema de Calibán.

[8]**Aimé Cesaire:** escritor y poeta martiniqués nacido en 1913. Interpretó la obra de Shakespeare desde otro enfoque.

[9]**gramsciano:** referencia a Antonio Gramsci (1891–1937), escritor y político marxista italiano.

propio *Manifiesto del Partido comunista* de 1848. Allí escribieron Marx y Engels:

> en los períodos en que la lucha de clases se acerca a su desenlace, el proceso de desintegración de la clase dominante, de toda la vieja sociedad, adquiere un carácter tan violento y tan patente, que una pequeña fracción de esa clase reniega de ella y se adhiere a la clase revolucionaria, a la clase en cuyas manos está el porvenir . . . [. . .]

Si esto es obviamente válido para las naciones capitalistas de más desarrollo —a las cuales tenían en mente Marx y Engels en su *Manifiesto*—, en el caso de nuestros países hay que añadir algo más. En ellos, "ese sector de los ideólogos burgueses" de que hablan Marx y Engels conoce un segundo grado de ruptura: salvo aquella zona que orgánicamente provenga de las clases explotadas, la intelectualidad que se considere revolucionaria debe romper sus vínculos con la clase de origen (con frecuencia, la pequeña burguesía), y *también* debe romper sus nexos *de dependencia* con la cultura metropolitana que le enseñó, sin embargo, el lenguaje, el aparato conceptual y técnico. Ese lenguaje, en la terminología shakespeareana, le servirá para maldecir a Próspero . . .

La situación y las tareas de ese intelectual al servicio de las clases explotadas no son por supuesto las mismas cuando se trata de países en los que aún no ha triunfado la revolución, que cuando se trata de países en los que ya se desarrolla tal revolución . . . La situación como dije, no es igual en los países en que las masas populares latinoamericanas han llegado al fin al poder y han desencadenado una revolución socialista. El caso entusiasmante de Chile es demasiado inmediato para poder extraer de él conclusiones.[10] Pero la revolución socialista cubana tiene más de doce años de vida, y a estas alturas ya pueden señalarse algunos hechos: aunque, por la naturaleza de este trabajo, aquí no me propongo sino mencionar rasgos muy salientes.

Esta revolución, en su práctica y en su teoría, habiendo sido absolutamente fiel a la más exigente tradición popular latinoamericana, ha satisfecho en plenitud la asperación de Mariátegui: "no queremos, ciertamente, que el socialismo sea en América caldo y copia. Debe ser creación heroica. Tenemos que dar vida, con nuestra propia realidad, en nuestro propio lenguaje, el socialismo indo-americano".

Por eso no puede entenderse nuestra Revolución si se ignoran "nuestra propia realidad," "nuestro propio lenguaje", y a ellos me he referido largamente. Pero el imprescindible orgullo de haber heredado lo mejor de la historia latinoamericana, de pelear al frente de una vasta familia de doscientos millones de hermanos, no puede hacernos olvidar que, por eso mismo, formamos parte de otra vanguardia aún mayor, de una vanguardia planetaria: la de los países socialistas que ya van

---

[10]Referencia al gobierno socialista de Salvador Allende, elegido en 1970.

apareciendo en todos los continentes. Eso quiere decir que nuestra herencia es también la herencia mundial del socialismo, y que la asumimos como el capítulo más hermoso, más gigantesco, más batallador en la historia de la humanidad. [. . .]

La Habana, 7–20 de junio de 1971.

REFLEXIÓN Y ANÁLISIS

1) ¿Cómo se plantea el tema de una identidad nacional en esta obra?
2) ¿Cuáles aspectos tiene en común con la obra *Ariel* de Rodó?
3) ¿Cómo se representan los Estados Unidos en este ensayo?
4) ¿Ofrece Retamar algunas soluciones al problema de la identidad cultural?
5) Escriba un ensayo analizando las semejanzas entre el texto de Retamar y "Nuestra América", de Martí.

BIBLIOGRAFÍA

Emilio, Bejel. *Escribir en Cuba. Entrevistas con escritores cubanos: 1979–1989*. Río Piedras: Editorial de la Universidad de Puerto Rico, 1991.

Roberto Fernández Retamar. *Ensayo de otro mundo*. La Habana, Cuba: Instituto del Libro, 1967.

———. "Apéndice o Post-data al primer Calibán". (Calibán en esta hora de nuestra América). *Plural 245* (febrero 1992): 48–565.

John F. Garganigo

RIGOBERTA MENCHÚ (1959–   )

Rigoberta Menchú es una indígena de la etnia quiché guatemalteca. Viene de una familia campesina cuyos miembros estaban muy involucrados en la organización de resistencia comunitaria contra el régimen opresor guatemalteco. Su madre y su hermano fueron bestialmente torturados y asesinados por los militares del régimen de Lucas García. El padre de Rigoberta murió en una masacre durante la ocupación de la Embajada de España. La vida misma de Rigoberta está enmarcada por diversas formas de resistencia: desde el aprendizaje de la lengua del enemigo, el español, para poder asumir el liderazgo eficaz entre los campesinos y trabajadores - -de los Comités de Unidad Campesina, del Frente 31 de enero y de la Organización de Cristianos Revolucionarios Vicente Menchú—, hasta un prolongado exilio que no doblegó su compromiso con la causa de su comunidad.

Me llamo Rigoberta Menchú y así me nació la conciencia (1983) —relato documental basado en la experiencia personal y comunitaria de Rigoberta y editado por la antropóloga venezolana Elizabeth Burgos-Debray— constituye un buen ejemplo de la forma no-ficticia conocida en la crítica latinoamericanista bajo el nombre de *testimonio*. De entre las numerosas definiciones del testimonio, la más sucinta y comprensiva es la de George Yúdice, quien entiende el testimonio como "una narración *auténtica,* contada por un *testigo* quien está motivado hacia el *narratario* por la urgencia de la situación (por ejemplo: guerra, opresión, revolución). Con énfasis sobre el discurso oral popular, el testigo retrata su propia *experiencia* como *representativa* de una *memoria e identidad colectivas. La verdad* está evocada con el objetivo de *denunciar* una situación de explotación y opresión o *exorcisar* y *corregir* la historia oficial" (citado por Gugelberger y Kearney 4, énfasis original). Esta definición ayuda a distinguir el testimonio de otras formas no-ficticias —como historias de vida, biografías y autobiografías, reportajes y novelas documentales—, a la vez que enfatiza en el aspecto mediatizado del mismo (presencia del editor).

Intentemos aplicar esta definición al caso de *Rigoberta Menchú.* Según podemos ver en la advertencia que encabeza el libro, se trata aquí de una experiencia vivida de una testigo, Rigoberta Menchú, quien entabla un diálogo con Elizabeth Burgos-Debray, periodista y etnóloga de origen venezolano, educada y radicada en Francia, donde es directora de cultura de la Casa de América Latina. El objetivo de este testimonio es afirmar la riqueza y dignidad de la cultura indígena, por un lado, y denunciar la secular explotación de la misma, por el otro. Rigoberta dedica páginas enteras a la descripción de atrocidades perpetradas por el ejército y la política del etnocidio lanzada por el gobierno de Lucas García (1976–1981) en contra de la raza indígena. Tal como indica Yúdice en su definición, en el testimonio de Rigoberta predomina el tono conversacional y la testimoniante insiste en presentar sus propias vivencias como representativas de una experiencia colectiva.

Uno de los aspectos más complejos del testimonio de Rigoberta es el papel pragmático de la religión católica en el proceso de concientización de los indígenas. La narradora afirma que la Biblia es un "documento de formación de nuestra aldea" (Menchú, 156) para luego describir el inexorable sincretismo entre el patrimonio bíblico y la realidad indígena: "Como decía, para nosotros la Biblia es un arma principal que nos ha enseñado a caminar mucho. Y, quizá, para todos los que se llaman cristianos, pero los cristianos de teoría no entienden por qué nosotros le damos otro sentido, precisamente porque no han vivido nuestra realidad" (159).

Es importante apreciar el significado ideológico, ético y estético del género testimonial para la difusión en el foro internacional de voces antes silenciadas o ignoradas de los oprimidos y de los subalternos. El premio Nobel de la Paz otorgado a Rigoberta Menchú en 1992 —al calor de las celebraciones del quinto centenario del viaje de Colón— reconoce de modo evidente la integridad, la fuerza y la perseverancia de Rigoberta y de su comunidad en la ardua labor de resistencia pacífica, pero a la vez simboliza el impacto político del testimonio sobre la opinión pública mundial. No obstante, es preciso reparar también en algunas de las contradicciones inherentes a la forma testimonial.

Siendo un discurso fundado sobre documentos personales y sobre la técnica de la entrevista, el testimonio mediato plantea —en nuestra opinión— los siguientes problemas en el proceso de recopilación, transcripción, redacción y recepción: el encuentro entre el/la editor(a) y su interlocutor(a) puede ser casual, pero la selección del material testimonial es intencional; el/la testigo(a) es considerado idóneo si corresponde a los intereses (políticos, científicos, literarios) de su editor(a) y, en segundo lugar, si tiene características de un(a) buen(a) informante —fidedigno(a), agudo(a) observador(a), capaz de narrar bien, involucrado(a) en la vida comunitaria, etcétera; el contrato de lectura presupone una excelente relación entre el/la editor(a) y su testimoniante, aunque haya discrepancias ideológicas o una distancia cultural entre ambos; aunque se trata de textos en colaboración y/o por encargo, el énfasis sobre el compromiso del intelectual y su solidaridad con los marginados lleva a un fortalecimiento de la ilusión de frente común y, en consecuencia, de una figura autorial homogénea; la premisa de todos los testimonios mediatos es la de la marginalidad de ciertos sujetos y de la necesidad de hacerlos hablar y ser escuchados, por lo que la conciencia marginal queda privilegiada como la más idónea para reescribir el pasado y reevaluar el presente; mientras los prólogos editoriales intentan definir el testimonio como discurso objetivo y realista, las manipulaciones e intrusiones editoriales son inevitables tanto durante la entrevista (cuestionarios, fichas, grabaciones) como en la interpretación y verificación del material y, finalmente, en la edición (selección, arreglos estructurales, retoques estilísticos, etcétera).

Junto al testimonio de Menchú, los textos más leídos y comentados de lo que ya es el canon testimonial hispanoamericano incluyen: *Biografía de un cimarrón* de Miguel Barnet/Esteban Montejo (Cuba, 1966), *Si me permiten hablar: testimonio de Domitila, una mujer de las minas de Bolivia* (Bolivia, 1978; editado por la periodista brasileña Moema Viezzer) y *Hasta no verte Jesús mío* (México, 1968), una "novela testimonial" recreada por Elena Poniatowska a partir de sus entrevistas con Josefina Borque, verdadero nombre de Jesusa Palancares.

De *Me llamo Rigoberta Menchú y así me nació la conciencia*

PRÓLOGO

Este libro es el relato de la vida de Rigoberta Menchú, india quiché, una de las etnias más importantes de las veintidós existentes en Guatemala. Nació en la pequeña aldea de Chimel, situada en San Miguel de Uspantán, en el departamento de El Quiché, al noroeste del país.

Rigoberta Menchú tiene veintitrés años. Se expresó en español, lengua que domina desde hace sólo tres años. La historia de su vida es más un testimonio sobre la historia contemporánea que sobre la de Guatemala. Por ello es ejemplar, puesto que encarna la vida de todos los indios del continente americano. Lo que
10 ella dice a propósito de su vida, de su relación con la naturaleza, de la vida, la muerte, la comunidad, lo encontramos igualmente entre los indios norteamericanos, los de América central y los de Sudamérica. Por otro lado, la discriminación cultural que sufre es la misma que padecen todos los indios del continente desde su descubrimiento. Por la boca de Rigoberta Menchú se expresan actualmente los vencidos de la conquista española. Hay en este testigo de excepción, superviviente del genocidio del que han sido víctimas su comunidad y su familia, una voluntad feroz de romper el silencio, de hacer cesar el olvido para enfrentarse a la empresa de muerte de la que su pueblo es víctima. La palabra es su única arma: por eso se decide a aprender español, saliendo así del enclaustramiento[1]
20 lingüístico en el que los indios se han parapetado voluntariamente para preservar su cultura.

Rigoberta aprendió la lengua del opresor para utilizarla contra él. Para ella, apoderarse del idioma español tiene el sentido de un acto, en la medida en que un acto hace cambiar el curso de la historia, al ser fruto de una decisión: el español, la lengua que antaño le imponían por la fuerza, se ha convertido para ella en un instrumento de lucha. Se decide a hablar para dar cuenta de la opresión que padece su pueblo desde hace casi cinco siglos, para que el sacrificio de su comunidad y de su familia no haya sido en vano. Lucha contra el olvido, y para hacernos ver lo que los latinoamericanos nos hemos negado siempre a aceptar: que si
30 bien estamos siempre dispuestos a denunciar las relaciones de desigualdad que Norteamérica mantiene con nosotros, nunca se nos ha ocurrido reconocer que también nosotros somos opresores, y que mantenemos relaciones que fácilmente pueden calificarse de *coloniales*. Sin temor a exagerar, podemos afirmar que existe, sobre todo en los países con fuerte población india, un colonialismo interno que se ejerce en detrimento de las poblaciones autóctonas.

[. . .]

---

[1]**enclaustramiento:** encierro, encarcelamiento.

Fue en calidad de representante del Frente 31 de enero como Rigoberta Menchú vino a Europa a principios de enero de 1982, invitada por organizaciones de solidaridad; y en esta ocasión yo la conocí en París. La idea de hacer un libro contando su vida procede de una amiga canadiense que lleva a los indios guatemaltecos en el corazón y que había conocido a Rigoberta antes, en México, donde ella había ido a buscar refugio, como muchos otros indios de su país que huían de la represión. No habiendo visto nunca a Rigoberta Menchú, al principio me mostré reticente,[2] por saber hasta qué punto la calidad de la relación entre entrevistador y entrevistado es una condición previa en esta clase de trabajo: la implicación sicológica es muy intensa y la aparición del recuerdo actualiza afectos y zonas de la memoria que se creían olvidadas para siempre, pudiendo provocar situaciones anxiógenas[3] o de *stress*.

Desde la primera vez en que nos vimos supe que íbamos a entendernos. La admiración que su valor y su dignidad han suscitado en mí facilitó nuestras relaciones.

Llegó a mi casa una tarde de enero de 1982. Llevaba su vestido tradicional: un huipil multicolor con bordados gruesos y diversos; las formas de que constaba no se repetían simétricamente en ambos lados, y podía creerse que la elección de los bordados se había hecho al azar. Una falda (de la que más tarde supe que ella llamaba *corte*) multicolor, de tela espesa, visiblemente tejida a mano, le caía hasta los tobillos. Una franja ancha de colores, muy vivos le ceñía la cintura. Le cubría la cabeza una tela fusia[4] y roja, anudada por detrás del cuello, que ella me regaló en el momento de marcharse de París. Me dijo que había tardado tres meses en tejerla. Alrededor del cuello lucía una enorme collar de cuentas rojas y monedas antiguas de plata, al cabo del cual colgaba una cruz pesada, asimismo de plata maciza. Me acuerdo que era una noche particularmente fría: creo que incluso nevaba. Rigoberta no llevaba ni medias ni abrigo. Sus brazos asomaban desnudos de su huipil. Para protegerse del frío se había puesto una capita corta de tela, imitación de la tradicional, que apenas le llegaba a la cintura. Lo que me sorprendió a primera vista fue su sonrisa franca y casi infantil. Su cara redonda tenía forma de luna llena. Su mirada franca era la de un niño, con labios siempre dispuestos a sonreír.[. . .]

Muy rápidamente advertí su deseo de hablar y sus aptitudes para la expresión oral.

Rigoberta permaneció ocho días en París. Había venido a hospedarse en mi casa por comodidad y para aprovechar mejor su tiempo. A lo largo de esos ocho días empezábamos a grabar hacia las nueve de la mañana: después de comer, lo que hacíamos hacia la una, volvíamos a grabar hasta las seis. A menudo continuábamos después de cenar, o bien preparábamos las preguntas para el día siguiente. Al final de la entrevista yo había grabado veinticinco horas. Durante esos ocho

---

[2]**reticente:** indirecto en el habla; con excesiva reserva.

[3]**anxiógeno:** que produce ansiedad.
[4]**fusia:** de color semejante a la púrpura.

días viví en el universo de Rigoberta. Prácticamente nos habíamos apartado de todo contacto exterior.

Nuestras relaciones fueron excelentes desde el principio, y se intensificaron al cabo de los días, a medida que me confiaba su vida, la de su familia, la de su comunidad. Día tras día se desprendía de ella una especie de seguridad, una especie de bienestar la invadía. Un día me confesó que por primera vez era capaz de dormir la noche entera sin despertarse sobresaltada, sin imaginar que el ejército había venido a detenerla.

Considero, sin embargo, que lo que hizo tan privilegiada esta relación fue el hecho de haber vivido bajo el mismo techo durante ocho días; esto contribuyó enormemente a aproximarnos. Debo decir que la casualidad puso también algo de su parte. Una amiga me había traído de Venezuela harina de maíz para hacer pan y judías negras: estos dos elementos constituyen la base de la alimentación popular venezolana, pero también de la guatemalteca. No podría describir la felicidad de Rigoberta. La mía era también grande, pues el aroma de las tortillas mientras se cocían y de las judías recalentadas me devolvieron a mi infancia venezolana, cuando las mujeres se levantaban para cocer las *arepas* del desayuno. Las *arepas* son mucho más gruesas que las *tortillas* guatemaltecas, pero el procedimiento, la coción y los ingredientes son los mismos. Por la mañana, al levantarse, un reflejo milenario impulsaba a Rigoberta a preparar la masa y a cocer las *tortillas* para el desayuno, y lo mismo al mediodía y a la noche. Verla trabajar me producía un placer inmenso. Como por milagro, en unos segundos salían de sus manos tortillas tan delgadas como una tela y perfectamente redondas. Las mujeres a las que había observado en mi infancia, hacían las *arepas* aplastando la masa entre las palmas de las manos; Rigoberta la aplanaba golpeándola entre los dedos estirados y unidos, y pasándola de una mano a otra, lo que hacía aún más difícil dar a la tortilla la forma perfectamente redonda. El puchero[5] de judías negras, que nos duró varios días, completaba nuestro menú diario. Por suerte yo había preparado hacía algún tiempo pimientos de cayena conservados en aceite. Rigoberta rociaba con este aceite las judías que se convertían en fuego dentro de la boca. "Nosotros no confiamos más que en los que comen lo mismo que nosotros", me dijo un día en que trataba de explicarme las relaciones de las comunidades indias con los miembros de la guerrilla. Entonces comprendí que me había ganado su confianza. Esta relación establecida oralmente demuestra que existen espacios de entendimiento y de correspondencia entre los indios blancos o mestizos: las tortillas y las judías negras nos había acercado, ya que estos alimentos despertaban el mismo placer en nosotras, movilizaban las mismas pulsiones. [. . .]

[. . .]

---

[5] **el puchero:** un tipo de comida.

Pero ante todo debo hacer una advertencia al lector: si bien poseo una formación de etnóloga, jamás he estudiado la cultura maya-quiché, y no he trabajado
nunca sobre el terreno en Guatemala. Esta falta de conocimiento de la cultura de
Rigoberta, que al principio me parecía una desventaja, se reveló pronto como
muy positiva. He tenido que adoptar la postura del alumno. Rigoberta lo comprendió en seguida; por ello el relato de las ceremonias y de los rituales es tan
detallado. Del mismo modo, si nos hubiéramos encontrado en su casa, en El
Quiché, la descripción del paisaje no hubiese sido tan realista.

Para las grabaciones, elaboré primero un esquema rápido, estableciendo un
hilo conductor cronológico: infancia, adolescencia, familia, compromiso con la
lucha, que hemos seguido aproximadamente. Ahora bien, a medida que avazába-
mos, Rigoberta se desviaba cada vez con más frecuencia, insertando en el relato
la descripción de sus prácticas culturales y cambiando así completamente el
orden cronológico que yo había establecido. He dado, por tanto, libre curso a la
palabra. Trataba de preguntar lo menos posible, e incluso de no preguntar nada
en absoluto. Cuando algún punto quedaba poco claro, yo lo anotaba en un cuaderno y consagraba la última sesión del día a aclarar estos puntos confusos. A
Rigoberta le producía un placer evidente darme explicaciones, hacerme comprender, introducirme en su universo. Al contar su vida, Rigoberta viajaba a través de ella; revivió momentos de gran conmoción, como cuando relató la muerte
de su hermano menor, de doce años, quemado vivo por el ejército delante de su
familia, o el auténtico calvario[6] que sufrió su madre durante semanas a manos
del ejército, hasta que por fin la dejaron morir. La exposición detallada de las
costumbres y rituales de su cultura me han llevado a establecer una lista en la
que había incluido las costumbres sobre la muerte. Rigoberta había leído la lista.
Yo había decidido dejar el tema concreto de la muerte para el final de la entrevista. Pero el último día algo me impidió interrogarle sobre esos rituales. Tenía
la sensación de que si le preguntaba al respecto, la pregunta podía llegar a ser
premonitoria, hasta tal punto había estado golpeada por la muerte la vida de
Rigoberta. Al día siguiente de su partida, un amigo común vino a traerme una
cinta que Rigoberta se había molestado en grabar a propósito de las ceremonias
de la muerte "que nos habíamos olvidado de grabar". Fue este gesto el que me
hizo comprender definitivamente lo que tiene de excepcional esta mujer. Con su
gesto demostraba que, culturalmente, era de una integridad total, y al mismo
tiempo me hacía saber que no se engañaba. En su cultura, la muerte está inte-
grada en la vida, y por eso se acepta.

Para efectuar el paso de la forma oral a la escrita, procedí de la siguiente manera:

Primero descifré por completo las cintas grabadas (veinticinco horas en total).
Y con ello quiero decir que no deseché nada, no cambié ni una palabra, aunque

---

[6]**el calvario:** padecimiento muy intenso y
prolongado.

estuviese mal empleada. No toqué ni el estilo, ni la construcción de las frases. El material original, en español, ocupa casi quinientas páginas dactilografiadas.

Leí atentamente este material una primera vez. A lo largo de una segunda lectura, establecí un fichero por temas: primero apunté los principales (padre, madre, educación e infancia); y después los que se repetían más a menudo (trabajo, relaciones con los ladinos y problemas de orden lingüístico). Todo ello con la intención de separarlos más tarde en capítulos. Muy pronto decidí dar al manuscrito forma de monólogo, ya que así volvía a sonar en mis oídos al releerlo. Resolví, pues, suprimir todas mis preguntas. Situarme en el lugar que me correspondía: primero escuchando y dejando hablar a Rigoberta, y luego convirtiéndome en una especie de doble suyo, en el instrumento que operaría el paso de lo oral a lo escrito. Debo confesar que esta determinación hizo mi tarea más difícil, ya que debía hacer ajustes para que el manuscrito conservase el aire de un monólogo recitado de un tirón, de un solo soplo. Procedí a continuación al desglose[7] en capítulos: de hecho, establecí dos grupos de palabras, por temas. Por otro lado seguí el hilo conductor original, que era cronológico (aunque no siempre lo habíamos seguido durante las grabaciones), con la intención de hacer el manuscrito más asequible a la lectura. En cambio, los capítulos en los que se describen las ceremonias del nacimiento, el matrimonio, la recolección, etc., me causaron algunos problemas, ya que era preciso encontrarles su lugar en el curso del relato. Después de desplazarlos en varias ocasiones, volví al manuscrito original y los coloqué allí donde ella había asociado sus recuerdos con esos rituales y en el momento en que ella los había incluido en el relato. Me han señalado que, al principio del libro, el capítulo sobre las ceremonias del nacimiento corría el riesgo de aburrir al lector. Otros me han aconsejado suprimir simplemente la narración de estas ceremonias, o ponerla al final del manuscrito, como anexo. No hice caso a unos ni a otros. Quizá me haya equivocado si se trataba de seducir al lector, pero mi respeto por Rigoberta me ha impedido obrar de otro modo. Si Rigoberta ha hablado, no ha sido únicamente para que escuchemos sus desventuras, sino, y sobre todo, para hacernos comprender su cultura, de la que se siente tan orgullosa y para la que pide reconocimiento. Una vez colocado el manuscrito en el orden que actualmente tiene, pude aligerar, suprimir las repeticiones sobre un mismo tema que existían en varios capítulos. Dicha repetición servía a veces para introducir un nuevo tema; eso forma parte del estilo de Rigoberta, y en esas ocasiones yo conservaba la reiteración. Decidí también corregir los errores de género debidos a la falta de conocimiento de alguien que acaba de aprender un idioma, ya que hubiera sido artificial conservarlos y, además, hubiese resultado folklórico en perjuicio de Rigoberta, lo que yo no deseaba en absoluto.

---

[7]**el desglose:** selección, separación.

Sólo me resta agradecer a Rigoberta el haberme concedido el privilegio de este encuentro y haberme confiado su vida. Ella me ha permitido descubrir ese otro yo-misma. Gracias a ella mi yo americano ha dejado de ser una "extrañeza inquietante".

Para terminar, quiero dedicar a Rigoberta este texto de Miguel Ángel Asturias, extraído de las *Meditaciones del descalzo:* "Sube y exige, tú eres llama de fuego, / Tu conquista es segura donde el horizonte definitivo / Se hace gota de sangre, / gota de vida, / Allí donde tus hombros sostendrán el universo, / Y sobre el universo tu esperanza."

Elizabeth Burgos
Montreaux-París, diciembre 1982

III EL NAHUAL

"Aquella noche que pasó aullando, como coyote, mientras dormía como gente."

"Ser animal, sin dejar de ser persona."

"Animal y persona coexisten en ellos por voluntad de sus progenitores desde el nacimiento . . ."

Miguel Ángel Asturias, "Hombres de maíz"

Todo niño nace con su nahual. Su nahual es como su sombra. Van a vivir paralelamente y casi siempre es un animal el nahual. El niño tiene que dialogar con la naturaleza. Para nosotros el nahual es un representante de la tierra, un representante de los animales y un representante del agua y del sol. Y todo eso hace que nosotros nos formemos una imagen de ese representante. Es como una persona paralela al hombre. Es algo importante. Se le enseña al niño que si se mata un animal el dueño de ese animal se va a enojar con la persona, porque le está matando al nahual. Todo animal tiene un correspondiente hombre y al hacerle daño, se le hace daño al animal.

Nosotros tenemos divididos los días en perros, en gatos, en toros, en pájaros. Cada día tiene un nahual. Si el niño nació el día miércoles, por ejemplo, su nahual sería una ovejita. El nahual está determinado por el día del nacimiento. Entonces para ese niño, todos los miércoles son su día especial. Si el niño nació el martes es la peor situación que tiene el niño porque será muy enojado. Los papás saben la actitud del niño de acuerdo con el día que nació. Porque si le tocó como nahualito un toro, los papás dicen que el torito siempre se enoja. Al toro le gustará pelear mucho con sus hermanitos.

Para nosotros o para nuestros antepasados, existen diez días sagrados. Esos diez días sagrados, representan una sombra. Esa sombra es de algún animal.

Hay perros, toros, caballos, pájaros, hay animales salvajes como, por ejemplo, un león. Hay también árboles. Un árbol que se ha escogido hace muchos siglos y que tiene una sombra. Entonces cada uno de los diez días está representado por uno de los animales mencionados. Estos animales no siempre tienen que ser uno. Por ejemplo, un perro, no sólo uno va a representar sino que nueve perros representan un nahual. El caso de los caballos, tres caballos representa un nahual. O sea, tiene muchas variedades. No se sabe el número. O se sabe, pero sólo nuestros papás saben el número de animales que representan cada uno de los nahuales de los diez días.

Pero, para nosotros, los días más humildes son el día miércoles, el lunes, el sábado y el domingo. Los más humildes. O sea, tendrían que representar una oveja, por ejemplo. O pájaros. Así, animales que no estropeen a otros animales. De hecho, a los jóvenes, antes de casarse, se les da la explicación de todo esto. Entonces sabrán ellos, como padres, cuando nace su hijo, qué animal representa cada uno de los días. Pero, hay una cosa muy importante. Los padres no nos dicen a nosotros cuál es nuestro nahual cuando somos menores de edad o cuando tenemos todavía actitudes de niño. Sólo vamos a saber nuestro nahual cuando ya tengamos una actitud fija, que no varía, sino que ya se sabe esa nuestra actitud. Porque muchas veces se puede uno aprovechar del mismo nahual, si mi nahual es un toro, por ejemplo tendré . . . ganas de pelear con los hermanos. Entonces, para no aprovecharse del mismo nahual, no se le dice a los niños. Aunque muchas veces se les compara a los niños con el animal, pero no es para identificarlo con su nahual. Los niños menores no saben el nahual de los mayores. Se les dice sólo cuando la persona tiene ya la actitud como adulto. Puede ser a los nueve o a los diecinueve o veinte años. Es para que el niño no se encapriche. Y que no vaya a decir, yo soy tal animal. Entonces me tienen que aguantar los otros. Pero cuando se le regalan sus animales, a los diez o doce años, tiene que recibir uno de los animales que representa su nahual. Pero si no se le puede dar un león, por ejemplo, se le suple por otro animal parecido. Sólo nuestros papás saben qué día nacimos. O quizá la comunidad porque estuvo presente en ese tiempo. Pero ya los demás vecinos de otros pueblos no sabrán nada. Sólo sería cuando llegamos a ser íntimos amigos.

[. . .]

Nosotros los indígenas hemos ocultado nuestra identidad, hemos guardado muchos secretos, por eso somos discriminados. Para nosotros es bastante difícil muchas veces decir algo que se relaciona con uno mismo porque uno sabe que tiene que ocultar esto hasta que garantice que va a seguir como una cultura indígena, que nadie nos puede quitar. Por eso no puedo explicar el nahual pero hay ciertas cosas que puedo decir a grandes rasgos.

Yo no puedo decir cuál es mi nahual porque es uno de nuestros secretos.

XXVI SECUESTRO Y MUERTE DE LA MADRE DE RIGOBERTA MENCHÚ. REMEMORANDO A SU MADRE

270 "El tiempo que estamos viviendo lo tenemos que vencer con la presencia de nuestros antepasados."

Rigoberta Menchú

"Querían incendiar mis tierras, acabar con mis jóvenes y lactantes, y raptar a las vírgenes. El Señor Todopoderoso los rechazó por mano de una mujer."

La Biblia, Judit

Así fue cómo mi madre regresó al pueblo, y a escondidas va a comprar cosas para la comunidad cuando la secuestran el 19 de abril del 80.

Sabía que mi madre, cuando mataron a mi padre, estaba en camino para regresar
280 a mi aldea. Yo tenía tanta pena de ella, porque me decía que tenía mucho que hacer si se quedaba en otras etnias, en otros lugares, en la organización de las personas. Si mi madre regresó al altiplano fue precisamente porque de mi aldea cayeron más de ocho compañeros vecinos en la embajada de España. Esos ocho compañeros eran los mejores de nuestra aldea, eran compañeros muy activos. Entonces mi madre decía, yo regreso a mi tierra porque mi comunidad me necesita en estos momentos. Y ella regresó. Los curas, las monjas, que se encontraban en ese tiempo en mi pueblo, le ofrecieron ayuda para que ella pudiera salir fuera del país pero mi madre nunca soñó con ser refugiada. Ella decía: "No es posible, mi pueblo me necesita y aquí tengo que estar." Regresó a la casa, y es cierto, pues, que la comunidad casi se estaba murien-
290 do de hambre, ya que no podía bajar a un pueblo ni a un lugar y nadie se atrevía exponer su vida sólo por ir a comprar algo para comer.

A veces oía que mi madre andaba por otros departamentos porque de casuali-dad unas personas me contaban sobre la señora que tenía tal experiencia y todo eso. Entonces yo decía, es mi madre. Qué bueno que no está en el altiplano. Pero para mí eran grandes las tensiones, porque no sabía dónde andaba y qué le podía pasar. Uno está claro, y tiene la convicción, de que si en un momento dado los padres perdían la vida, la pierden con toda claridad. Y tenía la esperanza de verlos todavía. Si un día nos pudiéramos juntar todos. Mi mamá decía que con su vida, con su testimonio vivo, trataba de decirles a las mujeres que tenían que participar
300 como mujeres para que cuando llegara la represión y cuando nos tocara sufrir, no sólo sufran los hombres. Las mujeres también tenían que participar como mujeres y las palabras de mi madre decían que una evolución, un cambio, sin la participa-ción de las mujeres no sería un cambio y no habría victoria. Ella estaba clara como si fuera una mujer de tantas teorías y con tanta práctica. Mi mamá casi no habló el castellano, pero hablaba dos lenguas, el quiché y un poco el keckchi.[8] Mi mamá utilizaba todo ese valor y ese conocimiento que tenía y se fue a organizar. [. . .]

---

[8] **el keckchi:** uno de los idiomas indígenas.

[. . .]

Fue secuestrada mi madre y desde los primeros días de su secuestro fue violada por los altos jefes militares del pueblo. Y quiero anticipar que todos los pasos de las violaciones y las torturas que le dieron a mi madre los tengo en mis manos. No quisiera aclarar muchas cosas porque implica la vida de compañeros que aún trabajan muy bien en su trabajo. Mi madre fue violada por sus secuestradores. Después, la bajaron al campamento, un campamento que se llamaba Chajup que quiere decir abajo del barranco. Allí tenían muchos hoyos donde castigaban a los secuestrados y donde también fue torturado mi hermanito. La bajaron al mismo lugar. Al llegar al campamento fue violada por los altos jefes militares que mandaban la tropa. Después, mi madre estuvo en grandes torturas. Desde el primer día la empezaron a rasurar, a ponerle uniforme y después le decían, si eres un guerrillero, por qué no nos combates aquí. Y mi madre no decía nada. Pedían a mi madre, a través de golpes, decir dónde estábamos nosotros. Y si daba una declaración, la dejaban libre. Pero mi madre sabía muy bien que lo hacían para torturar a sus demás hijos y que no la dejarían libre. Mi madre no dio ninguna declaración. Se hizo la disimulada en todas las cosas. Ella hacía como si no sabía nada. Ella defendió hasta lo último a cada uno de sus hijos. Y, al tercer día que estaba en torturas le habían cortado las orejas. Le cortaban todo su cuerpo parte por parte. Empezaron con pequeñas torturas, con pequeños golpes para llegar hasta los más grandes golpes. Las primeras torturas que recibió estaban infectadas. Desgraciadamente, le tocaron todos los dolores que a su hijo le tocaron también. La torturaban constantemente. No le dieron de comer por muchos días. Mi madre, de los dolores, con las torturas que tenía en su cuerpo, toda desfigurada, sin comer, empezó a perder el conocimiento, empezó a estar en agonía. La dejaron mucho tiempo y estaba en agonía. Después el oficial mandó a traer la tropa médica que tienen allí en el ejército y le metieron inyecciones, y bastante suero para que mi madre reviviera. Que mi madre resurgiera nuevamente. Le daban medicinas; la atendieron muy bien, buscaron un lugar donde estuviera bien. Y cuando mi madre estaba un poco bien, pues, claro, pedía comida. Le daban comida. Después de eso la empezaron a violar nuevamente. Mi madre fue desfigurada por los mismos militares. Aguantó mucho, no se moría. Cuando mi madre empezó a estar nuevamente en agonía, nos mandan a llamarnos; por todos los medios nos buscaban. Llevaron la ropa de mi madre a la municipalidad del pueblo de Uspantán. La pusieron en exhibición de modo que nosotros comprobáramos que mi madre estaba en sus manos. Mandamos a ciertas personas a investigar qué pasaba con ella, y lo que decían eran que nos presentáramos; mi madre tenía vida. Que mi madre estaba en sus manos y que la estaban torturando. Necesitaba ver uno de sus hijos. Así, constantemente. Habíamos perdido a mi hermanito pequeño, pero de mi hermanita yo no sabía si había caído con mi madre o andaba en otras casas. Nadie sabía. Para mí era doloroso aceptar que una madre estaba en torturas y que no sabía nada de los demás de mi familia. Nadie de nosotros se presentó. Mucho menos mis hermanos. Pude tener contacto con uno de mis hermanos y él me dijo que no había que exponer la vida. De todos modos iban a matar a mi madre como también nos iban a matar a nosotros. Esos dolores los teníamos que guardar nosotros como un testimonio de ellos y que ellos nunca se expusieron cuando también les pasaron los grandes sufrimientos. Así fue como tuvimos que aceptar que mi madre de todos modos se tenía que morir.

Como vieron que nadie de los hijos bajó a recoger la ropa de mi madre, los militares la llevaron a un lugar cerca del pueblo donde había muchos montes. Mi esperanza era que mi madre muriera junto con toda la naturaleza que ella tanto adoraba. La llevaron debajo de un árbol y la dejaron allí viva, casi en agonía. No dejaban que mi madre se diera vuelta y como toda su cara estaba desfigurada, estaba cortada, estaba infectada, casi no podía hacer ningún movimiento por sí sola. La dejaron allí más de cuatro o cinco días en agonía; donde tenía que soportar el sol, tenía que soportar la lluvia y la noche. De modo que mi madre tenía ya gusanos, pues en el monte, hay una mosca que se para encima de cualquier herida e inmediatamente, si no se cuida el herido, en dos días ya hay gusanos por donde ha pasado el animal. Y como todas las heridas de mi madre estaban abiertas, entonces tenía gusanos y estaba viva todavía. Después en plena agonía, se murió mi madre. Cuando se murió mi madre, los militares todavía se pararon encima de ella, se orinaron en la boca de mi madre cuando ya estaba muerta. Después dejaron allí tropa permanente para cuidar su cadáver y para que nadie recogiera parte del cuerpo, ni siguiera sus restos. Allí estaban los soldados cerca del cadáver y sentían el olor cuando mi madre empezó a tener bastante olor. Estaban allí cerca, comían cerca de mi madre y, con el perdón de los animales, yo creo que ni los animales actúan así como actúan esos salvajes del ejército. Después mi madre fue comida por animales, por perros, por zopilotes[9] que abundaban mucho en esa región, y otros animales que contribuyeron. Durante cuatro meses, hasta que vieron que no había ninguna parte de los restos de mi madre, ni sus huesos, abandonaron el lugar. Claro, para nosotros, cuando supimos que mi madre estaba en plena agonía, era muy doloroso, pero después, cuando ya estaba muerta, no estábamos contentos, porque ningún ser humano se pondría contento al ver todo esto. Sin embargo, estábamos satisfechos porque sabíamos que el cuerpo de mi madre ya no tenía que sufrir más, porque ya pasó por todas las penas y era lo único que nos quedaba desear que la mataran rápidamente, que ya no estuviera viva.

---

[9]**zopilote:** ave rapaz llamada también aura, gallinaza.

REFLEXIÓN Y ANÁLISIS

1) En la introducción de Elizabeth Burgos indique los fragmentos que le parecen paradójicos y/o cuestionables desde el punto de vista ético o ideológico.

2) Analice los recursos utilizados en el discurso de Rigoberta que, en su opinión, refuerzan el efecto "testimonial".

3) Reflexione sobre el significado que tiene *el nahual* dentro de la cultura de los mayas quiché.

BIBLIOGRAFÍA

Barnet, Miguel. *Biografía de un cimarrón*. Barcelona: Ariel, 1968.

————. "The Documentary Novel." *Cuban Studies/Estudios Cubanos* 11.1 (1981): 19–32.

Beverley, John, y Marc Zimmerman. *Literature and Politics in the Central American Revolutions*. Austin: University of Texas Press, 1990.

Burgos-Debray, Elizabeth. *Me llamo Rigoberta Menchú y así me nació la conciencia*. 5a ed. México: Siglo XXI, 1989.

Gugelberger, Georg, y Michael Kearney, eds. *Voices of the Voiceless in Testimonial Literature*. Número especial de *Latin American Perspectives* 18.3 (1991).

Jara, René, y Hernán Vidal, eds. *Testimonio y literatura*. Minneapolis: Institute for the Study of Ideologies and Literature, 1986.

Lovell, George W. "Surviving Conquest: The Maya of Guatemala in Historical Perspective." *Latin American Research Review* 23.2 (1988): 25–57.

Meese, Elizabeth A. *(Ex)tensions: Re-Figuring Feminist Criticism*. Urbana/Chicago: University of Illinois Press, 1990.

Poniatowska, Elena. *Hasta no verte Jesús mío*. México: Era, 1971.

Sklodowska, Elzbieta. *Testimonio hispanoamericano: historia, teoría, poética*. New York/Berlin/Bern: Peter Lang, 1992.

Sommer, Doris. "Sin secretos." *Revista de Crítica Literaria Latinoamericana* 36 (1992): 135–53.

Viezzer, Moema. *Si me permiten hablar: testimonio de Domitila, una mujer de las minas de Bolivia*. México: Siglo XXI, 1978.

Zimmerman, Marc. "El *otro* de Rigoberta: los testimonios de Ignacio Bizarro Ujpán y la resistencia indígena en Guatemala." *Revista de Crítica Literaria Latinoamericana* 36 (1992): 229–43.

Elzbieta Sklodowska

GLOSARIO

acento: mayor intensidad con que se pronuncia una determinada sílaba de una palabra.

alegoría: representación de ideas abstractas por medio de imágenes o metáforas cuyo significado debe descifrarse. Metáfora continuada a lo largo de un texto literario.

alejandrino: verso de catorce sílabas dividido en dos hemistiquios de siete cada uno. Verso derivado de la poesía francesa, hecho popular por los modernistas.

aliteración: repetición en un verso o una frase de la misma letra o los mismos sonidos.

amor cortés: manera de comportamiento amoroso entre dos amantes usualmente aristocrático en la poesía lírica medieval. Poesía hecha popular por los trovadores de la Edad Media. Idealización de la conducta de los amantes que se instaló en la tradición literaria de Italia por Dante y Petrarca.

antítesis: figura que consiste en contraponer dos frases o palabras de contrarias significación.

argumento: En una obra narrativa el término se refiere a la narración de los acontecimientos según el orden en que ocurren. El argumento de un ensayo es el razonamiento que se emplea para demostrar una proposición o un teorema.

arte mayor: versos de nueve o más sílabas.

arte menor: versos de ocho o menos sílabas.

canon literario: derivado del griego "kanon", y originalmente empleado como medida o catálogo de obras de la iglesia consideradas aceptables. En nuestros días se aplica a obras nacionales consideradas por los críticos como obras maestras, dignas de ser leídas. Hoy en día el canon literario latinoamericano no se limita a obras tradicionales escritas solamente por hombres de una clase privilegiada y que reflejan valores esencialmente europeos, sino que intenta incluir obras de seres antes considerados "marginados" por su clase social, su sexo o su preferencia política. En el caso latinoamericano se comienza a dar énfasis a nuestro propios valores autóctonos.

canto: partes en que se divide un poema, especialmente un poema épico.

carpe diem: término derivado de una oda de Horacio que se ha convertido en un motivo favorito de la poesía lírica. Es una invitación a gozar plenamente de los placeres diarios, ya que la vida es breve.

catarsis: purificación que opera la tragedia en el espectador por medio de la compasión y el miedo.

cosmovisión: actitud de un autor ante la vida, según se puede determinar mediante la lectura de sus obras; a menudo se designa con la palabra alemana *"Weltanschauung"*.

crónicas: relatos en prosa o verso que narraban acontecimientos históricos de un período determinado. Los que se escribieron sobre la Conquista, a veces mezclan lo histórico con elementos fantásticos.

cuarteto: estrofa de cuatro versos endecasílabos de rima abba.

décima: estrofa de diez versos octosílabos que sigue una rima abba; ac; cddc.

dodecasílabo: verso de doce sílabas, muy empleado por los poetas modernistas.

égloga: poema bucólico lírico en forma de diálogo. En la poesía española son famosas las églogas de Garcilaso de la Vega y los diálogos entre los pastores Salicio y Nemoroso.

elegía: composición fúnebre. Lamento.

encabalgamiento: ocurre en un verso cuando para completar el significado hay que ir al verso siguiente.

endecasílabo: verso de once sílabas derivado de la poesía italiana.

eneasílabo: verso de nueve sílabas.

epigrama: composición poética festiva, usualmente satírica.

epíteto: adjetivo que no determina ni califica el sustantivo, sino que acentúa su carácter.

estribillo: verso que se repite a lo largo de un poema en varias estrofas. Tiende a dar énfasis.

estrofa: grupo de versos ordenados en unidades estructurales. Forman las partes o divisiones de un poema.

Expresionismo: movimiento alemán en las artes plásticas y la literarura que floreció entre 1910–1925. Sus artistas se alejaron de una representación "realista" de la vida y del mundo, dando preferencia a manifestaciones fuertemente emotivas y visionarias. En la pintura llaman la atención algunas obras de Paul Gauguin y Edvard Munch. En la literatura hispanoamericana figuran principalmente algunos textos de Roberto Arlt.

fluir de la conciencia (corriente de conciencia): técnica que describe la actividad mental de un individuo desde la experiencia consciente a la inconsciente.

heptasílabo: verso de siete sílabas.

hexasílabo: verso de seis sílabas.

hiato: pronunciación separada de dos vocales que van juntas.

hipérbaton: figura que consiste en alterar el orden de las palabras en una frase desviándose de una sintaxis regular.

Idealismo: doctrina filosófica que niega la realidad individual de las cosas distintas del "yo" y no admite más que las ideas. Doctrina opuesta al materialismo.

Iluminismo: sinónimo de "Ilustración" o movimiento filosófico francés del siglo

XVII. La razón se emplea como regla absoluta para gobernar nuestra vida.

imagen: representación de algo determinado por detalles evocativos.

in medias res: frase latina que significa "en medio de las cosas". El término se refiere al recurso literario mediante el cual se comienza una obra literaria "a medio camino" en la sucesión de hechos de su historia, en vez de empezarla desde el principio.

jitanjáfora: figura literaria que consiste en emplear sonidos de vocablos que no tienen sentido propio. Sugieren un sentido dentro del contexto del poema. Término inventado por el poeta cubano, Mariano Brull.

lira: estrofa de cinco versos, con el quinto y el seguno endecasílabos y los otros tres heptasílabos y una rima consonante ababb. Hay una variante en la que se emplean seis versos de distintas medidas.

Literatura del absurdo: referencia principalmente a obras de teatro y a algunas obras narrativas de este siglo que presentan la condición humana como esencialmente absurda y, por consecuencia hay que representar esta condición por obras literarias que son en sí absurdas. Se inició en Francia después de la Segunda Guerra Mundial como un rechazo de valores tradicionales considerados inadecuados. Son obras vinculadas a la filosofía existencial y se encuentra en los textos de Sartre, Camus, Beckett, e Ionesco. Predomina una caracterización de personajes enajenados, anti-héroes que viven en un mundo sin sentido.

Literatura indianista: obra típica del romanticismo donde el indio se presenta como figura superficial y solamente con aspectos decorativos que nunca logran captar su esencia verdadera.

Literatura indigenista: obra que pretende dar una visión verosímil de las condiciones sociales del indio. Tentativa de presentarlo como ser humano bien definido, a veces víctima de la sociedad.

metáfora: identificación de un objeto con otro con base en una comparación. Tropo más común en la poesía.

metonimia: designar una cosa con el nombre de otra con base en una relación entre ambas. Por ejemplo, al referirse a la "corona", cuando queremos designar a "los reyes".

métrica: ciencia relativa a la medida del verso.

Mundonovismo: interés y empleo de temas americanos en los escritores modernistas a principios de este siglo.

narratario: el receptor del mensaje dentro de una obra narrativa. En algunos textos narrativos, el narrador dirige sus palabras a otro personaje, también ficticio. A este receptor se le denomina *narratario* y la relación entre narrador y narratario se puede comparar, en términos analógicos, con la de autor y lector.

octava real: consiste de ocho versos endecasílabos con rima consonante de ababbcc.

oda: composición lírica de diversos metros que usualmente trata de asuntos con un tono elevado.

onomatopeya: imitación de sonidos reales por medio del ritmo de las palabras.

parábola: alegoría con intención didáctica. Se emplean con frecuencia en la Biblia.

parodia: tratar una obra seria con un tono leve o burlesco.

paradoja: empleo de expresiones o frases para crear una situación contradictoria.

paronomasia: juego de palabras.

payada: Se origina en la tradición gauchesca. Es una canción improvisada por los gauchos, usualmente acompañada por la guitarra. En algunas payadas los gauchos entran en una especie de contienda donde uno trata de atrapar al otro con preguntas que no puede contestar. Por ejemplo, la payada entre Martín Fierro y el Moreno.

pentasílabo: verso de cinco sílabas.

poesía concreta: Deriva de los experimentos poéticos de Guillaume Apollinaire y Stéphane Mallarmé con su énfasis en el valor icónico de la palabra transmitido por una tipografía sugestiva. Gana su efecto en el aspecto visual del texto. En nuestros días, la poesía concreta es un movimiento internacional encabezado por el poeta suizo Eugen Gomringer. En nuestros países se destacan algunas obras de Vicente Huidobro y Nicanor Parra.

prosopopeya o personificación: figura que le atribuye a animales, ideas y abstracciones y a los objetos inanimados, una forma y una sensibilidad humana.

Realismo mágico: término atribuido al crítico alemán Franz Roh quien lo usó para definir cierto tipo de arte plástico. Aplicado a la literatura por el escritor venezolano Arturo Uslar Pietri, el nombre se refiere modernamente a aquellos escritos en los que la realidad objetiva se confunde con la fantasía, creando un ambiente vago, extraño, algo parecido a los sueños.

retruécano: juego de palabras que ocurre cuando los términos de una frase influyen a otra con sentido contradictorio.

rima: lo que capta el ritmo en la poesía. Semejanza entre los sonidos finales de verso, a contar desde la última vocal acentuada.

rima asonante: identidad fonética entre dos palabras en las vocales, a contar desde la última acentuada.

rima consonante: identidad fonética tanto en las vocales y consonantes en dos palabras a partir de la última vocal acentuada. Rima perfecta en la poesía.

romance: composición métrica de versos octosílabos con rima asonante en los pares y sin rima en los impares.

serventesio: estrofa de cuatro versos endecasílabos de rima alterna. Deriva de la poesía provenzal.

sextina: una de las estrofas más complicadas en la poesía. Consiste de seis versos endecasílabos. Se repiten los vocablos finales de cada verso en distintas combinaciones en otras estrofas. Exige una disciplina rigurosa.

silva: composición poética que incluye una mezcla de versos endecasílabos y heptasílabos o endecasílabos solos. No hay orden de rima o de estrofas.

simbiosis afectiva: atribuir a objetos inanimados capacidades humanas, sensaciones y emociones.

símbolo: algo que tiene un significado propio y a la vez sugiere otro: por ejemplo, la bandera como símbolo de la patria.

símil: comparación directa de una cosa con otra. Por ejemplo, "Su alma es blanca como la nieve".

sinalefa: pronunciación en una sola sílaba de la última vocal de una palabra y la primera de la palabra siguiente. En la poesía cuando esto ocurre, se cuenta una sola sílaba.

sincretismo: sistema filosófico o religioso que pretende conciliar varias doctrinas diferentes, a veces contradictorias. Muy común en los escritores modernistas.

sinécdoque: designar un objeto con el nombre de otro, o lo que designa el todo por la parte o la parte por el todo.

sinestesia: la descripción de una sensación en términos de otra, por ejemplo la descripción de sonidos en términos de colores. Baudelaire y los Simbolistas

emplearon mucho la sinestesia en sus poemas.

soneto: composición poética de catorce versos, dividida en dos cuartetos y dos tercetos, generalmente endecasílabos. Usualmente en los cuartetos se plantea un problema que será resuelto en los tercetos.

tetrasílabo: verso de cuatro sílabas.

trisílabo: verso de tres sílabas.

versificación: número de sílabas y donde cae el acento en un verso. En Español el verso puede ser llano, agudo, o esdrújulo según si termina en palabra llana, aguda o esdrújula. Una palabra es llana cuando el acento cae en la penúltima sílaba, aguda cuando cae en la última y esdrújula en la antepenúltima. Si el verso termina en palabra aguda, se le añade una sílaba. Si termina en palabra esdrújula, se le quita una.

En la compilación de este glosario se han consultado las siguientes obras:

M. H. Abrams et al. *A Glossary of Literary Terms,* 6a ed. Fort Worth: Harcourt Brace Jovanovich, 1993.

Carmelo Virgillo, L. Teresa Valdivieso, y Edward H. Friedman, *Aproximaciones al estudio de la literatura hispánica,* 3a ed. New York: McGraw-Hill, 1994.

Tomás Navarro Tomás, *Arte del verso,* 3a ed. México: Compañía General de Ediciones, 1965.

INDICE

TEXT PERMISSIONS